I0028308

Lehr- und Handbücher der Politikwissenschaft

Herausgegeben von
Dr. Arno Mohr

Lieferbare Titel:

Barrios · Stefes, Einführung in die Comparative Politics

Bellers, Politische Kultur und Außenpolitik im Vergleich

Bellers · Benner · Gerke (Hrg.), Handbuch der Außenpolitik

Bellers · Frey · Rosenthal, Einführung in die Kommunalpolitik

Bellers · Kipke, Einführung in die Politikwissenschaft, 4. Auflage

Benz, Der moderne Staat

Bierling, Die Außenpolitik der Bundesrepublik Deutschland, 2. A.

Deichmann, Lehrbuch Politikdidaktik

Detjen, Politische Bildung

Gabriel · Holtmann, Handbuch Politisches System der Bundesrepublik Deutschland, 3. Auflage

Jäger · Welz, Regierungssystem der USA, 2. Auflage

Kempf, Chinas Außenpolitik

Krumm · Noetzel, Das Regierungssystem Großbritanniens

Lehmkuhl, Theorien Internationaler Politik, 3. Auflage

Lemke, Internationale Beziehungen

Lenz · Ruchlak, Kleines Politik-Lexikon

Maier · Rattinger, Methoden der sozialwissenschaftlichen Datenanalyse

Mohr (Hrg. mit *Claußen, Falter, Prätorius, Schiller, Schmidt, Waschkuhn, Winkler, Woyke*), Grundzüge der Politikwissenschaft, 2. Auflage

Naßmacher, Politikwissenschaft, 5. Auflage

Pilz · Ortwein, Das politische System Deutschlands, 3. Auflage

Reese-Schäfer, Politisches Denken heute, 2. Auflage

Reese-Schäfer, Politische Ideengeschichte

Reese-Schäfer, Politische Theorie heute

Reese-Schäfer, Politische Theorie der Gegenwart in fünfzehn Modellen

Riescher · Ruß · Haas (Hrg.), Zweite Kammern, 2. Auflage

Rupp, Politische Geschichte der Bundesrepublik Deutschland, 3. Auflage

Schmid, Verbände

Schubert · Bandelow (Hrg.), Lehrbuch der Politikfeldanalyse

Schumann, Repräsentative Umfrage, 4. Auflage

Schumann, Persönlichkeitsbedingte Einstellungen zu Parteien

Schwinger, Angewandte Ethik – Naturrecht · Menschenrechte

Tömmel, Das politische System der EU, 2. Auflage

Wagschal, Statistik für Politikwissenschaftler, 2. Auflage

Waschkuhn, Grundlegung der Politikwissenschaft

Waschkuhn, Kritischer Rationalismus

Waschkuhn, Kritische Theorie

Waschkuhn, Pragmatismus

Waschkuhn, Politische Utopien

Waschkuhn · Thumfart, Politik in Ostdeutschland

von Westphalen (Hrg.), Deutsches Regierungssystem

Wilhelm, Außenpolitik

Xuewu Gu, Theorien der internationalen Beziehungen · Einführung

Politisches Denken heute

Zivilgesellschaft, Globalisierung und Menschenrechte

von
Prof. Dr. Walter Reese-Schäfer

2., überarbeitete Auflage

Oldenbourg Verlag München Wien

Bibliografische Information der Deutschen Nationalbibliothek

Die Deutsche Nationalbibliothek verzeichnet diese Publikation in der Deutschen Nationalbibliografie; detaillierte bibliografische Daten sind im Internet über <http://dnb.d-nb.de> abrufbar.

© 2007 Oldenbourg Wissenschaftsverlag GmbH
Rosenheimer Straße 145, D-81671 München
Telefon: (089) 45051-0
oldenbourg.de

Das Werk einschließlich aller Abbildungen ist urheberrechtlich geschützt. Jede Verwertung außerhalb der Grenzen des Urheberrechtsgesetzes ist ohne Zustimmung des Verlages unzulässig und strafbar. Das gilt insbesondere für Vervielfältigungen, Übersetzungen, Mikroverfilmungen und die Einspeicherung und Bearbeitung in elektronischen Systemen.

Lektorat: Wirtschafts- und Sozialwissenschaften, wiso@oldenbourg.de
Herstellung: Anna Grosser
Coverentwurf: Kochan & Partner, München
Gedruckt auf säure- und chlorfreiem Papier
Gesamtherstellung: Druckhaus „Thomas Müntzer" GmbH, Bad Langensalza

ISBN 978-3-486-58408-0

Inhaltsverzeichnis

Vorwort zur Neuausgabe VII

1. **Einleitung** 1

2. **Jürgen Habermas und die deliberative Demokratie** 9

3. **Kommunitarische Politiktheorien** 21

   3.1. Die Wiederentdeckung und Neufassung einer alten Idee 22

   3.2. Woran erkennt man kommunitarisches Denken? Fünf Gemeinsamkeiten ... 24

   3.3. Die Verantwortungsgesellschaft: Amitai Etzionis kommunitarisches Projekt ... 34

   3.4. Charles Taylors Theorie des modernen Selbst 42

4. **Zivilgesellschaft und assoziative Demokratie** 57

   4.1. Die Renaissance des Begriffs 57

   4.2. Begriffsgeschichtliche Überlegungen 58

   4.3. Kritische Einwände gegen den Aktivismus der Zivilgesellschaft ... 60

   4.4. Kann die Idee der Zivilgesellschaft bei unseren Überlegungen
zur Demokratisierung der europäischen Union hilfreich sein? 63

   4.5. Assoziative Demokratie 66

5. **Nach dem Neokorporatismus** 71

   5.1. Einführung: Das Problem des Gemeinwohls und seine pluralistische Lösung ... 71

   5.2. Die korporatistische Lösung 72

   5.3. Gründe für den Erfolg der Korporatismustheorie 73

   5.4. Die Probleme und die dunklen Seiten des Korporatismus 76

   5.5. Der Vergleich von Vertrauensniveaus und Vertrauensstrukturen
in verschiedenen Gesellschaften (Fukuyamas These) 78

   5.6. Ausblick: Endet die Phase des Neokorporatismus mit dem
weltwirtschaftlichen Globalisierungsprozeß? 79

6. **Systemtheorie der Politik: Niklas Luhmann** 83

   6.1. Struktur und Grundbegriffe der Systemtheorie 83

   6.2. Die Gesellschaft der Gesellschaft 102

6.3.   Die Politik der Gesellschaft 113

6.4.   Schautafel der Funktionssysteme 118

7.   Modernisierung und Postmodernisierung 121

7.1.   Modernisierungstheorien der ersten Moderne 121

7.2.   Kritik an der Modernisierungstheorie 122

7.3.   Exkurs zur Geschichtsdarstellung 124

7.4.   Die Weiterentwicklung der Modernisierungstheorien 128

7.5.   Das postmoderne Wissen Jean-François Lyotards 133

7.6.   Gerechtigkeitsdiskurse im Spannungsfeld von Universalismus
       und Kulturrelativismus 143

7.7.   Zeitdiagnostische Potentiale des Postmoderne-Begriffs.
       Versuch einer Zwischenbilanz 153

8.   Entscheiden in der Risikogesellschaft (Ulrich Becks Risikokonzeption) 169

8.1.   Risiken und Gefahren 169

8.2.   Das Problem in sechs Punkten 172

8.3.   Sechs Folgerungen 178

9.   Ein radikaler Neuansatz im feministischen Denken: Judith Butler 183

9.1.   Judith Butlers Stellung im feministischen Denken 183

9.2.   Verletzung durch Sprache und das Bedürfnis nach Zensur 186

9.3.   Dagegensprechen statt Staats- und Polizeieingriff 187

10.   Theorien und Probleme des Globalisierungsprozesses 195

10.1.   Was ist Globalisierung und wie wird sie theoretisch erfaßt? 195

10.2.   Kulturtheorie oder Modernisierungstheorie als Deutungsmuster
       politischer Konfliktlinien (Samuel Huntington versus Bassam Tibi) 211

10.3.   Universalismusdiskurs versus Globalisierungspraxis 223

11.   Theorien der Menschenrechte: Ein neuer Blick 233

11.1.   Fünf ungelöste Probleme der Menschenrechtsdiskussion 234

11.2.   Menschenrechte und der Clash of Civilizations 241

11.3.   Die Entstehung neuer Wertvorstellungen in der Weltgesellschaft 244

12.   Politik der Würde: Avishai Margalit 251

Schluss 257

Ausgewähltes Literaturverzeichnis 259

Ausgewähltes Personen- und Sachregister 279

Vorwort zur Neuausgabe

Die erste Auflage dieses Bandes ist unter dem Titel „Politische Theorie heute" im Jahre 2000 erschienen. Für die zweite Auflage habe ich den Titel „Politisches Denken" gewählt, um stärker zu betonen, dass es in diesem Feld nicht um reine, von der Gesellschaft abgehobene Verstandstätigkeit geht, die eigenen Gesetzen gehorcht, sondern um Denken im Kontext politischer und gesellschaftlicher Entwicklungen. Politisches Denken reflektiert diese – oftmals in kritischer Absicht, aber nie in der Reinheit von Experimentalsituationen. Ich folge damit dem Sprachgebrauch von Hennig Ottmann, der seine umfassende Geschichte der politischen Ideen seit der Antike unter den Obertitel des politischen Denkens gestellt hat, um anzuzeigen, dass es niemals nur um die Höhenkammliteratur der Spitzenphilosophen, sondern immer auch um den politisch-gesellschaftlichen Diskussionszusammenhang der jeweiligen Zeit geht.[1]

Gegenüber der ersten Auflage habe ich einige Veränderungen vorgenommen. Damals hatte ich die Postmodernediskussion zu ausführlich behandelt. Nunmehr werden die Proportionen zurechtgerückt. Die große Zeit der Postmoderne waren die achtziger Jahre des vorigen Jahrhunderts, als der Fortschrittsbegriff in eine Krise geriet und der Glaube an eine umwelterhaltende Wirkung ökonomischer und technologischer Stagnation sich zu verbreiten begann. Mittlerweile bekennt sich die Sozialdemokratie längst wieder als Fortschrittspartei, zumal ihr Starintellektueller, Jürgen Habermas, niemals dem Projekt der Moderne abgeschworen hatte. Während in Europa noch die Stagnation propagiert wurde, haben die asiatischen Volkswirtschaften durch konsequente, keineswegs bruchlose und keineswegs krisenfreie Modernisierung fast schon einen Vorsprung errungen. Wurden noch in den 90er Jahren in jedem Grundkurs der Soziologie die Modernisierungstheorien verworfen, hat man heute bemerkt, dass die Gegenargumente eigentlich nur auf eine besonders enge und starre Version eines gescheiterten Entwicklungsmodells zutrafen, wie es kurzzeitig und erfolglos von dem heute längst vergessenen Walt W. Rostow propagiert worden war. Die Laufzeit eines derartigen Epochenbegriffs wie Postmoderne liegt vielleicht ähnlich wie in den Fällen Klassik oder Romantik bei etwa dreißig Jahren. Diese sind seit dem Erscheinen von Jean-François Lyotards „La condition postmoderne" 1979 (deutsch 1986) beinahe schon vergangen. Jenes Buch hatte in einem eindrucksvollen Wurf die Entwicklung der weltweiten informationellen Vernetzung durch das *WorldWideWeb*, die doch erst 1995 ins öffentliche Bewusstsein trat, in den entscheidenden Aspekten vorweggenommen. Mittlerweile scheint der richtige Zeitpunkt für eine Schlussbilanz der Postmoderne gekommen zu sein.

Die politischen Theoriekonzeptionen, die vor den hier dargestellten entwickelt worden sind, nämlich die Gerechtigkeitstheorie von John Rawls, den Neoliberalismus in seinen verschiedenen Ausprägungen von Friedrich August von Hayek über Ludwig von Mises bis Murray

---

[1] Henning Ottmann: Geschichte des politischen Denkens. Von den Anfängen bei den Griechen bis in unsere Zeit. München 2001ff (bislang 4 Bände).

Rothbard, die kritische Theorie der Frankfurter Schule, den kritischen Rationalismus Karl Poppers, die Theorien von Hannah Arendt und Richard Rorty sowie die Rationale Entscheidungstheorie (Rational Choice Theory) habe ich systematisch dargestellt in dem Band „Politische Theorie der Gegenwart in fünfzehn Modellen", der im Jahre 2006 im Oldenbourg Verlag erschienen ist.[2] Der hier vorliegende Band baut darauf auf und konzentriert sich auf jene Ansätze und Theorievarianten, die für die Zeit danach zentral sind und die neu in den Kanon politikwissenschaftlichen Denkens aufgenommen werden sollten. Von ihnen kann man annehmen, dass sie mindestens auch in den nächsten zehn Jahren zu den meistdiskutierten gehören werden. Es handelt sich also um eine Fortschreibung. Eine der Grundideen dieses Buches ist es, Verengungen und Einseitigkeiten in der politischen Theoriebildung vorzubeugen und gegenzusteuern. Das politische Denken kann nur dann lebendig bleiben, wenn es sich permanent auch gegenüber Innovationen und Heterodoxien zu öffnen bereit ist, zugleich aber souverän mit ihnen umgehen kann.

Ich danke den Teilnehmerinnen und Teilnehmern meiner Theorievorlesungen an der Universität Göttingen, die ich dort in jedem Wintersemester halte. Sie haben durch ihre Fragen und Kommentare zur Klärung vieler Punkte beigetragen. Darüber hinaus haben sie mittelbar die Gesamtanlage des Bandes beeinflusst, denn jede Nachfrage und kritische Bemerkung war natürlich ein Anlass zur Vertiefung. Lino Klevesath hat mir geholfen, die Literaturangaben auf den neuesten Stand zu bringen. Hanno Wolfensberger hat jede Formulierung einer kritischen Prüfung unterzogen. Von Jürgen Schechler, dem Lektor des Oldenbourg-Verlages, kam der Anstoß zu dieser Neuausgabe. Er hat mich darauf aufmerksam gemacht, dass es sich bei dem Buch um einen beständig nachgefragten sogenannten „Longseller" handelt. Der Text wurde auf eine gemäßigte Form der neuen Rechtschreibung umgestellt.

---

[2] Vgl. Walter Reese-Schäfer: Politisches Denken der Gegenwart in fünfzehn Modellen. München und Wien 2006.

1   Einleitung

Im November 2006 hat ein nicht ganz seriöses Magazin unter der Überschrift „Vergesst Habermas!" das Ende der politischen Theorie ausgerufen.[3] Der Versuch der Redaktion, für diese These Autoren zu gewinnen, war allerdings trotz üppiger Honorarangebote gescheitert, denn jeder kann selbst erkennen: Nie zuvor hat es soviel aktuelle politische Theorie in Deutschland gegeben wie zur Zeit. Nicht bloß Verfassungsrichter und Kunsthochschultheoretiker veröffentlichen gewichtige Werke zur politischen Theorie, sondern auch Leute vom Fach. An den meisten philosophischen Fakultäten sind Professuren für politische Philosophie eingerichtet worden. Früher galt das unter Philosophen als unfein. Selbst die Historiker beginnen die einst diskriminierte politische Ideengeschichte wiederzuentdecken. In der Politikwissenschaft schließlich hat sich seit den 60er Jahren eine Teildisziplin durchgesetzt, die unter dem Obertitel „Politische Theorie und Ideengeschichte" einen entschieden politischen Blick auf das politische Denken praktiziert.

Die großen Themen sind Zivilgesellschaft, deliberative Demokratie, Modernisierung, politisches Entscheiden, Systemtheorie, Menschenrechte und Globalisierung. Nachdem die erste Welle einer globalisierungskritischen Literatur abgeebbt ist und auch die propagandistischen „Ruck"-Bücher aus den Buchhandlungen wieder weitgehend verschwunden sind, häufen sich die seriösen und differenzierten Analysen.

Es gibt zur Zeit eine Reihe von Darstellungen moderner politischer Theorie, die durchweg signifikante Lücken aufweisen: die Systemtheorie kommt bei ihnen zu kurz und wird zumeist in Unkenntnis der neueren Arbeiten Luhmanns nur oberflächlich behandelt; das kommunitarische Denken ist – ganz gegen dessen außerordentliche praktische Bedeutung – allenfalls in Ausschnitten bekannt, und zur Postmoderne fällt vielen Politikwissenschaftlern nichts anderes ein als das Stereotyp „Beliebigkeit". Bei allen Schwächen postmoderner Theorie ist diese aber Ausdruck unserer Zeit, in der die Rationalisierungs- und Durchökonomisierungsprozesse nicht mehr nur den Bereich der Industrie, sondern auch die Ausbildungsinstitutionen und den Dienstleistungsbereich radikal verändern. Themen wie die Zivilgesellschaft, die Menschenrechte, die Weiterentwicklung der feministischen Politiktheorie z. B. durch Judith Butler oder die Theorien der Risikogesellschaft werden nur zu oft Spezialdiskursen überlassen.

Keine scholastische Gesamtdarstellung aller Facetten politischer Theorie ist intendiert, sondern eine handliche und noch überschaubare Analyse und Präsentation jener Theorieströmungen, die stärker als andere zur Wiedergewinnung des Ansehens theoretischen Denkens beitragen können. Der Titel lautet bewusst nicht: „Das politische Denken der Moderne", weil dies angesichts der Diskussion um die Postmoderne einen zu engen Rahmen gesetzt hätte. Das Projekt der Moderne ist selber ein politisch-theoretisches Programm, das inhaltlich fest-

---

[3]   Cicero Heft 11, 2006, Titelgeschichte.

gelegt ist. Es trägt so viele polemische Nebenbedeutungen sowohl gegenüber der Vergangenheit also auch gegenüber möglichen Zukunftsentwicklungen mit sich, dass Sachlichkeit und Objektivität gebieten, hier eine neutralere Sprache zu finden. Ob die sich selbst als modern bezeichnende Theorie tatsächlich die beste und am weitesten fortgeschrittene ist, muss sich ohnehin erst in der Diskussion erweisen. Die Wertung sollte nicht schon in die Begriffsverwendung hineingeschmuggelt werden. Besonders vertrackt wird das, wenn derartige Begriffsverwendungen zwar mit der Prätention der Sachlichkeit auftreten, aber vom *mainstream* abweichende Argumentationen z. B. französischer, italienischer, polnischer, israelischer oder deutscher Autoren überhaupt nicht zur Kenntnis nehmen. Die Furcht, sich intellektuell anregen und verunsichern zu lassen, vermischt sich dann mit der Arroganz desjenigen, der nur in seinem eigenen analytischen Horizont sich sicher zu bewegen in der Lage ist. Bis in die siebziger Jahre hatte die deutsche Politikwissenschaft ihre wesentlichen Innovationspotentiale aus den USA bezogen. Dieser Import ist ins Stocken gekommen, seitdem an den politikwissenschaftlichen Departments der meisten wichtigen amerikanischen Universitäten längst wieder ein anspruchsvoller theoretischer Normativismus gepflegt wird, dem gegenüber die deutschen Fachbereiche sich neuerdings als Departments der Verspätung erweisen. Hier gilt es einen Rezeptionsstau abzubauen.

Wenn gegenwärtige politische Theorien gerade eine programmatische Vorstellung von Modernität hinterfragen und die verschiedenen Formen des Modernitätskonformismus und Modernitätskonservatismus problematisieren, dann würde ein Buch über moderne politische Theorie ständig über den eigenen thematischen Anspruch stolpern. Oder aber Scheuklappen anlegen und nach Möglichkeit jede geistige Verunsicherung vermeiden, was für einige Bereiche der intellektuellen Atmosphäre in den Sozialwissenschaften leider charakteristisch geworden ist. Die Diskussionen über die mangelnde Beachtung der Soziologie, die in der ZEIT geführt wurden, haben den Finger in diese Wunde gelegt.[4] Eine erstarrte, dogmatisch gewordene Wissenschaft, die nicht Fragestellungen und Impulse selbst dann aufzunehmen und produktiv zu wenden in der Lage ist, wenn diese modernitätskritisch, ein wenig chaotisch oder gar modisch daherkommen, beklagt sich zu Unrecht, wenn das öffentliche Interesse an ihr nachlässt. Was das Problem des Modischen angeht: Meist sind es die Theoriemoden von gestern, die durch die Abwehr des Modischen verteidigt werden sollen. Ein seriöser Wissenschaftler müsste bessere Kriterien und bessere Argumente haben, als eine Theorie, die neu auftritt und eine bestimmte Beachtung findet, nun gleich als modisch abzutun. Meist ist es der Unwille desjenigen, der gerade mit letzter Mühe Habermas oder Luhmann verstanden hat, nun schon wieder etwas Neues aufnehmen, durchdenken und gar noch beurteilen zu müssen.

Die Idee dieses Bandes könnte man charakterisieren als *Heterodoxie in Lehrbuchform*. In der Form eines Lehrbuchs also werden hier gängige, aber eingerostete Kategorien und Herangehensweisen der Politikwissenschaft einem Innovationsschub ausgesetzt, den diese Wissenschaft seit langem ebenso sehr nötig hat wie unsere Gesellschaft. Dem Konzept dieser Reihe gemäß hat dieser Band eine doppelte Funktion: Er soll als einführender Theorienüberblick dienen, aber auch als handliches Repetitorium für das Examen.

---

[4]   Einige der Beiträge sind gesammelt in: Joachim-Fritz Vannahme (Hg.): Wozu heute noch Soziologie? Opladen 1996.

Viele Lehrbücher bieten seit dreißig Jahren die immer gleiche Einführung in die überholten drei Paradigmen der Politikwissenschaft: normativ-ontologisch, kritisch-dialektisch und empirisch-analytisch. *Who cares?* Ein Stillstand im Denken seit 1969.[5] Keiner der in diesem Buch vorgestellten Ansätze passt in jenes Dreierschema, das von einsichtigen Kritikern schon als „*Triasnarretei*" veralbert worden ist. Wenn den hier dargestellten Ansätzen überhaupt irgendetwas gemeinsam ist, dann die Tatsache, dass sie *innovative Potentiale* enthalten, dass sie *analytisch,* nicht bloß deskriptiv und vor allem *kritisch-reflexiv* ausgerichtet sind, auch wenn Kritik mitunter Dekonstruktion genannt wird. Substantialistische Ontologien werden von ihnen abgelehnt, vor normativen Fragestellungen jedoch haben sie keine Angst. *Dialektisches Denken* wird durchweg von allen in diesem Bande dargestellten Theorieansätzen allenfalls als eine heuristische Topik oder als Diskussionsmethode zum Zweck der Wissensvermehrung verwendet. „Dialektik" kommt damit nur noch in Anführungszeichen vor, weil ein Glaube an Problemlösungen durch den Entwicklungsprozess der Geschichte oder einer ihr unterstellten Logik von keinem Theoretiker mehr vertreten wird.[6]

Empirische Fundierung wird als selbstverständliche Basis vorausgesetzt, die Begrenzung der Fragestellungen auf das, was mit einem engen Set von Befragungen und Operationen kleingerechnet werden kann, erscheint jedoch als provinziell. Die Exaktheit der Methoden muss von der Problemstellung her bestimmt werden und darf niemals zum Selbstzweck werden.[7] Die heutige Generation selbstreflektierter Empiriker hat die uralten Frontstellungen des Positivismusstreits produktiv überwunden. Empirie und Kritik können wieder Hand in Hand gehen. Die schöpferische Dekonstruktion altgewordener Wahrheiten, die uneingeschüchterte Benennung von Problemen und die Suche nach diskursiven Lösungsansätzen ist der gemeinsame, von den verschiedenen Autoren auf je unterschiedliche Weise verfolgte Denkweg. Die neue Bereitschaft der Empiriker, sich wieder überraschen zu lassen, ist gewiss auch das Ergebnis einer Selbstkritik nach dem für viele unerwarteten Zusammenbruch des Sozialismus.[8]

Die entscheidende Gemeinsamkeit der meisten in diesem Band dargestellten Ansätze dürfte in ihrem *neuen* Normativismus bestehen. Das neonormativistische Denken erlebt in der politischen Theoriebildung vor allem deshalb einen so eindrucksvollen Aufschwung, weil das Bewusstsein für die überwältigende Kontingenz auch unserer grundsätzlichsten Entschei-

---

[5] Als Wolf-Dieter Narr diese Unterscheidung 1969 einführte, war sie innovativ und schuf erfrischende Klarheit. Ihn selbst, der immer noch einer der beweglichsten Theoretiker ist, muss diese lehrbuchförmige Dogmatisierung seiner Gedanken mindestens ebensosehr schmerzen, wie ihn einst die Dogmatisierung des Marxismus schmerzte. Vgl. Wolf-Dieter Narr: Theoriebegriffe und Systemtheorie. Stuttgart u. a. 1969, 4. Aufl. 1976. S. 41–89. Zur Kritik und zugleich zur Unterstützung meiner These vom Wiederaufstieg normativer Theorien in der Politikwissenschaft Klaus von Beyme: Zur Funktion normativer Theorie in der politikwissenschaftlichen Forschung, In: Michael Th. Greven; Rainer Schmalz-Bruns (Hg.): Politische Theorie heute. Ansätze und Perspektiven. Baden-Baden 1999, S. 81ff.

[6] Ulrich Beck: Die Erfindung des Politischen. Zu einer Theorie reflexiver Modernisierung. Frankfurt 1993, S. 66.

[7] Schon der antike Erfinder der vergleichenden Regierungslehre hat es in der politischen Wissenschaft für entscheidend gehalten, immer den Grad von Genauigkeit bestimmten zu können, der dem jeweiligen Stoff angemessen ist: „Denn es kennzeichnet den Gebildeten, in jedem einzelnen Gebiet nur so viel Präzision zu verlangen, als es die Natur des Gegenstandes zuläßt." Aristoteles: Nikomachische Ethik I. Buch, 1094b23.

[8] Vgl. Renate Mayntz: Historische Überraschungen und das Erklärungspotential der Sozialwissenschaften. Heidelberg 1995. Die von vielen vorgetragene Apologie, keiner hätte es vorausgesagt, ist natürlich falsch und eine durchsichtige Ablenkung vom eigenen Unvermögen.

dungen alltägliche Erfahrung geworden ist.[9] Die Ursachen dafür sind *erstens* der Zusammenbruch des scheinbar festgefügten Staatssozialismus als des bislang letzten Versuches, den Globalisierungsprozess der marktwirtschaftlichen Ordnung aufzuhalten, und damit das Ende der relativ leichten Orientierung an großen militärischen, politischen wie Ideenblöcken, *zweitens* die aus diesem Zerfallsprozess resultierende rasche Aufeinanderfolge von außenpolitischen Innovationen in Form einer beschleunigten europäischen Integration, der Ausdehnung von EU und NATO sowie von NATO-Einsätzen außerhalb des herkömmlichen Einzugsgebietes, *drittens* die bis ins berufliche und private Leben gehende Erfahrung der nachhaltigen Verkürzung des Zeitraums politischer, lokaler, ideenmäßiger, beruflicher wie privater Bindungen. Die herkömmlichen Parteibindungen werden in Frage gestellt, die Gewerkschaften verlieren in ganz Europa in massiver Weise Mitglieder, der lebenslange Beruf wird zum bestaunten Sonderfall. Manch einer hat beim Eintritt ins Ministeramt schon eine lange Geschichte des Wechsels religiöser, sektenmäßiger und ideologisch-politischer Orientierungen hinter sich.

Wer sich in derartigen Situationen beschleunigten politischen wie sozialen Wandels orientieren will, sucht meist bewusst und gezielt nach normativen Leitlinien – notfalls nur für den Augenblick, zur Lösung eines akuten Problems. In länger dauernden und äußerlich stabilen Situationen dagegen schienen die normativen Vorgaben oftmals als so selbstverständlich, dass naive Gemüter und Voreilige schon den Verzicht darauf proklamieren konnten. Der verborgene Normativismus vieler prominenter Theorieangebote ist – vor allem durch die scharfsinnige Kritik Karl Poppers und seiner Schüler – dekonstruiert worden. Selbst die Werturteilsfreiheit in den Sozialwissenschaften ist heute als pragmatisches und heuristisches Forschungsinstrument erkannt und von dem ideologischen Ballast, so durch bußfertige Entsagung auf direktem Wege zur Schau der wissenschaftlichen Wahrheit gelangen zu können, befreit worden. Beinahe jeder kann nun Fakten und Normen unterscheiden.

Der *neue Normativismus* unterscheidet sich von traditionellen Formen in mehrfacher Hinsicht. Er hat die Einsichten von Karl Popper und seinen Schülern Paul Feyerabend, Imre Lakatos und Thomas Kuhn nachvollzogen, dass wissenschaftliche Aussagen immer eines Rahmens bedürfen, in dem sie bestätigt oder widerlegt werden können. Unabhängige, für sich existierende Wahrheiten werden nicht mehr angenommen, während die *herkömmlichen Normativismen* meistens *ontologisch* ausgerichtet waren, d. h. die objektive Wahrheit auch ihrer wertmäßigen Behauptungen unterstellt haben, selbst wenn ihre Beweisführungen durchweg nicht einmal die Qualität der klassischen Gottesbeweise zu erreichen vermochten. Es ist charakteristisch für die verschiedenen Formen des alten Normativismus, Normen zu positivieren: entweder als ewige, überzeitliche Tatbestände und Ideen oder aber als geschichtsphilosophische Notwendigkeiten, um so das mit subjektivem Willen angestrebte Ziel als objektives Resultat von Gesetzmäßigkeiten erscheinen zu lassen. Die Normativität wurde in der Prozesshaftigkeit verborgen, so dass man hier durchaus von einem Kryptonormativismus reden kann.[10]

---

[9]   Dazu vor allem: Richard Rorty: Kontingenz, Ironie und Solidarität. Frankfurt 1989 (zuerst als Contingency, Irony, and Solidarity. Cambridge/Mass. 1989). Ähnlich argumentiert Michael Th. Greven: Die politische Gesellschaft. Kontingenz und Dezision als Probleme des Regierens und der Demokratie. Opladen 1999.

[10]   Vgl. zum Hintergrund dieses Gedankens Albrecht Wellmer: Der heimliche Positivismus der Marxschen Geschichtsphilosophie, in ders., Kritische Gesellschaftstheorie und Positivismus. Frankfurt 1969, S. 69–127.

Der traditionelle Normativismus hat Normen entweder einfach nur gepredigt oder aber in einer Weise zu begründen versucht, die schon von den Anhängern der jeweils anderen Konfession nicht mehr nachvollzogen werden konnte. Die Behauptung, Normen seien in irgendeinem tieferen Sinn in der Realität verankert, konnte keine Verbindlichkeit schaffen, weil sie auf Spekulation begründet war. Hinzu kam, dass der Übergang von den allgemeinen Grundsätzen zum praktisch-politischen Handeln im alten Normativismus mit unterkomplexen Mitteln, nämlich vermittelst so prekärer Tüchtigkeiten wie Erfahrung und Urteilskraft versucht wurde. Die neueren Normenbegründungsverfahren arbeiten demgegenüber sowohl in ihrer diskursethischen wie auch in ihren verschiedenen kommunitarischen Varianten mit reflexiven Argumentationstechniken. Im ersten Fall richtet sich die Reflexion auf die Bedingungen der Möglichkeit von Diskursen, im zweiten Fall auf deren reale gesellschaftliche Grundlagen. Die Methode aber ist verwandt. Es handelt sich um eine rekonstruktive, kritische Hermeneutik. Der neue Normativismus geht von der Sphärentrennung verschiedener Bereiche des Erkennens wie des politisch-praktischen Handelns aus. Sein und Sollen werden konsequent voneinander geschieden. Aus einer Seinsaussage folgt nur dann eine normative Forderung, wenn mindestens ein normativer Satz hinzugenommen wird.

Dazu ein einfaches Beispiel. Aus dem empirisch zu überprüfenden Satz: „Bei dieser politischen Entscheidung war Korruption im Spiel" folgt nur dann, dass sie falsch und zu revidieren ist, wenn der zusätzliche und normativ zu begründende Satz „Korruption ist abzulehnen" hinzugenommen wird. In die Begründung, warum Korruption abzulehnen sei, können zwar Faktenaussagen eingehen, wie z. B. die Erkenntnis, dass durch sie die Transaktionskosten steigen, aussichtsreiche Wettbewerber verdrängt und dadurch höhere Produktpreise verursacht werden. Normativ folgenreich ist dies wiederum nur dann, wenn ein weiterer Satz hinzugenommen wird: Der Preis soll möglichst niedrig sein. In einfachen ökonomischen Modellen kann dieser Satz schlicht vorausgesetzt werden, so dass seine fundamentale normative Qualität leicht übersehen wird. In der politischen Sphäre muss zwischen wesentlich komplexeren Möglichkeiten abgewogen werden. Eine Regierungslehre, die sich als Betriebswirtschaftslehre des Staates verstehen wollte, wäre zum Scheitern verurteilt, weil die Grundprämisse im politischen Feld nicht so einfach wie in der Ökonomie zu wählen ist.[11] Gibt es in der politischen Sphäre überhaupt ein funktionales Äquivalent zur ökonomischen Steuerungswirkung des Preises? Auf jeden Fall kein so leicht zu berechnendes, so dass für unterschiedliche Bereiche und Probleme jeweils eine eigene abwägende Normenreflexion stattfinden muss. Zur Wissenschaftlichkeit gehört es, den heimlichen Normativismus der gängigen Praxis auf dem Wege der Explizitmachung und rationalen Durchstrukturierung vorgegebener normativer Vorstellungen durchschaubar zu machen. Es kommt also darauf an, Normen zu reflektieren, nicht so sehr, diese zu postulieren.

Die Normenreflexion hat also einen kritisch-reflexiven Ausgangspunkt, kann dort allerdings nicht stehen bleiben, sondern wird weitergehen müssen zu den zentralen Fragen der Normenbegründung (ohne überzeugende Begründung können sie in einer Demokratie nieman-

---

[11] Dieses schöne Beispiel stammt von Klaus von Beyme: Theorie der Politik im 20. Jahrhundert. Von der Moderne zur Postmoderne. Frankfurt 1991, S. 340.

dem zugemutet werden), zweitens der praktischen Umsetzung in Anwendungssituationen, drittens der Herstellung einer hinreichend starken Motivation, Regelungen auch einzuhalten, viertens der Institutionalisierung im politischen und gesellschaftlichen System sowie fünftens des Verhältnisses von Ausdifferenzierung und Reintegration moderner Gesellschaften.[12] Die dazu nötige Reflexionsleistung wird aus verschiedenen theoretischen Richtungen erbracht: mit der Diskurstheorie der Politik von Habermas, der reflexiven Hermeneutik des kommunitarischen Politikdenkens, das nach den faktischen Bedingungen der Möglichkeit politischer Integration fragt, von den Theoretikern der Postmoderne, die auf der Suche nach Paradoxien und Aporien den Minimalkonsens herauspräparieren, der je nach Schule Gewaltverzicht, Verbot von Grausamkeiten und Verbrechen gegen die Menschlichkeit, Menschenrechte, Zivilgesellschaft oder Dialogbereitschaft genannt wird.[13] Die unterschiedlichen Richtungen haben hier eine gewisse Annäherung erreicht, der auch Luhmanns „Legitimation durch Verfahren" nicht so fern steht, wie es auf den ersten Blick scheinen mag. Auf der anderen Seite jedoch zeigt sich an der inhaltlichen Beschäftigung mit der Sprache des Hasses und der Beleidigungen, mit den Theorien und Problemen der Globalisierung sowie mit der Frage, welche Rechtsansprüche eigentlich als Menschenrechte ausgezeichnet werden sollten und welche nicht zu ihrem Kern gehören, dass dieser Minimalkonsens nicht ausreicht und dass der neue Normativismus vor einer eindrucksvollen Reihe unbeantworteter, aber dringlicher Fragen steht. Diese Darstellung neonormativistischer Ansätze ist also als Zusammenfassung des bislang erreichten Standes der Theoriebildung mit einem Ausblick auf die offenen Fragen zu lesen.

Ein besonderes zeitdiagnostisches Interesse ist nur den wenigsten politiktheoretischen Arbeiten eigen. Einige Bereiche des Faches wirken deshalb nicht fruchtbarer als die Sahelzone. Theorie wird häufig nur um der Selbstbeschäftigung willen betrieben. Theoretisches Denken ist aber nur dann sinnvoll, wenn es in einem sowohl engen als auch spannungsreichen Zusammenhang mit gegenwärtigen Fragestellungen und Problemen entwickelt wird, denn Theorie ist „ihre Zeit in Gedanken gefasst", und sie stellt immer den Versuch einer Antwort auf Kernprobleme des Verhältnisses von Staat, Markt und Zivilgesellschaft dar.[14] Vor allem im Globalisierungskapitel wird deutlich werden, dass wirkliche Theorie sich aber unter keinen Umständen mit den simplifizierenden Antworten zufrieden geben darf, von denen die Populärliteratur zu diesem Thema voll ist. Das Denken muss den Mut haben, auch offene Problemsituationen als solche zu begreifen und auf die einfachen populistischen Ratschläge zu verzichten bzw. deren innere Widersprüchlichkeit aufzuzeigen. Es ist keine Schwäche, sondern gerade die widerständige Stärke theoretischen Denkens, wenn es simple, aber nur scheinbar praktikable Antworten verweigert – jedenfalls dort, wo deren Nichtfunktionieren schon abzusehen ist.

Ursprünglich war dieses Buch nur als Ergänzung gedacht gewesen, um offenkundige Lücken zu schließen. Nachdem aber ein großer Teil der Studierenden und die meisten Praktiker des politischen und sozialen Feldes sich gähnend von den erstarrten Theorieressourcen der abgelaufenen Jahrzehnte abgewendet haben, konnten die hier in den Mittelpunkt gestellten Theo-

---

[12] Diese fünf Fragen der Begründung, Anwendung, Motivation, Ausdifferenzierung und Institutionalisierung habe ich systematisch an zwölf gegenwärtigen Konzeptionen politischer Ethik behandelt in Walter Reese-Schäfer: Grenzgötter der Moral. Der neuere europäisch-amerikanische Diskurs zur politischen Ethik. Frankfurt 1997.

[13] Ähnlich Klaus von Beyme, Theorie der Politik (a. a. O.), S. 358f.

[14] G. W. F. Hegel: Rechtsphilosophie, Werke Bd. 7. Hg. Moldenhauer/Michel. Frankfurt 1970, Vorrede, S. 26.

rieansätze entscheidend an Boden gewinnen.[15] Was ursprünglich als Sammlung der Heterodoxie geplant war, zielt mittlerweile längst ins Zentrum des Diskurses. Womöglich werden
einige Leser den Einwand erheben, hier würden Theorien wie die deliberative Demokratie
und die Diskursethik von Jürgen Habermas etwas zu knapp behandelt. Diese Leser seien auf
meinen Band „Jürgen Habermas" sowie auf die zusammenfassende Darstellung der Diskursethik in meinen „Grenzgöttern der Moral"[16] verwiesen. Ich sah keinen Sinn darin, diese
Überlegungen hier zu wiederholen, auch wenn von der qualitativen Bedeutung seiner Theorie her Jürgen Habermas mehr Seiten zustehen würden. Die Dichte der Darstellung in dem
hier vorgelegten Habermas-Kapitel wird alle diejenigen entschädigen, die die *direttissima*
zum politikwissenschaftlich relevanten Kerngedanken suchen. Knappheit der Präsentation ist
immer dort möglich, wo die Diskussion schon einen entsprechenden Grad an Klarheit erreicht hat. Vergleichbares gilt für die feministische Politiktheorie, wo ich mich auf die neuere
Entwicklung, nämlich auf eine Theoretikerin konzentriert habe, die weder in Europa noch in
den USA bislang in der ihr gebührenden Intensität rezipiert wird.[17]

In der Darstellungsweise geht es nicht nur darum, die innere Struktur und den inneren Aufbau von theoretischen Konzepten verständlich darzulegen, sondern darüber hinaus dort, wo
es sinnvoll ist, diese Theorien auch in ihrem politischen und gesellschaftlichen Zusammenhang zu begreifen. Ideen entstehen immer in Kontexten. Der Kontext allein hat allerdings
keine kritische Qualität. Theorien und Gedanken werden von mir immer erst dann kritisiert,
wenn sie auch immanent Unstimmigkeiten und Fehler aufweisen. Die philosophischen Überlegungen z. B. Taylors zur Ontologie des modernen Selbst müssen deshalb auch mit philosophischen Argumenten problematisiert und nicht allein dem politischen Einwand ausgesetzt
werden, dass sie zu bedenklichen Konsequenzen führen könnten. Es gibt richtige Gedanken,
deren Konsequenzen bitter sind. Bloße äußerliche Ideologiekritik, die nicht mehr nach der
internen Gedankenqualität fragt, ist dem hier praktizierten methodischen Ansatz fremd. Die
Universalisierungstheorien werden zunächst in ihrer philosophischen Fragwürdigkeit, erst
anschließend und in zweiter Linie in ihrer sozialen Funktion kritisiert. Diesen Grundregeln
kritischer Hermeneutik habe ich mich im gesamten Text verpflichtet gefühlt, so dass politiktheoretische, philosophische und praktisch-politisch ausgerichtete Passagen einander ab-
wechseln.

---

[15] Für die kommunitarische Praxis habe ich einen Überblick gegeben in dem Artikel Walter Reese-Schäfer:
Neuere Entwicklungen kommunitarischer Politik. Forschungsjournal Neue Soziale Bewegungen, 12. Jg. 1999,
H. 2, S. 65–76.

[16] Walter Reese-Schäfer: Jürgen Habermas. Frankfurt und New York 3. Aufl. 2001; ders.: Grenzgötter der Moral.
Der neuere europäisch-amerikanische Diskurs zur politischen Ethik. Frankfurt 1997 (dieser Band ist inzwischen als CD-Rom beim Autor erhältlich: reeseschaefer@hotmail.com).

[17] Einen ebenso hilfreichen wie handlichen Überblick über den Diskussionsstand vor Judith Butler geben Hans J.
Lietzmann, Stefanie Sifft und Susanne Zwingel in dem Reader Demokratie und Geschlecht. München 1999.

2 Jürgen Habermas und die deliberative Demokratie

Das Konzept von Habermas steht an erster Stelle, weil hier viele der Grundbegriffe auftreten, auf welche die anderen Ansätze politischen Denkens sich beziehen. Das Modell der deliberativen Demokratie ist ein Versuch, die Diskursethik von Jürgen Habermas auf den Bereich des Politischen praktisch anzuwenden. Praktische Anwendung bedeutet hier etwas vollkommen anderes als den Erlass von Ausführungsbestimmungen einer vorgefertigten normativen Theoriekonzeption, sondern vielmehr die praktische Interpretation politischer Strukturzusammenhänge mit den Methoden von Habermas' kritischer Hermeneutik. Schon seine Diskursethik war reflexiv konstruiert gewesen. Sie hat nicht eine von ihm für richtig gehaltene Ethik vorgegeben, sondern versucht umgekehrt in der nachträglichen, also reflexiven Interpretation dessen, was wir in kommunikativen Verständigungsprozessen immer schon tun, die Voraussetzungen und Anforderungen erfolgreicher Verständigung aufzuspüren. Die Diskursethik muss dann nicht bestimmte inhaltliche Werte, über die man immer in Streit geraten könnte, wie zum Beispiel die Menschenrechte predigen, sondern sie kann stattdessen in einer nüchternen, fast juristisch zu nennenden Außenperspektive die Prozeduren der gleichberechtigten Verständigung beschreiben. Wenn diese Prozeduren faktisch eingehalten werden, dann muss das Ergebnis auch als „gerecht" angesehen werden, während man über inhaltliche Gerechtigkeit endlos streiten könnte. Habermas lehnt sich hier eng an das juristische Modell an: wenn es ein faires Verfahren gegeben hat, in dem beide Seiten gehört und die Gesetze beachtet wurden, dann kann das Urteil auch als gerecht angesehen werden. Es muss nicht mehr an einer substantialistischen Vorstellung von Gerechtigkeit gemessen werden, die jeder je nach seiner eigenen Gerechtigkeitskonzeption aus seiner Individualinterpretation dessen, was er oder sie für Recht hält, abgeleitet hat.

Der Ansatz von Habermas ist reflexionstheoretisch gesehen eine komplexe gegenstrebige Fügung von normativen und faktischen Elementen. Seine Demokratietheorie wird eindeutig in normativer Absicht vorgetragen, denn er will jene Prozeduren herausarbeiten, bei deren Einhaltung eine Entscheidung berechtigterweise als demokratisch gelten kann. Er fordert ausdrücklich, dass konkrete Entscheidungsprozesse sich möglichst an dieses deliberative Modell annähern sollen. Es genügt dann, die Einhaltung dieser Prozeduren empirisch zu beobachten und zu überprüfen, so dass eine Ebene der Quasi-Objektivität entsteht und nicht jede Einzelentscheidung wieder an eine Einzelwertvorstellung zurückgebunden werden muss.

Die deliberative Demokratie von Habermas gewinnt ihre Konturen, wenn man sie abgrenzt vom *liberal-rechtsstaatlichen* Demokratiemodell der Privatinteressenkompromisse einer von einer politischen Klasse regierten entpolitisierten Bevölkerung auf der einen und einem *bürgerrepublikanischen* Modell der politischen Selbstorganisation der aktivierten und politisierten Bürger auf der anderen Seite. Die deliberative Demokratie vertritt stärkere normative Ansprüche als die liberale, aber schwächere als die bürgerrepublikanische Strategie, die sie für eine rousseauistische Überforderung der Bürger hält. Vom liberal-rechtsstaatlichen Modell übernimmt sie die verfassungsmäßige Institutionalisierung der Entscheidungsprozesse, die nicht davon abhängig sein sollen, ob die Bürger auch hinreichend aktiv und kollektiv handlungsfähig sind. Vom republikanischen Modell wird eine stärkere Orientierung auf den realen Meinungs- und Willensbildungsprozess in einer diskutierenden Öffentlichkeit übernommen. Parlamente wären falsch interpretiert, würde man sie bloß als diskutierende Gremien auffassen. Sie sind vor allem Entscheidungsinstanzen. Ihre Diskussionsprozesse stehen von Anfang an unter der Prämisse der Entscheidungsorientierung. Dennoch haben parlamentarische Diskussionen auch eine kommunikative Seite, die ihnen mit den Verständigungsprozessen der demokratischen Öffentlichkeit, der Medien und der vielfältigen Körperschaften gemeinsam ist. „Der Kommunikationsfluss zwischen öffentlicher Meinungsbildung, institutionalisierten Wahlentscheidungen und legislativen Beschlüssen soll gewährleisten, dass der publizistisch erzeugte Einfluss und die kommunikativ erzeugte Macht über die Gesetzgebung in administrativ verwendbare Macht umgeformt werden."[18] Neben die Sphäre der Ökonomie und des Staates stellt Habermas so die dritte Ebene der Zivilgesellschaft. Auch der Liberalismus hatte Staat und Gesellschaft unterschieden, die bürgerliche Gesellschaft aber vor allem als den Bereich der Privatwirtschaft verstanden. Bei Habermas wird von der Wirtschaft und von der öffentlichen Administration die weitere Ebene der Zivilgesellschaft abgegrenzt, die neben die Ressourcen Geld und administrative Macht die Ressource Solidarität bzw. kommunikative Macht stellt.

Ressource	System	Bereich
administrative Macht	Politische Administration	Staat
Geld	ökonomisches Handlungs-system	Markt
Solidarität	Öffentliche Kommuni-kationsnetze	Zivilgesellschaft

Abbildung: Deliberative Demokratie

Aus dem komplexen Zusammenspiel dieser drei Ressourcenbereiche organisieren moderne Gesellschaften ihren Integrations- und Steuerungsbedarf. Für einen Theoretiker wie Habermas sind alle Konzepte einer Wirtschaftssteuerung durch das politische System überholt. Er verwirft aber auch das neoliberale Modell, das dem Markt die Leitfunktion auch gegenüber der marktförmig zu organisierenden und zu verschlankenden öffentlichen Verwaltung zuweist.[19] Stattdessen setzt er auf die Interaktion, die unter anderem auch das Medium des Rechts ins Feld führen kann gegen die Übergriffe aus den Sphären des Geldes und der politischen Macht. Habermas baut also nicht wie der Liberalismus auf die bürgerliche Gesellschaft, sondern vielmehr auf die Bürgergesellschaft.

---

[18] Jürgen Habermas: Faktizität und Geltung. Beiträge zur Diskurstheorie des Rechts und des demokratischen Rechtsstaats. Frankfurt 1992, S. 362f.

[19] vgl. dazu Walter Reese-Schäfer: Politische Theorie der Gegenwart in fünfzehn Modellen. München und Wien 2006, besonders die Kapitel über Hayek, Ludwig von Mises, Murray Rothbard und Michel Foucault, S. 14–51.

Deren Einfluss über Verfahren und Kommunikationsvoraussetzungen soll nach der Konzeption der deliberativen Demokratie keineswegs den Prozess des Regierens und Verwaltens den populistischen Stimmungen aktivierter Bürger aussetzen, sondern im Gegenteil zu einer diskursiven Rationalisierung von Entscheidungen beitragen. Dieser Rationalisierungsbegriff verdient eine nähere Betrachtung. Rationalisierung ist weniger als Legitimation, aber mehr als Konstituierung von Macht. Legitimation könnte ja auch eine bloß nachträgliche Bestätigung sein. Die Rationalisierung durch prozedural kontrollierte Diskussion aber trägt auch zur Programmierung der politischen Macht selbst bei und formt deren Inhalte mit. Nur das politische System selbst kann die kollektiv bindenden Entscheidungen beschließen und diese dann durchführen, also im klassischen Sinne handeln. Die Kommunikationsstrukturen der Öffentlichkeit bilden demgegenüber so etwas wie „ein weitgespanntes Netz von Sensoren"[20], die nicht selber *regieren* können, aber doch auf gesellschaftlich verbreitete Meinungen und Probleme *reagieren*. Die kommunikative Macht kann nicht selber Herrschaft ausüben, wohl aber den Prozess der politischen Herrschaftsausübung durch ihren zivilgesellschaftlichen Einfluss in bestimmte Richtungen lenken.

Mit dieser Unterscheidung zwischen Macht und Herrschaft bewegt Habermas sich im Rahmen der Grundbegrifflichkeit Max Webers. Macht bedeutete bei diesem die Chance, innerhalb einer sozialen Beziehung seinen Willen auch gegen Widerstreben durchzusetzen, unabhängig davon, worauf diese Chance beruht. Sie könnte z. B. auch auf einer bloßen diskussionsmäßigen Überlegenheit beruhen. Herrschaft dagegen ist die Chance, innerhalb einer gegebenen institutionellen Ordnung für eine Anordnung bei bestimmten zu benennenden Personen Gehorsam zu finden. Herrschaft ist also an Institutionen gebunden, Macht dagegen funktioniert auch in nicht genau bestimmbaren und durchorganisierbaren Verhältnissen wie eben in der von Habermas für so wichtig gehaltenen Zivilgesellschaft. Ohne die systemische Umsetzung in Herrschaft kann sie aber keine rechtsstaatlich-demokratische Handlungseffizienz entfalten.

Diese Orientierung an Weber führt bei Habermas zu einer Grundsatzkritik an Rousseaus Idee der Volkssouveränität, derzufolge Demokratie die autonome Entscheidung des im Prinzip auch körperlich anwesenden Volkes sein muss, welches in Grundsatzfragen nicht vertreten werden kann. Der Vorwurf lautet, Rousseau habe die absolutistische Lehre der Staatssouveränität auf die Volkssouveränität übertragen und damit ein potentiell totalitäres Modell geschaffen. Der Staat wird so zu einem Machtkonzentrat und einzelnen Subjekt hochstilisiert, welches auch dadurch nicht erträglicher wird, dass Volk und Staat als identisch betrachtet werden.

Die liberale Kritik daran, dass es gerade darauf ankomme, dem Volkswillen Grenzen zu setzen und diesen nur in bestimmten Prozeduren, nämlich durch repräsentative Organe der Gesetzgebung, durch die Exekutive und durch die Rechtsprechung sowie in Wahlen und Abstimmungen zur Ausübung kommen zu lassen, setzt an die Stelle der souveränen und beliebig handlungsfähigen Bürgerschaft das Modell einer strikten Verfassungsdemokratie – das Subjekt Staat wird ersetzt durch eine im Grunde anonyme Struktur.

Habermas möchte auch hier einen Zwischenweg finden, der an die Stelle des Subjektes der Volkssouveränität die in seiner Analyse subjektlosen Kommunikationsprozesse setzt, also den Fluss der diskursiven Meinungs- und Willensbildung.[21] Die Volkssouveränität bringt sich also als kommunikativ erzeugte Macht wieder zur Geltung, wird aber in prozeduralisti-

---

[20] Jürgen Habermas, Faktizität und Geltung, S. 364.
[21] Ebenda, S. 365.

schen Verfahren eingebunden und beeinflusst nur das ausdifferenzierte politische System, ohne sich wie bei Rousseau unvermittelt an dessen Spitze zu setzen. Selbst wenn es hart auf hart kommt, wird die kommunikative Macht allenfalls „im Modus der Belagerung" ausgeübt und wirkt auf die politischen Urteils- und Entscheidungsprozesse „ohne Eroberungsabsicht" ein.[22] Die Sphärengrenzen zwischen dem politischen System und der diskutierenden Öffentlichkeit werden also eingehalten. Es ist Habermas sehr wichtig, die rechtsstaatlichen Ausdifferenzierungsgewinne der Moderne nicht aufs Spiel zu setzen, aber dennoch die demokratische Öffentlichkeit stärker ins Spiel zu bringen, als dies im demokratietheoretisch vorherrschenden Modell der Elitendemokratie einer politischen Klasse vorgesehen war.

Der für die Zivilgesellschaft charakteristische Grundbegriff „Einfluss" ist in dieser Form von Talcott Parsons eingeführt worden.[23] Einfluss kann als Steuerungsmedium innerhalb der Trias Staat-Markt-Zivilgesellschaft so verortet werden:

Sphäre	Medium	Mittel	Formalisierungsmodell
Staat	administrative Macht	legitime Gewalt- anwendung	Öffentliche Institutionen
Markt	Geld	Zahlung/Nichtzahlung	private Organisationen
Zivilgesell- schaft	Einfluss	Überzeugung und Über- redung	Kommunikation

Abbildung: Gesellschaftliche Steuerungsmedien

Die Idee der Zivilgesellschaft erscheint als ein soziologisch-praktischer Verifikationsversuch des zunächst rein normativ-reflexiven Konzepts der Diskursethik. Institutionenanalytisch-politiktheoretisch dagegen ist dieses Modell der deliberativen Demokratie noch kaum ausgearbeitet, d. h. die eigentliche Arbeit der politischen Wissenschaft hat Habermas bewusst übersprungen[24] – wie er überhaupt in der Entwicklung seiner Grundkonzepte eine auffällige und oft beklagte Distanz zur Politikwissenschaft hält. Seine Theoriekonzeption hat aber dennoch einige Ausstrahlung gehabt und wird derzeit in einem engen diskursiven Austausch vor allem mit amerikanischen Autoren wie Joshua Cohen und Frank Michelman weiterentwickelt, auch wenn ältere Fachvertreter in den „deliberierenden Bürgern"[25] von Habermas immer noch eher delirierende Bürger sehen möchten.

Joshua Cohen hat ein sehr weitgehendes Modell deliberativer Demokratie entwickelt, welches im Grunde den gesamten politischen Prozess nach dieser Vorgabe umorganisieren möchte. Der von Habermas so sehr betonte Differenzierungsvorteil von Institutionalisierungsprozessen im politischen System würde dann verloren gehen. Die Grundcharakteristika des Modells von Cohen lohnen jedoch eine Darlegung, weil man sich auf dieser Basis vorstellen kann, wie es in der Praxis funktionieren soll. Cohen definiert deliberative Demokratie als Zusammenschluss von Menschen, deren Angelegenheiten durch öffentliche Deliberation

---

[22]   Ebenda, S. 626.

[23]   Talcott Parsons: Über den Begriff „Einfluß", in ders.: Zur Theorie der sozialen Interaktionsmedien. Hg. und eingel. von Stefan Jensen. Opladen 1980, S. 138–182.

[24]   Vgl. Jürgen Habermas: Faktizität und Geltung, S. 350.

[25]   Sprachlich schreckt er nicht einmal vor dieser Wendung zurück, vgl. Jürgen Habermas: Die Einbeziehung des Anderen. Studien zur politischen Theorie. Frankfurt 1996, S. 287. Sprachempfindliche Gemüter berichten aber auch bei jüngeren Studenten schon Fälle von Lektüreverweigerung.

ihrer Mitglieder verwaltet werden.[26] Legitimationsbasis ist die freie Beratung unter sich pluralistisch verstehenden Gleichen. Die Regeln der Vereinigung sollten dabei so beschaffen sein, dass diese selber schon Ergebnis einer derartigen Beratung sind. Die demokratischdeliberative Beratungsstruktur sollte sich darüber hinaus auch durch transparente Strukturen in allen konkreten Beratungsergebnissen nach Möglichkeit sichtbar niederschlagen.[27]

Es handelt sich also um ein formal-strukturelles Konzept, auch wenn seine ideengeschichtlichen Wurzeln in eher substantialistische radikaldemokratische und sozialistische Kritiken an der Politik fortgeschrittener Industriegesellschaften zurückreichen. Die Erfahrungen in den vielfältigen basisdemokratischen Versammlungen und Organisationen der alten und neuen Linken, in denen Diskussionen immer wieder mit Geschäftsordnungstricks und Entscheidungsdruck illegitim verkürzt worden waren, legen die Betonung dieser prozeduralen Faktoren nahe. Die Linke, die herkömmlicherweise eher an substantiellen Ergebnissen als an Formalitäten interessiert war, hat sich aus bitteren eigenen Erfahrungen dem liberalen Modell der rechtsstaatlich geordneten Demokratie angenähert, will allerdings formaldemokratische Verfahrensweisen bis weit in die zivilgesellschaftliche Grundstruktur hinein ausweiten. Die unzähligen Bürgerinitiativen, Assoziationen, Organisationsgründungen, die insgesamt zum bunten basisdemokratischen Gesamtbild beigetragen haben, waren intern keineswegs notwendigerweise und selbstverständlich deliberativ im Sinne der oben genannten Bedingungen durchstrukturiert gewesen – das ist es, was die deliberative Demokratie anmahnt. Sie wäre aber keine linke Idee, wenn sie nicht zugleich ihr Konzept als Modell zur Reform der Gesamtgesellschaft anbieten würde.

Die Grundbedingungen des Konzepts der deliberativen Demokratie sind folgende:

1. Die Deliberation ist frei. Die Teilnehmer dürfen also nicht durch Autorität oder vorher festgelegte Normen und Anforderungen außer denen der Deliberation selber gebunden sein.
2. Die Teilnehmer setzen voraus, dass sie sich am Ende der Deliberation durch die Resultate auch gebunden fühlen und diese ausführen.
3. Die Deliberation muss auf Argumenten basieren. Alle Vorschläge, alle Unterstützung und Kritik müssen begründet werden.
4. Es darf nur ein einziger Zwang ausgeübt werden, nämlich gemäß dem Habermas-Prinzip der Diskursethik der zwanglose Zwang des besseren Arguments.
5. Jede kollektive Entscheidung sollte auf deliberative Weise gemacht werden und nicht bloß nachträglich geprüft werden, ob sie auch mit den Prinzipien der Deliberation übereinstimmen würde.
6. Jeder hat ein gleiches Rede- und Stimmrecht, d. h. alle Teilnehmer werden formal und substantiell als gleich angesehen.
7. Schon bestehende Rechtsansprüche innerhalb der Mitgliedergruppe haben keine bindende Wirkung, sondern können jederzeit zur Disposition gestellt werden – mit einer Ausnahme: der Rahmen der Deliberation unter Gleichen muss erhalten bleiben.

Abbildung: Deliberative Demokratie

---

[26] Joshua Cohen: Deliberation and Democratic Legitimacy, In: James Bohmann und William Rehg: Deliberative Democracy. Essays on Reason and Politics. Cambridge/Mass. und London 1997, S. 67–92, hier S. 67.

[27] Ebenda, S. 72f.

Hier liegt das Idealmodell vor, gegen das eine Vielzahl von Einwänden möglich ist und auch erhoben wird. Ein naheliegender Einwand ist der, dass es aktivistische und ständig zu Beratungen bereite Bürger voraussetzt. Es schafft Unsicherheit, wenn wohlerworbene Rechte und Routinen ständig wieder zur Disposition gestellt werden. Das Modell könnte sogar sektiererische Züge bekommen, weil Ansehen, Besitz und wohlerworbene Ansprüche nur dann etwas gelten, wenn sie auch im Deliberationsprozess zur Geltung gebracht und behauptet werden können. Die besten Begründungsredner in der besten Tagesform werden dann zur herrschenden Klasse: eine Veranwaltlichung der Welt könnte drohen. Im Endeffekt ist die Mehrheitsregel ausschlaggebend und kann in alle Lebensbereiche eingreifen, weil im Prinzip kein Bereich aus dem diskursiv Verfügbaren ausdifferenziert wird: nicht die Privatsphäre, nicht das Eigentum, nicht die Wirtschaft etc. Die amerikanische Verfassung enthält demgegenüber ausdrückliche und bewusst gewollte Beschränkungsregeln. Sie benennt Kernbereiche und empfindliche Themen, zu denen der Kongreß ausdrücklich kein Gesetz erlassen darf: „Congress shall make no law respecting an establishment of religion, or prohibiting the free exercise thereof; or abridging the freedom of speech, or of the press; or the right of the people peaceably to assemble, and to petition the Government for a redress of grievances." (First Amendment, 1791) Seitdem hat sich die Tendenz, Funktionssystemen die Entfaltung ihrer Eigenrationalität zur ermöglichen und dadurch den Wohlstand der Gesamtgesellschaft zu erhöhen, weit über den Bereich der Religions-, Presse- und Versammlungsfreiheit hin ausgedehnt. Die Unabhängigkeit der Richter, neuerdings sogar von Zentralbanken ist gerade der Versuch, Bereiche aus der permanenten Deliberation der Gesamtgesellschaft herauszunehmen und nach ihrer bereichsspezifischen Eigenrationalität funktionieren zu lassen.

Eine Selbstbeschränkung der Deliberation auf die Beeinflussung des politischen Systems durch eine nur diskutierende, aber nicht abstimmende Zivilgesellschaft, wie Habermas sie vorschlägt, ist aus diesem Grunde erheblich mehr auf der Höhe der Zeit als eine allgemein reflektierende Gesamtdemokratie, weil sie den Ausdifferenzierungsprozessen heutiger Gesellschaften Rechnung zu tragen versucht. Man wird Cohen zwar zugute halten müssen, dass er nur Bedingungen auf der allerallgemeinsten Ebene formulieren möchte. Aber der Fehler liegt schon in der Wahl dieser Abstraktionsebene, die mit einem basisdemokratischen Prozeduralismus kurzgeschlossen wird, statt zunächst und im Vorwege die gesellschaftlichen Sphären voneinander zu trennen, wie Habermas das immerhin mit den drei Ebenen Staat, Markt und Zivilgesellschaft tut.

Der amerikanische Prozeduralismus rechtsphilosophischer Prägung, der meist an John Rawls anknüpft,[28] neigt ganz anders als die politikpragmatischer argumentierenden amerikanischen Kommunitarier sehr stark zur Wahl der größtmöglichen Abstraktionsebene, weil nur dort die Reinheit des Arguments voll zu Geltung kommen kann. Die politische Realität wird aber durch diesen Argumenttyp weitgehend verfehlt, so dass dieser Ansatz wohl nur in der zivilgesellschaftlich konkretisierten Fassung von Habermas politiktheoretisch ernst genommen werden kann.

Habermas erkennt auch die problematischen Züge der zivilgesellschaftlichen Deliberationsebene: Die prinzipiell unbegrenzten Kommunikationsströme bilden für ihn „einen ‚wilden' Komplex, der sich nicht im ganzen organisieren lässt. Wegen ihrer anarchischen Struktur ist die allgemeine Öffentlichkeit einerseits den Repressions- und Ausschließungseffekten von

---

28   zu Rawls vgl. Walter Reese-Schäfer: Politische Theorie der Gegenwart in fünfzehn Modellen. München und
       Wien 2006, Kap. 1: Eine moderne, sozialliberale Vertragstheorie: John Rawls.

ungleich verteilter sozialer Macht, struktureller Gewalt und systematisch verzerrter Kommunikation schutzloser ausgesetzt als die organisierten Öffentlichkeiten des parlamentarischen Komplexes."[29] Die positive Gegenrechnung besteht in ihrer Möglichkeit, Kommunikationsgrenzen und sogar Tabus nicht anzuerkennen, neue Probleme sensibler aufnehmen zu können und selbst kollektive Identitäten und Bedürfnisse direkter artikulieren zu können als in formalisierten Institutionen.

Habermas versucht die Grenzen zwischen dem prinzipiell unbeschränkten Diskurs und dem Rechtsschutz am Beispiel der Privatsphäre so zu rekonstruieren, dass zwar alles Gegenstand öffentlicher Diskussionen werden darf, aber nicht der politischen Regelung. Er macht es sich in diesem Punkt allerdings sehr einfach: „Über etwas reden ist nicht dasselbe wie dem anderen in seine Angelegenheiten hineinreden. Gewiss muss der Intimbereich gegenüber Zudringlichkeiten und kritischen Blicken Fremder geschützt bleiben; aber nicht alles, was den Entscheidungen von Privatleuten vorbehalten ist, ist der öffentlichen Thematisierung entzogen und gegen Kritik geschützt. (...) Mit Hilfe dieser Unterscheidung kann man sich leicht klarmachen, dass das liberale Bedenken gegen eine Entgrenzung des öffentlichen Themenspektrums, soweit nur die persönliche Integrität des Einzelnen gewahrt bleibt, hinfällig ist."[30]

Mittlerweile kann jedoch längst von einer beliebigen Entgrenzung öffentlicher Diskurse und der Tendenz einer Politisierung aller, auch der intimsten Fragen gesprochen werden. Es gibt gerade auch innerhalb des zivilgesellschaftlichen Aktivismus so etwas wie eine Abneigung gegen den Schutz der Privatsphäre überhaupt, der zurückreicht in die Jahre der weltweiten Studentenbewegungen, als zunächst noch mit emanzipatorischer und antirepressiver Absicht die Forderung aufkam, gerade das Allerprivateste zu politisieren. Im modernen Feminismus hat mittlerweile eine Diskussion um neue Trennlinien zwischen dem Öffentlichen und dem Privaten eingesetzt, nicht nur, um in liberaler Weise das Private vor dem öffentlichen Ein- und Übergriff zu schützen, sondern auch umgekehrt, „das Öffentliche vor dem intimisierten Habitus moderner Privatheit." Barbara Holland-Cunz begreift dies ausdrücklich als formal-prozedurale, nicht als inhaltliche Trennlinie.[31]

Faktisch hat Habermas allerdings recht: der Diskurs der Zivilgesellschaft ist formal wie thematisch unbeschränkt. Die Schranken allerdings allein in die institutionell-politische Sphäre zu verlegen, die doch gerade nach seinem Modell nicht abgeschottet, sondern vielmehr in einer dichten Interpenetration mit der deliberativen Öffentlichkeit stehen soll, greift zu kurz. Hier sind Diskussionsbeiträge wie die von Barbara Holland-Cunz erwünscht, die gerade dazu beitragen können, den Diskurs der Zivilgesellschaft selber zu zivilisieren. In diesem Bereich können nur Strategien kluger und weiser Selbstbegrenzung greifen – nach dem Modell des Alltagslebens, wo man die meisten Lokale unbewaffnet und angstfrei betreten kann und selbst im angeblich so rücksichtslosen und chaotischen Straßenverkehr mehrheitlich ein ungewöhnlich ziviles und geradezu rücksichtsvolles Verhalten beobachten kann, was sich auch empirisch im Rückgang der Unfallzahlen bei steigendem Verkehrsaufkommen zeigt.

---

[29] Jürgen Habermas: Faktizität und Geltung, S. 374.

[30] Ebenda, S. 381.

[31] Barbara Holland-Cunz: Die Vergeschlechtlichung des Politischen: Etappen, Dimensionen und Perspektiven einer Theorieinnovation, in Michael Th. Greven und Rainer Schmalz-Bruns (Hg.): Politische Theorie – heute. a. a. O., S. 121–146, hier 136. Vor allem aber hierzu: Beate Rössler: Der Wert des Privaten, Frankfurt am Main 2001.

Die politisch-institutionelle Sphäre ist aus systemischen Gründen eher machtlos und steuerungsunfähig gegenüber den Debatten der Zivilgesellschaft, weil jeder auch nur ansatzweise Versuch der Diskursbegrenzung z. B. durch Gesetze als Maulkorb verstanden würde und die investigative Suchanstrengung sowie das Nachredebedürfnis vor allem, was sexuelle Details bei Politikern und anderen Offiziellen angeht, sogar eher noch erhöhen würde. Hier kann ausschließlich auf eine Entwicklung des *common sense* und des guten Geschmacks gesetzt werden. Wenn eine deliberative Zivilgesellschaft zur Bereicherung und Verbesserung der Politik einer Gesellschaft in der Lage sein soll, dann müsste sie auch zu einer ästhetischen Selbsterziehung imstande sein. Nichts anderes hatten die Schriftsteller der europäischen Aufklärung und noch Friedrich Schiller im Sinn, die den Zusammenhang von Schönheit und Würde mit der politischen Freiheit zu einer Zeit diskutiert haben, als die Idee der Zivilgesellschaft zwischen 1767 und 1795 zum ersten Mal auf der Tagesordnung der modernen Politiktheorie stand.[32]

Wenn Deliberationsprozesse politisch erträglich und erfolgreich sein sollen, sind sie „auf Kontexte einer lernfähigen Kultur und eines lernfähigen Personals angewiesen."[33] Dazu gehört eben auch die Bereitschaft zum Lernen und zur Selbstzivilisierung einer Sphäre, deren doch offenbar wohl virtuell vorhandene Kapazitäten zur Selbstregulierung und Selbstkontrolle bislang nur unzureichend entwickelt sind und in der einschlägigen Literatur, die auf derartige Entwicklungsprozesse ja auch einwirkt, kaum behandelt werden. Die wissenschaftliche und politiktheoretische Erforschung der Skandale, durch die sich Teilnehmerzahl und Intensität der öffentlichen Deliberation erhöht und die Fokussierung auf Themenbereiche organisiert, steckt immer noch in den Kinderschuhen. Es liegen zu wenige und zu unsystematische Fallstudien vor, um hier zu heuristisch akzeptablen Hypothesenformulierungen zu kommen – von Theoretisierungsansätzen ganz zu schweigen.

Die deliberative Demokratie nach dem Modell von Joshua Cohen ist für eine klar umgrenzbare Gruppe gedacht. Habermas hat durch die Einbeziehung der politischen Öffentlichkeit und der Zivilgesellschaft eine Öffnung hin auf eine im Prinzip unbestimmte Zahl von Mitspielern ermöglicht. Die Öffentlichkeit ist zunächst einmal nicht mehr als „ein Warnsystem mit unspezialisierten, aber gesellschaftsweit empfindlichen Sensoren".[34] Um auf das politische System einen wirklichen Problemdruck ausüben zu können, bedarf sie der Dramatisierung und Wirkungsverstärkung. Das geschieht über die sozialen Bewegungen, Bürgerinitiativen und Bürgerforen, die politischen Vereinigungen und Assoziationen, die in Habermas' Definition die Gruppierungen der Zivilgesellschaft darstellen.[35] Diese Aufzählung enthält eine Fokussierung auf linksprogressive oder wenigstens dem alternativ-kritischen Milieu angehörige Organisationsformen.

Niklas Luhmann, der diese Theorieanstrengungen von Habermas jahrzehntelang distanziert-kritisch beobachtet hatte, hat denn auch in seiner Studie „Die Politik der Gesellschaft" genau dieses Problem aufgespießt: die neueste soziale Bewegung, sozusagen eine der dritten Generation, ist die der Ausländerfeinde, die in einer ziemlich unzivilen Zivilgesellschaft von der Unterstellung lebt, ihre Aktionen würden von einer breiten Gruppe wohlwollend schweigend

---

[32]   Vgl. Friedrich Schiller: Über die ästhetische Erziehung des Menschen in einer Reihe von Briefen, 1795, und vor allem Adam Ferguson: Geschichte der bürgerlichen Gesellschaft. Frankfurt 1988 (zuerst 1767).

[33]   Jürgen Habermas: Faktizität und Geltung, S. 395.

[34]   Ebenda, S. 435.

[35]   Ebenda, S. 451.

sympathisierender Bürger getragen.[36] Habermas selbst hat allerdings schon die Doppelge-
sichtigkeit vieler sozialer Bewegungen erkannt. Populistische Bewegungen, die blind verhärtete Traditionsbestände verteidigen, sind für ihn antidemokratisch, auch und gerade wenn sie
Mobilisierungsformen verwenden, die ausgesprochen modern sind. Das gilt auch für den Sozialismus: „er wollte in den neuen Verkehrsformen des Industrialismus die alten sozialinte-
grativen Kräfte der Solidargemeinschaften einer versinkenden vorindustriellen Welt retten"[37]
und blickte deshalb wie der römische Gott Janus zugleich nach vorne und zurück. Ähnliche
Doppelaspekte zwischen Modernität und Rückwärtsgewandtheit hatte in der Analyse von
Habermas auch der Faschismus aufzuweisen. Diese Denkfigur des Januskopfes, also eines
Widerstands gegen die Moderne mit durchaus modernen Methoden ist eines der hilfreichsten
und aufschlussreichsten Konzepte der Gegenwartsanalyse und könnte zum Beispiel auch den
Streit als müßig erweisen, ob der politische Islam antimodern oder gerade eine Erscheinung
der Modernisierung ist, weil sich dies als Scheinwiderspruch erweist.

Die Folgerung aus dieser Problematisierung: eine vitale Bürgergesellschaft, wie Habermas
sie sich wünscht, kann sich „nur im Kontext einer freiheitlichen politischen Kultur und ent-
sprechender Sozialisationsmuster sowie auf der Basis einer unversehrten Privatsphäre herausbilden – sie kann sich nur in einer schon rationalisierten Lebenswelt entfalten."[38] Anders
ausgedrückt: eine demokratische und wirklich zivile Zivilgesellschaft ist nur dort möglich,
wo der Liberalismus auf der ganzen Linie gesiegt hat und auf breite in der Bevölkerung habi-
tualisierte Verhaltenstraditionen der rationalen und selbstbewussten Zivilität – oder soll man
vielleicht doch sagen: Bürgerlichkeit? – zurückgreifen kann.

Es handelt sich bei dieser Einschränkung nicht um eine nachträglich gemachte Anpassung an
derartige Einwände, also nicht um eine bloß *ad hoc* entwickelte These. Habermas bewegt sich
hier mit einer außerordentlichen Kontinuität in Gedankenbahnen, die er schon sehr früh vorgetragen hatte und die zunächst auf Unverständnis und Empörung gestoßen sind. Er hatte
nämlich die deutsche Studentenbewegung und vor allem ihren damaligen Sprecher, Rudi
Dutschke, schon 1967 an einem ihrer entscheidenden Wendepunkte vor der Gefahr des
Linksfaschismus gewarnt. Er kritisierte ihren selbstzweckhaften Aktionismus und ihre seltsame Faszination durch Gewalt, die notfalls durch gezielte Provokationen versuchte, die subli-
me Gewalt des politischen und gesellschaftlichen Systems in manifeste Gewalt zu verwandeln
und so Radikalisierungsprozesse bei den auf diese Weise selbstproduzierten Opfern befördern
sollte. Habermas hat sich bei einer Diskussion in Hannover zu folgenden Sätzen provozieren
lassen, die damals vielen als vollkommen überspitzt erschienen, die aber im Licht der eben
vorgetragenen Überlegungen zur Zivilität der aktivbürgerlichen Assoziationen vielleicht eher
verständlich und nachvollziehbar wirken: „Herr Dutschke hat als konkreten Vorschlag nur
vorgetragen, dass ein Sitzstreik stattfinden soll. Das ist eine Demonstration mit gewaltlosen
Mitteln. Ich frage mich, warum er das nicht so nennt und warum er eine Dreiviertelstunde
darauf verwendet hat, eine voluntaristische Ideologie zu entwickeln, die man im Jahre 1840
utopischen Sozialismus genannt hat, die man aber unter heutigen Umständen – jedenfalls
glaube ich, Gründe zu haben, diese Terminologie vorzuschlagen – ‚linken Faschismus' nennen muss".[39] Der darauf folgende Entrüstungssturm hat ihn genötigt, diese Formulierung zu-

---

[36]   Vgl. Niklas Luhmann: Die Politik der Gesellschaft. Frankfurt 2000, S. 317f.

[37]   Jürgen Habermas: Faktizität und Geltung, S. 449 Anm.

[38]   Ebenda, S. 449.

[39]   Jürgen Habermas: Protestbewegung und Hochschulreform. Frankfurt 1969, S. 144f.

rückzunehmen, allerdings mit dem doppelten Hinweis, dass sie doch immerhin nützlich gewesen sei, Diskussionen auszulösen, und dass er, abgesehen von der Vokabel, die Substanz der
Äußerung nach wie vor für richtig halte.[40] Statt einer Zivilgesellschaft hatte sich in der 1968er
Bewegung zunächst eine recht grobianische Provokationskultur entwickelt, die dann auch
konsequenterweise für einige Jahre den Weg in die Gründung von bürgerfernen Sekten und in
den Terrorismus genommen hat, während der größere Teil der einstigen Aktivisten sich in den
errungenen beruflichen Positionen privat verwirklichte. Politische Bühne und Privatheit traten
auseinander, bis der neuerliche Organisationsschub der Alternativbewegung und der Grünen
schließlich doch denjenigen, die den hinreichend langen Atem im Sinne Max Webers hatten,
den Einzug in das politische System ermöglichte.

Schon damals hatte Habermas gesehen, dass die Bewegung von 1968 nur scheinrevolutionär
war und keinen wirklichen Umsturz erzielen konnte. Es konnte nicht darum gehen, als
Avantgarde stellvertretend für die noch nicht aufgeklärten Massen zu handeln, sondern vielmehr darum, die geduldige zivilgesellschaftliche Arbeit der Aufklärung, aber auch der
Selbstveränderung und politischen Integration der zunächst randständigen und sektenhaften
Aufklärer selbst, also der Selbstaufklärung in Angriff zu nehmen. Den militanten Kampf hat
Habermas konsequent und durchgehend abgelehnt und dabei auch nicht gezögert, sein Ansehen aufs Spiel zu setzen. Seine heutige Theorie der deliberativen Demokratie und der Zivilgesellschaft ist im Grunde nur die wissenschaftlich fundierte Ausarbeitung der dreißig Jahre
vorher im Kern schon vorhandenen Intuition.

Die Öffentlichkeit, die den Resonanzboden aller aufklärerischen Aktivitäten abgeben muss,
ist in seiner Sicht keine systemisch verfestigte Institution, sondern ein lebensweltlicher
Kommunikationszusammenhang von Inhalten und Stellungnahmen, letztlich also Meinungen. Ihre Offenheit besteht gerade in ihrer Verwendung der natürlichen Sprache und der
weitgehenden Allgemeinverständlichkeit ihrer Debatten. Sie enthält deshalb in einem Teil
ihrer Ausprägungen eine gewisse Laienhaftigkeit oder, systemtheoretisch ausgedrückt, Entdifferenzierung. Im anderen Teil wirkt sie, weil nicht die Öffentlichkeit, sondern das politische System handelt, auch entscheidungsentlastet und dadurch als Spielfeld von Intellektu-
alisierungen.[41] Die Virtuosen der Formulierungskunst finden hier bevorzugt Gehör. Darin
liegt auch der Grund dafür, dass zu allen Fragen von Krieg und Frieden immer wieder die
Schriftsteller befragt werden, obwohl es eigentlich keinen nachvollziehbaren Grund dafür
gibt, ihnen aufgrund ihrer fiktionalen Textproduktionskompetenz auch eine öffentliche Bera-
tungskompetenz in faktischen Fragen zubilligen zu sollen.

Habermas legt Wert darauf, die Qualität einer öffentlichen Meinungsbildung empirisch messen zu können, nämlich an den „prozeduralen Eigenschaften ihres Erzeugungsprozesses."[42]
Konkret heißt das, auch wenn Habermas diesen Gedanken nicht ausführt: jeder soll die gleiche Chance haben, mitreden zu können. Kommunikative Privilegien gilt es abzubauen bzw.
müssen der selbstkritischen Selbstauflösung ausgesetzt werden, wie dies im Falle der politi-
sierenden Schriftsteller schon seit längerer Zeit geschieht. Öffentlichkeit bleibt nämlich
„letztlich auf die Resonanz, und zwar die Zustimmung eines egalitär zusammengesetzten

---

[40]   Ausführlich habe ich diesen bemerkenswerten Vorgang der deutschen Protestkultur in dem Kapitel „Kritik der
       Gewalt" in meinem Band Walter Reese-Schäfer: Jürgen Habermas. Frankfurt und New York 2. Aufl. 1994
       dargestellt.
[41]   Jürgen Habermas: Faktizität und Geltung, S. 437.
[42]   Ebenda, S. 438.

Laienpublikums"[43] angewiesen. Habermas misst der Umgangssprache und der Verständlichkeit der Kommunikation damit eine ganz elementare demokratische Bedeutung zu. Die Sprache muss zugleich mobilisierende Kraft haben und steht damit in der Gefahr, auch demagogische Züge zu entwickeln. Die Manipulationsgefahr sieht Habermas, hält aber dagegen, dass bei aller Manipulierbarkeit die breite öffentliche Meinung weder öffentlich käuflich noch öffentlich erpressbar ist. Ihr spontaner, lebensweltlicher Charakter bietet ihr einen gewissen Schutz. Zumindest latent enthält sie Ressourcen der Gegenwehr.

Die Zivilgesellschaft ist für Habermas die Sphäre eines selbstorganisierten, assoziativen Kernbereichs, der in der diffusen und auch schwankenden Öffentlichkeit immer wieder versucht, Resonanzen für gesellschaftliche Problemlagen und Thematisierungen zu erzeugen. Die Spielregeln sind liberal: die Versammlungsfreiheit, das Recht, Vereine und Gesellschaften zu gründen, bilden zusammen mit der Freiheit der Meinungsäußerung den breiten Spielraum dieser assoziationalen Strukturbildungen.[44] Dies ist durchaus ein schwankender Boden, der immer wieder gefährdet werden kann, wenn unangenehme Themen aufgeworfen werden. Dann neigt das politische System, wie schon 1967/68 gegenüber den Studenten, zu einer restriktiven Auslegung der Demonstrations- und Versammlungsfreiheit. Die Freiräume müssen in solchen Situationen erst wieder öffentlich und gerichtlich, notfalls mit Anrufung des Verfassungsgerichts, erkämpft und neu festgestellt werden. Darin liegt eine Erklärung für die seltsame duale Struktur der neuen sozialen Bewegungen, „die gleichzeitig offensive und defensive Ziele verfolgen."[45] Offensiv versuchen sie, ihre Themen ins Spiel zu bringen, defensiv versuchen sie, bestehende Gegenöffentlichkeiten und Assoziationsformen gegen staatlichen Druck und gesellschaftlichen Wandel zu erhalten. Die verschiedenen Teilöffentlichkeiten bleiben aufgrund der Verwendung der Alltagssprache füreinander kommunikativ durchlässig. Sie können auch aus diesem Grunde ein lebensweltliches Gegengewicht zu den zunehmend ausdifferenzierten und arbeitsteilig spezialisierten gesellschaftlichen Funktionssystemen bilden.

Habermas ordnet die zivilgesellschaftlichen Organisationsformen in der Tradition eines Topos der Drittweltbewegung der sozialen Peripherie zu, die „gegenüber den Zentren der Politik den Vorzug größerer Sensibilität für die Wahrnehmung und Identifizierung neuer Problemlagen besitzt."[46] Die Beispiele, die Habermas hierzu nennt, mögen eine Vorstellung davon geben, was damit gemeint sein könnte:

- die Bewegung gegen atomares Wettrüsten
- gegen die Risiken der Atomenergie
- gegen andere Großtechnologien
- gegen Genforschung
- gegen Waldsterben und andere ökologische Gefährdungen
- gegen die Verelendungsprozesse in der Dritten Welt
- gegen bestimmte Erscheinungen der Weltwirtschaftsordnung
- der Feminismus.

---

[43]   Ebenda, S. 440.

[44]   Ebenda, S. 445.

[45]   Ebenda, S. 447.

[46]   Ebenda, S. 460.

Fast keines dieser Themen ist von den Experten des Staates, sondern zuerst von Intellektuellen, Betroffenen, „radical professionals" und ähnlichen Aktivisten aufgebracht worden. *Radical professionals* sind solche Aktivisten, die ihr Leben damit zubringen und zum Teil auch ihren Lebensunterhalt damit bestreiten, die Knotenpunkte der Netzwerkkommunikation zu verwalten, Kampagnen und Demonstrationen zu organisieren, die Gründungsprozesse neuer Parteien und andere Organisationen in Kenntnis der partei-, vereins- und steuerrechtlichen Bestimmungen zu begleiten und vor allem als Anwälte in einschlägigen Gerichtsverfahren tätig zu werden. Sie sorgen für die Infrastruktur und die Kristallisierung von Kernen der ansonsten vielfältigen und diffusen zivilgesellschaftlichen Aktivitäten. Insbesondere die Rechtskenntnis und die Vertrautheit mit Organisationsprozeduren sind die Kompetenzressourcen, die sie bereitzustellen vermögen. Sie sind die eigentliche Trägerschicht der Zivilgesellschaft, können sich allerdings die Resonanz nur dort verschaffen, wo die Aufmerksamkeitsprozesse schon Teilgruppen von Bürgern ergriffen haben.

3   Kommunitarische Politiktheorien

Ein Überblick über den heutigen Stand kommunitarischen Denkens kann mittlerweile keine Vollständigkeit mehr beanspruchen. Wer das gesamte Bilderbuch kommunitarischer Theorie aufgeblättert haben möchte, sei auf meine Darstellung in den „Grenzgöttern der Moral"[47] verwiesen. An dieser Stelle, zehn Jahre später, will ich in erster Linie die neueren Entwicklungen zusammenfassend nachtragen sowie die nötigen Erläuterungen im Rückgriff geben, damit dieses Kapitel auch für sich genommen verständlich und lesbar ist.

Inhaltlich zeigte sich, dass die in so vielen Universitätsseminaren durchgespielte Debatte zwischen Liberalismus und Kommunitarismus ausgestanden und überholt ist. Michael Sandel, der diese Debatte maßgeblich angestoßen hatte, hält sich von der kommunitarischen Bewegung fern. Er versucht eher so etwas wie ein Programm der Bürgerwerte und Bürgertugenden, der *republican virtues*, als durchgehenden Faden in der amerikanischen Geschichte aufzufinden bzw. hineinzukonstruieren. Diejenigen, die heute bei den Kommunitariern den Ton angeben, verstehen sich wie Philip Selznick als liberale Kommunitarier oder wie Amitai Etzioni als kommunitarische Liberale. Etzioni, der eine lange Tradition als aktivistischer Vietnamkriegsgegner, Atomkriegsgegner und Campuslinker, also als „Liberaler" im amerikanischen Sinne hat, will sein liberales Element nicht bloß als Nebensache verstanden wissen.[48] Die Dichotomisierungen und falschen Etikettierungen der achtziger Jahren waren zwar insofern anregend gewesen, als sie eine Debatte auf allerhöchstem intellektuellen Niveau ausgelöst hatten. Auffällig war aber trotzdem, und darauf weist Amitai Etzioni als Soziologe mit einem breiteren, in die Wissenschaftstradition bis zu Ferdinand Tönnies und Emile Durkheim zurückreichenden Wissensstand immer wieder hin, dass die akademischen Kommunitarier der achtziger Jahre wie Sandel, Taylor und Walzer in ihren Fußnoten kaum Hinweise auf die Soziologie der Jahrhundertwende geben, und genauso wenig Martin Buber (einen der wichtigsten Lehrer von Etzioni) oder Robert Nisbet, den amerikanischen kommunitarischen Soziologen der fünfziger Jahre überhaupt zur Kenntnis genommen haben. Jene reichhaltige Tradition, die im Grunde schon alle Diskussionspunkte und auch viele Antworten auf heutige Probleme enthält, ist von den akademischen Stars der achtziger Jahre schlicht ignoriert worden. Auf der zweiten kommunitarischen Konferenz im Februar 1999 in Washington wurde die Bemühung deutlich, dies nachträglich aufzuarbeiten und damit auch zu einer soliden ideengeschichtlichen Basierung des eigenen Denkens zurückzukehren.

---

[47]   Vgl. Walter Reese-Schäfer: Grenzgötter der Moral. Frankfurt 1997.

[48]   Vgl. Walter Reese-Schäfer: Amitai Etzioni zur Einführung. Hamburg 2001.

3.1   Die Wiederentdeckung und Neufassung einer alten Idee

Ideengeschichtlich gesehen ist das kommunitarische Denken ein Rückimport von Gedanken aus den USA nach Europa, die ursprünglich vor allem im deutschen Sprachraum, z.T. aber auch in Frankreich entstanden waren. Durch den Umweg über Amerika sind Ideen, die betulich, angestaubt und durch totalitäre Gemeinschaftsideologien diskreditiert erscheinen konnten, revitalisiert und modernisiert worden. Ein Reimport muss ja nichts Anstößiges sein. Das weltweite Hin- und Her der Ideen in einem längst globalisierten Austausch hat vielmehr so etwas wie einen Veredelungsprozess, zumindest eine Purgation in Gang gesetzt.

Die Wege dieses Reimports lassen sich schlaglichtartig konzentriert so nachzeichnen: Der Referenztext allen *community*-Denkens ist Ferdinand Tönnies' soziologischer Klassiker „Gemeinschaft und Gesellschaft" aus dem Jahre 1887. Tönnies diagnostizierte den Verfall traditionaler Gemeinschaften in den Dörfern und Kleinstädten zugunsten einer modernen städtisch geprägten Gesellschaft der Individuen. Im Überblick lässt sich diese Dichotomie so darstellen:

Gemeinschaft	Sprache	Sitte, Brauch	Glauben, Religion
	Blut	Land	Freundschaft
	Verwandtschaft	Nachbarschaft	Kleinstadt
	Haus	Dorf	Gilden, Zünfte
	Korporationen	Orden	Status, Besitz
	alt	von Natur	Kirche
	Eintracht	konkreter Mensch	Kunst
	Volk	Ackerbau	
	Gemeinwesen		
Gesellschaft	Erwerb	Reise	Wissenschaften
	Universalisierung	Mobilisierung	Ausbildung
	Großstadt	national	Weltstadt
	Händler	strebend	international
	berechnend	aus dem Recht	Gebildeter
	neu	willkürliche Despotie	Kontrakt
	willkürliche Freiheit des Individuums	eines Cäsaren oder Staates	abstrakter Mensch
	Konvention,		Politik, Staat
	Industrie, Handel		öffentliche Meinung
			Kosmopolitisches Leben

Abbildung: Gemeinschaft und Gesellschaft

Diese vorwiegend analytisch gemeinten Überlegungen wurden bald zur Parole der deutschen Jugendbewegung, aber auch eines religiös-utopisch geprägten Sozialismus, wie ihn dann in der ersten Hälfte des zwanzigsten Jahrhunderts vor allem Martin Buber vertreten hat. Das Standardwerk dieses Denkens ist Bubers „Pfade in Utopia. Über Gemeinschaft und deren

Verwirklichung",[49] das in emphatischer Weise die kommunitarische Ideologie der Kibbuz-bewegung in Israel formuliert hat.[50]

Auf dem Wege über Israel ist dieses Denken in die Vereinigten Staaten gelangt. Amitai Etzioni, der 1929 unter dem Namen Werner Falk in Köln geboren wurde, emigrierte 1936 mit seinen Eltern nach Palästina. Er wuchs in einem Moshaw, einer genossenschaftlichen Siedlung auf. Nach dem Unabhängigkeitskrieg studierte er an der Hebräischen Universität in Jerusalem Soziologie und wurde dort von Martin Buber, den wir in Europa vor allem als Theologen kennen, in die Grundbegriffe der Soziologie eingeführt. Seit 1958 ist er Hoch-schullehrer in den USA und hat dort das Konzept einer Gesellschaft, die sich von den Basis-aktivitäten ihrer Bürger her konstituiert, entwickelt und immer weiter ausgebaut.

Etzionis kommunitarisches Denken begreift sich in entschiedener Weise in Absetzung vom traditionellen Gemeinschaftsdenken. Er spricht deshalb ganz bewusst von einem „respon-siven Kommunitarismus" und hat die von ihm 1990 gegründete Zeitschrift auch „*The Responsive Community*" genannt. Mit diesem Kunstwort *Responsivität* ist gemeint, dass die Gemeinschaft nicht einfach ihre Mitglieder für ihre kollektiven Ziele vereinnahmt, sondern vielmehr in der Lage ist, aktiv auf die Bedürfnisse jedes einzelnen Mitglieds zu antworten, zu reagieren.

Für den deutschen Sprachraum schlägt Etzioni deshalb vor, statt von der „Gemeinschaft" lie-ber vom „Gemeinwesen" zu sprechen, um falsche Assoziationen auszuschließen. Eine Ge-meinschaft ist etwas, was immer schon existiert und dem man eher durch Geburt als durch Verdienst und Anstrengung angehört. Ein Gemeinwesen dagegen muss ständig durch die Ei-genleistung seiner Mitglieder und durch eine institutionelle Strukturierung erhalten werden. Mit den Werten der sogenannten „asiatischen Demokratien", wie zum Beispiel Harmonie, Ordnung und Autorität, will dieser neue Kommunitarismus möglichst nichts zu tun haben.

In den USA und Großbritannien hatte der Kommunitarismus eine explizit politische Funk-tion gehabt bei den Überlegungen innerhalb der demokratischen Partei und der Labour Party, wie man die Mittelschichten und Facharbeiter, die sich für Ronald Reagan und Margaret Thatcher entschieden hatten, zurückgewinnen könnte. Eine Basisorganisation der Kommuni-tarier im eigentlichen Sinne hat es deshalb nie gegeben, wohl aber ein aktives Netzwerk aka-demisch hochrangiger Intellektueller. Der Heidelberger Staatsrechtler Winfried Brugger hat dargelegt, dass der Kommunitarismus als Verfassungstheorie des Grundgesetzes betrachtet werden könne. Das Bundesverfassungsgericht hat von Anfang an ein ausgeprägt kommunita-risches Menschenbild vertreten, am prägnantesten in folgender Formulierung: „Das Men-schenbild des Grundgesetzes ist nicht das eines isolierten souveränen Individuums; das Grundgesetz hat vielmehr die Spannung Individuum – Gemeinschaft im Sinne der Gemein-schaftsbezogenheit und Gemeinschaftsgebundenheit der Person entschieden, ohne deren Eigenwert anzutasten."[51] Auch die sogenannte soziale Marktwirtschaft mit ihrem Anspruch einer Absicherung der Konkurrenzgesellschaft durch gemeinschaftliche Auffangnetze trägt kommunitarische Züge. Aus diesem Grunde bestand in Deutschland kein wirklicher Grund,

---

[49] Martin Buber: Pfade in Utopia. Über Gemeinschaft und deren Verwirklichung. Heidelberg 1985.

[50] Das freundlich-distanzierte Verhältnis, das der moderne, responsive Kommunitarismus zu Buber unterhält, hat Etzioni systematisch in einem Wiener Vortrag dargelegt. Vgl. Amitai Etzioni: Martin Buber und die kommuni-tarische Idee. Wien 1999 (Vortrag vom 13. Juli 1998).

[51] BVerfGE 4,7, 15f., Vgl. Winfried Brugger: Kommunitarismus als Verfassungstheorie des Grundgesetzes, Ar-chiv des öffentlichen Rechts 123. H. 3, S. 337-374. 1998, S. 343. Vgl. BVerfGE 32, 98, 107f., 33,1, 10f.

hier eine eigenständige politisch wirksame kommunitarische Bewegung zu entwickeln. Dieses Denken eignet sich hier eher als Reflexionstheorie von solchen Grundzügen des politischen und sozialen Systems, die nach 1945 ganz bewusst entwickelt worden sind. In Ländern dagegen, die einen stärkeren Kult des Individualismus entwickeln, wie in den USA, aber auch Großbritannien, scheint dagegen ein Bedarf einer auch praktisch-politischen kommunitarischen Orientierung zu bestehen.

3.2   Woran erkennt man kommunitarisches Denken? Fünf Gemeinsamkeiten

Ein guter Kommunitarier kann in der Ökonomie ein Sozialdemokrat, in der Politik ein Liberaler und in der Kultur ein Konservativer sein.[52] Es gibt Kommunitarier, die ihre Zugehörigkeit zu dieser Theorierichtung eher differenzieren oder bestreiten würden, statt sie zuzugeben. Denn in dem Augenblick, in dem man sich ein solches Etikett anheften lässt, übernimmt man in gewisser Weise auch die Mitverantwortung für das, was andere sagen, obwohl man keinerlei Mittel hat, deren Äußerungen zu beeinflussen. Deshalb sollen hier die wesentlichen Gemeinsamkeiten und Verbindungen herausgearbeitet werden. Ich werde sie jeweils an dem kommunitarischen Theoretiker diskutieren, der sie am präzisesten und deutlichsten auf den Punkt bringt.

3.2.1   Die hermeneutische Methode

Die *erste* wesentliche Gemeinsamkeit liegt in der *hermeneutischen Methode*. Die Grundsätze einer praktischen und moralischen Situationsbeurteilung werden nicht aus Prinzipien gewonnen, die in irgendeinem gedachten Jenseits verankert sind, sondern aus der Interpretation *der Alltagswelt*. Die kommunitarische Gesellschaftskritik wählt nicht den Pfad der Konstruktion von Prinzipien, und auch nicht etwa den der Entdeckung einer geoffenbarten Wahrheit, z. B. von religiösen Geboten oder sonstigen als objektiv angesehenen moralischen Wahrheiten, sondern den Pfad der kritischen Interpretation.[53] Sie analysiert Regeln, Maximen, Konventionen und Ideale, die in der Alltagswelt schon enthalten sind, und befragt sie auf ihre Kohärenz und ihre Divergenzen untereinander.[54] „Wie können Menschen je in Gemeinschaft gelebt haben, ohne die Umstände ihres Zusammenlebens zu kritisieren, Beschwerde einzulegen, zu klagen? Die Klage ist eine der Grundformen gegenseitiger Anerkennung."[55] *Michael Walzer* nimmt die immanente, auch schon in sehr frühen Gesellschaften vorhandene (wie die Texte der alttestamentarischen Propheten zeigen) Gesellschaftskritik zum Ausgangspunkt seiner Überlegungen, um die intellektuelle Gesellschaftskritik des zwanzigsten Jahrhunderts darzustellen und seinerseits einer Kritik zu unterziehen. Für ihn sind Autoren wie George

---

[52]   Vgl. Daniel Bell: Die kulturellen Widersprüche des Kapitalismus. Frankfurt und New York 1991, S. 343.

[53]   Michael Walzer: Kritik und Gemeinsinn, Drei Wege der Gesellschaftskritik. Berlin 1990 (zuerst als Interpretation and Social Criticism. Cambridge/Mass. 1987)., S. 11ff.

[54]   Michael Walzer: Zweifel und Einmischung. Gesellschaftskritik im 20. Jahrhundert. Frankfurt 1991 (zuerst als The Company of Critics. Social Criticism and Political Commitment in the Twentieth Century. New York 1988). S. 7f.

[55]   Ebenda, S. 13.

Orwell oder Ignazio Silone die großen Vorbilder, weil ihre Kritik aus dem Inneren einer Gesellschaft kommt, aus der Berufung auf gemeinsam geteilte Wertvorstellungen, während er Jean-Paul Sartre oder Herbert Marcuse eher ablehnend behandelt, weil deren Kritik sich selbst isoliert hat und sie ihrer Gesellschaft eher in einer Haltung der Entfremdung gegenübergetreten sind. Es kommt ihm darauf an, dass der Kritiker nicht nur seine eigene Wahrheit gegen die Gesellschaft stellt, sondern sich an ihr wie an einem gemeinsamen Projekt beteiligt fühlt. Eine kritische Theorie versagt immer dann, „wenn sie nicht die alltägliche Erfahrung erkennbar darzustellen vermag".[56]

Das kommunitarische Denken ist also keineswegs affirmativ, sondern kritisch gemeint: kritisch allerdings in einem immanent-reflexiven Sinn. Grundlage sind nicht wie im Konservatismus bestehende Praktiken und Institutionen, sondern vielmehr geteilte Überzeugungen der über die Legitimität solcher Gebilde streitenden Menschen. Damit ist schon vom Ansatz her eine Kritikmöglichkeit an den bestehenden Verhältnissen impliziert. Der eigene Legitimitätsanspruch einer Gesellschaft kann gegen ihre Verfassungswirklichkeit mobilisiert werden.[57] Das kommunitarische Denken bestreitet jedoch, dass es einen sicheren Punkt außerhalb unserer Gesellschaft geben kann, von dem aus die überlegene Perspektive des Kritikers eingenommen werden kann. Die Legitimitätskonstruktionen könnten ja auch ideologische Selbsttäuschungen enthalten. Das traditionelle *linke* Denken glaubte diesen sicheren Punkt noch in der Zukunftsgewissheit einer Gesellschaft der Gleichen zu besitzen. In ganz ähnlicher Weise war sich das Denken der Aufklärung von einigen skeptischen Stimmen abgesehen in der Gewissheit des gesellschaftlichen Fortschritts einig und konnte aus dieser Sicherheit heraus seine überlegene Kritik äußern. Positionen, die solche Gewissheiten bestreiten, werden schnell des Relativismus und des Konservatismus beschuldigt, weil ihnen sichere Kritikmaßstäbe zu fehlen scheinen. Bei genauerer Betrachtung wird unter den Voraussetzungen kommunitarischen Denkens aber nicht Kritik selbst unmöglich, sondern nur eine ganz bestimmte, von außen kommende und mit der Rhetorik absoluter Gewissheit auftretende Kritik, nicht dagegen eine solche, die von bestehenden Voraussetzungen ausgehend *reformistische* Lösungen vorschlägt.

Diese Art von Reformismus hat durchaus Stärken, was sich besonders bei Fragen der internationalen Politik zeigt, wo partikulare Wertvorstellungen notwendigerweise aufeinandertreffen. In seiner Analyse über gerechte und ungerechte Kriege hat Walzer hierzu ein besonders bemerkenswertes Modell geliefert.[58] Er interpretiert zugespitzte moralische Konfliktsituationen an Hand von Fragen wie: War der Eintritt der USA in den zweiten Weltkrieg berechtigt? War die Bombardierung der Zivilbevölkerung in den deutschen Städten berechtigt? Er wägt die verschiedenen in der Situation selbst und nachträglich gegebenen Antworten gegeneinander ab und kommt aus dieser Abwägung zu Schlüssen, die für zukünftiges Verhalten in ähnlichen Situationen hilfreich sein können. Walzer gehörte in den siebziger Jahren zu den Aktivisten gegen den Vietnamkrieg und hat nach dem Ende des Krieges versucht, aus der Zusammenstellung von Fallanalysen so etwas wie eine über den aktuellen Anlass hinausreichende Orientierung zu gewinnen. Gerade im zwischenstaatlichen Raum, wo es bislang kaum verbindliche oder gar einklagbare Regeln gibt, ist diese kasuistische Anknüp-

---

56   Ebenda, S. 34.
57   Ähnlich argumentieren Skadi Krause und Karsten Malowitz: Michael Walzer. Hamburg 1998, S. 177.
58   Michael Walzer: Gibt es den gerechten Krieg? Stuttgart 1982 (zuerst als Just and Unjust Wars, A Moral Argument with Historical Illustrations. New York 1977).

fung an abschreckenden oder als vorbildhaft empfundenen Beispielen und deren Überprüfung auf Gemeinsamkeiten und Übereinstimmungen mit unseren wohlerwogenen Urteilen
das aussichtsreichste Verfahren.[59]

Die *Schwäche* von Walzers Denken liegt in folgendem Punkt: Er befürwortet beispielsweise eine öffentliche Gesundheitsvorsorge und eine stärkere Demokratie am Arbeitsplatz.
In den USA, wo die Gesundheitsfürsorge bis jetzt noch weitgehend privat organisiert ist,
könnte man mit kommunitarischen Mitteln argumentieren, dies sei nun einmal so üblich
und es entspreche dem gemeinsam geteilten Verständnis, dass solche Risiken privat ab-
zusichern seien. Gerade Überschreitungen des bisher Üblichen sind in der Tat leichter aus
universalistischen, vernunftrechtlichen oder ähnlichen Positionen zu begründen. Das gilt
erst recht für seine Forderung nach Demokratie am Arbeitsplatz.
Die *Stärke* seines Denkens liegt darin, dass er die Gesellschaftsreform nicht als letztbegründete, „wahre" Forderung von außen an die gegenwärtige Situation heranträgt, sondern
dass er von den inneren Spannungen und Problemen dieser Situation selbst ausgeht. Seine
Veränderungsvorschläge sind also aus gegenwärtigen Problemen entwickelte „nächste
Schritte", nicht aber der große universale Gegenentwurf. Allerdings, ein schwaches normatives und universalistisches Moment, das gegen bestehende Praktiken gerichtet ist, enthalten seine Überlegungen in jedem Fall. Es handelt sich aber um einen Normativismus und
Universalismus, der nicht konstruiert werden muss, sondern durch Interpretation, also auf
reflexive Weise, aus den schon vorgefundenen Überzeugungen herausgearbeitet wird.

3.2.2   Die Kritik des atomistischen Individualismus

Die *zweite* wichtige Gemeinsamkeit kommunitarischen Denkens ist die Kritik am Bild des
atomistischen Individuums, das eine wichtige Voraussetzung liberalen Denken ist. Zunächst
hatte das Konzept des ungebundenen, selbstbewussten Einzelnen, wie es seit der Renaissance
in Politik, Kunst, Literatur und Philosophie entstanden war, befreiende Wirkungen gehabt:
„Von den Diktaten der Natur und den Sanktionen sozialer Rollen befreit, wird das menschliche Subjekt als souverän gesetzt und zum Autor der einzigen überhaupt existierenden moralischen Bedeutungen erklärt."[60] Eine genauere Selbstreflexion (auch hier wird die hermeneutische Methode angewendet) zeigt aber, dass die Identität jedes Einzelnen im wesentlichen in
seinen Zielvorstellungen und seinen sozialen Bindungen besteht. Die Identität ergibt sich aus
der Geschichte und dem Sozialisationsprozess jedes Einzelnen.[61] Ein vollkommen freies und
rational handelndes Individuum müsste man sich nicht nur als Individuum ohne Geschichte,
ohne familiäre Herkunft, sondern wohl auch als „eine Person ohne jeglichen Charakter, ohne

---

[59]   Er hat diese Methode dann auch auf den Golfkrieg angewendet: Michael Walzer: Justice and Injustice in the
Gulf War. In: David E. Decosse (Hg.): But Was it Just? Reflections on the Morality of the Persian Gulf War.
New York u. a. 1991. S. 1–18.

[60]   Michael J. Sandel: The Procedural Republic and the Unencumbered Self. In: Political Theory Jg. 12, H. 1,
1984, 81-96 (deutsch als Die verfahrensrechtliche Republik und das ungebundene Selbst, in Axel Honneth
(Hg.), Kommunitarismus. Frankfurt und New York 1993, 18-35). hier S. 25.

[61]   Vgl. Hierzu Walter Reese-Schäfer: Identität und Interesse. Der Diskurs der Identitätsforschung. Opladen 1999.

moralisches Rückgrat"[62] vorstellen. Für Michael Sandel bedeutet Charakter zu haben, sich dessen bewusst zu sein, dass man sich im Rahmen einer eigenen Geschichte und damit in einem sozialen Zusammenhang bewegt. Verkürzt ausgedrückt: ohne das Bewusstsein, zu einer bestimmten Gemeinschaft zu gehören, ist die Individuation gar nicht möglich. Das ist von den Kommunitariern nicht als Konstatierung eines Faktums, sondern als normative Aussage gemeint. Jede individualistische Lebensform setzt eine hochkomplexe gesellschaftliche Infrastruktur voraus, die sie erst ermöglicht: Eigentumsrechte, Arbeitsteilung, Rentenansprüche oder den Status des Beamten oder Richters, wodurch erst die Unabhängigkeit des Urteils und damit die persönliche Freiheit gesichert ist gegen den sozialen Druck der Familie oder der Firma.

Gegen diese Überlegung liegt der Einwand nahe, dass es gewiss berechtigt ist, im Privatleben solche Bindungen zu suchen, im öffentlichen und vor allem im politischen Bereich jedoch müsse die Freiheit jedes Einzelnen den absoluten Vorrang haben, weil sonst eine repressive, von traditioneller Moral durchorganisierte Gesellschaft das Ergebnis wäre.

Sandels Antwort darauf: dieses Bild des einzelkämpferischen Individuums ist nicht selbsttragend.[63] Seine befreiende Wirkung konnte es nur vor dem Hintergrund einer noch weitgehend intakten, stark traditional geprägten gesellschaftlichen Wertorientierung entfalten. Es ist zumindest auf einen Rest von noch vorhandenem Gemeinschaftssinn angewiesen. Wenn das öffentliche Leben auf den Prinzipien einer rein verfahrensrechtlichen Republik aufgebaut ist, dann kann ein Gemeinschaftssinn allenfalls noch in kleinen überschaubaren Bereichen, gewiss aber nicht mehr auf der Ebene des Nationalstaats vorausgesetzt werden.[64] Die Staatsfunktionen werden dann als fremder Eingriff des *big government*, der anonymen Regierungsbürokratie in das Leben des Einzelnen empfunden. Freiheit kann unter diesen Voraussetzungen nur noch verstanden werden als Schutz des Einzelnen vor den übermächtigen Ansprüchen des Staatsapparats. Sie gerät in Gegensatz zur Demokratie, d. h. die freiheitsverbürgenden Institutionen sind nicht mehr die Parlamente als Vertretungen der Bürger, sondern die Gerichtsbehörden und diejenigen Verteilungsinstanzen, die sich an die Einzelnen, nicht an das Zusammenwirken der Gesamtheit der Bürger adressieren. Der Wohlfahrtsstaat wird dann nicht mehr verstanden als gemeinsame Bürgeraufgabe, sondern als Verwirklichung und Durchsetzung von Anspruchsrechten Einzelner gegen die zahlungsverpflichtete Mehrheit.[65] Es entsteht ein aggressives Anspruchs- und Forderungsdenken, gegen das sich schließlich die Zahlungspflichtigen zur Wehr setzen, wenn nicht doch auf beiden Seiten, bei den Zahlenden wie den Zahlungsempfängern, ein Bewusstsein hergestellt werden kann, dass der soziale Ausgleich in ihrem gemeinsamen Interesse stattfindet.[66]

3.2.3 Konkrete Motivation vor abstrakter Moralbegründung

Die *dritte* Gemeinsamkeit der meisten kommunitarischen Theoretiker ist ihr Bewusstsein dafür, dass die Motivation, Prinzipien der politischen Moralität nun auch umzusetzen, nicht

---

[62] Ebenda, S. 30.

[63] Ebenda, S. 31.

[64] Vgl. Dagegen das Kapitel 11.3 in dem hier vorliegenden Band: Die Entstehung neuer Wertvorstellungen und Rechte.

[65] Ebenda, S. 33f.

[66] dazu Mary Ann Glendon: Rights Talk. The Impoveristhment of Political Discourse. New York u. a. 1998.

schon unmittelbar aus der abstrakten Einsicht folgt, dass sie berechtigt seien. Selbst Immanuel Kant setzte zu diesem Zweck, weil er sich sehr wohl dessen bewusst war, dass moralisches Verhalten in dieser Welt nicht immer belohnt wird, letzten Endes auf das Jenseits. Die kommunitarische Moraltheorie bezieht alle Motivationen aus den konkret uns umgebenden Zielvorstellungen und gemeinschaftlichen Wertorientierungen. Politisch-praktisch bedeutet dies: Engagement für die Nächsten, weniger dagegen für die Fernsten. Ein Universalismus, der jedem Mitmenschen die gleiche finanzielle Förderung zukommen lassen müsste, wird schon wegen der damit notwendig verbundenen Motivationsschwäche von allen Kommunitariern als zu abstrakt und damit zu unverbindlich zurückgewiesen. Kommunitarisches Denken berücksichtigt, dass eine gewisse Identifikation und Nähe eben auch die Grundlage für Engagement ist. Die amerikanischen Kommunitarier mit ihrer Betonung des Begriffs Patriotismus neigen bis auf Ben Barber, der eher die lokalen Gemeinschaften betont, dazu, vor allem die nationale Ebene als die ausschlaggebende Organisationsform für Verteilungsgerechtigkeit anzusehen. Dagegen könnte man aus europäischer Sicht einwenden, dass es als durchaus plausibel und auch wahrscheinlich angesehen werden kann, wenn jemand, der selbst Hunger erlebt hat, eher bereit ist, erhebliche Geldmittel für Hungernde in Afrika bereitzustellen als für dickleibige Mitbürger, die arbeitslos sind. Wenn es allerdings um mehr als Spenden, wenn es um weitreichende politische Entscheidungen und nachhaltige Umverteilungen geht, dürfte die kommunitarische Annahme des Nationalstaats als maßgebliche Entscheidungseinheit wohl zutreffend sein. Das lässt sich an einem einfachen Beispiel zeigen: Die Sozialabgaben betragen in Deutschland für 2006 rund 41 Prozent des Bruttolohnes (gesetzliche Rentenversicherung 19,5 Prozent, Krankenversicherung durchschnittlich 13,3 Prozent, Pflegeversicherung 1,7 Prozent, Arbeitslosenversicherung 6,5 Prozent. Hinzu kommen die Einkommenssteuern sowie die Mehrwertsteuer). Selbst wenn man private Spenden, Initiativen für fairen Handel und die staatliche Entwicklungshilfe zusammennimmt, dürfte es nicht möglich sein, einen ähnlich manifesten Einkommensanteil in die Dritte Welt zu transferieren.

Alle Kommunitarier betonen die Wichtigkeit historisch eingelebter Lebensformen gegen jede Art von abstraktem Universalismus.

Sie alle geraten damit in die Nähe jenes heute vor allem unter französischen Intellektuellen modischen intellektuellen Relativismus, der die respektable Anerkennung anderer Kulturen verbindet mit dem völligen Verzicht auf jede kritische Wertung auch von Unterdrückung und Gewalt. In der Entwicklungspolitik muss sich in erster Linie zeigen, ob die Kommunitarier mit ihren Argumentationsformen in der Lage sind, die Sackgasse des ethnologischen Relativismus zu vermeiden, der letztlich z. B. die Unterdrückung der Meinungsfreiheit, ja sogar die Morddrohung gegen den Schriftsteller Salman Rushdie aus einem affirmativen Verständnis radikaler Spielarten der islamischen Kultur heraus zu rechtfertigen geneigt ist.[67] Hier war es vor allen Dingen die Altphilologin und UNO-Beraterin Martha Nussbaum, die mit einem aristotelischen Konzept des Guten auf kommunitarische Weise versucht hat, ein praktikables Gegenkonzept zu etablieren. Es kommt nach Martha Nussbaum darauf an, den Unterschied herauszuarbeiten zwischen den Eigenschaften menschlicher Lebensformen, die unverzicht-

---

[67]   Diese Frage wird weiter unten ausführlich behandelt in Kapitel 7.6. in meiner Auseinandersetzung mit dem
       islamischen Postmodernismus von Akbar Ahmed.

bar sind und die deshalb für alle gelten müssen, auch für die Bewohner des abgelegensten indischen Dorfes, und solchen Eigenschaften, in denen sich die Verschiedenheit und Andersheit gerade ausprägen kann und soll. Das heißt, sie will das Wesentliche, die Essenz oder Substanz, herausarbeiten und vom Akzidentiellen unterscheiden, vom Wechselnden, von dem, was hinzutreten oder auch wegbleiben kann, ohne das Wesen zu verändern. Sie möchte also die elementaren menschlichen Bedürfnisse und Tätigkeiten durch Interpretation der Alltagsverrichtungen in historisch sensibler Form darstellen und damit die „Grundlage für eine globale Ethik und eine im umfassenden Sinne internationale Begründung der Verteilungsgerechtigkeit" schaffen.[68] Martha Nussbaum weiß sehr wohl, dass die Bezugnahme auf Aristoteles im europäischen Zusammenhang eher als Ausweis des Konservatismus gilt, weil er als Theoretiker des Üblichen und des Herkommens gegen die hochfliegenden Utopien der Philosophenkönige und der Theoriediktatur, wie wir sie bei Platon finden, gestellt wird. Sie setzt dagegen den Hinweis, dass der Praxisbegriff des Aristoteles einen wichtigen Einfluss auf den jungen Marx hatte, und sie schlägt dann ganz plakativ die Anwendung aristotelischer Kategorien im Rahmen der Entwicklungshilfe vor, „um die Grundlage für eine sozialdemokratische Begründung der Aufgabe öffentlicher Planung bereitzustellen; eine Begründung, die in ihren Folgerungen (....) internationalistisch ist."[69] Der Begriff „sozialdemokratisch" ist hier im skandinavischen Sinne zu verstehen. Aus der Perspektive der Entwicklungspolitik kommt es darauf an, menschliche Grundfunktionen, die in jedem Fall gewährleistet sein sollten, zu unterscheiden von speziellen kulturellen Ausgestaltungen, die im Interesse kultureller Vielfalt möglichst nicht durch Entwicklungspolitiker beeinflusst werden sollten. Das klingt in dieser abstrakten Zusammenfassung recht einfach, praktisch relevant wird es aber, wenn z. B. ein Impfprogramm mit der Verehrung jenes Gottes kollidiert, den man bisher gegen die gleiche Krankheit anzurufen pflegte. „Der Aristoteliker würde das Impfprogramm einführen und es dann den Bürgern überlassen, ob sie die Beziehung zu dieser Gottheit weiterhin aufrechterhalten wollen. Nichts würde sie daran hindern; sollten sie aber nach Beseitigung der Krankheit in der Befolgung des Kultes keinen Sinn mehr sehen, dann würde der Aristoteliker keine nostalgischen Tränen darüber vergießen."[70] Das kommunitarische, bei einer Interpretation der Grundbedürfnisse ansetzende Wohlfahrtskonzept hat Martha Nussbaum zusammen mit dem Welfare-Ökonomen Amartya Sen, dem Nobelpreisträger für Wirtschaftswissenschaften des Jahres 1998, in dem Band „The Quality of Life" ausführlich dargelegt.[71]

Das kommunitarische Denken ist also, wie sich bei Michaels Walzers Überlegungen zu Krieg und Frieden und bei Martha Nussbaums Versuch einer theoretischen Grundlegung von Entwicklungspolitik zeigt, nicht notwendigerweise partikularistisch. Es handelt sich aber um eine ganz spezielle Art von Universalismus: Er ist nicht aus Begriffen oder allgemeinen Überlegungen konstruiert, sondern durch Interpretation aus konkreten, schon vorhandenen Gegebenheiten gewonnen. Dieser Universalismus ist immer konkret. Hier wird deutlich, dass die Kommunitarier nicht nur auf Aristoteles, sondern bei allen entscheidenden Weichenstel-

---

[68] Martha C. Nussbaum: Menschliches Tun und soziale Gerechtigkeit. Zur Verteidigung des aristotelischen Essentialismus. In: Micha Brumlik, Hauke Brunkhorst (Hg.): Gemeinschaft und Gerechtigkeit. Frankfurt 1993. 323-363, hier S. 327. Zum kulturübergreifenden Universalismus des aristotelischen Ansatzes vgl. Walter Reese-Schäfer: Aristoteles interkulturell gelesen. Nordhausen 2007.

[69] Ebenda, S. 328.

[70] Ebenda, S. 349.

[71] Martha C. Nussbaum und Amartya Sen (Hg.): The Quality of Life. Oxford 1993.

lungen der Argumentation immer wieder auch an Hegels Kritik an der Abstraktheit der kantischen Moralität und an seine Gegenposition der konkreten Sittlichkeit anknüpfen.

3.2.4   Gemeinschaft versus Gesellschaft

Aus diesen Hauptprogrammpunkten kommunitarischen Denkens ergibt sich ein *vierter*: Kommunitarismus bedeutet eine Wiederbelebung des Gemeinschaftsdenkens gegen die Vorstellung einer Gesellschaft isolierter und antagonistischer Individuen. Die akademischeren unter den kommunitarischen Autoren greifen dabei ganz bewusst auf Ferdinand Tönnies' Gegenüberstellung von Gemeinschaft und Gesellschaft zurück und verwenden neben *„community"* durchaus auch den deutschen Begriff. *Gemeinschaften* waren, wie im Schaubild eingangs dieses Kapitels dargestellt, für Tönnies Sozialformen wie Familie, Nachbarschaft und Freundschaft, die soziologisch an den Haushalt, das Dorf und die Stadt gebunden waren. Sie beruhen auf gemeinsamen, verbindenden Gesinnungen und Sympathien. *Gesellschaft* dagegen ist ein Kreis von Menschen, die zwar friedlich nebeneinander leben und arbeiten, aber doch wesentlich getrennt sind.[72] Während der Begriff bei uns durch die nationalsozialistische Volksgemeinschaft und die sozialistische Menschengemeinschaft Walter Ulbrichts weitgehend diskreditiert ist, kann der Begriff *„community"* in den USA sehr viel unschuldiger benutzt werden. Und das mit Recht: denn im Unterschied zu der früheren Gemeinschaftsdiskussion in Deutschland findet in den USA die Debatte in einer im wesentlichen liberal geprägten Gesellschaft statt, hinter die auch kaum einer der Kommunitarier grundsätzlich zurück will. Was dort mit *„community"* bezeichnet wird, kommt Habermas' Begriff der *„Lebenswelt"* mit seiner Abwehr von Rationalisierung, Bürokratisierung und Monetarisierung sozialer Bezüge ziemlich nahe.

Im deutschsprachigen Diskurs wird der Gemeinschaftsbegriff im wesentlichen zweiphasig verstanden: die traditionellen Gemeinschaften zerfallen und werden durch moderne Gesellschaften ersetzt: „Gemeinschaft kann nur Gesellschaft werden, Gesellschaft geht immer aus Gemeinschaft hervor; nie ist der reale Prozess umkehrbar."[73] Dagegen haben die meisten amerikanischen Sozialwissenschaftler ein deutliches Bild davon, dass auf den Gemeinschaftsverlust durchaus ohne Gewalt und Terror die Entstehung neuer Gemeinschaften folgen kann. Die Einwanderer aus den zerfallenen europäischen Dorfgemeinschaften fanden sich in den USA zu neuen Gemeinschaftsformen zusammen. Wenn Soziologen heute über den Zerfall der Kultur der Industriearbeiter aus der Zeit um die Jahrhundertwende forschen, dann analysieren sie ja den Zerfall einer Gemeinschaft, die erst im 19. Jahrhundert als Reaktion auf den Zerfall der ländlichen Dorfgemeinschaften entstanden war.[74] Die Gesellschaft isolierter Individuen ist nicht die unausweichlich notwendige Lebensform der Moderne. Auch diese sozialgeschichtliche Erfahrung ist ein wesentliches Moment, das wenigstens teilweise zu erklären vermag, weshalb der Gemeinschaftsbegriff in den USA nicht so sehr belastet ist wie bei uns.

---

[72]   Ferdinand Tönnies: Gemeinschaft und Gesellschaft. Grundbegriffe der reinen Soziologie, Darmstadt 1988 (zuerst 1887), I, §6, §§14–19.

[73]   Hans Freyer: Soziologie als Wirklichkeitswissenschaft. Stuttgart 1964, 182 (zuerst Leipzig und Berlin 1930, dort S. 240–252).

[74]   Vgl. dazu Hans Joas: Gemeinschaft und Demokratie in den USA. Die vergessene Vorgeschichte der Kommunitarismus-Diskussion, in: Blätter für deutsche und internationale Politik, H. 7, 1992, S. 859–869.

3.2.5 Moderne Bürgertugenden

Das *fünfte* wichtige Charakteristikum kommunitarischen Denkens ist der Rückbezug auf den Begriff der Tugenden. Es war eine Befreiung für das moderne politische Denken, das Problem, wie in ihren Interessen gegeneinandergerichtete Individuen zu ihrem gegenseitigen Vorteil zusammenleben können, als technisches und damit lösbares Problem zu begreifen. Damit konnte sich die politische Theorie von allem Moralisieren befreien. Das war gewiss ein Emanzipationsfortschritt. Ein erneuter Reflexionsprozess, wie ihn die Kommunitarier vorschlagen, kommt aber zu der darüber hinausgehenden Frage: Welche Art von Tugenden benötigt eigentlich ein konsequent technisch organisierter, konsequent liberaler Staat? Muss er, wenn man ihn sich nach dem Modell der Vertragstheorie vorstellt, nicht wenigstens doch die Bereitschaft voraussetzen, Verträge auch einzuhalten: *pacta sunt servanda*? Kommt es nicht doch darauf an, dass die Staatsbeamten und Staatsvertreter nur in Ausnahmefällen korrupt sind, weil sonst die Verwaltung ineffizient ist?

Es ist eines der wichtigsten Verdienste der kommunitarischen Liberalismuskritik, die liberalen Gegenspieler zu einer Reflexion auf die „liberalen Tugenden", die „*liberal virtues*" gezwungen zu haben. Das Thema der *Tugenden* hat vor allem *Amitai Etzioni* in den Vordergrund gerückt. Es ist wünschenswert und richtig, von allzu stark disziplinierender und rigider Moralität befreit zu werden. Die verschwindenden traditionalen Werte müssen aber durch neue in der Gesellschaft sich herausbildende Werthaltungen ersetzt werden, d. h. ein Abrutschen in ein moralisches Vakuum ist zu vermeiden. Eine Wirtschaftsordnung kann immerhin eine Weile funktionieren, wenn sie ausschließlich auf selbstzentrierte, selbstistische (*meistic*) Individuen sich stützt. Eine Gesellschaft scheint dagegen nicht ohne kommunitarische, ohne moralische Orientierungen auskommen zu können. Wenn die 80er Jahre das Jahrzehnt des großgeschriebenen ICH waren, so kommt es nunmehr zumindest in den USA darauf an, wieder einen Zug in Richtung verstärkter sozialer Verantwortlichkeit zu machen. Deshalb trägt die Zeitschrift der Kommunitarier auch den Titel „*The Responsive Community*".

Die Kommunitarier verherrlichen *nicht die Gruppe als solche*. D. h. sie lehnen die These ab, dass Gruppen als solche schon in irgendeiner Weise etwas Gutes seien. Im Gegenteil: bestimmte Gruppen, wie z. B. Neo-Nazis, pflegen ja gerade abzulehnende Werthaltungen. Überhaupt werden von den Kommunitariern, und darin folgen sie konsequent ihrem Ausgangspunkt der Identitätsvielfalt, alle Gemeinschaften und Gruppen abgelehnt, die ihre eigenen Mitglieder glorifizieren, indem sie diejenigen herabwürdigen, die nicht dazugehören. Alle gemeinschaftlichen Werte müssen externen Kritikstandards genügen: „Communitarians recognize – indeed, insist – that communal values must be judged by external and overriding criteria, based on shared human experience."[75] Dieser Punkt ist entscheidend und zeigt, dass das kommunitarische Denken kein partikularistisches Projekt ist, sondern sich letztlich an universalistische Standards der Bewertung bindet und sich ihnen unterwirft. Der Universalismus soll jedoch nicht sozusagen von der Weltebene direkt auf das Individuum durchgreifen, weil es dann hilflos einer bürokratischen Riesenorganisation ausgesetzt wäre, sondern vermittelt durch eine Reihe von intermediären Gruppen, wie man das in Tocquevillescher Tradition nennen könnte. Der Kommunitarismus lässt sich geradezu kennzeichnen als das

---

[75] Amitai Etzioni: The Spirit of Community. Rights, Responsibilities, and the Communitarian Agenda. New York 1993, 255. Deutsche Ausgabe: Amitai Etzioni: Die Entdeckung des Gemeinwesens. Ansprüche, Verantwortlichkeiten und das Programm des Kommunitarismus. Frankfurt 1998.

politische Projekt, die intermediären Gruppen, also die *civil society*, systematisch zu stärken gegenüber allen Zentralismen und Großorganisationen.

Die Kommunitarier wollen moralische Wertungen restaurieren, d. h. nicht allein Profit- und Marktmechanismen plus politischer Ordnungsgewalt als die integrativen Kräfte der Gesellschaft gelten lassen. Die für sie akzeptablen moralischen Konzepte allerdings müssen liberal-universalen Standards genügen, nämlich den folgenden Kriterien:
- Sie müssen nichtdiskriminierend sein.
- Sie müssen gleichermaßen auf alle Mitglieder anwendbar sein.
- Sie müssen verallgemeinerbar sein.
- Sie müssen gerechtfertigt werden in Begriffen, die zugänglich und verständlich sind.
- Sie dürfen sich deshalb nicht auf die Sonderinteressen von Gruppen berufen, sondern lediglich auf eine gemeinsame Definition von Gerechtigkeit.

Die praktische Realisierung dieser Überlegungen soll in den Bereichen Familie und Schule beginnen. Hier scheut sich die Agenda auch nicht vor recht konservativ anmutenden Gedanken, wie z. B. dass moralische Erziehung von Kindern nicht an Babysitter oder *Child Care Centers* delegiert werden darf, sondern Aufgabe der Eltern ist, und dass zumindest für die Phase der Kinderaufzucht Scheidungen erschwert werden sollten.

Die Schule soll wieder, auch das klingt sehr konservativ, ist aber in den USA ohne weiteres konsensfähig, Werthaltungen lehren, z. B. dass die Würde der Person respektiert werden muss, dass Toleranz ein Wert ist und Diskriminierung abzulehnen sind, dass friedliche Konfliktlösung der Gewalt überlegen ist, dass es generell besser ist, die Wahrheit zu sagen als zu lügen, und dass eine demokratische Regierungsform dem Totalitarismus und autoritären Regimen moralisch überlegen ist, und dass man verpflichtet ist, für einen Tag Bezahlung auch einen Tag zu arbeiten.

Für das Leben innerhalb der Communities stellen die Kommunitarier folgende Überlegungen an: Ein Mensch, der vollständig in der Verfolgung seiner privaten Interessen aufginge, wäre für das soziale Leben verloren. Ohne Vertrauenskapital kann keine soziale und ökonomische Ordnung überleben. Ein gewisses Maß an Sorge füreinander, von *caring and sharing* ist grundlegend, weil andernfalls die Gesellschaft zur notdürftigen und zwangsweisen Aufrechterhaltung der sozialen Integration auf eine immer expansivere Zentralregierung, auf bürokratisierte Wohlfahrtsagenturen und auf überfüllte Gefängnisse, überlastete Gerichte, riesige Polizeiapparate und wildwuchernde Gesetze zurückgreifen müsste.

Die kommunitarische Grundüberlegung besteht darin, dass keine soziale Aufgabe irgendeiner Institution übertragen werden sollte, die größer ist als notwendig, um diese Aufgabe zu erledigen – *to do the job* – nicht mehr. Was auf der lokalen Ebene getan werden kann, sollte dort erledigt werden. Was die Familie tun kann, sollte nicht der Schule übertragen werden. Lediglich bestimmte dringende Aufgaben, wie zum Beispiel im Bereich der Umwelterhaltung, erfordern direkte und schnelle nationale und oft sogar internationale Regulierungen. Aber je mehr Aufgaben man den Grundgemeinschaften, den *constituent communities* wegnimmt, desto schwächer macht man sie, denn die Beteiligungsbereitschaft der Bürger dürfte geringer sein, wenn sie weniger relevante Dinge zu entscheiden haben oder wenn auf höherer Ebene ihre Stimme, weil nur eine unter zu vielen, bedeutungslos wird. Das *Subsidiaritätsprinzip* wird hier konsequent durchgeführt und geht so weit, dass auch Teilaufgaben der

Polizei gut auf eine *neighbourhood crimewatch* übertragen werden können, weil es unter demokratischen Gesichtspunkten nicht gut ist, wenn der Polizeiapparat zu groß wird. Die Aufgabe des Staates in diesem Zusammenhang ist es dann, derartige Initiativen zu fördern, gelegentlich Anstoßfinanzierungen zu geben und darauf zu achten, dass sie an die Interessen des Gemeinwohls gebunden bleiben und keine Sonderinteressen verfolgen. Entscheidend ist aber, dass die Gesellschaft, dass die öffentliche Diskussion derartige Initiativen eher begrüßt und eben nicht etwa als Blockwartprinzip denunziert.

Soziale Gerechtigkeit wird auf Gegenseitigkeitsbasis verstanden: „each member of the community owes something to all the rest, and the community owes something to each of its members."[76] D. h. die Mitglieder sollen für ihre Selbsterhaltung zunächst einmal selbst sorgen und haben darüber hinaus noch eine Verantwortung für die übrigen.

Die Kommunitarier wehren sich gegen den Vorwurf des Partikularismus mit dem Argument, dass die Organisation in verantwortungsbewussten Gemeinschaften generalisierbar ist, d. h. das Beste für *alle* Menschen sein könnte, dass die Vervielfachung demokratischer Gemeinschaften ein gutes Mittel gegen ethnische und nationalistische Partikularismen darstellen würde und jede Gemeinschaft nach Maßstäben bewertet werden müsste und selber zum Handeln verpflichtet wäre, die sie als Teil einer imaginären Gemeinschaft aller Menschen ansehen. Das heißt, der kantische Imperativ der Verallgemeinerung steht auch bei dieser kommunitarischen Sozialphilosophie als letzte gedankliche Kontrollinstanz im Hintergrund.

3.2.6   Zwischenbilanz

Vor einer allzu unmittelbaren Übernahme von Rezepten ist deshalb zu warnen. Es kommt für die europäische Rezeption darauf an, eine *Reideologisierung des Gemeinschaftsbegriffs* zu vermeiden. Dazu ist der Blick auf die philosophische und theoretische Tradition des *amerikanischen Pragmatismus*, die bis heute nur in Teilen bei uns rezipiert worden ist, möglicherweise hilfreich. *John Dewey* hatte in einer seiner wichtigsten politischen Schriften, „The Public and its Problems" aus dem Jahre 1927, Demokratie und Gemeinschaft gleichgesetzt: „Democracy (...) is the idea of community life itself."[77] Deweys Ansatz ermöglicht die vielleicht unaufgeregteste Weise, personale Autonomie und soziale Bindung zusammenzudenken: in Form eines „kommunitarischen Liberalismus"[78], der helfen könnte, eine Politik zu entwickeln, „die die Gemeinschaft mit einer Verpflichtung auf grundlegende liberale Werte verbindet."[79] Oder man entwickelt, wenn man wie Amitai Etzioni, dem liberalen Denken den Vorrang zugesteht, einen kommunitarischen Liberalismus.[80] Es handelt sich dann dem Selbstverständnis nach um eine gemeinschaftsorientierte Variante innerhalb des liberalen Denkens, nicht jedoch um eine Antithese.

---

[76]   Amitai Etzioni: The Spirit of Community, S. 263.
[77]   Neuaufl. Athens. Ohio 1982, S. 148.
[78]   Das ist die Position von Philip Selznick: The Moral Commonwealth, Social Theory and the Promise of Community. Berkeley u.a. 1992, S. XI.
[79]   Amy Gutmann: Die kommunitaristischen Kritiker des Liberalismus. In: Axel Honneth (Hg.): Kommunitarismus. Eine Debatte über die moralischen Grundlagen moderner Gesellschaften. Frankfurt und New York 1993. S. 81, (zuerst als Communitarian Critics of Liberalism, Philosophy and Public Affairs, Vol. 14, 1985, 308–322).
[80]   Vgl. dazu mein Gespräch mit Amitai Etzioni am 29. Feb. 1999 in Washington, abgedruckt in Walter Reese-Schäfer: Amitai Etzioni zur Einführung. Hamburg 2000, S. 107–134, hier insbesondere Seite 133f.

3.3   Die Verantwortungsgesellschaft:
Amitai Etzionis kommunitarisches Projekt

Unter den Werken von Amitai Etzioni gibt es einige stärker theoretisch ausgerichtete, z. B. „Die aktive Gesellschaft" und vor allem seine Studie zur ökonomischen Entscheidungstheorie, die auf Deutsch unter dem Titel „Die faire Gesellschaft. Jenseits von Sozialismus und Kapitalismus" erschienen ist. Andere dagegen enthalten vorwiegend unmittelbar praktische Handlungsanweisungen. Das einflussreichste Beispiel ist „Die Entdeckung des Gemeinwesens. Das Programm des Kommunitarismus".[81]

„Die Verantwortungsgesellschaft" kann als Mischform zwischen beiden Optionen gelten. Amitai Etzioni hat dieses Buch geschrieben, nachdem er seine kommunitarischen Positionen mehrere Jahre hindurch weltweit, sowohl in Europa wie in Asien vor Politikern und Multiplikatorenöffentlichkeiten diskutiert hatte. Es handelt sich um die systematische Reaktion auf die dabei zur Sprache gekommenen Einwände. Die Gemeinschaftsorientierung des kommunitarischen Denkens hatte anfangs partikularistische Züge gehabt. Gemeinschaftsformen fanden sich in Familie, Nachbarschaft, Freundschaft. Der frische Wind einer weltweiten Diskussion fegte diese Gemütlichkeit hinweg und führte ihn zu der Frage, welche Formen von Tugenddiskursen und Moralbegründungen denn auch in universellen Kontexten würden standhalten können. Um Kompromisse konnte es sich nicht handeln, weil z. B. die asiatischen Formen des Autoritarismus für Etzioni inakzeptabel erschienen. Harmonie, Ordnung und Autorität dienen dort oftmals dazu, die Entwicklung von individueller Identität und von Individualrechten an den Rand zu drängen. Gegen diesen kollektivistischen und konservativen Kommunitarismus setzt Etzioni seinen responsiven Kommunitarismus. Gemeint ist: responsiv gegenüber den Individuen.

Die Lösung, die Etzioni für dieses komplexe Problem entwirft, basiert auf den Grundüberlegungen seiner funktionalistischen Soziologie. Diese geht aus von einer Konzeption des gesellschaftlichen Ganzen bzw. des Gemeinwohls und von der Überlegung, dass eine Gesellschaft bestimmte Anforderungen erfüllen muss, um sich erhalten zu können. Der traditionelle Funktionalismus war dem Vorwurf ausgesetzt, er neige zu einer unbegründeten Bevorzugung des status quo. Etzionis Funktionalismus beruht auf der Überlegung, dass bestimmte Bedürfnisse und Erfordernisse universell für alle Gesellschaften gelten, auf welche es aber unterschiedliche und alternative Antwortmöglichkeiten gibt. Neben die klassische rechts-links-Alternative in Form der Gegenüberstellung von Staat und Gesellschaft will Etzioni eine dritte Sozialphilosophie setzen, die sich auf das Verhältnis zwischen Individuum und Gemeinschaft, also zwischen Autonomie und Ordnung konzentriert. Das kommunitarische Denken sucht einen Weg zwischen Individualisten, die einseitig die Autonomie betonen, und Sozialkonservativen, die allein auf der Ordnung beharren. Eine „*good society*" erreicht die Balance zwischen sozialer Ordnung und Autonomie.

Die Ordnung einer guten kommunitarischen Gesellschaft basiert sehr stark auf normativen Mitteln wie Erziehung, Führungsqualitäten, Konsens, sozialem Druck der Mitmenschen, Vorleben von Rollenmodellen, Ermahnungen und der moralischen Artikuliertheit von Posi-

---

[81]   Vgl. dazu Amitai Etzioni: Die faire Gesellschaft. Jenseits von Sozialismus und Kapitalismus (zuerst als The Moral Dimension. Towards a New Economics. New York 1988). Frankfurt 1996. Amitai Etzioni: Die Entdeckung des Gemeinwesens. Ansprüche, Verantwortlichkeiten und das Programm des Kommunitarismus. Frankfurt 1998; Walter Reese-Schäfer: Grenzgötter der Moral. Der neuere europäisch-amerikanische Diskurs zur politischen Ethik. Frankfurt 1997; Walter Reese-Schäfer: Amitai Etzioni zur Einführung. Hamburg 2000.

tionen. Für den Zusammenhalt einer solchen Gesellschaft ist es erforderlich, dass die meisten Mitglieder über die meiste Zeit eine Gruppe von Kernwerten teilen und sich auch ohne ausdrücklichen Zwang an diese Wertvorstellungen halten. Etzioni nimmt hier ausdrücklich die Gegenposition zu der repressiv-martialischen Konzeption von „law and order" ein und plädiert für einen zivilen Umgang autonomer Bürger miteinander in Form einer „civic order".

Zur Autonomie, wie Etzioni sie konzipiert, gehört auch die Unterstützung regionaler Autonomie und die Unterstützung der Ausdrucksmöglichkeiten kleiner Gruppen und Gruppenunterschiede. Tocquevilleschen Ideen gemäß wird die Herausbildung einer Zivilgesellschaft mit intermediären Organisationen gefördert, weil diese eines der flexibelsten Mittel darstellen, individuelle Wahlfreiheit und soziale Güter ohne kontradiktorischen Widerspruch zu ermöglichen, denn sie sind nicht staatsbasiert, sondern community-basiert.

Etzioni hatte schon in den 1960er Jahren in seiner vergleichenden Studie über politische Vereinigungsprozesse eine funktionalistische Typisierung dreier Integrationskräfte vorgelegt: Integrationskräfte sind entweder zwangsbasiert (z. B. militärische Gewalt, Eroberung), utilitär (z. B. ökonomischer Druck oder Gewinnerwartungen) oder identitiv. Identitive Potentiale sind üblicherweise in Werten oder Symbolvorstellungen enthalten. Die Anwendung von Gewalt ist die am meisten entfremdende Integrationsform, die utilitären Elemente lassen mehr Freiräume, sind den identitiven Potentialen aber insofern unterlegen, als diese das Moment der Freiwilligkeit sehr viel überzeugender ins Spiel bringen.[82] Etzionis Studien zur Rolle von Wertkonzeptionen in modernen Gesellschaften sind vor dem Hintergrund dieser Theorie zu lesen. Dadurch unterscheiden sie sich signifikant von gängigen Moralpredigten.

Soziale Ordnungen sind mit reinen Gewaltmitteln nur vorübergehend aufrechtzuerhalten. Zuletzt ist das durch den rapiden Legitimationsverfall der Sowjetunion deutlich geworden, als die Ideologie als Motivation der herrschenden Gruppe und die Hoffnung auf eine bessere Zukunft nicht mehr trugen. Eine rein utilitäre Motivation scheint auch nur dann auf Dauer zu stellen zu sein, wenn sie auch mit Momenten der Identifikation verbunden ist. Deshalb ist es keineswegs abwegig oder idealistisch, die identitiven Kräfte der sozialen Kohäsion zu stärken. In den USA war das deutlichste Beispiel der rapide Anstieg der Verbrechensraten zwischen 1960 und 1990. Gewaltverbrechen wuchsen in dieser Phase um das Viereinhalbfache, und der Prozentsatz der Arbeitskräfte, die im Gefängnis saßen, hatte sich verdoppelt. Seit 1990 ist dieses Problem in den Mittelpunkt des öffentlichen Interesses sowie auch politischer Gegenmaßnahmen geraten, die aber nur deshalb nachhaltige Wirkungen entfalten konnten, weil sie auf breite öffentliche Unterstützung gestoßen sind. Die öffentliche Diskussion und Kritik an antisozialem Verhalten, die Betonung der persönlichen Verantwortung für sich selbst und der sozialen Verantwortlichkeiten gegenüber anderen haben hier einen Wandel ausgelöst, weil sie nicht mehr auf konservative und rechtsgerichtete, oft religiöse Gruppen beschränkt blieben, sondern gerade auch weite Kreise der Liberalen erfasst hatten. Und in der Tat, schon seit 1990 ist die Kriminalitätsrate in den USA langsam zurückgegangen.[83] Die Situation in anderen wichtigen westlichen Gesellschaften ist hier mit einem gewissen Verzögerungsfaktor versehen ganz ähnlich, so dass die Kriminologen schon von einer Konvergenz sprechen. In Deutschland ist die Kriminalitätsrate zwischen 1972 und 1987 um 75 % gestie-

---

[82] Amitai Etzioni: Political Unification revisited. On building supranational communities. Lanham 2001.

[83] Die Verantwortungsgesellschaft. Individualismus und Moral in der heutigen Demokratie, aus dem Englischen von Christoph Münz. Frankfurt und New York 1997 (Originalausgabe unter dem Titel The New Golden rule. Community and Morality in a Democratic Society. New York 1996), dt. Ausg. S. 105ff.

gen, zeigt seitdem aber wieder eine sinkende Tendenz. Ähnliches gilt für die übrigen westeuropäischen Länder.

Japan liefert eine typische Fallstudie für das Gegenteil, nämlich eine kommunitär über-
steuerte Gesellschaft mit einem Strafverfolgungssystem, in dem es für Angeklagte nur ge-
ringfügige Schutzrechte gibt. Hier ist die Autonomie defizient, während die identitive
(keineswegs nur die staatlich-koerzive) Ordnung exzessive Züge aufweist. Deshalb kann
Japan als typischer Fall eines Landes gelten, das sich in die individualistische Richtung
entwickeln muss, um die kommunitarische Balance zu finden.

An sich müsste es leicht zu verstehen sein, dass der soziologische Funktionalismus für gegen-
sätzlich strukturierte Gesellschaften auch gegensätzliche Entwicklungsrichtungen hin zu der
angestrebten Balance zwischen Ordnung und Autonomie angibt. Aber nicht nur Laien, sondern
auch Kritiker vom Fach werfen den Kommunitariern vor, ihre Gemeinschaftsorientierung sei
gerade für asiatische Gesellschaften das vollkommen ungeeignete Rezept. Die Rezeption
kommunitarischen Denkens ist wesentlich primitiver als dieses selbst und arbeitet nur mit einer
Zweiermatrix Liberalismus versus Kommunitarismus, während die Kommunitarier selbst mindestens mit einer Vierermatrix operieren, also der Liberalisierung allzu kommunitärer Strukturen und der Kommunitarisierung allzu atomistischer Gesellschaften. In Wirklichkeit handelt es sich um ein noch erheblich komplexeres Modell, weil die Voraussetzungen in den
verschiedenen Gesellschaften zusätzlich noch sektoral differenziert werden müssen.

Eine etwas peinliche Ironie dieser ganzen Diskussion besonders in der deutschen akademischen Welt besteht darin, dass diese Unterkomplexität dann gerade Etzioni zum Vorwurf gemacht wird, während sie in Wirklichkeit nur auf einer schematisierten, vergröberten
Rezeption seiner im Ansatz deutlich anspruchsvolleren Überlegungen beruht. Gerade in
Deutschland wird die klare, prägnante und beispielreiche Sprache Etzionis als Mangel aufgefasst und seinem Denken eine zu große Simplizität vorgehalten, während sich unter dem
dünnen Nebel soziologisierenden Fachjargons meist sehr viel simplere Ideen verbergen.

Kommunitarische Gesellschaften nach Etzionis Vorstellung sind als genuin demokratisch
verfasste Gesellschaften gedacht. Sie neigen deshalb sehr viel seltener zur Übersteuerung
als autoritär verfasste Strukturen. Der Vergleich zwischen der alten UdSSR und den USA
zeigt, dass die Hauptstärke der USA gerade in den engen Verbindungen zwischen der
Zivilgesellschaft und der politischen Struktur gelegen hat, während in der Sowjetunion der
Staatssektor alle Bereiche der Gesellschaft dominierte, gelegentlich durch Initiative voran-
treiben konnte, eigenständige Initiativentfaltungen aber gerade systematisch lähmte und die
Herausbildung einer Zivilgesellschaft unterbunden hat, woran das heutige Russland noch
immer leidet. Die staatszentralistische Sowjetunion ist eines der extremsten Beispiele einer
antikommunitarischen Gesellschaft, in der trotz aller Kollektivideologien die Einzelnen gerade als singuläre Sozialatome behandelt werden – eine Einschätzung, die sich voll und ganz
mit Hannah Arendts Analyse totalitärer Herrschaftsformen deckt. Nach Hannah Arendt beruht die Herrschaft der Zentrale gerade darauf, dass sie die Verbindungen der Einzelnen untereinander durch Misstrauen kappt und reguliert und dadurch jeden, der eine abweichende
Meinung zu entwickeln beginnt, als vollkommen vereinzeltes und dadurch hilfloses Individuum einem übermächtigen Apparat gegenüberstehen lässt.[84]

---

[84] Hannah Arendt: Elemente und Ursprünge totaler Herrschaft. München und Zürich 1986, bes. Kap. 10–13.

Die ideengeschichtlichen Quellen dieses Denkens der „Verantwortungsgesellschaft" sind die Soziologie von Emile Durkheim, Ferdinand Tönnies, Robert Nisbet, die Sozialphilosophie von John Dewey und George Herbert Mead und vor allem von Martin Buber mit seiner Utopie der Kibbuzgemeinschaften. Nachdem vor allem Autoren wie Charles Taylor, Michael Walzer und der Taylor-Schüler Michael Sandel den individualistischen Liberalismus der 80er Jahre scharf kritisiert hatten, hat Etzioni dieses Denken mit den Methoden seiner funktionalistischen Soziologie erweitert und dabei zugleich eine Art Intellektuellenbewegung gebildet, die in den 90er Jahren die Ideen für die amerikanischen New Democrats und vor allem für New Labour in Großbritannien bereitgestellt hat. Die weltweite Diskussion hat an das kommunitarische Denken allerdings einige Fragen herangetragen, die Etzioni in den brillantesten und erhellendsten Abschnitten der „Verantwortungsgesellschaft" analysiert, ohne dort schon eine abschließende und überzeugende Lösungskonzeption vorlegen zu können.

Die Frage lautet: Wer soll letztlich Schiedsrichter sein über die Werte einer Gemeinschaft? Wertvorstellungen sind keine bloßen Geschmacksfragen, die in pluralistischer Beliebigkeit gelöst werden können. Universelle Werte aber scheint es nicht zu geben, denn bislang sind alle Versuche, sie entweder empirisch aufzufinden oder normativ zu begründen, gescheitert.

Unterschiedliche Teilgemeinschaften müssen miteinander koexistieren und sind insofern schon zu einer prüfenden Abgleichung ihrer Wertvorstellungen gezwungen. Das Grundkonzept ist das einer mosaikartigen *Gemeinschaft von Gemeinschaften*. Eine Assimilation aller Individuen an ein einziges Modell wird als soziale Übersteuerung angesehen. „Die soziologische Herausforderung besteht darin, gesellschaftliche Formationen zu entwickeln, die den bereichernden Besonderheiten autonomer Subkulturen und Gemeinschaften genügend Raum verschaffen und gleichzeitig einen Grundbestand an gemeinsamen Werten aufrechterhalten."[85] Diese Gemeinschaften müssen von einem festen gemeinsamen Rahmen umgeben werden – ein Pandämonium lehnt Etzioni also ab. Dieser Rahmen hat folgende Kernstücke:

1. Demokratie wird als Wert und nicht bloß als organisatorischer Mechanismus angesehen.
2. Die Verfassung und ihre Grundrechte sind verbindlich.
3. Die Loyalitäten müssen in abgestufter Form existieren, d. h. es darf nicht eine ausschließliche Loyalität sei es gegenüber der Teilgemeinschaft, sei es gegenüber der Gesamtnation geben.
4. Toleranz bedeutet, keine normativen Einwände gegenüber Sitten, Gebräuchen und Werten kulturell anderer Gruppen zu erheben, sondern diese zu achten, ohne sie unbedingt akzeptieren zu müssen.
5. Sogenannte „Identitätspolitiken" dürfen daher nur in sehr eingeschränkter Form durchgeführt werden.
6. Gesellschaftsweite moralische Dialoge, die auf zivile, d. h. nicht bürgerkriegserzeugende Art geführt werden, sollen für eine gegenseitige Abstimmung der Wertkonzeptionen sorgen.

Abbildung: Die Rahmenordnung für lokale Communities

---

[85] Etzioni: Verantwortungsgesellschaft S. 256.

Wertbegründungen sind in demokratischen Gesellschaften schon deshalb unverzichtbar, weil moralische Konzeptionen niemandem autoritär aufgenötigt werden dürfen. Eine Begründung, die innerhalb einer Gemeinschaft gilt, ist immerhin schon mehr als ein bloß privater Wunsch. Sie hat allerdings damit lediglich die erste Hürde der Verallgemeinerung genommen, die sich je nach Problemstellung und Situation in einer Reihe von Abstufungen vollziehen muss. Bei einem Aufeinandertreffen verschiedener Gesellschaften kommt es darauf an, gesellschaftsübergreifende moralische Dialoge zu entwickeln, für die Etzioni den schönen Ausdruck *Megaloge* reserviert.

Anders als Habermas' rein prozeduralistisch gedachte Dialogizität vertritt Etzioni die realistische Position, man könne von konkreten Menschen nicht erwarten, ihre wirklichen Überzeugungen an der Garderobe abzugeben, um in einen rein abstrakten Diskurs einzutreten. Moralische Dialoge sind nicht in dieser Weise reinzuhalten. Eine künstliche Vorschriftswelt der reinen deliberativen Diskurse würde ständig verletzt werden, weil sie keiner soziologischen Wirklichkeit entspricht, und auf diese Weise eher Haltungen des Zynismus als der moralischen Orientierung fördern, weil sie von den Menschen etwas verlangen, das menschlichen Grundverhaltensweisen und Grundbefindlichkeiten, z. B. dem Willen, auch moralisch Stellung zu nehmen und nicht die eigenen Werte einfach als bedeutungslos zu betrachten, diametral entgegengesetzt ist. Moraldialoge müssen allerdings so angelegt sein, dass sie demokratischen Rahmenbedingungen genügen. Gängige, oft mit kommunitarischen Positionen assoziierte Vorstellungen von moralischem Relativismus müssen schon deshalb aufgegeben werden, weil es im Globalisierungsprozess gerade auf die Koordination sehr unterschiedlicher Vorstellungen in einem gemeinsamen Praxisfeld ankommt. Widerstreitende Moralideen müssen also aus praktisch-funktionalen, keineswegs lediglich aus ideologischen Gründen in einem konkreten lösungsorientierten Dialog aneinander angenähert werden. Die Sprache der Rechte ist dabei die Sprache der Kompromisslosigkeit und kann zu endlosen Auseinandersetzungen führen. Die Sprache der Moral bedeutet demgegenüber die Einbeziehung der Positionen des Anderen in gemeinsamen, dialogischen Wertkonzeptionen. Die Megaloge können darüber hinaus auch die Kraft entwickeln, bedeutsame Wandlungen in den Grundwerten einzelner Gesellschaften und Gruppen hervorzurufen, nämlich immer dann, wenn unterschiedliche Wertvorstellungen verschiedener Gesellschaften in einem gemeinsamen Handlungsraum Koordinationsbedarf erzeugen. Kommunitarische Gesellschaften unterscheiden sich von autoritären Gesellschaften aber auch darin, dass der gemeinsame Kern geteilter Werte, der real als erforderlich angesehen wird, einen sehr viel geringeren Umfang hat als in autoritären Gesellschaftsordnungen.

Die Verantwortungsgesellschaft ist zusammengefasst der soziologisch funktionalistische Versuch einer Antwort auf die moralischen Herausforderungen des Globalisierungsprozesses. Gemeinschaften, egal wie umfassend gedacht, gelten diesem Denken nicht als die letzte Instanz für die Richtigkeit der eigenen Überzeugungen. Diese ist immer noch das starke Evidenzempfinden der Individuen, welche allerdings aufgefordert werden, ihre individuellen Selbstevidenzen aus eigener Einsicht und aus eigenem Antrieb mit den Überzeugungen anderer in ein Überlegungsgleichgewicht zu bringen. Etzionis Denken ist, in einem Begriff zusammengefasst, als *kommunitarischer Liberalismus* zu charakterisieren.

Der Globalisierungsprozess verlangt vor allem eine Beschleunigung von Anpassungsleistungen der Wirtschaftsunternehmen und damit auch der Arbeitskräfte. Die psychosozialen Folgen für die „Langsameren", die vom Zurückbleiben Gefährdeten sind außerordentlich ernst zu nehmen, ebenso die Folgen für den sozialen Zusammenhalt von Gesellschaften. Die

Fortsetzung der Arbeitsgesellschaft unter den Bedingungen von Globalisierung und zuge-spitzter Konkurrenz führt zu gebrochenen Erwerbsbiographien, zu unterschiedlichen Phasen von verlängerter Ausbildung, Berufsarbeit, vorzeitiger Entlassung, Arbeitsplatzsuche, Wei-terbildung und Umschulung bis hin zu neuen Tätigkeiten, gemischt mit Zwischenphasen von Selbständigkeit, versuchter Selbständigkeit und Scheinselbständigkeit, also zu prekären Exis-tenzformen. Dieses Modell verlangt von den Arbeitskräften eine erhöhte Flexibilität, d. h. eine ständige Suche nach Nischen für die Arbeitstätigkeit und das immer neue Sich-Hineinfinden in kurzzeitige Projektarbeit mit immer neuem begeistertem Engagement, ohne dass einem frühere Leistungen positiv angerechnet würden. Jeder muss sich im Grunde dann täglich neu beweisen. Die potenziellen Schäden für das soziale Zusammenleben und den in-dividuellen Charakter hat Richard Sennett in seiner Studie „Der flexible Mensch"[86] ein-drucksvoll geschildert:

- Die persönliche Erfahrung zerfällt.
- Dauerhafte Formen des Arbeitszusammenhangs verschwinden. Auf die gewohnten so-zialen Kooperationskontakte kann man nicht mehr bauen. Das Vertrauen geht verloren.
- Auf Routinebildung kann man sich nicht mehr verlassen.
- Man nimmt nachhaltige Risiken der Lebensweggestaltung auf sich, die nur schwer ein-zuschätzen und zu überschauen sind.
- Das Arbeitsethos des langfristigen Aufbaus und der aufgeschobenen Belohnung verfällt, wenn man nur kurzfristige Projekte zu bearbeiten hat.
- Die überall verlangte Teamarbeit schafft bloß oberflächliche Gruppenerfahrungen und verhindert die Entwicklung persönlichen Verantwortungsgefühls.
- Es handelt sich um bloß vorgetäuschte Gemeinschaftsformen.
- Das Scheitern wird tabuisiert, aber schon im mittleren Alter breitet sich ein massives Ge-fühl der Resignation, eine tiefsitzende Müdigkeit aus, so dass die flexiblen Projekte möglichst auf Mitarbeiter über 35 verzichten.
- Man muss also im Grunde schon in dem Alter, in dem Leistungssportler aufhören müs-sen, für sein Alter vorgesorgt haben, und hat andernfalls mit Altersarmut zu rechnen.
- Familienstrukturen werden durch den erzwungenen Ortswechsel bei der Annahme neuer Arbeiten gefährdet und teilweise zerstört.
- Sennett zieht die düstere Folgerung: „Ein Regime, das Menschen keinen tiefen Grund gibt, sich umeinander zu kümmern, kann seine Legitimität nicht lange aufrechterhal-ten."[87]

Schautafel: Der flexible Mensch

Schon seit längerem sind Arbeitslose ausgegrenzt und untere Einkommensgruppen an den Rand gedrängt worden. Mit der Tendenz zur *Projektförmigkeit der Erwerbsarbeit* verschwin-det aber auch im Kernbereich der Gesellschaft selbst das, was man früher als die *integrieren-de Kraft der Arbeitswelt* betrachtet hatte. Sie schafft keine sozialen Bindungen mehr, sondern zerstört diese und löst am Wohnort und in der Familie bestehende Bindungsformen weiter

---

[86] Richard Sennett: Der flexible Mensch. Die Kultur des neuen Kapitalismus, 7. Aufl. Berlin 1998 (engl. unter dem Titel The corrosion of Character. New York 1998).
[87] Ebenda, S. 203.

auf. Wenn die Industrialisierung und Verstädterung des 19. Jahrhunderts rückblickend noch als Übergangsform betrachtet werden konnte, aus der sich neue Formen der sozialen Bindung und Schließung in den Organisationen der Arbeiterbildung, des Genossenschaftswesens, der Gewerkschaften und des vereinsmäßigen und sozialen Umfeldes der Arbeiterbewegung ergeben hatten, so zeichnet sich hier ein neuer und tiefgreifender Umbruch ab.

Die Antwort der Verantwortungsgesellschaft auf diese Herausforderung besteht in fünf sehr heterogenen Punkten:

1. Verlangsamung der Anpassungsanforderungen, die der Globalisierungsprozess stellt. Der westeuropäische, australische und neuseeländische Weg folgt ganz offenbar einem langsameren Pfad als die USA. Die graduelle Abschaffung von Zöllen, Importquoten und anderer Handelshemmnisse erleichtert die Anpassung an neue Strategien und sozioökonomische Bedingungen.
2. Die Schaffung von community jobs. Auf lokaler Ebene werden Geldmittel für Schulen, öffentliche Bibliotheken, Kindergärten oder Umweltschutzmaßnahmen, also für die Produktion von öffentlichen Gütern bereitgestellt. Die Entscheidungen auf lokaler Ebene sollen eine Nähe zu den realen Bedürfnissen gewährleisten, die sonst bei der Bereitstellung von nicht marktmäßig finanzierten öffentlichen Arbeitsangeboten auf eine sehr kostenträchtige Weise verfehlt werden könnten.
3. Job sharing und größere Arbeitsplatzsicherzeit. Es ist durchaus zu rechtfertigen, wechselnde Arbeitszeiten (und Bezahlungen) je nach Auftragslage zu akzeptieren, wenn damit eine Planungssicherheit und Arbeitsplatzgarantie verbunden wird.
4. Es muss ein Grundgefühl sozialer Sicherheit für alle geschaffen werden, die darin besteht, dass niemand sich ohne Krankenversicherung und eine gewisse Grundversorgung auf der Straße wiederfindet. Entscheidend ist hier nicht der spezifische Umfang der Unterstützung, die in Teilbereichen durchaus auch reduziert werden könnte, sondern vielmehr die feste und verlässliche Überzeugung, dass alle Arbeitslosen, Behinderten oder Kranken sowie ihre Kinder eine Grundsicherung erhalten, egal welche Partei gerade regiert und welcher politische Kurs gerade gefahren wird.
5. Als zusätzliches und unterstützendes Moment könnte eine gewisse freiwillige Einfachheit der Grundbedürfnisse hinzukommen. Die Alternativkultur der 60er Jahre hatte gewiss einige ideologische Übertreibungen des einfachen Lebens in die Welt gesetzt. Derartige Ideen sind mit einer modernen Ökonomie auf Dauer und auf breiter Basis nicht vereinbar. Aber es gibt durchaus Strömungen unter urbanen jungen Berufstätigen und Akademikern, die die Orientierung auf marginale Konsumgüter nicht für eine besonders sinnvolle Lebenszweckerfüllung halten und für die ein übersteigerter Konsum nicht zu den Lebenswerten gehört. Die freiwillige Einfachheit reduziert die Abhängigkeit von den Weltmärkten und dementsprechend auch die abverlangten Anpassungsleistungen zugunsten der Entwicklung eines eigenständigen und selbstbestimmten Lebensstils.

Für Kommunitarier, deren Denken in einem sehr großen Maße auf Freiwilligkeit und gegenseitiger Bestätigung derartiger Haltungen beruht, sind solche Modelle durchaus attraktiv, ohne sie durch Zwang, d. h. durch gesetzliche Maßnahmen ihrerseits der Allgemeinheit vorschreiben zu wollen. Gesetze sollen so konzipiert werden, dass sie derartige Lebensformen ermöglichen, unterstützen und tolerieren, sie aber nicht vorschreiben. Auch hier zeigt sich der Vorrang des liberalen Elements in diesem kommunitarischen Liberalismus, der ideengeschichtlich ganz bewusst das Erbe der amerikanischen Religionsfreiheit für alle Sekten und selbstbestimmten Glaubensformen antritt, soweit diese nicht ihrerseits ihren Herrschaftsbereich auf andere ausdehnen wollen.

Aus einer Ansammlung von Sekten muss aber nicht notwendigerweise ein starkes und mit sich selbst identisches politisches Gemeinwesen entstehen. Es könnte genauso gut zu einem Pandämonium von einander bürgerkriegsartig befehdenden Gruppierungen mit lokalen Anführern und Kriegsherren führen. Nötig scheint neben einer hinreichend starken friedensstiftenden Zentralmacht vor allem die Existenz eines *sets* von zentralen gemeinsamen Wertvorstellungen. Diese Thesen, die auch in Deutschland von vielen Politikwissenschaftlern, z. B. von Claus Offe, Ulrich K. Preuß oder Herfried Münkler geteilt werden, erscheinen auf den ersten Blick nicht sehr bemerkenswert – bis man sich überlegt, dass die vorherrschende individualistische Ideologie ihre Hauptopposition gerade auf diesen Punkt konzentriert. Gemeinsame Wertvorstellungen sind nicht einfach nur Vereinbarungsergebnisse, die als Resultate von Verhandlungen oder ähnlichen Prozeduren zustande kommen, sondern sie können als die moralische Infrastruktur einer Gesellschaft gelten. Sie sind ökonomisch gesehen ein öffentliches Gut, politisch-soziologisch sind sie das identitive Moment und die integrative Kraft einer Sozialstruktur. Eine Gesellschaft funktioniert nur dann gut, wenn etwa 98 % der Bürger den größten Teil der Zeit die Gesetze und die informellen moralischen Codes einhalten. Die Gesetzesdurchsetzung kann nur dann effektiv sein, also unnötige soziale Kosten vermeiden, wenn sie sich lediglich auf die verbleibenden 2 % konzentrieren kann.

Derartige Wertvorstellungen können durchaus unterschiedlicher Art sein. Eine Gemeinschaft, z. B. die *scientific community,* könnte sich darauf konzentrieren, wahre und zutreffende Forschungsergebnisse zu ermitteln, während eine andere, z. B. die der Sozialarbeiter, den Wert der Empathie gegenüber anderen als weit höher als die Haltung der Wahrhaftigkeit gegenüber allen betrachten und entsprechend handeln könnte. Allerdings bedarf es letztlich gesellschaftsweiter Maßstäbe, die solche Berufsethiken in gewissen Kernpunkten doch wieder im Sinne eines gemeinsamen Soziallebens zusammenzuführen in der Lage sind. Die Entstehung kommunitarischen Denkens ist in der Sicht der *intellectual history* zu verstehen als das Einklagen solcher gesellschaftsweiter Orientierungen, die allerdings gegenüber den Subgruppen hinreichend flexibel bleiben müssen und jedenfalls nicht im Stile der substantialistischen Moralzwänge früherer Zeiten auftreten dürften. Nur Theokratien wie der Sudan oder Calvins Genf würden versuchen, mit ihren engen Regelungen auch in das allerprivateste Verhalten einzugreifen. Von einem normativen kommunitarischen Standpunkt muss allerdings ein Verhalten, das die Kernwerte einer Gesellschaft verletzt, als unmoralisch gelten – unabhängig davon, ob es im Supermarkt, zu Hause, auf der Straße oder wo auch immer auftritt. In diesem Punkt – und reduziert auf die Kernwerte – stimmt Etzioni und mit ihm das kommunitarische Denken der feministischen Position z. B. von Carole Pateman, Elizabeth Frazer und anderen zu, die die Trennung von öffentlichen und privaten Werten zu transzendieren versuchen.[88] Grundsätzlich muss zwischen einem Verhalten unterschieden werden, das von den Grundwerten einer Gesellschaft gedeckt wird und einem solchen, das dieses nicht ist. Diese Differenz steht quer zu der Unterscheidung von öffentlich und privat. Konkret heißt das, dass man z. B. nicht jeden heiraten kann, den man möchte, weil auch für

---

[88] Vgl. kritisch dazu Barbara Holland-Cunz: Die Vergeschlechtlichung des Politischen: Etappen, Dimensionen und Perspektiven einer Theorieinnovation, in Michael Th. Greven und Rainer Schmalz-Bruns (Hg.): Politische Theorie – heute. a. a. O., S. 121–146.

Mormonen die an sich religiös vorgegebene Polygamie verboten und somit keine Privatsache ist.

Die gemeinsamen Wertvorstellungen sind kulturell, nicht individuell. Das gilt auch für solche Gesellschaften, die sich als individualistisch verstehen, weil gerade auch die Erziehung zur und die Entfaltung von Individualität eine besonders anspruchsvolle und komplexe Gesellschaftsstruktur voraussetzen. Dazu gehört auch die Entwicklung einer bestimmten Zivilität. Zivilgesellschaftliche Strukturen, zu denen Toleranz etc. gehören, sind in der Sicht von Amitai Etzioni eine gute Sache, aber keineswegs hinreichend. Die tolerante Zivilgesellschaft soll seiner Ansicht nach darüber hinausgehend auch remoralisiert werden, um nicht nur Unterschiede einfach hinzunehmen, sondern vor allem auch die Gemeinsamkeiten zu stabilisieren und weiterzuentwickeln. Die Zivilgesellschaft soll also wieder so etwas wie eine moralische Stimme bekommen, eine *moral voice*. Sie ist also eine besondere Form der Motivation zu moralischem Verhalten. Im Unterschied zu älteren Formen gemeinschaftlicher Integration, die ein Monopol über die moralische Haltung ihrer Mitglieder beanspruchten, sind neue Gemeinschaften gedacht als mehrschichtiger Schutz vor moralischer Unterdrückung und auch der moralischen Ächtung und Ausstoßung. Etzioni spricht in der Verantwortungsgesellschaft deshalb von *multicommunities*, die allein schon durch die Mehrfachzugehörigkeiten einen gewissen Schutz vor allzu massiver Vereinnahmung bieten können. Heute können derartige Mehrfachzugehörigkeiten längst als Standardsituation gelten. Gerade die Mehrfachorientierung lässt das Individuum nicht als singulären Knotenpunkt der Kommunikation zurück, sondern funktioniert nur dann auch affektiv und moralisch befriedigend, wenn die Offenheit zur Beteiligung, zum Dialog und die Gemeinsamkeit von Wertvorstellungen gegeben sind.

Regulierungsformen durch Moralartikulation gelten in Etzionis Sicht als weniger zwangsgeladen im Vergleich zu rein juristisch repressiven Formen der Regulation, zumal die Durchgriffswirkung des Rechts, das nicht von zustimmenden gesellschaftlichen Grundhaltungen getragen wird, von ihm ohnehin als unzureichend eingeschätzt wird. Es kommt vor allem darauf an, neben die staatsförmige Regulierung durch das Gewaltmonopol und die wirtschaftsförmige Regulierung durch Gewinne und Gewinnerwartungen eine dritte Regulierungsform, nämlich durch die öffentliche moralorientierte Kommunikation zu stellen. Staat und Markt werden so durch verdichtete und einer reflexiven Selbstkontrolle unterliegende zivilgesellschaftliche Regulationen ergänzt.

3.4   Charles Taylors Theorie des modernen Selbst[89]

Charles Taylor ist der entscheidende Impulsgeber des kommunitarischen Denkens und hat so weltweite Beachtung gefunden. Seine *Quellen des Selbst* sind der Versuch, eine Art Geistesgeschichte des modernen Subjekts unter dem Oberbegriff der neuzeitlichen Identität zu schreiben. Um zu einer möglichst genauen und fairen Kritik einiger Grundfiguren seiner Argumentation zu kommen, ist es sinnvoll, sich folgende Schlüsselpassage zur kritischen Lektüre vorzulegen:

---

[89]   Vgl. Charles Taylor: Quellen des Selbst. Die Entstehung der neuzeitlichen Identität. Frankfurt 1994 (zuerst Cambridge 1989).

„Die Nachwirkungen der Bewegung der Moderne spüren wir immer noch. Ja, wir spüren die Nachwirkungen fast aller auf diesen Seiten besprochenen Bewegungen: der Aufklärung, der Romantik und der Bejahung des gewöhnlichen Lebens. Aber es ist besonders die Bewegung der Moderne, die die Welt unserer Kultur formt. Vieles von dem, was wir heute erleben, besteht aus Reaktionen auf sie und überdies aus der Auflösung und Fortführung der in ihr zur Einheit zusammengefassten Stränge."[90]

Wer ist dieses „wir", das das ganze Buch durchzieht? Ein Buch, das als Thema die Konstitution des modernen Selbst hat, verwendet diesen deiktischen Term ständig, ohne ihn zu umgrenzen oder gar zu definieren. Es fragt an keiner Stelle, wer dazugehört und wer nicht. Im Unterschied zu Richard Rortys rhetorisch-dekonstruktivem Spiel mit dem Wir-Begriff[91] scheint Taylor diesen Begriff völlig ernst zu meinen und ohne jede Rorty-typische selbstironische Distanzierung (wir postmodernen Bourgeoisliberalen, wir Wirrköpfe, wir Philosophieprofessoren) zu verwenden. Aus der oben angeführten Textpassage lässt sich erschließen, dass mit „wir" die Zugehörigen zu „unserer Kultur" gemeint sind, sensibel für die Nachwirkungen von Aufklärung und Romantik, also vom höheren Bildungswesen geprägte westliche Individuen.

Aber selbst über diese begrenzte Gruppe sind aufgrund der von Taylor gewählten Quellenbasis nicht wirklich die Verallgemeinerungen möglich, die er anstrebt, und die ohnehin nur aufgrund der von ihm gewählten undifferenzierten Ausgangsterminologie überhaupt den Schein erwecken können, sie seien erforderlich. Denn mit rein philosophischen und literarischen Quellentexten kann er über die Welt außerhalb dieser Texte allein etwas vermittelst unzulässiger Verallgemeinerungen aussagen. Die geistesgeschichtliche Methode wird so in ihrer ganzen Größe und Schwäche vorgeführt.

Die Philosophie- und Literaturgeschichte, die Taylor ausbreitet, macht klar, dass dieses „wir" unter den Autoren unseres Jahrhunderts vor allem Thomas Mann, Eliot und Ezra Pound liest, im vorigen Jahrhundert Nietzsche, Schopenhauer, Baudelaire, seltener dagegen Heine und neben den englischen Romantikern auch Hölderlin und Novalis. Brecht dagegen, Beckett, Harold Brodkey oder John Updike lesen „wir" nicht. Von älteren Autoren kennt es vor allem Augustinus, Descartes, Locke, Montaigne, Hume, Rousseau sowie ein begrenztes Umfeld. Dieses „Wir" ist offenbar mit den Höhenkammtexten aus Literatur und Philosophie einigermaßen gründlich vertraut oder soll als Leserin von Taylors Buch bzw. Hörer seiner Vorlesung damit vertraut gemacht werden. „Wir", jedenfalls in Taylors Buch, halten es außerdem für eine langer Diskussion werte Frage, ob Lockes Deismus nicht doch stärker theistische Züge trägt, als gemeinhin angenommen wird. Überhaupt scheinen wir hauptsächlich eine bestimmte Art von Gedichten und philosophischen Texten zu lesen, kaum dagegen Romane. Diese Lektüre erfolgt darüber hinaus auf eine bestimmte Art: nicht so sehr zum Zweck der kritischen Auseinandersetzung oder Analyse, sondern als Beleg für die Auffassungsweisen und Epiphanien des Selbst. Die Literaturgeschichte und die Philosophiegeschichte werden so als umfangreiche Belegstellensammlung herangezogen.

Aber was belegen diese Belegstellen eigentlich? Wenn man keine umfassende Theorie dieses Wir vorlegt, also zum Beispiel keine Theorie des bürgerlichen Bewusstseins, dann belegen

---

[90] Ebd., S. 837. Im folgenden werden die Seitenangaben, die sich auf diesen Band beziehen, in Klammern innerhalb des fortlaufenden Textes gegeben.

[91] Vgl. zu den Belegstellen hierfür Walter Reese-Schäfer: Richard Rorty zur Einführung. Hamburg 2006.

diese Belegstellen im Grunde nur, was die jeweiligen Autoren gemeint und gedacht haben, allenfalls noch, falls sie einer bestimmten Gruppe angehört oder sich ihr zugerechnet haben, was in dieser Gruppe gedacht wurde. Darüber hinaus vielleicht noch, was überhaupt zu einer bestimmten Zeit denkmöglich war. Aber vermögen sie wirklich zu belegen, welche Erscheinungsformen die Vorstellungen vom Selbst in der Aufklärung, der Romantik oder der Moderne angenommen haben? Weiter noch: in dieser Reihung werden aus Strukturbegriffen literaturgeschichtliche Epochenbegriffe. Sind die literarischen Epochenbegriffe hier aber überhaupt angemessen?

Der außerordentlich hohe Anspruch und zugleich die Schwäche dieses bemerkenswerten Buches zeigen sich schon an seiner Ausgangsüberlegung: „Das Selbst und das Gute oder, anders gesagt, das Selbst und die Moral sind Themen, die sich als unentwirrbar miteinander verflochten erweisen." (15) Es sind also genau diejenigen Allgemeinbegriffe nicht mehr zu entwirren, die die Sprachanalytiker auseinanderzulegen sich bemühten. Gerade jene seltsamen Generalisierungen, die ohnehin nur in den künstlich gepflegten Gewächshäusern eines bestimmten philosophischen Diskurses lebensfähig waren und von denen man geglaubt hatte, dass sprachliche Präzision und der Blick auf den sozialen Kontext sie verschwinden lassen würden, bilden also den Gegenstand von Taylors Studien.

Die weitere Argumentation Taylors gegen die prozeduralistischen Ethiken der Gegenwart ruht auf diesem Wir-Begriff. Er untersucht die Art und Weise der Konstituierung des Selbst, dies allerdings nicht empirisch-deskriptiv, sondern normativ zugespitzt mittels einer Vorgehensweise, die man als normative Phänomenologie bezeichnen könnte. Taylor treibt die Deskription nämlich immer bis zu dem Punkt, an dem Voraussetzungen und Implikationen sichtbar werden, die, wenn man lange genug auf ihnen insistiert, normative Qualitäten gewinnen. So vorsichtig, zurückhaltend und abwägend er dabei auch vorgeht: Resultat seiner Beschreibungen sind immer im normativen Sinne unumgängliche Voraussetzungen (63).

Unsere moralischen Reaktionen haben für Taylor grundsätzlich zwei Facetten: einerseits sind sie beinahe instinktiv („vergleichbar unserer Vorliebe für Süßigkeiten, unserer Abneigung gegen ekelerregende Dinge oder unserer Angst zu stürzen"), andererseits „scheinen sie ausdrücklich oder stillschweigend Behauptungen über das Wesen und den Rang der Menschen zu beinhalten." (19) Durch diese zweite Facette fühlt sich Taylor zu einer Ontologie des Menschlichen ermutigt. Diese ontologischen Reflexionen enthalten seine Moralbegründung. Leider gehören sie zu den schwächsten Stellen seiner Philosophie. Zwar distanziert er sich von gewissen Missbrauchsformen ontologischer Argumentationen, wenn diese zur Begründung von Ketzerverfolgungen oder zur Rechtfertigung von sozialer Benachteiligung gedient haben. Er hält sie aber keineswegs für überholt, sondern betrachtet sie „als zutreffende Artikulationen unserer ,aus dem Bauch' kommenden Achtungsreaktionen." (20) Bei den Süßigkeiten und dem Ekel geht es nach Taylor um nackte Tatsachen, bei moralischen Urteilen dagegen um die Frage, wer oder was ein Gegenstand sein kann, der diese Reaktion verdient.

Ich halte diese Art der Differenzierung für außerordentlich problematisch und auf einem für einen Philosophen ungewöhnlich niedrigen Explikationsniveau. Es stimmt einfach nicht, dass man über die Frage, ob etwas zu recht Gegenstand des Ekels und der Abscheu ist, einfache Tatsachenurteile fällen kann. Andererseits gibt es umfangreiche nichtmoralische Bereiche, in denen starke Werturteile auch über Personen gefällt werden. Ein Beispiel: das Urteil über einen exzellenten Wein oder über die architektonische Gestaltung eines Gebäudes oder Platzes setzt Wissen und ästhetische Sensibilität voraus, die nicht nur Wertungen über das Getränk oder Gebäude transportieren, sondern auch Achtungsurteile über die Person erzeugen, die solche Wertungen äußert. Wer gute nicht von schlechten Weinen zu unterscheiden vermag, ist dort als Person diskreditiert, wo auf derartige Urteile Wert gelegt wird und wo die Fähigkeit, kompetent mitzureden über Zugehörigkeit bzw. Nichtzugehörigkeit zu einem bestimmten sozialen Zusammenhang entscheidet. Derartige Urteile können so stark habitualisiert werden, dass es durchaus möglich ist, unüberwindliche Abneigung beim Anblick eines krawattenlosen Hemdkragens zu empfinden, wie das dem ehemaligen Bundespräsidenten Johannes Rau nachgesagt wird. Philosophisch ausgedrückt: Taylor sucht nach einer in den Personen oder Dingen selbst liegenden Begründung. Er sucht nach substantiellen Merkmalen in einer Welt, die sich längst daran gewöhnt hat, dass nur askriptive Merkmale zählen. Er wehrt sich gegen die „aus der neuzeitlichen Erkenntnistheorie hervorgehenden Verlockungen" (23), die essentialistische Basis unserer moralischen Gefühle abzustreiten.

Wozu benötigt Taylor diese Art von Ontologie? Doch nicht, um zu behaupten: „Heutzutage sind wir alle der Auffassung, dass der Gedanke der Achtung vor dem Leben und der Integrität uneingeschränkt gilt." (21) Diese Aussage, die, wie sich kurz danach herausstellt, auf das menschliche Leben eingeschränkt ist, bedarf ganz offensichtlich keines ontologischen Fundaments. Ein zu genauer Blick auf die Faktizität dieses Lebens hat sogar bewirkt, dass Autoren wie Peter Singer an diesem Punkt ins Grübeln gekommen sind. Gerade die Auseinandersetzungen darüber, ob denn das dumpfe Dahinvegetieren bei bestimmten zerebralen Störungen überhaupt noch menschliches Leben genannt werden könne und im Vergleich wirklich oberhalb von tierischem Leben angesiedelt sei, zeigen die Schwäche jeder ontologischen Argumentation. Ein sozialkonstruktivistisches Denken wird hier schlicht erklären: Auch wenn dieses Leben bei einer genaueren phänomenologischen Betrachtung sich nicht als besonders menschlich erweisen sollte, so ist es doch sinnvoll, aus strukturellen Erwägungen auch bei Schwerstbehinderungen von einem uneingeschränkten und vor allem nicht weiter begründungsbedürftigen Lebensanspruch auszugehen.

Taylors Argumentation beruht auf dem ontologischen Fehlschluss, dass starke moralische Reaktionen den Schluss auf eine ihnen zugrundeliegende Substanz zulassen. Dabei lässt sich ihre Heftigkeit und auch ihre Irrtumshäufigkeit sehr viel zuverlässiger aus ihrer Habitualisierung, aus der massiven Gewöhnung an sie und ihre gruppenzusammenhaltende Beschaffenheit erklären.

3.4.1   Private Ontologie versus öffentlicher Prozessualismus

Die prozedurale Moralauffassung hat sich ideengeschichtlich parallel mit der politischen Vertragstheorie entwickelt. Sie unterscheidet traditionell aber sehr scharf zwischen dem politischen und dem persönlichen Bereich: „Es ist jedoch durchaus möglich, sich nachdrücklich für eine moralische Anschauung einzusetzen, die auf einer Vorstellung vom Guten basiert, dabei jedoch einer prozessualen Formulierung zuzuneigen, sobald es um die Grundsätze der Politik geht." (167) Taylor bezweifelt diese strikte Trennung und argumentiert dafür, dass der Prozeduralismus selber bestimmte Inhalte privilegiert und andere an den Rand drängt, so dass er implizit auch eine substantialistische Wertung und eine materiale Position enthält, denn bestimmte inhaltliche Normen wie Freiheit und Achtung vor der Würde aller Beteiligten haben in sich einen prozeduralen Charakter. „Prozedurale Normen haben sich gewiss als eine besonders wichtige Waffe der liberalen Demokratie erwiesen." (167) Taylors Argumentation ist politisch.

Es geht bei seiner Analyse des Selbst nicht nur um traditionelle Fragen der Moralität und der Gerechtigkeit, die im wesentlichen das Verhalten gegenüber anderen Menschen betreffen, sondern auch um „die nach unserem Gefühl vorhandenen Grundlagen des Empfindens der eigenen Würde" sowie die Fragen danach, wodurch unser Leben Sinn erhält und Erfüllung findet, also um die Frage, wodurch das Leben lebenswert wird (20). Es geht also um die Wertungen, die man vornimmt, und die er als „starke Wertungen" im Unterschied zu bloßen Präferenzen charakterisiert, weil sie notwendigerweise immer Distinktionen beinhalten, Unterscheidungen qualitativer Art, die bestimmen, warum etwas wertvoll, anderes wertlos für uns ist, einiges bedeutend und anderes trivial.[92] All dies müssen keine moralischen Verfehlungen sein, und vieles davon lässt sich auch nicht unter den in der modernen Moralphilosophie ohnehin unbeliebten „Pflichten gegenüber sich selbst" subsumieren, weil es letztlich um Formen der Selbstverwirklichung geht.

Der Hermeneutiker jedoch wird dieses Selbst nie als punktförmige Entität bestimmen, die sozusagen der Ausgangspunkt aller Präferenzbildungen oder tiefergehenden Wertungen ist, sondern genau umgekehrt als auf einem Hintergrundverständnis beruhend, in einen Rahmen eingefasst. Die Würde des Einzelnen beruht auf dem Rahmenverständnis, das ihr oder ihm diese Würde zuschreibt. „Die Würde des Kriegers, Staatsbürgers, Haushaltsvorstandes usw. ruhen auf dem Hintergrundverständnis, diesen Lebensformen bzw. dem von diesen Personen in ihnen erreichten Rang komme ein besonderer Wert zu." (42) In früheren Sozialordnungen mag den Menschen dieser Rahmen so fest erschienen sein wie die Struktur des Universums (54) – aber es hat sich immer schon um wandelbare menschliche Interpretationen gehandelt.

Keine Interpretation kommt ohne Rahmen aus, und auch das Leben selbst ist nicht ohne Horizont, ohne Rahmen von starken qualitativen Distinktionen fassbar. Taylors These ist, „es sei konstitutiv für menschliches Handeln, dass man sein Leben innerhalb eines derart durch starke qualitative Unterscheidungen geprägten Horizontes führt." (55) An Stellen wie dieser zeigt sich besonders deutlich der im Kern hermeneutische Charakter der kommunitarischen Argumentation. Identität lässt sich nach diesen Überlegungen leicht als der Rahmen oder Horizont definieren, innerhalb dessen jemand von Fall zu Fall zu bestimmen versuchen kann, was für ihn gut und wertvoll ist oder was getan werden sollte und was zu billigen und abzulehnen ist (55). Sofern einem dieser Rahmen oder Horizont abhanden kommt, kann man von einer Identitätskrise sprechen, in der Menschen genau diese Orientierungsmöglichkeit verloren haben. Identität und Orientierung hängen eng zusammen.

Die Bestimmung der Identität als Horizont hat nun einige weitreichende Implikationen. Einen Horizont kann man sich nicht willkürlich schaffen. Man steht immer schon in ihm und entnimmt ihm seine Orientierungspunkte. Ohne Horizont, ohne Identität ist überhaupt keine starke Wertung möglich. Die Vorstellung, man schaffe sich seinen Rahmen durch Entscheidung selbst, vielleicht nur aufgrund von idiosynkratischen Empfindungen des Widerwillens, der Abneigung, der Vorliebe oder Begierde, ohne weitergehende qualitative Unterscheidungen zu akzeptieren, erscheint Taylor als inkohärent. Diese Fragen hängen nicht von unseren Antworten ab, zwingen uns aber zu Antworten, ohne sie zugleich immer mitzugeben.

Der Antwortrahmen ist also strukturell grundlegender als die momentane, womöglich rein gefühlsbestimmte Antwort, obwohl es eine Reihe von Streitfragen gibt, die künstlich erscheinen, wenn man einen Horizontwechsel vollzieht. Taylor nennt das über Lessings Na-

---

[92]   Nicholas H. Smith: Contingency and Self-Identity. Taylor's Hermeneutics vs Rorty's Postmodernism. Theory, Culture & Society Vol. 13, 1996, H. 2, 105–120, hier S. 107.

than den Weisen noch hinausgehende Beispiel, aus der Sicht manches Atheisten sei es gleichgültig, sich darüber zu streiten, ob nun der Gott Abrahams, Brahman oder das Nirwana die Lebensorientierung abgeben sollten (61). Die unentrinnbaren Rahmenbedingungen reichen also nicht so weit, dass man z. B. eine bestimmte Religion oder überhaupt eine Religion haben müsste. Dies gegen die häufig geäußerte Unterstellung, die Kommunitarier würden lediglich ein bestimmtes westliches Modell gelten lassen und propagieren.

Allerdings wird kaum jemand ohne starke qualitative Lebensorientierungen auskommen. Jeder Lebenshorizont muss solche Unterscheidungen deshalb notwendigerweise umfassen, auch wenn sie nicht in jedem Fall und jederzeit bewusst getroffen werden, sondern oft schon durch stillschweigendes Einverständnis, Gewohnheit oder ähnliches vorgeformt sind. Entscheidend an der Entwicklung der Selbstdeutungen in der Moderne ist jedoch, dass den Individuen zugemutet wird, immer mehr solche Entscheidungen selbst zu treffen, und gerade auch die Beichtväter der Moderne, die Psychotherapeuten, haben diese Zumutung zu ihrer Berufsehre gemacht, d. h. sie vermeiden es, konkrete Verhaltensanweisungen zu geben und artikulieren möglichst nur Vorschläge, um der individuellen Willensentscheidung, so illusionär diese auch sein mag, ihren Raum zu lassen.

Man könnte, jetzt als kritische Gegenthese zu vielen Zügen liberalen Denkens, als Zwischenergebnis dieser Überlegungen festhalten, dass das liberale Denken einen wichtigen Freisetzungsschub aus unreflektierten traditionalen Bindungen mit sich gebracht hat. Es wäre jedoch überzogen, nunmehr so weit zu gehen, überhaupt nur noch von beliebigen Präferenzen zu sprechen und etwa eine politische Philosophie, ökonomische Theorie, Psychologie oder gar Moralphilosophie ausschließlich hierauf aufzubauen. Das ist nicht nur ein politisches Problem des Liberalismus, sondern auch eines des Szientismus, für den das Selbst ein Untersuchungsgegenstand wie jeder andere ist. Szientistisch ist es deshalb nur schwer, wenn überhaupt, in den Blick zu bekommen. Das Selbst eines Menschen ist also ein andersartiger Untersuchungsgegenstand als, sagen wir, sein Herz oder seine Leber. Es kann nur unzulänglich als Objekt interpretiert werden. Es existiert nun einmal nicht absolut und objektiv, d. h. unabhängig von der Beschreibung oder Interpretation. Vollständige Artikuliertheit durch Beschreibung scheint deshalb nicht möglich, weil immer ein ganzer Horizont mitgegeben ist, innerhalb dessen überhaupt etwas als gut und erstrebenswert erscheint. Es kann durchaus ein Fortschritt der philosophischen Diskussion sein, mehr von den impliziten Hintergrundannahmen in die Diskussion einzubringen und diese auch teilweise, z. B. durch den Vorwurf des Ethnozentrismus, in Frage zu stellen. Aus sprachanalytischen Gründen ist dies aber eine unabschließbare Aufgabe, denn zur Klärung einer Sprache bedienen wir uns einer anderen, die ihrerseits wieder zerlegt und hinterfragt werden kann. Die Umgebung des Selbst besteht aus anderen Selbsten – es ist ausgeschlossen, für sich allein ein Selbst zu sein. Es existiert, wenn es der Interpretation bedarf, eben nur in einem Gewebe von sprachlichen Ausdrücken und des sprachlichen Austausches. Deshalb gehört zur Identität auch „eine Bezugnahme auf eine definierende Gemeinschaft". (73)

Hier steht Taylors kommunitarische These in einem Kritikverhältnis zur Kultur der Moderne, denn diese hat „Auffassungen des Individualismus ausgebildet, die die Person des Menschen als jemanden darstellen, der sich zumindest potentiell selbst zurechtfindet in den Geweben des sprachlichen Ausdrucks, die ihn zunächst geprägt haben, woraufhin er seine Unabhängigkeit von ihnen erklärt oder sie zumindest neutralisiert." (73)

Diese grundlegende Kritik an der Moderne legt den Einwand nahe, dass Taylors Denken möglicherweise auch fundamentalistische Züge trage. Es ist ebenso irritierend wie erschreckend, dass er auf dieses Problem zwar an mehreren Stellen zurückkommt, aber immer in apologetischer Manier. Statt eine überzeugende Grenzlinie vorzuschlagen zwischen gemeingefährlichen Moralaufwallungen fanatisierter Sondergruppen und solchen Moralvorstellungen, die dazu geeignet sind, eine Gesellschaftlich insgesamt im Gleichgewicht und in gegenseitiger Anerkennung ihrer Mitglieder zu halten, kommt das zu schlichte Argument, dass man eben genauso unterscheiden müsse zwischen dem anerkennenswerten meditativen Gebet des Ignatius und den Inquisitionspraktiken des Torquemada wie zwischen dem Marxismus und seinem Missbrauch in Lenins und Stalins grausamen Diktaturen.[93] Taylor räumt ein, „dass die höchsten spirituellen Ideale und Bestrebungen der Menschheit auch die erdrückendsten Lasten aufzuerlegen drohen. Die großen spirituellen Visionen der Menschengeschichte sind zugleich Giftbecher gewesen, die Ursachen unsäglichen Elends, ja sogar unermesslicher Grausamkeit." (97) Für ihn folgt allerdings daraus nicht, dass ein Gut dann ungültig ist, wenn es diese Konsequenzen hat. Er lässt die Inquisition nicht als Widerlegung des Christentums gelten und hält es für ohne weiteres möglich, dass außerordentlich destruktive Bestrebungen durchaus auf echte und anstrebenswerte Güter gerichtet sein können.

Seine Behauptung, hier liege ein *non sequitur* vor, kann als berechtigte Apologie gegen einen bestimmten Typus aufklärerischer Religionskritik akzeptiert werden. Er trifft damit allerdings nicht die Konzeption des modernen prozeduralen Liberalismus, der die Frage der objektiven Gültigkeit der allerhöchsten religiösen und anderen Ideale gerade dahingestellt sein lässt und stattdessen vielmehr das Problem darin sieht, dass die Durchsetzung auch des allerhöchsten und allerbesten substantialistisch gefassten Gutes, wenn sie nur mit hinreichendem Nachdruck betrieben wird, fundamentalistisch wirkt und zu Freiheitsbeschränkungen, in extremen Fällen auch zu Terror und Unterdrückung führt.[94] Da hilft es wenig, einige schlichte Gedanken der älteren Religionskritik zu zerpflücken. Die Frage, wie richtig und berechtigt die Ideale selbst sind, kann ausgeklammert bleiben, wenn bestimmte Formen, sie durchzusetzen, unabhängig von dieser Gültigkeit repressive Folgen haben. Das aber ist eine Argumentationsweise, die einem Substantialisten wie Taylor offenbar fremd bleiben muss. Auch die allerwichtigsten liberalen Grundwerte wie Freiheit, Eigentum und Universalismus sind nur dann erträglich, wenn sie in einer prozeduralistischen Praxis umgesetzt werden.

3.4.2   Sinnkonstitution durch Erzählungen

Das Ergebnis der ontologischen Phänomenologie Taylors ist, „dass wir das eigene Leben im Sinne einer narrativen Darstellung begreifen müssen", weil die orientierungsnotwendigen Fragen „nur durch eine zusammenhängende Geschichte beantwortet werden können." (94) An dieser Stelle verschenkt Taylor einen wesentlichen Zugang und eine wichtige Analysemöglichkeit, denn narrative Darstellungen sind gemeinhin die Domäne der Literaturwissenschaft, der Erzähltheorie und der Rhetorik. Hayden White hat deren Kategorien auf die Geschichtsschreibung angewandt und zeigen können, in welchem Umfang die Erzählhaltung,

---

[93]   Charles Taylor: Comments and Replies. Inquiry, 34, 1991, 237–254, hier S. 242. Dagegen meine Kritik an den Grundlagen schon der Marxschen Furcht vor der Anarchie des Marktes, aus der ein autoritäres Gesamtplanungskonzept zwingen folgt: auch ohne Lenin, Stalin oder andere auf Marx sich berufende Tyrannen. Dazu Walter Reese-Schäfer: Klassiker der politischen Ideengeschichte. Von Platon zu Marx. München und Wien 2007, Kap. 13 und 14.

[94]   Vgl. Rawls, John: Gerechtigkeit als Fairneß. Ein Neuentwurf, Frankfurt am Main 2003.

die beispielsweise tragisch, romantisch, ironisch oder komisch sein kann, die Auswahl und Präsentation des Stoffes bestimmt.[95] Ähnlich dürfte es sich bei den identitätsstiftenden Konstruktionen der eigenen Lebensgeschichte verhalten. Die romantische Erzählform entspräche dem Bildungsroman, an dessen Ende das Subjekt, wie Hegel spottete, sich die Hörner abgestoßen und nach vielen Irrungen schließlich seinen ihm gemäßen Platz in der Gesellschaft oder in der Tafelrunde des Königs Artus gefunden hat. Die tragische Form beschreibt das Scheitern des Helden an unzulänglichen Umständen. Die ironische Erzählform würde permanent in der Lage sein, die eigene Stellung, wenn auch mit einem gewissen Wohlwollen, zu relativieren. Die satirische Form würde schonungslos die Schwächen der Selbstwerdung aufdecken wie in einigen Romanen Balzacs. Die humoristische Form wie bei Jean Paul würde das Leben zu einem offenen Spiel der Identitäten machen. Durch seine reichhaltige Einbeziehung auch literarischer Quellen ist Taylor diesem Denkmodell recht nahe gekommen. Ich vermute aber, dass sein ontologischer Essentialismus ihn daran hinderte, auf eine derart postmoderne Weise das Leben als Literatur zu sehen. Ihm würde diese Deutung gewiss auch frivol vorkommen. Sie erscheint mir aber als Folgerung, die man aus den von ihm gemachten Voraussetzungen einer vorgegebenen Fragestruktur mit weitgehender, allenfalls kontextkontrollierter Antwortbeliebigkeit ziehen kann. Die Beschreibung der vorherrschenden Erzählstrukturen würde zudem besser, als Taylor selbst das kann, den Wechsel der vorherrschenden Erzählform erklären können.

Das lässt sich an folgendem Problem zeigen: Die übliche amerikanische Geschichte der Selbstwerdung ist ein Prozess der Individualisierung und Ablösung von den Vorgaben der Vorgängergeneration, während zum Beispiel die Erziehung junger Inder immer noch eine Identität fördert, die stark auf den familialen Zusammenhang und die Anforderungen der Außenwelt orientiert ist und bei der es „mir schwer fällt zu wissen, was ich will" (81) – eine der wenigen Stellen übrigens, an denen Taylor ein wenig spielerisch den Mantel eines ihm fremden Ich anlegt. Sogar der Ausdruck „Identität" selbst wirkt ein wenig anachronistisch, wenn man ihn auf vorneuzeitliche Kulturen anwendet (86). Taylor löst das Problem dadurch, dass die Probleme in solchen Kulturen die gleichen sind, aber nicht in der gleichen reflexiven und personenbezogenen Weise gelöst werden, so dass man Identität in solchen Fällen durch den Begriff Orientierung ersetzen könnte, ohne an der Argumentation etwas zu ändern. Demgegenüber schiene es mir überzeugender, bei traditionalen Formen der Identitätsbildung von mythischer Identität zu sprechen, denn die vorherrschende orientierungsvermittelnde Erzähltechnik in vormodernen Gesellschaften ist gewiss der Mythos. Dieser wäre dann die moderne Identitätsgeschichte als Bildungsroman entgegenzusetzen.

Taylor kommt der erzähltheoretischen Zugangsweise immerhin ziemlich nahe, wenn er die These vertritt, „dass ich als ein in Entwicklung und im Werden begriffenes Wesen mich selbst nur durch die Geschichte meiner Reifungsprozesse und Rückschritte, meiner Siege und Niederlagen erkennen kann. Es ist eine Sache der Notwendigkeit, dass mein Selbstverständnis zeitliche Tiefe aufweist und narrative Elemente enthält." (100) Eine Klippe dieses Narrativismus ist dabei gewiss Lockes und Derek Parfits Frage, ob das frühere, z. B. kind-

---

[95]   Hayden White: Der historische Text als narratives Kunstwerk. In: Christoph Conrad, Martina Kessel (Hg.): Geschichte schreiben in der Postmoderne. Beiträge zur aktuellen Diskussion. Stuttgart 1994. 123–160.

liche oder vorpubertäre Selbst wirklich mit dem erwachsenen Selbst als identisch betrachtet werden kann oder ob es sich um zwei ziemlich voneinander verschiedene „Ichs" handelt. In welchem Sinne ist die heutige westliche Professorin mit der Thälmann-Pionierin von einst identisch? Taylor argumentiert mit sprachanalytischen Mitteln gegen Locke. Dessen Überlegung beruhe allein auf einer ungewöhnlichen, verblüffenden und verwirrenden Bestimmung des Verhältnisses von Geist und Körper, während normalerweise mit dem Selbst immer das ganze Leben gemeint sei. Eine Formulierung wie „Damals war ich noch ein anderer" kann dann allenfalls bildlich gemeint sein, was immer „bildlich" hier heißt, denn es stehen, wenn man Hayden White folgt, hier doch wohl nur stärkere und schwächere Metaphern gegeneinander.

Die narrative Form, die Taylor für die überzeugendste hält, ist die der Suche nach dem Guten, weil „der Horizont, vor dem wir unser Leben führen, starke qualitative Unterscheidungen umfassen muss", (64) die wir auf dem Wege der Suche und Interpretation herausbilden. Diese *Romanze* der Selbstsuche ist Taylors narratives Prinzip. Nach Hayden Whites Charakteristik basiert all das auf Metaphorik, was an den Figuren der Selbstsuche und des Frage-Antwort-Spiels auch deutlich zu erkennen ist. Die Begrenztheit von Taylors Deutungsverfahren zeigt sich daran, dass er die anderen Möglichkeiten der narrativen Sinnorganisation, die Ironie, die Satire, die Tragödie und die Komödie kaum in Erwägung zieht und damit implizit nicht nur die Notwendigkeit von Narrativität überhaupt, die ihm zuzugeben wäre, sondern darüber hinaus die Unausweichlichkeit einer bestimmten Präsentationsform des Selbst suggeriert. Der scheinbar feste ontologische Boden erweist sich so als unexplizierte Präferenz für eine bestimmte Erzählweise, für die ihm als stärker erscheinende Metaphorik.

3.4.3   Wie antiliberal ist Taylors Denken?

Taylor gebraucht das Wort „gut" in einem sehr allgemeinen Sinn, „so dass es alles bezeichnet, was als wertvoll, würdig oder bewundernswert gilt, einerlei, zu welcher Art oder Kategorie es gehört." (177) Diese Begriffsbestimmung lässt einiges offen, denn einerseits trägt sie Züge der subjektiv für wertvoll gehaltenen Güter, die, wie z. B. die Gier nach Geld, durchaus die Triebkraft allerunmoralischster Handlungen werden können. Andererseits scheint sie doch einen universelleren Aspekt zu beinhalten, denn der Fortgang der Argumentation macht klar, dass die Güter, die er für erstrebenswert hält, letzten Endes mit den Zielen der prozessualistischen Ethik übereinstimmen. Sein Einwand gegen die prozeduralistischen Moraltheorien lautet, sie beruhten auf einem Selbstmissverständnis, weil sie letztlich nicht Prozeduren auszeichnen, sondern vielmehr selber wertvolle Lebensgüter wie Freiheit, Altruismus und Gerechtigkeit. Damit allerdings sind diese Ethiken nicht vor seiner Kritik gerettet, denn ihr Grundfehler ist gerade ihre Unartikuliertheit in bezug auf diese Punkte, die sie dazu führt, durch Leugnen der Grundgüter diese aufs Spiel zu setzen. Das konstitutive Gut in der Theorie Kants ist zum Beispiel das vernünftige Handeln (180). Seine Redeweise von Achtung und Ehrfurcht zeigt sehr deutlich, wie sehr er hier ein wirkliches Gut sieht (181). Genau dieses Bewusstsein jedoch ist im Klima der modernen Moralphilosophie verlorengegangen, so dass „wir häufig das Gefühl haben, weniger als unsere Vorfahren zu artikuliertem Verhalten imstande zu sein." (182) Worauf er sich bei dieser These empirisch stützt, wird nicht recht klar. Diesen sozialwissenschaftlichen Einwand gegen ihn würde Taylor allerdings gewiss in einen Beleg für die Unzulänglichkeit der modernen Sozialwissenschaften insgesamt umwandeln, so dass sich die Argumentationen an dieser Stelle ineinander verhaken und es allenfalls übrigbleibt, hier von unterschiedlichen Denkstilen zu reden. Die Entscheidung, welcher Denkstil vorzuziehen sei, wird dann nach Kriterien ihrer Überzeugungskraft, also nach rhetorischen Kriterien getroffen werden müssen: Ziehen wir es vor, uns von der Sprache der harten und weichen Fakten überzeugen zu lassen, oder neigen wir einer Sprache philosophischer Reflexion zu, die auch vormoderne Wendungen nicht scheut?

Die Rhetorik einer bestimmten Konstruktion der Faktizität kämpft in Taylors Denken mit der Rhetorik einer güterethischen Reflexivität. In einer Auseinandersetzung mit Taylor kommt es also darauf an, die Stärken und Schwächen seiner eigenen Rhetorik abzuwägen. Die Probleme sind vorgegeben: Jede Ethik, auch der moderne Prozeduralismus, geht von konkurrierenden Vorstellungen des Guten und von Konflikten aus, die zwischen diesen ausgetragen werden. Der Prozeduralismus betreibt eine Problemlösung vermittelst von Inartikuliertheit. Taylor dagegen hält diese Inartikuliertheit für „ein lähmendes Hindernis, das es uns erschwert, die Dinge auf diesem Gebiet mit klarem Blick zu sehen" (187). Nicht durch Schweigen, sondern durch Aussprechen der zugrundeliegenden starken qualitativen Wertungen sollen die Konflikte behandelt werden, weil die prozeduralistische Denkweise so viele Fragen unterdrückt und so viele Ungereimtheiten verbirgt, „dass man sie geistig eigentlich nur als erstickend empfinden kann, sobald es auch nur teilweise geglückt ist, ihrem Bann zu entkommen." (188) Taylors Methode des praktischen Schließens zielt darauf, die vorhandenen Moralkonzeptionen der Inartikuliertheit dadurch zu verdrängen, dass er ihnen einen Grundfehler nachweist: Sie werden nämlich „durch eine von ihnen selbst negierte Anschauung des Guten inspiriert" (193) und unterliegen insofern einem pragmatischen Widerspruch. Nach Taylor gibt es eine Rangordnung zwischen Hypergütern und normalen Gütern. Zu den Hypergütern gehören allgemeine und gleiche Achtung und der neuzeitliche Freiheitsbegriff im Sinne der Selbstbestimmung, zu den normalen Gütern das Gut der Gemeinschaft, der Freundschaft oder das unserer traditionalen Identität. Wieder andere, nach Taylor weniger hohe Ziele sind Güter der Sinnlichkeit und der sexuellen Befriedigung (193). Sein Vorwurf gegen die vorherrschenden Moraltheorien lautet, diese seien nicht imstande, den Konflikt zwischen derartigen verschiedenen Gütern in den Griff zu bekommen. „Wo dennoch ein gewisses Gefühl für den besonderen Rang des Hyperguts vorhanden ist, wird es in einer Theorie über die logischen Spezialeigenschaften der Moralsprache oder die Voraussetzungen des Diskurses verborgen." Neonietzscheanische Theorien wie die von Foucault gehen noch weiter und versuchen, die Hypergüter „in Misskredit zu bringen" (195). Ihre Metatheorie, die Moralkonzeptionen als aufoktroyierte Ordnungen ansieht, ist nach Taylor allerdings nicht haltbar, weil kein Perspektivpunkt zur Verfügung steht, von dem aus dies behauptet werden könnte.

Deshalb kommt es darauf an, „das Gute in einer Art philosophischer Prosa zu artikulieren" (197). Es geht also um die narrative Darstellung einer Geistesgeschichte des Guten. Damit ist die Behauptung verbunden, Konflikte zwischen verschiedenen Gütern ließen sich nicht wirklich lösen, wenn man sie in Prozeduren vergleichgültigt. Stattdessen sollen die Präferenzen für bestimmte Güter direkt artikuliert und gegeneinander abgewogen werden, wozu ein einigermaßen sicheres und verbindlich zu machendes Gefühl für die Rangordnung, für den unterschiedlichen Wert von Gütern gehören muss. Dieses traditional vorhandene Gefühl, das in der Moderne verlorengegangen ist, möchte Taylor durch seine Moralphilosophie wiederbeleben. Sofern die von ihm kritisierten Gegenmodelle ebenfalls solche der Moralphilosophie sind, bewegt er sich gewiss auf dem richtigen Terrain. Taylor aber hält die moderne Lösung, die wichtigsten Güter einzuklammern und lieber auf Prozeduren zu setzen, gerade für das

Problem, so dass sich auch an dieser Stelle die entgegengesetzten Ansätze ineinander verhaken und aus diesem Grunde nur die rhetorische Auseinandersetzung zwischen verschiedenen Denkstilen übrigbleibt.

Nun gibt es allerdings ein rhetorisch starkes Argument für die modernen Moralphilosophien der Unartikuliertheit: nämlich den Verweis auf die einigermaßen erfolgreich funktionierenden liberalen Konfliktlösungstechniken unserer modernen Gesellschaft. Diesem Zeigen auf eine funktionierende Praxis, mit dem z. B. Richard Rorty operiert, könnte Taylor als direktes Argument eine Philippika gegen die sittliche Verderbnis der Moderne entgegensetzen, wie sie sich bei Alasdair MacIntyre und in anderer Weise bei Allan Bloom findet. Damit allerdings würde er sich als konservativer Moralphilosoph präsentieren und das von ihm gemeinte Publikum der Sprachanalytiker und Diskurstheoretiker nicht mehr wirklich erreichen. Er wählt deshalb einen anderen Weg. Er bekennt sich seinerseits zu den westlich liberalen Grundwerten und auch zu deren Basis, nämlich zur modernen westlichen Gesellschaftsordnung. Ausdrücklich impliziert er dabei auch Bereiche, die weit über die politische Sphäre in die Welt der Technik, der zivilisatorischen Errungenschaften, der Kultur, des Fernsehens usw. reichen.[96] Er argumentiert von dieser Basis aus mit der Absicht ihrer Erhaltung. Sein entscheidendes Argument besteht in der Warnung, die westliche Ethik der Unartikuliertheit sei in Gefahr, ihre eigene Basis zu unterminieren, weil die Grundwerte durch Prozeduren ersetzt werden, dadurch ihre motivierende Kraft verlieren und schließlich verschwinden werden. Dadurch stünde diese Gesellschaft in Gefahr, sich selbst aufzugeben. Nicht eine Kritik unzulänglicher Faktizität, sondern der Verweis auf eine möglicherweise gefährliche Potentialität trägt den Gedankenbau Taylors. So kühl und zurückhaltend seine Redeweise auch auftritt – letztlich handelt es sich um eine prophetische Rhetorik der Warnung und des Aufrufs zur Umkehr, die für sich beansprucht, selber auf dem gleichen politisch-zivilisatorischen Boden zu stehen und für diesen einzutreten wie die kritisierten Gegenspieler.[97] Aber ist diese Rhetorik berechtigt?

Mir scheint Taylors Argumentation nicht ganz konsistent zu sein. Es stimmt nämlich einfach nicht, dass zum Beispiel in der Diskursethik die Anerkennung des anderen in einer Analyse der diskursiven Prozeduren „verborgen" wird: Sie wird doch reflexiv gerade ans Licht geholt. Auch bei Rawls werden die grundlegenden Gerechtigkeitsprinzipien doch gerade artikuliert. Es ist zwar richtig, dass beide Ethiken prozeduralistisch sind, das bezieht sich aber nur auf die Abwägung der einzelnen qualitativen Güter. Ich halte es aber für eine Verkennung dieser Ethikkonzeptionen und eine ungerechtfertigte Kritik, sie auf einen leeren Formalismus zu reduzieren. Die regulierenden Prinzipien, die Regeln der Prozeduren selbst, die so elementare Werte wie Freiheit, Gerechtigkeit und Anerkennung des Anderen enthalten, stellen ein Verfahren dar, mittels dessen eine Rangordnung der verschiedenen Güter erstellt werden kann. Die liberalen und diskursethischen Konzeptionen können darüber hinaus sogar hinreichend flexible und akzeptable Prozeduren zur Konfliktlösung zwischen verschiedenen Gütern und Wertvorstellungen anbieten. Die Prophezeiung, dass der moralische Zusammenhalt unserer Gesellschaft in Gefahr geraten wird, mag ja zutreffend sein. Es ist aber nicht plausibel zu behaupten, dass die genannten Ethikkonzeptionen daran die Schuld tragen oder diese Konsequenz auch nur billigend in Kauf nehmen.

---

[96]   Charles Taylor: Atomismus. In: Bert van den Brink und Willem van Reijen (Hg.): Bürgergesellschaft, Recht und Demokratie. Frankfurt 1995. 73–106, hier S. 98.

[97]   Vgl. zum theoretischen Hintergrund meines Arguments das vierte Kapitel „Apokalypse oder Anpassung" in Walter Reese-Schäfer: Grenzgötter der Moral. Frankfurt 1997.

Übrigens ist auch in der traditionalen, z. B. der antiken Philosophie, im Falle eines Güterkonflikts der Rückgang auf ein abstrakteres höheres Gut erforderlich. Das Neue an der modernen Moralphilosophie ist lediglich, dass für die höchsten Güter neue, offenere und vor allem im Prinzip verallgemeinerbare Formulierungen gefunden worden sind, die sich darüber hinaus mit einer gewissen argumentativen Konsistenz durchführen lassen. Der Preis für die Auszeichnung bestimmter höchster Güter ist die Rückstufung aller übrigen zu kontingenten und individuellen Wertvorstellungen. Dies mag einem traditionellen Ethiker als Mangel erscheinen, es ist aber angesichts der Konfliktträchtigkeit moralischer Stoffe ein nicht zu überschätzender Vorteil. Die Diskursethik oder die Rawlssche Ethik ermöglichen also gerade die Auszeichnung und Artikulation der wichtigsten Grundprinzipien. Ob dies auch für alle Verästelungen der sprachanalytischen Ethik gilt, will ich an dieser Stelle nicht prüfen.

Gewiss ist empirisch immer die Möglichkeit gegeben, dass eine Gesellschaft die Grundstrukturen ihrer Funktionsweise nicht mehr versteht, dadurch Fehlhandlungen und Fehlhaltungen produziert und auf diese Weise schließlich verfällt. Deshalb ist das regelmäßige Auftreten von Warnern und Propheten durchaus nützlich. An diese muss aber jeweils ihrerseits die Frage gerichtet werden, ob ihre Behauptungen über die zu erhaltenden Grundstrukturen überhaupt zutreffend sind oder ob sie nicht vielmehr einer ganz anderen entweder imaginierten oder früheren Gesellschaftsform entsprechen? Ist Taylors substantialistische Moralphilosophie wirklich das, was sie von sich behauptet, nämlich die bessere Analyse der normativen Prinzipien der gegenwärtigen westlichen Gesellschaften?

Taylor nennt seine Position einen „nichtprozeduralen Liberalismus"[98], möchte sein Denken also als Variante innerhalb der Prinzipien liberalen Denkens verstanden wissen. Man muss diese Selbstdeutung nicht unbedingt hinnehmen, denn der moderne Liberalismus hat einen *prozeduralistischen Kern*.[99] Das Prinzip der „besten Analyse" spricht eher gegen Taylor. Eine nichtprozeduralistische Deutung des modernen Liberalismus ist nicht dessen beste Analyse, sondern stülpt ihm vielmehr eine kommunitarische Güterethik über, die zwar von sich behauptet, sie könne durch Artikuliertheit Rangordnungskonflikte lösen, den Beweis dafür aber schuldig bleibt. Die bloße Artikulation von Grundprinzipien und von deren Gegensätzen wirkt, wie Luhmann sagen würde, eher streiterzeugend. Das hat sich in den Religionskriegen der frühen Neuzeit gezeigt und lässt auch heute fundamentalistisch angelegte Konfliktformen gefährlicher als andere erscheinen. Wenn Taylor trotzdem seine Hoffnung auf die Artikuliertheit setzt, dann kann er das nur deshalb tun, weil er eine zumindest „bei uns" geltende Rangordnung unterschiedlicher Güter als in gewisser Weise selbstverständlich voraussetzt. Die Nichtartikulation von Grundgütern mag der blinde Fleck des Prozeduralismus sein – Taylor handelt sich in seiner Gegenargumentation einen nicht weniger problematischen blinden Fleck ein, nämlich die Nichtanerkennung jener Grundvoraussetzung von Modernität, dass es ein sicheres Bewusstsein der Rangordnung von Gütern nicht mehr gibt und dass die Debatte über solche Rangordnungen, wenn sie nicht durch liberale Prozeduren in Bahnen gelenkt wird, auf Grund ihrer Unlösbarkeit in Wertkonflikte und Bürgerkriege führt, sofern sie nur intensiv und ernsthaft genug geführt wird. Sein nichtprozeduralistischer Liberalismus ist

---

98 Ebenda.

99 Vgl. hierzu Jürgen Habermas: Anerkennungskämpfe im demokratischen Rechtsstaat, in Charles Taylor u.a.: Multikulturalismus und die Politik der Anerkennung. Frankfurt 1993, S. 150: „Bei näherem Hinsehen greift jedoch Taylors Lesart diese Prinzipien selbst an und stellt den individualistischen Kern des modernen Freiheitsverständnisses in Frage."

theoretisch gesprochen eine *contradictio in adjecto*. Praktisch impliziert er trotz der gegenteiligen politischen Bekenntnisse Taylors eine vorliberale Position.

Da meine Kritik an Taylor sich hier auf einem hermeneutisch schwierigen Feld bewegt, denn sie bestreitet eine von ihm selbst angebotene Interpretationsvorgabe, will ich sie durch einen politisch-praktischen Exkurs belegen, nämlich an Taylors Position zu der Frage, welche Maßnahmen erlaubt sind zur Erhaltung der französischen Sprachgemeinschaft in Quebec. Um die französische Sprachgemeinschaft zu erhalten, wird in Quebec nicht etwa eine Zweisprachigkeit angestrebt, sondern die Dominanz der französischen Sprache in der Öffentlichkeit, zum Beispiel in der Werbung und den Behörden, in den Schulen für alle Angehörigen der französischen Gruppe und für alle Neueinwanderer. Nur die eingesessenen englischsprachigen Bürger in Quebec werden von dem Druck, französisch zu sprechen, ausgenommen. Dagegen muss ein Universitätsprofessor aus den USA oder Australien, der nach Montreal umzieht, seine Kinder auf eine französischsprachige Schule schicken.

Dieses Konzept geht weit über die bundesstaatliche Vorstellung in Kanada hinaus, die Zweisprachigkeit zu fördern und die französische Option für jeden offen zu halten. Taylor schließt sich der Forderung nach einer Privilegierung des Französischen an, weil ein rein individualistisches Konzept, das jedem Bürger eine völlig freie Entscheidungsmöglichkeit einräumt, wahrscheinlich mittelfristig zum Rückgang und langfristig zum Absterben der frankophonen Kulturform in Kanada führen würde. D. h. er privilegiert hier das kollektive Ziel vor den größeren Chancen am Arbeitsmarkt, die jemand hat, dessen erste Sprache in Kanada Englisch ist.[100]

Taylor vertritt eine zwar moderate, aber doch deutliche Form einer derartigen „Politik der Differenz". Zwar sollen Grundrechte (z. B. gegen willkürliche Verhaftung) unterschiedslos für Angehörige aller Kulturgruppen gelten. Innerhalb des breiten Spektrums anderer Rechte aber stellt er die Überlebenschancen der bedrohten Sprachkultur über die Arbeitsmarkt- und Lebenschancen der Individuen.

Die Entscheidung für die französische Sprache wird nicht anheimgestellt, sondern vorausgesetzt und mit einem erheblichen Grad an politischem und gesetzgeberischem Druck durchgesetzt.[101] Kommunitarische Politik ist hier Gruppenpolitik, die kollektive Identitäten verteidigt. Wenn es nicht anders geht, auf Kosten der freien Wahlmöglichkeiten zwischen Lebensplänen und der individuellen Entfaltungschancen. Taylor ist der Meinung, dass ein solches Vorgehen dem Tatbestand angemessen sei, dass immer mehr Gesellschaften multikulturell werden.[102] Eine multikulturelle Gesellschaft ist für ihn also eine Gruppengesellschaft, keine Gesellschaft der Individuen.

---

[100] Charles Taylor, Amy Gutmann, Steven C. Rockefeller, Michael Walzer, Susan Wolf: Multiculturalism and „The Politics of Recognition". An Essay by Charles Taylor with Commentary by Amy Gutmann, Steven C. Rockefeller, Michael Walzer, Susan Wolf. Princeton 1992. Deutsche Ausgabe unter dem Titel: Multikulturalismus und die Politik der Anerkennung. Mit Kommentaren von Amy Gutmann, Steven C. Rockefeller, Michael Walzer, Susan Wolf. Mit einem Beitrag von Jürgen Habermas. Frankfurt 1993.

[101] Der Druck bleibt bisher immer knapp unterhalb dessen, was zur Auflösung des Gesamtstaats Kanada führen würde. Inzwischen scheint diese Grenze aber auch in Frage gestellt zu werden. Leider behandelt Taylor das Problem nicht in dieser Zuspitzung. Politisch wäre dies aber letztlich die entscheidende Frage.

[102] Ebenda.

Ein prozeduralistischer Liberalismus würde hier eher individualistisch argumentieren. Das heißt, der moderne Individualist wird wohl bereit sein, einige Kultursubventionen für die Erhaltung der französischen Sprache zu finanzieren, aber alle politischen Handlungen unterlassen müssen, die dieses Ziel durch repressive Maßnahmen gegenüber individuellen Wünschen und Bedürfnissen erreichen wollen. Auf lange Sicht haben dann kleine sprachliche Sondergemeinschaften und kulturelle Inseln keine Überlebenschance und auch kein Überlebensrecht, wenn sich immer weniger Individuen finden, die ihre sozialen Entfaltungsmöglichkeiten diesen *freiwillig* zum Opfer bringen wollen. Wenn kulturelle Minderheiten aus eigener Kraft nicht überleben können, „gibt es keinen Grund, ihnen Hilfe zu leisten; sie haben tatsächlich einen Anspruch auf physische, aber nicht auf kulturelle Unversehrtheit."[103] So Michael Walzer als hier wirklich liberal argumentierender Kommunitarier.

Wo Taylor in direkter Weise gegen den modernen liberalen Prozeduralismus argumentiert, steht Rhetorik gegen Rhetorik. Taylors Warnung vor den möglichen negativen Folgen der Inartikuliertheit von Grundgütern wird konterkariert durch die Warnung vor den möglichen konfliktproduzierenden Folgen von deren Artikulation. Der Blick auf potentiell illiberale politische Konsequenzen von Taylors Kritik steht gegen seine Behauptung, er vertrete eine liberalismusinterne Position. Allerdings drängt sich doch der Eindruck auf, dass der substantialistisch-ontologische Ansatz schon aus methodischen Gründen nicht ganz frei ist von vormodernen Zügen, die die Liberalität moderner Gesellschaften in Frage stellen könnten.

Taylors reflexiver Regress auf die Voraussetzungen des Prozeduralismus dagegen ist erhellend, weil er eine Lesart dieses Denkens erlaubt, derzufolge es nicht etwa jede Rangordnung von Gütern in formale Prozeduren auflöst, sondern vielmehr selbst einige oberste Güter annimmt. Deren Geltung ist an einen bestimmten Gesellschaftstypus gebunden und nicht schon a priori universalistisch. Auch wenn die obersten Prinzipien eine besonders allgemeine Form angenommen haben, handelt es sich doch bei ihnen um Einstellungen, die sich in „unserer" Zivilisation entwickelt haben und deren Entwicklung sich narrativ nachzeichnen lässt (200). Das moralische „Müssen" ist nicht Resultat von Prinzipien, sondern ergibt sich aus „unserer" Identität. Aber auch hier zeigt sich, dass bei einer Bestreitung universalistischer Geltung der Rekurs auf ein „Wir" und „Uns" nötig ist, der Taylors gesamten Text durchzieht und trägt. Die Grenzlinien dieses „Wir" werden bei ihm jedoch nie wirklich klar. Das heißt, Taylor schafft es nicht, seine wichtigste Voraussetzung, nämlich seinen Wir-Begriff, tatsächlich zu explizieren. Das liegt möglicherweise daran, dass ein Begriff des „Anderen" fehlt, weil erst in der Abgrenzung und Gegenüberstellung klar werden könnte, wer mit dem „wir" gemeint ist und wer nicht, wie tragfähig es also wirklich sein könnte. Erst dann könnten auch all die Fragen offen diskutiert werden, die sich aus der Ausgrenzung anderer ergeben: Wie muss man sich ihnen gegenüber verhalten? Was ist man ihnen schuldig?[104] Oder ist es letztlich doch unsere Identität, unser Selbst, aus dem die Prinzipien allen Handelns und vor allem des vorgängigen Aufbaus von Güterhierarchien abzuleiten ist? Hier steckt das Grundproblem von Taylors kommunitarischer Prozeduralismuskritik. Wenn ein Rückgriff auf Institutionen und Prozeduren als Halt der Güterabwägung und Wertestrukturierung abgelehnt wird, dann

---

103 Michael Walzer: Zivile Gesellschaft und amerikanische Demokratie. Berlin 1992, S. 126.

104 Das sind übrigens Fragen, die Michael Walzer in seinen Sphären der Gerechtigkeit. Ein Plädoyer für Pluralität und Gleichheit. Frankfurt und New York 1992 (zuerst als Spheres of Justice. A Defense of Pluralism and Equality. New York 1983) ausführlich behandelt. Meine Kritik an Taylor ist daher nicht als generelle Kommunitarismuskritik zu lesen.

ist ein anderer Fixpunkt nötig. Taylor findet ihn in der Gemeinschaft des *Wir*. Er bietet dies als Lösung an, lädt sich aber gerade damit wieder alle die Probleme auf, zu deren Lösung der Prozeduralismus erfunden worden ist. Es wäre zu einfach und auch ungerecht, Taylor nun einfach einen „Rückfall" in überholte Positionen vorzuwerfen, zumal dies ein Fortschritts-denken innerhalb des philosophischen Diskurses voraussetzen würde, dessen lineare Erzähl-weise genauso gut bestritten werden kann. Ich meine aber gezeigt zu haben, dass Taylors „beste Analyse" auch angesichts aller Probleme des Prozeduralismus nicht unbedingt wirk-lich besser ist als dieser.

4   Zivilgesellschaft und assoziative Demokratie

4.1   Die Renaissance des Begriffs

Die Fragen, die in diesem Kapitel angesprochen und wenigstens teilweise beantwortet werden sollen, sind folgende: Was heißt Zivilgesellschaft in unterschiedlichen Kontexten? Woher kommt diese Idee und welche Funktion hat sie? Was kann sie bewirken und was nicht? Wo wäre sie überfordert oder würde die Bürger überfordern?

Das Konzept der Zivilgesellschaft hat eine interessante Renaissance erlebt, die zunächst vor allem mit den Revolutionen in Osteuropa in Verbindung gebracht worden ist. Die Gesellschaft sollte dem bis dahin in alle Bereiche reglementierend eingreifenden Staat wieder Bewegungs- und Lebensräume abtrotzen und dies im Geiste einer Zivilität, d. h. nicht der permanenten Kampfaufrufe leninistischer Parteien tun.[105]

Parallel dazu ergab sich in Westeuropa und den USA ebenfalls ein Aufstieg dieses Konzepts, vor allem deshalb, weil linke Basisorganisationen und Netzwerke nach einem neuen übergreifenden Selbstverständnis suchten. Die 68er-Linke und ihre Folgegruppen hatten als selbstlegitimierendes Ziel durchaus die Revolution als Eroberung des Staates gesehen. Die Ökologiebewegung konnte sich durch den Aufruf zur Umweltrettung legitimieren, die Antiraketenbewegung durch die apokalyptische Warnung vor der Katastrophe. Die Realbeobachtung dieser sozialen Bewegungen zeigt aber, dass die Ziele sich vielfältig vernetzten und gegeneinander austauschbar waren. Die Daueraktivität für immer neue und leicht variierte, aber doch familienähnliche Zielvorstellungen ersetzte die Einpunktaktivität auf einen bestimmten Zweck hin, der zu einem bestimmten Zeitpunkt als erreicht oder verfehlt gelten konnte. Die K-Gruppen hatten sich sang- und klanglos aufgelöst, als sich ihren politisch fähigsten Teilen mit der Gründung der Grün-Alternativen neue Perspektiven boten. Die Antiraketenbewegung ebbte nach der Aufstellung der Pershing-II-Raketen ab.

Die Idee der Zivilgesellschaft bot sich als Legitimation für Daueraktivitäten besser an. Der Begriff „trug mit sich das Versprechen, für die oft theoretisch blinde Praxis sozialer Bewegungen eine neue Erklärung zu liefern, (...) eine suggestive Formel für eben jenen Typus einer außerinstitutionellen, an dramatisierten Einzelthemen orientierten Kampagnenpolitik"[106]. Der Sinn dieses ganzen enorm zeitaufwendigen Aktivismus brauchte nunmehr nicht

---

[105] Vgl. dazu Charles S. Maier: Die befreiende Rolle der „zivilen Gesellschaft" in ders.: Das Verschwinden der DDR und der Untergang des Kommunismus. Frankfurt 1999, S. 297–311 sowie Václav Havel: Versuch, in der Wahrheit zu leben. Reinbek 1989, Kap. 21.

[106] Helmut Dubiel: Ungewißheit und Politik. Frankfurt 1994, S. 68f.

mehr in der Rettung der Menschen vor Vernichtung oder Ausbeutung, nicht mehr in der Zerstörung der bürgerlichen Gesellschaft gesehen zu werden, sondern gerade in dem Beitrag der
Aktivisten zur netzwerkartigen Strukturierung und Grundlegung des sozialen Zusammen-
hangs, um den Staat und die Wirtschaft nicht zu den allein dominierenden Kräften werden zu
lassen. Mit der Übernahme des Konzepts der Zivilgesellschaft hat sich m. E. mehr vollzogen
als das vielbelächelte späte Bekenntnis der deutschen Linken zur Bonner Republik: Es ist der
Versuch einer ideenmäßigen Selbstintegration in die Gesellschaft, die aus verständlichen
Gründen eben ausdrücklich nicht bürgerliche Gesellschaft genannt wird.

Von liberaler Seite, vor allem von Ralf Dahrendorf, wurde zusätzlich der Begriff der
Bürgergesellschaft im Unterschied zur bürgerlichen Gesellschaft ins Spiel gebracht. Damit
waren sowohl aktive Partizipation als auch vor allem sozialpolitische und kulturelle Maßnahmen gegen Verteilungsungerechtigkeiten gemeint.[107] Neuerdings wird gefragt, ob sich so
etwas wie eine Zivilgesellschaft auch in einer Theokratie wie dem Iran oder in einer defekten
Demokratie wie in Russland entwickeln und entfalten kann.[108]

4.2   Begriffsgeschichtliche Überlegungen

Die Begriffsgeschichte der Zivilgesellschaft ist ein wunderbares Beispiel dafür, wie sich
durch das Hin- und wieder Zurückübersetzen von Begriffen in und aus verschiedenen Sprachen eine Präzisierung des Sinnes und ein Bedeutungswandel ergeben können. Es ist ein wenig wie bei der Goldwäsche, die mit verschiedenen immer feineren Sieben vor sich geht.

Ideengeschichtlich zögere ich nicht, als Ausgangspunkt die aristotelische *koinonia politike* zu
nehmen. Diese politische Gesellschaft als Vereinigung freier Männer hatte als Gegenbild den
oikos, den Haushalt, in dem nach dieser Vorstellung die gesamte materielle Produktion und
Reproduktion stattfand. Dieser Begriff wurde von Cicero unter dem Titel *societas civilis sive
communitas* ins lateinische übersetzt. Bemerkenswert ist, dass sich von der Antike über das
Mittelalter bis in die Neuzeit eine Trennung von societas civilis und Staat nicht nachweisen
lässt. Bei Melanchthon z. B. ist die Rede von *societas civilis seu imperium*, bei Hobbes sind
body politic und *civil society* mit dem identisch, was die Griechen *polis* nannten. Auch bei
Kant in der Rechtslehre steht „societas civilis, d.i. eines Staates".[109]

Der begriffliche Ausdifferenzierungsprozess lässt sich wohl erstmals bei Montesquieu nachweisen, der im *Geist der Gesetze* I,3 eine erste Trennung zwischen *l'état civil* und *l'état poli-
tique* vorgenommen hat.[110] Der Göttinger Aufklärer August Ludwig Schlözer unterschied
systematisch die häusliche, die bürgerliche und die Staatsgesellschaft.[111] Bei Hegel findet

---

[107] Ralf Dahrendorf: Über den Bürgerstatus. In: Bert van den Brink, Willem van Reijen (Hg.): Bürgergesellschaft,
       Recht und Demokratie. Frankfurt 1995. 29–43.

[108] Vgl. Berouz Khosrozadeh: Demokratie und Zivilgesellschaft im islamischen Orient. Das Fallbeispiel Iran. Ber-
       lin 2003. Susanne Lang: Zivilgesellschaft und bürgerschaftliches Engagement in Russland (2006), Friedrich-
       Ebert-Stiftung, http://library.fes.de/pdf-files/id/01930.pdf. Peter W. Schulze: Die russische Sphinx. Der autori-
       täre Weg zur Demokratie. Berlin 2004. Siehe auch Frank Adloff, Zivilgesellschaft. Theorie und politische
       Praxis, Frankfurt und New York 2005.

[109] Immanuel Kant: Metaphysik der Sitten, Rechtslehre, § 46.

[110] Montesquieu: Vom Geist der Gesetze. Übersetzt und herausgegeben von Ernst Forsthoff, 2 Bände. Tübingen
       2. Aufl. 1992, S. 14–17.

[111] August Ludwig Schlözer: Allgemeines StaatsRecht und StaatsVerfassungslehre. Göttingen 1793, S. 4ff.

sich dann die wirkungsgeschichtlich folgenreiche grundsätzliche Trennung zwischen bürgerlicher Gesellschaft als Sphäre der Differenz und dem Staat als Sphäre des Allgemeinen.[112] Er
hat *societas civilis* konsequent mit bürgerlicher Gesellschaft übersetzt. Bei ihm war die bürgerliche Gesellschaft mit der Wirtschaft als System der Bedürfnisse weitgehend identifiziert.
Karl Marx hat in seiner Kritik der Defizite der kapitalistischen Gesellschaft und unter der
Hypothese der Dominanz der *bürgerlichen Gesellschaft* gegenüber dem Staat diesen Begriff
dann zu einem negativen Kampfbegriff gemacht.[113]

Tocqueville hat demgegenüber anknüpfend an Montesquieu und über ihn hinausgehend die
sphärenteilige Kontrolle des Parteiensystems und des Staates durch sich selbst frei und gleich
organisierende Bürger als entscheidende gesellschaftliche Grundlagen von Freiheit und als
Chance der Despotieabwehr gesehen.[114]

Die neueste Variante der Begrifflichkeit geht auf Antonio Gramsci zurück, der als begriffs-
geschulter Hegelianer zwischen der *societa borghese* und der *societa civile* unterschieden
hatte und der zweiten eine grundlegende positive Funktion bei der von ihm angestrebten gesellschaftlichen Veränderung zugewiesen hatte. Die deutschen Übersetzer Gramscis erkannten zu recht, dass ein Marxist wie Gramsci ganz gewiss nicht die bürgerliche Gesellschaft im
hegelschen Sinne hochloben wollte und entschlossen sich zu dem Kunstwort *Zivilgesellschaft. Seitdem bezeichnet Zivilgesellschaft das Netzwerk von Assoziationen zwischen dem
Staat, dem Markt und dem privaten Bereich.* Das entscheidende Gramsci-Zitat lautet: „Zwischen der ökonomischen Struktur und dem Staat mit seiner Gesetzgebung und seinem Zwang
steht die Zivilgesellschaft (....)"[115].

Der angelsächsische Begriff der *civil society* hat immer noch die Doppelbedeutung von bürgerlicher und Zivilgesellschaft. Hier haben sich die Diskussionsstränge noch nicht vollständig voneinander gesondert, so dass z. B. Judith Shklar ganz selbstverständlich *voting* und
earning als Grundbestandteile der *civil society* fasst, während ein Kommunitarier wie Henry
Tam ebenso selbstverständlich von der Zivilgesellschaft als dem dritten Sektor bürgerschaft-
licher Assoziativität neben Staat und Markt spricht.[116] Grob gesprochen kann man also unterscheiden zwischen *Dualitätskonzeptionen*, die Staat und *civil society* einander gegenüberstellen, und *Triaskonzeptionen*, die einen eigenen Bereich der Zivilgesellschaft jenseits von Staat
und *commercial society*, also Wirtschaftsgesellschaft sehen. Die Entwicklungslinie ist deutlich. Bei Aristoteles war die politische Gesellschaft eine Einheit. Bei Montesquieu, Adam
Ferguson und Hegel findet eine Ausdifferenzierung in zwei Bereiche statt. Die Dreigliede-
rung kann als die modernste Entwicklung gelten. Bei dieser Zählweise habe ich in allen Fäl-

---

[112] Den genaueren Ablauf der Dissoziierung von bürgerlicher Gesellschaft und Staatsgesellschaft hat Manfred
        Riedel in seinem grundlegenden Artikel „Gesellschaft, bürgerliche" in: Geschichtliche Grundbegriff. Histori-
        sches Lexikon zur politisch-sozialen Sprache in Deutschland, Hg. Otto Brunner, Werner Conze, Reinhart Ko-
        sellek, Bd. 3. Stuttgart 1975, S.719–800 nachgezeichnet.

[113] Vgl. dazu die Auseinandersetzung von Marx mit Tocqueville in Karl Marx: Zur Judenfrage, in Marx/Engels
        Studienausgabe, Hg. Iring Fetscher, Bd. 1, S. 31–60. Frankfurt 1966.

[114] Alexis de Tocqueville: Über die Demokratie in Amerika. 2 Bände. Neu übertragen von Hans Zbinden, Zürich
        1987.

[115] Antonio Gramsci: Philosophie der Praxis. Gefängnishefte 10 und 11, Hg. von Wolfgang Fritz Haug. Berlin
        1995, S. 1267. Das Zitat geht übrigens mit einem klaren Bekenntnis zur Führungsrolle des Staates in der poli-
        tischen Umwälzung weiter: „der Staat ist das Instrument zur Anpassung der Zivilgesellschaft an die ökonomi-
        sche Struktur". Die Übersetzungsfragen werden auf S. 1213 behandelt.

[116] Judith Shklar: American Citizenship. The Quest for Inclusion. Cambridge/Mass. und London 1991. Henry
        Tam: Communitarianism. A New Agenda for Politics and Citizenship. London 1998.

len die Privatsphäre außerhalb gelassen, auch wenn diese eine analoge Ausdifferenzierung des begrifflichen Verständnisses mit der Ausgliederung des Wirtschaftsbereichs oder doch wesentlicher Teile desselben aus dem Haushalt mitgemacht hat. Auch hier sind weitere Ausdifferenzierungsperspektiven schon zu erkennen, wenn man nur an die berechtigte feministische Kritik denkt, dass die Mehrzahl der häuslichen Dienstleistungen immer noch der Privatsphäre zugerechnet und, ohne groß wirtschaftlich nachzurechnen und ohne dies entsprechend zu honorieren und anzuerkennen, mehrheitlich den Ehefrauen aufgelastet wird.

Längst wurde für den scheinbar unscharfen Begriff der Zivilgesellschaft auch eine operationalisierbare sozialwissenschaftliche Definition vorgeschlagen und in einer vergleichenden Untersuchung von *Citizenship und Civil Society* in etwa 20 Ländern auch angewendet: „Civil society represents a sphere of dynamic and responsive public discourse between the state, the public sphere consisting of voluntary organizations, and the market sphere concerning private firms and unions. This conception of civil society can be applied to all countries if they have private organizations between the state and the family."[117] Eine wichtige Frage ist, ob eine demokratische Entwicklung in Ländern möglich ist, in denen die Zivilgesellschaft allenfalls in Ansätzen vorhanden ist, wie z. B. in Russland oder in einer Theokratie wie dem Iran.

Jean L. Cohen und Andrew Arato haben in ihrer umfassenden normativistisch ausgerichteten Darstellung des Verhältnisses von Zivilgesellschaft und politischer Theorie darüber hinaus noch ein etwas weiter ausdifferenziertes Modell entwickelt, in dem Zivilgesellschaft und politische Gesellschaft unterschieden und darüber hinaus die politische Gesellschaft auch noch vom politischen System abgegrenzt wird, dies allerdings leider wieder mit einer gewissen Unschärfe:

Zivilgesellschaft	Politische Gesellschaft	Ökonomische Gesellschaft
Bezug zur soziokulturellen Lebenswelt	Bezug zum politischen System bzw. Staat	Bezug zum Marktsystem
Einfluss	Macht und Herrschaft	Geld und Waren
Private Sphäre, Familie	Parteien	Organisationen der Produktion und Distribution
Vereinsleben, freiwillige Assoziationen	Politische Organisationen	Firmen, Kooperativen etc.
soziale Bewegungen	Politische Öffentlichkeiten	Gewerkschaften und Verbände
Öffentlicher Raum	Parlamente etc.	Publizitätspflichten der Aktiengesellschaften

Abbildung: Zivilgesellschaft nach Cohen/Arato[118]

---

117 Thomas Janoski: Citizenship and Civil Society. A Framework of Rights and Obligations in Liberal, Traditional, and Social Democratic Regimes. Cambridge/Mass. 1998, S. 12. Ein umfassendes vergleichendes Forschungsprojekt zum Umfang und zur Ausgestaltung der Zivilgesellschaft in 22 Ländern hat die Johns Hopkins Universität durchgeführt. Vgl. Lester M. Salamon: Der Dritte Sektor im internationalen Vergleich – Zusammenfassende Ergebnisse des Johns Hopkins Comparative Nonprofit Sector Project, in: Eckard Priller und Annette Zimmer (Hg.): Der Dritte Sektor international. Mehr Markt – weniger Staat?. Berlin 2001, S. 29–56.

118 Jean L. Cohen und Andrew Arato: Civil Society and Political Theory. Cambridge/Mass. 3. Aufl. 1995, S. IX, S. 19.

4.3   Kritische Einwände gegen den Aktivismus der Zivilgesellschaft

Unproblematisch ist der Begriff der Zivilgesellschaft auch in klassischen Demokratien nicht. Vor allem zwei kritische Einwände sind zu machen:

1. Die Aktivisten der Zivilgesellschaft, die dieses Etikett mit einer gewissen Emphase vor sich her tragen, sind immer auch Sprecher von Minderheiten, mit oder ohne Auftrag. Das Schlagwort Zivilgesellschaft kann eben auch als Legitimationsersatz fungieren, wenn eine überzeugende Unterstützung nicht da ist, und dazu dienen, die Mehrheit politisch zu entmündigen. „Die Bürgergesellschaft enthält unberechenbare, ja aggressive und reaktionäre Potentiale (...)"[119]. Diese Beobachtung Heinz Klegers stammt aus der intimen Kenntnis der Schweizer Verhältnisse und muss schon deshalb sehr ernst genommen werden. Jedenfalls ist es nutzlos, einfach pseudorationalistische Ableitungstautologien dagegen zu setzen, wie es ein junger Jurist, Oliver Gerstenberg, getan hat. Ich zitiere: „Der politische Standpunkt der Zivilgesellschaft bezeichnet damit gleichsam eine unvermeidliche Präsupposition des Entschlusses der Bürger, ihr gemeinsames Zusammenleben rechtsstaatlich zu organisieren: Wenn die Bürger einer Gesellschaft diesen Entschluss einmal gefasst haben, sind sie kraft dieses Entschlusses verpflichtet, Legitimationsfragen vom politischen Standpunkt der Zivilgesellschaft als eines Mediums der öffentlichen Selbstreflexion zu lösen."[120] Und wenn die Bürger es sich inzwischen anders überlegt haben? Der schlechte Ruf des Zivilgesellschaftsdiskurses ist gewiss auch auf derartige Paralogismen zurückzuführen. Heinz Kleger hat dagegen sehr deutlich entwickelt, dass die fordernden Minderheiten auf eine Bürgergesellschaft im umfassenderen Sinne treffen müssen: „zivilcouragierte Bürger" – und damit meint er solche, die mit moralischem Anspruch auftretenden Minderheiten auch zu widersprechen wagen –, „funktionierende Institutionen und anspruchsvolle Verfassungen."[121] Die Zivilgesellschaft kann zwar rascher und beweglicher reagieren als Großorganisationen, aber sie bedarf eben auch der Zivilität, d. h. des diskussionsoffenen Verhaltens und der verhaltensmäßigen Filter, die die Beliebigkeit von organisierten Sonderinteressengruppen im Zaum halten können. Basisaktivierung ohne Zivilität muss als demokratiegefährdend angesehen werden, und zwar nicht bloß gegenüber der repräsentativen Demokratie, sondern gegenüber jeder Form von Demokratie, soweit sie mit Diskussion und Abwägung zu tun hat.

2. Die Idealisierung der Bürgeraktivität erwartet und verlangt allzu viel. Die Tücken der partizipatorischen Demokratie, die ja in der westlichen Linken in den USA und Europa die Vorläuferin der Zivilgesellschaft war, hat von allen Theoretikern am anschaulichsten Michael Walzer ausgemalt: Die unzähligen und endlosen Sitzungen, an denen der allseits aktive und interessierte Bürger pausenlos teilnehmen muss. Das Leben wird zu einer Folge von Sitzungen. Die alte Idee, morgens Jäger, nachmittags Fischer oder Hirt und abends kritischer Kritiker sein zu können, war gewiss nicht politisch, sondern postpolitisch gedacht – nämlich für die Zeit, wenn der technokratischen Utopie der Saint-

---

119   Heinz Kleger: Die Rückkehr der Bürgergesellschaft, in: Widerspruch 12. Jg. 1992, H. 24, S. 49–61, hier S. 56.

120   Oliver Gerstenberg: Bürgerrechte und deliberative Demokratie. Elemente einer pluralistischen Verfassungstheorie. Frankfurt 1997, S. 57.

121   Kleger, ebenda.

Simonisten gemäss die Herrschaft über Menschen durch die Verwaltung von Sachen ersetzt sein würde.[122] Aktive Partizipation ist ein sehr anspruchsvolles und zeitraubendes
Geschäft. Da die zeitlichen und sozialen Kosten des Aktivismus für unterschiedliche
Personengruppen (berufstätig oder nicht, Kinder oder nicht, freiberuflich und flexibel
oder nicht, öffentlicher Dienst oder nicht, aktivistisch veranlagt oder nicht) unterschiedlich hoch sind, führt es zu Verzerrungen in der Repräsentation, wenn man die Aktivität
einfach nur denjenigen überlässt, die dies gern wollen. Selbst wenn sie, was nicht zu erwarten ist, uneigennützig handeln wollten, so würden sie doch ihre Vorstellungen und
ihre Weltsicht als die allgemeingültige ganz selbstverständlich voraussetzen, also z. B.
die Weltsicht von Studenten, Rentnern oder kinderlosen Mitarbeitern des öffentlichen
Dienstes. In einem Wort, die Zivilgesellschaft trägt in sich die Tendenz, die Herrschaft
der Menschen mit den meisten freien Abenden zu werden.[123] Eine freie Wahl zwischen
Aktivismus und Passivität gibt es nicht, weil derjenige, der sich nicht beteiligt, dann
eben, ob er will oder nicht, von den anderen regiert wird, die sich im Grunde nur selbst
repräsentieren. Walzer hat damit gegen den *citoyen* nicht etwa den *bourgeois*, sondern
den *homme* ins Spiel gebracht, der auch einmal Zeit haben möchte für die Kinder oder
für ein Rendezvous.

Die Antworten der Demokratietheorie auf diese Probleme sind abgestufter Art: von Klegers
Erziehung zur und Förderung der Zivilität sowie der Ermutigung von Widerspruch hatte ich
oben gesprochen. Schon der schottische Aufklärer Adam Ferguson hatte dieses Problem gesehen und die Lösung in dem gesehen, was er die Verfeinerung der Sitten durch Handel und
Umgang miteinander nannte.[124] Michael Walzer konstatiert die Unabdingbarkeit repräsenta-
tiver Institutionen sowie deren Legitimation gerade durch die geordnete Vertretung der weniger Aktiven.

Das Modell zur Kontrolle der Zivilgesellschaft stammt von Jürgen Habermas, der sehr genau
zwischen Macht und Einfluss unterscheidet. Ihr politisch-publizistischer Einfluss ist zwar
durchaus eine empirische Größe, muss aber „die Filter der institutionalisierten Verfahren
demokratischer Meinungs- und Willensbildung" passieren, um sich in kommunikative Macht
zu verwandeln und in die legitime Rechtssetzung einzugehen.[125] Die zweite und dritte Bedingung, die er nennt, sind eine schon freiheitliche politische Kultur mit den entsprechenden
Sozialisationsmustern sowie eine unversehrte Privatsphäre. Andernfalls wird die Basis eher
populistische Bewegungen hervorbringen, die verhärtete Traditionsbestände und Besitzstän-
de blind verteidigen. Diese Voraussetzungen müssen als außerordentlich anspruchsvoll gelten. Selbstverständlich ist das Verhältnis von politischer Kultur und Zivilgesellschaft als
wechselseitiges, als Wechselwirkung zu begreifen, dennoch ist die Erinnerung wichtig, dass
das alleinige Setzen auf die Basis als solche eben noch keine zivilisierte Basis hervorbringt.
Ferguson hat an diesem Punkt übrigens immer das schöne Wort „polished" verwendet, mit
dem er verfeinerte und gemäßigte Verhaltensweisen des sozialen Umgangs bezeichnete –
ganz uneingedenk von Rousseaus Polemik aus dem Jahre 1750 gegen „ce voile uniforme et

---

[122] Vgl. Karl Marx und Friedrich Engels: Feuerbach. Gegensatz von materialistischer und idealistischer Anschau-
      ung (Einleitung), in dies.: Studienausgabe, Hg. Iring Fetscher, Bd. 1. Frankfurt 1966, S. 97.
[123] Michael Walzer: A Day in the Life of a Socialist Citizen, in ders.: Obligations. Essays on Disobedience, War,
      and Citizenship. Cambridge/Mass. und London 1970, S. 235.
[124] Adam Ferguson: Geschichte der bürgerlichen Gesellschaft. Frankfurt 1988.
[125] Jürgen Habermas: Faktizität und Geltung. Beiträge zur Diskurstheorie des Rechts und des demokratischen
      Rechtsstaats. Frankfurt 1992, S. 449.

perfide de politesse", gegen „cette urbanité si vantée que nous devons aux lumières de notre siècle"[126].

Ich will damit sagen, dass die Diskussion ideengeschichtlich gesehen nicht sehr weit über diese Debatten der Aufklärungszeit hinausgelangt ist, so dass es sich durchaus lohnen kann und keineswegs nur von antiquarischem Interesse sein muss, die alten Texte von Ferguson und anderen erneut zu studieren. Die Zivilgesellschaft ist eine Wiederentdeckung, keine Neuerfindung.

4.4 Kann die Idee der Zivilgesellschaft bei unseren Überlegungen zur Demokratisierung der europäischen Union hilfreich sein?

Fragen wir jetzt nach dem konkreten Nutzen zivilgesellschaftlicher Überlegungen in einem bestimmten aktuellen Politikfeld, nämlich der Demokratiefähigkeit der europäischen Integration. Hierzu wird die starke These vorgetragen, dass Europa wegen der unterschiedlichen Sprachen keine Kommunikationsgemeinschaft ist und deshalb weder eine gemeinsame Öffentlichkeit noch ein übergreifendes Parteiensystem noch ein System von intermediären Organisation herausbilden kann. Das ist Peter Graf Kielmannseggs Formulierung: „In der Begrifflichkeit, die zur Zeit kanonisch ist: Es gibt keine europäische ‚Zivilgesellschaft'".[127] Daher ist eine europäische Verfassung mit einer Demokratisierung des europäischen Parlaments zur Erhöhung der demokratischen Legitimation nicht hilfreich: jede Art von Legitimation muss an die einzelnen Mitgliedsstaaten gebunden bleiben, weil es Zivilgesellschaften bislang und auf absehbare Zeit nur intern gibt. Deshalb raten Autoren wie Kielmannsegg zu einem Bundesratsmodell mit einer Dominanz des Ministerrats gegenüber der Parlamentarisierung der EU. Die Empfehlung zur Politik lautet freundlich-kryptisch, die Demokratiefähigkeit vielleicht ein Stück weit von oben her zu fingieren oder zu antizipieren, aber keinesfalls schon damit Ernst zu machen.[128] Die Legitimation ist dann allein auf den ökonomischen Erfolg angewiesen. Mit etwas mehr Neigung zur Dramatisierung könnte man auch vom Entstehen neuer imperialer Herrschaftsformen und damit einem Ende der Demokratie (Guéhenno) sprechen.[129]

Damit ist das Thema der europäischen Zivilgesellschaft hinreichend deutlich formuliert. Wenn hier die Grundlage des Demokratiedefizits liegt, wenn es also nicht reicht, einfach dem europäischen Parlament mehr Macht zu geben, weil dessen zivilgesellschaftliche Basis fehlt, dann wäre zu überlegen, was dagegen zu tun ist und ob vielleicht die Möglichkeit besteht, so etwas wie ein zivilgesellschaftliches Leitbild der europäischen Integration zu entwickeln[130].

---

[126] Jean-Jacques Rousseau: Discours sur les Sciences et les Arts (1750) in ders.: Schriften zur Kulturkritik. Hamburg 1983, S. 12.

[127] Peter Graf Kielmannsegg: Integration und Demokratie. in: Markus Jachtenfuchs und Beate Kohler-Koch (Hg.): Europäische Integration. Opladen 1996. 47–71, hier S. 57.

[128] Ebenda, S. 69f.

[129] Jean-Marie Guéhenno: Das Ende der Demokratie. München 1994.

[130] Emanuel Richter: Die europäische Zivilgesellschaft, in: Klaus-Dieter Wolf (Hg.): Projekt Europa im Übergang? Probleme, Modelle und Strategien des Regierens in der Europäischen Union, Baden-Baden 1997, S. 42.

Der Aachener Politikwissenschaftler Emmanuel Richter hat dies versucht und dabei folgende Möglichkeiten diskutiert:

a) Die europäische kulturelle Identität. Es fällt dabei auf, wie schwach ausgeprägt kulturalistische Leitbilder, also Rückberufungen auf den Traditionsbestand europäischer Kultur seit der Antike eigentlich sind. Dieses gemeinsame Erbe scheint in der gegenwärtigen Diskussion nicht sehr viel mehr darzustellen als ein europaweites „schwaches Bildungsphänomen der Oberschicht".[131]

b) Überzeugender scheint ihm demgegenüber schon die Berufung auf eine gemeinsame europäische Zivilität zu sein – vor allem in der Reaktion auf den Faschismus und auf nationalistische Ideologien. Verbunden mit Elementen der Subsidiarität und der Bundesstaatlichkeit bei größtmöglicher Autonomie für die unteren Einheiten könnte hier eine Vereinbarkeit von unterschiedlichen Strukturen und übergeordneter Gemeinsamkeit gesucht werden. Die Gemeinsamkeiten wären dann struktureller, und damit dünnerer Art. Es scheint allerdings fraglich, ob dies mehr integratives Ideenpotential hergibt als die Regionalisierungsdiskussion.

c) Die dritte Möglichkeit, die engere Verbindung und Organisation der europäischen Föderalisten selbst etwa in Form der „Europäischen Bewegung" bleibt elitenorientiert und unter Demokratiegesichtspunkten zu sehr im vorpolitischen Bereich.

d) Emmanuel Richter kommt deshalb, schärfer noch als Kielmannsegg, zu dem Schluss, dass „berechtigter Zweifel an der Tragfähigkeit des Leitbildes der parlamentarischen Demokratie für die Europäische Union" besteht.[132] Wenn man zivilgesellschaftlich argumentiert, scheint diese Folgerung unausweichlich.

e) Seine sehr vorsichtigen und sehr zurückhaltenden zivilgesellschaftlichen Hoffnungen setzt Richter eher auf die Unionsbürgerschaft und das Subsidiaritätsprinzip mit ihrer Tendenz zur Auflösung fester Identitätsmuster in Richtung auf multiple und transnationale Identitäten der Bürger. Das ist eine Option, wenn auch keine zwingende.[133] Europäische zivilgesellschaftliche Elemente gibt es nur in kleinteiligeren Öffentlichkeiten.

Richter kommt deshalb zu dem desillusionierten Schluss, dass sich europäische Zivilität allenfalls als nachholende Entwicklung nach der Institutionenetablierung herausbilden wird, aber keineswegs Motor der Integration und wohl auch nicht der Demokratisierung sein wird.[134]

Wer sich mit diesen resignativen Auskünften nicht zufrieden geben will, muss weiter suchen und vielleicht ganz neu überlegen. Es könnte ja sein, dass die aktive und interaktive Zivilgesellschaft möglicherweise ähnlich überholt ist wie die alles diskutierende Athener Volksversammlung. So wie die städtische Polisdemokratie durch die repräsentative Demokratie der Flächenstaaten abgelöst worden ist, könnte nunmehr eine Art dritte, supranationale Trans-

---

[131]   Karl Jaspers: Vom europäischen Geist, in ders.: Rechenschaft und Ausblick. Reden und Aufsätze. München 1958 (zuerst 1951), S. 275–311, hier S. 275, vgl. Richter a.a.O., S. 45.

[132]   Ebenda, S. 48.

[133]   Ebenda, S. 51.

[134]   Ebenda, S. 55f.

formation anstehen.[135] Vielleicht muss die Theorie, statt das zivilgesellschaftliche Demokratiedefizit ständig nur zu beklagen, sich von diesem Modell verabschieden, indem es die Kernfunktionen herauspräpariert und nach funktionalen Äquivalenten für die traditionellen und in der EU offenbar nicht realisierbaren Lösungsmuster sucht.

Dazu folgende Überlegungen:

1. Selbstverständlich sind Sprachbarrieren Hindernisse kommunikativer Vergemeinschaftung. Aber gemeinsame politische Erfahrungen, ein gemeinsamer politischer Weg und eine wachsende Kenntnisnahme der jeweiligen Diskussionen und Öffentlichkeiten hat eine reale Grundlage im zunehmend folgenreichen Charakter europäischer politischer, vor allem wirtschaftspolitischer Entscheidungen für das Wohlergehen jedes Einzelnen. Könnte zur Akzeptanz von europäischen Mehrheitsentscheidungen nicht auch eine dünnere Identität und Solidarität ausreichend sein, die hauptsächlich in der bürgerrechtlich vermittelten wechselseitigen Anerkennung von Personen als Freie und Gleiche bestünde?[136] Das liefe auf eine politisch-partizipatorische Grundlegung des Gemeinschaftsverständnisses hinaus, wie sie etwa auch im kommunitarischen Denken, z. B. bei Philip Selznick angelegt ist.

2. Zweitens könnte es sein, dass das Verständnis von Zivilgesellschaft, wie es sich bei den Skeptikern der Demokratisierungsmöglichkeiten für die EU findet, zu sehr einer Art von traditionellen Sittlichkeit verhaftet ist, also einer dichten Form moralischer Integration, und damit von vornherein etwas für supranationale Zusammenschlüsse nicht oder nur schwer Erreichbares fordert. Das Zivilitätsgebot selbst war schon eine weit schwächere Form als die einstmals geforderte glaubensmäßige Integration und hat diese aus guten Gründen abgelöst. Die dritte Transformation würde nun darin bestehen, auch das Konzept der Zivilität neu und weniger substantialistisch zu verstehen, um es unter veränderten Bedingungen anwendbar zu machen. Es kommt also auf die „Übersetzung solcher normativ-programmatischer Überlegungen in realitätstaugliche Modelle" an[137], um nicht durch unnötige normativistische Überforderungen zu Fehldiagnosen zu gelangen.

3. Drittens könnte man nun fünf allgemeine Kriterien für demokratische Prozesse durchgehen und daraufhin befragen, ob sie im Prozess der europäischen Integration realisiert werden können.

Diese Kriterien sind:[138]

I. Kongruenz von Entscheidenden und Betroffenen.

II. Kollektive Identität der Betroffenen auch in ihrer subjektiven Wahrnehmung.

III. Effizienz und ein möglichstes Minimum an Entscheidungskosten, was die Entscheidungsprozeduren angeht.

---

[135] Rainer Schmalz-Bruns: Bürgergesellschaftliche Politik – ein Modell der Demokratisierung der Europäischen Union? in Klaus-Dieter Wolf (Hg.): Projekt Europa im Übergang? Probleme, Modelle und Strategien des Regierens in der Europäischen Union, Baden-Baden 1997, S. 63–90, hier 66f.

[136] Günter Frankenberg: Die Verfassung der Republik. Autorität und Solidarität in der Zivilgesellschaft. Frankfurt 1997, Kap. II,3,; Schmalz-Bruns: Bürgergesellschaftliche Politik a. a. O., S. 71.

[137] Schmalz-Bruns: Bürgergesellschaftliche Politik a. a. O., S. 79.

[138] Vgl. Michael Zürn: Über den Staat und die Demokratie im europäischen Mehrebenensystem, PVS 37. Jg. 1996, H. 1, S. 27–55; bes. S. 36ff., Schmalz-Bruns: Bürgergesellschaftliche Politik a. a. O., S. 80ff.

IV. Verantwortlichkeit und positive Resonanz (Responsivität) der Entscheidungsträger gegenüber den Betroffenen. Dazu gehört die verstärkte öffentliche Sichtbarkeit der Entscheidungsträger und die stärkere Transparenz der Verfahren sowie die institutionelle Absicherung von Informations-, Meinungsartikulations- und Teilhabechancen.

V. Hinreichend gute Argumente im Hinblick auf die sachlichen Entscheidungsprobleme oder Effizienz der Entscheidungsinhalte bzw. der Resultate.

Diese fünf Kriterien können durch das, was assoziative und deliberative Demokratie genannt wird, möglicherweise konzeptionell eher geschlossen werden als durch einen allzu anspruchsvollen normativen Begriff der Zivilgesellschaft. Dazu wäre es hilfreich, die Assoziationstätigkeit gesellschaftlicher Gruppen anzuregen und zu unterstützen – sowohl von wissenschaftlicher Seite her wie von der Seite der politischen Institutionen her, weil sich von hier aus auch die Chance einer Erhöhung der Regierungseffizienz bietet. Damit ist die Möglichkeit der Mobilisierung brachliegenden „sozialen Kapitals" gegeben (die in Umfragen regelmäßig festgestellte freiwillige Partizipationsbereitschaft liegt durchweg deutlich über der realen Partizipation). Assoziationen können als Schulen der Demokratie wirken und zur Organisation von Öffentlichkeiten und öffentlichen Willensbildungsprozessen beitragen. Ob sich daraus vernünftige kollektive Identitäten entwickeln können und ob nicht die reale Sichtbarkeit der Verantwortungsträger in einer Watte der Assoziativität oder organisierten Verantwortungslosigkeit erstickt wird, muss offen bleiben.[139] Hierauf hat das Konzept der assoziativen Demokratie zunächst noch keine Antwort zu bieten.

Wie die traditionelle Zivilgesellschaft verlangt es Bürgeraktivität und die Bildung und Organisation intermediärer Gruppen. Anders als bei Kielmannsegg und Emanuel Richter wird darin aber nicht eine notwendige Voraussetzung oder Ermöglichungsbedingung der Demokratisierung der EU gesehen, sondern eine erleichternde Bedingung und ein begleitendes und förderliches Element.

4.5 Assoziative Demokratie

Die Idee der assoziativen Demokratie gehört in den weiteren Bereich zivilgesellschaftlicher Konzeptionen. Die Verbindung von Wohlfahrt und Freiheit ist ihr zufolge dann am besten möglich, „wenn so viele gesellschaftliche Angelegenheiten wie möglich von freiwilligen und demokratisch selbstverwalteten Assoziationen in die Hand genommen werden."[140] Die assoziative Demokratie insistiert auf dem Vorrang der individuellen Freiheit, hält diese aber nur dann für dauerhaft, wenn die Individuen sich mit ihren Mitbürgern auf substaatlicher Ebene zusammenschließen. Es handelt sich um den Versuch, einen dritten Weg zwischen Staatskollektivismus und reinem Marktindividualismus zu finden.

Der Assoziationalismus gehört zu den am meisten vernachlässigten Soziallehren des 19. Jahrhunderts, weil er im Vergleich zum Sozialismus und Liberalismus nicht über so berühmte Fürsprecher wie diese verfügte. Ideengeschichtlich hat er so unterschiedliche Wur-

---

[139] Vgl. Schmalz-Bruns: Bürgergesellschaftliche Politik a.a.O., S. 83.

[140] Paul Hirst: Associational Democracy, in: David Held (Hg.): Prospects for Democracy. North, South, East, West, Stanford/Cal. 1993, S. 112–135, hier S.112.

zeln wie den dezentralistisch gedachten utopischen Sozialismus Pierre-Joseph Proudhons, den englischen kooperativen Sozialismus von Robert Owen, die britische Pluralismustheorie von John Neville Figgis und vor allem Harold Laski sowie nicht zu vergessen den englischen Guild Socialism. Der Konkurrenzkampf vor allem mit den kollektivistischen Doktrinen ging verloren, wozu gewiss auch die Weltkriege des zwanzigsten Jahrhunderts beigetragen haben, weil diese nur mit einer massenhaften zentralistisch organisierten Mobilisierung aller Ressourcen zu führen waren. Genau dieser zentralistische Druck beginnt aber in dem Moment nachzulassen, in dem der Westen keinen größeren militärischen Gegner mehr hat. Daraus folgt für Paul Hirst und andere Fürsprecher der assoziativen Demokratie, dass heute eine neue Chance für diese Art von Denken gegeben sein könnte.

Eines der großen Probleme gegenwärtiger westlicher Gesellschaften ist die soziale Abspaltung eines unteren Drittels oder Viertels von *have-nots*, von Habenichtsen, die in Arbeitslosigkeit und Armut leben und von den Vorteilen der gesellschaftlichen Entwicklung kaum etwas haben. Solange diese Gruppen keine effektive Arbeit finden können und vom Wohlstand ausgeschlossen sind, stellt sich das Problem der sozialen Spaltung, der Devianz und Kriminalität. Diesen Gruppen ist sehr wohl bewusst, dass Wohlfahrtschancen zu einem großen Teil willkürlich und zufällig, d. h. nicht nur von der Leistung abhängig, sondern vom Sozialstatus der Eltern, von der Wohnumgebung, der Qualität der Schulen etc. verteilt werden, also nicht auf eine in irgendeinem Sinne als gerecht zu empfindende Weise. Das Eigentum der Habenden, seien es einige wenige oder zwei Drittel der Gesellschaft, erscheint aber nur dann als legitim, wenn auch die übrigen etwas davon haben, wenn auch sie in irgendeiner Form Zugang zum Wohlstand gewinnen können. Der Assoziationalismus variiert hier die uralte Idee von Proudhon, der meinte, Eigentum sei Diebstahl. Die unteren Klassen sind zwar nicht in der Lage, die Gesellschaft zu revolutionieren, sie können sie aber durch abweichendes Verhalten ziemlich unbewohnbar und ungemütlich machen.

Die Konzeption der assoziativen Demokratie versucht eine Alternative zu den autoritären Schutzmaßnahmen des Eigentums anzubieten, die durch verstärkte Polizei, Bürgerwehren, abgegrenzte Bezirke von Sondereigentum mit beschränkten Zutrittsrechten etc. der Gesellschaft ein durchaus unattraktives Erscheinungsbild geben können. Die assoziationalistische Antwort ist eine Mischung von sozialem Kreuzzug derjenigen unter den Habenden, die über ein soziales Empfinden verfügen, und einer Aktivierung der „*Have nots*". Assoziationen, die den Armen helfen, sich selbst zu organisieren und die finanzielle Unterstützung des Staates für Selbsthilfeprojekte sollen dazu beitragen. Der traditionelle Sozialismus hatte sich dieser Aufgabe entzogen, indem er Wohlfahrt mit staatlichen Leistungen identifizierte und auch die Organisation dem Staat selbst übertrug. Heute sind es vor allem religiöse Gruppen und kommunale Selbsthilfeorganisationen, die die Aufgabe sehen, so etwas wie eine Zivilgesellschaft der Armen zu schaffen.

Das Beispiel der britischen Arbeiterbewegung in diesem Jahrhundert zeigt sehr deutlich die Gefahren, die sich ergeben, wenn die mühselige Aufgabe, den Sozialismus in der Zivilgesellschaft aufzubauen, ersetzt wird durch den scheinbar schnelleren und effektiveren Weg, ihn durch den Staat einzuführen. Selbstorganisationen, Kooperativen, gegenseitige Hilfe und freiwillige Dienste wurden nach und nach über Bord geworfen und zurückgedrängt zugunsten staatlicher Eingriffe und bürokratischer Verwaltung. Paul Hirst vertritt die These, wenn die Arbeiterbewegung den Sozialismus zivilgesellschaftlich aufgebaut hätte, also nach dem Modell freiwilliger Organisationen wie z. B. der Kirchen, dann hätte die Thatcher-Regierung niemals so schnell mit den Institutionen des Sozialstaats aufräumen können, wie es dann geschehen ist. In seiner Sicht war es gerade die zentralisierte Staatsmacht in Großbritannien, die die Deregulierung und Privatisierung sowohl ermöglicht als auch in den Augen der Öffentlichkeit legitimiert hat.[141] Es ist dann sogar sekundär, ob die Wohlfahrtsinstitutionen sich in den Händen der Rechten oder der Linken befinden. Es sind die autoritären Institutionen selbst, die der wirklichen Wohlfahrt im Wege stehen, weil sie von oben nach unten verwaltet werden.

Es kommt also für die Theoretiker der assoziativen Demokratie darauf an, zwischen dem Staat und dem Markt die dritte Sphäre der Assoziationen entscheidend zu stärken und eine Reihe von Regierungsfunktionen durch diese zu ersetzen. Sie erfüllen einige der Grundprinzipien des westlichen Liberalismus: sie sind freiheitlich, stimmen mit den Menschenrechten überein, haben als Ziele Dezentralisierung und Devolution gesellschaftlicher Angelegenheiten hin zu öffentlich finanzierten aber freiwilligen und selbstverwalteten Assoziationen. In der Gesellschaftstheorie wird meist von sekundären Assoziationen gesprochen, weil sie anders als Familien und Stammesverbände sozusagen künstlich gebildet werden. Der Assoziationalismus möchte sie in einem anderen Sinne jedoch zur primären gesellschaftlichen Kraft machen. Der Staat soll ihnen gegenüber nur noch eine sekundäre Rolle einnehmen als Wächter und Garant dafür, dass erstens ein bestimmter Qualitätsstandard sozialer Dienste auch eingehalten wird, zweitens assoziationsintern demokratische Strukturen vorhanden sind, drittens demokratische Prozeduren eingehalten werden und viertens die einzelnen Assoziationen kompatibel sind mit den allgemein akzeptierten gesellschaftlichen Zielvorstellungen. Der Umfang der Staatsaktivitäten soll also erheblich reduziert werden. Er soll allerdings hinreichend stark bleiben, um diese Wächterfunktion wahrnehmen zu können. Der Gesamtbetrag öffentlicher Sozialausgaben soll nach dieser Konzeption allerdings keineswegs gesenkt werden. Es geht lediglich um eine Änderung des Verteilungsmodus.

Dieser Punkt stellt eine Schwäche des Konzepts dar, denn die Assoziationen können sich dann keineswegs allein aus freiwilligen Beiträgen finanzieren, sondern sind als Verteilungsinstanzen für Steuermittel gedacht. Sie werden damit zu parastaatlichen Institutionen. Letztlich liegt die Entscheidungsgewalt über die Verteilungsstrukturen dann doch beim Geldgeber, der zudem, anders als die Selbstverwaltungsgremien der assoziativen Körperschaften, nicht nur durch über die Macht des Mittelentzugs, sondern auch über die demokratische Legitimation durch die Gesamtbevölkerung, also nicht lediglich durch die Mitglieder der Assoziation selbst verfügt. Der Staat wird sich damit im Zweifel als stärker erweisen und auf dem Wege seiner Rahmenkompetenz die entscheidenden Weichenstellungen vornehmen. Die deutsche Sozialversicherung und die Krankenversicherungen sind in diesem Sinne parastaatliche Institutionen mit wenig Möglichkeiten der Eigenprofilierung. In politisch entscheidenden Situationen, wie z. B. der deutschen Wiedervereinigung, wird dann *politisch* entschieden, aus den Versicherungsmitteln erhebliche Zahlungen auch an solche Rentner zu leisten, die niemals in die Versicherung eingezahlt haben – auf Kosten der aktuellen Einzahler.

Hinzu kommt ein weiteres Problem. So zentralistisch und autoritär das britische Gesundheitssystem auch sein mag: Es ist erheblich billiger als das korporatistisch selbstverwaltete

---

[141]   Vgl. dazu Paul Hirst a.a.O., S. 115f.

deutsche. Die Verteilungsinteressen einer großen Zahl von Sonderinteressengruppen haben in dezentralen Strukturen größere Durchsetzungschancen als gegenüber einem Gesundheitsmonopol. Die dritte Möglichkeit, die rein marktförmige Organisation wie in den USA, führt übrigens zu noch erheblich höheren Ausgaben und vor allem zu einer deutlich ungleichen Versorgung verschiedener Bevölkerungsgruppen. Ein Marktsystem muss nämlich keineswegs billiger sein als ein Monopolsystem oder korporatistische Zwischenformen. Eine derart ungleiche Versorgung wäre nur dann zu rechtfertigen, wenn sie auf eigener Entscheidung beruhte. Sie scheint aber zu einem höheren Maß auf sozialer Ungleichheit zu beruhen, d. h. auf grundsätzlicher Zahlungsfähigkeit statt auf freiwilliger Zahlungsentscheidung und anderer Präferenzwahl.

Eine assoziativ organisierte Gesellschaft würde nach der Vorstellung von Paul Hirst eine strukturelle Adaption an den vor allen Dingen in den USA, aber in geringerem Ausmaß in den meisten westlichen Gesellschaften derzeit stattfindenden Prozess der „Ottomanisierung" bedeuten. Gemeint ist damit die Herausbildung divergenter pluraler ethnischer, sozialer, religiöser Gruppenidentitäten bzw. solcher der geschlechtlichen Orientierung und des Lebensstils (*gay*, *lesbian* etc.), also die Nebenexistenz pluraler Gemeinschaften mit zum Teil sehr unterschiedlichen Regeln und Standards. Zwischen diesen Gruppen kann es ständig zu Konflikten kommen, die nach Hirsts Ansicht durch den zentralisierten Staat weder zu verhindern noch zu kontrollieren sind.[142] Ganz gegen die vorherrschende Kritik am multikulturalistischen Pluralismus meint Hirst nun, dass der Assoziationalismus keineswegs den einzelnen Gruppen die Option, den gemeinsamen Staatsverband zu verlassen, bietet, sondern vielmehr den einzigen Weg darstellt, den Gruppenpluralismus funktionsfähig zu machen. Vorausgesetzt, es gibt genügend überlappende und unterschiedliche Felder sozialer Identitäten und unterschiedliche Trennungslinien, wäre es möglich, die meisten Konflikte zu parzellisieren. Lokale Selbstregulation der Gruppen würde darüber hinaus das Ausmaß und die Komplexität von Gesetzen und Regeln reduzieren helfen, d. h. das Rechtssystem wieder für die Bürger selbst und nicht nur für hochspezialisierte Anwälte verständlich machen und damit dessen Legitimität erhöhen.

„Die meisten Assoziationen werden keine exklusiven Gruppen sein, die das gesamte Leben ihrer Mitglieder umgreifen."[143] Andernfalls würden sie in die Nähe von souveränen oder separatistischen Staaten rücken. Die Gemeinsamkeit müsste dadurch gewährleistet sein, dass die einzelnen Assoziation jeweils nur für einen Teilbereich zuständig sein dürfen: für Schulen, Krankenhäuser etc. Zum Beispiel würde es den Gewerkschaften untersagt sein, eigene Firmen zu betreiben. Dies vorausgesetzt, könnte jedes Mitglied einer Assoziation zugleich auch Mitglied einer nicht unerheblichen Zahl anderer sein. Eine öffentliche Sphäre der gemeinsamen Koordination und Kooperation bleibt also unverzichtbar.

Die Konzeption der assoziativen Demokratie kann als der Versuch angesehen werden, der Unzufriedenheit mit zentralistischen Regelungen und der Tendenz zur Devolution, zur Dezentralisierung und Regionalisierung bzw. Lokalisierung einen kohärenten theoretischen Ausdruck zu verschaffen. Hier liegt die besondere Anziehungskraft dieser pluralistischen Konzeption. Sie hat mit ihrer Berufung auf Proudhon und Harold Laski ihre Wurzeln in linken Theorien, macht aber auch ein Angebot an Konservative, die die Rolle des Staates redu-

---

[142] Ebenda, S. 118.
[143] Ebenda, S. 120.

zieren wollen, die das Subsidiaritätsprinzip des Regionalismus und Dezentralismus vertreten, sowie an jene Basisdemokraten, die ein weniger hierarchisches und basisnäheres politisches System wollen. Die besondere zusätzliche Idee der assoziativen Demokratie beruht darauf, dass die Dezentralisierung nach funktionalen Kriterien in einer jeweils bereichsangemessenen Form vorgenommen werden soll. Der Assoziationalismus versucht aus diesen Grunde nicht nur für die Sphäre der Sozialpolitik, sondern auch für die Ökonomie Formen der Selbstverwaltung zu empfehlen. Allerdings, und das sieht Paul Hirst sehr deutlich, darf es auf keinen Fall eine Produzentendemokratie auf Kosten der Verbraucher geben – das hatten schon die englischen *Fabians* an den syndikalistischen Konzeptionen der Arbeiterselbstverwaltung kritisiert. Auf diesem Feld sind die Vorstellungen der Assoziationalisten am wenigsten ausgearbeitet – obwohl sie eigentlich hier, in der genossenschaftlichen Organisation der Produktion und des Handels, ihren ideengeschichtlichen Ursprung hatten. Es wird lediglich klargemacht, dass es sich auf keinen Fall um die Wiederbelebung der „industriellen Demokratie" handeln soll, wie sie die Labour-Radikalen in den siebziger Jahren gefordert hatten So bleibt die Selbstorganisation der Verteilungsstrukturen im Sozialwesen, während die Erbringung der nötigen Mittel vorausgesetzt wird und offenbar auf dem Weg der Steuererhebung staatlich betrieben werden soll. Denn das Modell der Mitgliedsbeiträge, wie es etwa die Zwangsversicherungen für Autofahrer und auch die privaten Krankenversicherungen kennzeichnet, wird nicht vorgeschlagen. Es stünde in gewisser Weise auch in einem Spannungsverhältnis zu dem politischen Charakter der Assoziationen: stehen Versicherungsbeiträge (wenn es sich nicht um Scheinversicherungen handelt wie die deutsche Sozialversicherung, die gesetzlichen Krankenkassen und die Arbeitslosenversicherung, für die in Wirklichkeit Quasisteuern eingetrieben werden) doch in einem ökonomisch definierten Verhältnis zu den zu erbringenden Leistungen, während staatliche Strukturen das Preis-Leistungs-Verhältnis politisch gestalten können, d. h. zugespitzt ausgedrückt, so beliebig, wie es gerade noch im Paket und in der Mischung mit allen anderen Aktualitäten vom Elektorat akzeptiert wird.

5 Nach dem Neokorporatismus

5.1 Einführung: Das Problem des Gemeinwohls und seine pluralistische Lösung

Was unter dem „Gemeinwohl" zu verstehen und wie es zu bestimmen sei: das hat uns die Politikwissenschaft der fünfziger und sechziger Jahre als nur halbgelöstes Problem hinterlassen. Für die Verbändeforschung liegt hier aber ein Grundproblem: Schaden oder nützen Verbände und organisierte Interessen dem Gemeinwohl? Ist es überhaupt sinnvoll, heute noch von Gemeinwohl zu reden? Besteht das Gemeinwohl vielleicht einfach nur in dem, was sich aus dem Prozess der Verbändekonkurrenz unter bestimmten Bedingungen ergibt?

In der traditionellen Politiktheorie stand das *bonum commune* wenigstens theoretisch von vornherein fest. Der reine Begriff, der das gemeinsame Wohl aller meint, war in der Welt der Tatsächlichkeit jedoch oft genug durch die Interessen derer verzerrt, die das Privileg hatten, ihn zu definieren zu dürfen, der Machthabenden also. Wenn das Gemeinwohl aber etwas Vorgegebenes und Festes war, dann erübrigte sich eigentlich die demokratische Diskussion darüber. Gegenüber einschüchternden philosophischen oder theologischen Definitionen musste die Meinung der Bürger als belanglos und unbedeutend erscheinen. Der überkommene Begriff des Gemeinwohls schien autoritäre Züge zu tragen.

Die kritisch aufgeklärte Politikwissenschaft hat darauf mit einer anderen, pluralistischen Definition reagiert. Vor allem der Name Ernst Fraenkels ist mit dieser Pluralismustheorie verknüpft. Das Gemeinwohl sollte nun nicht *a priori* feststehen, sondern im Nachhinein verstanden werden als die Resultante, die sich aus dem Parallelogramm der Kräfteentfaltung der verschiedenen ihre Interessen verfolgenden pluralistischen Gruppen und deren Organisationen ergibt. Das Gemeinwohl, von dem man schon hatte befürchten müssen, es sei ein vordemokratischer oder undemokratischer Begriff, war so in die Diskussion zurückgeholt.[144]

Jedoch ergab sich bei dieser Neudefinition des Gemeinwohls „ex post" ein ernstes logisches Problem: Wenn auf dem einfachen Wege der Definition schlicht das nachträglich zum Gemeinwohl erklärt wird, was das Ergebnis des freien Spiels der pluralen Kräfte ist, so katastrophal es auch sein mag, dann fehlt ein *tertium comparationis*, ein Maßstab. Der Begriff hängt normativ gesehen in der Luft und kann dann ebenso wie der traditionelle zur Bemäntelung zweifelhafter Absichten missbraucht werden.

---

[144] Ernst Fraenkel: Der Pluralismus als Strukturelement der freiheitlich-rechtsstaatlichen Demokratie, in ders.: Deutschland und die westlichen Demokratien. Frankfurt 1991, S. 297–325.

5.2   Die korporatistische Lösung

Eine neue Generation von Wissenschaftlern in den USA und Europa hat das pluralistische
Gesellschaftsbild unter dem Eindruck von Beobachtungen und empirischen Vergleichen zumindest vorübergehend abgeschüttelt. Sie musste dazu wieder auf einen Begriff des Gemeinwohls zurückgreifen, der einen Außenhalt hatte. Unabhängig davon, worin man die Bemes-
sungsgrundlage sah, ob in den Zahlen des Wirtschaftswachstums, des Volkseinkommens und
dessen Verteilung, der Arbeitslosenquote, der Inflationsrate und ähnlicher Zahlen, kam im
empirischen Vergleich heraus, dass die Konkurrenz von Verbänden in einigen Fällen zu för-
derlichen, in anderen eher zu schädlichen Ergebnissen führte. Damit lag die Folgerung nahe:
bestimmte Typen der Verbandskonkurrenz fördern das Gemeinwohl, wie immer man es definieren will, andere schädigen es. Es kam also darauf an, diese beobachtete Differenz begrifflich zu beschreiben. Deshalb schlug man vor, zwischen Pluralismus und Korporatismus
zu unterscheiden.

In der Gegenüberstellung der beiden Begriffe folge ich dem amerikanischen Wirtschafts-
theoretiker und Entscheidungslogiker Mancur Olson. *Pluralistische* Interessengruppen mit
freiwilliger Mitgliedschaft nehmen im freien Spiel der Kräfte Sonderinteressen auch auf
Kosten des Gemeinwohls wahr, denn sie müssen ihren Mitgliedern einen direkten Vorteil aus
der Mitgliedschaft bieten. *Korporatistische* Organisationsformen beruhen dagegen meist auf
Formen von Zwangsmitgliedschaft und nehmen häufig Aufgaben wahr, deren Erledigung ihnen der Staat übertragen hat. Sie sind deshalb weniger darauf angewiesen, das Mitgliederin-
teresse mit Sondervorteilen zu bedienen. Sie sind stattdessen, was man etwa an den westdeutschen im Unterschied zu den englischen Gewerkschaften sehen kann, sehr viel stärker an
gesamtwirtschaftlichen Zielen wie einer niedrigen Inflationsrate interessiert. Bei ihren Forderungen kalkulieren sie deshalb Aspekte ein, die man gemeinwohlorientiert nennen könnte
und die, ob man dies nun werten will oder nicht, auf jeden Fall dazu angetan sind, ihrer
Volkswirtschaft insgesamt einen Konkurrenzvorteil gegenüber liberaleren Wirtschaftsstruk-
turen zu verschaffen.[145]

Pluralismus- und Korporatismustheorien lassen sich idealtypisch wie folgt einander gegenüberstellen: *Pluralistische* Interessenvertretungen sind zahlreich und vielfältig, die Mitgliedschaft ist freiwillig, sie konkurrieren miteinander und sie tendieren dazu, nichthierar-
chisch zu sein. *Korporatistische* Verbände zeichnen sich demgegenüber dadurch aus, dass es
nur eine sehr eng begrenzte überschaubare Zahl von Organisationen gibt, die innerhalb eines
Feldes nicht gegeneinander konkurrieren. Das beste Beispiel dafür ist das deutsche Nach-
kriegsprinzip: ein Betrieb, eine Gewerkschaft. So entsteht ein starker Druck, Mitglied zu
sein, auch wenn keine ausdrückliche Zwangsmitgliedschaft besteht wie bei den Zünften oder
der kassenärztlichen Vereinigung. Die Verbände sind hierarchisch strukturiert, können ihren
Mitgliedern verbindliche Vorgaben machen und ordnen sich nach funktionalen Bereichen.

---

[145]   Mancur Olson: Aufstieg und Niedergang von Nationen. Ökonomisches Wachstum, Stagflation und soziale
         Starrheit. Tübingen 2. Aufl. 1991. Speziell zu einer Erklärung des Korporatismus: ders.: Eine Theorie der An-
         reize für politische Organisationen. Neo-Korporatismus und der Hegemonialstaat, in: Karlheinz Bentele, Bernd
         Reissert, Ronald Schettkat (Hg.): Die Reformfähigkeit von Industriegesellschaften. Frankfurt und New York
         1995, 23–46. Zur Gegeneinanderführung der beiden Begriffe vgl. Klaus Schubert: Pluralismus, Korporatismus
         und politische Netzwerke. Duisburger Materialien zur Politik- und Verwaltungswissenschaft Nr. 16, Duisburg
         1995 sowie als kurzer Abriß ders., Pluralismus versus Korporatismus, in: Dieter Nohlen, Rainer-Olaf Schultze
         (Hg.): Lexikon der Politik. Band 1. Politische Theorien. München 1995, 407–423.

Korporatistische Verbände werden vom Staat anerkannt. Sie haben ein Repräsentationsmonopol in ihrem Sektor und räumen dem Staat dafür gewisse Einflussrechte ein. Pluralistische Verbände dagegen werden nicht vom Staat gefördert, müssen aber auch keine Interventionen in ihre Angelegenheiten akzeptieren.[146] Ihre Interessenvertretung besteht eher im „Lobbying" als im „Bargaining", d. h. sie können sich bemühen, dem Staat gegenüber ihre Ansichten und Standpunkte geltend zu machen und Einfluss auszuüben. Sie sind aber nicht befugt, als offizieller Verhandlungspartner für eine Interessengruppe aufzutreten. Die pluralismustheoretisch ausgerichtete Verbändeforschung hat vor allem in dieser einen Richtung geforscht und den Einfluss der Verbände auf den Staat untersucht. Die Korporatismusforschung dagegen interessiert sich für die Kooperation von Staat und Verbänden. Sie forscht also in beiden Richtungen und behandelt auch die staatlichen Einflussmöglichkeiten auf die einzelnen Organisationen.

Prüft man beide Konzepte mit den Kriterien Mancur Olsons auf ihre Vorzüge und Nachteile, so zeigt sich, dass eine korporatistische Organisationsform eher dem Gemeinwohl und Allgemeininteresse entsprechen kann, weil sie größere Mitgliedergruppen auf verbindliche Weise erfassen kann, während pluralistische Gruppen dazu tendieren, das Allgemeininteresse durch kleine Sonderinteressengruppen auszubeuten.[147] So problematisch oftmals die demokratische Legitimation korporatistischer Organisationen ist: die frei gegründeten, vom direkten Staatseinfluss unabhängigeren und deshalb auf den ersten Blick demokratischer erscheinenden pluralistischen Vereinigungen sind noch schlechter legitimiert und neigen strukturell zur Verantwortungslosigkeit gegenüber dem Gemeinwohl.

5.3   Gründe für den Erfolg der Korporatismustheorie

Diese neue Theorie stieß auch deshalb auf große Aufmerksamkeit, weil sie in einem wichtigen Punkt einleuchtende Einwände gegen bisher weitgehend für selbstverständlich gehaltene Hintergrundüberzeugungen vorgebracht hatte. Die Pluralismustheorie hatte in ihrer politischnormativistischen Ausrichtung bestimmte, wenn auch nicht immer deutlich ausformulierte Wertmaßstäbe zugrunde gelegt. Pluralität wurde als positiv und wünschenswert empfunden, weil sie als demokratisch angesehen wurde. Korporative Strukturen galten als mittelalterlich und zunftmäßig. Das dürfte den vorherrschenden Werthaltungen der meisten Sozialwissenschaftler in den fünfziger und sechziger Jahren entsprochen haben. Diese Korporatismusfeindlichkeit entstammte dem liberalen Denken des 19. Jahrhunderts und hat ihre berühmteste Ausformulierung in Jacob Burckhardts Studie zur „Kultur der Renaissance in Italien" gefunden. Eine Selbstwahrnehmung der Menschen „nur als Rasse, Volk, Partei, Korporation, Familie oder sonst in irgendeiner Form des Allgemeinen" ist in Burckhardts Sicht nichts weiter als ein mittelalterlicher Schleier aus „Glauben, Kindesbefangenheit und Wahn", der zuerst in Italien verwehte. Die italienische Renaissance wurde von ihm als Beginn eines grundsätzlichen Wandlungsprozesses vom Korporatismus zum Individualismus präsentiert.

---

[146]   Vgl. Philippe C. Schmitter: Still the Century of Corporatism? Review of Politics 36. Jg. 1974, 85–131, 97, sowie ders.: Neokorporatismus: Überlegungen zur bisherigen Theorie und zur weiteren Praxis. In: Ulrich von Alemann (Hg.): Neokorporatismus. Frankfurt und New York 1981. 62–79, bes. 63f.

[147]   Roland Czada: Konjunkturen des Korporatismus: Zur Geschichte eines Paradigmenwechsels in der Verbändeforschung. In: Wolfgang Streeck (Hg.): Staat und Verbände. Politische Vierteljahresschrift Sonderheft 25, 1994. 37–64, 50f.

Subjektivität und Individualität haben sich in dieser Epoche ausbilden und entwickeln können, darüber hinaus konnten die Staats- und Weltverhältnisse als nüchterne Fakten, als Gegenstände objektiver Wissenschaftlichkeit statt wie in der mittelalterlichen Weltwahrnehmung als durchmythologisierte Körper eigenen Rechts betrachtet werden.[148]

Gesellschaften mit Modernitätsanspruch sollten sich diesem Bild fügen. Modernisierung bedeutete Individualismus. Nach der reinen Lehre des Wirtschaftsliberalismus hätte durch die korporatistischen Strukturen etwa in der deutschen und japanischen Volkswirtschaft eigentlich das Wirtschaftswachstum gehemmt werden müssen, denn Verteilungskartelle verhindern den freien Fluss der Arbeitskräfte und des Kapitals in die produktiven Bereiche und halten sie in nutzloser Mühe bei den alten Industriesektoren fest. Die Empirie schien aber in den fünfziger und sechziger Jahren genau das Gegenteil zu beweisen, weil gerade stark durchregulierte Gesellschaften, zu denen auch Österreich, die Schweiz und die skandinavischen Länder gehörten, sowohl auf volkswirtschaftlicher wie auch auf betriebswirtschaftlicher Ebene beachtliche Konkurrenzvorteile aufweisen konnten.

In der Politikwissenschaft wurde im Jahre 1974 durch einen Aufsatz von Philipp C. Schmitter in den USA sowie parallele Arbeiten von Gerhard Lehmbruch in Deutschland eine Konjunktur des Korporatismusbegriffs ausgelöst.[149] Beide zogen es vor, das Wort Neokorporatismus zu verwenden, um so eine Abgrenzung von historisch belasteten autoritären Varianten zu signalisieren und deutlich zu machen, dass der heutige und hier gemeinte Korporatismus im Gegensatz zur wilhelminischen oder japanischen Militärgesellschaft wenigstens politisch, wenn auch nicht unbedingt wirtschaftlich durchaus liberale Züge trug. Heute, also über dreißig Jahre später, muss man die Vorsilbe „neo-" nicht mehr so eifrig verteidigen, sondern kann die Aufmerksamkeit wieder stärker auf die Familienähnlichkeit dieser Theorie mit dem älteren Korporatismus richten.

Wie kommt es, dass die Korporatismuskonzeption seit den siebziger Jahren eine derartige Faszination entfalten konnte?

Ich denke, vor allem aus folgendem Grund: Weil sie auch als Theoriekonzeption lediglich mittlerer Reichweite ehrgeizige Ziele hatte, denn die Korporatismustheoretiker erhoben den Anspruch, etwas zu sagen zu Themen wie Staatstheorie, Regierbarkeit, internationaler Wettbewerbsfähigkeit, sozialer Verteilungsgerechtigkeit und politischer Partizipation. Der offene oder verborgene Bezug der Theorie auf eine Vorstellung von Gemeinwohl und die Verbindung mit empirischer Forschung ließ hier ein Modell entstehen, mit dem viele Wissenschaftler erfolgreich arbeiten konnten.

Entscheidend für den Erfolg des Korporatismus-Paradigmas war die Umstrukturierung der Werthaltung der Wissenschaftler gegenüber den Korporationen. Das wird in den einschlägigen Veröffentlichungen gern ein wenig durch die Berufung auf ihren erfahrungswissenschaftlichen Ansatz kaschiert. Jedoch waren auch die Konzeptionen, von denen sich die neue Theorie abgesetzt hat, wie z. B. die Theorie von der Herrschaft der Verbände (Eschenburg) oder die Theorien der wachstumshemmenden Sonderinteressengruppen als an den Tatsachen überprüfbare Theorien gedacht gewesen. Die Differenz bestand bei nüchterner Betrachtung

---

[148]   Jacob Burckhardt: Die Kultur der Renaissance in Italien. Ein Versuch. Stuttgart 10. Aufl. 1976, bes. S. 123.
[149]   Philippe C. Schmitter: Still the Century of Corporatism? Review of Politics 36. Jg. 1974, 85–131.

erstens in dem flüchtigen Vorteil, dass der Neokorporatismus neuer war, sowie zweitens darin, dass er die Verbände zunächst einmal affirmativ auf ihre Leistungsfähigkeit hin betrachtete. Die Beteiligung der Verbände an der Politik galt der Forschung nun als „erwünschte Option."[150]

Forschungstechnisch hat diese affirmative Grundhaltung durchaus ihren Nutzen: Dadurch kommen die Tatsachen, die *für* die Verbände sprechen, eher ins Blickfeld, während eine Verbändekritik immer in Gefahr ist, sie durch selektive Wahrnehmung auszublenden und zu übersehen. Es ist ein wesentlicher Unterschied, ob man Interessenorganisationen nur als Störfaktoren staatlichen Handelns und marktwirtschaftlicher Selbstorganisationsprozesse ansieht, oder ob man ihnen eine eigene Leistungsfähigkeit zuspricht. Die Politikwissenschaft hat sich hier von einer ihr traditionell immer unterstellten Staatsfixiertheit ein Stück weit freimachen können. Nebenbei zeigt sich hier, dass Kritik, so notwendig und sinnvoll sie sein mag, gelegentlich auch den Tatsachenblick verstellen kann, während Affirmation, sofern sie mit einer neuen Perspektivierung verbunden ist, wenigstens in diesem Fall den Einblick in „weitläufige Beratungs- und Entscheidungsnetzwerke" eröffnete.[151]

Allerdings darf die positive Wertung von korporativen Organisationsformen nicht die Frage an den Rand drängen, ob die vorhandenen Korporationen wirklich alle Interessen gleichmäßig und gerecht repräsentieren. Dann müssen nicht die Korporationen als solche gegen irgendeine obrigkeitliche Staatsfixiertheit in Schutz genommen werden, sondern man kann vom individuellen Interesse ausgehen und findet in dessen Berücksichtigung einen Wertmaßstab. Bald stellt sich heraus, dass das Individuum in seiner Rolle als organisierter Produzent eine größere Chance auf Berücksichtigung hat. Als Konsument dagegen ist es kaum organisierbar, weil der Konsumsektor fast ausschließlich, wie Albert Hirschman gezeigt hat, durch Abwanderung des unzufriedenen Konsumenten, kaum aber durch Protest gesteuert wird.[152] Es zeigt sich außerdem, dass nach Kopfzahl kleine Gruppen wie zum Beispiel Ärzte sich meist effektiver und mit dauerhafterem Erfolg organisieren können als große Gruppen, die zum Teil so vielfältig und unübersichtlich sind wie die Angestellten.

Der wirtschaftliche Maßstab, den Mancur Olson zugrundelegt, ist die Wachstumsrate im Vergleich zu anderen Staaten oder, was bei regionalen oder föderalen Differenzen interessant werden kann, zu anderen Bundesländern. Die internen Maßstäbe der Korporatismustheorie sind stärker politisch ausgerichtet. Es sind vor allem Erfolge bei der Eindämmung von Arbeitslosigkeit, Armut und Inflation.[153] Mittelfristige Erfolge auf diesem Sektor, die vor allem in neokorporatistischen Ländern wie Österreich und Schweden in den späten 1970er und frühen 1980er Jahren erzielt wurden, sind von Korporatismustheoretikern als Beleg für den Erfolg ihres praktischen Konzepts genommen worden. Längerfristig hat sich aber gezeigt, dass die volkswirtschaftlichen Anpassungsprozesse an die Globalisierungstendenzen des Waren-

---

[150] Roland Czada: Konjunkturen, S. 38.
[151] Roland Czada, ebenda.
[152] Albert Hirschman: Abwanderung und Widerspruch. Reaktionen auf Leistungsabfall bei Unternehmungen, Organisationen und Staaten. Tübingen 1974.
[153] Vgl. u.a. Roland Czada, Manfred G. Schmidt (Hg.): Verhandlungsdemokratie, Interessenvermittlung, Regierbarkeit. Festschrift für Gerhard Lehmbruch. Opladen 1993, Einleitung, bes. S. 13. Eine international vergleichende Übersicht über die wichtigsten Daten gibt Klaus Armingeon: Korporatismus im Wandel. Ein internationaler Vergleich. In: Emmerich Tálos (Hg.): Sozialpartnerschaft. Kontinuität und Wandel eines Modells. Wien 1993. 285–309.

und Arbeitsmarktes damit nur verschoben worden sind.[154] Die Vorliebe der Korporatismus-forschung für die kleineren Länder hat verdeckt, dass diese eine Zeitlang noch eine Nischen-rolle spielen können, während die weltwirtschaftlichen Entwicklungen in den großen Volks-wirtschaften wie den USA, Japan und Deutschland schon früher zu spürbaren Erosions-tendenzen geführt haben.[155]

5.4 Die Probleme und die dunklen Seiten des Korporatismus

Die Positivwertung des Begriffs Korporatismus hat sich nicht durchgehalten und ist auch bei den politikwissenschaftlichen Erfindern des Paradigmas, bei Philippe Schmitter und Gerhard Lehmbruch, einer nüchtern distanzierten Darstellungsweise gewichen. Eine grundsätzlich kritische Position zum Korporatismus allerdings findet sich vor allem bei Liberalen wie Ralf Dahrendorf: „Manche der älteren Demokratien, Deutschland und die skandinavischen Län-der vor allem, sind noch immer in einem Sumpf von bürokratischer Stagnation und Korpora-tismus gefangen."[156] Dahrendorf meint, dass korporatistische Strukturen die weltwirtschaft-lichen „Anpassungsprozesse erschweren und damit Wachstum und Beschäftigungschancen gleichermaßen beeinträchtigen."[157]

Ein entscheidendes Problem korporatistischer Verhandlungssysteme liegt darin, dass zwei ansonsten durchaus gegensätzliche Akteure, wie Kapital und Arbeit zum Beispiel beim so-genannten „Jahrhundertvertrag" über die Kohleverstromung ihre gemeinsamen Interessen zum Zwecke „der Ausbeutung der Allgemeinheit", nämlich des Steuerzahlers und des Verbrauchers, wirkungsvoll durchsetzen können.[158] Hier zeigt der Korporatismus seine dunklen Seiten. Es funktioniert nach Mancur Olsons Logik des kollektiven Handelns: Stark organisierte Verbände können ihre Interessen leichter artikulieren, formieren und miteinan-der koordinieren als diffuse und schwer organisierbare Gruppen wie Steuerzahler und Verbraucher. Sie werden von dieser Möglichkeit um so eher Gebrauch machen, je mehr der-artige Verhaltensweisen in einer Gesellschaft als unanstößig gelten. Dazu gehört auch die Legitimation einer solchen Politik durch die Politikwissenschaft und die Ökonomie.

Die liberale Demokratietheorie, die die Verbände als unzulässige *pressure groups* abqualifi-zierte, hatte in der Tat starre Züge und ließ auch ein Verständnis der Funktionsweise politi-scher Systeme vermissen. In ihrem verbandsfeindlichen Normativismus verstellte sie gerade-zu den Blick auf einen wesentlichen Teil der zivilgesellschaftlichen Wirklichkeit. Es hieße aber über das Ziel hinausschießen, wollte man nun umgekehrt in einem verbandsfreundli-chen Normativismus die Proporzdemokratien zum Modell eines friedlich-schiedlichen Inte-ressenausgleichs erheben. Welches Modell politisch besser legitimiert und wirtschaftlich er-folgreicher sein wird, muss sich erst noch herausstellen.

---

[154] Vgl. hierzu Fritz W. Scharpf: Versuch über Demokratie im verhandelnden Staat. In: Roland Czada, Manfred G. Schmidt (Hg.): Verhandlungsdemokratie, Interessenvermittlung, Regierbarkeit. Festschrift für Gerhard Lehmbruch. Opladen 1993. 25–50, S. 29.

[155] Vgl. Christian Kaiser: Korporatismus in der Bundesrepublik Deutschland: eine politikfelderübergreifende Übersicht, Marburg: 2006.

[156] Ralf Dahrendorf: Der moderne soziale Konflikt. Essays zur Politik der Freiheit. Stuttgart 1992, 260f.

[157] Ebenda, S. 192.

[158] Fritz W. Scharpf: Versuch über Demokratie im verhandelnden Staat, a. a. O., 38.

Eine in beiden Richtungen nüchterne Betrachtung kann durch einen genaueren Blick darauf entstehen, wo von korporatistischen Strukturen Vorteile für das Gemeinwohl zu erwarten sind und wo nicht. Olson hatte schon darauf verwiesen, dass die großen deutschen Einheitsgewerkschaften zeitweise gemeinwohlorientierter agierten als die aufgesplitterten in Großbritannien und Frankreich, was sich in der Wirtschaftswunderzeit über eine längere Phase hinweg in einem Wachstumsvorteil für die Bundesrepublik ausgezahlt und übrigens auch den Massenwohlstand über das Niveau der beiden Gegenmodelle gehoben hat. Das deutsche Modell hat sich also auch als ein wenig verteilungsgerechter erwiesen. Gemeinwohl ist in diesem Fall definiert als höheres und gleichmäßiger verteiltes Masseneinkommen. Im japanischen Fall war dies anders, weil es sich hier um einen Korporatismus ohne Arbeiterbewegung handelte.[159]

Die heutige Korporatismusforschung kommt zu folgender These: „Wo die staatliche Politik auf Einflussinstrumente angewiesen ist, über die allein die selbstorganisierten Verbände verfügen, da wird ihr Gestaltungsspielraum durch Verhandlungen nicht eingeschränkt, sondern ausgeweitet – und das gleiche gilt für Verbände, wenn die Verfolgung ihrer Interessen von staatlicher Unterstützung abhängt.“[160] Ein Beispiel hierfür ist die duale Berufsausbildung in Deutschland, weil die staatliche Bereitstellung von Ausbildungsplätzen viel mehr kosten würde und die Gewähr, dass nicht am Bedarf vorbei ausgebildet wird, noch viel weniger gegeben wäre. Umgekehrt sind Verbände z. B. von Freiberuflern immer auf den Gesetzgeber angewiesen, wenn sie bestimmte verbindliche Qualifikationsvoraussetzungen durchsetzen und garantieren wollen.

Das Anfang 1996 und nochmals in der Anfangszeit der rotgrünen Regierung Gerhard Schröders diskutierte „Bündnis für Arbeit" ist ein erneuter Versuch gewesen, den Problemen der Wachstumskrise, der zunehmenden Arbeitslosigkeit und der Standortflucht von wirtschaftlichen Neuinvestitionen mit korporatistischen Mitteln zu begegnen. Gerade hier aber hat sich gezeigt, dass zumindest einer der Verhandlungspartner, nämlich die Arbeitgeberverbände, strukturell nicht mehr wirklich in der Lage ist, seinen Teil der entsprechenden Vereinbarungen auch einzulösen. Die korporatistische Macht reicht nicht aus, um die Firmen zur Einstellung von Arbeitskräften über das hinaus, was marktmäßig ohnehin sich rechnet, zu bewegen. Der Arbeitgeberverband Gesamtmetall tritt bei Tarifverhandlungen inzwischen mit eng begrenztem Verhandlungsauftrag auf, so dass Paketlösungen und *trade-offs* zwischen Arbeitszeitverkürzung, Urlaubsregelungen, Lohnhöhe und Arbeitsorganisation erschwert werden. Viele Unternehmen sind aus ihren Verbänden ausgetreten. Zwar könnten die immer noch über einige Organisationsmacht verfügenden Gewerkschaften auf diese Weise einzelne Unternehmen durch punktuelle Streiks zu Sonderleistungen zwingen. Auf den ersten Blick scheint die Macht der Gewerkschaftsorganisationen dadurch gewachsen. Sie wird jedoch pluralisiert, denn sie kann nicht mehr gesamtwirtschaftlich ausgeübt, sondern nur noch auf einzelne Unternehmen bezogen werden. Den Betrieben bleibt aber jederzeit die Möglichkeit der Abwanderung, nämlich des Rückzugs aus einer unrentabel gewordenen Produktion oder der Arbeitsverlagerung ins Ausland. Unternehmen in den Randzonen der Produktivität benutzen dies als Erpressungspotential. Florierende Unternehmen verzichten keineswegs auf ähnliche Schritte, wenn sie diese auch mit der freundlicheren Rhetorik der Aufschließung in-

---

[159] Vgl. T. J. Pempel und K. Tsunekawa, Corporatism without Labour? The Japanese Anomaly, in: Philippe C. Schmitter und Gerhard Lehmburch (Hg.): Trends Towrrd Corporatist Intermediation. London 1979, 231–270.

[160] Fritz W. Scharpf: Versuch über Demokratie im verhandelnden Staat, a. a. O., S. 39.

ternationaler Märkte versehen. Gewerkschaftliche Vertretungsmacht ist auf diese Weise in Gefahr, sich zu zersplittern und zu verpuffen. Das heißt, durch die Selbsrücknahme der Unternehmerorganisationen hat der Markt wieder unmittelbar die Regie übernommen, wenn denn das Wort Regie hier überhaupt noch angemessen ist, da die korporativen Regulierungsversuche durch Selbstorganisationsprozesse verdrängt werden und ein Regisseur nicht mehr erkennbar ist.

5.5 Der Vergleich von Vertrauensniveaus und Vertrauensstrukturen in verschiedenen Gesellschaften (Fukuyamas These)

Neokorporatistische Konzertierung ist auf ein hohes Vertrauensniveau innerhalb einer Gesellschaft angewiesen.[161] Wenn man die Vertrauensniveaus in den wichtigen Volkswirtschaften miteinander vergleicht, dann ergibt sich ein deutlicher Unterschied in den zugrundeliegenden Strukturen. Der einflussreiche amerikanische Politikberater Francis Fukuyama, der hierzu unter dem Titel „Trust" eine vergleichende Studie mit der Methode und im Geiste Max Webers vorgenommen hat, unterscheidet zwei große Gruppen: Individualistische Länder mit einem geringen Assoziationspotential (wie z. B. Russland) und eher kommunitarische Länder mit einem hohen sozialen Vertrauenskapital. Dazu gehören gruppenorientierte Gesellschaften wie Deutschland und Japan, die eine Art von „kommunitarischem Kapitalismus" praktizieren.[162] Aber auch große Teile der amerikanischen Gesellschaft gehören gegen den individualistischen Anschein, den sie sich gerne gibt, durch die Vielzahl von freiwilligen Assoziationen und durch die Fähigkeit, große Organisationen zu bilden, hierher. In eine weitere Gruppe gehören familistische Gesellschaften, in denen das Vertrauen in erster Linie der Familie im engeren oder weiteren Sinne gilt. Dazu gehören Süditalien, Frankreich und China, Taiwan und Hongkong. Extremfälle derartiger Strukturen nennt man „amoralischen Familismus". Dort gilt die Regel: Traue niemandem außerhalb der Familie. In diesen Ländern sind die freiwilligen Assoziationen weniger ausgeprägt. Die Unternehmensgrößen werden deshalb nur in Ausnahmefällen die Möglichkeiten eines Familienbetriebs übersteigen, während die kommunitarischen Gesellschaften, zu denen in Europa auch die Niederlande oder Schweden gehören, das hinreichende soziale Kapital zur Befreiung der Firmen aus den Familienbanden und zur Bildung großer auch international bedeutender Konzerne hatten. Als funktionales Äquivalent haben es einige eher individualistisch orientierte Gesellschaften wie Frankreich geschafft, mittels eines erheblich größeren Staatssektors den Mangel an spontaner Soziabilität etatistisch auszugleichen. Dies stimmt überein mit Philippe Schmitters Unterscheidung zwischen Staatskorporatismus und gesellschaftlichem Korporatismus.[163]

---

[161] Ebenda, S. 41.

[162] Francis Fukuyama: Konfuzius und Marktwirtschaft. Der Konflikt der Kulturen. (Zuerst als Trust. The Social Virtues and the Creation of Prosperity. New York 1995). München 1995, S. 46. Er zitiert hier Lester Thurow, Kopf an Kopf. Wer siegt im Wirtschaftskrieg zwischen Japan, Europa und den USA? Düsseldorf 1993.

[163] Hierzu Ulrich von Alemann, Rolf G. Heinze: Kooperativer Staat und Korporatismus. Dimensionen der Neo-Korporatismusdiskussion. In: Ulrich von Alemann (Hg.): Neokorporatismus. Frankfurt und New York 1981. 43–61, bes. S. 48f.

Auf die Wachstumsraten hat das zunächst einmal nicht unbedingt einen Einfluss. „In den letzten Jahren konnten denn auch Länder mit einem hohen Anteil an kleinen Unternehmen – in der Europäischen Union beispielsweise Italien, in Asien Taiwan und Hongkong – höhere Wachstumsraten verzeichnen als ihre Nachbarn mit einem vergleichsweise hohen Anteil an großen Unternehmen. Doch die Unternehmensgröße ist ausschlaggebend dafür, auf welchen Märkten eine Volkswirtschaft in weltwirtschaftlichem Rahmen operieren kann, und beeinflusst so auf lange Sicht die Konkurrenzfähigkeit."[164] Wenn diese zugrundeliegende Theorie richtig ist, ergibt sich die Prognose, dass China „nicht in der Lage sein wird, den Erfolg Japans zu wiederholen, und sich in Zukunft auf ganz anderen wirtschaftlichen Sektoren betätigen wird."[165]

Fukuyama hat mit seinem Konzept der gesellschaftlichen Fähigkeit zur spontanen Soziabilität und Organisationsbildung offenbar ein Strukturmerkmal des Gesellschaftsvergleichs herausgearbeitet, das noch eine Ebene tiefer liegt als die Verbändestruktur. Vermutlich ist dies eines jener Merkmale, die den Korporatismusforschern eine Erklärung für wichtige nationale Unterschiede liefern können.[166] Die Frage nach der Verbandskultur, nach der Soziabilität einer Gesellschaft, ist darüber hinaus in der Lage, die Diskussion zu ihren Ursprüngen zurückzuführen, die in der einschlägigen Literatur übereinstimmend in Otto von Gierkes Studien zum Genossenschaftswesen gesehen werden.[167] Dann muss nämlich die Frage gestellt werden, ob es richtig ist, die Korporatismusdiskussion auf die relativ kurze Phase seit etwa 1938 zu reduzieren, in der „freiwillige Konzertierung von Produzentengruppen mit einer keynesianischen Wirtschaftspolitik"[168] zusammen auftritt.

5.6   Ausblick: Endet die Phase des Neokorporatismus mit dem weltwirtschaftlichen Globalisierungsprozess?

Unter den Korporatismusforschern ist das Problem noch ungeklärt, ob die wissenschaftsinterne Konjunktur des Begriffs nur eine Neuinterpretation der bisher schon wirksamen und vorhandenen Verbandswelt ermöglicht hat oder aber einen Index dafür darstellte, dass es sich tatsächlich um eine neue Erscheinung der politisch-sozialen Wirklichkeit gehandelt hat. Wenn das zweite der Fall ist, dann wäre der moderne Neokorporatismus einer bestimmten Phase der wirtschaftlichen Entwicklung zuzurechnen, nämlich jener Nachkriegsphase der verstärkten ökonomischen Konzentration, die aber noch wesentlich von einer Konkurrenz zwischen nationalen Volkswirtschaften geprägt war.[169] Dafür sprechen jedenfalls die empirischen Daten über die Entstehung ausdrücklicher korporatistischer Vereinbarungen: Abkommen der dreißiger Jahre in Norwegen (1935), Schweden (1938) und der Schweiz (1937), in-

---

[164]   Francis Fukuyama: a.a.O., S. 49.

[165]   Ebenda, S. 50.

[166]   Frans van Waarden: Über die Beständigkeit nationaler Politikstile und Politiknetzwerke. Eine Studie über die Genese ihrer institutionellen Verankerung. In: Roland Czada, Manfred G. Schmidt (Hg.): Verhandlungsdemokratie, Interessenvermittlung, Regierbarkeit. Festschrift für Gerhard Lehmbruch. Opladen 1993. 191–212.

[167]   Otto von Gierke: Das deutsche Genossenschaftsrecht. Band 1, Rechtsgeschichte der deutschen Genossenschaft. Darmstand 1954 (zuerst 1898).

[168]   Vgl. Roland Czada: Konjunkturen, S. 52.

[169]   Ulrich von Alemann, Rolf G. Heinze: a. a. O., S. 48.

formelle Regelungen im Belgien der vierziger Jahre, die 1960 durch das Programm der „Sozialen Programmierung" ergänzt wurden, dem Grundkompromiss zwischen Kapital und Arbeit in Finnland, der zwischen 1940 und 1946 geschlossen wurde[170], und das Konzept der „sozialen Marktwirtschaft" in der Bundesrepublik seit 1948. Die auch in der Forschung vertretene alternative These, der Neokorporatismus sei lediglich die Antwort auf die „Instabilitäten der Jahre 1968 und 1969 sowie auf globale Wirtschaftsprobleme nach 1973 gewesen"[171], greift demgegenüber zu kurz. Roland Czada vertritt sogar die Meinung, dass man die wesentlichen theoretischen Erkenntnisse, die mit dem Korporatismusbegriff verbunden sind, schon im Europa der zwanziger Jahre hätte machen können, „wenn es zu der Zeit in Europa eine breit angelegte politikwissenschaftliche Verbändeforschung gegeben hätte."[172]

Auf jeden Fall ist aber klar: Der wirtschaftliche Globalisierungsprozess bringt diese nationalen Formen der Übereinkunft und Regulierung in eine Krise. Zur Überwindung der Probleme dieser Phase müssen neue Konfliktregulierungsmechanismen gefunden werden, für die die Begleitwissenschaften dann entsprechend neue Begriffe zu prägen haben werden. Das Internet bedarf keiner Korporationen – *jedes Individuum ist netzunmittelbar*. Der Versuch einer Regulierung wird kaum Erfolg haben können. Die Forderung, verfassungsfeindliche Inhalte aus dem Netzwerk fernzuhalten, zeigt ein abgrundtiefes Unverständnis für den globalen Charakter der Netze: China, der Irak und der Iran wären für einen derartigen Vorschlag gewiss zu gewinnen, jedoch werden sie als verfassungsfeindlich solche Informationen verstehen, die den autoritären Verfassungsstrukturen ihrer Regime gefährlich werden können. Man wird sich nicht einmal auf eine Zensur nach Maßgabe der Menschenrechte einigen können, weil die Auslegungsunterschiede viel zu groß sind. Das Konzept einer Weltinformationsordnung, das die UNESCO in ihrer staatskorporatistischen Phase der 70er Jahre vergeblich durchzusetzen versuchte, dürfte auch in den internationalen Computernetzen scheitern, weil diese strukturell dezentral angelegt sind. Straf-, Zensur- und Kontrollbedürfnisse werden deshalb an den Individuen ansetzen müssen und tun dies auch bereits. Aus diesem Grunde ist mein Optimismus begrenzt, dass die Netze schon aus technischen Gründen eine neue Welt der Informationsfreiheit öffnen. Jedes Individuum hinterlässt Spuren im Netz, die sich zurückverfolgen lassen. Zur Informationsfreiheit gehört deshalb heute um so mehr eine politische Garantie menschenrechtlicher Art, nämlich das Menschenrecht auf Informationsfreiheit.

In dem Maße, in dem der wirtschaftliche Globalisierungsprozess sich weiter entwickelt, werden die nationalen korporativen Strukturen aufgeweicht, weil eine gesellschaftliche Steuerung innerhalb einzelner Volkswirtschaften immer kostenträchtiger und ineffizienter wird. Die korporative Verbändestruktur hatte den Steuerungsdefiziten des Staates noch einige Zeit aushelfen können, beginnt jetzt aber auch zu versagen. Ob ein Netzwerk regionaler, länderübergreifender Organisationen etwa auf europäischer Ebene ebenfalls korporative Strukturen entwickeln wird, ist noch nicht abzusehen. Es wird dann der Fall sein, wenn korporativ strukturierte Volkswirtschaften und regionale Netzwerke erfolgreicher sind als andere. Bei der Europäischen Union ist noch offen, ob sie ein korporatives, ein zentralistisch-bürokratisches Steuerungssystem oder eine reine offene Marktkoordination entwickeln wird.

---

[170]   Ein Überblick über diese Regelungen findet sich bei Klaus Armingeon: Korporatismus im Wandel, a.a.O., S. 285–309.

[171]   Roland Czada: Konjunkturen S. 42.

[172]   Roland Czada: Konjunkturen S. 5.

Folgt man Mancur Olsons Logik des kollektiven Handelns, dann wird die Herausbildung von Verbandsstrukturen den wirtschaftspolitischen Integrationsprozessen hinterherhinken, und die Herausbildung von gewerkschaftlichen und ähnlichen Interessenvertretungen wird langwieriger sein als der von Organisationen kleinerer und überschaubarer Gruppen. Möglichkeiten korporativer Koordination wären jedoch erst dann gegeben, wenn auf beiden Seiten handlungsfähige Partner zur Verfügung stehen. Dabei wäre es durchaus denkbar, dass die europäische Politik Nachhilfe leistet – ähnlich wie die amerikanische Regierung während des *New Deal* die Entstehung von Gewerkschaften gefördert hat.

Aus den Forschungsdiskussionen ist deutlich geworden, dass der Korporatismus keine weltweite Phase der kapitalistischen Entwicklung war, sondern sich vielmehr vorzugsweise in bestimmten Ländern ausgebreitet hat. In England und den USA ist er kaum von Bedeutung gewesen. In Europa war er es in den kleineren Ländern wie der Schweiz, Schweden, Österreich, den Niederlanden und Belgien sowie als dem einzigen größeren wirklich korporatistisch geprägten Land Deutschland. In diesem Ländern kann von einem Ende des Korporatismus auch bei zurückgehendem gewerkschaftlichen Organisationsgrad und bei Auflösungstendenzen der Arbeitgeberverbände derzeit noch nicht die Rede sein.

Für die vergleichende Korporatismusforschung wird selbst dann, wenn dieses Modell nach und nach aus der Wirklichkeit verschwinden sollte, noch für längere Zeit ein breites Forschungsfeld zurückbleiben. Ihr Überleben hängt vor allem davon ab, ob sie in der Lage sein wird, den Vergleich an Hand von nachvollziehbaren Maßstäben durchzuführen. Die Frage, ob und unter welchen Voraussetzungen Sonderinteressengruppen eher Nutzen und Schaden stiften, ist einer der fruchtbarsten und interessantesten Diskussionspunkte mit der neueren politischen Ökonomie. Es spricht viel dafür, dass jenseits von vordergründiger Polemik die Kooperation mit diesem ausgereifteren und in seinen normativen Prämissen und Implikationen klarer durchdachten Forschungszweig wissenschaftlich fruchtbar sein könnte. Auch der Korporatismus im Abstieg[173] ist noch ein interessanter Forschungsgegenstand, denn es wird sich zeigen müssen, welche Gesellschaften beim Übergang ins neue Jahrtausend erfolgreicher sein werden: diejenigen, die an runden Tischen festhalten, oder diejenigen, die sich individualisierten Problemlösungen zuwenden. Ideengeschichtlich formuliert: ob sich das Modell Jacob Burckhardts oder das Otto von Gierkes besser behaupten wird.

---

[173] Vgl. Markus L. Crepaz: Corporatism in Decline? An Empirical Analysis of the Impact of Corporatism on Macroeconomic Performance and Industrial Disputes in 18 Industrialized Democracies. Comparative Political Studies Vol. 25, Nr. 2, 1992, 139–168.

6 Systemtheorie der Politik: Niklas Luhmann

6.1 Struktur und Grundbegriffe der Systemtheorie

Die politische Systemtheorie hat mittlerweile so etwas wie eine abschließende Gestalt gefunden: in Niklas Luhmanns großer Bilanz aller seiner bisherigen Theorieentwürfe, der er den tautologischen Titel „Die Gesellschaft der Gesellschaft" gegeben hat. Mit diesem Werk liegt endlich ein Gesamtbild seiner Theorie vor.

„Die Gesellschaft der Gesellschaft" ist Ergebnis eines dreißigjährigen Forschungsprojekts. Als die Mode an der Reformuniversität Bielefeld es 1969 von dem neu berufenen Professor Luhmann verlangte, seine Forschungsprojekte zu benennen, notierte er: „Theorie der Gesellschaft; Laufzeit: 30 Jahre; Kosten: keine."[174] Seine Forschungsleistung, für die er als Hilfe lediglich auf seine langjährige Sekretärin zurückgreifen konnte, war ertragreicher und für die Fachdiskussion sehr viel bedeutsamer als die meisten übrigen mit teuren Planstellen ausgestatteten Forschungsprojekte, mit denen zu bloßen Organisatoren und Geldeinwerbern mutierte Forscher seit damals zu prunken begonnen haben. Für gefällige Projektentwürfe, die immer auf die Vorlieben der Geldgeber schielen, hat Luhmann sich nie hergegeben. Sein Ansatz einer Gesamttheorie war nicht nur sperrig, sondern auch diametral gegen den szientistischen Zeitgeist gerichtet, der alle größeren Entwürfe für unmöglich erklärt hatte. Auch Luhmanns Systemtheorie ist ein Beleg für die Rückkehr der großen Theorie in die Gesellschaftswissenschaften.

Seinen theoretischen Gesamtentwurf hat Luhmann in drei Schritten vorgetragen:

1. Die systemtheoretischen Grundlagen. Diese sind in seiner Studie „Soziale Systeme. Grundriss einer allgemeinen Theorie"[175] aus dem Jahre 1984 entwickelt worden.
2. Der Grundriss einer Theorie des Gesellschaftssystems insgesamt. Dieser Grundriss liegt seit 1997 in den zwei Teilbänden von „Die Gesellschaft der Gesellschaft" vor.
3. Die Ausarbeitung der Theorie für die einzelnen Funktionssysteme.

Als erstes wurde dazu 1988 „Die Wirtschaft der Gesellschaft" vorgelegt, es folgte 1990 „Die Wissenschaft der Gesellschaft", „Das Recht der Gesellschaft" (1993) und „Die Kunst der Gesellschaft" (1995). „Die Politik der Gesellschaft" (2000), „Die Religion der Gesellschaft" (2002). Eine seriöse Darstellung und Analyse des Ansatzes von Luhmann muss sich ebenfalls an diesen Dreischritt halten.

---

[174] Niklas Luhmann: Die Gesellschaft der Gesellschaft. Frankfurt 1997, S. 11 (im Folgenden als GG im Text zitiert).

[175] Niklas Luhmann: Soziale Systeme. Grundriß einer allgemeinen Theorie. Frankfurt 1984, 2. Aufl. 1985. (im Folgenden zitiert als SY).

6.1.1   Die systemtheoretischen Grundlagen

Der Luhmannsche Theorietyp versteht sich als Eigenentwicklung. Auf die Klassiker der Soziologie und politischen Theorie (dort vor allem Aristoteles und Hegel) wird gelegentlich in kritischer oder fruchtbarer Weise zurückgegriffen – insgesamt jedoch ist die Orientierung an Genealogien der Theorieentwicklung für ihn tribalen Verhältnissen zuzurechnen. Wenn ein Soziologe gegenwärtig das, was er betreibt, als Theorie bezeichnen will, muss er sich üblicherweise einem bestimmten Stall, einer bestimmten Herkunftsrichtung zuordnen und dieser stammesmäßigen Herkunft entsprechend auch die jeweiligen Totempfähle begeistert umtanzen. Luhmann dagegen hat es geschafft, sich aus dieser frühfeudalistischen Häuptlingswelt zu befreien, indem er seine soziologische Theoriebildung bewusst von Anfang an als Ein-Mann-Betrieb organisiert hat. Selbst wenn er einmal einen Assistenten zugesprochen bekam, hat er diesen machen lassen, was er wollte, ohne ihn für seine eigene Schulenbildung einzuspannen. Der Preis für dieses Ausweichen gegenüber der regressiv vermachteten Universitätsstruktur war, dass er keine eigene Schule gegründet hat und auch denen, die an seiner Theorie und mit seinen Fragestellungen weiterarbeiteten, kaum Karrieremöglichkeiten eröffnen konnte. Bei der Neubesetzung der Lehrstühle an den ostdeutschen Universitäten ist allenfalls gelegentlich einmal ein versprengter Systemtheoretiker zum Zuge gekommen. Die übrigen sind von anderen Stammesrichtungen, anderen Orthodoxien lanciert worden. Solche soziologischen Bedingungen der Wissensproduktion innerhalb der Soziologie selbst gilt es ständig im Blick zu haben, wenn man sich mit Theorieansätzen beschäftigt, denn für interdisziplinäre Kooperation etwa mit dem Bereich der politischen Theorie, ja für eigenständige Entwürfe in diesem Bereich ist ein Ansatz hilfreicher, der sich von den intradisziplinären Stammesstrukturen zu lösen vermag, wie das bei Luhmann der Fall ist. Dies ist der wissenschaftsgeschichtliche Grund dafür, dass die Beschäftigung mit Luhmann anders als viele andere soziologische Bemühungen, welche das Politische verfehlen, einen genuinen Platz in einer Darstellung heutiger politischer Theorie hat.

Ein zweiter Grund liegt darin, dass Luhmanns Theoriedesign auch vom methodischen Ansatz her nicht auf den engeren gesellschaftstheoretischen Rahmen beschränkt ist, sondern auf fachfremde, interdisziplinäre Vorgehensweisen einer Theorie selbstreferentieller, autopoietischer Systeme zurückgreift.

6.1.2   Autopoiesis

Autopoiesis ist ein im Kreis des Kognitionsbiologen Humberto Maturana geprägtes Kunstwort aus griechisch *autos* (selbst) und *poiesis* (Schöpfung, Dichtung), das man notfalls mit Selbstschöpfung oder Selbsterzeugung übersetzen könnte. Warum man aber besser auf eine Übersetzung verzichtet, wird gleich deutlich werden.

Lebende Systeme wie zum Beispiel die Körperzellen gehören zu den autopoietischen Systemen. Eine Zelle „produziert als arbeitsteiliges Netzwerk die spezifischen Bestandteile (komplexe organische Moleküle), aus denen sie besteht. Gleichzeitig ermöglichen die Zellbestandteile erst die Existenz des durch eine ‚Grenze' (die Zellmembran) von der Umwelt abgegrenzten Produktionsnetzwerks. Alle Prozesse im Zellinneren sind auf die Selbsterzeugung und Existenzerhaltung der Zelle hin ausgerichtet, also auf die Fortdauer der Autopoiese. Die Zelle hat eine starke Eigendynamik, denn die im Zellinneren ablaufenden Prozesse sind durch die Interaktionen der Elemente untereinander bedingt (Rekursivität). Umwelteinwirkungen stören („perturbieren') die Zelle lediglich und führen zu Ausgleichsreaktionen. Das Milieu (Umwelt) benötigen Lebewesen, um Nahrung bzw. Energie aufzunehmen, beziehungsweise um Abfallstoffe in die Umwelt abzugeben, aber sie passen sich nicht an sie an."[176]

Im Unterschied zu den lebenden Systemen sind z. B. Maschinen keine autopoietischen Systeme, weil sie nicht auf den Aufbau und die Erhaltung ihrer eigenen Struktur, sondern auf die Herstellung eines Produkts, also auf etwas anderes ausgerichtet sind. Sowohl Maschinen als auch Zellen haben einen input aus der Umwelt und einen output in sie hinein. Autopoiesis meint also nicht, wie man bei der Übersetzung „Selbstschöpfung" leicht glauben könnte, eine Selbsterschaffung aus dem Nichts. Gedacht ist der Begriff vielmehr zur Beschreibung eines Systems, das von seiner Eigendynamik her auf seine Fortsetzung ausgerichtet ist.

Luhmanns theoretisches Schlüsselwerk „Soziale Systeme" ist der Versuch, diesen Begriff in die Soziologie zu übernehmen. Man kann geradezu von einer „autopoietischen Wende" in seiner Theorie sprechen, die sich Ende der siebziger Jahre angebahnt hat und die seit ca. 1980 immer deutlicher sichtbar geworden ist.[177] Luhmann selbst spricht von einem Paradigmawechsel in der Systemtheorie.[178] Ursprünglich waren Systemtheorien (auch schon, als sie noch gar nicht so hießen, denn die Begriffsgeschichte von System beginnt erst etwa um 1600[179]) von der Unterscheidung Teil und Ganzes ausgegangen. Das zweite große Paradigma systemtheoretischen Denkens war die Unterscheidung System/Umwelt. Luhmann versucht nun, ein drittes Paradigma zu begründen.

Die „Selbstbeweglichkeit des Sinngeschehens ist Autopoiesis par excellence."[180] Sinn ist ein Sich-Selbst-Prozessieren „nach Maßgabe von Differenzen, die als solche nicht vorgegeben sind, sondern ihre operative Verwendbarkeit (und erst recht natürlich: ihre begriffliche Formulierbarkeit) allein aus der Sinnhaftigkeit selbst gewinnen." (ebenda) Schon einige Zeit, bevor er den Begriff Autopoiesis hierfür übernommen hat, hat Luhmann diesen Sachverhalt als Selbstreferenz oder auch Selbstbezüglichkeit bezeichnet.[181] Dieser Begriff, der ein anderes Wort für Reflexion und Reflexivität ist, wird dabei „von seinem klassischen Standort im menschlichen Bewusstsein oder im Subjekt gelöst und auf Gegenstandsbereiche, nämlich auf reale Systeme als Gegenstand der Wissenschaft, übertragen." (SY 58)

Selbstreferentielle Systeme operieren, indem sie sozusagen ihre Selbstkonstitution laufend mitproduzieren. Sie haben „keine andere Form für Umweltkontakt als Selbstkontakt" (SY 59). Sie sind nicht offen gegenüber der Umwelt, sondern, was ihre Selbstorganisation betrifft, geschlossen. Sie nehmen Umwelteinflüsse nur auf, indem sie sie in ihre eigene Fre-

---

[176] Volker Riegas: Glossar, in ders. und Christian Vetter (Hg.): Zur Biologie der Kognition, Ein Gespräch mit Humberto R. Maturana und Beiträge zur Diskussion seines Werkes. Frankfurt 1990, S.329; vgl. als Grundlegung vor allem die Aufsätze von Maturana und Francisco J. Varela: Autopoietische Systeme: eine Bestimmung der lebendigen Organisation, in: Maturana 1985, S. 170ff. und Francisco J. Varela: Autonomie und Autopoiese, in: Schmidt 1987, S. 119ff.

[177] Vgl. dazu Gábor Kiss: Grundzüge und Entwicklung der Luhmannschen Systemtheorie, 2. Aufl. Stuttgart 1990, S. 1 und 17.

[178] Luhmann, Soziale Systeme S. 15ff.

[179] Vgl. dazu die wichtige Anmerkung in Soziale Systeme S. 20.

[180] Luhmann, Soziale Systeme S. 101.

[181] Vgl. Niklas Luhmann und Karl Eberhard Schorr: Reflexionsprobleme im Erziehungssystem. Frankfurt 1988 (zuerst Stuttgart 1979). Zur Autopoiesis vgl. neben Maturana und Varela auch: Milan Zeleny (Hg.): Autopoiesis: A Theory of Living Organization. New York 1981.

quenz transformieren. Am Beispiel dürfte das leicht deutlich werden: Soziale Systeme haben keine Verwendung für Bewusstsein, und Bewusstseinssysteme müssen Veränderungen in dem ihre Bewusstseinsströme transportierenden neuronalen System erst „bewusst machen", d. h. in ihre Weise des Prozessierens übersetzen, um damit umgehen zu können.

In der Umwelt lebender Organismen gibt es andere lebende Organismen, in der Umwelt von Bewusstsein anderes Bewusstsein. Der systemeigene Reproduktionsprozess funktioniert allerdings auch dort nur intern, in jedem einzelnen Organismus und jedem einzelnen Bewusstsein. Im Fall der Gesellschaft aber liegen die Dinge anders. Autopoiesis weist dort ein interessantes Sonderproblem auf. Außerhalb des Kommunikationssystem Gesellschaft gibt es überhaupt keine Kommunikation. „Das System ist das einzige, das diesen Operationstypus verwendet, und ist insofern real-notwendig geschlossen." (SY 61) Diese These ist nicht ganz unproblematisch, weil sie den Begriff Gesellschaft als einheitliche Weltgesellschaft voraussetzt[182], die allenfalls eine Fiktion oder eine Idee ist.[183]

6.1.3   Offene und geschlossene Systeme

Aber nicht diesen Aspekt will ich hier weiterverfolgen, sondern einige andere, mindestens genauso schwierige Konsequenzen. Wenn es das Kommunikationssystem Gesellschaft nur als ein allumgreifendes gibt, kann kein Beobachter einen Außenstandpunkt einnehmen, von dem aus es zu analysieren, auf seine Letztelemente zurückzuführen und dadurch sicherer Halt und sichere Übereinstimmung der Erkenntnis mit ihrem Objekt zu finden wäre. Jede Beobachtung muss, damit bestätigen sich die Überlegungen aus dem vorangegangenen Abschnitt, ein Differenzschema verwenden, das mit allen Risiken einer bloß internen Unterscheidung behaftet ist.

Wie verhält sich dieses Konzept der selbstreferentiell geschlossenen Systeme zu ihrer möglichen Umweltoffenheit? In der Systemtheorie gilt ja allgemein die Gegenüberstellung geschlossener und offener Systeme mit einer gewissen Vorliebe für Offenheit[184]. Luhmann möchte das überwinden. „Geschlossenheit der selbstreferentiellen Operationsweise ist vielmehr eine Form der Erweiterung möglichen Umweltkontaktes; sie steigert dadurch, dass sie bestimmungsfähigere Elemente konstituiert, die Komplexität der für das System möglichen Umwelt." (SY 63) Die Geschlossenheit in Luhmanns Sinn steigert also die Umweltoffenheit. Dieser Gedanke klingt einigermaßen paradoxal. Luhmann hat dafür einige Kritik einstecken müssen. Es drängt sich nämlich der Eindruck auf, dass es sich um zwei verschiedene Begriffsebenen handelt, die nur durch das gleichlautende „offen" bis zum Verwechseln aneinandergerückt werden. Michael Schmid beklagt deshalb die „Verwaschenheit" von Luh-

---

[182]   Niklas Luhmann: Soziologische Aufklärung 2. Aufsätze zur Theorie der Gesellschaft. Opladen 3. Aufl. 1986 (zuerst 1975), S. 51ff.

[183]   Vgl. meine politikphilosophisch orientierten skeptischen Bemerkungen zur Vorstellung einer Weltnation in Walter Reese-Schäfer: Universalismus, negativer Nationalismus und die neue Einheit der Deutschen, in Walter Reese-Schäfer und Petra Braitling (Hg.), Universalimus, Nationalismus und die neue Einheit der Deutschen. Frankfurt 1991, S. 43. Luhmanns Vorstellung von Weltgesellschaft wird ebenfalls kritisiert von Peter M. Hejl: Soziale Systeme: Körper ohne Gehirne oder Gehirne ohne Körper? Rezeptionsprobleme der Theorie autopoietischer System in den Sozialwissenschaften, in Riegas und Vetter 1990, S. 222.

[184]   Der verbindliche Aufsatz dazu: Ludwig von Bertalanffy: General Systems Theory, in: General Systems 1, 1956, S. 1–10.

manns Formulierungen „dort, wo er das Ineinandergreifen von Offenheit und Geschlossenheit thematisiert."[185]

Auf der allgemeinsten Ebene allerdings ist Luhmanns These nicht gut zu bestreiten: „Auch Sinnsysteme sind vollständig geschlossen insofern, als nur Sinn auf Sinn bezogen werden und nur Sinn Sinn verändern kann." (SY 64) Sinnsysteme weisen nämlich eine interessante Asymmetrie auf, weil sie die Differenz von Umwelt und System auch intern in sich hineinnehmen und in ihrem Innern (nunmehr als sinnhafte Differenz) reproduzieren können. Sinn ist also eine raffinierte evolutionäre Errungenschaft!

Der Begriff Autopoiesis dient Luhmann dazu, so etwas wie eine moderne Supertheorie[186] zu entwickeln. Sein Konzept hat erhebliche Konsequenzen für das, was in der philosophischen Tradition „Metaphysik" genannt wurde. „Will man den Terminus beibehalten, so könnte man Metaphysik charakterisieren als Lehre von der Selbstreferenz des Seins." (SY 143) Luhmann lässt diesen Punkt allerdings in einer gewissen vorsichtigen Schwebe: „Wir haben nicht darüber zu entscheiden, ob für die moderne Gesellschaft Metaphysik möglich ist. Die vorstehend skizzierte Systemtheorie gibt sich nicht als Metaphysik. (...) Sie formuliert weder eine Erste noch eine Letzte Philosophie der Selbstreferenz des Seins. (...) Gleichwohl soll ein Zusammenhang nicht bestritten werden." (SY 145).

Die Bedeutung von Luhmanns Theorie für Metaphysik besteht in einer Ähnlichkeit der Problemstellung und in einer Fortsetzung bestimmter Fragen, z. B. der Frage, worauf wahres Wissen (also Wissenschaft) zu gründen sei. Die alte Metaphysik hatte von der Auffassung gelebt, „dass Wissenschaft auf eine entgegenkommende Rationalität des Gegenstandes angewiesen sei." (SY 146). Bei Kant wurde dieser Gedanke aufgegeben, die Erkenntnis auf das Subjekt bezogen und die Realität „an sich" für unerkennbar erklärt. Bei Luhmann wird nun das selbstreferentielle System des Erkennens vom Subjekt weggezogen und damit „reobjektiviert" (ebenda). Die Unerkennbarkeitsthese des „Dings an sich" wird dadurch zunächst nur verallgemeinert und in die systemtheoretische Sprechweise übersetzt: „Jedes selbstreferentielle System hat nur den Umweltkontakt, den es sich selbst ermöglicht, und keine Umwelt ‚an sich'." (SY 146) Aber das würde in einer völlig chaotischen, beliebigen und strukturlosen Umwelt nicht funktionieren, so dass bei Luhmann „Erkenntnis im besondern und Systemverhalten im allgemeinen (...) strukturierte und in ausreichendem Maße zugriffsfeste Komplexität" (SY 146) vorausgesetzt.

Als Jürgen Habermas recht vehement für ein „nachmetaphysisches Denken" plädierte[187], hat ihm der Münchner Philosoph Dieter Henrich entgegengehalten, dass bestimmte Fragen (z. B. nach der Gewissheit des Wissens, nach dem Selbstbewusstsein und der Selbstbestimmung) auch auf modernen Formulierungsniveaus wiederkehren. Luhmanns differenzierte Nähe zu Fragestellungen klassischer und mittelalterlicher Metaphysik hängt damit zusammen, dass die alten Wahrheiten zwar verfallen sind und damit auch einige der alten Fragen sich als falsch gestellt erwiesen haben, dass aber generell die Rhetorik der Modernität nicht stark ge-

---

[185] Michael Schmid: Autopoiesis und soziales System: Eine Standortbestimmung, in Haferkamp und Schmid 1987, S.44.

[186] Niklas Luhmann und Stephan H. Pfürtner (Hg.): Theorietechnik und Moral. Frankfurt 1978, S. 9ff.

[187] Jürgen Habermas: Nachmetaphysisches Denken, Philosophische Aufsätze. Frankfurt 1988.

nug war, diese Fragen einfach beiseitezuschieben. Auch das nachmetaphysische Denken von Habermas bleibt letzten Endes philosophisch.[188]

Luhmanns Begriff der Autopoiesis ist in der soziologischen Fachdiskussion zunächst zurückhaltend aufgenommen worden. Das hängt vor allen Dingen damit zusammen, dass man den sogenannten Sozialdarwinismus aus der zweiten Hälfte des neunzehnten Jahrhunderts als schlechtes Beispiel für die kurzschlüssige Übertragung biologischen Evolutionsdenkens auf soziale Strukturen vor Augen hatte. Diese Lehre von den sozialen Auslese- und Anpassungsprozessen, der Durchsetzung der Tüchtigen war später sogar in völkischen und rassischen Kategorien ausgearbeitet worden und dadurch diskreditiert. Deshalb setzt unter Soziologen bei allem, was nach Biologie klingt, sofort eine Art ideologiekritischer Weckmechanismus ein. Dieser Mechanismus wirkt allerdings nicht rezeptionsverhindernd, sondern nur rezeptionsverzögernd, weil klar ist, dass erstens die Klassiker des Faches von Auguste Comte über Herbert Spencer bis zu Talcott Parsons Fachkontakte zur Biologie sehr hoch eingeschätzt haben und dass zweitens heute alle größeren soziologischen Theorieentwürfe Evolutionskonzepten und damit letzten Endes Charles Darwin verpflichtet sind. Einige erwähnen dies nicht, weil sie es für selbstverständlich halten. Andere machen ein Tabu daraus. In beiden Fällen bleibt es unreflektiert.

Die organische Autopoiesis der Biologie sieht Luhmann „als vergleichsweise einfache, wenn auch aufschlussreiche Vorform an."[189] In der biologischen Fassung bedeutet Autopoiesis Selbstreproduktion des Lebens, in der soziologischen Fassung dagegen handelt es sich um die Selbstreproduktion des Sinngeschehens – Leben ist nur noch eine ermöglichende Voraussetzung. Seit der Erfindung der Schrift und mehr noch des Buchdrucks kann das Sinngeschehen sich immer mehr verselbständigen und tritt zum Leben in ein immer abstrakteres Verhältnis. Der zunehmende Abstraktionsgrad der soziologischen Begrifflichkeit, der ihr gerne vorgeworfen wird, zeigt in solchen Momenten seine Nähe zur alltäglichen Praxis.

Für Luhmann lag die Übernahme des Autopoiesis-Begriffs sozusagen in der Evolutionsrichtung seiner eigenen Theoriebildung. Er hatte schon sehr früh reflexive Mechanismen (1966) und Begriffe wie „Selbstthematisierung"[190] (1973) verwendet und für die Einführung des Reflexionsbegriffs in die Soziologie plädiert[191]. Als die kognitionsbiologischen Arbeiten Maturanas und Varelas bekannt wurden, trafen sie bei Luhmann schon auf aktive Rezeptoren. Deshalb konnte er den Begriff Autopoiesis auch an so zentraler Stelle in sein Konzept integrieren.

---

[188] So das Fazit meiner Darstellung von Habermas' Diskussion mit Dieter Henrich in Walter Reese-Schäfer: Jürgen Habermas. Frankfurt 1991, S. 94ff, bes. S. 104; vgl. Dieter Henrich: Was ist Metaphysik – was Moderne; Zwölf Thesen gegen Jürgen Habermas, in ders.: Konzepte, Essays zur Philosophie in der Zeit. Frankfurt 1987, S. 11–43.

[189] Wolfgang Lipp: ebenda, S. 459.

[190] Niklas Luhmann: Reflexive Mechanismen, in: Soziale Welt 17, 1966, S. 1–23, wiederabgedruckt in Soziologische Aufklärung I, 92–112; Selbst-Thematisierungen des Gesellschaftssystems. Über die Kategorie der Reflexion aus der Sicht der Systemtheorie, in: Zeitschrift für Soziologie 2, 1973, S. 21–46, wiederabgedruckt in Soziologische Aufklärung II, S. 72–103; vgl. dazu den außerordentlich erhellenden Aufsatz von Wolfgang Lipp: Autopoiesis biologisch, Autopoiesis soziologisch. Wohin führt Luhmanns Paradigmenwechsel? in: Kölner Zeitschrift für Soziologie und Sozialpsychologie, 39. Jg. 1987, S. 452–470, hier S. 458ff., dem ich auch den Hinweis auf die Belegstellen verdanke.

[191] Niklas Luhmann: Soziologische Aufklärung 3. Soziales System, Gesellschaft, Organisation. Köln 2. Aufl. 1991 (zuerst 1981), S. 198.

Ein Kritiker wie Walter Bühl hält diese Integration jedoch für einen empriefernen, also bloß spekulativen Akt und Luhmanns Begriffsbildung für eine „phantastische oder leerformelhafte Theorie einer gegenstandslos gewordenen Autopoiese."[192] Empirievermeidung, so lautet auch der Vorwurf des Bremer Soziologen Hans Haferkamp, der besorgt ist, dass Luhmanns neueste Veröffentlichungen genau wie die von Jürgen Habermas und Friedrich H. Tenbruck „die Vernachlässigung des empirischen Teils der Soziologie (...) stark fördern" werden.[193] Es wäre aber übertrieben zu meinen, der Vorschlag, den Begriff Autopoiesis in der Soziologie zu übernehmen, sei „weitgehend auf Ablehnung gestoßen."[194] Einer unserer bedeutendsten, theoretisch wie empirisch arbeitenden Soziologen, nämlich Günter Dux, hat ihn in seine Studie über die Entwicklungslogik der Zeit vom Mythos zur Weltzeit im direkten Zugriff auf Maturana und Varela übernommen und gezeigt, dass man diesen Begriff gerade auch in den Übergangsbereichen von Biologie und Soziologie empirisch erfolgreich verwenden kann. Man muss nur damit anfangen.[195]

Bei Luhmann allerdings ist auf dieser Stufe seiner Begriffsbildung noch gar keine Empirie beabsichtigt. Seine Grundbegriffe sind nicht Wahrheit/Unwahrheit, Macht/Ohnmacht, Herrschaft, Legitimation, Gemeinschaft/Gesellschaft, Massenkommunikation usw., mit denen sich immer noch verhältnismäßig konkrete Vorstellungen verbinden lassen. Die für seine Theorie zentralen Begriffe sind auf einer Metaebene angesiedelt, sie umreißen Funktionszusammenhänge und sollen keine Fakten liefern. Und wenn Luhmann doch einmal in einem seiner oft auf Halbsätze komprimierten praktischen Beispiele eine Konkretion liefert, dann handelt es sich häufig genug um pure Ironie. Luhmanns Beispiele, das sei hier wenigstens angedeutet, sind nicht als Belege für seine Überlegungen zu lesen, sondern als Illustrationen, die den Leser amüsieren und unterhalten, die die Anspannung der Systemkonstruktion für einen Moment lockern sollen. Sie haben immer Leerstellen, immer *open ends*. Gerade auf Grund ihrer Kürze sind sie als Beispiele überhaupt nur interpretierbar, wenn man den sie umgebenden Theoriekontext schon akzeptiert. Es hat wenig Sinn, sie zur Überprüfung seiner Theorie nutzen zu wollen, weil sie aufgrund ihrer Unbestimmtheitsstellen so vielfältig auslegbar sind, dass sie jeweils auch das Gegenteil belegen könnten. Das wird immer dann deutlich, wenn man sich auf die genauere Diskussion eines solchen Beispiels einlässt. Aber als Bebilderung eines sonst eher unanschaulichen Textes haben sie einen erheblichen literarischen und didaktischen Wert.

Durch die Einführung des Konzepts der Autopoiesis ist die Systemtheorie komplexer geworden, genauer gesagt, sie ist fähiger geworden, ihren Gegenstandsbereich nicht mehr, wie traditionell üblich, nach Handlungstheorie, Strukturtheorie, Sprachtheorie oder Texttheorie zu strukturieren, sondern von vornherein in seiner Eigenkomplexität zu begreifen. Jede Er-

---

[192] Walter Bühl: Grenzen der Autopoiesis, in: Kölner Zeitschrift für Soziologie und Sozialpsychologie, 39. Jg. 1987, S. 225–254.

[193] Hans Haferkamp: Autopoietisches soziales System oder konstruktives soziales Handeln? in: Haferkamp und Schmid 1987, S. 61. Was Tenbruck betrifft, ist dessen Buch „Die unbewältigten Sozialwissenschaften oder Die Abschaffung des Menschen, Graz, Wien, Köln 1984 gemeint.

[194] Das behaupten Georg Kneer und Armin Nassehi in ihrem Aufsatz: Verstehen des Verstehens. Eine systemtheoretische Revision der Hermeneutik, in: Zeitschrift für Soziologie, 20. Jg. H. 5, 1991, S. 345f. Ihre einzige Belegstelle ist allerdings der oben genannte Aufsatz von Walter Bühl, der zwar in Köln lehrt, deshalb aber doch nicht der Sprecher des mainstreams der deutschen Soziologie ist.

[195] Vgl. Günter Dux: Die Zeit in der Geschiche. Ihre Entwicklungslogik vom Mythos zur Weltzeit, Mit kulturvergleichenden Untersuchungen in Brasilien (J. Mensing), Indien (G. Dux, K. Kälble und J. Meßmer) und Deutschland (B. Kiesel). Frankfurt 1989, S. 26, 45f., 50, 56, 70, 80, 121.

kenntnis muss selbstverständlich eine Reduktion von Komplexität beinhalten. Sie muss die im Prinzip unendliche Mannigfaltigkeit der Erscheinungen auf diejenigen Grundmerkmale reduzieren, die für den vorgegebenen Erkenntniszweck relevant sind. Diese Reduktion kann sehr weit gehen. In der politischen Theorie kennen wir die Reduktion aller politischen Operationen auf den Begriff der Macht und des Machtinteresses. Allerdings wird sich ein derartiges Modell dann wiederum intern ausdifferenzieren und verästeln, weil nicht unerhebliche Denkanstrengungen unternommen werden müssen, um wirklich alles auf diesen einen Begriff zurückführen zu können. Begriffssystemintern entsteht damit eine hohe Binnenkomplexität. Luhmanns Komplexitätsbegriff ist in der Lage, dieses wechselseitige Verhältnis von gezielter Komplexitätsreduktion und notwendigem Neuaufbau von Komplexität zu beschreiben: allerdings als Gleichung mit zwei Variablen, während in der gängigen Theorietechnik meist nur mit einer Variablen gearbeitet wird. Wenn deshalb in Luhmanns Texten die Bemerkung auftritt, ein von ihm kritisierter Ansatz sei wohl etwas unterkomplex, dann ist damit niemals gemeint: er sei der realen Komplexität der Welt zu wenig angemessen, sondern vielmehr: das Verhältnis von Erkenntnisabsicht und gewähltem Reduktionsgrad sei nicht angemessen. Die Reduktion sei zu primitiv, um dem Erkenntniszweck genügen zu können.

Diese letzte Wendung könnte vielleicht zu der Vermutung Anlass geben, die Systemtheorie betrachte die Entstehung und Existenz der Systeme als bloße intellektuelle Erkenntniskonstruktionen. Sie sei also eine Spielart des radikalen Konstruktivismus. Luhmann ist jedoch nur gemäßigter Konstruktivist. Denn die von uns selbst konstruierten Systeme, wie z. B. das Erkenntnissystem oder das politische System, sind ja ihrerseits soziale Tatsachen, also tatsächlich vorhanden. Sie sind keine bloßen künstlichen Konstruktionen unseres Erkenntnisvermögens, sondern evolutionäre Produkte menschlichen Handelns. An ihrer realen Existenz ändert sich dadurch nichts, dass sie keine Naturgegenstände sind. Aber ähnlich wie Naturgegenstände oder gar wie reine Denkprodukte von der Art der Mathematik sind sie zwar durch Eingriffe veränderbar und wandelbar, aber nicht in vollkommen beliebiger Weise. Ein Moment des Unverfügbaren bleibt allen Strukturen, die sich evolutionär auf die eine oder andere Art ergeben haben: Sie produzieren eine Pfadabhängigkeit, die nur bestimmte Anschlussmöglichkeiten und bestimmte Wandlungsmöglichkeiten lässt, andere aber ausschließt. Diese Unverfügbarkeit, die auch als Widerständigkeit gedeutet werden kann, ist der ausschlaggebende Grund dafür, dass es in der Erkenntnispragmatik sinnvoll ist, die Gegenstände der Analyse als real und unabhängig von der eigenen Theorie existierend anzunehmen. Sie entfalten, einmal von uns produziert und projiziert, ihre systemische Eigenexistenz.

6.1.4   Reduktion von Komplexität

Das gilt auch für die Reduktion von Komplexität. Das System muss in sich operativ geschlossen sein, d. h. sich von der Umwelt hinreichend isolieren, weil es nur so eine innere, eine Eigenkomplexität entfalten kann. Es muss darauf verzichten, auf möglichst viele oder gar alle Umweltzustände dadurch zu reagieren, dass es eigene Entsprechungen zu ihnen aufbaut. Es kommt für das System nämlich darauf an, seine eigene innere Struktur der Verknüpfung der Elemente miteinander zu entwickeln, die durchaus anders strukturiert und dadurch für den Erkenntnis- oder Produktionszweck effizienter sein kann als das, was als Gegenstand der Außenwelt betrachtet wird.

Letztlich ist es evolutionsabhängig, wie viel Komplexität die einzelnen Systeme aufbauen. Unterkomplexe Systeme wie das zentrale staatliche Wirtschaftsplanungssystem des Staatssozialismus schaffen es nicht, auf die vielfältigen und wechselnden, geradezu chaotisch sich entwickelnden Konsumentenbedürfnisse zu reagieren. Die Systemtheorie kann dies beschreiben und plausibel machen. Aufgrund ihrer Anlage und Methodik ist sie jedoch nicht imstande, hierzu Aussagen von der Art sozialwissenschaftlicher Gesetze zu machen. D. h. sie war nicht imstande und wäre methodisch auch nicht imstande gewesen, eine Maßzahl für Komplexität der Steuerungsfunktionen anzugeben und diese beispielsweise der Komplexität der Gesellschaftsstruktur gegenüberzustellen. Nur wenn solche Maßzahlen möglich gewesen wären, wäre eine sinnvolle systemtheoretische Prognose z. B. zum Untergang des Sozialismus möglich gewesen: klafften die beiden Maßzahlen zu sehr auseinander, dann rückte der Untergang näher.

Die beinahe unübersteigbaren Schwierigkeiten einer derartigen Operationalisierung systemtheoretischer Überlegungen werden daran deutlich, dass es nicht gereicht hätte, allein die DDR-Gesellschaft im Verhältnis zu ihren Steuerungsmechanismen zu betrachten, denn mit ihrer hochgradigen Homogenität an Einkommen war diese selber ausgesprochen unterkomplex. Die sozialistische Gesellschaftslehre hatte sich dort eine Gesellschaft nach ihrem Bild geschaffen, die an sich leicht lenkbar und steuerbar war und die als Mangelwirtschaft analog zu antiken Gesellschaften noch sehr lange hätte existieren können, wenn sie nicht der unmittelbaren Bedürfnis- und militärischen Machtkonkurrenz mit erfolgreicheren und dynamischeren Ländern ausgesetzt gewesen wäre. Der Vergleichsmaßstab muss also weniger im Innern von Gesellschaften als vielmehr in ihrem Außenwettbewerb gesucht werden. Das alte Bild der 50er Jahre vom Wettkampf der Systeme ist hier durchaus angemessen.

Für diese Verschränkungen von interner Systemanalyse und außenpolitischer Systemkonkurrenz hat die Luhmannsche Systemtheorie keine hinreichenden Antennen. Bislang ist sie nicht in der Lage gewesen, den systemischen Charakter internationaler Politik adäquat zu beschreiben, obwohl die Anwendung systemtheoretischer Überlegungen auf diese Zusammenhänge schon in den 60er Jahren, vor allem durch Karl W. Deutsch, versucht worden ist.

Komplexität bedeutet immer die selektive Verknüpfung von Elementen. Dies muss schon aufgrund einer recht simplen mathematischen Überlegung so sein: Die möglichen Relationen zwischen Elementen wachsen in geometrischer Progression an, wenn man die Zahl der Elemente vermehrt. (GG 134–144) Nur bei Systemen mit einer sehr geringen Anzahl von Elementen ist die Verknüpfung von allen mit allen möglich. Schon bei sehr geringen Größenordnungen zwingt dieses mathematische Gesetz zu einer nur noch selektiven Verknüpfung der Elemente untereinander. Und daraus folgt: Alle Verknüpfungszustände, alle möglichen Ordnungen können jederzeit auch anders möglich sein. Je weiter Systeme sich entwickeln, desto drastischere Beschränkungen von Selektivität sind nötig, damit sie sich nicht durch ausufernde Selbstrelationierung lahm legen. Dem „Raumschiff Bonn" ist häufig unterstellt worden, dass hier der Fall eines politischen Systems und einer in sich geschlossenen politischen Klasse vorliege, wo nur noch die Option der Selbstbeschäftigung offen sei. Alle realen Systeme sind heute so weit entwickelt, dass sie nur noch selektive Verknüpfungen ermöglichen, wenn sie denn effizient bleiben wollen.

Von dieser Überlegung ausgehend kann der Systemtheoretiker nun zu einer einleuchtenden Erklärung für den erkenntnismäßig sinnvollen Charakter von einfachen Modellen zum Beispiel in der Spieltheorie oder in der theoretischen Ökonomie kommen: Selbst bei Störungen sind die Systeme nicht mehr in der Lage, real alle Relationierungsmöglichkeiten durchzutesten. Als Ersatz können einfache und übersichtliche Theoriemodelle dienen, die dies intern ermöglichen. Die Reduktion von Komplexität in der Theorie ermöglicht die Abbildung und die freie Variierung einfacher Verknüpfungsoptionen. Die Rückübertragung auf die Realität, also die Anwendung der Theorie, besteht dann darin, für die realen Systeme bestimmte Selektivitätsoptionen gegenüber anderen zu privilegieren oder, anders ausgedrückt, von außen, von der Theorie her die Empfehlung zu geben, die Akzente und Pointierungen zu verschieben.

Die Pfeile und Strichverbindungen auf den berühmten Notizzetteln Sepp Herbergers hatten genau diese Funktion. In keiner Weise sollten sie reale Spielzüge abbilden, sondern Hinweise geben, welche Optionen möglicherweise erfolgversprechend sein könnten, wo gegnerische Spieler auseinandergezogen und dadurch Räume aufgerissen werden konnten. Es wäre ein Missverständnis der Möglichkeiten von Theoriebildung, dass diese in der Lage wäre, ein auch nur einigermaßen realistisches Abbild des Ganzen zu geben. Einen Blick auf das Gesamte könnte man allenfalls vom Spielfeldrand selbst, durch Zeitlupe, also Verlangsamung in allen wichtigen Fällen und durch die Beobachtung auf Dauer bekommen. Jene würde aber länger dauern und mehr Aufwand erfordern als die realen Prozesse selbst. Theorie dagegen soll strukturieren und Grundprobleme blitzschnell, möglichst sogar vorzeitig, erfassbar machen, weil sie nur dann den realen Prozess zu überholen und zu verkürzen in der Lage ist.

6.1.5   Sinn

Die permanente Reduktion der gesellschaftlichen Komplexität auf die Grundrelationen wird über die „wichtigste evolutionäre Errungenschaft, die gesellschaftliche Kommunikation überhaupt erst möglich macht", geleistet, nämlich über „die Repräsentation von Komplexität in der Form von Sinn." (GG 142) „Sinn ist ein Operationsmodus spezifischer Systeme, nämlich des Bewusstseins und des Gesellschaftssystems, und kommt außerhalb dieser Systeme (...) nicht vor."[196] Der so gefasste Sinnbegriff ist für Luhmann der Grundbegriff der Soziologie. Der Sinnbegriff wird theoriebautechnisch außerordentlich hochrangig eingesetzt. Er ist eine Art abstrakter Endbegriff jenes Prozesses, in dem die Soziologie des 20. Jh. die Vorstellung vom Menschen als sozialem Wesen in einen Prozess der Dekonstruktion getrieben hat: „Von Mensch zu Rolle, von Mensch zu Handlung, von Mensch zu personalen und sozialen Systemen."[197] Man kann hier leicht erkennen, dass sich dieser Prozess gleich in mehrere Richtungen und, wie Luhmann bemängelt, ohne ausreichende theoretische Absicherung vollzogen hat. „Es ist nicht die Eigenschaft einer besonderen Art von Lebewesen, es ist der Verweisungsreichtum von Sinn, der es möglich macht, Gesellschaftssysteme zu bilden, durch die Menschen Bewusstsein haben und leben können." (SY 297f.)

Der Begriff Sinn gilt sowohl für psychische als auch für soziale Systeme und ist dadurch besonders leistungsfähig, weil er ihre gegenseitige Durchdringung begrifflich darzustellen vermag und damit sowohl das „Zurückrechnen der Kommunikation auf das Bewusstsein der Beteiligten" (SY 297) ermöglicht als auch die Betrachtung der Kommunikationsprozesse in ihrer selbständigen Entwicklung. Sinn ist kein Begriff, der einen bestimmten Sachverhalt der äußeren Realität bezeichnet, sondern er bezeichnet die Ordnungsform menschlichen Erle-

---

[196]   Niklas Luhmann: Die Wissenschaft der Gesellschaft. Frankfurt 1990, S. 306.
[197]   Niklas Luhmann: Arbeitsteilung und Moral, Durkheims Theorie, Einl. zu Emile Durkheim, Über soziale Arbeitsteilung. Frankfurt 2. Aufl. 1988, S. 37.

bens[198]. Er wird also funktional aufgefasst. Unser Erleben ist durch eine Art „Überfülle des Möglichen" gekennzeichnet, die nicht einmal teilweise oder nacheinander „in den engen Belichtungsraum der Bewusstheit eingebracht werden kann"[199]. Das Erleben muss auswählen. Dazu dient der Sinn.

Erleben und Handeln sind Selektion nach Sinnkriterien. Dabei wird das nicht Ausgewählte nicht zum Verschwinden gebracht, sondern als unbestimmte Mannigfaltigkeit, als *Welt* erhalten – möglicherweise für zukünftige Selektionen nach etwas veränderten Sinnkriterien. Die Auswahl nach Sinngesichtspunkten ist eine wichtige evolutionäre Errungenschaft. „Nicht alle Systeme verarbeiten Komplexität und Selbstreferenz in der Form von Sinn; aber für die, die dies tun, gibt es nur diese Möglichkeit" (SY 95). Das sind personale und soziale Systeme.

So wie Luhmann ihn versteht, ist der Sinnbegriff „eine unnegierbare, differenzlose Kategorie" (SY 96). Die übliche Rede von der Sinnlosigkeit (z. B. der „rein innerweltlichen Selbstvervollkommnung zum Kulturmenschen", wie wir sie von Max Weber kennen[200]) ist in diesem Modell dann allerdings schwieriger unterzubringen: „Sinnlosigkeit ist ein Spezialphänomen, es ist überhaupt nur im Bereich der Zeichen möglich und besteht in einer Verwirrung von Zeichen. Ein Durcheinanderbringen von Objekten ist niemals sinnlos, ein Trümmerhaufen zum Beispiel ist sofort als solcher erkennbar, und zumeist sieht man auch gleich mit, ob er auf Alter oder Erdbeben oder ‚Feindeinwirkung' zurückzuführen ist." (SY 96f.) In der Alltagsrhetorik spricht man gern von der „sinnlosen Zerstörung". Der Trümmerhaufen ist aber eine Sinnzuweisung, an die beliebige weitere angeschlossen werden können, bis hin zu den empörtesten Schuldzuweisungen an einen bestimmten oder unbestimmten Feind, an sich selbst oder an den Krieg als solchen.

Es muss dringend davor gewarnt werden, diese beiden Begriffsverwendungen durcheinanderzubringen. In Luhmanns Theorie meint Sinn die Bedeutung, die irgendetwas für einen Beobachter hat. Der Sinnbegriff, der gemeint ist, wenn von der Sinnlosigkeit die Rede ist, meint dagegen den Lebenssinn. Der gemeinte Verlust ist ein Wertverlust.[201] Ein solcher Wertverlust kann nun nach Luhmanns Kategorien durchaus einen Sinn haben – es handelt sich um zwei Begriffe, die unglücklicherweise durch das gleiche Wort bezeichnet werden. Es ist ein Denkfehler, aus der Unmöglichkeit des einen Sinnverlusts auf die Unmöglichkeit auch des anderen zu schließen. Leider ist auch Luhmann von diesem Fehler nicht ganz frei. Er argumentiert tatsächlich mit seinem speziellen Sinnbegriff gegen die allgemeine Rede vom „Sinnverlust" in der modernen Gesellschaft: „Besonders ‚Sinnverlust' ist heute eine Formel, mit der Erfahrbares in die Selbstbeschreibung der Gesellschaft eingearbeitet wird. Aber Sinn ist nach wie vor unvermeidliche Form des Erlebens und Handelns. Ohne Sinn würde die Gesellschaft, würde jedes Sozialsystem schlicht aufhören zu existieren. Was gemeint ist, wird durch diese Formel nicht zutreffend bezeichnet, sondern übersteigert, um die Gesellschaft für schuldig erklären zu können." (SY 587) Gelegentlich stößt man bei Luhmann auf einen sol-

---

[198] Jürgen Habermas und Niklas Luhmann: Theorie der Gesellschaft oder Sozialtechnologie, Was leistet die Systemforschung? Frankfurt 1971, S. 32.

[199] Ebenda.

[200] Max Weber: Zwischenbetrachtung, in: Gesammelte Aufsätze zur Religionssoziologie I. Tübingen 9. Aufl. 1988, S. 569.

[201] Vgl. dazu Georg Lohmann: Autopoiesis und die Unmöglichkeit von Sinnverlust, in: Hans Haferkamp und Michael Schmid: Sinn, Kommunikation und soziale Differenzierung. Frankfurt 1987, S. 165–186, hier S. 166f.

chen Fall, wo „die Schärfe der Begriffsbestimmung (...) zu wünschen übrig lässt"[202]. Das liegt an seiner Neigung zu schnellen, nur anreißenden, oft nicht ausgearbeiteten Definitionen.[203]

Gibt es in Luhmanns Sicht etwas, was nicht Sinn haben könnte? Hier muss eine differenzierte Antwort gegeben werden: „Sinnsystemen ist zwar im Prinzip alles zugänglich, aber alles nur in der Form von Sinn. Universalität heißt auch in dieser Hinsicht nicht Ausschließlichkeit. Aber alles, was in der Welt der Sinnsysteme rezipiert und bearbeitet werden kann, muss diese Form von Sinn annehmen; sonst bleibt es momenthafter Impuls, dunkle Stimmung oder auch greller Schreck ohne Verknüpfbarkeit, ohne Kommunikabilität, ohne Effekt im System." (SY 97f.)

Die Denkmöglichkeit des ganz Anderen ist bei Luhmann also durchaus angelegt. In einer ästhetischen Theorie könnte man aus dem grellen Schreck ohne weitere Umstände eine eindrucksvolle Gesamtkonzeption entwickeln, wie das z. B. Karl Heinz Bohrer mit der Plötzlichkeit gemacht hat[204]. Für Luhmann hingegen handelt es sich um Ausdrücke für das, was außerhalb der Sinnverarbeitungsprozesse von Systemen steht, um Residualkategorien, an die sich keine eigene Theorie anschließen lässt, sondern die darauf hinweisen sollen, dass es noch einen Rest gibt. Hier ist eine gewisse Verwandtschaft mit der Nüchternheit Jean-François Lyotards in solchen Angelegenheiten festzustellen: „Unnötig pathetisch ist es, diesen Rest ‚verfemten Teil' zu nennen."[205]

Luhmanns Sinnbegriff enthält ganz besondere Möglichkeiten. Wir müssen nicht mehr Erkenntnis und Gegenstand, Subjekt und Objekt einander gegenüberstellen, sondern gehen von einer basalen Instabilität des Sinns (SY 99) aus. Sinn ist eine Art Unruhepotential mit eingebautem Zwang zur Selbständerung. Da er aufgebaut wird durch die Auswahl des gerade Aktuellen aus einem Möglichkeitshorizont, ist seine Grundbestimmung eine Differenz: die von Aktuellem und Möglichem. Der momentane Aktualitätskern ist aber unhaltbar, weil er die „Möglichkeitsanzeigen" (SY 100) ständig braucht, um durch Differenzierung davon Sinn zu behalten. „Und Sinn haben heißt eben: dass eine der anschließbaren Möglichkeiten als Nachfolgeaktualität gewählt werden kann und gewählt werden muss, sobald das jeweils Aktuelle verblasst, ausdünnt, seine Aktualität aus eigener Instabilität selbst aufgibt." (SY 100) Die Kombination aus dem Zeitfaktor und dem Differenzprinzip ist es, die die Stabilität der Dingwelt erschüttert.

Sinn ist ein an Differenzen orientierter Prozessbegriff. Mancher Leser wird sich über diesen doch außerordentlich flüchtigen Charakter des Sinnbegriffs wundern. Es ist aber keineswegs so, dass Luhmann diesen Begriff besonders exzentrisch verwendet. Auch wenn er nur ungern die Klassiker seines Faches zitiert, sei hier ein Seitenblick auf Max Webers monumentalen Begriffsbauplan am Anfang seines Hauptwerks „Wirtschaft und Gesellschaft" gestattet. Ausgangspunkt der Soziologie ist für Weber der „subjektiv gemeinte Sinn. Nicht etwa irgendein objektiv ‚richtiger' oder ein metaphysisch ergründeter ‚wahrer' Sinn."[206] Luhmann übernimmt im Grunde diesen Sinnbegriff, streicht aus ihm aber die Vorstellung des *Subjekti-*

---

[202] So Jürgen Gerhards: Wahrheit und Ideologie, Köln 1984, S.23 (speziell zum Sinnbegriff dort S. 24ff.)

[203] Vgl. Georg Lohmann: ebenda, S. 170.

[204] Karl Heinz Bohrer: Plötzlichkeit. Zum Augenblick des ästhetischen Scheins. Frankfurt 1981.

[205] Jean-François Lyotard: Der Widerstreit. München 1987, S. 236.

[206] Max Weber: Wirtschaft und Gesellschaft, Grundriß der verstehenden Soziologie, 5. rev. Auflage Tübingen 1976, 1. Halbband S. 1.

ven, die er für einen recht problematischen Irrtum Max Webers (und der neukantianischen Denkrichtung) hält.

Alfred Schütz versucht, den Subjektbegriff durch Intersubjektivität zu überwinden, um so eine scheinbar solidere Wiederverankerung des Sinnbegriffs zu ermöglichen.[207] Davon hält Luhmann erst recht nichts, denn Intersubjektivität ist für ihn „eine Verlegenheitsformel, die angibt, dass man das Subjekt nicht mehr aushalten oder nicht mehr bestimmen kann. Man greift zu dieser Formel, wenn man am Subjekt festhalten und nicht festhalten will. Die Formel ist also ein paradoxer Begriff, der bezeichnet, was er nicht bezeichnet. Er dient lediglich dazu, in eine Theorie, die bei der Subjektivität des Bewusstseins ansetzt, etwas einzuführen, was von dieser Theorie aus nicht gedacht werden kann. (...) Das ‚Inter' widerspricht dem ‚Subjekt'. Oder genauer: jedes Subjekt hat seine eigene Intersubjektivität."[208]

Sinn ist für Luhmann also ein *Prozessieren nach Maßgabe von Differenzen* – und damit die Grundoperation seiner Theorie. Er geht sogar noch weiter und nennt das, was hier geschieht, „ein Sich-selbst-Prozessieren" (SY 102). Das, was prozessiert wird, heißt *Information*. Information wird definiert als ein Ereignis, das Systemzustände auswählt. Das klingt außerordentlich abstrakt und soll auch so klingen. In der Alltagssprache besteht die Neigung, Informationen als festumgrenzte, speicherbare Daten zu betrachten. Daher ist eine Verfremdung nützlich. Luhmanns Vorschlag entspricht vollkommen dem in der heutigen Informations- und Dokumentationstheorie üblichen Funktionsbegriff von Information als Nachricht, Belehrung, Neuigkeit. Eine bloße Mitteilung ist noch keine Information, sondern kann in der Wiederholung von längst Bekanntem bestehen. „Eine Information, die sinngemäß wiederholt wird, ist keine Information mehr. Sie behält in der Wiederholung ihren Sinn, verliert aber ihren Informationswert." (ebenda)

Ein Beispiel kann vielleicht noch stärker verdeutlichen, wie Luhmann hier vorgeht: „Man liest in einer Zeitung: die D-Mark sei aufgewertet worden. Wenn man dasselbe dann in einer anderen Zeitung nochmals liest, hat diese Aktivität keinen Informationswert mehr (...), obwohl sie strukturell dieselbe Selektion präsentiert. Andererseits geht die Information, obwohl sie als Ereignis verschwindet, nicht verloren. Sie hat den Systemzustand geändert, hat damit einen Struktureffekt hinterlassen, und das System reagiert dann auf diese geänderten Strukturen und mit ihnen." (SY 102) Zur Ereignishaftigkeit der Information gehört auch, hier nicht von Gedächtnis zu sprechen. „Das System selbst reproduziert sich nur in der Gegenwart und braucht dazu kein Gedächtnis" (SY 103 Anm.). Nur für einen Beobachter erscheint dieser Zusammenhang von Information und Reaktion des Systems darauf als Gedächtnis. Das System kann allerdings sich selbst beobachten „und sich selbst dann ein ‚Gedächtnis' oder sogar ein ‚schlechtes Gedächtnis' zuschreiben." (ebenda) Aber auch dann kann man von Gedächtnis nur in der Beobachterperspektive sprechen.

---

207   Alfred Schütz: Der sinnhafte Aufbau der sozialen Welt, Eine Einleitung in die verstehende Soziologie. Frankfurt 1974, kritisch dazu Luhmann, SY 283, WG 501f u.ö.

208   Niklas Luhmann: Intersubjektivität oder Kommunikation: Unterschiedliche Ausgangspunkte soziologischer Theoriebildung, in: Archivio di Filosofia, LIV 1986, S. 42. Von einem ganz anderen, nämlich hermeneutischen Ausgangspunkt her kommt übrigens Jean Grondin zu dem Resultat, dass Intersubjektivität nicht als „Überwindung" der Subjektphilosophie gedacht werden kann, weil sie die Subjektivität immer voraussetzen muss. Vgl. Jean Grondin: Hat Habermas die Subjektphilosophie verabschiedet? in: Allgemeine Zeitschrift für Philosophie, 12. Jg. 1987, H. 1, S.25–37.

Diese Überlegungen sind sehr eng an den kognitionsbiologischen Forschungsresultaten seines Lehrmeisters Humberto Maturana orientiert. Maturana folgert aus seiner Analyse des Nervensystems, dass in ihm nicht die Umwelt oder eine Nische in ihr, wie der Beobachter sie beschreiben würde, abgebildet wird, sondern vielmehr, dass die „durch jede Interaktion verursachten Zustände neuronaler Aktivität die in der Interaktion gegebenen Relationen verkörpern."[209] Diese Verkörperungen (der Ausdruck meint, dass es sich um neuronale Verknüpfungen im Gehirn handelt) sind Reaktionen des Nervensystems als eines in sich geschlossenen Systems auf Einflüsse. Es funktioniert also nicht so, dass das, was der Beobachter „Gedächtnis" nennt, eine neue Erfahrung mit einer abgespeicherten vergleicht, sondern eher so, dass ein System sich immer neue Verhaltens- und Reaktionsweisen einverleibt und sich dadurch ständig selbst modifiziert. „Ein Gedächtnis als einen Speicher von Repräsentationen der Umwelt, die für verschiedene Gelegenheiten abgerufen werden können, gibt es als neurophysiologische Funktion nicht."[210]

Luhmann neigt dazu, diese neurobiologischen Forschungsresultate ein wenig zu dogmatisieren, wenn er dekretiert: „Wer das nicht akzeptiert, kann den hier vorgestellten Informationsbegriff nicht verwenden." (SY 103) Genaugenommen ist Maturanas These, dass es ein speicherartiges Gedächtnis als neurophysiologische Funktion nicht gibt, so aufregend nun auch wieder nicht, weil es ja nicht verboten ist, weiterhin von Gedächtnis zu reden – wenn auch nur in der Beobachterperspektive.

Sinnhafte Informationsverarbeitung ist eine Lebensfunktion, die eine außerordentlich hohe Komplexität und sehr intensive Grade von Zusammenhängen ermöglicht. Sie ist eine Eigenleistung des Systems. Sie ist sozusagen dessen Auffassungsschema. Sie kann aber vom System so angelegt werden, dass sie als Leistung der Umwelt erscheint. „Sie erscheint als Selektion aus einem Möglichkeitsbereich, den das System selbst entwirft und für relevant hält; aber sie erscheint als Selektion, die nicht das System, sondern die Umwelt vollzieht. Sie wird erlebt, nicht erhandelt." (SY 104)

Sinn und Information befinden sich in einem Evolutionsprozess. Man kann deshalb von einer Sinngeschichte sprechen, die die Informationsverarbeitungsstrukturen hervorgebracht hat, über die wir heute mit einer großen Selbstverständlichkeit verfügen. Der Begriff Sinngeschichte ist außerordentlich wichtig zum Verständnis von Luhmanns Denkansatz. Nirgendwo in seinem Werk hat man es mit stabilen „Dingen" zu tun, die untersucht werden, sondern immer mit flüchtigen Sinnstrukturen. Sinngeschichte ist geradezu als Gegenbegriff zu so etwas wie Seinsgeschichte zu lesen. Ein Standardvorwurf gegen strukturalistische und funktionalistische Denkweisen in der Soziologie ist deren Geschichtslosigkeit. In Luhmanns Soziologie spielt die historische Dimension eine außerordentlich wichtige Rolle – seine Arbeiten zu „Gesellschaftsstruktur und Semantik" sind Analysen des Sinngeschehens und Arbeiten zur historischen Soziologie.

Den Letzthorizont allen Sinns nennt Luhmann WELT. Der Begriff Welt verhält sich zu Sinn wie Umwelt zu System, d. h. es handelt sich um einen offenen Begriff für alles das, was dem Sinn gegenübersteht. Hier sind Missverständnisse leicht möglich, weil man dazu neigen könnte, Welt als Universum zu verstehen und so an die Stelle einer Leitdifferenz (Sinn und Welt) eine Ganzheit, eine Totalität treten zu lassen. Luhmann selbst verfällt ab und zu bei der

---

[209]   Humberto Maturana: Erkennen: Die Organisation und Verkörperung von Wirklichkeit, Ausgewählte Arbeiten zur biologischen Epistemologie, 2. Aufl. Braunschweig und Wiesbaden 1985, S. 61.
[210]   Ebenda, S. 62.

Rede von der Selbstbeschreibung der Welt, von den Weltprozessen und der Geschichte der Weltsemantik in eine gewisse Hochgestimmtheit (oder soll ich sagen: ein heilig nüchternes Pathos?), das diesem Missverständnis Nahrung gibt (vgl. dazu SY 105f.).

Dieser hochmoderne und außerordentlich bewegliche Sinnbegriff Luhmanns steht in einem ausgeprägten Spannungsverhältnis zu dem, was er „alteuropäische Tradition" (SY 108) nennt. Dort waren es in der Antike und im Mittelalter Vorstellungen von Gutheit und Perfektion, die den Realitätsbegriff und damit den Sinn in eine kosmologisch geprägte Gesamtsicht der Welt eingeordnet haben. In der Neuzeit hat dann die Theorie des Subjekts die Funktion übernommen, die Selektionskriterien zu bestimmen und das Unwillkommene, „Sinnlose" auszuschließen. Die Gesamtsicht, die Universalität musste damit (wie Luhmann meint: voreilig) aufgegeben werden und wurde „durch ‚Kritik' ersetzt, mit der der Standpunkt des Subjekts sich zur Universalität wieder aufrundet." (SY 108) Sowohl in Alteuropa als auch in der Neuzeit hatte man mit privilegierten Vorstellungen oder privilegierten Wesenheiten zu tun, die als Kosmos oder Subjekt die Ordnung der Sinnzusammenhänge zu garantieren hatten. Als Soziologe hat Luhmann sehr genau beobachtet, dass die Idee von privilegierten Vorstellungen mit den Schichtungsstrukturen der alten Welt und auch noch mit der diese auflösenden bürgerlichen Gesellschaft harmonierte. Er befindet sich in Übereinstimmung mit wichtigen Tendenzen der Gegenwartsphilosophie, wenn er diese Idee aufgibt. Es sind vor allem Willard van Orman Quine, Wilfrid Sellars und Richard Rorty gewesen, die die Idee eines Fundaments und die damit verbundenen architektonischen Metaphern für den Wissensaufbau aufgegeben haben und Erkenntnis mehr als ein Kraftfeld ansehen, in dem keine einzige Behauptung gegen ihre Revision immun ist.[211] Luhmann selbst trägt die Argumente aus dieser philosophischen Diskussion nicht vor, sondern nimmt sie als gegeben hin und zieht die Konsequenzen. Wenn es nun einmal so ist, dass jeder Ansatz, der bestimmte Vorstellungen privilegieren würde, unausweichlich der Kritik verfällt, und man das immer schon vorher wissen kann, ist es besser, gleich ganz anders vorzugehen. Oder anders ausgedrückt: Das Weltbild der Moderne hat alle äußeren Grenzen und auch alle Elemente als letzte Haltepunkte aufgehoben. „Nur die Götter verfügen über die Elemente, hatte man früher gedacht und daran (wenn auch unerreichbare) Rahmensicherheiten gefunden. Mit den Elementen sind dann aber auch die Götter verschwunden, und die Sachverhältnisse müssen demzufolge als bodenlose Konstruktion, als wahrscheinlich gewordene Unwahrscheinlichkeit begriffen werden." (SY 132)

Die Sinndifferenzierungen sind immer weiter ausgearbeitet worden – es wird schwieriger, die einzelnen Sinndimensionen wieder zu rekombinieren oder miteinander zu vermitteln. Das gilt nicht nur für die Theorie, sondern vor allem auch für das Alltagsleben: „Eine Folge ist die viel beklagte Erosion des Kulturguts traditionaler Gesellschaften. Eine andere Folge sind Legitimations- und Begründungsschwierigkeiten überall." (SY 134) Die herkömmlichen Kompaktannahmen funktionieren nicht mehr – dem System fehlt das, was man früher als die Vernunft im Kosmos einfach angenommen oder später, im Zeichen der Subjektphilosophie, unablässig aber vergeblich gefordert hatte. Sinn tendiert heute nicht zur bewussten Planung, sondern zur Evolution (SY 135), die sozusagen von selbst läuft.

---

[211] Richard Rorty: Der Spiegel der Natur. Eine Kritik der Philosophie. Frankfurt 2. Aufl. 1984, S. 202. Zum Kontext vgl. das Kapitel „Privilegierte Vorstellungen" in: Walter Reese-Schäfer: Richard Rorty Hamburg 2006, S. 49ff.

Die dritte traditionelle Möglichkeit (neben Kosmos und Subjekt), den Sinn in irgendeiner Weise zu fixieren, hat die Hermeneutik durchgespielt. Deren Sinnbegriff zielt auf Einordnung in einen übergeordneten Zusammenhang. Texte sollen im Kontext verstanden werden. „Gerade die Soziologie muss sich jedoch außerstande sehen, diesen Sinnbegriff zu übernehmen." Denn sie hat es beinahe seit ihrer Entstehung (auf jeden Fall seit Emile Durkheim) vorwiegend damit zu tun, dass der gesellschaftliche Kontext des Erlebens und Handelns selbst es ist, der „die Erfahrung der Sinnlosigkeit produziert" (SY 109). Ein Sinnbegriff, der sich durch Einordnung in den Zusammenhang begründet, kann hier offensichtlich nicht funktionieren. Ein anderer Sinnbegriff ist gefragt, der auf eine Grunddifferenz zurückgeht. Man muss eine Trennlinie ziehen, eine Grenze. Hier kommt Luhmanns Systembegriff zum Zuge, und von hier kann man auch verstehen, warum er sich als Systemtheoretiker und nicht als Strukturtheoretiker oder Strukturalist versteht: „Systeme haben Grenzen. Das unterscheidet den Systembegriff vom Strukturbegriff." (SY 52) Grenzen sind eine hochkomplexe evolutionäre Errungenschaft. Ohne ein „Dahinter" sind sie nicht zu denken und stellen zu diesen Dahinter gleichzeitig eine Trennungslinie und eine Verbindung dar. Die Grenzeinrichtungen haben eine so hohe Eigenselektivität, dass „ein über Grenzen vermittelter Kontakt keinem System die volle Komplexität des anderen vermitteln kann, selbst wenn die Informationsverarbeitungskapazität an sich dafür ausreichen würde." (SY 53) Trotz dieser Metaphorik ist es irreführend, wenn man sich Luhmanns Systemgrenzen nach dem Muster von Staatsgebietsgrenzen vorstellt, hinter denen gemeinhin auf beiden Seiten festumrissene Länder liegen. Das Muster wäre zu simpel, was man sich an einem Beispiel klarmachen kann: die Grenzen sozialer Systeme fallen in das Bewusstsein psychischer Systeme. Ein Bewusstsein kann also das soziale System in sich aufnehmen als dessen Differenz von System und Umwelt, ohne selbst entsprechend zu zerfallen (SY 295).

Einen besonderen Träger für den Sinn braucht Luhmann nicht. „Sinn trägt sich selbst, indem er seine eigene Reproduktion selbstreferentiell ermöglicht." (SY 141) Mit solchen Gedanken beansprucht er die sprachlichen Darstellungsmöglichkeiten bis hin zur Ausdehnung ihrer Grenzen. Ihm dient das dazu, radikale Distanzierungen von eingewöhnten pathetischen Redeweisen zu ermöglichen. Bewusstsein ist dann nicht mehr das, was den Menschen vom Tier unterscheidet, sondern die Einfügung von Sinn in eine Sequenz, „die am körperlichen Lebensgefühl festgemacht ist und dann als Bewusstsein erscheint" (SY 142).

Auch Kommunikation ist nicht der Stoff, der den Sinn trägt. Wenn man überhaupt von etwas Tragendem sprechen will, dann wird der Sinn getragen von einer „Differenz in den Sinnverweisungen, und diese Differenz hat ihrerseits ihren Grund darin, dass alle Aktualisierung von Verweisungen selektiv sein muss." (SY 142) Der soziale Sinn ist ein Glücksfall der Theorie, denn er ermöglicht die permanente Repräsentation der gesamten Welt „aber nicht als plenitudo entis", d. h. nicht als unüberschaubare Vielfalt der Einzelerscheinungen, „sondern als Differenz von aktualisiertem Sinn und den von da aus zugänglichen Möglichkeiten." (GG 142) Entscheidend ist hier wie überall in der Systemtheorie die Reduktion von Komplexität. Selbstverständlich gibt es sozialen Sinn in der wirklichen Welt. Er ist eine erfahrbare Realität. Aber nicht als solche wird er in der Theorie abgebildet, weil dann jeder einzelne Wirklichkeitspunkt sozusagen einen Abbildpunkt in der Sinnwelt würde finden müssen. Die Reduktion der Komplexität kann so nicht gelingen. Theorie wäre sinnlos, weil sie genauso unübersichtlich wäre wie die Außenwelt selbst. Systembildende Wissenschaft darf sich nicht auf solche Kopiervorgänge beschränken, sondern sie muss ihre interne Eigenkomplexität und die Sinnwelt auf ihre eigene Art und Weise strukturieren. Nur dadurch kann sie zum Leitfa-

den der Wirklichkeitserkenntnis werden. Wichtig ist dabei der Aufbau nicht irgendeiner beliebigen, sondern einer problemangemessenen Eigenkomplexität. Diese definiert sich von
den Erkenntnisanforderungen, den Ausgangsfragestellungen her – nicht jedoch, wie man
früher naiverweise gerne angenommen hat, von der Natur der Dinge her.

6.1.6   Weltgesellschaft

Der Grundbegriff soziologischer Theorie ist traditionell die Gesellschaft. Im Unterschied zur
Politikwissenschaft wird von Soziologen selten darauf hingewiesen, dass diese bestimmte
politische Grenzen haben, z. B. an die Grenzen des Nationalstaats gebunden sein kann. Die
bürgerliche und die adlige Gesellschaft des 19. Jahrhunderts schienen grenzübergreifend zu
sein. Sogar der proletarische Internationalismus behauptete dies von sich, auch wenn die Ar-
beiter, anders als die Bürger und Adligen, nur selten Reisen über die Ländergrenzen hinweg
unternahmen. Und wenn doch, dann meist als Auswanderung ohne Rückkehr. Im 19. Jahrhundert nun entstand die Soziologie, so dass hier wohl ein entschuldbarer, aber doch wirk-
samer Irrtum aus einer begrenzten Zeitperspektive vorlag. Die diversen Internationalismen
des 19. Jahrhunderts scheiterten 1914 mit dem Ausbruch des 1. Weltkriegs. Die Nationalstaatsgrenzen setzten sich als dasjenige durch, was nachhaltiger wirkte als alle übergreifenden verwandtschaftlichen, kommerziellen oder ideologischen Bindungen.

Heute erleben wir einen neuen Prozess grenzüberschreitender Kommunikation, intensivierter
Reisetätigkeit, intensivierten Handels und Kapitalverkehrs und auch beruflicher Mobilität.[212]
Niklas Luhmann hat aus diesem Grunde sehr früh, nämlich schon 1972 darauf bestanden,
diesen Prozess mit dem Begriff der Weltgesellschaft zu bezeichnen.[213] Im 19. Jahrhundert
wäre dies vielleicht noch als überflüssige Ergänzung erschienen, nunmehr ist es eine notwendige Ausdehnung des Gesellschaftsbegriffs, so wie ja auch die Weltwirtschaft von der
Volkswirtschaft unterschieden wird.

Insgesamt gibt es nur noch ein einziges übergreifendes Gesellschaftssystem, in welchem alle
Kommunikationen zusammenlaufen. Die „Welt" ist nun nicht mehr als dinghafte Bestimmung, als Substanz aufzufassen, sondern im Grunde lediglich als Horizont der Kommunika-
tionsabläufe. Rein zeitlich ist dies wohl mit der vollständigen Entdeckung und Kartographie-
rung der Erde aufgekommen (Luhmann, Weltgesellschaft S. 148). Nun ist die Erde die Welt
als abgeschlossene Sphäre sinnhafter Kommunikation. „Auf ihre Herkunft und ihre Traditionen hin betrachtet, macht die Weltgesellschaft nach wie vor einen regional deutlich differenzierten Eindruck. Fragt man jedoch nach der Zukunft, so lässt sich kaum mehr bestreiten,
dass die Weltgesellschaft ihr Schicksal in sich selbst aushandeln muss – in ökologischer wie
in humaner, in wirtschaftlicher wie in technischer Hinsicht." (149)

Die entscheidende Weiche zu dieser systemtheoretischen Weltvorstellung ist wohl durch
„die Vollentdeckung des Erdballs als einer abgeschlossenen Sphäre sinnhafter Kommunikation" (148) gestellt worden. Diese Luhmannsche Formulierung gilt es genau zu beachten:
nicht die Vollentdeckung der Welt der Dinge ist gemeint, sondern die des Sinns, welche sich
in der Kommunikation abspielt. Luhmann fordert „die Aufgabe des am Ding orientierten

---

[212]   Das Kapitel 10 in diesem Band wird dies ausführlicher behandeln.
[213]   Niklas Luhmann: Die Weltgesellschaft, in ders.: Soziologische Aufklärung 2. Aufsätze zur Theorie der Gesell-
        schaft. Opladen 3. Aufl. 1986 (zuerst 1975), S. 51ff.

Weltbegriffs" (151) und wählt eine an Heideggersche Formeln erinnernde Weltdefinition: „Weltgesellschaft ist das Sich-Ereignen von Welt in der Kommunikation." (150) Damit wird die Welt selbst zum hermeneutischen Horizont: „Die Welt selbst ist nur der Gesamthorizont alles sinnhaften Erlebens" (153). Aus der Sprache der Hermeneutik in die Sprache der Systemtheorie übertragen, ergibt sich die Formel, dass „die Welt die Gesamtheit dessen ist, was für ein jedes System System-und-Umwelt ist" (154). Für den Systemtheoretiker, der alles Bestimmte durch die Differenz von System und Umwelt bestimmt, wird sie damit unbestimmbar. Für sie kann kein Außen angenommen werden. Dies ist vielleicht der Gedanke, aus dem am nachhaltigsten klar wird, dass „Welt" nicht mit „Erdball" oder ähnlich dinghaften Konzeptionen identisch ist. Damit ergeben sich aber die theologischen Tücken des Weltbegriffs. Es ist kein Standpunkt denkbar, von dem aus sie beobachtet werden kann. Also auch nicht der Standpunkt eines Gottes. Luhmann fragt: „Und was wird dann aus Gott? Parallel zur Gesellschaftsentwicklung gibt es ein ständiges Abschwächen der Figur ‚Kommunikation durch oder mit Gott', und heute wird die Kommunikation Gottes nur noch als ein historisches, textlich fassbares Faktum dargestellt: als eine ein für allemal geschehene Offenbarung." (159)

Andererseits scheint es aber möglich zu sein, die Selbstbeobachtung der Welt als Beobachtung zweiter Ordnung innerhalb der Welt selbst zu begreifen. Man muss dazu nur die Semantiken der Weltbeschreibung beobachten. Besonders in der historischen Dimension wird das deutlich. Frühere Gesellschaften hatten andere Weltbegriffe. Die Weltsemantik verändert sich mit der strukturellen Evolution des Gesellschaftssystems. Sie folgt offenbar den Realprozessen, ist ihre Theorie und ihr Geschichtsbild. Rückblickend kann sie beobachtet werden. Von dort aus sind Extrapolationen in das Dunkle des gelebten Augenblicks[214] möglich – Luhmann schließt also aus der Entwicklungsrichtung bisheriger Weltsemantiken auf die gegenwärtige, unerkennbare, die aber vorhanden ist und wirkt. Jede Gesellschaft konstruiert sich nun einmal eine Welt, so auch die gegenwärtige. Die Selbständerungsprozesse des Weltbegriffs in der modernen Gesellschaft verlaufen über permanente Gesellschaftskritik. Ein besonders tiefgreifendes Weltbeschreibungsmodell ist die Semantik von Modernität und Modernisierung, die trotz aller Kritik das Welt- und Selbstverständnis aller Gegenwartsgesellschaften prägt.

Gegen die Theorie der Weltgesellschaft wird vor allem von solchen Autoren, die dem modernen Staat eine wichtig Rolle zusprechen, der Einwand erhoben, die regionalen und nationalstaatlichen Differenzen seien letztlich doch wichtiger. Luhmann hält das für einen Beschreibungsirrtum. Wer regional vergleicht, wird auch regionale Unterschiede finden und herausarbeiten können. In einer historischen Perspektive dagegen ergeben sich übereinstimmende Trends:

* Die weltweite Auflösung von Familienökonomien.
* Die weltweite Abhängigkeit der Lebensführung von Technik.
* Die weltweit unausgeglichene demographische Entwicklung.
* Die weltweite funktionale Differenzierung.

---

[214] Vgl. zu diesem Kernbegriff einer reflexiven Zeitdiagnostik Ernst Bloch: Experimentum Mundi. Frage, Kategorien des Herausbringens, Praxis. Frankfurt 1975.

Der Rückhalt vor allem dieses letzten Prozesses hat sich als so stark erwiesen, dass eine regionale Auskopplung wie etwa das Sowjetimperium es „auch mit stärkstem Einsatz politischer und organisatorischer Mittel nicht boykottieren" (161) konnte. Ein weiteres Argument kommt hinzu: Unterschiedliche Entwicklungsstände in verschiedenen Ländern hatte man früher einfach mit der Vielfalt der Lebensweisen der verschiedenen Völker erklärt. Heute dagegen bezieht man sie auf einen einheitlichen Maßstab und Standard, der zwar umstritten sein mag und auch im einzelnen nicht immer genau festgelegt werden kann, der aber dennoch die Voraussetzung der Aussage ist, einige Länder hätten noch aufzuholen, müssten sich noch entwickeln. Wer bloß auf Regionalgesellschaften blickt, wird schlicht nur deren Besonderheiten aufzählen können. Ein Problem der Entwicklungstheorie wird erst dann daraus, wenn die Differenzen auf einer Skala des Vorher und Nachher, des Weniger und Mehr eingetragen werden.

Dies ergibt sich auch einfach aus der Kontaktdichte, die inzwischen weit über die wenigen früher international tätigen Haushalte bzw. Personen hinausreicht. Je mehr Begegnungen stattfinden, desto mehr wird auch verglichen. Unter modernen Bedingungen kann es demnach keine Regionalgesellschaften mehr geben. Könnte es dann nicht wenigstens eine regionale Differenzierung der ansonsten im Prinzip als einheitlich zu verstehenden Weltgesellschaft geben? Auch diese Hintertür lässt Luhmann nicht offen. Funktionale Differenzierung zeichnet sich gerade dadurch aus, dass sie feste Raumgrenzen sprengt. Nur das politische System und das mit ihm eng verbundene Rechtssystem sind regional differenzierbar in Form von Staaten. Alle anderen Funktionssysteme operieren unabhängig von Raumgrenzen. Vor allem gilt dies für die Wirtschaft, die Kommunikation, aber auch für Wahrheiten, Krankheiten, Bildung und Fernsehen, von Geld und Liebe. (166) Wenn Raumgrenzen dennoch auch für diese Bereiche eine Bedeutung und Auswirkung haben, dann wegen der Interdependenzen zwischen Politik bzw. Recht und den übrigen Funktionssystemen.

Dieses Modell der Weltgesellschaft steht in einem kritischen Verhältnis zur gängigen Soziologie wie auch zur Politikwissenschaft. Die Soziologen sprechen weiterhin ganz selbstverständlich von italienischer, spanischer usw. Gesellschaft. Das gilt gerade auch für Autoren wie Anthony Giddens, der dem Staat eine gesellschaftstheoretisch zentrale Rolle zuweist. Da er etwas Staatsähnliches auf der Weltebene nicht zu erkennen vermag, lehnt er es ab, das globale System überhaupt als Gesellschaft anzuerkennen.[215] Luhmann hält das für eine Selbstblockierung des Erkenntnisvermögens. In der Tat, wenn Politikwissenschaftler gegen den Begriff „Weltgesellschaft" polemisieren, dann richten sie ihre Kritik meist gegen die Vorstellung eines zentralistischen Weltstaates, nicht jedoch gegen das, was Luhmann sich vorstellt: einen Gesamthorizont von miteinander vernetzten Kommunikationen.[216] Das „internationale System" in der Politikwissenschaft ist immer noch hauptsächlich als Staatensystem gemeint. Als weitere Gruppe von Akteuren werden immerhin inzwischen internationale Organisationen politischer und wirtschaftlicher Art wie die UNO oder multinationale Konzerne anerkannt. Einige Politikwissenschaftler haben sogar so etwas wie eine internationale Zivilgesellschaft in den Blick bekommen. Das ist allerdings eine Variante, die Luhmann als normativ viel zu aufgeladen ansieht.[217]

---

[215] Vgl. Anthony Giddens: The Nation-State and Violence. Cambridge 1985; ders, The consequences of modernity, Stanfort Cal. 1990, S. 12ff. Siehe Niklas Luhmann, GG 158ff.

[216] Niklas Luhmann: Die Politik der Gesellschaft. a. a. O. , 220ff. (Im Folgenden zitiert als PO).

[217] Politik der Gesellschaft S. 12f.

Die regionalen Unterschiede gibt es also – sie nehmen jedoch nicht die Form von Systemdifferenzierungen an. Wenn dieser Gedanke richtig ist, dann dürfte es keinen Sinn mehr machen, von Staaten wie England oder Deutschland als unterschiedlichen Systemen zu sprechen. Luhmann gibt zu, dass der Begriff der Weltgesellschaft immer noch Unklarheiten enthält, weil es an einer ausreichenden Gesellschaftstheorie fehlt (GG 160 Anm.). Der Beleg aber, dass sie tatsächlich existiert und wirksam ist, besteht im Zusammenbruch des Sowjetimperiums. Unter den Bedingungen des fortgesetzten Modernisierungsprozesses (Luhmann ist entschlossener Modernisierungstheoretiker) lassen sich Regionalgesellschaften nicht mehr aufrechterhalten. Lediglich das politische System ist regional differenzierbar und mit ihm das Rechtssystem der modernen Gesellschaft. „Alle anderen operieren unabhängig von Raumgrenzen. Gerade die Eindeutigkeit räumlicher Grenzen macht klar, dass sie weder von Wahrheiten noch von Krankheiten, weder von Bildung noch vom Fernsehen, weder vom Geld (wenn man Kreditbedarf mitberücksichtigt) noch von der Liebe respektiert werden." (GG 166)

Die Politik hat immer noch die Möglichkeit, bestehende Unterschiede zu verstärken oder abzuschwächen. Sie ist also nicht wirkungslos. Luhmanns Systemtheorie ermöglicht aber sehr deutlich zu sehen, dass der politische Horizont nicht als der Letzthorizont angesehen werden kann, auch wenn dies während der Hochphase der Nationalstaaten im 19. und 20. Jahrhundert stillschweigend unterstellt worden war. Luhmann bereitet damit eine Theorie der Globalisierung vor, die die verschiedenen Globalisierungstendenzen in den einzelnen Funktionssystemen zu einem Gesamtbild zusammenführen könnte. Der Funktionsverlust der Politik kann systemtheoretisch auf einer ganz grundsätzlichen Ebene beschrieben werden: „Kein Funktionssystem kann in sich die Gesellschaft reflektieren, weil dies die Mitberücksichtigung der Operationsbeschränkungen aller anderen Funktionssysteme in jedem einzelnen erfordern würde." (GG 186) Deren Stärke besteht aber gerade darin, nicht ständig an das Allgemeine denken zu müssen. Damit verliert die Idee einer gesellschaftlichen Gesamtrationalität ihren Ort: Sie wird „im wortgenauen Sinne eine Utopie." – „Aber das wenigstens kann man noch wissen." (GG 186)

6.2   Die Gesellschaft der Gesellschaft

In der Gesellschaft differenzieren sich verschiedene Funktionssysteme aus, von denen die wichtigsten die Politik, die Wirtschaft, das Recht, die Wissenschaft, die Religion und die Kunst sind. Sie alle setzen voraus, dass sich ein Gesellschaftssystem bereits konstituiert hat. Dieses beruht auf einer zentralen Operation, die Luhmann Kommunikation nennt, und die vermittels von symbolisch generalisierten Medien wie Sprache, Schrift, elektronischen Medien und Moral vollzogen wird. Gesellschaft *besteht aus Kommunikation*. Nur durch Kommunikationsakte kommt sie zustande und setzt sich auch nur durch diese fort: Das ist gemeint mit der Luhmannschen Formel von der Konstitution und Reproduktion der Gesellschaft durch Kommunikation. Würde die Kommunikation aufhören, wäre die Gesellschaft am Ende.

Andererseits ist Kommunikation aber nicht ohne Gesellschaft zu denken. Das Verhältnis von Kommunikation und Gesellschaft ist bei Luhmann zirkulär. Sie setzen sich gegenseitig voraus. Wir haben also das Modell einer Theorie vor uns, die nicht deduktiv etwas aus einem Ausgangspunkt ableitet, sondern die einen Zirkel an den Anfang setzt. Die Gesellschaft ist ein sich selbst beschreibendes System, das seine eigenen Beschreibungen enthält. Wir geraten damit „auf ein logisch intraktables Terrain." (GG 15) Vermeiden kann man das nur, wenn man die Beschreibung der Gesamtgesellschaft auszusparen bereit ist. Das hat nicht ganz unbedenkliche – nämlich paradoxale – Folgen für den Theoriestatus von Luhmanns Soziologie.

Um überhaupt etwas bezeichnen, muss man eine Differenz an den Anfang setzen: die Differenz zwischen Umwelt und System. Das gilt für jedes System. Die Gesellschaft nun ist ein besonderes System, sie ist nämlich dasjenige soziale System, das alle anderen sozialen Systeme in sich einschließt (GG 78). In diesem Punkt schließt Luhmann sich an die aristotelisch-alteuropäische Tradition an, denn Aristoteles hatte seine *Politik* mit dem Gedanken begonnen, dass die *koinonía politiké* alle anderen in sich einschließt.[218] Das ist aber auch die einzige Übereinstimmung mit dem antiken Erfinder der Soziologie. In allen anderen Punkten geht Luhmann anders vor. Denn bei Aristoteles war ein Problem ungelöst geblieben: wie man nämlich sinnvoll sagen kann, dass ein System alle anderen in sich einschließt, statt dass diese nebeneinander stehen. Hier liegt eine grundlegende Paradoxie, die Luhmann durch die Unterscheidung von Ebenen aufzulösen versucht, ohne sie letztlich wirklich ausräumen zu können, denn man muss sich ständig fragen, vom welchem Blickwinkel, also von welchem System aus eigentlich verschiedene Ebenen bezeichnet werden können. Luhmann nimmt für sich deshalb lediglich die Kunst eines effektiven Paradoxiemanagements in Anspruch, nicht aber, die Paradoxien auch aufzulösen.[219] Jemand aber, der bereit ist, Paradoxien einfach hinzunehmen, kann für einen strengen Philosophen kein Gesprächspartner mehr sein.

Die herkömmliche soziologische Theorie bis hin zu Talcott Parsons und seinen Epigonen hatte sich als Handlungstheorie verstanden. Eine Handlungstheorie bemüht sich um individualistische Begründungen, d. h. sie versucht die Gesellschaftstheorie vom Individuum her zu konstruieren. Luhmann wählt den umgekehrten Weg: Kein Subjekt, kein Individuum, sondern das sich selbst beobachtende Beobachtungssystem ist der Ursprung. Damit steht am Anfang kein einheitlicher Perspektivpunkt, sondern die Differenz von Beobachtendem und Beobachtetem, als deren Einheit die Operation der Beobachtung verstanden werden kann, die sich als Kommunikation vollzieht. Auch die Selbstbeobachtung des Systems ist noch eine Operation, die diese Differenz voraussetzt.

Diese Überlegung hat weitreichende Folgen, weil sie gegen bisherige Denkkonventionen verstößt, denen zufolge jede Beobachtung eine Handlung ist und dementsprechend auch ein beobachtendes Subjekt voraussetzt. Luhmann hält das für schlechte Metaphysik, welche Einheit durch Reduktion auf das Essentielle herzustellen versucht. Das Subjekt wäre das Zugrundeliegende, griechisch das *hypokeimenon*, während in Wirklichkeit nur kommunikative Operationen stattfinden und sich gegenseitig anstoßen. Diese kann man nur beschreiben. Es ist aber sinnlos, nach irgendeinem dahinterstehenden Wesen zu suchen. Das möglichst exakte Beschreiben ist der Weg der Phänomenologie, die sich an den Erscheinungen orientiert. Das traditionelle Denken sowohl in der Alltagswahrnehmung als auch in der Philosophie ist demgegenüber ontologisch ausgerichtet, beruht also auf einer naiven und systemtheoretisch leicht durchschaubaren Realitätsillusion (GG 93). Diese Realitätsillusion bleibt aber

---

[218] Aristoteles: Politik 1252 a 5-6. Vgl. Walter Reese-Schäfer: Antike politische Philosophie zur Einführung. Hamburg 1998.

[219] Vgl. dazu Niklas Luhmann: „Was ist der Fall?" und „Was steckt dahinter?". Die zwei Soziologien und die Gesellschaftstheorie. Bielefelder Universitätsgespräche und Vorträge 3, Bielefeld 1993, S. 7.

ein Faktum in der realen Welt, mit welchem der Sozialwissenschaftler zu rechnen hat, nicht anders als mit der Dummheit der Menschen.

Die sich selbst beobachtenden Systeme sind in sich geschlossen. Dies ist nun nicht ontologisch oder thermodynamisch gemeint, d. h. sie können durchaus Energie nach außen abgeben und auch solche aus der Außenwelt aufnehmen. Die These von der Geschlossenheit der Systeme bezieht sich allein auf die Kommunikationsprozesse, also die Unterscheidungen, die ihnen zugrundeliegen. Wir dürfen nicht vergessen: Gesellschaft ist nichts anderes als Kommunikation. Dadurch unterscheidet sie sich vom Sonnenschein oder den Gesetzen der Thermodynamik. Wie kann nun das Gesellschaftssystem seine Beziehungen zur Umwelt gestalten, wenn es keinen direkten Kontakt zu ihr unterhalten kann? Luhmann bietet hierfür im Anschluss an Humberto Maturana den schwierigen und nicht wirklich klaren Begriffsjoker der *strukturellen Kopplung* an[220]. Mittels struktureller Kopplung kann das geschlossene System auf die Außenwelt reagieren, ohne direkt mit ihr verbunden zu sein. Die Erscheinungen der Außenwelt werden vom System nach Maßgabe der systemeigenen Möglichkeiten beobachtet und, falls das System dafür entsprechende Kapazitäten ausgebildet hat, in seine eigenen Operationen umgesetzt.

An einem Beispiel lässt sich dies vielleicht am ehesten zeigen: Das Absterben von Bäumen wird nur dann als Waldsterben zum Politikum, wenn es in die Sprache zunächst des Mediensystems, also in Alarm und Aufregung, und anschließend in die des politischen Systems, also in politische Organisation von Personen, die dies für eine relevante, den Organisations- und Diskussionsaufwand rechtfertigende Tatsache halten, umgesetzt wird. Dabei kann ein solches Faktum der Außenwelt durchaus zum Spielball des Machtkampfes werden, denn die Form des Problems muss sich beim Übergang in den Kommunikationsprozess notwendigerweise auf spezifische Weise ändern.[221] Ähnlich wurde in der Geschichte der Reformation die religiöse Differenz, ob man glaubte, sich durch Handlungen und Ablasszahlungen oder ausschließlich durch seinen Glauben vor Gott rechtfertigen zu können, zu einer politischen Frage, als einige Gebietsfürsten erkannten, dass sie unter Ausnutzung dieses Streits ihre Stellung gegenüber Kaiser und Reich stärken konnten.

Strukturelle Kopplungen sind keine reinen Konstrukte, sondern setzen eine „Realitätsbasis" voraus, „die von den gekoppelten autopoietischen Systemen unabhängig ist." – „Sie setzen, anders gesagt, ein Materialitäts- (oder Energie-)Kontinuum voraus, in das die Grenzen der Systeme sich nicht einzeichnen, also vor allem eine physikalisch funktionierende Welt." (GG 102) Es wäre aber falsch, die herkömmliche Metapher weiterzuverwenden, dass einfach Gegebenheiten aus dem Reich der realen Welt in jenes der Kommunikation übertragen würden. Für die Systemtheorie gibt es nichts außerhalb der Kommunikation (genauer: außerhalb der Kommunikation ist das System zu Ende und bekommt es mit der Umwelt zu tun), und die eben genannte Realitätsbasis ist nichts weiter als die vielleicht evolutionstheoretisch zu beschreibende Grundlage dafür, dass dies so ist. Im Grunde kann man deshalb auch auf die Annahme eines ontologischen Substrats der Welt verzichten (GG 116). Eine Kommunikation

---

[220] Dazu das Hauptwerk von Humberto Maturana: Erkennen: Die Organisation und Verkörperung von Wirklichkeit. Braunschweig 1982, S. 143ff., 150ff., 243f. Außerdem Humberto Maturana und Francisco J. Varela: Der Baum der Erkenntnis. Die biologischen Wurzeln der menschlichen Erkenntnis. München 1987, bes. S. 85ff., 252ff.

[221] Vgl. dazu die Studie des schweizer Humangeographen Wolfgang Zierhofer: Umweltforschung und Öffentlichkeit. Das Waldsterben und die kommunikativen Leistungen von Wissenschaft und Massenmedien. Opladen 1998.

versetzt die Luft in Schwingungen oder verbraucht Papier (GG 130). Aber tut sie das *als* Kommunikation? Man wird Luhmanns Argumentation in diesem Punkt nicht als vollkommen konsistent ansehen können. Rechtfertigen lässt sie sich allein durch die Fokussierung auf Kommunikation und auf Systeme, wodurch traditionelle Grundfragen des Denkens aus dem Blickfeld geraten. Daneben ist die These impliziert, dass, würde man sie sehen, dies auch nur wieder in Form von Kommunikationen mitgeteilt werden könnte. Der Begriff der strukturellen Kopplung ist eine jener „Unbestimmtheitsstellen" (GG 118) von Luhmanns Theorie, an denen deutlich wird, dass die operative Schließung nicht wirklich gelingt und die Ausgangsparadoxien weiterhin wirksam bleiben. Sie verhindern den Stillstand des Denkens, allerdings um den Preis mangelnder philosophischer Präzision. Aber: „Für einen Soziologen liegen die Fenster in den philosophischen Auditorien zu hoch."[222]

Das seinsorientierte und seinsgläubige Alltagsdenken mag naiv sein, bei dessen Umkehrung, derzufolge es nur Kommunikationen gibt, handelt es sich im Grunde aber nur um die etwas raffiniertere und dem common sense schwerer nachvollziehbare Spielart einer auf den Kopf gestellten Naivität. Letztlich gilt hier der Satz: Wer im Kern seiner eigenen Theorie den Widerspruch zulässt, kann alles behaupten. Luhmanns Rechtfertigungslehre, dass es allein auf die Plausibilität der Neubeschreibung ankomme, wirkt demgegenüber zu harmlos.

Immanuel Kants Frage nach den Bedingungen der Möglichkeit von Kognition wird von Luhmann mit der Antwort „operative Schließung des Systems" versehen. „Auch die klassische Vorstellung, Realität erweise sich am Widerstand gegen Erkenntnis oder gegen Willensimpulse, bleibt erhalten. Aber der Widerstand liegt jetzt im System selbst: im Widerstand der Operationen des Systems gegen die Operationen desselben Systems, hier also: von Kommunikationen gegen Kommunikationen." (GG 127)

Nicht anders als Habermas geht Luhmann vom Zentralbegriff der Kommunikation aus. Anders als dieser vermeidet er es aus dem oben genannten Grund aber, von vornherein schon Rationalitätsprätentionen in ihn einzubauen (GG 200). Kommunikation ist eine Synthese aus drei Selektionen, nämlich von Information, Mitteilung und Verstehen. Kommunikation ist also nicht die Übertragung von Informationen, sondern vielmehr ein evolutionär sich entwickelnder Selektionsprozess, der beobachterabhängig beschrieben werden kann. Die Gesellschaft ist damit „ein auf der Basis von Kommunikation operativ geschlossenes Sozialsystem" (GG 205). Das grundlegende Kommunikationsmedium ist die Sprache. Sie ist binär kodiert – insofern als sie für alles, was gesagt wird, die Möglichkeit der Bejahung oder der Negation zur Verfügung stellt. Im Grunde wird alles, was ist, gedoppelt. Die Gesellschaft eröffnet sich damit einen Möglichkeitsraum für die beschleunigte Evolution, oder, poetisch ausgedrückt: „Die Sprachcodierung ist die Muse der Gesellschaft." (GG 225) Bejahung und Negation sind universelle Sprachmöglichkeiten und dürfen deshalb nicht mit der Unterscheidung guter und schlechter Nachrichten verwechselt werden. „Man kann schlimme Nachrichten (‚Der Wasserhahn tropft') sehr wohl positiv formulieren (...)" (GG 226).

Der erste Schritt zur Analyse gesellschaftlicher Kommunikationsprozesse ist die Analyse der Kommunikationsmedien. Dazu gehören Sprache, Schrift, Buchdruck, elektronische Medien. In einem gewissen Sinne gehören dazu auch Religion und Moral als kommunikativer Kitt des sozialen Zusammenhalts. Auf diesen einfachen Medien beruhen die komplexeren, symbolisch generalisierten Kommunikationsmedien: Funktion, Differenzierung, Strukturen und

---

[222] Niklas Luhmann: Die neuzeitlichen Wissenschaften und die Phänomenologie. Wien 1996, S. 56 (die Idee zu dieser Formulierung stammt von Jean Paul).

Selbstvalidierung. Sie sind evolutionär spätere Produkte und bilden eine Art funktionales Äquivalent zur Moral, die wegen ihrer Streitnähe und dadurch bedingten Gefährlichkeit durch ein abstrakteres Modell ersetzt werden musste. Auf den ersten Blick mag es überraschen, dass Luhmann den Begriff des Mediums in dieser Weise ausdehnt. Das Verständnis wird aber leichter, wenn man sich von der herkömmlichen Begrifflichkeit der Medienforschung freimacht.

Luhmann versteht unter Medium einfach eine bestimmte Möglichkeit der losen Kopplung verschiedener Bereiche, die nicht in direktem körperlichen Kontakt stehen: Dann muss eben etwas zwischen sie treten, wie in der Physik Licht oder Luft, das Eigenschaften des betreffenden Objekts übermittelt. Beinahe alles kann deshalb zum Medium der Kommunikation werden. Medien sind zunächst einmal diffus und bedürfen der bestimmten Form, um einen Inhalt zu vermitteln. Die Sprache selbst spricht ja noch nicht, sondern nur ihre jeweils spezifische Formung. Deshalb können neben der Sprache auch Geld, Macht, Recht, Wahrheit oder Liebe und natürlich auch Moral und Religion zu Medien werden. Sie können dies werden, weil sie einen Vorrat von Elementen enthalten, die sich jeweils formen lassen. Sie sind nicht ausschließlich als Medien zu betrachten, weil sie, wie die Sprachen, das Recht oder die Religion, jeweils auch als Systeme betrachtet werden können, da sie eine innere Struktur und Bezüglichkeit aufweisen. Man muss sich bei der Auseinandersetzung mit Luhmanns Texten immer vor Augen halten, dass er keine Beschreibungen von *Substanzen*, von Gegenständen liefern will, sondern *Perspektiven* auf strukturelle Verhältnisse vorschlägt. Aus unterschiedlichen Blickwinkeln können dabei sehr verschiedene Aspekte in den Vordergrund treten.

Am Begriff der Wahrheit lässt sich diese besondere Betrachtungsweise vielleicht am besten erläutern. Dieses Medium muss im Grunde nur dann in Anspruch genommen werden, „wenn es darum geht, neues, unerhörtes Wissen durchzusetzen." Dies geschieht, indem man die Selektion keinem der Beteiligten zurechnet (dann wäre sie bloße Meinung), sondern so tut, als sei dies extern entschieden worden. Unterschiedliche Meinungen sind dann nicht mehr tolerabel (GG 339). Da es ineffizient ist, nur von Fall zu Fall mit Einzelwahrheiten zu arbeiten, werden sie systematisiert: im Bereich der Wissenschaft mit Theorien und Methoden, im Bereich der Werte durch Ideologien und Argumentation, „wobei im Gegensatz zu Theorien und Methoden die Ideologie die großen Verbrechen begeht und die Argumentation die kleinen Mogeleien." (GG 342) Dies sind dann die Programme, die in den jeweiligen Medien auflaufen. Im Medium des Rechts laufen z. B. die Programme in Form von Gesetzen, Gerichtsentscheidungen, Verträgen etc. ab. Das Programm im Medium der Liebe bedürfte wohl noch weiterer Forschung. Luhmann vermutet, es könne so etwas sein wie die Erinnerung an eine gemeinsame Geschichte, vermittelst derer die Möglichkeiten eingeschränkt und auf diese Weise strukturiert werden (GG 377). Jedenfalls ermöglichen es die Programme, Variabilität zu organisieren.

Woher kommen nun die Strukturen, Medien und Funktionen?

Luhmann interpretiert sie als Ergebnis von soziokultureller Evolution. Die Evolutionstheorie, wie er sie versteht, „arbeitet durchaus mit Kausalannahmen, verzichtet aber darauf, Evolution kausalgesetzlich zu erklären. Vielmehr sind Unwiederholbarkeitsannahmen eingebaut, und in diesem Sinne handelt es sich um eine Theorie des geschichtlich einmaligen Aufbaus von Systemen." (GG 416) Also in Wirklichkeit nicht um eine Theorie, sondern um eine Erzählung, die eine Lücke im Gesamtaufbau der Systemtheorie zu schließen hat, nämlich die

Beantwortung der Frage, wie es eigentlich zu so ausdifferenzierten Systemstrukturen überhaupt gekommen ist. Exakter wäre es, von einem Schema als einem Zwischending zwischen kausal erklärender Theorie und Erzählung zu sprechen, denn „für Erzählungen fehlt dem Soziologen das Improvisationstalent." (GG 570) Die Evolutionstheorie ist ausdrücklich nicht als Theorie des Fortschritts gemeint: Sie ermöglicht keine Prognosen, verzichtet, wie schon Darwin, auf Wertungen wie „höher" und „niedriger". Sie nimmt kein Ziel der Geschichte an, sondern reagiert auf Entstehung und Verfall von Systemen „mit Gleichmut" (GG 428). Gesteuert wird sie vom Zufall. Zufall ist nicht Ursachelosigkeit. Es handelt sich also nicht um eine kausaltheoretische Verlegenheitskonstruktion. Systemtheoretisch ist unter Zufall vielmehr das zu verstehen, was seitens eines Systems zwar aufgenommen, von diesem aber nicht vorabkonditioniert werden kann. Es kann so oder anders ausfallen (GG 449). Immerhin verwendet Luhmann den Begriff „evolutionäre Errungenschaften" (GG 505ff), welche die Steigerung von Komplexität ermöglichen. Insofern hat die Evolution „eine Richtung im Sinne zunehmender Komplexität" (GG 508).

Die Stärke moderner symbolisch generalisierter Kommunikationsmedien zeigt sich darin, dass sie zugleich eine Steigerung der Konfliktfähigkeit und der Friedensmöglichkeiten erlauben. Das Recht dient, anders als in der klassischen Soziologie Emile Durkheims, „nicht primär einer moralischen Integration der Gesellschaft, sondern der Steigerung von Konfliktmöglichkeiten in Formen, die die sozialen Strukturen nicht gefährden." (GG 468) Die penetrante Suche nach den „eigentlichen Gründen eines Konflikts", die angeblich hinter den vordergründigen Streitthemen stünden, und die dann aufgespürt und beseitigt werden müssten, hält er für nichts als marxistisches Erbe, denn gerade die Differenz von Themen und „Gründen" ermöglicht es dem System, Konflikte aushalten zu können (GG 469).

Überholte Formen der Soziologie halten noch am gesellschaftlichen Zielbegriff der Integration fest, in dem Sinne, dass diese besser sei als Desintegration. Für Luhmann können Konflikte gerade das Resultat *zu starker* Integration der Teilsysteme sein, so dass es eher auf erfolgreiche Ausdifferenzierungsprozesse ankommt, also auf die historisch bewegliche Justierung der Teilsysteme in ihrem Verhältnis zueinander (GG 604). Die moderne Gesellschaft ist in seiner Diagnose – ganz im Gegensatz zur Meinung der soziologischen Klassiker – gerade „überintegriert und dadurch gefährdet" (GG 618).

In der bisherigen Gesellschaftsgeschichte finden sich nur wenige Differenzierungsformen:

- Die segmentäre Differenzierung, z. B. bei nebeneinander existierenden ähnlich strukturierten Dörfern und Stämmen.
- Die Differenzierung nach Zentrum und Peripherie (Prinzip der Schwerpunktbildung).
- Die stratifikatorische Differenzierung nach dem Prinzip der Hierarchie, der rangmäßigen Ungleichheit wie in der mittelalterlichen Ständeordnung.
- Die funktionale Differenzierung, die für moderne Gesellschaften charakteristisch ist und die eine Mischung von Ungleichheit und Nebeneinander ausdifferenzierter Teilsysteme darstellt. (GG 613)

Diese verschiedenen Differenzierungsformen sind offenbar nicht logisch geschlossen, etwa in Form einer Kreuztabelle darstellbar – sonst würde dies hier geschehen. Es gibt für sie auch keine theoretische Begründung. Man kann auch nicht ausschließen, dass sich im weiteren Verlauf der Evolution andere Formen herausbilden werden.

Segmentäre Gesellschaften sind für ihre Mitglieder im Prinzip einfach zu verstehen: Anderswo wird es ungefähr wie zu Hause zugehen. In hierarchisch strukturierten Gesellschaften dagegen wächst der Informationsbedarf, weil man nicht mehr so genau weiß, wie es im Schloss wohl zugehen mag oder hinter den Klostermauern. Moderne Gesellschaften zeichnen sich aus durch die Radikalisierung von Inklusionsprogrammen. Sie fordern die Herstellung von Einheitlichkeit. Alle Menschen müssen nunmehr mit Menschenrechten versehen und mit Chancen versorgt werden (GG 626). Angelehnt an Michel Foucault und andere beschreibt Luhmann zugleich den Zwangscharakter dieser Inklusionsstrategie, deren Rückseite die rapide Zunahme der Strafgesetzgebung, der Zucht- und Arbeitshäuser im 18. Jahrhundert und der Todesstrafe gewesen ist.

Der Begriff der modernen Gesellschaft wird bei Luhmann also durch ihre Differenzierungsform bestimmt. Jedes Teilsystem wird ausdifferenziert unter dem Aspekt seiner Funktion für das Gesamtsystem. Es reflektiert jeweils auf die Inklusion aller Individuen, allerdings nur noch in bezug auf die eigenen Operationen. Das hat weitreichende Folgen: Die Individuen kommen als Menschen nicht mehr vor, weil diese sich offensichtlich in keinem Teilsystem der Gesellschaft mehr unterbringen lassen (GG 744, 765). Die Menschen gehören nicht in das Gesellschaftssystem, sondern vielmehr in dessen Umwelt. Die Semantik von Verständigung und Gemeinschaft versucht dem hilflos gegenzusteuern, denn es ist klar, dass „man dies nur schweren Herzens akzeptieren konnte" (GG 744). Deshalb kommt es zu Verzweiflungskonzepten wie Planung und Steuerung, Ethik der Verantwortung etc. (GG 777). Die klassische Soziologie von Durkheim bis Parsons hatte jeden weiteren Differenzierungsschritt mit der Suche nach entsprechenden neuen Integrationsmöglichkeiten begleitet. Luhmann geht einen anderen Weg und ersetzt das Schema Differenzierung/Integration durch die Unterscheidung von Autopoiesis und struktureller Kopplung.

Die sich selbst steuernden und selbst ausdifferenzierenden Systeme sind faktisch „durch strukturelle Kopplung miteinander verbunden und in der Gesellschaft gehalten." (GG 779) Wenn alte Bindungen, z. B. an Familienhaushalte, aufgelöst werden, müssen neue Formen struktureller Kopplung entstehen: Geld und Haushaltsmaschinen ersetzen Kost und Logis. Recht und Politik werden durch Verfassungen gekoppelt, Wissenschaft und Erziehung durch die Organisationsform der Universitäten. Hatte man Politik und Wissenschaft früher durch die Rekrutierung von wissenschaftlich ausgebildetem Nachwuchs gekoppelt, so ist heute angesichts von Beschleunigungs- und Veraltensformen des Wissens die Expertenberatung auf den Plan getreten – mit der Nebenfolge des Ansehensverlustes dieser Experten, die wissenschaftlich um so unseriöser erscheinen, je mehr sie auf die Seite der Politik sich einlassen (GG 785f.).

Die Folgen dieser Differenzierungen können durchaus problematisch sein. Das Weltwirtschaftssystem scheint vor dem Problem der gerechten Verteilung des erreichten Wohlstands zu versagen (GG 801). Die Ausdifferenzierung der Liebessemantik zur Begründung von Intimbeziehungen steigert die Erwartungen so sehr, dass Therapiebedarf und Scheidungsdruck entstehen (GG 802). Die Einzelsysteme arbeiten ohne Zentrum und Koordination, was im Falle der Nichtzentralisierbarkeit der Zuständigkeit für Individualität als Glücksfall gelten kann, im Falle der Nichtzentralisierung ökologischer Kompetenzen aber als Problem (GG 805). Entsprechend artikulieren sich soziale Bewegungen als Protestbewegung. Luhmann betrachtet sie mit Ambivalenz: In den 1920er Jahren war es die Prohibitionsbewegung in den

USA und Skandinavien, heute steht die ökologische Thematik im Vordergrund. Daneben gibt es aber die soziale Bewegung der Ausländerfeinde (GG 849). Von ihren Zielen her sind diese Bewegungen kaum zu begreifen, sondern vor allem wohl von ihrer Form her, vom Protest, demgegenüber die Programmatik sekundär sein kann. Sie brauchen ein Thema, damit ihr Protest nicht als Selbstzweck erscheint. Diese Themen sind heterogen: Umwelt, Krieg, Lage der Frauen, regionale Eigenarten, dritte Welt, Überfremdung (GG 857). Ihr Inhalt muss unkompliziert sein, um individuell angeeignet werden zu können. Analytische Tiefenschärfe ist nach Luhmann also ausgeschlossen. Die Protestbewegungen wenden im Grunde nur zwei Maßstäbe an:

- Die Sonde der internen Gleichheit, die gesellschaftliche Ungleichheiten sichtbar macht.
- Die Sonde des externen Gleichgewichts, die z. B. ökologische Ungleichgewichte erkennen lässt.

Beide erscheinen auf den ersten Blick als vollkommen plausibel. Da aber Ungleichheit und Ungleichgewichtigkeit gerade das sind, was Systeme auszeichnet, sind in systemtheoretischer Sicht beide Maßstäbe heillos utopisch. Die Protestthemen werden damit unerschöpflich – so wie auch andere Systeme wie z. B. das Wissenschaftssystem in ähnlicher Weise auf utopische Unendlichkeit gestellt sind: Denn sie produzieren immer neues Nichtwissen in Form von neuen Forschungsfragen und halten sich dadurch am Leben. Durch die immer neuen Themen bildet sich so etwas wie eine *Kultur des Protestierens,* die auf eine Verknüpfung und Vernetzung thematisch unterschiedlicher Protestgruppen hinausläuft – übrigens unabhängig davon, ob diese erfolglos oder erfolgreich waren. Denn im Augenblick des Erfolgs pflegt auch der erfolgreiche Protest an sein Ende zu gelangen. Er hört entweder auf oder es findet eine Formwandlung statt, mit den Optionen Etablierung unter Aufgabe des Protestmodus oder Weiterführung des Protests unter Varianz des Themas.

Die übergreifende Einheitsformel der Protestkultur ist die Symbolik des „Alternativen". „Sie gestattet Themenwechsel unter Wahrung der Form des Protests." (GG 861) Wurde noch in der sozialistischen Bewegung des 19. Jh. die Einheit in der Form einer zusammenhängenden Ideologie gesucht, so reicht heute die Alternativität. Die Herausbildung einer Protestkultur, d. h. die Möglichkeit des Rückgriffs auf Erfahrungswerte, ermöglicht auf Seiten der Protestierenden ein immer besseres Verständnis ihres Zusammenspiels mit den Massenmedien und der Öffentlichkeit: Sie lernen, Ereignisse eigens für die Medien zu organisieren und zu inszenieren, damit diese etwas Neues zu berichten haben. Diese Form der Selbstbeobachtung moderner Gesellschaften kann also beschrieben werden als Widerstand der Gesellschaft gegen sich selbst oder, weil die Gesellschaft aus Kommunikationen besteht, von Kommunikation gegen Kommunikation. Offenbar kann die Gesellschaft damit zurechtkommen: Sie funktioniert, indem sie auf diese Weise ihre Reaktionen auf die Umwelt steuert. Der Widerstand gegen sich selbst wirkt demnach als ausbalancierender Funktionsmodus und stellt immer neue vorübergehende Gleichgewichtszustände her.

Bei Luhmann bleibt dennoch eine gewisse Skepsis zurück, denn er beobachtet diese Prozesse nicht selbst als Protestierender, sondern als Wissenschaftler, der an der Selbstbeschreibung moderner Gesellschaften interessiert ist. Und dazu trägt der eben beschriebene Protestmechanismus nichts bei: „Nichts spricht dafür, dass die Protestbewegungen die Umwelt, seien es die Individuen, seien es die ökologischen Bedingungen, besser kennen oder richtiger beurteilen als andere Systeme der Gesellschaft. Genau diese Illusion dient jedoch den Protestbewegungen als der blinde Fleck, der es ihnen ermöglicht, Widerstand von Kommunikation gegen Kommunikation zu inszenieren und damit die Gesellschaft mit Realität zu versorgen, die sie anders nicht konstruieren können. Es kommt nicht darauf an, wer recht hat ..." (GG 865). Der Protest ist ein Funktionsmodus der Gesellschaft, mit ihrem Unwissen in bezug auf die Umwelt umzugehen. Die durch die Proteste ausgelösten Irritationen modifizieren die Feineinstellung der Gesellschaft. Sie kann damit weiterexistieren, bekommt allerdings Schwierigkeiten, ein Gesamtbild von sich zu erzeugen. Es fehlt an Texten, die eine angemessene Selbstbeschreibung bieten. Diese nun herzustellen ist Luhmanns Ziel.

Die Gesellschaft besteht aus vielfältigen Teilsystemen, die alle ihre eigene Form der Realitätskonstruktion durch Reduktion von Komplexität vornehmen: die Wirtschaft auf Geldfragen, die Wissenschaft auf Forschungsfragen. Wird etwas anderes an sie herangetragen, entsteht keine Resonanz. Der Entstehungsgrund der Protestbewegungen neueren Stils kann durchaus in der Unzufriedenheit mit dieser Resonanzlosigkeit gesehen werden (GG 856). Traditionelle Protestbewegungen wie die aufständischen Bauern des 16. Jahrhunderts oder die Arbeiterbewegung reagierten auf hierarchisch bedingte, vertikale Resonanzlosigkeit. Heutige Protestbewegungen dagegen versuchen die immer weiter sich vertiefenden horizontalen Trennungslinien innerhalb der Gesellschaft zu überspringen und entwickeln in diesem Sinne durchaus gesellschaftliche Integrationstendenzen.

Integration könnte verstanden werden als mehr oder weniger gelungene Selbstbeschreibung des Gesamtsystems, was nur eine andere Ausdrucksform für die imaginäre Konstruktion der Einheit des Systems ist. Wie funktioniert nun diese Selbstbeschreibung? Wie kann das System seine imaginäre Einheit herstellen? Vielleicht ganz einfach: Am simpelsten wäre es, von „kriterienloser Selbstidentifizierung des selbstreferentiellen Operierens" zu sprechen (GG 869). Aber was könnte das heißen? Das Problem liegt in Folgendem: die gesellschaftliche Selbstbeobachtung und Selbstbeschreibung kann überhaupt nur als Kommunikation vorkommen. Anders als bei Habermas gibt es aber bei Luhmann kein Kriterium dafür, ob diese Beschreibungen nun zutreffend, also „authentisch" oder konsensfähig sind oder nicht. Derartige Vorstellungen muss man schlicht aufgeben. Es kommt zu nichts anderem als zur permanenten Erzeugung inkongruenter Perspektiven, also zur ständigen Varianz von Beschreibungsformen, von denen keine „richtig" oder „falsch" ist. Obwohl es also eigentlich nur um eine klar definierte Aufgabe, die Selbstbeschreibung, geht, erzeugt die Gesellschaft eine hyperkomplexe Lösungsvielfalt. Nur eine Gesellschaft, die versucht, bei ihrer Selbstbeschreibung auf Kommunikation mit ihren vielfältigen Anschlussmöglichkeiten zu verzichten, könnte mit sich kongruent sein. Da wir aber gesehen hatten, dass Gesellschaft aus Kommunikation besteht, wäre dies nur wieder eine neue Paradoxie.

Luhmann kann dieses Problem nicht lösen oder, in seinen Worten, diese Fragen des abstrakten Theoriedesigns „im Moment zwar nicht befriedigend beantworten" (GG 879) – aber er schlägt eine erfolgversprechende Umgehungsstrategie vor, die darin besteht, einfach am Fall des Gesellschaftssystems zu klären, wie dessen Selbstbeschreibungen in der Praxis funktionieren. Denn es gibt sie ja. Sie kommen vor, auch wenn nicht so recht klar ist, wie es eigentlich um die Bedingungen ihrer Möglichkeit steht.

Selbstbeobachtung und Selbstbeschreibung gibt es jedoch immer nur im Nachhinein. Sie müssen davon ausgehen, dass das System als solches schon vorhanden ist. Da „Gesellschaft" der Totalbegriff ist, gibt es keine Außenperspektive, von der aus diese Beschreibungen gedacht werden können. Sie sind Bestandteile der Gesellschaft selbst, Teile dessen, was sie beschreiben. Sie können deshalb auch nicht nachträglich mit ihrem Gegenstand verglichen werden, um Übereinstimmung oder Abweichung festzustellen. Die klassische Erkenntnistheorie der *adaequatio rei et intellectus*, der Übereinstimmung von Erkenntnis und Gegenstand, ist hier außer Kraft.

Dennoch gibt es permanente Bemühungen, einen „richtigen" Text, einen verbindlichen Text herzustellen. Am häufigsten wird hierzu der normative Weg verwendet: Dann kann der Richtigkeitsanspruch nämlich auch kontrafaktisch aufrechterhalten werden. Der Trend zu normativen Fixierungen wurde alteuropäisch an Gott oder die Natur gebunden. Ideologien sind modernisierte, aber vergleichbare Bindungsformen. Luhmanns Ziel ist demgegenüber die Dekonstruktion. Er fühlt sich hier durchaus als Weggefährte Jacques Derridas, auch wenn dieser wegen der unterschiedlichen Ausgangskulturen die Avancen Luhmanns ihm gegenüber eher mit einer gewissen Ratlosigkeit aufgenommen hat (GG 873). Beiden gemeinsam ist, dass sie die Vorstellung der Erkenntnis einer unabhängig vom Subjekt bestehenden Welt in Frage stellen. Die Realitätsgarantie kann dann allenfalls noch darin bestehen, eine Art Gleichartigkeit der Erkenntnisverfahren mit der Gegenstandswelt anzunehmen und dies in verschiedenen empirischen Systemen mit der Fähigkeit zur Selbstreflexion in seinem Funktionieren zu beobachten. Luhmann deutet an, dass man an diesem Punkt eventuell mit der Radikalisierung einiger Überlegungen aus dem Kapitel „Von dem Schematismus der reinen Verstandesbegriffe" in Kants „Kritik der reinen Vernunft" weiterkommen könnte. Diesem Text ist auch der eben verwendete Begriff der Gleichartigkeit entnommen. Aber nicht dieser Pfad der Erkenntnistheorie wird weiterverfolgt, sondern vielmehr gut soziologisch ein Weg der Beschreibung historisch vorkommender unterschiedlicher Formen von Selbstreferenz.

Luhmanns Wissenssoziologie der sozialen Selbstbeschreibung erkennt in der antiken Ontologie die konkurrenzfreie Position einer adlig-städtischen Gesellschaftsspitze. Dieses Modell war einfach und plausibel. Die damit verbundene Ethik verstand das Handeln als Streben nach einem erkennbaren Guten – ungute Ziele und absichtlich Schlechtes konnte es nicht geben. „Auch hier muss man also Autorität voraussetzen, als eine Instanz, die – ohne dadurch Freiheit einzuschränken! – den Handelnden über seine Ziele aufklärt und ihn gegebenenfalls korrigiert." (GG 929) Zur Repräsentation der Gesellschaft in der Gesellschaft gibt es immer die Spitze der Hierarchie, von der aus die Welt zu sehen ist, oder die Fachkompetenz der Schreiber, Philosophen und Kleriker. Bis heute ist diese alteuropäische Semantik faszinierend. Sie kann schon deshalb nicht absterben, weil sie zum Zweck der Selbstverständigung der Moderne permanent negiert wird und dazu in irgendeiner Form am Leben erhalten werden muss – auch wenn bis heute einige Philosophen noch nichts davon mitbekommen haben, dass durch die Veränderung der Sozialstruktur in Richtung auf funktionale Differenzierung Risse auftraten, die den vollständigen Zusammenbruch verursachten. Wir haben es also nur noch mit einer alteuropäischen Ruinensemantik zu tun.

Die Moderne dagegen „muss ohne Repräsentation der Gesellschaft in der Gesellschaft zurechtkommen, und sie hat dafür noch keine semantischen Formen gefunden, die der eigentümlichen Geschlossenheit und Überzeugungskraft der alteuropäischen Semantik die Waage halten können." (GG 963) Auch darin liegt ein Grund für die weitere Aktualität der antiken Philosophie, denn sie gibt einen Maßstab der Geschlossenheit für die Weltsicht vor. Die soziale Zuordnung der Selbstdeutung wird allerdings fragwürdig. Oft bleibt es anders als bei den Leitungshierarchien traditionaler Gesellschaften heute bei der „Selbstsinngebung von Reflexionseliten, die mit den Grundoperationen des Systems nicht mehr befasst sind – von Pädagogen, die nicht unterrichten, von Juristen, die für Lehre freigestellt sind, von Theologen, die nicht predigen, nicht fasten, nicht (oder allenfalls noch ‚privat') beten." (GG 965) Die Semantik wird von der Interpretation der Natur auf Zeichentheorie umgestellt, von der

Anthropologie auf Semiotik, doch die Sprache „spielt nur mit sich selbst. Ihre reine Form ist das Schwatzen" (GG 995). Luhmanns Spott über die sprachphilosophische Wende zeigt, dass er hier jedenfalls keinen festen vorgegebenen Sinn mehr zu lokalisieren vermag.

An die Stelle der Integration durch Hierarchie tritt die kontrafaktische Integration durch Normativität. Die Moral der Gesellschaft wird ins Spiel gebracht, zunächst noch in der Form der Moralistik Montaignes, Shaftesburys und anderer. Diese Moral ist die der Salons, und der Test für sie bestand in Shaftesburys berühmtem „*test by ridicule*", dem Probierstein der Lächerlichkeit. Die Begründungsaufgabe geht Ende des 18. Jahrhunderts von der guten Gesellschaft auf die philosophischen Fakultäten über. „Damit entfällt auch das Lernen des Sinns für Mehrdeutigkeiten, für Ironie, für Lächerlichkeit im geselligen Verhalten und jener Schliff im Verbalverhalten, der es ermöglichte, die Untiefen der Moral zu vermeiden." Nun müssen „Examina der Moral" bestanden werden (GG 1039). Dieser Evolutionsprozess geht hin bis zu den extravagantesten Selbstbegründungsversuchen einer akademisch beaufsichtigten Moral (GG 1041). Aus den einzelnen Funktionssystemen muss sie sich jedoch immer weiter zurückziehen. „Warum sollten Liebende allem voran die Tugend des Partners lieben und für seine moralischen Entgleisungen kein Verständnis aufbringen?" (GG 1042) Auch und gerade gute Menschen gehen in der Wirtschaft bankrott und scheitern in der Politik.

Die höhere Amoralität der Funktionscodes wird jetzt moralisch akzeptiert. Moral hat allenfalls noch auf Code-Sabotierungen zu achten und die öffentliche Meinung gegen Doping im Sport, Korruption in der Politik oder die Mogelei mit den Daten der empirischen Forschung in Stellung zu bringen und ansonsten von allzu aufdringlicher Belästigung der Öffentlichkeit Abstand zu nehmen (GG 1043). Wenigstens das System der Ethik, also der begründenden akademischen Moralreflexion hat sich längst auch als eigenständiges Funktionssystem ausdifferenziert. Auch diese Gesamtbeobachtungsform der Gesellschaft in der Gesellschaft ist so ein Sondersystem geworden. Eine operative Schließung kann von hier aus also auch nicht gelingen.

Andere Modelle der Gesamtbeschreibung waren die Semantik der Nation und die der Klassengesellschaft. Moderne Wanderungsbewegungen machen die Vorstellung nationaler Identifizierung Einzelner unplausibel. Die Wehrpflicht, ein wesentliches Moment von Nationalstaatlichkeit, ist heute in den meisten Ländern überholt, weil nationale Selbstbehauptungskriege unwahrscheinlich und technisch wie ökologisch unverträglich geworden sind. Die Klassensemantik war ein interessantes Übergangsschema, weil sie die Umstellung von Familien und Stämmen auf Individuen ermöglichte, denn sie war frei von der traditionalen Vorbestimmung durch Geburt gedacht gewesen. Die Einheit der Gesellschaft lag im Unterschied der Klassen – mit dem utopischen Moment von der potentiellen Überwindung. Heute ist diese Semantik in sich zusammengebrochen, weil die individualisierte Vielfalt und die Wirksamkeit sektoraler Momente wie Geschlecht und Alter sich stärker auswirken als man früher dachte, und weil man an die solidarische Gesamtlösung nicht mehr recht glauben kann.

Die funktionale Differenzierung desintegriert immer weiter. Auch das Individuum – immerhin noch die Letztgröße z. B. der Menschenrechte – kann nun nicht mehr als Integrationspunkt wirken, weil es an allen Funktionssystemen teilnehmen können muss (GG 1066) und dabei – wie die soziologische Diskussion um die neue Unterscheidung von Individuum und Gesellschaft zeigt – häufig durchaus unglückliches Bewusstsein entwickelt. Es kann sich nicht mehr als fester und letzter Punkt empfinden und bedarf, um überhaupt es selbst sein zu können, ständig noch einer zusätzlichen Anstrengung der Selbstverwirklichung. Weitere Beschreibungsformeln der Gesellschaft sind Information, Risiko, Moderne und Postmoderne. Luhmann betrachtet den Begriff Postmoderne mit einer gewissen Distanz, schließt sich aber der Sache nach an dessen Erfinder Lyotard an: Zu verstehen ist darunter die Rede vom Ende der Großen Erzählungen. Da auch dies wiederum eine Erzählung ist, handelt es sich um die Fundierung auf einem Paradox und damit eine typische Selbstbeschreibungsformel der heutigen Welt (GG 1144). Das postmoderne Projekt ist genau das, welches Luhmann auch anstrebt: eine Neubeschreibung der modernen Gesellschaft aufgrund gegenwärtiger Erfahrungen. Den Theoretikern der Postmoderne allerdings wirft er vor, die Vorarbeiten wegzulassen zu haben und damit über keine Theorie der modernen Gesellschaft zu verfügen – ganz anders als Luhmann selbst. Und deshalb kann er den Kritikern seiner Systemtheorie nur die Empfehlung geben: „Macht es anders, (...) aber mindestens ebenso gut." (GG 1095)

6.3   Die Politik der Gesellschaft

> „Macht ist also nicht etwas, was in der Politik auch vorkommt,
> sie ist die Quintessenz von Politik schlechthin."[223]

Die Funktion der Politik liegt in der Herstellung kollektiv bindender Entscheidungen. Die politischen Parteien sind mit der unverbindlichen Vorbereitung dieser Entscheidungen befasst. Was ist das spezifisch Politische im Unterschied zum Beispiel zum wirtschaftlichen Bereich? Wie kann man politische Macht von anderen Formen der Einflussnahme, z. B. durch Geld abgrenzen? Geld ist das klassische Mittel für *positive Sanktionen*. Politik aber, und das ist eine entscheidende Voraussetzung für ihre Differenzierung von der Wirtschaft, kann auch mit *negativen Sanktionen* arbeiten. „Negative Sanktionen werden über Drohung kommuniziert oder schlicht antizipiert, so dass es einer expliziten Drohung gar nicht mehr bedarf." (PO 46) Ein nicht unwesentlicher Vorteil gegenüber positiven Sanktionen ist, dass sie nicht unbedingt ausgeführt werden müssen: Wer einen Bürger polizeilich erschießt oder in der Wirtschaft jemanden entlässt, erreicht normalerweise nicht genau das, was er mit der Androhung dieser Maßnahme erreichen wollte.

Diese These Luhmanns ist der neueren politikwissenschaftlichen Theorie vom allseits verhandelnden Staat und der Steuerung durch Steuervergünstigungen direkt entgegengesetzt. Allerdings ist sie ein wenig zu harmlos im Vergleich zur politischen Wirklichkeit, wo die bloße Versprechung positiver Sanktionen, ohne diese auch unbedingt einhalten zu müssen, ebenso eine hinreichend lange Zeit den gewünschten Effekt erzielen kann. Man kann eben auch aussitzen statt zu zahlen. Immerhin lässt Luhmanns Machtbegriff weitere Komplexionen zu, sobald die Ebene der Beobachtung zweiter Ordnung betreten wird: wenn positive Sanktionen erwartet werden, kann schon deren Ausbleiben als negative Sanktion gewertet werden und umgekehrt. Die Unterlassung einer Negativfolge kann schon als Verhandlungsgrundlage eingesetzt werden. Die unangenehme Information wird nicht bekannt gegeben, die Entlassung doch nicht ausgesprochen. „Permissive Leadership" heißt das in der Organisationssoziologie.

---

[223] Luhmann, Die Politik der Gesellschaft S. 75.

Die Grundlage von Macht besteht letzten Endes darin, – da argumentiert Luhmann ganz in der Tradition von Max Weber – zur physischen Gewaltanwendung legitimiert zu sein. Wie Geld ist Macht ein Kommunikationsmedium, das im Grunde für beliebige Zwecke eingesetzt werden kann. Ist aber das politische System auch in der Lage, den Machtgebrauch unter Kontrolle zu halten? Macht als Quintessenz und Kern des Politischen bedeutet keineswegs im Sinne der ontologischen Tradition Alteuropas, dass hiermit das *Wesen* des Politischen ausgesprochen sei. Es geht ganz konstruktivistisch vielmehr um das Unterscheidungsmerkmal, mit dem das politische System sich von anderen differenziert.

Luhmanns Grunddefinition, die Funktion der Politik sei die Herstellung kollektiv verbindlicher Entscheidungen, kann mittlerweile als unbestrittenes Gemeingut der Politiktheorie gelten. Sie muss also ständig die Machtkapazitäten bereitstellen, um dies auch darstellen zu können. Alles, was im Themenkreis der Politik geschieht, nimmt damit die Form der Entscheidung an, und auch Unterlassungen werden in diesem Systemkontext zu einer Form der Entscheidung, zur Entscheidung nämlich, nun doch nicht oder noch nicht zu entscheiden. Die systemische Engführung wird so stark, dass es sozusagen „unschuldige" Unterlassungen in diesem Feld nicht mehr gibt.

Daneben kann man Politik noch auf eine zweite Weise befragen, nämlich daraufhin, wie das Medium Macht kodiert wird. Grundsätzlich geht es um deren Umsetzung in Ämter. Physische Gewalt wird friedlich auf Dauer gestellt und die Machtausübung nunmehr in Amtsform organisiert (PO 91ff.). Sie kann auf Gefolgschaft rechnen, ohne ständig die Repressionsinstrumente vorzeigen zu müssen, auch wenn diese selbst in den allermodernsten und aufgeklärtesten Staaten niemals ganz beiseitegelegt worden sind. Nicht einmal Dänemark kommt ohne Polizei aus. Letzten Endes kann fehlender Konsens immer durch die Anwendung von Gewalt ergänzt werden. Worauf es ankommt, ist die legitime Disposition über staatlich organisierte Gewalt (PO 295).

Erstarrung, die bei gewaltbegründeten Verhältnissen immer auftreten kann, wird dadurch vermieden, dass durch die Abhaltung regelmäßiger Wahlen eine jeweils kurzfristige Ungewissheit produziert werden kann. Politische Operationen werden auf diese Weise der langfristigen Berechenbarkeit entzogen, so dass sie als Entscheidungen getroffen werden können und müssen. Zugleich wird auf diese Weise die Legitimität der Gewaltanwendung im öffentlichen Meinungsbildungsprozess reaktualisiert.

Die Ausdifferenzierung der Politik ist nie vollständig. Sie ist allerdings dann besser beraten, und darauf kommt es Luhmann an, wenn sie auf starke ökonomische Interventionen wie im Sozialismus oder wie in der italienischen Geldpolitik der achtziger Jahre verzichtet und an deren Stelle lieber Beschwörungen und Heuchelei als Optimierungsstrategien setzt. „Operativ gesehen, kann die Politik nicht wirtschaften, und die Erfahrungen mit entsprechenden Versuchen lassen es wenig ratsam erscheinen, daran etwas zu ändern." (PO 114) Die klassische politische Theorie hatte seit Aristoteles immer an einem Identitätskonzept von Politik und Gesellschaft festgehalten. Ausgangspunkt war die *koinonia politike*, die politische Gemeinschaft, die in der schottischen Aufklärung und vor allem bei Hegel getrennt wurde in den Staat und die bürgerliche Gesellschaft (inklusive der Wirtschaft) und die man heute weiter ausdifferenziert hat in die drei Bereiche Staat, Markt und Zivilgesellschaft. Wer immer noch an der „politischen Gesellschaft" festhält, verkennt in Luhmanns Sicht die funktionale Spezifikation des politischen Systems. Gerade die Autonomstellung des politischen Systems ermöglicht diesem verstärkte Eigenoperationen. Das muss nicht unbedingt nur ein Vorteil sein: „Politik produziert eine Flut von Entscheidungen, die in ihrer Folge weitere Entscheidungen notwendig machen. Der Entscheidungsbedarf wächst und wächst ständig mit der Notwendigkeit, frühere Entscheidungen zu korrigieren." (PO 137) Die Selbstbeschäftigung des in sich abgeschlossenen Systems nimmt dann, von außen beobachtet, seltsame Züge an.

Auf der Seite der Entscheidungen tritt die sogenannte symbolische Politik, die nur in entschlossener Weise so tut, als ob gehandelt werde, an die Stelle direkter Zielverfolgung. Genau dies muss nach Luhmanns Theorie realistischerweise auch erwartet werden, da die Zukunft unbekannt ist und die öffentliche Meinung dafür keine Richtungsvorgaben enthält. Es gibt nur Schemata, Skripts und zugespitzte Kontroversen. Er wertet dies durchaus positiv, denn das prinzipienlose Lavieren, das Verhüten des jeweils Schlimmsten und das reaktive Taktieren richten offenbar auch weniger Schaden an. Es bleibt bei Luhmann allerdings nie ganz klar, woran er dies eigentlich messen will, denn Wertgesichtspunkte sind selbst wiederum Produkt von Evolutionsprozessen und Entscheidungen.

Diese Prozesse werden vermutlich auch den modernen nachmittelalterlichen Staat überholen und in die Gesellschaft, nunmehr die Weltgesellschaft, zurücknehmen. Die Semantik der Nationen, für deren imaginierte Gemeinschaft man leben, töten und sterben sollte, beginnt in den entwickelten Ländern abzusterben. Der Begriff des *Staates* eignet sich damit auch immer weniger als Selbstbeschreibungsformel des politischen Systems. Dieses System gerät in Situationen der Überforderung, in Situationen „der überdrehten Arbeit an der Lösung unlösbarer Probleme" (PO 219). Die Ziele Friedenserhaltung und Interessenausgleich werden beiseitegedrängt. An die Stelle der bindenden systemischen Entscheidung von Konflikten tritt die Verfolgung inhaltlicher Großziele: Ziele der ethnischen oder religiösen Identität, der wohlfahrtsstaatlichen Gruppenversorgung oder der politisch korrekten Meinungs- und Sittenzensur. Sobald der Staat aber spezifische Zwecke verfolgt, z. B. einem besonderen Wert Vorrang gewährt, wird er „despotisch", wie Friedrich Schlegel das einst in seinem „Versuch über den Begriff des Republikanismus" formuliert hatte.[224] Das Ausdifferenzierungsmerkmal des politischen Systems soll somit so rein wie möglich gehalten werden: Das ist die systemische Wertbegründung für die Staatszurückhaltung gegenüber konkret-inhaltlichen Politikzielen. Politik sollte also reduziert werden zur weltgesellschaftlich notwendigen Form kollektiv bindenden Entscheidens. Um größtmögliche Nähe zu lokalen und regionalen Problemkonstellationen zu gewährleisten, bleibt es sinnvoll, diese Fähigkeit segmentär, also nach Nationalstaaten differenziert zu halten und der Weltgesellschaft nicht eine einheitliche weltstaatliche Spitze zu geben. Die einzelnen Segmente sollten doch untereinander eine möglichst große Ähnlichkeit und Kommunikationsfähigkeit miteinander aufweisen. Sie sollen nach Luhmann also politisch effektiv und intern durchsetzungsfähig sein, sind vor allem aber als Adressen internationaler Kommunikation gedacht. Daraus ergibt sich eine weltpolitische Interventionsoption, sobald z. B. im Falle eines Bürgerkriegs nicht mehr klar ist, welche Adresse als zuständig gilt, wenn also die Staatlichkeit nicht mehr garantiert werden kann. Interventionen sollten sich aber auf eine Garantie der Staatlichkeit beschränken und sich nicht in Einzelfragen der lokalen Politikgestaltung einmischen. Da die Weltgesellschaft und ihr politisches System auf Kommunikation beruhen, kann sie es sich nicht leisten, ganze Territorien aus der kommunikativen Zuständigkeit zu entlassen. Die dafür geeigneten Interventionsformen beginnen sich derzeit erst zu entwickeln.

---

[224] Niklas Luhmann: Politik der Gesellschaft 218ff. Friedrich Schlegel: Werke in zwei Bänden. Berlin und Weimar 1980, 1. Bd. S. 61. „Jeder Staat, der einen besonderen Zweck hat, ist despotisch, mag dieser Zweck auch anfänglich noch so unschuldig scheinen."

Dann wird wohl auch der Zeitpunkt gekommen sein, nur noch von politischen Systemen und nicht mehr von Staaten zu sprechen, wie es sich in der politischen Wissenschaft schon seit längerem abzeichnet. Der Staatsbegriff könnte dann in den antiquarischen Beständen der juristischen Staatslehre verstauben, ohne dass sich für das „administrativ belästigte Publikum" (PO 265) so sehr viel ändert.

Luhmann begreift die Ausdifferenzierung des politischen Systems als evolutionären Prozess. Hier ist eine Forschungslücke zu konstatieren: Eine entsprechende umfassende Evolutionstheorie ist bislang noch nicht ausgearbeitet worden. Er selbst kann sie im Schlusskapitel seiner „Politik der Gesellschaft" nur skizzieren.[225] Sie steht unter dem Rechtfertigungszwang, sich vom Sozialdarwinismus des 19. Jahrhunderts abgrenzen zu müssen, der allerdings in Wirklichkeit gar nicht als evolutionstheoretisches Modell angesehen werden kann, weil die dafür grundlegenden Begriffe wie Variation, Selektion und Zufall bei der damals hochgehaltenen ideologischen Idee von der Durchsetzung des Stärkeren gar keine Rolle spielten. Darwins eigene Theorie hatte sich – durchaus noch unideologisch – auf Variation und Selektion beschränkt. Die damit verbundene organismusanaloge und körperkonkretistische Auffassung passt weder zu den Sozialwissenschaften im allgemeinen noch zur Systemtheorie im besonderen. Hier müssen offenbar neue transdisziplinäre Wege gefunden werden. Es käme darauf an, Evolutionstheorie und Systemtheorie so zu kombinieren, dass sie auf autopoietische Systeme eingestellt sind. Externe Selektion (Darwins „natürliche Selektion") ist deshalb auszuschließen. Zu erklären ist ja die im Unterschied zur natürlichen spektakulär schnelle gesellschaftliche Evolution.

Die politische Legitimation hat mit dem Ende Alteuropas und damit auch der alten Lehren über politische Klugheit (zuletzt noch scheinbar kühl und modern unter dem Titel „Staatsräson") vor allem begründen müssen, wie die oberste Gewalt, also die staatliche Souveränität, zugleich gebunden und ungebunden operieren konnte. Die üblichen ethisch-naturrechtlichen Begrenzungen konnten der realen Härte des Politischen nicht standhalten. Eine Zeitlang, nämlich von Hobbes bis Rousseau, hat man es mit Vertragstheorien versucht: Aber wodurch soll ein Vertrag bindend wirken? Die klarste, letzte und nicht gern eingestandene Antwort war immer gewesen: durch physische Gewalt (WG 473). Am Ende des 18. Jahrhunderts tritt mit der amerikanischen und französischen Revolution das Konzept der verfassungsgebenden Gewalt mehr oder weniger eng verbunden mit dem Zukunftskonzept „Demokratie" in Kraft. Unterhalb dieser Gesamtbegründungsmodelle aber vollzieht sich der gesellschaftliche Differenzierungsprozess weiter. Über die Dichotomie Staat – Gesellschaft, wie wir sie von Locke, der schottischen Aufklärung und vor allem Hegel her kennen, hinausgehend wird die Gesellschaftswelt in eine Vielzahl von Funktionsbereichen auseinanderentwickelt. Deren Beziehungen untereinander gestalten sich immer komplexer. Klassische Modelle der politischen Steuerung durch so etwas wie den Staat werden sowohl theoretisch als auch vor allem in der politischen Praxis hinfällig. Das hat sich massiv bei den keynesianischen Steuerungsversuchen von Wirtschaft durch Politik in den siebziger Jahren gezeigt.

Hierzu gab es eine wichtige Diskussion zwischen Luhmann und Fritz Scharpf, einem in der Fachwelt außerordentlich prominenten und außerhalb fast unbekannten Politikwissenschaft-

---

[225] Erst neuerdings liegt eine Studie vor von Hans Wimmer: Evolution der Politik. Von der Stammesgesellschaft zu modernen Demokratie. Wien 1996. Luhmann bemängelt allerdings den deutlichen Bruch zwischen Theorie und historischen Analysen.

ler.[226] Wie immer, wenn Luhmann über die Ränder der Soziologie hinausgreift, steuert er die wirklich zentralen Themen an und sucht die Diskussion mit den Autoren, von denen am meisten zu lernen ist.

Luhmanns Kernthese lautet: Die Steuerungsdiskussion ist ziemlich sinnlos. Selbstverständlich haben politische Steuerungsbemühungen eine Wirkung. Aber ebenso gewiss nicht die eigentlich gewollte, nämlich die Gesellschaft von den Kommandohöhen des politischen Systems her in die gewünschte Richtung dirigieren zu können.

Steuerung ist so etwas wie Differenzminderung, d. h. die Verringerung von Bereichsunterschieden – also gerade das Gegenteil von dem, was in modernen Gesellschaften geschieht. Denn jene sind auf die Erhaltung und Verstärkung der Differenzen angelegt. Schon deshalb können sie gar nicht gesteuert werden. Die Handlungstheorie, wie sie viele Politikwissenschaftler immer noch gläubig nacherzählen, eignet sich allenfalls zur Selbstdarstellung, zur „öffentlichen Phrasierung" der Politik. Auch wenn man dies im einzelnen noch so „scharfsinnig" entwickelt, kommt man doch nicht daran vorbei, dass jeder Steuerungsakt, z. B. auf dem Währungs- oder Finanzmarkt, als Ereignis wesentlich schneller wirkt als seine dahinterstehenden Absichten. Er überholt sich gewissermaßen selbst und dementiert sich dadurch. Die Steuerung setzt dann nur noch Signale, die wie Lichter und schrille Geräuschsequenzen in einer Disco flackern, während die Anwesenden sich langweilen und nach anderem Ausschau halten.[227] Luhmann leugnet nicht vollständig die Möglichkeit von Steuerung. Er hält ihre analytische Einbettung in eine Handlungstheorie mit deren Überschätzung der Absichten aber für verkehrt. In einer Systemtheorie der Steuerungsversuche würde man die Impulse und die Differenzen von Systemzuständen vergleichend analysieren. Die Politik ist damit entzaubert, weil sie nicht mehr als die hierarchische Spitze der Gesellschaft gelten kann, sondern bloß noch als ein Teilsystem unter vielen anderen.

Bleibt zu fragen, welche Antwort denn dem Theoretiker des akteurszentrierten Interaktionismus, wie Fritz Scharpf seinen eigenen Ansatz nennt, gegen Luhmann eingefallen ist. Faktisch gibt es für ihn erfolgreiche politische Steuerung: „Die Wirtschaft bietet trotz aller Proteste bleifreies Benzin an, wenn die Umweltpolitik das so vorschreibt" und selbst die Militärsysteme können abrüsten, wenn die Politik es ernsthaft will.[228] Zwar ist zuzugeben, dass die meisten Steuerungsversuche gescheitert sind und scheitern. Es gibt aber keinen prinzipiellen theoretischen Grund, sie von vornherein für ausgeschlossen zu erklären. Wenn Steuerung aber überhaupt möglich ist, dann ist Luhmanns These nur insofern sinnvoll, als sie die Schwierigkeiten in besonders deutlicher Weise markiert. Vor allem müssen Steuerungsmöglichkeiten, wenn es sie denn gibt, von der Wissenschaft systematisch aufgesucht werden. Gerade das Zustandebringen des Unwahrscheinlichen ist die eigentliche politische Leistung. Steuerung ist zu verstehen als die im Sinne der eigenen Ziele erfolgreiche Intervention der Politik in Strukturen und Prozesse der Wirtschaft und anderer Funktionssysteme, z. B. durch die Setzung einer Wettbewerbsordnung.

---

[226] Dazu die beiden Texte: Fritz W. Scharpf: Politische Steuerung und Politische Institutionen. Politische Vierteljahresschrift 30. Jg. 1989, H. 1, 10–22, und Niklas Luhmann: Politische Steuerung: Ein Diskussionsbeitrag. Politische Vierteljahresschrift 30. Jg. 1989, H. 1, 4–9.

[227] Ebenda, S. 8.

[228] Fritz W. Scharpf: Steuerung, a. a. O., S.12.

Im nächsten Argumentationsschritt versucht er Luhmann mit der Übernahme eines seiner zentralen Argumente auszuhebeln. Wenn man nämlich probehalber einmal Luhmanns Hauptthese folgt, dass ein System ein anderes nicht dadurch beeinflussen kann, dass es versucht, in diesem die eigenen Unterscheidungen durchzusetzen, dann bleibt für die Politik, die ja nicht einfach auf das Handeln verzichten und nach Hause gehen kann, ohnehin nur Fritz Scharpfs akteurstheoretischer Weg, sich nicht an die Funktionssysteme selbst, sondern an die in ihnen handelnden Akteure zu wenden. Dort liegt die eigentliche Chance politischer Steuerung. Wenn intersystemische Steuerung überhaupt stattfinden kann, dann nur durch handlungsfähige Akteure und Akteurskonstellationen, nicht durch die Funktionssysteme als solche, deren Geschlossenheit Luhmann zu recht betont. Die strukturelle Kopplung zwischen den Systemen will Scharpf also gerade über die Akteure herstellen – etwas, was Luhmann immer konsequent und definitorisch aus seinen Überlegungen ausgeschlossen hat. Seine Theorie will ausschließlich nur die eine, die systemische Dimension erfassen. So häufig sie auch von der Systemkomplexität spricht, so bleibt sie doch – diesen Vorwurf kann der Politikwissenschaftler gegen sie ins Feld führen – in Wirklichkeit eindimensional, weil die nur die Systemdimension, nicht aber die Akteursdimension zu erfassen bereit ist. Dadurch unterschätzt Luhmann das gegenseitige Koordinierungs- und Integrationspotential sowohl von Individuen als auch von Organisationen und betont stattdessen die Schwierigkeiten der Steuerung zu sehr.[229] Denn dort, wo formale Organisationen in Funktionssystemen dominieren, dort müsste im Prinzip auch eine relativ hohe Steuerbarkeit gegeben sein. Luhmanns systemtheoretisch motivierte Askese gegenüber allen Handlungsargumenten ist also von der Politikwissenschaft als anregend, aber zu stark vereinseitigend und damit letztlich ungeeignet zu einer auch praktikablen und handlungsanleitenden Beschreibung des Politischen zurückgewiesen worden.

6.4   Schautafel der Funktionssysteme

Zur Illustration wird eine an Luhmann angelehnte Schautafel einiger der wichtigsten Sozialsysteme beigefügt. Sie soll dem Überblick dienen. Zugleich hat sie die Aufgabe anschaulich zu zeigen, dass in dieser Systemtheorie die Politik nur ein Funktionssystem unter anderen darstellt. Ein hierarchisch vorrangiger Platz wird ihr in keiner Weise eingeräumt.

Im Einzelnen, d. h. für die einzelnen Teilbereiche können derartige schematische Darstellungen nicht genau genug sein, und vor allem können sie nicht abbilden, welche Sorgfalt Luhmann vor allem auf die Herausarbeitung der Codemerkmale gelegt hat, wie schwer er es sich damit gemacht hat und wie viele Möglichkeiten er jeweils durchdiskutiert und in Erwägung gezogen hat. Und nicht zu vergessen: Diese Systemtafel ist selber dem Wandel der gesellschaftlichen Semantiken ausgesetzt. Die Codesysteme variieren mit der systemischen Evolution und sprengen die Fixierungen ständig wieder auf. Auch das ist ein Grund dafür, dass man die Studien zur historischen Semantik nicht überlesen sollte. Sie fügen der synchronischen Tabulatur der Systeme die diachronische Entwicklung des Geschichtlichen hinzu.

Über jedes einzelne der Felder in dieser Schautafel könnte man lange diskutieren und sollte dies auch tun, um nicht leicht erlernbaren Schematismen zum Opfer zu fallen. Luhmann selbst hat auf eine derartige Schautafel verzichtet. Er brauchte für sein komplexes Denken

---

[229]   Ebenda S.16–19.

keine visuellen Stützungsstrukturen. Dennoch wird die Tafel hier mitgeteilt, weil sie – bei wohlwollender Betrachtung – die Komplexitäten immerhin aufscheinen lässt.

In einem frühen, 1974 zuerst erschienen Aufsatz hatte Luhmann angenommen, dass die Entgegensetzung konservativ/progressiv den politischen Code ausmacht.[230] Inzwischen lässt er dieses Links/Rechts-Schema nur noch als Zweitcodierung gelten. Diese Unsicherheit im theoretischen Zugriff zeigt, dass Politik gewiss einer der am schwersten zu codierenden Bereiche ist. Traditionell beansprucht sie eine Ausnahmestellung, die Luhmann ihr allerdings nicht mehr zuzubilligen bereit ist. Aber: „Noch heute wird gesellschaftliche Integration oder Lösung aller anderswo nicht lösbaren Probleme zentral von der Politik erwartet."[231] Sie wird diese Erwartung allerdings durchweg enttäuschen müssen, weil sie nur in ihrem eigenen Code des Kampfes um Regierung oder Opposition kommunizieren kann und so dazu tendiert, die Produktion von Erwartungen und regelmäßigen Enttäuschungen, also ökologische Kommunikation und damit „*loose talk*"[232] an die Stelle von solchen Problembehandlungsweisen zu setzen, die die Funktionsimperative der Nachbarsysteme einkalkulieren würden.

---

[230] Niklas Luhmann: Der politische Code. „Konservativ" und „progressiv" in systemtheoretischer Sicht, in: Soziologische Aufklärung III, S. 267–286; zuerst in: Zeitschrift für Politik, 1974, S. 253–271. Zu seiner heutigen Sicht ÖK 174

[231] Niklas Luhmann: Ökologische Kommunikation. Opladen 1986, 2. Aufl. 1988, S. 167f.

[232] Ebenda, S. 225.

Funktionssystem	Code	Programm	Medium	Funktion
Wirtschaft	Haben/Nichthaben	Knappheit	Geld, Eigentum	materielle Reproduktion
Recht	recht/unrecht	Gesetze	Recht (= Gesetze, Entscheidungen)	Sicherheit und Entscheidung von Konflikten
Wissenschaft	wahr/unwahr	Forschung	Wissenschaftliche Erkenntnisse	Produktion neuer Erkenntnisse
Politik	Regierung/Opposition	politische Ideen und Ideologien	Macht (öffentliche Ämter)	Herstellung kollektiv bindender Entscheidungen
Religion	Immanenz/Transzendenz	Offenbarung, Dogmatik, religiöse Texte und Rituale	Glaube	Transformation unbestimmbarer in bestimmbare Komplexität
Erziehungssystem	gute/schlechte Zensuren	Lehr- und Lernprogramme	Schulpflicht, Karriereerwartungen	Ausbildung und Bildung, Karriereselektion
psychisches System	identisch/nichtidentisch	seelische Gesundheit	Bewusstsein	individuelle Identitätsorganisation
Massenmedien	Information/Nichtinformation	Mitteilungen	Kommunikationsmedien, Sprache, Bilder	Information und Unterhaltung
Moral	gut/böse	Wertvorstellungen	Werturteile	subinstitutionelle Orientierung und Regulierung
Ethik	gerechtfertigt/ungerechtfertigt	praktische Philosophie	Moral	Moralreflexion, Moralbegründung, Moralkontrolle
Kunst	traditionell: schön/hässlich, modern: innovativ/alt (besser: Kunst/Nichtkunst)	Stile	Geschmacksurteile, Kunstwerke	Produktion, Präsentation und Reflexion von Kunstwerken
Medizinsystem	krank/gesund (Umkehrung: Präferenz für den scheinbaren Negativwert)	hippokratischer Eid	Behandlung, Heilverfahren	Gesundheitsfürsorge
Liebe	ja/nein	Passion	Erotik	Partnerwahl

Tabelle: Schautafel der Funktionssysteme

7 Modernisierung und Postmodernisierung

7.1 Modernisierungstheorien der ersten Moderne

Modernisierungstheorien in unterschiedlichen Ausformungen können als sozialwissenschaftliches Allgemeingut gelten. Dennoch konnte man besonders in den 70er Jahren häufig hören, dass *die* Modernisierungstheorie heutzutage widerlegt sei und von niemandem mehr vertreten werde. Das findet man so in den einschlägigen Handbüchern und bei Leuten, die zum oberflächlichen Denken und zu einer bloß plakativen, undurchdachten Begrifflichkeit neigen. Man muss dann immer nachfragen, auf welche Gesellschaften und auf welche Abläufe sich der Modernisierungsbegriff denn bezieht, und ob man glaube, dass die Prozesse der Modernisierung denn heute zum Stillstand gekommen seien. Sehr schnell wird sich herausstellen, dass die Ablehnung „der" Modernisierungstheorie sich lediglich auf den in den 50er und 60er Jahren von einigen geäußerten Glauben bezieht, die Entwicklungsländer würden sich nach dem Vorbild der westlichen Gesellschaften nunmehr, nachdem sie aus dem Kolonialismus in die Selbstständigkeit entlassen worden seien, ebenfalls industrialisieren. Es komme darauf an, die Kernbereiche der westlichen Industrialisierung, insbesondere die Großindustrie, dort auch zu implantieren. Dies ist als Entwicklungsstrategie auf groteske Weise gescheitert, beruhte aber schon auf einer Fehlinterpretation der westlichen Entwicklung selbst, denn die Modernisierungsschübe sind komplexes Produkt vielfältiger gesellschaftlicher Prozesse, zu denen die mentalen Voraussetzungen beim Unternehmer- und Arbeitskräftepotential ebenso gehören wie eine außerordentliche Produktivitätssteigerung in der Landwirtschaft, die es überhaupt erst ermöglicht, in höherer Zahl Arbeitskräfte an die sich agglomerierenden Städte abzugeben.

Genau dies vollzieht sich übrigens inzwischen in den sich am schnellsten entwickelnden Ländern der ehemaligen Dritten Welt. Insofern lag hier zwar ein Irrtum über die Struktur und Natur des Prozesses vor, ansonsten war die Richtungsbeschreibung so verkehrt aber gar nicht. Man hatte nur den Zeitfaktor erheblich unterschätzt, weil man glaubte, die westliche Entwicklung von 150 Jahren lasse sich in höchstens 15 Jahren nachholen, und man hatte Fragen der Rechtssicherheit und der Herausbildung des Rechtsrahmens, insbesondere eines verlässlichen Eigentumsrechts ausgeblendet, ohne das überhaupt keine wirtschaftliche Entwicklung möglich ist.

Außerdem gibt es Verkürzungen innerhalb der Modernisierungstheorie, die zu der Fehlannahme führten, die moderne Ordnung müsse sehr eng, beinahe in sklavischer Weise den westlichen Mustern folgen. Die traditionale Ordnung insgesamt wurde als überholt und durch westliche Modelle zu ersetzen aufgefasst. Die Eliten mussten sich also vollkommen verwestlichen nach diesem Modell, was weder dem asiatischen Selbstwert- bzw. Überlegenheitsgefühl noch den realisierbaren Möglichkeiten entsprach. Man hatte übersehen, dass ja auch im Westen die Modernisierung aus Voraussetzungen gewachsen war, die hier endogen entstanden waren, und dass die japanische Gesellschaft westliche Muster durchaus auf eigene Weise und nach eigenen Kriterien, vor allem aber weitgehend aufgrund einer eigenen Entscheidung übernommen hatte. Die kulturellen Traditionen bestimmter traditionaler Gesellschaften erwiesen sich als wandlungsfähiger als gedacht, und gerade diese Gesellschaften entwickelten die Dynamik, nicht dagegen diejenigen, in denen die Eliten allein auf den westlichen Weg setzten und von der Bevölkerungsmeinung nach und nach in die Defensive gedrängt wurden. Diese Erfahrung hat dazu geführt, dass auch der Modernisierungsprozess in den westlichen Gesellschaften selbst einer neuen, differenzierteren Analyse unterzogen wurde.

Heute nun hat die Modernisierungstheorie, die längst totgesagt war, aber von den meisten Sozialwissenschaftlern, die ernsthaft zeitdiagnostisch arbeiteten, dennoch weiterverwendet worden war, eine Renaissance erlebt und einen neuen Siegeszug angetreten. Es wird von der nachholenden Modernisierung auch der osteuropäischen Länder gesprochen. Ein Soziologe wie Richard Münch spricht davon, dass die Moderne endgültig die Weltherrschaft angetreten habe.[233]

7.2   Kritik an der Modernisierungstheorie

Kritik an dieser Theorie gibt es immer noch. Sie ist aber schwieriger geworden, weil sie ihren Standpunkt dann ja außerhalb der Modernisierungsprozesse einnehmen muss. Eine generelle Kritik sämtlicher Modernisierungstheorien, also sowohl der Theorie von Talcott Parsons als auch der Ausdifferenzierungstheorie von Niklas Luhmann, der Theorie der reflexiven Modernisierung von Ulrich Beck, des Projekts der Moderne von Habermas etc. hat *Peter Wehling* in seiner Studie „Die Moderne als Sozialmythos. Zur Kritik sozialwissenschaftlicher Modernisierungstheorien" vorgelegt.[234] Sein Standpunkt orientiert sich theoretisch an einem bestimmten Verständnis von Walter Benjamin und Theodor W. Adorno, sowie politisch an einigen der sogenannten neuen sozialen Bewegungen, vor allem an der Ökologiebewegung, weil von hier aus die grundlegendste Kritik der Moderne möglich ist. Er wendet sich vor allem gegen die singularisierenden Großbegriffe wie „die" Moderne, „die" Postmoderne und hält dies in Verbindung mit der normativen Zuschreibung von Rationalität zu einer bestimmten, nämlich der modernen Gesellschaftsformation für die Konstruktion eines homogenen Sozialmythos. Damit sind dann nicht nur einzelne Modernisierungstheorien wie z. B. die oben erwähnten in der Entwicklungsländerforschung von der Kritik betroffen, sondern der gesamte gegenwärtig dominierende Theorietypus in den Sozialwissenschaften, nämlich der einer evolutionären Theorie der Moderne, die durch Theorien der erneuten Modernisierung der Moderne, der reflexiven Modernisierung oder der Postmoderne als Selbstkritik der Moderne im Grunde nur fortgesetzt und ausgebaut werden. Diese Kritik ist sehr weitreichend und trifft auch das gegenwärtig in Deutschland vorherrschende Geschichtsverständnis, demzufolge der Nationalsozialismus als deutscher Sonderweg aufgrund von verspäteter Modernisierung interpretiert wird. Gegen die Theorie der zunehmenden Ausdifferenzierung wird die Gegenthese gesetzt, dass gleichzeitig wesentliche Entdifferenzierungsprozesse stattfinden, die verursacht sind durch die Globalisierung und die dadurch bedingte Angleichung

---

[233]   Richard Münch: Dialektik der Kommunikationsgesellschaft. Frankfurt 1991, S. 13.

[234]   Frankfurt und New York 1992. Vgl. auch Knöbl, Wolfgang: Spielräume der Modernisierung. Das Ende der Eindeutigkeit, Weilerswist 2001.

von Strukturen und Mentalitäten in sehr vielen Ländern. Außerdem wird das Vordringen der Marktimperative auch in Bereiche der Kultur, der Politik etc. als weiteres Merkmal einer solchen Entdifferenzierung und als Vorherrschen eines einzelnen Funktionssystems gegenüber den anderen verstanden.

Die Theorien der Modernisierung haben nach Wehling deshalb einen so hohen Reiz, weil sie dem Zeitgeist entsprechen, nämlich dem Kult des Neuen, und diesen verbinden können mit einer allgemeinen sozialwissenschaftlichen Theorie, nämlich dem Evolutionismus mit den drei Mechanismen der
- Funktionsanpassung (Adaptation)
- funktionalen Differenzierung
- Rationalisierung.

Nach Walter Benjamin steckt hinter diesem ständigen Zwang zum Neuen die Wiederkehr des Immergleichen. Die technologische Konkurrenz zwingt zur unbedingten Dynamik und scheint ihren Eigengesetzlichkeiten zu folgen. In Wirklichkeit ist sie aber der äußere Schein der kapitalistischen Entwicklung selbst, also eine Ideologie im Marxschen Sinne, ein objektiver Schein: „Die kapitalistische Ökonomie erscheint in der Nachfolge Webers als Ergebnis universell gültiger Rationalisierung und somit fälschlich als reine Verwirklichung von Zweckrationalität".[235] Noch über Max Weber hinausgehend haben Talcott Parsons und in seiner Nachfolge Richard Münch daraus einen universalen Prozess der Modernisierung gemacht, der evolutionär abläuft und es erlaubt, die westliche Kultur als Ergebnis einer soziokulturellen Evolution anzusehen, die insgesamt solange gedauert hat wie die Menschheitsgeschichte.[236] Die westliche Kultur wäre demnach der bisherige Gipfel der Evolution. Diese Aussage klingt allerdings weniger dramatisch, wenn man sich vor Augen führt, dass bei Evolutionsprozessen immer der jeweils letzte erreichte Stand auch der am weitesten fortgeschrittene ist. Bei den Weltbevölkerungszahlen wird aus diesem schlichten Grunde täglich ein neuer Weltrekord erzielt, weil dies bei absoluten Wachstumsprozessen nun einmal der Fall ist und deshalb im Grunde keiner besonderen Erwähnung mehr bedarf. Man sollte derartige Auslassungen also weniger als inhaltlichen Einwand, sondern mehr als rhetorische Vorbringung ansehen.

Entscheidend ist allerdings der Vorwurf, dass durch den Begriff der Modernisierung einer von den Evolutionstheoretikern selbst als ziellos erklärten und als nur begrenzt steuerbar angesehenen Entwicklung doch normativ-sinnhafte Qualitäten und gewissermaßen auch eine Richtung, „nach vorn", zum Neuen hin, beigelegt werden, mit der stillschweigenden Implikation, dass das Neue besser sei als das Alte, z. B. als Rationalisierung gegenüber irrationalen Traditionsbeständen der Vergangenheit.

Ich bin mir jedoch nicht sicher, ob das nicht bloß eine Unterstellung von Wehling ist. Die großen deutschen Soziologen, vor allem Max Weber, aber auch Ferdinand Tönnies, haben immer auch die Ambivalenz des Modernisierungsprozesses gesehen, immer auch die damit verbundenen Verluste an Lebensqualität wahrgenommen. Es ist nämlich meist charakteris-

---

[235] Peter Wehling: Die Moderne als Sozialmythos. Zur Kritik sozialwissenschaftlicher Modernisierungstheorien. Frankfurt und New York 1992, S. 20f.
[236] Richard Münch: Die Kultur der Moderne. Frankfurt 1986, Bd. I, S. 11.

tisch für derartige Kritiken – deshalb weise ich hier darauf hin –, dass sie von einem selbst-
widersprüchlichen Ausgangspunkt ausgehen müssen. Peter Wehling wendet sich zum Beispiel gegen die Vorstellung des *Posthistoire*, des Endes der Geschichte[237], zitiert dann aber
Adorno, dass sich in der eindimensionalen Dynamik der modernen Gesellschaft die Dynamik
ins Immergleiche, in Statik verkehrt.[238] Was ist das anderes als das Ende der Geschichte?

7.3   Exkurs zur Geschichtsdarstellung

Ich will hierzu einen kleinen Exkurs geben, um die Formulierungen vom *Ende der Geschichte*, die Rede vom *Posthistoire* und von der *Wiederkehr des Immergleichen* in ein kühleres
und distanzierteres Licht zu rücken. Denn dies sind Schlagwörter mit einem gewissen Nutzen, um ein zunächst ungeheuer vielgestaltig und komplex erscheinendes Themenfeld zu
strukturieren. Wer Geschichte erzählen will, wer bestimmte Abläufe eines Nacheinander
darstellen will, hat im Grunde nur begrenzte narrative Möglichkeiten, seinen Stoff zu grup-
pieren. Vor allem sind es zwei Grundmuster, die hier konkurrieren: *erstens* Geschichte als
Weiter- und Aufwärtsentwicklung mit klarer Richtung bis zum heute erreichten Stand (Hegels Modell) oder auch darüber hinaus, dann mit schon weniger klarer Richtung (das Modell
einer generalisierten Evolutionstheorie), oder *zweitens* Geschichte als Wiederkehr des Immergleichen in immer neuer Gestalt.

Das erste, evolutionäre Modell ist heute derart vorherrschend, dass das zweite beinahe in
Vergessenheit geraten ist. Es gilt zudem als kontraintuitiv, weil der gleiche historische Zustand niemals in exakt der gleichen Form wiederkehren wird und weil zumindest der äußere
Anschein doch besagt, dass die gegenwärtige Welt des Flugverkehrs und der hochtechnolo-
gischen Waffen von der Welt Alexanders des Großen vollkommen verschieden sei. Es
kommt aber darauf an, welche Aspekte man als die relevanten auswählt, um doch zur Konstatierung der Ähnlichkeit oder gar Gleichheit der Abläufe zu kommen. Es handelt sich um
die Frage des Abstraktionsvermögens. Die These von der Wiederkehr des Immergleichen ist
am prominentesten von Friedrich Nietzsche vertreten worden.[239] Sie ist aber schon ein antikes Modell und war auch vor Nietzsche bei Historikern durchaus gebräuchlich. Anschaulich
zu studieren ist dies am Anfang einer berühmten Geschichtsdarstellung aus dem Jahre 1832,
nämlich an Johann Gustav Droysens *Geschichte Alexanders des Großen*: Die Geschichte
wird vorangetrieben von der Sehnsucht nach dem verlorenen Paradies oder dem goldenen
Zeitalter. Das Bestreben, dies zu erreichen, führt zu immer neuen, riesigen Unternehmungen
und Feldzügen, von denen am Ende nur zurückbleibt, dass die Völker durcheinandergeschüt-
telt worden sind. Wenn schließlich doch das mythische Ende der Geschichte erreicht sein
wird, dann ist die Ruhe des schweigenden Anfangs wiederhergestellt. Gemeint ist demnach
das Verschwinden der Menschen vom Erdboden, denn nur so kann die Geschichte wirklich
und vollständig zu einem Ende kommen. Möglicherweise beginnt dann ein neuer, anderer
Zyklus der Geschichte.[240] Wer so nicht denken will, wird die nach vorn offene Evolutions-

---

[237]   Peter Wehling: a.a.O., S. 21.

[238]   Theodor W. Adorno: Soziologische Schriften Bd. I. Frankfurt 1972, S. 235.

[239]   Dazu maßgeblich: Karl Löwith: Nietzsches Philosophie der ewigen Wiederkehr des Gleichen, 4. durchges.
        Auflage Hamburg 1986.

[240]   Johann Gustav Droysen: Geschichte Alexanders des Großen. Nach dem Text der Erstausgabe 1833. Zürich 2.
        Aufl. 1986, S.11–13.

theorie vorziehen. Sie entspricht unserem Lebensgefühl und unserer intuitiven Umweltwahr-
nehmung einfach besser. Die Technologie, die Alexander 333 vor Christus verwenden konnte, war um 400 nach Christus noch weitgehend dieselbe und blieb dies auch bis weit ins Mittelalter hinein. Das Aussehen der Erdoberfläche wurde durch seine riesigen Feldzüge kaum
verändert. Heute dagegen haben wir eine so stark in die äußere Welt, die Natur eingreifende
Technologie, dass sich das äußere Bild der Welt zumindest auf der westlichen Halbkugel,
wie man es aus dem Weltraum beobachten kann, radikal gewandelt hat. Aber im Grunde
bräuchte man nur den Strom abzustellen, und bald würde alles wieder überwuchert und
übergrünt sein. Will sagen: Die Kreislaufmodelle mögen als Deutungsparadigma durchaus
einiges für sich haben – derzeit haben sie keine Chance, weil sie dem modernen Lebensgefühl widersprechen. Aus der wissenschaftsgeschichtlichen Paradigmaforschung wissen wir,
dass es solche kulturalistischen Mentalitäts- und Gefühlsvoraussetzungen sind, nicht jedoch
unbedingt wissenschaftliche Argumente, die dazu führen, dass ein bestimmtes Paradigma
einem anderen vorgezogen wird.

Zurück zu den Modernisierungstheorien, die immer noch die Position der Vorherrschaft behaupten. Sie erlebten seit Anfang der achtziger Jahre und mehr noch nach dem Zusammenbruch des Sozialismus eine Renaissance, nachdem die siebziger Jahre von einer weitgehend
kritischen Haltung ihnen gegenüber gekennzeichnet waren. Die sozialen, ökonomischen und
ökologischen Krisenerscheinungen waren damals gedeutet worden als Folgeprobleme von
Modernisierung. D. h. die Modernisierungstheorien wurden jetzt nicht mehr naiv als Fort-
schrittskonzeptionen verstanden, sondern als Theorien evolutionärer Veränderungsprozesse,
die ohne automatische Erfolgsgarantie abliefen, aber doch letzten Endes auf eine normative
Zielkonzeption gerichtet sein sollten, wie etwa Habermas' *Projekt der Moderne*, das jedoch,
bei falschem politischen Handeln, durchaus auch verfehlt werden konnte. Die normative Anstrengung wurde also aus dem Automatismus des historischen Prozesses herausgenommen
und wieder dorthin verlagert, wo sie hingehört: nämlich in den normativen Bereich selbst.

Habermas interpretierte das neue *Unbehagen an der Moderne* so: Es „wurzelt in den (...) Reaktionen auf eine gesellschaftliche Modernisierung, die unter dem Druck der Imperative von
Wirtschaftswachstum und staatlichen Organisationsleistungen immer weiter in die Ökologie
gewachsener Lebensformen, in die kommunikative Binnenstruktur geschichtlicher Lebenswelten eingreift."[241] Dieser Argumentationszug von Habermas ist vor allem insofern interessant, als er Reaktionen auf Modernisierungsprozesse verband mit der Forderung nach einer
Unterstützung des kulturellen Projekts der Moderne gegen die Auswirkungen der ökonomischen und wohl auch politisch-bürokratischen Modernisierung. Nach dem Vorwurf von Peter
Wehling hat er damit die Auseinandersetzung von der gesellschaftspolitischen auf die kulturelle Ebene verschoben und mit seiner Kritik an der Postmoderne eine feuilletonistische Debatte für oder gegen „die Vernunft", für oder gegen „die Aufklärung", für oder gegen „die
Moderne" heraufbeschworen, bei der es um das kulturelle Selbstverständnis westlicher Gesellschaften, nicht jedoch um ihre sozioökonomische Struktur ging.

Wehling, der sich der in den achtziger und neunziger Jahren des vorigen Jahrhunderts gängigen ökologischen Kritik anschließt, vertritt demgegenüber die Ansicht, dass eine derartige
Berufung auf Kultur oder Vernunft, also auf die formale Rationalität intersubjektiver Verständigung, die in der Tat der theoretische Kern des Denkens von Habermas ist, „kein ratio-

---

241   Jürgen Habermas: Die Moderne – ein unvollendetes Projekt, in ders.: Kleine Politische Schriften I–IV. Frank-
      furt 1981, S. 451, vgl. Peter Wehling a. a. O., S. 27.

nales Verhältnis menschlicher Gesellschaften zur Natur begründen kann, selbst wenn sie als allgemeingültig nachgewiesen werden könnte".[242] Die Theorie von Habermas kann immer nur das Verhältnis von Menschen zu Menschen, und selbstverständlich von Menschen zu von Menschen produzierten Dingen, in denen ihnen die Arbeit und das Handeln anderer gegenübertritt, nicht aber das Verhältnis zu den Naturdingen wirklich erfassen. Die Erhaltung der Natur wäre unter ihrer Vorherrschaft auch wieder nur eine Frage des Verhältnisses von Menschen untereinander.

Diese Kritik, die auch einer häufig geäußerten Kritik an der kantischen Ethik entspricht, der gemäß Tiere Sachen sind und eigene Rechte nicht haben, sondern nur solche Rechte, die die Menschen untereinander vereinbaren und den Tieren zugestehen, weil sie eben keine Vernunftwesen sind, wirkt etwas diffus und undurchdacht, denn sie wird auch nur wieder in der Form von menschlicher Argumentation vorgebracht, wenn auch mit dem anschaulich zeigenden Verweis auf die dumpfe Reaktion der Natur auf ihre Überforderung durch zuviel menschlich-unmenschliche Nutzung.

Der Kritikstandpunkt, den Peter Wehling einnimmt, lässt ihm die Moderne und die Postmoderne als zwei Varianten der gleichen Sache erscheinen. Eher ihre Gemeinsamkeiten als ihre Differenzen springen ins Auge. Ich halte es allerdings für einen ungerechten Vorwurf, einer Theorie der postmodernen Wirklichkeit, wie sie in den folgenden Abschnitten entwickelt wird, eine einseitig kulturalistische Orientierung vorzuwerfen, die die ökonomischen, politischen und technologischen Entwicklungen ausblendet. Die *sozialstrukturelle* Entwicklung zur Dienstleistungsgesellschaft, die *technologische* zur Informationsgesellschaft und die *ökonomische* zur globalisierten Weltwirtschaft ergeben zusammengenommen einen sehr viel solideren und weiteren Rahmen.

Man wird sagen müssen, dass es kaum einen Begriff gibt, gegen den so viele unhaltbare und idiosynkratische Unterstellungen vorgebracht worden sind wie gegen den Begriff der Postmoderne. Das mag damit zusammenhängen, dass es eine außerordentliche normative Aufladung des Modernitätsbegriffs gibt, auch wenn er scheinbar nüchtern wissenschaftlich daherkommt. Wenn die Konfrontation mit der Postmoderne dazu beiträgt, diesen normativen Gehalt zu identifizieren und deutlicher von dem wissenschaftlich deskriptiven Wert zu trennen, dann wäre die Diskussion allein schon deshalb sinnvoll gewesen. Man weiß allerdings auch aus der Geschichte des von Max Weber schon vor dem 1. Weltkrieg provozierten Werturteilsstreits in den Sozialwissenschaften und aus dem Positivismusstreit der sechziger Jahre, dass derartige Diskussionen endlose Missverständnisse in sich tragen und gewissermaßen einen Ewigkeitscharakter haben, weil es vielen Wissenschaftshandwerkern meist an der nötigen intellektuellen Reflexivität fehlt, um die Grundlagen der eigenen Methodologie immer gleichzeitig mitdenken zu können.

Auch die Kontroversen, ob man die deutsche Nachkriegsgeschichte kapitalismuskritisch als Restaurations- oder kapitalismusfreundlich als Modernisierungsprozess deuten sollte, sind von derartigen endlosen Missverständnissen durchzogen. Die kritische Sozialgeschichtsschreibung, vor allem von Hans-Ulrich Wehler hat den Modernisierungsbegriff übernommen. Sie orientiert sich am angloamerikanischen Modell und sieht den deutschen Sonderweg darin, dass die deutschen Eliten einen Modernisierungsrückstau bewirkt haben.[243] Nach 1945

---

[242] Peter Wehling: a.a.O., S. 29.

[243] Hans-Ulrich Wehler: Modernisierungstheorie und Geschichte. Göttingen 1975 (gilt immer noch als die maßgebliche Darstellung modernisierungstheoretischer Annahmen). Vgl. auch Peter Wehling, a.a.O., S. 39.

ist diesem Denkansatz zufolge der deutsche Sonderweg dann glücklich überwunden worden und zu Ende gegangen. Deutschland hat sich in den westlichen Gesamtweg eingetaktet und insofern auf den Normalweg gesellschaftlicher Evolution überhaupt begeben.[244]

Dagegen wird der Einwand erhoben, der Nationalsozialismus selbst habe erhebliche Modernisierungswirkungen erzielt, vor allem im technischen Bereich. Er habe starke technokratisch-wissenschaftliche Züge gehabt und diese lediglich mit einer vorindustriellen Rhetorik verbunden. Dies ist allerdings, wenn man der hier vorgetragenen Modernisierungstheorie von Talcott Parsons folgt, in die Theorie schon eingebaut. Fundamentalismen gelten Parsons und anderen Modernisierungstheoretikern als antimodernistische Reaktionen auf soziale Modernisierungsprozesse, die sich selber durchaus moderner technischer Mittel bedienen können, etwa zum Zwecke der Propaganda. Die theoretische Grundlage, wie etwa die nationalsozialistische Rassentheorie, aber auch anderer Fundamentalismen, trägt durchaus Züge einer irregeleiteten, mythisch gewordenen Modernität – es handelt sich um keine traditionale Theorie, was die Polemik gegen den Nationalsozialismus, er sei reaktionär oder rückwärtsgewandt, immer wieder verdeckt. Der Rückfall in die Barbarei kann durchaus die neueste Stufe des Fortschritts darstellen, was man nur dann nicht gerne hört, wenn man den Fortschritt und die Fortentwicklung an sich ohne genauere Prüfung normativ positiv besetzt. Hat man einen wertfreien Begriff, wird man kein Problem haben, dies zu verstehen.

Es ist also nicht notwendigerweise so, dass die Sonderwegshistoriker von ihren Prämissen her gezwungen sind, im Nationalsozialismus ein vorindustrielles und vormodernes Problem zu sehen, wie Peter Wehling ihnen unterstellt.[245] Seine Gegenthese von den „kaum bestreitbaren institutionellen, personellen und sozialpsychologischen Kontinuitäten", verbunden mit der Überlegung, dass die Siegermächte lediglich ein neues Institutionensystem etabliert hätten, ohne dass eine von innen kommende politische, soziale oder ökonomische Umwälzung stattgefunden hätte[246], ist selbstwidersprüchlich, denn Institutionen sind auch dann neu, wenn sie von außen etabliert werden, und Umwälzungen wie der weitgehende Austausch des politischen Führungspersonals sind alles andere als ein Ausdruck von Kontinuität. Nicht einmal die Eigentumsstrukturen der westdeutschen Wirtschaft sind unberührt geblieben: man denke nur an die Zerschlagung der IG Farben. Insgesamt hat jedoch die Kontinuität überwogen. Was radikal verändert wurde, waren die Marktstruktur und die Wirtschaftslenkungsstruktur. Das rigide System der Preiskontrollen und der Bewirtschaftung wurde abgeschafft und durch den Markt ersetzt. Der Außenhandel wurde wieder ermöglicht, die regulierende Devisenkontrolle reduziert und dann ebenfalls abgeschafft. Die Wirtschaft des Nationalsozialismus war keine freie Marktwirtschaft, sondern eine rigide Befehlswirtschaft mit privatem Eigentum. Die Marktwirtschaft ist ein radikal anderes System. Dies verkennt ein allein auf das Privateigentum fixierter Blick. In einem gelenkten Kapitalismus, einer organisierten Kriegswirtschaft kann der Markt seine rationalisierende und preissenkende Wirkung eben nicht entfalten. Die Konkurrenz funktioniert nicht, die Wirtschaft wird nicht mit höchstmöglicher *Effizienz* arbeiten, sondern lediglich die durch Führerbefehle mögliche Schein*effektivität* der Konzentration aller verfügbaren Ressourcen auf bestimmte Ziele erreichen können. Die nationalsozialistische Wirtschaftspolitik kann als der nachhaltig gescheiterte Versuch angese-

---

244 Vgl. Heinrich August Winkler: Der deutsche Sonderweg: eine Nachlese. In: Merkur, 35. Jg. 1981, S. 804.
245 Peter Wehling: a. a. O., S. 47.
246 Ebenda, S. 48.

hen werden, ökonomische Selbstorganisation durch Führerbefehle zu ersetzen. Die deutsche Kriegswirtschaft hat trotz aller Mythologie der zentralen Planung weder im Ersten noch im Zweiten Weltkrieg mit der hinreichenden Effizienz funktioniert. Bis heute ist nicht ausreichend erforscht, ob das nur an mangelnden Rohstoffen und Ressourcen und nicht auch an der Organisationsform gelegen hat.

Vor allem Martin Broszat hat den Nationalsozialismus auch als autoritäre gesellschaftliche Modernisierung verstanden. Daraus folgen aber nur dann Zweifel am analytischen Konzept der Modernisierungstheorie, wenn man diese normativ und nicht bloß wissenschaftlich-deskriptiv versteht. Die Aufklärung hatte für die normativ aufgeladene Form der Modernisierung den Fortschrittsbegriff reserviert. Es scheint heute noch sinnvoll, zwischen Fortschritt und Modernisierung zu unterscheiden. So kann z. B. der zweite Weltkrieg problemlos als modernerer Krieg gegenüber dem 1. Weltkrieg angesehen werden. Aber muss er deshalb auch als Fortschritt gelten? Selbstverständlich ist dies nur ein terminologischer Vorschlag, mittels dessen man sich Differenzierungsmöglichkeiten und Unterscheidungschancen erwerben kann. Modernisierung und Demokratisierung hängen dann nicht notwendig zusammen, sondern sind voneinander unterschiedene Konzepte. Es muss allerdings eingeräumt werden, dass eine solche Unterscheidung im gängigen Sprachgebrauch der einzelnen Wissenschafts-disziplinen und der Öffentlichkeit nicht durchsetzbar ist. Es genügt aber schon, auf derartige Unterschiede überhaupt aufmerksam geworden zu sein, um fortan nicht mehr so leichthändig mit der normativen Aufladung von Begrifflichkeiten zu hantieren.

Die Kritik von Wehling ist aus diesen Gründen in vielen Punkten überzogen. Die Modernisierung scheint ein so einfaches und übersichtliches Paradigma zu sein, dass man nur um den Preis überzogener Polemik und selbstwidersprüchlicher eigener Positionen, zum Beispiel der normativen Überfrachtung des Modernisierungsbegriffes mit positiven Momenten wie Demokratisierung und der gleichzeitigen Kritik dieser normativen Überfrachtung eine derartige Polemik stützen kann. Wenn Modernisierung die Umwelt gefährdet, spricht das noch nicht gegen die Modernisierungstheorie. Eine Theorie zu wollen, die alles, was als gut gilt, gleich mit enthält, diese aber als Gesellschaftstheorie statt selbst als normative Theorie zu betreiben, erscheint mir ohnehin aussichtslos, weil nicht präzise gedacht. Deshalb zurück zum breiten Strom der Modernisierungstheorien.

7.4   Die Weiterentwicklung der Modernisierungstheorien

Talcott Parsons hatte die evolutionäre Großsystematik wiederbelebt, das Werk Norbert Elias' über den Prozess der Zivilisation hat eine Renaissance erlebt, Luhmann und Habermas haben sich evolutionstheoretischen Überlegungen angeschlossen. Die Großtheorien sind also wieder möglich – die Rückkehr der *grand theories* in den Sozialwissenschaften hat sich erfolgreich vollzogen. Vor allem Parsons „System moderner Gesellschaften"[247] verdient eine Wiederentdeckung.

---

[247] Talcott Parsons: Das System moderner Gesellschaften, Weinheim und München 1985.

Es ist gekennzeichnet durch folgende vier Faktoren:

1. Inklusion.
   Einbeziehung oder soziale Integration von immer mehr Bevölkerungsgruppen in die Grundinstitutionen einer Gesellschaft.
2. Wertegeneralisierung.
   Hohe Flexibilität verschiedener kultureller Ausdeutungen innerhalb gemeinsamer Grundwerte.
3. Differenzierung.
   Politische und soziale Differenzierung im Sinne institutioneller Innovation.
4. Statusanhebung.
   Wachstum des materiellen Wohlstands und der sozialen Kompetenzen für möglichst viele Bürger über ihre politischen und sozialen Grundrechte hinaus.[248]

Parsons setzt sich ausdrücklich mit dem Vorwurf auseinander, er würde hier nur in Form eines Werturteils westliche Borniertheiten universalisieren. Er glaubt nämlich, dass das größere Anpassungsvermögen moderner Gesellschaften ihnen einen wichtigen Vorteil gewährt. Drei Einschränkungen dieser These sollen es ermöglichen, den Werturteilscharakter dieser Überlegung zu mildern:

1. Anpassungsvermögen ist nicht notwendigerweise etwas Gutes. Andere Dinge wie Persönlichkeit, Kultur, Gesundheit oder bestimmte soziale Lebensmuster werden auf der gesellschaftlichen Werteskala vermutlich deutlich höher rangieren.
2. Es ist nicht ausgeschlossen, schreibt Parsons, dass eines Tages eine postmoderne Phase sozialer Entwicklung mit anderen Merkmalen und mit anderem kulturellem und sozialem Ursprung entstehen könnte.
3. Da Gesellschaften Kultur institutionalisieren, sind sie prinzipiell für Einflüsse von außen offen, die durch den Kontakt mit anderen Kulturen sich ergeben. Dies letztere zeigt sich schon im traditionellen Kernbereich der kulturellen Identität einer Gesellschaft, nämlich bei den Religionen.[249]

Eine weitere wichtige modernisierungstheoretische Idee bei Parsons ist die der evolutionären Universalien, die er so definiert:

- soziale Schichtung
- kulturelle Legitimation
- rationales Rechtssystem
- Bürokratie
- geldwirtschaftliches Marktsystem
- demokratische Assoziation.

---

[248] Vgl. Wolfgang Zapf: Modernisierung, Wohlfahrtsentwicklung und Transformation, Soziologische Aufsätze 1987 bis 1994, S. 123.
[249] Vgl. Talcott Parsons: System, a. a. O., S. 11.

Etwas weniger abstrakt kann man diese Universalien mit *Wolfgang Zapf* auch so beschreiben, dass moderne Gesellschaften durch die Grundinstitutionen

* Konkurrenzdemokratie,
* Marktwirtschaft und
* Wohlstandsgesellschaft mit Massenkonsum und Wohlfahrtsstaat definiert werden.[250]

Das Resultat ist dabei das gleiche, dass nämlich solche Gesellschaften, die diese Institutionen entwickeln, anpassungsfähiger oder, tautologisch gesprochen, moderner sind als solche, die dies nicht tun. Man kann dies dann sogar, was bei Parsons immer etwas schwierig ist, mit Daten und Jahreszahlen historisch-politisch operationalisieren.

Dazu macht Ralf Dahrendorf in „Gesellschaft und Demokratie in Deutschland" einige Vorgaben:

* Wann fand in welchem Land die wirksame Durchsetzung bürgerlicher Gleichheitsrechte statt?
* Wann die Anerkennung und Regelung sozialer Konflikte?
* Wann die Anerkennung der Vielfalt sozialer Interessen und Eliten?
* Wann die Ausbildung öffentlicher Tugenden im Sinne eines Beamtenstaates und einer Ethik des *civil service*?

Bei gleicher Gesamtrichtung ergibt sich dann ein Feld von Vorreitern und Nachzüglern der Modernisierung, welches die vergleichende Demokratieforschung ausführlich zu beschreiben pflegt.[251] Die Modernisierungsforschung hat darüber hinaus eine Reihe von weicheren Faktoren in den Blick gekommen, nämlich die politische Kultur, die Identitätsbildung, die Auflösung und Neubildung von Lebenswelten, kommunikatives Handeln, Selbstbeobachtung und Selbstorganisation etc.

Der Wiederaufstieg der Modernisierungstheorie ist allerdings nicht ihrer Verfeinerung zu verdanken, sondern vielmehr einer groben und sichtbaren äußeren Erscheinung, nämlich dem Aufstieg der sich modernisierenden asiatischen Wirtschaftsgesellschaften, die die konkurrierende lateinamerikanische Dependencia-Theorie in der Entwicklungspolitik widerlegten und zeigten, dass es unter den Bedingungen von Weltmarktkonkurrenz und Welthandel auch für Nachzügler möglich ist, erfolgreich zu konkurrieren und Wachstumsraten zu erreichen, die die westlichen Gesellschaften in den Schatten stellen. Der Glaube, dass alle Märkte schon „besetzt" seien, ist eben nicht richtig. Die Konkurrenz findet gerade in Bereichen wie Stahlindustrie, Schiffbau und Autoindustrie statt, wo die westlichen Länder über die alleinige Marktbeherrschung zu verfügen schienen, die sie inzwischen weitgehend schon verloren haben. Die nachholende Modernisierung musste sich nicht einmal Nischen suchen, sondern erwies sich in den wirtschaftlichen Kernbereichen als konkurrenzfähig. Damit war ziemlich genau das Gegenteil dessen empirisch eingetreten, was die Theorie der zunehmenden Abhängigkeit prognostiziert hatte. Die Suche nach den Ursachen der Unterentwicklung musste also neue Wege gehen und konnte nicht mehr allein darauf zurückgeführt werden, dass die

---

[250] Wolfgang Zapf: a. a. O., S. 123.
[251] Ralf Dahrendorf: Gesellschaft und Demokratie in Deutschland. München 4. Aufl. 1975.

hochentwickelten Industrieländer alle Sektoren schon besetzten und immer schon da waren. Die Suche wandte sich internen Ursachen zu, besonders in der Struktur und Effizienz des Staatsapparates, der politischen Kultur eines Landes und dem Entwicklungsgrad der dortigen bürgerlichen Gesellschaft.

Die westlichen Ländern müssen, um hier mitzuhalten bzw. ökonomisch sektoral wieder aufzuschließen, entsprechend mit Konzepten weitergehender Modernisierung antworten.[252] Dagegen gibt es nun vier bedeutsame Argumente, die kurz andiskutiert werden sollen:

1. Exklusion
   Weitere Modernisierung führt zu internationaler Armutsimmigration, steigender Ungleichheit, Ausschließung und Marginalisierung von Bevölkerungsgruppen.
2. Epochaler Bruch
   Die anstehenden Veränderungen sind so einschneidend, dass eine andere Gesellschaftsformation entsteht. Also nicht weitere Modernisierung, sondern etwas Neues.
3. Institutionelle Erosion
   Die Basisinstitutionen der westlichen Moderne werden im Zangengriff zwischen zunehmender Individualisierung und Verlust der politischen Steuerungsfähigkeit zerrieben.
4. Weltprobleme
   Die globalen Risiken verbieten, dass sich die westlichen Gesellschaften noch lange im Weltmeer der Armut halten können.[253]

Abbildung: Gegenargumente gegen Konzepte einer Modernisierung der westlichen Moderne

Nach Wolfgang Zapf handelt es sich hierbei jedoch nur um Modernisierungsprobleme, aber keine Einwände gegen die weitergehende Modernisierung. Zwar haben die evolutionären Universalien der westlichen Gesellschaften gewiss keine ewige Bestandsgarantie, zur Zeit sind aber keine leistungsfähigeren Alternativen absehbar. Im Gegenteil, einer der Hauptkonkurrenten, die sowjetische Zentralverwaltungswirtschaft, ist aus dem Wettbewerb ausgeschieden. Die großen Weltprobleme können modernisierungstheoretisch nicht anders als alle übrigen Probleme im nationalen, sektoralen und auch privaten Bereich gelöst werden: durch sachliche, zeitliche und soziale Teilung, damit sie ihr auf den ersten Blick überwältigendes und dominantes Ausmaß verlieren und handhabbar werden.[254]

Die Modernisierungstheorie hatte – am deutlichsten bei Talcott Parsons – vorausgesagt, dass moderne Demokratien und Marktwirtschaften allen anderen Systemen an Anpassungsfähigkeit überlegen seien. Darin kann sie als bestätigt gelten. Als Konkurrenzdoktrinen gibt es derzeit noch einige spät- und postmarxistische Varianten, die – noch immer – als Dependencia-Theorie auftreten. Das Ausbeutungsargument wird jedoch ersetzt durch das Ausgrenzungsargument.

---

[252] Vgl. Wolfgang Zapf: a. a. O., S. 125.
[253] Ebenda, S. 125.
[254] Wofgang Zapf: a. a. O., S. 127.

Eine zweite Variante von konkurrierenden Theorien sind die empirischen oder normativen Stagnationstheorien:
- Regierungsüberlastung, Unregierbarkeit.
- Grenzen des Wachstums.
- Ökologischer Niedergang.

Zusammenfassend lässt sich sagen, dass sich der Begriff der Modernisierung gegenüber älteren Begriffen wie Fortschritt, Differenzierung, Evolution, Rationalisierung usw. bemerkenswert gut behauptet hat. Das Scheitern einiger zu stark simplifizierter entwicklungspolitischer Programme hat den Modernisierungsbegriff eine Zeitlang in Frage gestellt.[255] Erst dadurch ist klar geworden, dass es sich um keinen automatisierten Prozess handelt, sondern um eine langwierige und kostenreiche Angelegenheit mit vielfältigen negativen Nebenfolgen, wie z. B. Kriege, Verelendung breiter Schichten, Unterdrückung von Minderheiten, Klassenkämpfe.[256] Modernisierung ist eben kein reibungsloser Prozess. Es kommt darauf an zu verstehen, dass auch Faschismus und Fundamentalismus Nebenfolgen von Modernisierungsprozessen sind. Darüber hinaus muss man sich klar machen, dass Modernisierung nicht einfach etwas ist, was gewollt wird und für das man dann einen mehr oder weniger hohen Preis zu zahlen hat, nämlich den *Preis des Fortschritts* oder den *Preis der Freiheit*. Es handelt sich vielmehr um einen Prozess, der vor sich geht, der einfach passiert, gewollt oder ungewollt, und dem sich ein Land nur um den Preis der technologischen und sozialen Rückständigkeit entziehen kann, welcher bald in Verbindung mit halben Ansätzen zur Modernisierung zur Verelendung, zur Armut breiter Massen und nicht zuletzt auch zur autoritären Unterdrückung und zu antidemokratischen Optionen führen wird.

Den Modernisierungstheorien ist immer wieder unterstellt worden, „den ‚Sieg des Westens' nicht nur konstatiert, sondern propagiert zu haben."[257] Die werthafte Aufladung des Modernisierungsbegriffs hat diese Diskussion lange erschwert. Es ist daher durchaus konsequent, wenn nach dem tatsächlichen weitgehenden Sieg des Westens nicht mehr theoretische Gegenmodelle wie die lateinamerikanische Dependencia-Theorie oder Immanuel Wallersteins Weltsystemtheorie vertreten werden, sondern stattdessen ein selbstbezügliches und selbstreflexives Modell in Gestalt der Postmoderne dieses Terrain erobert hat, das ganz offenkundig nicht in einem ausschließenden Gegensatz zur Modernisierung mehr steht, sondern vielmehr deren Selbstinfragestellung auf die intellektuelle Spitze treibt. Darin liegt zugleich ihr Reiz und ihre paradoxale Neigung zu dem Selbstmissverständnis, doch so etwas wie eine antipodische, eine Gegenwelt entwerfen zu können, was jedoch noch nicht einmal in den Feldern der Architektur und Literatur gelungen ist.

---

[255]   Vgl. Wolfgang Knöbl: Spielräume der Modernisierung. Das Ende der Eindeutigkeit. Weilerswist 2001.

[256]   Ebenda, S. 19.

[257]   Johannes Berger: Was behauptet die Modernisierungstheorie wirklich - und was wird ihr bloß unterstellt? in: Leviathan, 24. Jg. 1996, H. 1, S. 45–62, hier S. 45. Zu Lyotard ausführlicher: Walter Reese-Schäfer, Lyotard zur Einführung, Hamburg 3. Aufl. 1995.

7.5   Das postmoderne Wissen Jean-François Lyotards

Die Grundstruktur der Gesellschaft befindet sich in einem Übergangsprozess von einer Gesellschaft, deren Wertschöpfung und Weiterentwicklung im wesentlichen auf der materiellen Produktion von Massengütern aufgebaut ist zu einer Gesellschaft, die ihren Reichtum, und zwar ihren materiellen Reichtum, im wesentlichen aus der Produktion und dem Austausch von Informationen gewinnt.

Dazu einige Erläuterungen, weil dieser Punkt nur dann verständlich ist, wenn man auf die Wertschöpfung und Produktivität achtet, und sich nicht allein auf eindrucksvolle Fülle der materiellen Gegenstände konzentriert. Denn in einer Informationsgesellschaft wird voraussichtlich sogar noch mehr Hardware, werden noch mehr Industriegüter produziert werden als in der herkömmlichen Industriegesellschaft, genauso wie wir es erleben, dass in der Industriegesellschaft sehr viel mehr, vielfältigere und reichhaltigere Agrargüter produziert werden konnten als in der vorausgegangenen Agrargesellschaft. Dennoch machen diese Agrargüter, auch wenn jeder weiß, dass wir ohne Lebensmittel, ohne Nahrungsmittelzufuhr nicht existieren könnten, nur noch einen geringen Teil der Wertschöpfung aus, und ihre Herstellung beschäftigt nur einen äußerst geringen Teil der Bevölkerung, der darüber hinaus sogar dann noch rapide abnehmen kann, wenn die Agrargüterproduktion weiter steigt. Zwar können wir ohne die aus den Agrargütern gewonnene Nahrung nicht leben. Sie sind also überlebenswichtig, ökonomisch aber erfordern sie nur noch einen geringen Teil der Anstrengungen. Diese Analogie macht vielleicht verständlicher, was mit dem Übergang von der Industrie- zur Informationsgesellschaft vor sich geht. Wir werden eher mehr als weniger Hardware kaufen können, das Geld wird aber anderswo verdient werden, und der Wohlstand, also das, was wir als gutes Leben empfinden, wird eher durch anderes ausgemacht.

Um dies ein wenig zu illustrieren, will ich einige Beispiele geben. Es geht im Grunde darum, dass die Informationstechnologien imstande sein können, unsere speziellen und individuellen Präferenzen, Wünsche und Bedürfnisse besser zu verstehen als die Agenturen der Massenproduktion, sogar mit derselben (oder größerer) Sensibilität wie andere menschliche Wesen. Ein Telefon wird nicht mehr einfach nur klingeln oder, wenn man nicht abnimmt, ein Tonband abspielen, sondern auf einige Anrufe gleich selbst freundlich antworten können, Termine koordinieren und wie eine gute Sekretärin diejenigen Anrufe direkt durchstellen, die keinen Aufschub verdienen, andere auf genau den richtigen Zeitpunkt legen, wenn nämlich beide Kommunikationspartner Zeit haben oder, falls es sich um Privates handelt, wenn beide ungestört sind. Nicholas Negroponte hat noch andere Beispiele genannt: Wenn die Maschine sich erinnert, dass man mit den Restaurantkritiken eines bestimmten Testessers meistens einverstanden war, und weiß, dass man nächste Woche z. B. nach Utrecht fährt, dann würde sie schon die entsprechenden Restaurantkritiken bereitlegen und die Lokale auf dem Stadtplan markieren, ohne dass man umständlich im Internet herumrecherchieren muss.[258]

Die Möglichkeiten der Individualisierung sind hier enorm. Das menschliche Selbst ist nicht mehr, wie noch in der Demographie des Industriezeitalters, ein statistisches Bündel aus wenigen Grunddaten wie Name, Adresse, Alter, Familienstatus, Steuer oder Parteipräferenz, sondern die Information kann in extremer Weise, bis hin zu den Idiosynkrasien, personalisiert werden.

---

[258] Nicholas Negroponte: Being Digital. London 1995, S. 163ff.

Politikwissenschaftlich ist dieser Punkt bisher nicht hinreichend reflektiert worden. Denn hier liegt möglicherweise eine der Ursachen für den gegenwärtigen Rückgang der Bereitschaft, in Parteien oder vergleichbaren Großorganisationen mitzuwirken. Die Politikwissenschaft interpretiert dies meist als Vertrauenskrise, als Parteienverdrossenheit, die durch Änderungen der Politik oder des Erscheinungsbildes behoben werden könnte. Einige Parteien operieren auch mit einer Veränderung der Organisationsform: Frauenquoten, wie neuerdings auch in der CDU oder ein sogenannter virtueller Ortsverein in der SPD. Vor allem durch die Auflösung der traditionellen Mitgliedschaftsstrukturen, die eng an den Ortsverein gebunden sind, d. h. an einen Wohnsitz, wo sich die meisten immer seltener kontinuierlich aufhalten, zugunsten von interessenbezogenen Sparten. In Einzelfällen wird die kontinuierliche Parteiarbeit sogar durch fallbezogene und themenbezogene Zusammenkünfte ersetzt.

Die Parteibasis war, wie Politikwissenschaftler wissen, nie wirklich wichtig, und die Heraufkunft der Massenparteien war nicht nur ein Demokratisierungsforschritt, wie wir an den Kommunisten und Nationalsozialisten haben sehen können. Entscheidend für die Parteistruktur, auch bei innerparteilicher Demokratie, ist, dass die Willensbildung kollektiv gebündelt wird, so dass sich in den Beschlüssen nur bei sozialstruktureller Homogenität der Parteibasis die meisten Mitglieder noch irgendwie wiederfinden können. Als sich in der SPD, der traditionellen Massenpartei *par excellence*, in den 50er Jahren die festen sozialmoralischen Milieus aufzulösen begannen, konnte dies noch durch Charisma und Reformglauben eine Zeitlang überspielt werden. Aber jedes einfache Mitglied, das mit der Parteimitgliedschaft keine besonderen Karrierechancen verbinden kann, muss sich doch fragen, warum es eigentlich mitmacht, wenn es doch nur permanent dazu genötigt wird, im Interesse der Parteiräson die eigene Meinung hintanzustellen, etwas anderes mit heißem Willen zu verfechten als es selbst für richtig hält und häufig sogar gegen die eigenen Interessen zu handeln, denn ein Arzt, der CDU- oder SPD-Mitglied ist, weiß, dass ihm die Gesundheitsreform nur Nachteile bringen kann, ein Sozialhilfeempfänger, der FDP-Mitglied ist, muss wissen, dass diese Partei darauf drängt, ihm weitere Kürzungen zuzumuten und selbst ein Pazifist bei den Grünen hat zumindest Argumentationsbedarf.

Und das sind noch moderne, keine postmodernen Beispiele, weil die Identitäten in Wirklichkeit sehr viel vielfältiger sind, in einer Weise sogar, dass die Parteien keine Organisationsform darstellen können, die in der Lage wäre, hierauf auch nur entfernt einzugehen. Es scheint bislang überhaupt nur eine Organisationsform zu geben, die sich auf sehr vielfältige und ausdifferenzierte Bedürfnisse und Wünsche einstellen kann, und das ist ein Markt, also ein Organisationsprinzip, das der territorialen und verbindlichen Strukturierung entgegengesetzt ist. Die politischen Angebote könnten deshalb in postmodernen Zuständen durchaus dazu tendieren, sich in einen Markt der Möglichkeiten zu verwandeln. Klassisch politische Durchsetzungsmöglichkeiten durch Bündelung und Konzentration werden dadurch in ihrer Bedeutung zurückgedrängt, während marktähnliche Optionslösungen eine größere Rolle zu spielen beginnen. Das muss politischen Einfluss nicht unbedingt verhindern. Dieser wird sich allerdings freifließender organisieren müssen. Wenn Individuen sich nämlich immer schneller und leichter von ihrer stofflichen Bindung an einen bestimmten Platz lösen können, werden sie immer leichter mit anderen kommunizieren können, die ähnlich gelagerte Präferenzen haben. Sie können dann die gewünschten gemeinsamen Aktivitäten unter sich organisieren, indem sie einfach andere finden, mit denen dies möglich ist.

Ich hatte die stoffliche Illusion kritisiert, die zu dem Vorurteil führt, da man ja materielle Güter benötige, seien diese auch das ökonomisch und gesellschaftlich Wichtigste. Worauf es ankommt, ist nunmehr die Information. Viele sprechen auch von Wissen und wählen entsprechend die begriffliche Bezeichnung „Wissensgesellschaft", so z. B. Rolf Kreibich in seinem gleichnamigen Buch. Es bedarf nicht vieler philosophischer Kenntnisse, um darüber gleich seinen Spott auszugießen, denn der Wissensbegriff meint eher die subjektive Aufnahme, die subjektive Inkorporation von Wissen. Es kann einem aber durchaus passieren, dass man, mit immer mehr Informationen überflutet, am Ende gar nichts mehr weiß, aus der Wissensgesellschaft also die Gesellschaft der Nichtwissenden wird. Analog zur stofflichen Illusion der Warenwelt könnte man dann hier von einer Wissensillusion reden.

Information ist hier ein zurückhaltender klingender Begriff, denn man kann sich durchaus das Vorhandensein einer Information vorstellen, an die man aber nicht herankommt, über die man nicht verfügen kann, und man kann sich auch die Verfügung über eine Information vorstellen, ohne dass sie auch in Wissen überführt werden müsste. Allerdings muss man den Wissensbegriff keineswegs notwendigerweise so verstehen, dass man ein Wissen, das es gibt, dann auch haben müsse.

Deshalb hat der Übersetzer, als er Lyotards „La condition postmoderne" mit „Das postmoderne Wissen" ins Deutsche brachte, nicht unbedingt falsch gehandelt, denn Lyotard behandelt tatsächlich die Entwicklung der Wissensformen in der postmodernen Informationsgesellschaft, auch wenn Lyotard eben nicht den Titel „Le savoir postmoderne" gewählt hatte.[259]

Die Grundthese ist bekannt: Lyotard konstatiert das *Ende der „großen Erzählungen"*, der „grands récits", mit denen bisher das Wissen legitimiert wurde. Nicht nur die traditionellen Legitimationsmythen der Religion sind in eine „Krise der Erzählungen" geraten, sondern auch die modernen, aufklärerischen Erzählungen des Fortschritts, denen zufolge die Heroen der Wissenschaft für das gute ethisch-politische Ziel, die Emanzipation der Menschheit und den universalen Frieden unermüdlich tätig sind, oder der Geschichtsphilosophie, nach der sich durch dialektische Höherentwicklung, d. h. über Klassen- und Emanzipationskämpfe die Gesellschaft zum besseren Ziel hin entwickelt.

Postmodern, sagt Lyotard, ist die Skepsis gegenüber solchen Metaerzählungen. Die Konstruktion, die Pragmatik der Sprache ist dann, wenn man an keine Großerzählungen mehr glaubt, weder an die des Marxismus noch an die des Strukturalismus oder der Systemtheorie, das einzige, was übrigbleibt. Die Grundaussage, die Lyotard aus Wittgenstein ableitet, ist im Grunde einfach: Es gibt viele verschiedene Sprachspiele, die die heterogenen Elemente von etwas bilden, das keineswegs mehr das Ganze genannt werden kann, weil sie eigentlich nur mosaikartig zur Herausbildung von Institutionen führen, sozusagen nur lokal, nicht übergreifend. Mosaikartig steht im deutschen Text, im französischen steht *ne ... que par plaques*, also plattenartig, vielleicht fleckenartig. Mosaik wäre demgegenüber sehr viel geordneter und heißt auch im französischen so, nämlich *mosaïque*. *Plaque* dagegen kann auch der Zahnbelag sein oder einfach ein Fleck. Das wäre alles schön und gut. Kontingente Ansammlungen von Flecken ergeben aber noch keine gesellschaftliche oder gar politische Herrschaftsorganisation. Probleme entstehen also dadurch, dass die *décideurs*, die gesellschaftlichen Entscheidungsträger, dennoch diese Wolken des Gesellschaftlichen, die *nuages de société* mit dem

---

[259] Jean-François Lyotard: Das postmoderne Wissen. Ein Bericht. Wien 1986 (zuerst als La condition postmoderne, Paris 1979).

Mittel von Input-Output-Matrizen versuchen, quasi logisch zu verwalten, um die fleckenarti-gen Elemente miteinander kommensurabel und das Ganze steuerbar, determinierbar zu ma-chen. Es geht um Optimierung und Effizienz. Damit ergibt sich ein Missverhältnis: auf der einen Seite die unterschiedlichen, nicht auf einen Nenner zu bringenden Sprachspiele des Lebens selbst, auf der anderen Seite die terroristische Forderung: Wirkt mit, seid kommensu-rabel, oder verschwindet! (Lyotard 1986, S. 15)

Die Legitimation bestünde, wenn die großen Metaerzählungen nicht mehr akzeptiert werden, ausschließlich im Erfolg, im Output. Die systemische Funktionalität und Operabilität wäre jedoch ein rein technologisches Kriterium, das über die Wahrheit und das Rechte nicht ent-scheiden kann. Und der Konsens, von dem Habermas spricht? Er würde, da er nur sprachlich erzielt werden könnte, deshalb nicht funktionieren, weil er der Heterogenität der Sprach-spiele Gewalt antun würde.

Die Erfindung des Neuen aber bedarf demgegenüber der Meinungsverschiedenheit. Der Konsens enthält in dieser Sicht die Gefahr, neue Gedanken nicht zuzulassen und damit die Erfindung, auch und gerade die neue technische Erfindung zu verhindern. Das postmoderne Wissen hat also einen Doppelcharakter. Es dient den Mächtigen, um Neues zu produzieren und den *output* zu erhöhen. Es ist aber nicht allein ihr Instrument, sondern es muss auch die Sensibilität für Differenzen erhöhen und unsere Fähigkeit verstärken, das Inkommensurable zu ertragen. Seine eigene Begründung findet es nämlich nicht im Konsens der Experten, son-dern eher in der Praxis der Erfinder, die eigentlich immer auf etwas Neues gekommen sind, indem sie eine bislang herrschende Konvention durchbrochen haben.

Im Wissenschafts- und Forschungsprozess funktioniert dies durchaus. Wie steht es aber mit der Gesellschaft? Lassen sich Politik und Gesellschaft nach dem Muster der scientific com-munity konstruieren? Das bleibt die Grundfrage in Lyotards postmodernem Wissen. Wie sie beantwortet wird, darauf werde ich am Schluss dieses Teils eingehen.

Vorher nämlich ist eine andere Frage zu klären: Wie verändert sich die Struktur und die Funktionsweise des Wissens unter den Bedingungen einer postindustriellen Gesellschaft und einer postmodernen Kultur?

Wir haben es zu tun mit einer technologischen Transformation des Wissens, von der zwei hauptsächliche Funktionsbereiche betroffen sind, nämlich
* die Forschung und
* die Übermittlung der Erkenntnisse.

Bei diesen Transformationen bleibt das Wissen selbst nicht unbehelligt, denn es kann die neuen Kanäle nur dann passieren, wenn die Erkenntnis in Informationsquantitäten übersetzt wird. Die Prognose wird lauten: All das, was vom überkommenen Wissen nicht in dieser Weise übersetzbar ist, wird vernachlässigt werden. Es kommt also darauf an, die Bedingun-gen der Übersetzbarkeit in die Maschinensprache zu untersuchen. Die Vermutung liegt nahe, dass es Grenzen der Übersetzbarkeit bei dem, was als Wissensinhalt bezeichnet werden kann, kaum geben wird, wohl aber bei den Wissensformen. Anders ausgedrückt: Das, was als Bildung des Geistes und der Person gilt, dürfte mehr und mehr verfallen, so wie früher schon das Gedächtnis als Medium der Erinnerung verfallen ist. Diese Dinge verlieren ihren Gebrauchswert. Wenn die Produktion und Nutzung des postmodernen Wissens wie vorher auch die Nutzung anderer Ressourcen nationalstaatlich organisiert wird, dann ist es vorstellbar, dass in Zukunft ebenso um die Beherrschung von Informationen gekämpft wird, wie früher um die Beherrschung von Territorien oder die Verfügung und Ausbeutung der Rohstoffe (Lyotard 1986, S. 26). Ein erstes Anzeichen davon war das amerikanische Exportverbot für hochentwickelte Computeranlagen in den Ostblock – ein Verbot, das, weil es sich um Hardware handelte, noch recht einfach zu kontrollieren war. Inzwischen versuchen die USA aber auch die Herstellung und Verbreitung von kryptographischen Programmen zu verhindern, die für den amerikanischen Geheimdienst nicht zu entschlüsseln sind. Solche Programme werden z. B. im Internet angeboten, sind aber für Nutzer außerhalb der USA nicht zugänglich. Im Internet ist entgegen vielfach gehörten Behauptungen durchaus der Schutz von Informationen vor beliebigen Zugriffen möglich, auch wenn vielfache Anstrengungen unternommen werden, solche Programme zu schmuggeln und auf Wegen über andere Länder außerhalb der USA im Netz zu verbreiten. Um an diese Dinge dann aber heranzukommen, braucht es schon einige Findigkeit und Expertise.

Der Prozess, den wir derzeit im Internet erleben, lässt sich übrigens in den Kategorien von Lyotards „Postmodernem Wissen", das in der französischen Fassung schon aus dem Jahre 1979 stammt, noch recht gut beschreiben. Denn dieses Netz, das anfangs ausgeprägt chaotische, nichtkommerzielle Züge trug und ein Netz war, in dem die Nutzer ein Elitebewusstsein hatten und einander gegenseitig halfen, vielleicht so wie die Porsche-Fahrer in den 50er Jahren, die sich gegenseitig mit der Lichthupe grüßten, wird inzwischen massiv kommerzialisiert, d. h. immer mehr professionelle Anbieter bieten Kataloge und Waren an, vor allem natürlich Software, die nur gegen Abbuchung von der Kreditkarte zu nutzen sind. Programme, die sich anfangs zwar kostenlos herunterladen lassen, sich aber nach dreißig Tagen selbst zerstören, wenn man nicht bezahlt hat, werden immer zahlreicher, und selbstverständlich handelt es sich bei diesen Programmen immer um die nützlichsten und begehrtesten.

Das Problem der Beziehung zwischen den ökonomischen und staatlichen Instanzen ist dabei völlig ungeklärt. Der schnelle Informationsfluss über Staatsgrenzen hinweg lässt sich derzeit noch von keinem Zoll kontrollieren, aber wir sollten nicht vergessen, dass die Zollbehörden auch das Gewimmel der Hafenstädte und die Vielzahl der kleinen Buchten an unserer Küste weitgehend in den Griff bekommen haben. In Hamburg sogar den Schmuggel in Riesencontainern und Lastwagen, die inzwischen zu Kontrollzwecken nicht mehr ausgeladen werden müssen, sondern in Riesen-Röntgenanlagen blitzschnell durchleuchtet werden.

Die Staaten achten also eifersüchtig darauf, ihre Kontrollbedürfnisse durchsetzen zu können, und rüsten inzwischen auch auf, um im Netz aufzuräumen, insbesondere natürlich in den Bereichen, die den jeweiligen Staat am meisten stören. Bei uns sind das Neonazi- und bestimmte pornographische Informationen. Bei Diktaturen wie China geht es um demokratische politische Informationen bereichert werden, bei Theokratien wie dem Iran um sogenannte Gotteslästerungen, also kritische und aufklärerische Informationen über Religion.

Ökonomische Interessen können durchaus die Stabilität der staatlichen gefährden. Im Kern geht es um die Frage: Wer hat Zugang zu welchen Informationen? Für Lyotard war es noch eine offene Frage, ob der Staat die verbotenen Kanäle und Daten definiert oder selber nichts weiter als ein Nutzer unter anderen sein wird. Ich denke, die Antwort auf diese Frage ist inzwischen deutlicher zu erkennen: Nicht „der Staat", aber bestimmte Länder suchen die Zensurgrenzen und die Prinzipien staatlicher Ordnung in das Internet hineinzuschieben. Der deutsche Staat ist hierbei momentan einer der Vorreiter von Zensur- und Kontrollbedürfnissen, weil ein rechtsfreier Raum nach deutschem Verständnis am wenigsten sein darf.

Zu diskutieren wäre die These, dass sich durch Konkurrenz und durch Umgehungsstrate-
gien, d. h. durch das Ausweichen von einem Staat in andere, langfristig der Stand der Zensur einpendeln wird auf das Niveau des liberalsten und offensten Landes, eine These, die
Gebhardt Schweigler von der Stiftung Wissenschaft und Politik in Ebenhausen vertritt. Er
hält die USA für dieses liberalste System.[260] Wenn es also um einen Konkurrenzkampf der
Liberalität ginge, würde einfach das liberalste System siegen. Man kann daran Zweifel
hegen, zumal die Neigung zur Pornographiekontrolle in den USA wahrscheinlich viele
Anbieter auf die Kaiman-Inseln oder an ähnliche Plätze treiben wird. Es ist fraglich, ob
sich hier die Stärksten oder die Beweglichsten durchsetzen werden. Im Deutschen Reich
vor 1945 und in der DDR war das Abhören von Feindsendern nur sehr schwer bis überhaupt nicht zu verhindern. Im Internet wird es einen ähnlichen Kampf geben. Da im Netz
aber nicht anonyme Nutzer einfach Radiowellen empfangen, sondern, wenn auch vielleicht
nur kurzfristig, mit den Anbietern verbunden sein müssen, bieten sich hier ganz andere
Möglichkeiten der Rückverfolgung nicht nur bis zum Anbieter, der möglicherweise sicher
auf den Kaiman-Inseln sitzt, sondern vor allem zum Nutzer, der im Zweifel immer im
Zugriffsbereich seines Staates sich befindet und dem Gesetz auch auf Urlaubsreisen unterworfen ist, so dass er auch nach seiner Rückkehr verfolgt werden kann, wenn er im Ur-
laub aus irgendeinem Hotelzimmeranschluss verbotene Server aufgesucht hat. Der technologische Vorsprung der Nutzer, der derzeit zweifellos vorhanden ist, dürfte sich bei
entsprechenden Investitionen vom Staat ohne weiteres einholen lassen. In Bayern, dem in
der Internet-Technologie führenden Bundesland, ist schon eine entsprechende Sonderer-
mittlungsgruppe nur für diesen Bereich gegründet worden. Für die Erben Mielkes bieten
sich hier die großartigsten Beschäftigungschancen bis weit in das nächste Jahrtausend. Der
Staat ist in diesem Kampf zwischen Zensur und Zensurübertretung momentan etwas zu-
rückgefallen, er ist aber keineswegs strukturell unfähig, diesen Vorsprung aufzuholen.

Ob die Staaten über diese allfälligen Kontrollbedürfnisse des politischen und des sittlichen
Lebenswandels ihrer Bürger hinaus auch noch ihre weiteren Kontrollbedürfnisse ausleben
können, nämlich die Kontrolle der Investitionen, ihre Förderung und Leitung, daran jedoch
nun besteht erheblicher Zweifel. Lyotard hat dieses Problem, das seit 1979 eine rasante Weiterentwicklung nahm, schon damals ziemlich präzise verortet und erkannt. Es handelt sich
um die Losung vom Abbau des Wohlfahrtsstaates, vom Minimalstaat und von der Standortkonkurrenz. (Lyotard 1986, S. 28)

Soweit die Arbeitshypothese von Lyotards Analyse der Informationsgesellschaft. Eine Arbeitshypothese nun muss weder originell noch wahr sein, sondern vielmehr einen Unter-
scheidungs- und Erkenntniswert haben. Es kommt eher darauf an, durch vergröberte Zuspitzung der Fragestellung zu ermitteln, welche Auswirkungen bestimmte Transformationen
des Wissens auf die öffentliche Gewalt und die gesellschaftlichen Institutionen haben. Ein
prognostischer Wert ist in solchen Überlegungen weniger vorhanden, sondern vielmehr ein
strategischer Wert bezüglich der gestellten Frage (Lyotard 1986, S. 30). Allerdings hat die
Ausgangsüberlegung Lyotards einen hohen Plausibilitätswert. Der Prozess der Informatisie-
rung der Gesellschaft oder, wie Nichtfranzosen sagen würden, ihrer Computerisierung, ist

---

[260]   Gebhard Schweigler: Internationale Politik: Schöne neue Weltordnung? in: Karl Rohe (Hg.): Politik und Demokratie in der Informationsgesellschaft, Baden-Baden 1997.

offenbar unaufhaltsam im Gange. Hierzu ist aus der Perspektive des Philosophen, der Lyotard ja ist, gleich festgehalten, dass man sich sehr täuschen kann, wenn man glaubt, dass die lineare oder auch kumulativ-logarithmische Akkumulation von Wissen sozusagen kontinuierlich vor sich gehen könnte. Das wissenschaftliche Wissen ist nicht das ganze Wissen einer Gesellschaft, es ist nur eine stark geordnete Form der ganzen Welt des narrativen Wissens, im Vergleich zu dem das zeitgenössische wissenschaftliche Wissen, genau genommen, eher einen tristen Eindruck macht, zumal es durch den Verlust des Bildungsideals für den „Wissenden" selbst eher äußerlich wird, d. h. er zu seinem eigenen zumal noch schnell veraltenden Wissen nur ein entfremdetes Verhältnis wird aufbauen können, während doch derjenige, der in Frankreich oder Deutschland über klassische Bildung verfügte, daraus wesentliche Teile des Identitätskerns seiner Persönlichkeit bestimmte.

Diejenigen, die das Wissen sammeln und aufnehmen sollen, können dadurch entscheidend demoralisiert werden, eine Demoralisierung, die die Forschenden, die Unterrichtenden und ihre Studenten gleichermaßen ergreifen kann (Lyotard 1986, S. 32) und die ebenfalls periodische Züge annehmen kann. Auch dies scheinen wir momentan zu beobachten, wenn kaum noch jemand beginnt, die langweilige und bildungsmäßig irrelevante Chemie oder die bildungsmäßig ebenso irrelevanten Ingenieurwissenschaften zu studieren, die man ohnehin nur der Berufschancen wegen sich ausgesucht hätte, sondern viele stattdessen in Fächer wie Politikwissenschaft oder gar in so brotlose Bereiche wie Philosophie und Literaturwissenschaft strömen, die Orientierungs- und Bildungswissen versprechen. Die Berufsfrage ist damit natürlich auf später verschoben, aber mit Chemie oder Technik wäre man im Moment gleichermaßen chancenlos auf dem Arbeitsmarkt.

Wie aber ist das wissenschaftliche Wissen selbst überhaupt legitimiert, wenn es sich nicht seinerseits mehr unhinterfragt in die große Erzählung der Aufklärung und der Verbesserung der menschlichen Lebensbedingungen oder der Heilung von Krankheiten einordnen kann? Wenn also, sagen wir, der Verdacht aufkommt, dass viele Krankheiten vom Medizinsystem erst produziert werden, nämlich die sogenannten iatrogenen Erkrankungen, dass viele Forschungsfragen erst von den Forschungsapparaturen selbst erzeugt werden, also Scheinfragen oder künstliche Fragen sind. Dies war in den sogenannten Geisteswissenschaften übrigens immer selbstverständlich und galt hier nie wirklich als Problem, weil die Kostenfrage als weitgehend irrelevant angesehen werden konnte. Anders ist es bei Großlaboratorien wie den Kernforschungszentren und den Teilchenbeschleunigern. Die Genfer Cern-Wissenschaftler haben deshalb gut daran getan, in der Anfangszeit des Internet das WorldWideWeb als nützlichen Nebeneffekt ihrer Tätigkeit zu erzeugen. Möglicherweise wird diese technologische Innovation später als relevanter angesehen werden als ihre übrigen Forschungsergebnisse.

Wie sind wissenschaftliche Aussagen also legitimiert, wenn es die großen Erzählungen der Bildung des Geistes, des Aufklärungsfortschritts oder der Ausweitung und Intensivierung unserer Herrschaft über die Natur und unserer Ausbeutung der Natur nicht mehr unbefragt gibt? Wissenschaftliche Aussagen müssen Regeln unterworfen sein, die gemeinhin solche ihrer inneren Konsistenz und der experimentellen Überprüfung sind, durch die sie autorisiert werden. Das ist nun keine künstliche, sondern eine grundlegende Frage. Es geht darum, worauf das Recht basiert, zu entscheiden, was wahr ist. Nach Lyotard ist dieses Recht offenbar nicht unabhängig von gesellschaftlich-normativen Faktoren, also nicht unabhängig von dem Recht, darüber zu entscheiden, was gerecht ist. „Es gibt nämlich eine Koppelung zwischen der Sprachgattung, die sich Wissenschaft nennt, und jener anderen, die sich Ethik und Politik nennt." (Lyotard 1986, S. 34) Beide basieren auf demselben Entschluss, und dieser heißt

Abendland. Anders ausgedrückt: Es geht um die Frage nach dem Verhältnis von Wissen und Macht: „Wer entscheidet, was Wissen ist, und wer weiß, was es zu entscheiden gilt? Die Frage des Wissens ist im Zeitalter der Informatik mehr denn je die Frage der Regierung." (Lyotard 1986, S. 35)

Die typisch politikwissenschaftliche Frage, die Lyotard an dieser Stelle aufwirft, ist die Frage, wer wird worüber entscheiden? Die Antwort ist scheinbar tautologisch: Diejenigen sein, die entscheiden, werden die herrschende Klasse bilden. Ihre soziale Funktion bestimmt ihre Rolle. Verwaltungsfunktionen werden immer mehr automatisiert. Wichtig ist letztlich, wer über die Zugangswege zu den Speichern verfügt. Diejenigen, die hierüber entscheiden, werden die herrschende Klasse darstellen. Lyotard äußert die Vermutung, dass es sich hierbei nicht um die traditionelle politische Klasse handeln wird, sondern um einen bunt aus Unternehmens- chefs und Leitern großer Berufs- und Gewerkschaftsorganisationen sowie konfessionellen Verbänden zusammengewürfelten Haufen handeln wird. Ich vermute, dass er hier 1979 noch einer korporatistischen Sichtweise aufgesessen ist (vgl. dazu kritisch das Kapitel 5 in diesem Band), während das Scheitern dieses Steuerungsmodus mittlerweile immer häufiger konsta- tiert wird. Der Korporatismus, die Herrschaft der Verbände, kann als ein typischer Fall der Herrschaft von industriegesellschaftlichen Großorganisationen gelten, die im Zuge der post- modernen Individualisierung notwendigerweise in der Grundlage erschüttert werden musste.

Das große Problem wird zukünftig in der Verfügung über Informationen liegen. Die Tendenz wird sein, dass die Funktionen der Regulierung und damit der gesellschaftlichen Reproduk- tion zunehmend den bürokratischen Verwaltern entzogen und den Automaten anvertraut werden (Lyotard 1986, S.52). Nicht mehr die traditionellen politischen Klassen, sondern die Organisatoren an den Knotenpunkten des Informationssystems werden vermutlich entschei- den, weil die alten Attraktionspole, also die Nationalstaaten, Parteien, Berufsverbände, her- kömmlichen Institutionalisierungsformen und historischen Traditionen an Anziehungskraft verlieren. Die gruppierungsmäßigen Zuordnungen werden zurückgehen. Jeder wird stärker auf sich selbst zurückgeworfen werden, wohl wissend, dass dieses Selbst wenig ist (Lyotard 1986, S. 54). Von vielen wird dies als Zerstörung des sozialen Bandes angesehen werden. Darin steckt aber eine Überhöhung herkömmlicher Gesellschafsstrukturen zu paradiesischen Zuständen. Das Selbst an sich mag wenig sein, es ist aber nicht isoliert, sofern es im Netz der Kommunikationen sich zu bewegen und zu orientieren vermag.

Dieser Gedanke erinnert gewiss an die Systemtheorie, die die Identität der Person als Schnittpunkt sich vorstellt, aber auch an den Strukturalismus, für den Claude Lévi-Strauss die paradigmatischen Formulierungen gefunden hat. Ich zitiere aus der Einleitung zu „My- thos und Bedeutung", wo er sagt, dass er nicht das Gefühl habe, seine Bücher selbst ge- schrieben zu haben, sondern eher den Eindruck, eine Durchgangsstelle für seine Texte zu sein. „Sobald sie durch mich hindurchgegangen sind, fühle ich mich leer, und nichts bleibt zurück." „Ich habe nie das Gefühl einer persönlichen Identität gehabt, habe es auch jetzt nicht. Ich komme mir vor wie ein Ort, an dem etwas geschieht, an dem aber kein Ich vorhan- den ist. Jeder von uns ist eine Art Straßenkreuzung, auf der sich Verschiedenes ereignet. Die Straßenkreuzung selbst ist völlig passiv; etwas ereignet sich darauf. Etwas anderes, genauso Gültiges, ereignet sich anderswo. Es gibt keine Wahl, es ist einfach eine Sache des Zu- falls."[261]

---

[261]   Claude Lévi-Strauss: Mythos und Bedeutung. Frankfurt 1980, S. 15f.

In der informationell aufgeklärten Sprache Lyotards wäre der gleiche Gedanke so zu formulieren, dass jeder von Nachrichten verschiedener Natur passiert wird. Sogar das benach-
teiligtste Selbst ist niemals machtlos gegenüber diesen Nachrichten, die es durchqueren
(Lyotard 1986, S. 55), denn es kann Sender oder Empfänger oder eben Gegenstand der
Nachricht sein. Und jeder Punkt, der von Nachrichten durchquert wird, kann eine wenn auch
minimale Verschiebung bewirken. Diese Verschiebung müsste im Grunde sogar erwünscht
sein, weil das System der Informationen ständig gegen seine eigene Entropie kämpfen muss,
d. h. gegen die Möglichkeit, in einem ununterscheidbaren Rauschen zu versinken.

Diese Sprachspiele der Kommunikationsgesellschaft sind gewissermaßen das Minimum der
sozialen Beziehungen, die für das Bestehen einer Gesellschaft erforderlich sind. Gewiss gehört nicht der gesamte soziale Zusammenhang dieser Sprachspielordnung an. Jedenfalls ist
es nicht nötig, eine so radikale und deshalb nur schwer plausibel zu machende These aufzu-
stellen. Es reicht, die These zu vertreten, dass das Minimum die Kommunikation im Netz ist.

Es handelt sich um Informationsspiele. Es wäre naiv, diese nach den schlichten Mustern der
herkömmlichen Kommunikationstheorie als ein Verhältnis von Sender und Empfänger zu
beschreiben. Denn in Wirklichkeit hat jeder Sprachpartner die Möglichkeit eigener Spielzüge. Er kann Umstellungen vornehmen. Seine Spielzüge rufen ihrerseits wieder Gegenzüge
vor, wie in einem guten Spiel, wo es auch nicht ausreicht, wenn einer der Mitspieler nur re-
aktiv spielt, d. h. ein Tennisspieler nur auf der Grundlinie spielt oder eine Fußballmannschaft
nur verteidigt. Zumindest wird man derartige Spiele als unbefriedigend empfinden. Ein gewisser Agonismus und Aktivismus ist gewünscht und wird von den Systembedürfnissen her
in gewisser Weise auch gefordert. Es ist also keine Sender-Empfänger-Theorie notwendig,
sondern eine Theorie des Wettstreits. Nur auf diesem agonistischen Wege sind die Neuerungen vorstellbar, die sich ergeben.

Dieses Bild der Atomisierung des Sozialen in lockere Netze von Sprachspielen (Lyotard
1986, S. 59) wird vielen als von der modernen Wirklichkeit weit entfernt erscheinen, die offenbar mehr von bürokratischer Arthrose blockiert erscheint. Eine Zeitlang ist der zunehmende Bürokratismus sogar als das zukünftige Schicksal moderner Gesellschaften dargestellt
worden, so in Henry Jacobys Studie „Die Bürokratisierung der Welt."[262] Politikwissenschaftler werden fragen: Wo bleiben in diesem Modell die Institutionen?

Sie sind die Filter der Kräfte des Diskurses, sie legen fest, was man in einem bestimmten
Kontext sagen darf oder nicht sagen darf. Allerdings ist dies wiederum nur das traditionelle
Bild der Institutionen. In Wirklichkeit nämlich lassen sich die Grenzen dieser Festlegungen
verschieben. Die Festlegungen sind immer, weil sie arbiträr sind, das vorläufige Resultat und
stehen beim Vollzug der Sprachspiele, die in- und außerhalb der Institutionen betrieben werden, jederzeit selbst „auf dem Spiel". Sie sind der Einsatz dieses Spiels, wenn man die Metaphorik des Glücksspiels wählen will. Ein Beispiel: „Hat das experimentelle Spiel mit der
Sprache (Poetik) seinen Platz an einer Universität? Kann man im Ministerrat Geschichten
erzählen? In einer Kaserne Ansprüche stellen? Die Antworten sind klar: Ja, wenn die Universität Werkstätten für die Kreativität eröffnet; ja, wenn der Rat mit prospektiven Entwürfen
arbeitet; ja, wenn die Vorgesetzten Verhandlungen mit den Soldaten akzeptieren. Anders gesagt: Ja, wenn die Grenzen der alten Institutionen verschoben werden." (Lyotard 1986, S. 61)

---

[262] Henry Jacoby: Die Bürokratisierung der Welt. Ein Beitrag zur Problemgeschichte, Neuwied und Berlin 1969.

Umgekehrt wird man sagen können, dass die Institutionen sich in dem Maße festigen, wie sie aufhören, selbst als Einsatz auf dem Spiel zu stellen.

Damit ist klar, dass wir uns der Analyse dieser Institutionen zuwenden müssen, wenn Politikwissenschaft betrieben werden soll. Wichtig ist, zwischen Wissen, *savoir*, und Wissenschaft, *science*, zu unterscheiden. Zum Wissen gehören ebenso das *savoir-faire*, das *savoir vivre*, das *savoir écouter* usw. Es handelt sich also um Formen von *know how*, um Kompetenzen, die sich nicht nur durch die Wahr-Falsch-Differenz überprüfen lassen, sondern auch durch Effizienz, Gerechtigkeit, Glück oder Schönheit. Ein umfassendes Zusammenwirken von Kompetenzen würde dann so etwas wie Bildung ausmachen, *formation*. Ein derartiges Wissen hätte zudem eine gewisse Ähnlichkeit mit der Gewohnheit. Man kann auch sagen, dass die Kultur eines Volkes durch das ausgemacht wird, was es ermöglicht, zwischen dem, der weiß, und dem, der nicht über das Wissen verfügt, wie z. B. Fremden und Kindern, zu unterscheiden. Diese Art des Wissens wird bevorzugt in der narrativen Form transportiert, denn im wesentlichen handelt es sich um traditionelles Wissen.

Dieses Wissen unterliegt einer gewissen Pragmatik der Narrativität, d. h. um es sinnvoll zu beschreiben, muss man die Situationen analysieren, in denen es autoritativ auftritt und vermittelt wird, also z. B. durch den autorisierten Erzähler eines Stammes, durch den Lehrer oder Priester, heute durch den Kulturbetrieb. Die Legitimität ist im wesentlichen eine Selbstlegitimation, denn diese Instanzen bestimmen, „was in der Kultur das Recht hat, gesagt und gemacht zu werden, und da sie selbst einen Teil von ihr ausmachen, werden sie eben dadurch legitimiert." (Lyotard 1986, S. 75)

Das wissenschaftliche Wissen nun wiederum hat eine ganz andere Pragmatik, d. h. die Legitimationsregeln funktionieren auf andere Weise. Hier nimmt man nämlich an, dass die Wahrheit einer Aussage automatisch den Konsens der Meinungen garantiert. Ohnehin kommt es bei der kritischen Diskussion von Ergebnissen nur auf die Meinungen derjenigen an, die in der Wissenschaft als kompetent angesehen werden, d. h. diejenigen, die ungefähr die gleiche Ausbildung genossen haben. Der Unterschied zum narrativen Wissen besteht also darin, dass ein bestimmtes Sprachspiel, das denotative, um den Preis des Ausschlusses aller übrigen ausgesondert wird. Das wissenschaftliche Wissen wird von anderen Wissensformen und damit vom gesellschaftlichen Band getrennt, der Wissenschaftsbetrieb selbst wird gewissermaßen aus der Gesellschaft ausgesondert und institutionell auf besondere Weise gruppiert, auch durch eine besondere Bevölkerungsgruppe betrieben. Als wahr gelten Aussagen nicht dadurch, dass sie wie die Erzählungen oder die Normen weiterverbreitet werden, sondern allein durch eine bestimmte, von den Konventionen des Wissenschaftsbetriebs festgelegte Technik der Rechtfertigung.

Dieser Vergleich macht jedoch auch deutlich, dass das wissenschaftliche Wissen nichts Absolutes ist, sondern seinerseits auch nur eine Wissensform unter anderen und nicht mehr und nicht weniger Notwendigkeit besitzt als andere. Beide bestehen aus Mengen von Aussagen, die in Spielzügen miteinander verbunden werden. Die relevanten Kriterien sind in beiden Bereichen nicht dieselben. Es ist deshalb sinnlos, den Wert des Narrativen nach den Regeln des wissenschaftlichen Wissens zu beurteilen – und umgekehrt.

Ein Spannungsverhältnis ist aber unübersehbar. Das narrative Wissen ist heterogen und plural, muss deshalb auch tolerant sein gegenüber anderen Formen. Das wissenschaftliche Wissen dagegen fragt nach der Gültigkeit narrativer Aussagen und stellt fest, dass sie niemals der Argumentation und dem Beweis unterworfen sind (Lyotard 1986, S. 85) – dass sie damit also Anlass zum höchsten Misstrauen bieten.

7.6   Gerechtigkeitsdiskurse im Spannungsfeld von Universalismus und Kulturrelativismus

7.6.1   Fundamentalismus und Totalitarismus[263]

Universalismus wäre der Versuch oder Anspruch, die eigenen Normen und Wertvorstellungen als für die gesamte Welt gültig zu deklarieren. Einen derartigen Anspruch haben nur wenige Kulturen hervorgebracht, zu denen, darauf hat der Göttinger Politikwissenschaftler Bassam Tibi immer wieder hingewiesen, auch die islamische Welt gehört.[264] Der islamische Universalismus kann als Gegenbild des westlichen Universalismus gelten, also kantisch gesprochen, der Vorstellung von „unserem Weltteile (der wahrscheinlicherweise allen anderen dereinst Gesetze geben wird)"[265]. Diese Idee beruht auf einer inzwischen klassisch zu nennenden großen Erzählung, deren Probleme und Brüche man in einer Analyse der französischen Menschenrechtserklärung von 1789 exemplarisch offen legen kann. Die Deklaration ist einerseits im Namen der französischen Nation erlassen, andererseits auf die Menschheit insgesamt gerichtet. Ein allgemeinmenschlicher Anspruch und ein konkreter, historisch-politischer Anspruch geraten in Interferenzen. „Von nun an wird man nicht mehr wissen, ob das auf diese Weise verkündete Gesetz französischer oder menschlicher Natur ist, ob der im Namen der Menschenrechte geführte Krieg auf Eroberung oder Emanzipation abzielt, ob die im Namen der Freiheit ausgeübte Gewalt repressiver oder pädagogischer (fortschrittlicher) Natur ist, ob die anderen Nationen französisch werden sollen oder menschheitlich (...)."[266]

Jean-François Lyotards Rede vom Widerstreit in diesem Zusammenhang ist signifikant. Auch wenn man begeisterter Anhänger der Freiheitsrechte des westlichen Universalismus ist, wird man doch zugestehen müssen, dass die Außereuropäer von dem europäischen Projekt der Moderne vor allem und in erster Linie „nur seine institutionelle Dimension der Gewaltherrschaft erfahren" haben. Hinzu kommt, „dass auch moderne Muslime die europäische Wissenschaft und Technologie nur im Kontext von Kriegen erfahren haben, wobei sie stets die Unterlegenen waren."[267]

Folgt man Jürgen Habermas' an Hegel orientierter Aufzählung dessen, was das Projekt der Moderne ausmacht, nämlich
- Individualismus – die umfassende Entfaltung aller individuellen partikularen Eigentümlichkeiten.
- Recht der Kritik – niemand soll etwas anerkennen, was er nicht selbst als berechtigt ansieht.

---

[263]   Grundlegend zur neueren Verwendung des Totalitarismusbegriffs: Tibi, Bassam: Der neue Totalitarismus – „Heiliger Krieg" und westliche Sicherheit. Darmstadt 2004.

[264]   Vgl. u. a. Bassam Tibi: Im Schatten Allahs. Der Islam und die Menschenrechte. München und Zürich 1996.

[265]   Immanuel Kant: Idee zu einer allgemeinen Geschichte (1784), in ders.: Kleinere Schriften zur Geschichtsphilosophie, Ethik und Politik, Hg. Karl Vorländer. Hamburg, unveränderter Nachdruck 1973 der Ausg. von 1913, S. 19.

[266]   Jean-François Lyotard: Der Widerstreit. München 1987 (zuerst als Le Différend, Paris 1983), S. 244.

[267]   Bassam Tibi: Die Krise des modernen Islams. Eine vorindustrielle Kultur im wissenschaftlich-technischen Zeitalter. Frankfurt 2. Aufl. 1991, S. 214f.

– Autonomie des Handelns.

– Schließlich die idealistische – heute würden wir sagen, konstruktivistische Philosophie selbst[268],

dann ist leicht zu erkennen, dass die Globalisierung dieses Projekts eigentlich nur, mit Bassam Tibi zu reden, „die Überlegenheit der Waffen einer technisch-wissenschaftlichen Modernität"[269] übriggelassen hat. Man könnte es auch so formulieren: Aus der Universalisierung der westlichen individualistischen Freiheitsidee ist die Globalisierung wirtschaftlicher und militärischer Vorherrschaft geworden. So attraktiv das westliche Modell auch vielen aufklärerischen Intellektuellen aus der Dritten Welt noch in den 1960er Jahren erschienen war, so erklärlich ist es doch, dass sich dagegen eine virulente fundamentalistische Anti-Modernisierungsreaktion ergeben hat, die zur Zeit diesen Sektor der politischen Ideen geradezu beherrscht. Die praktisch-politischen Erscheinungsformen des fundamentalistischen Denkens sind ziemlich umfassend, das heißt, sie sind für radikale Moslems, Christen, Hindus und Juden beschrieben worden.[270] Für das Universalismusproblem ist derzeit der islamische Fundamentalismus insofern der interessanteste Fall, als hier ein Gegenuniversalismus auftritt, nämlich der Anspruch der Universalität des Islam. „Somit ist der islamische Fundamentalismus nicht nur eine Angelegenheit der islamischen Länder; er bietet sich als eine ‚Dritte-Welt'-Ideologie an, die darüber hinaus auch Geltung für die Industriegesellschaften beansprucht."[271]

An diesem Punkt nun ist von einigen muslimischen Intellektuellen, die im Westen leben, in den letzten Jahren der Versuch unternommen worden, so etwas wie einen *islamischen Postmodernismus* zu konstruieren. Der prominenteste ist Akbar Ahmed aus Cambridge. Er wählt eine buchstäbliche Definition von Postmoderne: „Wenn modern das Streben nach westlicher Erziehung, Technologie und Industrialisierung in der ersten Phase des nachkolonialen Zeitalters bedeutet, dann bedeutet postmodern die Rückwendung zu traditionellen muslimischen Werten und die Zurückweisung des Modernismus."[272] Deutlicher noch: „In einer muslimischen Gesellschaft bedeutet Postmoderne (...) einen Wechsel zu ethnischer oder islamischer Identität gegen eine importierte fremde oder westliche; eine Zurückweisung der Modernität"[273]. Moderne wird also als exklusiv westliches Projekt angesehen.

Ahmeds Postmodernebegriff ist keineswegs schlüssig oder konsistent – er selbst weist auf Probleme hin, zum Beispiel, dass der Islam Geduld, Schritttempo und Gleichgewicht betont, das postmoderne Zeitalter dagegen Geschwindigkeit, und dass postmoderne Skepsis, Ironie, Ambiguität und Zynismen scharf mit islamischer Gläubigkeit und Hingabe kontrastieren.[274]

---

[268] Jürgen Habermas: Der philosophische Diskurs der Moderne. Zwölf Vorlesungen. Frankfurt 1985, S. 27, G.W.F. Hegel, Werke in zwanzig Bänden, Theorie-Werkausgabe, Hg. Eva Moldenhauer und Karl Markus Michel. Frankfurt 1970, Bd. 7, S. 311, 485; Bd. 18. 493; Bd. 20, 458, vgl. Bassam Tibi: Krise, a. a. O., S. 213.

[269] Bassam Tibi: Krise a. a. O., 213.

[270] Vgl. dazu vor allem Gilles Kepel: Die Rache Gottes. Radikale Moslems, Christen und Juden auf dem Vormarsch. München und Zürich 3. Aufl. 1994.

[271] Bassam Tibi: Krise a. a. O., S. 219.

[272] Akbar S. Ahmed: Postmodernism and Islam. Predicament and Promise. London und New York 1992, S. 32.

[273] Ebenda.

[274] Ebenda, S. 38.

Er scheint aber bei aller Wahrnehmung dieser Differenzen seinen buchstäblichen, orientalischen Begriff der Postmoderne einfach ergänzend neben den westlichen stellen zu wollen.

Als islamischer Intellektueller erhofft er sich davon gewiss, dass diese Grundeinstellung es leichter macht, als Moslem im Westen zu leben und es ebenfalls leichter erscheinen lässt, so etwas wie einen islamischen Beitrag zur Weltkultur anzuerkennen. Islamische Intellektuelle im Westen haben eine bessere Chance, dass die dortige Lebenswelt ihren abweisenden Charakter für sie verliert, wenn die so verstandene Postmodernität eine größere Toleranz für Unterschiede und eine Art pluralistische Geisteshaltung fördert.[275]

Diese Frage der Bindestrichidentitäten von Drittweltintellektuellen, die in der Diaspora leben, ist keineswegs lediglich ein psychologisches Problem, sondern hat auch soziale und vor allem und in erster Linie politische Implikationen. Ein Bekenntnis zur Postmoderne, jedenfalls so, wie Akbar Ahmed sie begrifflich fasst, kann eben auch die Flucht vor den widerstreitenden Parteinahmen sein, die das politische und das kulturelle Umfeld von einem verlangen. Ahmed schildert die Rushdie-Affäre in sachlich-unterkühlten Worten, ohne irgendein Wort der Verurteilung entweder für Rushdie oder für den Mordbefehl. Hin- und hergerissen zwischen den Anforderungen seiner Herkunftskultur und Herkunftsgemeinschaft, sich gegen die Attacken des aufklärerischen Schriftstellers zu solidarisieren, und den Anforderungen der westlichen Zivilisation, in der er lebt, das Leben und die Freiheit der Meinungsäußerung, damit die Freiheit überhaupt für jedes Individuum zu garantieren, ist er in eine Nebeneinanderordnung des Unvereinbaren geflüchtet, einen Pluralismus und Wertrelativismus, der auch den Mord gelten lässt. Alle gängigen Vorurteile gegen die französische Postmoderne, sie sei orientierungslos, relativistisch und letztlich antihumanistisch, werden auf diese Weise bestätigt.[276]

Aber handelt es sich bei der Position, die Akbar Ahmed „postmodern" nennt, überhaupt um eine solche? Bassam Tibi, der die Gegenposition vertritt, hat den eben genannten Widerstreit auf eine völlig andere Weise, nämlich durch konsequente Sphärentrennung, aufgelöst. Kulturell bekennt er sich zum Islam und lehnt deshalb Rushdies „Satanische Verse" aufs schärfste ab. Politisch allerdings rechnet er sich zur westlichen Zivilisation und zu ihrer Tradition der individuellen Menschenrechte und spricht deshalb für Rushdies Recht auf freie Meinungsäußerung. Die *kulturelle* Sphäre bestimmt die Identität des Individuums. Auch wenn es um das Zugehörigkeitsgefühl dieses Individuums zu einer Gemeinschaft geht, handelt es sich doch um seine Privatsache. Die *zivilisatorische* Sphäre dagegen betrifft seine materiellen Rechte, die nicht nur identitätsbildend, sondern spürbar und einklagbar sind.[277]

Genau diese Art von Sphärentrennung ist es, die der antimoderne Fundamentalismus, übrigens auch in seiner christlichen Variante, nicht zu akzeptieren bereit ist. Es geht hier nicht um westlich gegen östlich, nicht um Orient gegen Okzident, sondern um Moderne gegen Vormoderne; die Postmoderne ist in diesem Sinne eine Variante innerhalb des modernen Denkens.

---

[275] Tomas Gerholm: Two Muslim intellectuals in the postmodern West. Akbar Ahmed and Ziauddin Sardar. In: Akbar S. Ahmed und Hastings Donnan (Hg.): Islam, globalization and postmodernity. London und New York 1994. 190–212, hier S. 209.

[276] Eine ziemlich vollständige Liste der Vorwürfe findet sich bei Luc Ferry, Alain Renaut: Antihumanistisches Denken. Gegen die französischen Meisterphilosophen. München und Wien 1987.

[277] Bassam Tibi: Im Schatten Allahs, a. a. O., Kap. 4, S. 124–137.

Bassam Tibi bestreitet denn auch konsequenterweise die Postmodernität von Akbar Ahmeds Denken: „In außereuropäischen Gesellschaften, denen die Moderne – trotz ihrer Globalisierung – äußerlich geblieben ist, kann es keine Krise der Moderne geben; vielmehr handelt es sich dort um die Krise autochthoner Tradition."[278] Ahmeds Berufung auf seine angebliche Postmodernität ist nichts weiter als ein theoriesublimiertes und *up to date* gebrachtes Bekenntnis zur Antimoderne: „Prä- und Postmoderne geraten unter dieser Sicht durcheinander und werden gemeinsam in das imaginative Boot der Postmoderne verfrachtet."[279]

Akbar Ahmed ruft eine Postmoderne aus, der doch nie eine wirkliche Moderne vorausgegangen ist. Hier liegt genau der umgekehrte Fall des anfangs zitierten Lyotard-Paradoxes vor, dass jeder Moderne ihre Postmoderne schon vorausgegangen sein müsse. Die angeblich überwundene Modernität des arabischen Nationalismus und der nachkolonialen Diktaturen war nie durch eine industriegesellschaftliche Grundlage unterlegt. Eine vorindustrielle Kultur hatte sich lediglich einen autoritären und tyrannischen Überbau gegeben, der einige westliche Muster verwendete. Die fundamentalistische Gegenreaktion konzentriert sich auf diese, um einen allgemeinen westlich-oberschichtmäßigen Verschwörungszusammenhang gegen die eigenen Bedürfnisse und Interessen zu konstruieren, der aber bei genauerer Betrachtung ohne überzeugende Grundlage ist.[280]

Der religiöse Fundamentalismus, der einen Aufstand gegen die Moderne darstellt, ist alles andere als ein Ausdruck von Postmodernität.[281] Die außereuropäischen Fundamentalisten sind „keine Kinder der Moderne, können also auch nicht von ihr zur Postmoderne übergehen. (...) Religiöse Traditionalisten sind Prämodernisten, wohingegen Fundamentalisten Antimodernisten sind. Mit dem Habermasschen Verdikt kommt man auch dem außereuropäischen Fundamentalismus am nächsten."[282] Was Habermas gegen die französische Postmoderne eher zu Unrecht unterstellt, trifft auf diese ideologischen Versuche des *tiersmondisme* durchaus zu.[283] Wenn also überhaupt von einem islamischen Postmodernismus die Rede sein kann, dann ist es ein Postmodernismus einer retardierten oder gar gescheiterten Modernisierung. Da es keinen patentrechtlichen Schutz für einen Begriff geben kann, wird man niemandem verwehren können, von Postmodernität in diesem Sinne zu sprechen. Als modernitätsreaktive Massenbewegung, die durchaus bereit ist, westliche Technik zu nutzen, sofern damit nicht die Übernahme auch westlicher Werthaltungen verbunden ist, kann diese Bewegung übrigens durchaus einigen genuin europäischen Bewegungen der Antimoderne verglichen werden.[284] Es ist daran zu erinnern, dass Talcott Parsons schon 1942 den deutschen Nationalsozialismus als fundamentalistische Revolte gegen die gesamte Rationalisierungstendenz der westlichen Welt und gegen deren tiefste institutionalisierte Grundlagen interpretiert hatte. Parsons ging sogar noch weiter und meinte, dass die Existenz eines zu derartigen Revolten

---

278 Bassam Tibi: Krise a.a.O., S. 265f.
279 Ebenda, S. 266.
280 Vgl. dazu die umfassende Studie von Bassam Tibi: Die Verschwörung. Das Trauma arabischer Politik. Erweiterte und aktualisierte Ausgabe München 1994.
281 Ebenda, S. 277f.
282 Ebenda, S. 278f.
283 Vgl. die Postmoderne-Kritik von Jürgen Habermas: Die Moderne – ein unvollendetes Projekt, in ders.: Kleine Politische Schriften (I–IV). Frankfurt 1981, S. 444–466.
284 Vgl. Bassam Tibi: Islamischer Fundamentalismus, moderne Wissenschaft und Technologie. Frankfurt 1992.

neigenden Potentials jeder modernen und sich modernisierenden Gesellschaft inhärent sei.[285] Gesellschaftliche Modernisierung wäre also ein ambivalenter, gleichzeitig immer krisenhafte Gegenreaktionen produzierender Prozess.[286]

7.6.2   Kulturrelativismus

Neben diesem problematischen Postmodernismus gibt es noch eine weitere Argumentationsmöglichkeit, die Geltung des westlichen Universalismus selbst zu bestreiten. Das Argument lautet so: Die Zubilligung individueller Rechte an die Mitglieder von Kollektiven, seien diese traditionaler Form oder neugeschaffene Gemeinschaften, würde diese aufsprengen, die besondere kollektive Lebensform verunmöglichen und den Menschen nur Entfaltungsmöglichkeiten als Individuen, also als entfremdete Einzelne, einräumen, nicht aber gemeinschaftliche Formen. Das Wesen des Hineinwachsens in eine Gemeinschaft bestünde genau darin, keine Wahl zu haben. Würde man jedem Individuum zu jedem Zeitpunkt die freie Wahl des Austritts lassen, dann würde man alle Gemeinschaftsformen, die mit Entbehrungen oder Nachteilen verbunden seien, auf Dauer unmöglich machen und ihnen schon die Chance der Selbstrekrutierung nehmen.

Wer zum Beispiel durchsetzen wollte, dass die Amish People, die in der Gegend von Lancaster, Pennsylvania wohnen, ihre Kinder 10 Jahre auf staatliche Schulen außerhalb ihres Siedlungsgebiets schicken müssen, der würde gerade einen wesentlichen Punkt von deren Glauben, dass nämlich eine Schulbildung, die über die Fähigkeit zur Bibellektüre hinausgeht, für die Gottesfürchtigkeit nur von Schaden sein kann, außer Kraft setzen. Vorindustrielle Lebensformen lassen sich nur durch Gewöhnung aufrechterhalten, nicht durch bewusste Entscheidung.

Ähnliches, wenngleich in sehr viel abgeschwächterer Form, gilt für die Erhaltung der französischen Sprachgemeinschaft in Kanada. Auch hier kann die mangelhafte Kenntnis der englischen Sprache mit beruflichen Nachteilen auf dem nordamerikanischen Kontinent verbunden sein. Würden Französisch und Englisch gleichermaßen erworben, würde sich möglicherweise die zur Kommunikation besser geeignete Sprache durchsetzen. Wenn man diese Befürchtung ernst nimmt, dann kommt es darauf an, durch diskriminierende Maßnahmen den Gebrauch des Englischen möglichst einzuschränken, um den Neueinwanderern und den eingesessenen Französischsprachigen einen mehr oder weniger deutlichen Druck zur Aufrechterhaltung der französischen Sprachgemeinschaft aufzuerlegen. Nur wenn sie eine bestimmte Größe behält, ist eine solche Sprachgemeinschaft unter den Bedingungen der Moderne mit ihrer Mobilität etc. dauerhaft zu erhalten.[287] Als Neueinwanderer gelten übrigens auch Amerikaner, deren Kinder die rein französische Schule besuchen müssen, wenn sie sich im frankokanadischen Gebiet ansiedeln wollen.

---

[285]   Talcott Parsons: Democracy and Social Structure in Pre-Nazi Germany (1942). Essays in Sociological Theory. Revised Edition. New York und London 1954, 123. Vgl. hierzu auch Cornelia Klinger: Faschismus – der deutsche Fundamentalismus? Merkur 49. Jg. 1995, S. 782–798.

[286]   Vgl. Hans van der Loo, Willem van Reijen: Modernisierung. Projekt und Paradox. München 1992.

[287]   Vgl. hierzu die wichtige Grundsatzdiskussion zwischen Charles Taylor und Jürgen Habermas, in Charles Taylor: Multikulturalismus und die Politik der Anerkennung. Mit Kommentaren von Amy Gutmann, Steven C. Rockefeller, Michael Walzer, Susan Wolf. Mit einem Beitrag von Jürgen Habermas. Frankfurt 1993.

Auch wenn man es sich ungern eingesteht: Hier stehen zwei Präferenzen im Widerstreit, von denen jede für sich auf Zustimmung rechnen dürfte, nämlich die Erhaltung von sprachlicher Vielfalt und von Gruppenidentitäten einerseits, die Entfaltung von Individualrechten andererseits. Es hilft aber nichts:

Menschenrechte sind nur als Individualrechte in sich konsistent argumentativ vertretbar.[288] Als Kollektivrechte würden sie zur Unterdrückung von Individuen innerhalb der Teilgemeinschaften führen, wie man am Beispiel der nationalen Selbstbestimmung sehr leicht sehen konnte. Eine kollektivistische Umdefinition würde ihnen den Boden wegziehen, weil sie die Individuen in eine statische Gruppenstruktur zwängen und dabei der Gefahr aussetzen würde, aller Rechte verlustig zu gehen, wenn sie diese Gruppe verlassen wollen. Vor allem haben die Gruppen durch Einschluss und Ausgrenzung eine Macht über die Individuen, gegen die gerade Schutz vonnöten ist. Das gilt auch und gerade dann, wenn es sich um askriptive Bindungen handelt. Diese Voraussetzung bedeutet aber einen Eingriff von außen in die Selbstgestaltungsmöglichkeiten aller Kollektive. Auch hier besteht ein Dilemma, das wohl nur einseitig zu lösen ist und das letztlich dazu führen wird, dass wirklich jeder einzelne als Individuum sich fühlen und verhalten kann, welches allenfalls vorübergehende freiwillige Bindungen eingeht, ansonsten aber als soziales Atom fungiert. Die nötige Soziabilität wird also auf das Resultat immer neu zu treffender freiwilliger Entscheidungen reduziert. Gruppenbildungen werden dann flüchtiger, kurzfristiger, aber eben auch freier sein und mehr einem Menschenbild als selbst entscheidendes Wesen entsprechen.

Diese Form der Argumentation war im Westen so schnell so selbstverständlich und erfolgreich, dass vorsichtige Infragestellungen wie die des Kulturrelativismus schon als ungeheure Provokation und finstere Rechtfertigungen von Barbarei erscheinen konnten. Dabei ist der Relativismus der Moralisten und der Aufklärung, also des 18. Jahrhunderts, wie Isaiah Berlin recht überzeugend gezeigt hat, im Grunde nur ein *angeblicher* Relativismus, der auf einen Pluralismus nicht hierarchisch strukturierter Werte hinausläuft. Hinter dieser Haltung stand die universalistische Überzeugung, wie man sie auch bei Herder finden kann, dass für unterschiedliche Gesellschaften unterschiedliche Wertsysteme angemessen sind, dies aber durchaus nach äußerlichen, also universellen Kriterien der Angemessenheit und Eignung. Wenn Vico und Herder uns aufforderten, Kulturen der Vergangenheit nicht mit den Maßstäben unserer eigenen Zivilisation zu messen, dann taten sie das aus allgemeinverbindlichen heuristischen und moralischen Gründen.[289] Über Berlin hinausgehend lässt sich sagen, dass dies auch das Motiv des späteren ethnologischen Kulturrelativismus ist. In einer sehr eindrucksvollen Reinterpretation der einschlägigen Texte von Eduard Westermarck, Franz Boas und anderen hat Klaus-Peter Rippe zeigen können, dass es sich hierbei um eine notwendige heuristische Grundeinstellung gehandelt hat. Für Ethnologen ist diese Haltung sozusagen berufsnotwendig.[290]

Claude Lévi-Strauss hat daraus in seinem berühmten UNESCO-Gutachten „Rasse und Geschichte" ein politisches Konzept gemacht, in welchem er empfahl, sich „vor einem blinden Partikularismus zu hüten, der dazu neigt, das Privileg des Menschseins nur einer Rasse, Kul-

---

[288]   Vgl. in einer sehr präzisen Argumentation Rhoda E. Howard: Human Rights and the Search for Community. Boulder/Col. und Oxford 1995, passim und bes. S. 217ff.

[289]   Isaiah Berlin: Der angebliche Relativismus des europäischen Denkens im 18. Jahrhundert. in ders.: Das krumme Holz der Humanität. Kapitel der Ideengeschichte, Hg. von Henry Hardy. Frankfurt 1992, 97–122, hier S. 115.

[290]   Klaus Peter Rippe: Ethischer Relativismus. Seine Grenzen – seine Geltung. Paderborn, München, Wien, Zürich 1993.

tur oder Gesellschaft vorzubehalten, aber andererseits auch niemals zu vergessen, dass keine Fraktion der Menschheit auf die Gesamtheit anwendbare Formeln hat und dass eine Menschheit, die in einer Art von Einheitsleben aufginge, undenkbar ist, weil sie dann eine verknöcherte Menschheit ist."[291]

Er hat dabei allerdings übersehen, dass der menschenrechtliche Universalismus tatsächlich als auf die Gesamtheit anwendbar gedacht ist, sogar von sich behauptet, als einzige Konzeption das Zusammenleben in einer zunehmend dichter besiedelten und mobileren Welt erträglich machen zu können, und außerdem glaubt, durch die Freisetzung der individuellen Verschiedenheiten gerade eine außerordentliche Vielfalt ermöglichen zu können.[292]

Der Schluss von Lévi-Strauss, dass die Verschiedenheit der menschlichen Kulturen „hinter uns, um uns und vor uns" ist, so dass die Forderung gestellt werden muss, die Verschiedenheit in solchen Formen zu realisieren, von denen jede einen Beitrag zur größeren Generosität der anderen ist[293], enthält selber wieder einen universellen Kern, der sich allerdings mehr auf eine Gruppenidentität als auf individuelle Identität bezieht. Maßstab bei Lévi-Strauss ist unter anderem der technische Fortschritt, zu dem seiner in dem Gutachten geäußerten Überzeugung gemäß die verschiedensten Kulturen das je Ihre beigetragen haben, so dass hier ein durchaus allgemeiner, externer und dem Westen zumindest nicht fremder Maßstab zugrunde liegt.

Aus diesen Hintergrundüberlegungen scheint sich damit zu ergeben, dass die intellektuelle Empörung über den kulturellen Relativismus nicht wirklich berechtigt ist. Wissenschaftstheoretisch betrachtet ist er eine notwendige heuristische Einstellung, politisch gesehen ist er ein Hemmschuh gegenüber jedem Eingriff in fremde Verhältnisse und legt deshalb eine gewisse Zurückhaltung auf, die auf jeden Fall dazu angetan sein könnte, die Verhältnismäßigkeit der Mittel zu wahren und nicht etwa durch eine menschenrechtlich begründete Intervention möglicherweise größere Folgeschäden und Menschenrechtsverstöße hervorzurufen, als es vorher gegeben hatte.

Ein *radikaler Relativismus* würde sich selbst theoretisch wie praktisch aufheben, theoretisch, weil er nicht konsistent vertretbar ist, praktisch, weil er in einer Konfrontationssituation mit einem entschlossenen, mit imperialistischem oder universalistischem Anspruch auftretenden Gegenspieler in das bekannte Dilemma des Pazifismus geraten würde.

Ein *gemäßigter Relativismus* allerdings, der auf einem universalistischen Basiskonsens aufruht und pluralistische Züge trägt, ist nicht nur vertretbar, sondern auch empfehlenswert. Er wäre gleichermaßen auf die Pluralität von Gruppen wie auf die Pluralität von Individuen anwendbar. Es hängt dann von politischer Abwägung, also der Frage der Verhältnismäßigkeit bei der Durchsetzung ab, welche Mittel angewendet werden können, um den Vorrang des einen Modus gegen den anderen durchzusetzen, ob man also eine radikal individualistische Gesellschaft für lebenswerter hält als eine korporatistisch oder vielleicht gar kollektivistisch durchstrukturierte. Die gesellschaftlich zu entscheidende Frage wäre dann nicht mehr: Relativismus oder Universalismus, sondern ob *Gruppen* welcher Art auch immer oder *Individuen* die entscheidenden Rechtsträger einer Gesellschaft sein sollten.

---

[291] Claude Lévi-Strauss: Strukturale Anthropologie II. Frankfurt 1992, S. 405.
[292] Hierzu pointiert: Karl-Otto Apel: Anderssein, ein Menschenrecht? Über die Vereinbarkeit universaler Normen mit kultureller und ethnischer Vielfalt. Blätter für deutsche und internationale Politik, 39. Jg. 1994, 1062–1067.
[293] Claude Lévi-Strauss: a. a. O., S. 407.

Die universalistische Empörung über den sogenannten Kulturrelativismus, die bis zu der Polemik geht, die Postmoderne sei der Geist der Kollaboration und der Relativismus führe zum Lob der Knechtschaft[294], wie Alain Finkielkraut das in seiner *Niederlage des Denkens* angemerkt hat, scheint mir zumindest gegenüber dieser Version von Postmodernität unbegründet zu sein. Wenn ich anfangs Postmodernität als einen Zustand der *intellectual history* und nicht als modische sektiererische Ideologie zu kennzeichnen versuchte, so möchte ich noch einmal darauf zurückkommen, dass auch eine vehemente Verteidigung des *westlichen* Universalismus – wie das gleichnamige Buch von Sibylle Tönnies – sehr klar macht, dass sie diesen nicht für eine letztbegründete Allgemeinwahrheit hält, sondern nur für ein pragmatisches Konstrukt, welches das Zusammenleben verschiedener Traditionen und Individuen leichter ermöglicht als andere Universalismen. Die Stärke der Rhetorik von Sibylle Tönnies ist zugleich die Schwäche ihrer Argumentation, wenn sie einräumt, dass der westliche Universalismus die Bildung einer Weltgesellschaft voraussetzt, also dem Vorwurf nicht entgehen kann, „Instrument des Imperialismus, der Kolonisation von Lebenswelten" zu sein, weil „alle universalistische Rationalität ein Kunstprodukt ist, mit dem das naturhaft Entstandene gewaltsam überlagert wird."[295] Sie gesteht also genau das zu, was der gängige Vorwurf gegen den westlichen Universalismus ist. Dadurch, dass dieser Vorwurf zu einem sozusagen notwendigen Bestandteil einer Doppelgestalt der Wahrheit umdeklariert wird, kann allenfalls die Besorgnis desjenigen beruhigt werden, der ihre spezielle Theorie eines „Dimorphismus der Wahrheit" zu akzeptieren bereit ist.

Wenn man nicht mehr an die naturrechtliche Voraussetzung glaubt, dass die Menschen von Gott oder von der Natur frei und gleich geschaffen seien, sondern die menschenrechtliche Gleichheit als bewusstes und gewolltes Konstrukt ansieht, das in die gesellschaftliche Wirklichkeit erst noch implantiert werden muss, und zwar durch einen nachhaltigen Eingriff mit Dauerwirkung, dann kann man nur noch in indirekter Weise für die Geltung des Universalismus streiten. Sibylle Tönnies versucht dies durch Widerlegung von Gegenstandpunkten. Sie setzt sich deshalb mit Luhmanns Systemtheorie, der sozialwissenschaftlichen Chaos-Forschung, mit Habermas' Metaphysikkritik, Parsons' Funktionalismus, der Totalitarismustheorie, der feministischen Kritik und dem Kommunitarismus auseinander. Mit postmodernen Theorien beschäftigt sie sich nur am Rande und versucht keine eigene Widerlegung. Ich meine zu wissen, warum: denn, obwohl sie selbst dies vermutlich ungern zugeben würde, ist ihr eigener Standpunkt ein typischer Ausdruck der *condition postmoderne*. Sie versucht angesichts des Fehlens überzeugender metaphysischer Argumente für die Menschenrechte und für den Universalismus diese durch Setzung, durch Konstruktion, durch Entscheidung für sie und den Glauben an sie zu begründen. Wenn dies bewusst und in reflektierter Weise geschieht, d. h. ohne die Reflexion an einem bestimmten Punkt vollkommen abzubrechen, dann handelt es sich um eine postmoderne Haltung, die bei Sibylle Tönnies zudem mit der charakteristischen, schon bei ihrem Großvater zu bemerkenden Melancholie verbunden ist, derzufolge nun einmal gemeinschaftliche Elemente in gesellschaftliche überführt werden müssen, dass dies zu beklagenswerten Verlusten führt, die aber unvermeidlich sind.[296] Tönnies – alle beide – sind keineswegs Romantiker der Gemeinschaft, sondern Anhänger der gesellschaft-

294   Alain Finkielkraut: Die Niederlage des Denkens. Reinbek 1989, S. 113 und 153.
295   Sibylle Tönnies: Der westliche Universalismus. Eine Verteidigung klassischer Positionen. Opladen 1995, S.13.
296   Vgl. Ferdinand Tönnies: Gemeinschaft und Gesellschaft. Grundbegriffe der reinen Soziologie. Darmstadt 2. Aufl. 1988 (zuerst 1887), bes. S. 211ff.

lichen Moderne – wenn auch immer mit dem Bewusstsein dessen, was da verloren geht und verlorengegangen ist.

Es spricht also einiges dafür, den so genannten Kulturrelativismus als heuristisch sinnvoll und politisch im Sinne der Verhältnismäßigkeit der Mittel nützlich ein wenig zu verteidigen, auch wenn er gemeinhin im normativen sozialwissenschaftlichen Diskurs strikt abgelehnt wird.

Dies soll in Anlehnung, aber Weiterführung von Bassam Tibis Auseinandersetzung mit der Rushdie-Kontroverse begrifflich noch etwas präzisiert werden. Es könnte nämlich lohnend sein, hier zum Zweck der Klärung die – wenn auch keineswegs unumstrittene – begriffliche Unterscheidung von Kultur und Zivilisation heranzuziehen. Die Begriffe Kultur und Zivilisation, die bei Kant schon als unterschiedlich nachweisbar sind, haben seitdem interessante Wandlungsprozesse durchgemacht. Man muss nicht notwendigerweise Spengler, Thomas Mann oder den *Ideen von 1914* folgen, um diese Unterscheidung hilfreich zu finden. Kultur als Begriff hat sich seitdem immer mehr auf die geistig-künstlerischen Leistungen von Völkern beschränkt, bis zur heutigen Entwicklung, in der sogar Kultur- und Hochschulpolitik ressortmäßig getrennt werden – durchaus zu Recht. Diese Unterscheidung findet sich keineswegs nur, wie sogar in Nachschlagewerken behauptet wird, im deutschsprachigen Raum.[297] Reinhold Niebuhr zum Beispiel schreibt: „In this sense ‚culture' would represent the sum total of art, philosophy, literature, and religion of a civilization, and civilization would represent the social, economic and political and legal arrangements by which the human community is ordered."[298] Diese Differenzierung liegt auch nahe, weil man im Begriff „Kultur" durchaus das Organische, Wachsende, spontan Geschehende, keine universale Geltung in Anspruch Nehmende[299] und damit auch Kontingente mithören kann, in Zivilisation dagegen den Moment des Zivilen, des Staatsbürgerlichen, der Zivilgesellschaft.[300] In diesem Sinne hat zum Beispiel François Furet die Sowjetunion als Weltmacht ohne wirkliche Zivilisation kennzeichnen können.[301] Den Kulturbegriff hätte er an dieser Stelle wohl nicht verwenden können.

Zieht man die begriffliche Grenzlinie so, dann besteht kein Grund, einen Kulturrelativismus abzulehnen, der die grundsätzliche Gleichberechtigung verschiedener Kulturen zugesteht.[302]

---

[297] Sogar an außerordentlich prominenter Stelle in dem Artikel von W. Perpeet: Kultur, Kulturphilosophie in: Historisches Wörterbuch der Philosophie, Hg. Joachim Ritter und Karlfried Gründer, Bd. 4, Basel und Stuttgart 1976, Sp. 1318. Im übrigen kann es durchaus auch dann sinnvoll sein, wenn Begriffe bislang synonym verwendet wurden, im Zuge der Ausdifferenzierung des Denkens von der Möglichkeit Gebrauch zu machen, unterschiedlichen Wörtern auch unterschiedliche Bedeutungen beizulegen statt den gewünschten Präzisionseffekt durch die Konstruktion von Kunstworten oder umständliche Adjektivbeifügungen zu erzielen.

[298] Reinhold Niebuhr: Reinhold Niebuhr on Politics. His Political Philosophy and its Application to Our Age as Expressed in His Writings. Hg. Harry R. Davis und Robert C. Good. New York 1960, S. 6f. Vgl. dazu den Artikel Zivilisation, Kultur in Otto Brunner, Werner Conze, Reinhart Koselleck: Geschichtliche Grundbegriffe, Historisches Lexikon zur politisch-sozialen Sprache in Deutschland, Bd. 7. Stuttgart 1992, S. 772f. (Art. von Jörg Fisch).

[299] Jacob Burckhardt: Weltgeschichtliche Betrachtungen. Stuttgart 1969, S. 57ff.

[300] Vgl. Johan Huizinga: Der Sprachbegriff Kultur, in ders.: Schriften zur Zeitkritik, Zürich und Brüssel 1948, bes. S. 165.

[301] François Furet: Das Ende der Illusion. Der Kommunismus im 20. Jahrhundert. Müchen 1996, S. 8.

[302] Ihre Gleich*rang*igkeit wäre eine zweite Frage, die dem ästhetischen, philosophischen oder religiösen Urteil unterliegt, nicht aber dem politischen und rechtlichen. Auf jeden Fall wäre in diesen Punkten allergrößte Toleranz geboten, oder, wenn ein eiferndes und fanatisches Urteil gewüscht wäre, wie in bestimmten Bereichen der Kunstwertung, dann doch auf jeden Fall eins, welches keine zivilrechtlichen Folgen in dem Sinne für den Künstler hätte, dass dieser dann befürchten müßte, eingesperrt oder ermordet zu werden.

Auf politischer und rechtlicher Seite dagegen wäre allein die Perspektive der Zivilisation relevant und zulässig. Es liegt also nahe, einen gemäßigten Kulturrelativismus mit einem *menschenrechtlichen zivilisatorischen Universalismus* zu verbinden, das heißt, den Universalismus allein auf die Sphäre zu beschränken, in der er zuständig, nützlich und seinerseits sinnvoll ist. Nachdem der Begriff der Barbarei nicht mehr diskriminatorisch auf außerwestliche Gesellschaften beschränkt werden konnte, sondern auch antizivilisatorische Erscheinungen im Zusammenhang von Modernisierungsprozessen selbst meinen kann, ist der erste Empörungsimpuls gegen den ethnologischen Relativismus ohnehin abgeflaut und die Relativismuskritik hat sich auf den wesentlichen Punkt konzentriert, nämlich auf die Frage, wie bei der Akzeptanz relativistischer Überlegungen eigentlich noch eine Kritik an beispielsweise faschistischen Entwicklungen möglich sei.

Diese Differenzierung ist insofern hilfreich, als bislang die Neigung besteht, kulturrelativistische Argumente, die einige Evidenz und Berechtigung für sich haben, von denen also eine durchaus eindrucksvolle Überzeugungswirkung ausgeht, als Begründung für die Ablehnung und Unterdrückung von Menschenrechten zu verwenden. Kultur ist immer lokale Sinnproduktion, während Produkte der Zivilisation und damit auch die Menschenrechte universal und global werden können.[303] Die Neigung von Autokraten, Repression mit dem Hinweis auf andersgeartete kulturelle Üblichkeiten zu rechtfertigen, wird argumentativ erschwert durch die Trennung der nichtnormativen kulturellen Momente von den normativen zivilisationsmäßigen. Andererseits wird die Forderung der Toleranz und des Respekts vor fremden Kulturen entlastet vom Odium des Tolerierens von Repression. Kulturrelativistisches Denken kann durchaus in wesentlichen Punkten akzeptiert werden und muss nicht notwendigerweise zum Menschenrechtsrelativismus führen, wenn man die hier vorgeschlagene Trennlinie sorgfältig beachtet.[304]

Gewiss kann diese begriffliche Differenzierung das Problem nicht lösen, sie kann allerdings helfen, es klarer zu sehen. Inhaltlich ist hier ein Widerstreit zu konstatieren. Kollektivistische oder korporatistische Kulturformen sind von Auflösung bedroht, wenn menschenrechtlich fundierte individuelle Rechtsansprüche gestellt werden können. Der Zwang, sein Wohngebiet nicht verlassen zu dürfen oder nur eine bestimmte Sprache zu erlernen und zu sprechen, um den Bestand einer wirklich oder vermeintlich vom Aussterben bedrohten Sprachgemeinschaft zu wahren, ist nur kollektivistisch, nicht aber individualistisch zu rechtfertigen. Überkommene Sprachkultur und menschenrechtliche Zivilisation können also nicht einfach in ihren unterschiedlichen Sphären koexistieren, sondern die konsequente Individualisierung tendiert dazu, solche Kulturformen aufzulösen, die kollektivistisch begründet sind. Der men-

---

[303] Vgl. den Kulturbegriff von Clifford Geertz: Dichte Beschreibung, Beiträge zum Verstehen kultureller Systeme. Frankfurt 1987, Bes. S. 7–44. Dazu Bassam Tibi: Krise a. a. O., S.276f. Tibi lehnt den kulturellen Relativismus als menschenrechtsfeindlich ab und plädiert für kulturellen Pluralismus. Den Unterschied von Relativismus und Pluralismus sieht er darin, dass es im Pluralismus immer eine Art von Basiskonsens gibt. Ich halte einen solchen Basiskonsens allein im politisch-legalen Bereich der Zivilisation für nötig, nicht aber im Feld der Kultur. Zwischen verschiedenen Religionen muss es keinen Basiskonsens geben, lediglich das politische Arrangement, die anderen nicht zu unterdrücken und zu verfolgen. Ähnliches gilt für Malerei, Literatur, und alle anderen Erscheinungen der Kultur. Das, was Tibi mit kulturellem Pluralismus meint, kann man deshalb durchaus mit dem Wort Relativismus bezeichnen, zumal die Geschmacksurteile und die Glaubensgewißheiten in diesem Bereich in der Tat kaum als kommensurabel gelten können. Es ist nur wichtig, einen weiteren Begriff vorzuhalten, in meinem Fall Zivilisation, der den Bereich bezeichnen kann, welcher unverzichtbarerweise auf einige grundlegende Gemeinsamkeiten angewiesen ist.

[304] Neuerdings argumentiert Amitai Etzioni ganz ähnlich in seinem Aufsatz: The End of Cross-Cultural Relativism, Alternatives 22. Jg. 1997, S. 177–189.

schenrechtliche Individualismus kann ihre Erhaltung allein der Freiwilligkeit anvertrauen, die aber, wenn sie mit erheblichen Einschränkungen und Opfern, insbesondere Nachteilen auf dem Berufsmarkt verbunden ist, wohl nicht als ausreichend angesehen werden kann. Hier gilt es mit John Rawls einen Vorrang der individuellen Freiheitsrechte vor den Kollektivgütern zu postulieren, also einen Vorrang des Zivilisationsmäßigen und in diesem Sinne Politischen vor dem Kulturellen.

Die menschenrechtlich ausgerichtete Zivilisation wird also überall dort, wo sie sich durchsetzt, ihren Individualismus den kollektiveren Kulturformen aufprägen und diese durch eine neuere Kultur der Individualität ersetzen. Auch eine postmoderne Kultur wird die Beibehaltung etwa archaischer Sozialisations- oder Lebensformen nur noch als individuelle Entscheidung akzeptieren. Anders als eine zu selbstsichere Moderne wird sie allerdings nicht jedem Individuum die eigene Lebensform als allein zeitgemäß und verbindlich aufzwingen wollen. Postmodern wäre also keineswegs, wie oft in einem Missverständnis unterstellt wird, der Verzicht auf die grundlegende Universalität der individuellen Menschenrechte, sondern stattdessen eine neue, in allen außer den bewusster eingegrenzten Kernbereichen toleranter gefasste Balance zwischen Pluralität und Universalität.

7.7 Zeitdiagnostische Potentiale des Postmoderne-Begriffs. Versuch einer Zwischenbilanz

7.7.1 Einleitung

Ausgangspunkt meiner Überlegungen ist folgende Beobachtung: Die Diagnose Lyotards aus dem Jahre 1979, dass wir heute uns am Übergang zu postmodernen Bedingungen befänden, ist auf schärfste Kritik gestoßen, vor allem aus den Verteidigungsstellungen der Verfechter des Projekts der Moderne heraus. Heute ist die Verwendung des Begriffs *postmodern* ambivalent. *Viele Sozialphilosophen*, die ihn verwenden, kombinieren ihn durchweg mit dem Wort „Beliebigkeit" und meinen damit etwas Abfälliges. Dadurch, dass sie diese Diagnose allerdings dauernd wiederholen, stabilisieren sie sie in gewisser Weise auch und tragen zu ihrer Verbreitung bei. Eine *zweite* Richtung von Sozialphilosophen, angeführt von einem, der die Medienmechanismen durchschaut und zu nutzen weiß, nämlich von Ulrich Beck, vertritt mittlerweile einen fröhlichen und gutgelaunten Postmodernismus, nennt dies aber zur Abgrenzung von aller französischen Philosophie „zweite Moderne". Bernhard Giesen akzeptiert die Postmoderne inzwischen längst als *soziale Tatsache* und hat auch keine Scheu mehr vor dem Begriff. Eine *dritte* Richtung, nämlich die *empirische* Sozialforschung, hat die postmoderne Diagnostik inzwischen an umfassenden Datenreihen überprüft und entweder stillschweigend oder mit gelinden und von mangelnder Kenntnis der Quellen zeugenden Distanzierungen übernommen, wie bei Häußermann/Siebel in ihrer wichtigen Studie über die Dienstleistungsgesellschaften. Es ist das alte und im Grunde unnötige Problem, dass eine Art von Empirie, nämlich die Interpretation von Statistiken, offenbar die andere Art von Empirie, nämlich das sorgfältige Quellenstudium, auszuschließen scheint.[305] Ich meine dagegen, dass, wer lesen kann, auch rechnen können sollte – und umgekehrt.

---

[305] Hartmut Häußermann, Walter Siebel: Dienstleistungsgesellschaften. Frankfurt 1995, S. 128f.

Einer der am meisten mit Theorieansprüchen operierenden politischen Soziologen, nämlich *Ronald Inglehart*, hat den Begriff inzwischen übernommen und in seiner Studie „Modernization and Postmodernization" ein Paradigma entwickelt, das seine früheren Studien zu den materialistischen und postmaterialistischen Werten in einen umfassenderen Rahmen stellt und neben dem Wertewandel auch den Institutionen- und Strukturwandel der Gesellschaften in die Vergleichsperspektive einbezieht.[306]

Bei allen Unterschieden im einzelnen ergibt sich eine erstaunliche Konformität aller dieser Zeitdiagnosen, die auf tieferliegende Gemeinsamkeiten schließen lassen. Es liegt also *entweder* tatsächlich ein Epochenwandel zu so etwas wie Postmodernität *oder* doch wenigstens ein in einer ziemlich einheitlichen Richtung gehender Bewusstseinswandel vor. Die These von der Beliebigkeit scheint schon damit widerlegt zu sein. Dies lässt sich in übersichtlicher Weise an einem synoptischen Schaubild demonstrieren.

Am Schluss finden sich zwei Theoretiker, die keinen Begriff für über die Moderne bzw. die offene Gesellschaft hinausgehende Entwicklungen haben, nämlich Habermas und Karl R. Popper. Das liegt wohl hauptsächlich daran, dass beide normativ stark aufgeladene Begriffe verwenden, die, wenn ich für einen Moment im Stile Luhmanns reden darf, bekanntlich dazu da sind, Erwartungen gegen empirische Widerlegungen zu stabilisieren.

Dort aber, wo mit sozialtheoretischen, philosophischen, soziologischen oder politikwissenschaftlichen Mitteln beobachtet wird, scheint *weitgehende Einigkeit* darüber zu bestehen, dass irgendetwas Neues sich entwickelt habe, das sich von dem, was bis dahin Moderne genannt wurde, in hinreichend signifikanter Weise unterscheidet, um eine neue Benennung zu rechtfertigen. Wie man es nennen wird, ist damit noch lange nicht ausgemacht, und ich kann auch keine Prognosen darüber machen, ob man in 20 oder 30 Jahren immer noch das Wort Postmoderne verwenden wird oder längst zu einem anderen übergegangen sein wird. Hinter der Oberfläche dieses *Wortes* scheint sich doch so etwas wie ein grundlegender *Begriff* zu verbergen, den wir noch nicht optimal zu erfassen und zu bezeichnen gelernt haben, der uns aber zu begreifen ermöglichen könnte, dass derzeit zumindest so etwas wie eine Richtungsänderung in der ökonomischen, sozialen und eventuell auch politischen Evolution stattfindet – wie bedeutend oder unbedeutend diese auch immer aus einem späteren Rückblick heraus eingeschätzt werden wird.

Ausgangspunkt meiner Überlegungen ist also eine doppelte Wahrnehmung:

1. Die auffällige Übereinstimmung der meisten Zeitdiagnostiker darin, dass eine Art Nachmoderne begonnen habe und
2. eine gewisse Oberflächlichkeit, um nicht zu sagen topisch verfestigte Vorurteilshaftigkeit der verbreiteten Distanzierung vom Begriff der Postmoderne, die nicht wirklich begründet zu sein scheint und die die Gefahr in sich trägt, das systematische begriffliche Nachdenken über die Frage, womit wir es zu tun haben, zu behindern. Vermutlich liegt hier so etwas wie ein *Trägheitsgesetz des Denkens* vor.

---

[306]   Ronald Inglehart: Modernization and Postmodernization. Cultural, Economic, and Political Change in 43 Societies, Princeton 1997.

Autoren	vormodern	modern	nachmodern
Lyotard	Neuzeit	Moderne	Postmoderne, ewige Avantgarde
Etzioni		moderne Industrie-gesellschaft	Postmoderne Informations-gesellschaft (seit 1945)
Inglehart		Modernisierung	Postmodernisierung
Beck		Klassen- und Schich-tengesellschaft	Individualisierung, Risikogesellschaft
Beck/Giddens	traditionale Gesellschaft	Moderne	zweite Moderne
Gerhard Schulze		Arbeitsgesellschaft	Erlebnisgesellschaft
Peter Gross	bisherige Geschichte	Modernisierung	Multioptionsgesellschaft, Postmoderne
Martin Albrow		Altmoderne, Nationalstaat	Global age
Häußermann/ Siebel	Agrargesellschaft	Industriegesellschaft	Dienstleistungsgesellschaft
Peter Wagner		Industrialisierung – Krise – Schließung	neue Öffnung der Moderne
Elias	Integration in Verwandtengruppen	nationalstaatliche Integration	Globale Integration der Individuen
Eisenstadt	Tradition	Moderne	Desintegration und Diversifizierung durch die Antinomien der Moderne
Fukuyama		Autoritarismus	Liberale Demokratie, Ende der Geschichte
Spätmarxisten	Manufakturgesell-schaft	Fordismus, Taylorismus	Postfordismus
Daniel Bell	vorindustrielle Gesellschaft	Industriegesellschaft	postindustrielle Gesellschaft
Alain Touraine		Industriegesellschaft	postindustrielle Ges., technokratische Ges., programmierte Ges.
Charles Jencks		Klassische Moderne	doppelt codierte postmoderne Architektur
Habermas		Projekt der Moderne	postnationale Konstellation, postavantgardistische Kunst
Popper	geschlossene Gesellschaft	offene Gesellschaft	

Abbildung: Synopse Moderne/Postmoderne

Und damit komme ich zum Versuch einer Explikation dessen, was in einer sozialwissenschaftlichen *Zeitdiagnostik* sinnvollerweise mit dem Begriff der *Postmoderne* bezeichnet
werden könnte. Diesen Versuch lege ich zur Diskussion vor, weil ich mir hiervon einen Anstoß für die weitere systematische Diskussion zeitdiagnostischer Perspektiven in der politischen Theorie erhoffe. Der Postmoderne-Begriff wird hier nur noch instrumentell, nicht
grundsätzlich verwendet.

7.7.2   Postmodernisierung

Der Begriff Postmoderne ist in systematischer Absicht zum ersten Mal 1968 in den sozialwissenschaftlichen Diskurs eingebracht worden, nämlich von Amitai Etzioni in seiner „Aktiven Gesellschaft".[307] Etzioni hatte damals konstatiert, dass in historischer Analogie zum
Übergang vom Mittelalter zur Moderne, als der Feudalherr als Aktor zugunsten des Nationalstaats abgelöst wurde, nunmehr im Übergang zur Postmoderne der Nationalstaat seinerseits durch einen neuen Aktor abgelöst wird.

Charakteristisch für die postmodernen Gesellschaften ist vor allem der schnelle Aufstieg der
Wissenstechnologien, der Datensammlung und Datenanalyse, die Simulationen und System-
analysen ermöglichen. Etzioni glaubte damals, dass auf diese Weise die Informationen der
Gesellschaft über sich selbst wachsen würden und dadurch ihre interne Steuerungsfähigkeit
ansteigen könnte. Durch die Aktivierung der gesellschaftlichen Basis könnte so etwas wie
ein Konzept der gesellschaftlichen Selbststeuerung, der societal guidance, entwickelt werden. Die deutsche Übersetzung von *societal guidance* lautete damals zeitgeistgemäß „ge-
samtgesellschaftliche Steuerung", postulierte also eine Art Keynesianismus des Politischen,
den Etzioni als zentralistische Steuerung von oben nach unten jedoch gerade ablehnt. Diese
Ideen waren als Leitkonzepte für die weltweiten Reformbewegungen und Reformregierun-
gen der späten 60er Jahre gedacht gewesen und würden übrigens damals auch im deutschen
Bundeskanzleramt rezipiert.

Dennoch setzten sie sich nicht durch, sondern stattdessen die sehr viel melancholischere,
stärker weberianische Diagnose von Jean-François Lyotard, der 10 Jahre nach Etzioni „La
condition postmoderne" schrieb, alle keynesianischen Steuerungsillusionen und jeden eman-
zipatorischen Erlösungsglauben verwarf, sondern schlicht das Ende der großen Erzählungen
von Fortschritt und Emanzipation konstatierte, aber daneben ganz wie Etzioni die Welt der
Sprachspiele und der Informationsgesellschaft beschrieb.

Lyotards Diagnose war weitaus philosophischer als die von Etzioni, weil er basierend auf
Wittgensteins Sprachspielkonzeption gerade nach den aporetischen Momenten der Nichtver-
ständigung, des Widerstreits, der nicht auflösbaren Diskurskonflikte Ausschau hielt. Er zog
die radikale Konsequenz aus der Beobachtung, dass es hierarchisch übergeordnete Diskurse,
sei es in Form traditioneller Hierarchien, sei es in Form neuer Hierarchien wie z. B. der revo-
lutionären Partei, in legitimierter Weise nicht mehr gibt, wenn nur gleichberechtigte Sätze
aneinander angeschlossen und miteinander verkettet werden können.

---

[307]   Amitai Etzioni: Die aktive Gesellschaft. Eine Theorie gesellschaftlicher und politischer Prozesse. Opladen
1975 (zuerst als The Active Society. A Theory of Societal and Political Processes. New York und London
1968).

Hatte Etzioni seine Hoffnung noch im Stile der damals neuen Linken auf die sich aktivierende Zivilgesellschaft gesetzt, sah Lyotard nur noch die Möglichkeiten von Verteidigungslinien der Individualität in einer informatorischen Massengesellschaft durch die Behauptung individueller Spielräume innerhalb der Vielfalt einander durchdringender Vernetzungen. Gerade der Widerstreit in flachen Hierarchien tendiert dazu, die Möglichkeit zentraler sozialer Kontrolle auszuschließen. Lyotards Zeitdiagnose machte vor allem auch deshalb Furore, weil er als einer der ersten mit der Computerwelt nicht mehr die Möglichkeit der Totalkontrolle im Sinne des Orwellschen Großen Bruders verband, sondern durch die Betonung der beliebigen Verkettungen und Verknüpfungen im Grunde die frühe Entwicklung des Internet, also dessen computerrevolutionäre Frühzeit vor seiner Kommerzialisierung, intellektuell vorweggenommen hatte. Computerisierung und Vernetzung wurden von ihm gegen die herrschenden Vorurteile nicht mehr im Sinne des großen Gesamtplans der modernen Rationalität als Bedrohung, sondern als Individualisierungschancen einer postmodern aufgeklärten Vernunft begriffen.

Inzwischen ist diese Diagnose auch in der empirischen international vergleichenden Sozialforschung abgesichert worden durch die großangelegte Studie von Ronald Inglehart über „Modernization and Postmodernization. Cultural, Economic, and Political Change in 43 Countries". Der Begriff Postmodernisierung wird zur zusammenfassenden Bezeichnung eines größeren kulturellen Wandels benutzt, der unter anderem folgende Elemente umfasst:

- Den Wandel von materialistischen zu postmaterialistischen Werten. Bei wachsendem Wohlstand werden statt wirtschaftlicher und physischer Sicherheit vor allem Werte des Selbstausdrucks, der Selbstverwirklichung und der Lebensqualität betont.
- Den Wandel der Geschlechterrollen und sich verändernde Haltungen gegenüber gleichgeschlechtlichen Beziehungen.
- Abwendung von traditionell kirchlicher Religiosität hin zu neuen Formen von Religionen.
- Grundlage dieser Prozesse ist der intergenerationelle Wandel. Traditionell sind derartige Wandlungsprozesse im Paradigma der Modernisierungstheorie interpretiert worden, die in allen Sozialwissenschaften als Grundmuster zu finden ist.

Gemeint ist damit, dass bei bestimmten Wandlungsprozessen in der ökonomischen Entwicklung, im kulturellen Wandel und im politischen Wandel miteinander verbundene, kohärente und aus diesem Grunde bis zu einem bestimmten Grad in einigen Teilbereichen auch vorhersagbare Muster sich ergeben. Neu ist die Einsicht, dass es sich nicht um einen linearen Modernisierungsprozess handelt. Im letzten Vierteljahrhundert hat sich die vorherrschende Richtung der Entwicklung geändert, und diese Richtungsänderung ist so grundlegend, dass durchaus ein neuer Begriff wie Postmodernisierung angemessen erscheint. Anders ausgedrückt: Es lässt sich zwar nicht vorhersagen, was sich in einer gegebenen Gesellschaft zu einer gegebenen Zeit ereignen wird. Einige Haupttrends aber sind zumindest in einer groben Skizze zu kennzeichnen.

Wenn man die Hauptmomente der Modernisierung und Postmodernisierung einander gegenüberstellt, ergibt sich folgendes Bild:

Modernisierung	Postmodernisierung
ökonomische Effizienz	individuelle Autonomie
bürokratische Autorität	Diversität
wissenschaftliche Rationalität	Selbstexpression

Abbildung: Richtungswechsel des sozialen Wandels

Modernisierung	Postmodernisierung
hierarchische bürokratische Organisation	schlanke Organisation, Hierarchiekrise
disziplinierte oligarchische politische Massenintegrationsparteien	bewegliche Wahlorganisationen, Wähler- statt Mitgliederorientiert
Fließbandproduktion	flexible just-in-time Produktion, Verlangen nach interessanter und sinnvoller Arbeit
herkömmliche Gewerkschaften	Rückgang der Bedeutung von Massentarif- verträgen
hierarchischer Korporatismus	netzwerkartige Kooperation
auf Dauer angelegte Kleinfamilie	Partnerschaften auf Zeit
soziales Überleben als Ziel	Wohlbefinden als Ziel
instrumentelle Rationalität	Rückgang des Glaubens an Wissenschaft, Technologie, Rationalität
Industriegesellschaft	Dienstleistungs- und Informationsgesellschaft

Abbildung: Die institutionellen Strukturen wandeln sich ebenso

Es gibt zwei Stränge in der Modernisierungstheorie, die sich in verknappender Typisierung mit den Namen Karl Marx und Max Weber verbinden lassen. Bei Marx kann man durchaus von einer Art von ökonomisch-technologischem Determinismus sprechen. Bei Weber wird der Einfluss der Kultur betont. Lange galten kulturalistische Interpretationen als konservativ. Heute ist allerdings die postmoderne Linke dazu übergegangen, sehr stark die zentrale Rolle zu betonen, die von subjektiven Perzeptionen und kulturellen Wertvorstellungen gespielt wird. Das konservative Moment der Kulturtheorie besteht sicherlich in dem Faktum, dass kulturelle Werte nicht über Nacht verändert werden können. Aber ein Bewusstsein für tiefverwurzelte Werte muss keineswegs einem realistischen und effektiven Programm des sozialen Wandels im Wege stehen.

Die breite Rezeption postmoderner Theoretiker hat also durchaus so etwas wie eine soziale Wurzel in den vergangenen Jahrzehnten. Man muss natürlich nach Ländern differenzieren. In Nigeria beginnt derzeit ein Modernisierungsprozess, nachdem dies für Afrika schon vergeblich in den sechziger Jahren erwartet worden war. In China findet eine beschleunigte Modernisierung statt. Hier ist übrigens klar zu erkennen, dass die Gleichsetzung von Modernisierung mit Verwestlichung immer schon zu kurz gegriffen hatte. Andere Gesellschaften, wie z. B. Südkorea, scheinen an der Schwelle der Postmodernisierung zu stehen. Großbritannien, die USA und Deutschland stehen im Postmodernisierungsprozess, aber keineswegs an seiner Spitze. Dort stehen, so weit man empirische Belege dafür hat, die nordischen Länder und die Niederlande, die man als die am meisten postmodernen Gesellschaften der Erde bezeichnen kann. Man kann daran erkennen, dass der Postmodernisierungsbegriff hier keine Zurückweisung von Technologie und keine Rückwendung zu traditionalen Werten bedeutet, sondern vielmehr den Aufstieg neuer Werte und Lebensstile.

Man kann Modernisierung und Postmodernisierung nicht strikt als einander ausschließende Gegensätze gegenüberstellen. Insofern ist Habermas durchaus recht zu geben, wenn er die Moderne für ein unvollendetes Projekt hält. Postmodernisierung beruht auf Elementen der Modernisierung. Das zeigt sich übrigens immer dann, wenn in Zeiten der wirtschaftlichen Rezession gerade auch in den entwickelten westlichen Ländern zeitweise die sogenannten postmaterialistischen Werte wieder ein Stück zurückgehen zugunsten der materialistischen, wenn also z. B. der Wert der Arbeitsplätze wieder höher eingestuft wird als der des Umweltschutzes, was von einigen vorschnell schließenden Analytikern gleich als Widerlegung der Tendenz zur Postmodernisierung angesehen wurde. Aber im Großen und Ganzen scheint dieser Prozess weiterzugehen, jedenfalls solange das Wirtschaftswachstum anhält.

Was sind die Ursachen dieses Prozesses? Die traditionellen Organisationsformen der modernen Industriegesellschaft haben die Grenzen ihrer Effektivität erreicht und vor allem auch die Grenzen ihrer massenhaften Akzeptanz. Die überzeugendste Illustration hierfür sind Aufstieg und Fall der Sowjetunion, die über Jahrzehnte bemerkenswert effektiv in der Mobilisierung relativ unausgebildeter Menschenmassen und großer Mengen von Rohstoffen war und das größte Stahlwerk der Welt und auch den größten Staudamm zu bauen in der Lage war, außerdem zeitweise, nämlich in den 1950er und 1960er Jahren, sogar auch hohe wirtschaftliche Wachstumsraten aufweisen konnte. Aber schon in den 1970er Jahren paralysierte die Bürokratisierungsstruktur den weiteren Wandel.[308] Eine eigenständige Innovation über die Übernahme schon vorhandener Technologien hinaus war offenbar nicht möglich. Nicht einmal die Befriedigung von im Grunde einfach berechenbaren Massenbedürfnissen wie z. B. im Wohnungsbau ist dauerhaft gelungen. In Zeiten der elementaren Knappheit mögen die Menschen durchaus bereit gewesen sein, die Kosten der Bürokratie und rigider sozialer Normen zu akzeptieren – individuelle Identität und Autonomie sind geopfert worden für eine Steigerung der Produktivität. Eben der Verfall dieser engen Normen und der hierarchisch-bürokratischen Institutionen ist charakteristisch für alle postmodernen Gesellschaften. Dies scheint nur dann einigermaßen zu funktionieren, wenn eine starke sozietale Selbstorganisationsbasis vorhanden ist. Dort, wo diese Elemente der Zivilität, der Zivilgesellschaft fehlen, wie z. B. in vielen Bereichen des heutigen Russland oder in amerikanischen Ghettos, führen diese Entwicklungen nicht in die Postmodernität, sondern in die Anomie.

Eine der auffälligsten Beobachtungen für die letzten zweihundert Jahre ist übrigens das enorme Anwachsen des Regierungssektors. Zu Beginn des 20. Jahrhunderts verbrauchten die Regierungen zwischen 4 und 10% des Bruttosozialprodukts. Um 1980 reichte dies von 33 bis 60 % in westlichen Gesellschaften und bis zu 70 und 80 % im Ostblock. Eine reine Fortschrittstheorie hätte prognostizieren können, dass dieses Regierungswachstum immer weitergehen würde – egal, ob man es mit der marxistischen Tradition als Fortschritt gewertet hätte

---

[308] Vgl. Paul Krugman: The Myth of Asia's Miracle, in ders.: Pop Internationalism. Cambridge/Mass. 4. Aufl. 1996, S.167–189.

oder mit Schumpeter und Orwell darin vor allem eine Bedrohung der menschlichen Freiheit gesehen hat.[309] In den achtziger Jahren ist dieses Regierungswachstum zum Stillstand gekommen. Es hatte den Punkt erreicht, wo zusätzliches Wachstum keinen zusätzlichen Nutzen mehr brachte – sowohl funktional gesehen als auch in Hinsicht auf die Massenakzeptanz. Damit setzte auf breiter Basis die Diskussion um Zivilgesellschaft und auch um *Kommunitarisches Denken* ein: Die Gesellschaft, die Basis begann darüber zu diskutieren, ob sozialintegrative Aufgaben nicht wieder stärker selber organisiert und von der Gesellschaft statt vom Staat übernommen werden könnten. Wir kommen also zu Etzionis Idee der *societal guidance* zurück.

Dieses Modell von Postmoderne unterscheidet sich deutlich von Lyotards Begriff. Lyotard hatte zwar einige von den empirisch zu beschreibenden Trends, insbesondere den Übergang zur Informationsgesellschaft, ebenfalls klar gesehen. Er hatte sich aber auf einen anderen Aspekt der Modernität konzentriert, nämlich auf die in ihr angelegten Legitimationserzählungen der Emanzipation des Menschen und der Entfaltung des Wissens, also auf den Legitimationsmythos der Moderne. Diese Legitimationserzählungen waren an ihr Ende gekommen und wurden nicht mehr geglaubt. Er wandte sich also gerade gegen das große Befreiungsprojekt der Moderne, das in seiner totalitären Form die Menschen nur, wie von Max Weber vorausgesagt, in die bürokratisierte Staatssklaverei geführt hatte. Lyotards Postmodernekonzeption basiert ideengeschichtlich auf der Abrechnung der undogmatischen neuen Linken, der er politisch jahrzehntelang angehört hatte, mit dem Staatssozialismus und dessen Modernitätsvorstellungen. Lyotard hatte dagegen vor allem im Bereich der Ästhetik an einer Vorstellung der „ewigen Avantgarde" festgehalten, ließ also in der Kunst gerade das jeweils Allerneueste konsequent gelten. Die Innovationsästhetik der modernen Kunst, die vor allem in der postmodernen Architektur durch eine Vielfalt der Stile, und nicht zuletzt den stilistischen Rückgriff auch auf ältere und ornamentale Formen ersetzt werden sollte, hat Lyotard konsequent weiter verfochten. Es ging ihm vor allem darum, die politisch-totalitäre Aufladung der Moderne zu kritisieren und in den Netzwerken der Informationsgesellschaft eine andere, nichttotalitäre Option zu erkennen, die den Widerstreit aushalten könnte.

Bei *Ronald Inglehart* spielt diese politische Option, soweit ich sehen kann, keine Rolle. Er konstatiert schlicht einen Evolutionsprozess, den er nicht anders als die soziologischen Klassiker mit durchaus gemischten Gefühlen betrachtet. Dadurch geht er Lyotards komplexer Problembeschreibung aus dem Weg und kann ein schlichtes „Nach der Moderne" konstatieren. Eine gewisse Paradoxalität ist allerdings auch in seiner Begrifflichkeit unvermeidlich, denn wenn „modern" immer das jeweils Neueste bezeichnet, kann es danach eigentlich nichts mehr geben. Mittels dieses Paradoxes hatte sich die Architektur der Moderne, wie sie Mies van der Rohe, Walter Gropius und andere vertraten, selbst als diejenige Architektur hinzustellen versucht, welche nunmehr die einfachen, klaren, schnörkellosen und damit ewiggültigen funktionalen, also klassischen Formen gefunden hatte. Diese klassische Moderne, wie sie konsequenterweise bald genannt wurde, beanspruchte für sich in der Tat so etwas wie einen Ewigkeitswert und musste gerade in ihrer ideologischen Selbstdarstellung aufs äußerste irritiert sein, wenn nun etwas anderes als allerneueste Mode auftrat. Das konnte dann nur ephemere Ornamentalität, Manierismus oder, ganz schlimm, konservative Regression sein. Aber es hilft nichts, auch diese Epoche ist Geschichte geworden, und der Begriff „modern" läuft eben doch nicht automatisch mit, sondern nur mit einem gewissen Haken und

---

[309] Alles nach Ronald Inglehart: Modernization and Postmodernization, a. a. O., S. 30.

Stottern, so dass immer wieder eine Begriffsarbeit und Begriffsüberarbeitung nötig ist, um die Apparaturen der Zeitdiagnostik funktionsfähig zu halten.

7.7.3   Zwischenbemerkung

Zeitdiagnosen sind der Versuch, Beobachtungen, Analysen und Reflexionen so zu pointieren und zusammenzufassen, dass daraus Deutungsangebote entstehen, die für die öffentliche Selbstverständigungsdiskussion einer Gesellschaft hilfreich sein können. Sie können nicht warten, bis sicheres Wissen sich eingestellt hat, denn das wird normalerweise nur im Nachhinein zu haben sein. Sie müssen sich dem aussetzen, was Ernst Bloch das „Dunkel des gelebten Augenblicks" genannt hat. Sie haben also keine andere Wahl, als mit gewagten Generalisierungen und versuchsweisen Extrapolationen zu arbeiten. Es kommt darauf an, die vorhandenen Deutungsmittel so ingeniös wie möglich zu nutzen.

Das Medium der Zeitdiagnostik ist die Urteilskraft, die jeweils an die verschiedenen Verfahrensweisen und Forschungsstände der Einzelwissenschaften anknüpft und auch auf genau die Wissenschaften zurückgreift, die sie aus eigener Entscheidung für relevant hält. Es handelt sich damit um subjektive, also perspektivische Synthesen und subjektbezogene Begrifflichkeiten, wie auch die Urteilskraft ein subjektbezogenes Vermögen ist. Es geht also um Blindheit oder Einsicht, und das Kriterium des Rezipienten von Zeitdiagnostik wird sein: „Habe ich hierdurch neue Einsichten gewonnen oder nicht?".

Der Prozess, den dieser Rezipient zu vollziehen hat, kann als die Beobachtung der zeitdiagnostischen Beobachtungsweise verstanden werden. Nach Luhmann verwandeln sich dann die Was-Fragen in Wie-Fragen, weil man beobachten muss, wie der beobachtete Beobachter beobachtet. „Das schließt definitive Darstellungen aus und lässt nur die Möglichkeit zu, dass sich im rekursiven Prozess des Beobachtens von Beobachtungen stabile Eigenzustände (etwa sprachliche Formen) ergeben, auf die man jederzeit zurückgreifen kann."[310] Ein Rekurs auf letzte Einheiten ergibt sich dann nicht mehr, sondern vielmehr zeitweise stabile Eigenzustände, die etwa dem entsprechen, was man als *Eigenrationalität* des zeitdiagnostischen Diskurses bezeichnen könnte. Es sind wiederkehrende Momente, Fixationspunkte oder übergreifende Bezugspunkte, wie etwa die Diagnose der Massengesellschaft oder die Individualisierungsthese, die dann in unterschiedlichen Abschattierungen vorgetragen werden. Diese Eigenrationalität muss in irgendeiner Weise ausgefüllt werden – auch das ist eine wichtige These Luhmanns über funktionierende Funktionssysteme: „Man kann Forschung nicht einfach unterlassen, ohne katastrophale Folgen auszulösen – Katastrophe hier begriffen als Umstellung auf andere Eigenwerte. Und eben deshalb liegt es nahe, die Kritik der Forschung selbst forschungsmäßig durchzuführen, wenn man nicht in den imaginären Raum einer ‚anderen Gesellschaft' flüchten will."[311] *Programmatik* im Unterschied zur Diagnostik wäre immer schon mental in dieser anderen Gesellschaft beheimatet, notfalls sogar im „Ganz anderen", wie man bei Herbert Marcuse finden kann.

Zeitdiagnostik ist bislang nicht ersetzbar durch ausgereifte Methodik der sozialwissenschaftlichen Forschung. Im Gegenteil, sie behauptet sich gerade dadurch, dass ihre Eigenrationalität es ihr ermöglicht, sich die passenden Analyseverfahren selber herauszusuchen und

---

[310]   Niklas Luhmann: Wissenschaft der Gesellschaft, 1990, S. 95.

[311]   Ebenda, S. 717f.

selbständig zu entscheiden, was sie heranziehen will. Ihr eigenständiges Erkenntnisinteresse ist ganz offenbar dauerhaft dominant gegenüber einer aus disziplinenintern unvermeidlicherweise verselbständigten Methodologie. Ihre Eigenrationalität wird, kurz und pointiert gefasst, vermutlich durch folgende Faktoren bestimmt: Interessantheit, begriffliche Prägnanz, Plausibilität, solide Recherche und innere Stringenz. Wer dies als bloßes „Gespür für die Bedürfnisse der Öffentlichkeit" denunziert[312], verkennt einen wesentlichen Existenzgrund der sozialwissenschaftlichen Disziplinen.

Wenn man Aussagen zu der Frage machen will, wo wir eigentlich stehen, welches die wichtigsten mittel- und langfristigen Gegenwartsprobleme sind und in welcher Relevanzordnung diese im Konfliktfalle anzugehen seien, dann scheinen als erster Verankerungspunkt Epochenbegriffe erforderlich zu sein. Wie in der Geschichtsschreibung dienen sie nicht bloß klassifikatorisch zum Sortieren der Materialien, sondern sie enthalten immer schon, ob dies nun bewusst gehandhabt wird oder unbewusst einfach geschieht, wesentliche interpretatorische Aussagen und darüber hinaus und entscheidend vor allem das Raster, in dem Interpretationen überhaupt möglich sind. Aus diesem Grunde halte ich einen reflexiven Umgang mit zeitdiagnostischen Ansätzen auch für unverzichtbar, denn die Kontrolle des Rasters und der Einzelaussagen zugleich ist nur in einem reflexiven Verfahren möglich. Zeitdiagnostik gehört also, um dies zusammenfassend auf den Punkt zu bringen, zu den interpretativen sozialwissenschaftlichen Herangehensweisen.[313]

7.7.4   Prüfung einer Alternative

Gibt es Alternativen zur Postmodernisierungsdiagnose? Benötigt man überhaupt einen Epochenbegriff? Und vor allen Dingen: Rechtfertigen die unter dem Stichwort Postmoderne behaupteten, teils operationalisierten und beobachteten Veränderungen einen neuen Begriff?

Die naheliegendste Alternative wäre die These, dass alles eigentlich so weitergeht und dass dies, wie Jürgen Habermas am heftigsten und polemischsten behauptet hat, auch gut so sei. Sein Argument: Das Projekt der Moderne ist noch unvollendet. Zwar mag die Gesinnung der ästhetischen Moderne inzwischen gealtert sein, und man kann von einer postavantgardistischen Kunst sprechen. Die gesellschaftliche Modernisierung muss aber auf jeden Fall weitergehen, und es wäre ein sozialkonservatives Vorurteil, etwa eine Krise der ökonomischen Motivation, also der Arbeitseinstellung, des veränderten Freizeitverhaltens als Indiz dafür zu nehmen, dass auch die soziale Modernisierung sich totgelaufen hätte. Proteste gegen Modernisierung mögen berechtigt sein, aber nur dort, „wo eine einseitige, an Maßstäben der ökonomischen und administrativen Rationalität ausgerichtete Modernisierung in Lebensbereiche eindringt, die um Aufgaben der kulturellen Überlieferung, der sozialen Integration und der Erziehung zentriert und daher auf andere Maßstäbe, nämlich auf die der kommunikativen

---

[312]   Heiner Meulemann: Wertwandel als Diagnose sozialer Integration, in: Friedrichs, Jürgen, M. Rainer Lepsius und Karl Ulrich Mayer: Die Diagnosefähigkeit der Soziologie. Opladen 1998 (Sonderheft der Kölner Zeitschrift für Soziologie und Sozialpsychologie), S. 267.

[313]   Vgl. Paul Rabinow und William M. Sullivan: The Interpretative Turn, in dies (Hg.): Interpretative Social Science. A Second Look. Berkeley u. a. 1987.

Rationalität angelegt sind."[314] Mit dem von Habermas geprägten Schlagwort: wenn also eine *Kolonialisierung der Lebenswelt* stattfindet.

Dagegen gibt es nach Habermas nur ein Mittel, an dessen Realitätshaltigkeit er allerdings selbst nicht so recht zu glauben vermag: Wenn nämlich auch die gesellschaftliche Modernisierung in andere, nichtkapitalistische Bahnen gelenkt werden kann und wenn die Lebenswelt aus sich heraus Institutionen entwickeln kann, „die die systemische Eigendynamik des wirtschaftlichen und administrativen Handlungssystems begrenzt."[315] Die Lebenswelt wird hier zum Hoffnungsprinzip gemacht, ohne dass aber konkrete Handlungsperspektiven genannt werden können. Stattdessen greift Habermas zu einem klassischen Argument der Rhetorik: Wenn man schon die eigene Position nicht begründen kann, dann kann man doch wenigstens die Gegenmeinungen denunzieren und auf diese Weise recht behalten. So wendet er sich am Schluss seines berühmten Vortrags über das Projekt der Moderne gegen drei Konservativismen, nämlich die Jungkonservativen (Bataille, Foucault und Derrida), die Altkonservativen (Hans Jonas und Robert Spaemann) und die Neukonservativen (Carl Schmitt, Gottfried Benn, den frühen Wittgenstein). Am Schluss zeichnet sich dann für Habermas noch ein Bündnis der Postmodernen mit den Prämodernen ab, besonders „im Umkreis der grünen und der alternativen Gruppen".[316] Es ist dies dunkle, unausgeführte und argumentationslose denunziatorische Raunen, wie wir es auch von anderen Altintellektuellen wie Pierre Bourdieu oder Günter Grass kennen.

Diese Typologisierung ist in sich schon so weit hergeholt, dass von ihr keine besondere Überzeugungskraft ausgeht. Es geht wohl eher, wie auch bei anderen Altintellektuellen, um Sperrfeuer, *contre-feux,* gegen neue Ideenentwicklungen und Ideenrichtungen. Dahinter steht die Sorge, dass die Entwicklung in Richtung auf eine Gegenaufklärung gehen könnte. Verwendung findet die Rhetorik des Territorialstreits, während der herrschaftsfreie Diskurs allenfalls im befreundeten Binnenzirkel seinen Platz finden kann.

Der Kerngedanke von Habermas lautet, dass es mit der Moderne deshalb so weitergehen müsse, weil sie noch nicht an ihr Ziel gelangt sei. Das ist eine normative These und damit enttäuschungsfest formuliert, denn normative Erwartungen sind schon vom Ansatz her kontrafaktisch. Ein Vorschlag zur Epochengliederung ist es nicht.

Die *zweite* Frage ist: Benötigen wir aber überhaupt einen Epochenbegriff? Reicht es nicht aus, entweder die Neuzeit seit der Entdeckung Amerikas oder der Reformation fortzusetzen oder die Moderne, ob man sie nun – *politisch* – mit der amerikanischen und französischen Revolution, – *produktionstechnologisch* – mit der Industrialisierung oder – *ästhetisch* – mit dem Modernismus seit Baudelaire beginnen lässt? In allen drei Bereichen sind aber grundlegende Wandlungen eingetreten:

Im *politischen* Bereich nach dem Ende der östlichen Diktaturen, also dem umfassendsten Gegenmodell zur liberalen Demokratie. Damit hat diese tatsächlich in einem solchen Ausmaß die Vorherrschaft errungen, dass sie im Grunde nur noch von innen her und an unerwarteten Nebenfolgen ihrer selbst zusammenbrechen kann. Ein politisches System, das derzeit ohne ernsthaften politischen Gegenspieler zu sein scheint, darf mit Recht als epochenspezifisches Novum gekennzeichnet werden.

---

[314] Jürgen Habermas: Kleine Politische Schriften (I–IV). Frankfurt 1981, S. 452.
[315] Ebenda, S. 462.
[316] Ebenda, S. 463.

Im *produktionstechnologischen* Bereich ist die Industriegesellschaft inzwischen längst durch die Informations- und Dienstleistungsgesellschaft ersetzt worden, so dass auch hier ein Epochenbegriff angemessen zu sein scheint.

Und im *ästhetischen* Bereich ist die einst aufregende Moderne selbst zu einer Klassik, zu einer von uns ganz selbstverständlich als solche wahrgenommenen klassischen Moderne geworden. Darüber hinaus und vor allem ist diese vorher so angefeindete Kunst in einem derartigen Ausmaß allgemeinverständlich und populär geworden, dass aller avantgardistische Reiz und alle Provokation aus ihr verschwunden sind. Was früher als jung und wild erschien, ist jetzt das offizielle Signum der Epoche. Die in den letzten 15 Jahren massenhaft neuerrichteten Museen der Moderne zeigen an, dass das Bürgertum und die politische Klasse für diese neue Art von Repräsentativkunst auch viel Geld auszugeben bereit sind.

Daraus folgt: Dann ist es auch sinnvoll, dies zusammenfassend mit einem Begriff zu belegen. Es handelt sich wirklich um einen Einschnitt, um einen offenbar nachhaltigen Wandel. Aber müssen damit die Hoffnungen und Ziele der Moderne an ihr Ende gelangt sein? Die Popularität der modernen Kunst ist für diejenigen gewiss ein Schock, die an einem elitären Kunstverständnis festhalten möchten und die sich mit den Avantgarden gerade wegen deren Exklusivität identifiziert hatten. Wenn damit aber eine Auflösung traditioneller Formen, eine Öffnung für spielerische Dimensionen und eine neue Bildersprache intendiert waren, dann kann das Ziel doch durchaus als erreicht gelten.

Was die Technologie angeht: Zwar kann man heute nach dem Zeitalter der Maschinensklaven die Computersklaverei und allgemeine Überwachung als neue Gefahr sehen. Aber allein die Zugangsmöglichkeiten zu Informationen haben sich derartig vervielfacht, dass hier die Aufklärungsprojekte der Moderne fortgesetzt werden – wenn auch bereinigt um das Moment des Präzeptorischen, welches die aufklärerischen Intellektuellen (man denke nur an deren Nähe zum aufgeklärten Absolutismus) und die pädagogischen Klassen immer auch bei allen guten Absichten gehabt hatten. Aber im Prinzip an jede Information selbst herankommen zu können und keines Vermittlers mehr zu bedürfen, ist doch im Grunde ein weiterer Aufklärungsschritt. Heute scheint sich diese Informationsrevolution dank des Internet sogar im medizinischen Bereich zu vollziehen, wo die besser, schneller und aktueller informierten Patienten dazu übergehen, die genaue Behandlungsform als bloße Dienstleistung vom Spezialisten abzufordern.

Im *dritten*, dem politischen Bereich, fällt eine abschließende Bewertung schwerer. Die zunehmende Herausbildung einer internationalen Zivilgesellschaft durch intermediäre Organisationen, die zunehmende Erkenntnis auch unter den Technokraten der europäischen Einigung, dass es, um die politische Integration voranzutreiben, auch dort der Entwicklung einer grenzübergreifenden politischen Öffentlichkeit und als deren Grundlage selbstverständlich einer zivilgesellschaftlichen Identität bedürfe, zeigen doch an, dass auch gegenüber Bürokratisierungstendenzen im Max Weberschen Sinne, durch die die EU zweifellos gekennzeichnet ist, demokratisierende Gegenmittel gesehen werden und möglich sind. Auch hier ist die Hoffnung auf mehr Demokratie, die durch die weltweiten schubweise auftretenden Demokratisierungswellen der Nachkriegszeit immer wieder genährt worden ist, durchaus auch weiterhin berechtigt. Dennoch ist der politische Bereich derjenige, in dem die Gefahrenpotentiale meiner Ansicht nach am größten sind, weil hier genauso wieder protektionistische Verengungen und nationalistische Rückfälle in Stagnation und Wirtschaftskrisen führen können – die dann auch immer wieder autoritäre Regimes nach sich ziehen können.

> Insgesamt wird die postmoderne Gesellschaft aber trotz der Opposition, die Habermas gegen sie in so polemischer und im Grund undurchdachter Weise vorgebracht hat, einige der Grundintentionen und Grundhoffnungen, die er vertritt, eher vorantreiben als aufgeben.

Diese Postmoderne ist nämlich in Wirklichkeit kein radikaler Bruch mit den Modernisierungsimpulsen, wie wir sie kennen, sondern deren Fortsetzung auf einer neuen Stufe und mit eher noch erhöhtem Tempo. Die Hauptsorge des Zeitdiagnostikers wäre daher, ob dieses Tempo und die damit erhöhten Flexibilitätsforderungen, was Lebensweise, Biographie, Beziehungen, Arbeitsalltag und Informationsaufnahme angeht, nicht vielleicht eine nachhaltige Verunsicherung und Überforderung für sehr viele Menschen bedeuten könnten.[317] Habermas' These von der Kolonialisierung der Lebenswelt ist eine überholte Zeitdiagnose, weil sie im Grunde nur ein Nachklang von Max Webers Befürchtung der Bürokratisierung und Rationalisierung war. Die bürokratische Rationalität hat ihre Grenzen spätestens mit dem Zusammenbruch des Sozialismus aufgezeigt bekommen. Sie ist zu unflexibel für raschen technischen und sozialen Wandel und kann vor allem die vielfältigen Nebeneinanderoperationen moderner Netzwerke nicht mehr bewältigen.

7.7.5   Postmodernisierung als Modernisierungsüberbietung

Wenn die Postmodernisierungsthese also im Grunde nichts weiter ist als eine Fortsetzung der klassischen Modernisierungstheorie mit neuen Mitteln, warum dann dieser Begriffswechsel? Dieser Frage will ich am Schluss mit einigen Überlegungen nachgehen. Die Modernisierungstheorien sind Ende der sechziger, Anfang der siebziger Jahre auf eine sehr starke Kritik, ja sogar Ablehnung bei vielen jüngeren Geistes- und Sozialwissenschaftlern gestoßen, vor allen Dingen, weil sie in der Entwicklungspolitik versagt zu haben schienen und weil sie einseitig die Ausdehnung des westlichen Modells zu propagieren schienen.

Der *erste* Einwand resultierte aus verkürzten und primitiven Versionen von Modernisierung, die auf Industrialisierung ohne gesellschaftliche Grundlage, ohne ausgebildete Arbeitskräfte und ohne entwickelte Märkte gesetzt hatte und vor allen Dingen zu glauben schien, in wenigen Jahren seien mit relativ geringen Geldmitteln nachhaltige Erfolge zu erzielen. Welche Mittel erforderlich sind, um nur einen kleinen Landesteil wie das derzeitige Ostdeutschland, das schon vollindustrialisiert gewesen war, auch nur ansatzweise auf Westniveau zu entwickeln, haben wir aber in den letzten zehn Jahren gelernt und dürften dadurch von allen ähnlichen Erwartungsüberforderungen kuriert sein.

Johannes Berger hat in seinem wichtigen Aufsatz „Was behauptet die Modernisierungstheorie wirklich – und was wird ihr bloß unterstellt" die Kritik an ihr einer gründlichen Reflexion unterzogen.[318] Gehören z. B. wirklich Industrialisierung und Bürokratisierung neben anderen, unbestrittenen Faktoren wie Demokratisierung, Urbanisierung, Bildungsexpansion, Säkularisierung zu ihren Grundelementen? Wir können doch Bürokratieabbau auch in Unternehmen, eine Verschlankung des Staates und eine Entindustrialisierung dergestalt beo-

---

[317]   Richard Sennett: Der flexible Mensch. Die Kultur des neuen Kapitalismus, 7. Aufl. Berlin 1998 (engl. unter dem Titel The corrosion of Character. New York 1998).

[318]   Johannes Berger: Was behauptet die Modernisierungstheorie wirklich – und was wird ihr bloß unterstellt? in: Leviathan, 24. Jg. 1996, H. 1, S. 45–62.

bachten, dass die Wertschöpfung inzwischen sehr viel mehr im Informationssektor stattfindet und tendenziell nach den entsprechenden Rationalisierungsfortschritten sogar auch im Dienstleistungssektor stattfinden könnte. Universell scheint eher der Durchbruch von traditionaler zu moderner Gesellschaftsstruktur zu sein. Ein Hauptproblem der Modernisierungsrhetorik war wohl ein gewisser deterministischer Zug der Unausweichlichkeit. Nachdem wir die entsprechenden Rückfälle in die Barbarei erlebt haben, wäre die sozialwissenschaftlich korrekte Formulierung wohl eine probabilistische Aussage: Dort, wo Märkte, bürokratische Verwaltung, ein Rechtssystem und Demokratie (Parsons' evolutionäre Universalien) auftreten, ist ein Rückfall weniger wahrscheinlich als in Gesellschaften, in denen in einigen oder allen dieser Bereiche Defizite bestehen.

Berger hat in Anlehnung an Talcott Parsons und Wolfgang Zapf eine Tabelle aufgestellt, in der die wesentlichen strukturellen Innovationen der Moderne nach Bereichen aufgelistet werden:

Bereich	Strukturelle Innovation	Entwicklungsrichtung
Person	Leistungsorientierung und Empathie	Individuierung[319]
Kultur	Differenzierung von Wertsphären	Rationalisierung, Wertverallgemeinerung
Gesellschaft	funktionale Differenzierung	Komplexitätssteigerung
Wirtschaft	Konkurrenzwirtschaft	Wachstum
Politik	Konkurrenzdemokratie	Partizipation
Gemeinschaft	Citizenship, Öffentlichkeit	Inklusion
Bildungssystem	allgemeine Schulpflicht, unabhängige Wissenschaft	Expansion des Bildungswesens, Verwissenschaftlichung

Abbildung: Strukturelle Innovationen

Geht man diese Bereiche durch, wird man für die Postmoderne keine wesentlichen Veränderungen finden. Allenfalls für das Bildungssystem wird man eventuell eine Ersetzung quantitativer Expansion durch qualitative Intensivierung konstatieren, und die politische Partizipation scheint sich deutlicher in Richtung Zivilgesellschaft zu entwickeln. Die moderne Tendenz hin zum Berufsmenschen wird wohl ersetzt durch den Ausbildungsmenschen, der nach einer kurzen Berufsphase in einen eher langen Ruhestand geschickt wird. Habermas könnte also beruhigt sein. Er hatte einen ideologischen Rückfall und Rückschlag befürchtet. Der Modernisierungsdruck lässt derartige Rückfälle inzwischen selbst in vormodernen Gesellschaften seltener werden.

Und was ist dann mit Lyotards These vom Ende der großen Erzählungen? Ihm ging es um das Ende der geschichtsphilosophischen Metaerzählungen, die durch den Fortgang der Reflexion entlegitimiert worden waren. Außerdem hatte in seiner Sicht der Fortschritt der

---

[319] Ein Merkmal von Personen, während Individualisierung als Merkmal von sozialen Beziehungen anzusehen ist.

Wissenschaften ein Veralten der metaphysischen Naturphilosophie und ihrer Legitimations-weisen des wissenschaftlichen Wahrheitsanspruchs bedeutet. Eine schneller gewordene Gesellschaft stellt keine dauerhaften Kombinationen von Elementen in diesem Stil mehr her, sondern vielmehr eine Heterogenität von Sprachpartikeln, die in immer neuen Sprachspielen kombiniert und rekombiniert werden. Gefordert ist immer nur höhere Leistung und bessere Kommensurabilität. Dies geht nicht ohne *terreur* vor sich (Lyotard hat 1979 schon Viviane Forrestiers „Der Terror der Ökonomie" vorweggenommen), erhöht aber auch zugleich unsere Sensibilität und unsere Offenheit für das Inkommensurable. Lyotard hatte damit eine Doppeldiagnose gestellt, ohne sich für die eine oder andere Option zu entscheiden. Deutlich zu erkennen ist aber, dass strukturell gesehen auch seiner Zeitdiagnose die Vorstellung von einem Weitergehen des Prozesses in einer bestimmten Richtung zugrunde lag. Nicht der Prozess kommt an ein Ende, sondern vielmehr ein bestimmter Typus von übergreifenden Legitimationserzählungen, oder, mit anderen Worten, die *Mythen der Moderne* fallen der *postmodernistischen Aufklärung* zum Opfer. Und das ist es, was Habermas an der ganzen Diskussion so sehr irritiert hatte. Denn Lyotard verwirft auch dessen Konsenskonzept, weil es der Heterogenität der Sprachspiele und ihrer Nebeneinanderordnung durch die Nötigung zum Einverständnis Gewalt antut. Die Pluralität gilt es zu realisieren und auszuhalten – das ist die Botschaft des postmodernen Wissens.

Was bleibt unter diesen Umständen dann noch zu beklagen?

Ich denke, zu beklagen ist, dass auf diese Weise die Postmodernediagnose im Wege ihrer Präzisierung und partiellen Operationalisierung entzaubert worden ist. Ihre erotische Ausstrahlungskraft und interessante Subversivität ist ihr abhanden gekommen, und das hat sie mit den modernen Künsten gemeinsam, die, nachdem sie Allgemeingut geworden sind, ihre Provokationskraft verloren haben. Was bleibt, ist die Freude, die jedermann an den schönen Verpackungen Christos und anderer haben kann, und die kulturkritische Sorge, dass allzu plakative Kunstformen den ästhetischen Sinn abstumpfen könnten.

8   Entscheiden in der Risikogesellschaft (Ulrich Becks Risikokonzeption)

8.1   Risiken und Gefahren

Wer den Begriff der Risikogesellschaft verwendet, muss auf Ulrich Becks einschlägige Studien zurückgreifen, die eine recht gründliche Diskussion des Risikothemas ausgelöst haben. Mit ihrer zeitdiagnostischen Perspektive bestimmen sie den gegenwärtigen Diskussionsstand. Diese Perspektive wird allerdings so häufig fehlgedeutet, dass zunächst einmal einige geduldige Arbeit auf die Explikation der Begrifflichkeit verwendet werden muss. Vor allem kommt es darauf an, die idealtypische Trennung von Risiko und Gefahr so deutlich wie möglich zu machen, auch wenn Ulrich Beck selber sie keineswegs konsequent durchhält, denn mittels dieser begrifflichen Differenzierung ist der Unterschied zwischen selbstgetroffenen Risikoentscheidungen und von außen drohenden Gefahren am besten darstellbar.

Bis auf wenige Ausnahmen herrscht heute der Konsens, „dass alle Gefahren, die uns bedrohen, im Prinzip auf Entscheidungen beruhen."[320] Demokratietheoretisch heißt das, dass sie auf solchen Entscheidungen beruhen sollten, an denen zumindest der Legitimation nach jeder beteiligt ist. Potentiell alle Gefahren können heute als Risiken interpretiert werden. Sie sind nicht einfach naturgegeben da, sondern Produkt von Entscheidungen und können damit ihrerseits dem Anspruch nach durch (andere) Entscheidungen wenn nicht abgewendet, so doch bearbeitet werden. Gerade dort, wo Risiken eintreten bzw. eingetreten sind, tritt deshalb ein immenser Bedarf nach symbolischen Handlungen auf: Trauer, Bedauern, Politikerbesuche mit ernsten Mienen, Ankündigung der berüchtigten unbürokratischen Hilfe etc. Um in solch schwierigen Situationen Tatkraft zu beweisen, muss irgendetwas Tatkräftiges getan werden. Dass etwas geschieht, ist wesentlich wichtiger als die Frage, ob es auch hilft, denn symbolisch hilft es eben auch dann, wenn es nicht hilft. Hier hat der in der politikwissenschaftlichen Tradition, etwa von Murray Edelman, ideologiekritisch verstandene Begriff der symbolischen Politik durchaus eine wichtige Erklärungsfunktion, so sehr Ideologiekritik sonst als überholt gelten mag.[321]

Risiko steht also immer in einem engen Zusammenhang mit Entscheidungen, weil die Rede vom Risiko eine Entscheidungssituation voraussetzt. „Bei Gefahren wird der Schadenseintritt der Umwelt zugerechnet, bei Risiken wird er als Folge des eigenen Handelns oder Unterlassens gesehen. Der Unterschied läuft also auf eine Frage der Zurechnung hinaus."[322]

---

[320] Gotthard Bechmann: Risiko als Schlüsselkategorie der Gesellschaftstheorie, in ders. (Hg.): Risiko und Gesellschaft. Grundlagen und Ergebnisse interdisziplinärer Risikoforschung. Opladen 1993, S. 244. Vgl. Ulrich Beck: Risikogesellschaft. Auf dem Weg in eine andere Moderne. Frankfurt 1986, S. 300.

[321] Murray Edelman: Politik als Ritual. Die symbolische Funktion staatlicher Institutionen und politischen Handelns. Frankfurt und New York 1990 (zuerst 1964).

[322] Niklas Luhmann: Die Wirtschaft der Gesellschaft. Frankfurt 2. Aufl. 1989, S. 269.

Der Vorhalt, wenigstens die westlichen Gesellschaften gewährten den meisten Menschen heute mehr persönliche und politische Sicherheit als die meisten vorangegangenen, so dass keineswegs von einer Risikogesellschaft, sondern vielmehr von einer Sicherheitsgesellschaft die Rede sein müsste, verfehlt genau diese Pointe. Es geht in den Risikoanalysen im wesentlichen um Zurechnungsfragen und die aus diesen Zurechnungen folgenden Handlungsorientierungen. Diese Unterscheidung ist folgenreich.

Ob das Leben in der modernen Welt gefährlicher geworden ist als früher oder nicht, „eines ist jedoch sicher, riskanter dürfte es in jedem Falle sein"[323], *weil nämlich die Formen der Zurechnung und Zuschreibung sich geändert haben.*

Politische Entscheidungen werden damit tendenziell allzuständig: In einer modernen Gesellschaft, in der es kein Außen, keine menschenunabhängige Natur oder transzendente außermenschliche Gewalt mehr gibt, ist dann alles irgendwie, notfalls durch lange logische Ketten, auf menschliches Handeln oder Unterlassen zurückführbar. Dem Anspruch nach muss aber dann jedes Handeln oder Unterlassen, das andere schädigend betreffen kann, als öffentliches Handeln, d. h. nicht als Privatsache angesehen werden. Und damit ist es Gegenstand von Politik. Es muss verantwortet werden und kann nicht lediglich einfach geschehen. Das bekannteste Beispiel dafür ist jener sizilianische Bauer, der, als beim vorletzten Ausbruch des Ätna der sich langsam nähernde Lavastrom ihn zwang, sein Häuschen und Gärtlein aufzugeben, es schaffte, die Kameras der Weltpresse damit auf sich zu lenken, dass er die sarkastisch-kritisch gemeinte Parole an die Hauswand sprühte: *Grazie al governo!*

Der Gefahrenbegriff, ursprünglich reserviert für die Ursachenzurechnung nach außen, hat damit unter der Hand seine Bedeutung gewandelt: Gefahr geht von den Entscheidungen der anderen bzw. im italienischen Fall der Untätigkeit der Regierung, die es ja auch schwer hat, aus. Sie ist nun anderen Personen zuschreibbar und also auch politisch austragbar. Wenn sie als sozial erzeugt verstanden werden kann, dann kann sie auch Thema des politischen Kampfes werden.

Welche moralischen und sogar theologischen Tücken in diesem Problem stecken, kann man daran sehen, dass die empirische Risikoforschung weitgehend übereinstimmend zu dem Ergebnis gelangt zu sein scheint, dass Menschen für sich selbst sehr viel höhere Risiken bis hin zum Risiko fürchterlichster Todesarten, z. B. beim Motorradfahren, Rauchen und Extremsportarten, in Kauf zu nehmen bereit sind, als sie tolerieren würden, wenn andere sie ihnen zumuten. Diese Beobachtung, die mit der Alltagserfahrung gut zusammenstimmt, legt die Frage nahe, ob es wirklich attraktiv ist, von seinem Nächsten nur so geliebt zu werden, wie dieser sich selbst liebt.[324] Die Reziprozität scheint außer Kraft gesetzt, jedenfalls auf der unmittelbaren Ebene der Einzelentscheidung. Vermutlich hat sie sich in die abstrakteren Regionen der Frage verflüchtigt, was als eigene und freie Entscheidung soll gelten können.

Der einfachste Fall würde vorliegen, wenn von einem Zivilisationsrisiko alle gleichermaßen profitieren würden und vom Eintreten des Schadenfalls ebenfalls gleichermaßen betroffen wären. Es würde sich um ein gerechtfertigtes Risiko handeln, übrigens unabhängig davon, wie hoch es ist. Es ist dann wie ein Risiko zu behandeln, das man selbst trägt und in Kauf

---

[323] Ebenda, S. 250.
[324] Diese schöne Formel stammt von Gotthard Bechmann: a. a. O., S. 262.

nimmt. Politisch wird der Fall in dem Moment relevant, wenn systematisch ungleiche Risikoverteilungen entstehen: durch Repräsentationsdefizite.

Risiken sind analytisch betrachtet Noch-Nicht-Ereignisse. Damit stellt jede Risikodiskussion zusätzliche Komplexität bereit und eröffnet zusätzliche Konfliktmöglichkeiten, weil zusätzlich zur ohnehin schon unübersichtlichen Ebene der Aktualität noch die der Potentialität als Entscheidungsprämisse in Betracht gezogen werden muss. Man kann sowohl über *Wahrnehmungsunterschiede* von Risiken streiten, als auch über *Eintrittswahrscheinlichkeiten*. Darüber hinaus über *Betroffenheitsmöglichkeiten*: Wer wird betroffen, wer entscheidet? Wenn die Entscheider aber nicht mit den Betroffenen identisch sind, ist dann die Rede vom in Kauf zu nehmenden Risiko überhaupt noch angemessen? Wird dann nicht auf Kosten anderer etwas riskiert, für welche es sich, da sie nicht an der Risikoabwägung und an der Entscheidung beteiligt waren, dann gar nicht als Risiko darstellt, sondern vielmehr als Gefahr? Denn zum Risikobegriff gehört immer die damit verbundene Chance. Das Risiko einiger kann durchaus zur Gefahr für die übrigen werden.

Risiken sind selbstverständlich nichts Neues. Dass die Rede von der *Risikogesellschaft* als neuartiger Entwicklung aber so weithin Gehör gefunden hat, ist darauf zurückzuführen, dass sich ein Wandel in der grundsätzlichen Wahrnehmungsstruktur der Zurechungsüblichkeiten vollzogen hat, der seine Wurzel in einem tiefgreifenden gesellschaftlichen Wandlungsprozess hat. Die herkömmlichen Gesellschaften der formierten industriegesellschaftlichen Moderne seit dem 19. Jahrhundert hatten manifeste Probleme des Mangels zu beseitigen. Der dafür gefundene Lösungsvorschlag hatte den Namen Solidarität getragen. Der Rahmen war die *nationalstaatliche* Organisationsform gewesen, in denen die Gefährdungen durch Mangel eine gewisse Kompensation finden konnten. Die *heutigen* Gefährdungstypen dagegen entfalten eine grenzsprengende Entwicklungsdynamik, die eine objektive weltweite Gefährdungsgemeinschaft haben entstehen lassen, „die letztlich nur im Rahmen der Weltgesellschaft aufgefangen werden kann."[325]

Statt Beseitigung von aktualem Mangel wird nun die Beseitigung von Risiken und damit eine Machtausübung über Potentialitäten gefordert.[326] *Mangel* lässt sich beseitigen, wenn in irgendeinem Sinne „genug" da ist. Wann aber kann ein *Risiko* als beseitigt gelten? Vermutlich dann, wenn nur noch ein „Restrisiko" vorhanden ist, dessen Definitionsgrenzen umstritten sind. Grenz- und gruppenübergreifende Globalrisiken, also die objektiven Gefährdungsgemeinsamkeiten, haben aber noch nicht die ihnen gemäße Bearbeitungsform globaler Art gefunden. Hier herrscht immer noch so etwas wie ein politisches Vakuum. Das betrifft nicht nur die weiterwirkenden nationalstaatlichen Grenzen und Egoismen, sondern auch den immer noch vorherrschenden Typus von Parteien und Interessenorganisationen der Industriegesellschaften, die der Analyse von Ulrich Beck zufolge noch aus der Zeit der Solidaritäts- und Mangelgesellschaft stammen, dem Prozess der Globalisierung jedoch nicht angemessen sind.[327] Daher die von ihm kritisierte Neigung, mit grünen, roten oder schwarzen Protektionismen auf Globalisierungsrisiken antworten zu wollen.[328]

---

[325] Ulrich Beck: Risikogesellschaft, S. 63.

[326] Ebenda.

[327] Ebenda, S. 64.

[328] Ulrich Beck: Was ist Globalisierung? Irrtümer des Globalismus – Antworten auf Globalisierung. Frankfurt 1997, S. 27.

Die Analyse von Ulrich Beck, die in ihren Grundzügen von seiner ersten vielbeachteten Arbeit, der „Risikogesellschaft" bis zu den heutigen Globalisierungsdiagnosen nach meiner Einschätzung im wesentlichen unverändert geblieben ist, macht damit folgende interessante Voraussetzung. Es ist eine Analyse vom Risikobegriff her. Die weltweite Gemeinschaft wird als objektiver Träger der weltweiten Risiken aufgefasst. Es wird lediglich bemängelt, dass sie sich noch nicht zu einem politischen Subjekt entwickelt habe, welches mit diesen Risiken dann auch umgehen könnte.[329] Diese Analyse trägt damit einen paradoxalen Zug. Das Subjekt der Gefährdungen muss erst noch durch Selbstbewusstwerdung entstehen und könnte erst von dort aus zu einer Handlungsfähigkeit gelangen. Bis dahin haben wir es eher mit Gefahren als mit Risiken zu tun, weil gar kein Subjekt da ist, welches die globalen Wirkungen und Nebenwirkungen bewusst in Kauf nehmen könnte.

Beck reproduziert die hegelmarxistische Parole des 19. Jahrhunderts, die mittels der Unterscheidung objektiv-subjektiv das Proletariat auch erst von der *Klasse an sich* zur *Klasse für sich* machen wollte, also in den Worten des Historikers Eric Hobsbawm, die Arbeiterklasse überhaupt erst erfinden musste.[330] Aus der vorhin dargelegten Grundstruktur des Arguments, demzufolge die Risikodiskussion in erster Linie eine Zurechnungsdiskussion ist, folgt offenbar, dass das Subjekt des Risikos in ähnlicher Weise erst als handlungsfähiges Subjekt geschaffen werden muss.

8.2   Das Problem in sechs Punkten

Welche besonderen Probleme des Entscheidens stellen sich unter den Bedingungen dessen, was Ulrich Beck als Risikogesellschaft eingeführt hat?

Erstens hatte die traditionelle oder in Ulrich Becks Sprache *erste* Moderne Risiken als berechenbare und damit beherrschbare Größe aufgefasst: *als Produkt von Schadenshöhe und Schadenswahrscheinlichkeit.*[331] Die Ungewissheit der Folgen einer Entscheidung wurde kontrollierbar gemacht. Dazu gehörte ein reduziertes, in Becks Terminologie *lineares* Verständnis dessen, was als Folgen sollte gelten können. Man konnte sich entscheiden, ein solches Risiko einzugehen, indem man entweder eine relativ rationale Kosten-Nutzen-Kalkulation anstellte oder aber schlicht dem Gefühl, der eigenen Charakterstruktur oder den Okkasionen des Augenblicks folgte. Risiko und Entscheidung gehören eng zusammen; denn Entscheidungen sind immer riskant, weil sie zwischen Optionen wählen. Wer sich für eine Möglichkeit entschieden hat, hat die andere – zumindest für den Augenblick – verworfen. Selbst wer die Entscheidung trifft, sich alle Optionen offenzuhalten, hat sich so auch für die damit verbundenen Opportunitätskosten entschieden.

Die reflexive oder *zweite* Modernisierung dagegen denkt vor allem in Kategorien der Nebenfolge: „Was nicht gesehen, nicht reflektiert, aber externalisiert wird, summiert sich zu dem Strukturbruch, der die industrielle von den ,anderen' Modernen in Gegenwart und Zu-

---

[329] Ulrich Beck: Risikogesellschaft, S. 64.

[330] Vgl. dazu Eric Hobsbawm und Terence Ranger: The Invention of Tradition. Cambridge 1983.

[331] Niklas Luhmann: Soziologie des Risikos. Berlin und New York 1991, S. 22.

kunft trennt."[332] Diese Nebenfolgen sind unübersichtlich und insofern kehrt die Ungewissheit, die durch die Risikokalkulation doch gerade rationalisiert werden sollte, zurück.

Für Becks Begriff der Risikogesellschaft ist es kennzeichnend, dass er anders als jeder pharmazeutische Beipackzettel zwischen Risiken und Nebenwirkungen nicht unterscheidet. Es ist eine der Pointen seiner Theorie, dass die idealtypisch vorauszusetzende Unterscheidung von Risiko und Gefahr unter heutigen Umständen nicht mehr schlüssig durchgehalten werden kann, weil *alle* Risiken letztlich auf Menschen zurechenbar sind und damit nach *politischer* Bearbeitung verlangen. Das, was Beck Risikogesellschaft genannt hat, wird gerade aus einer Perspektive betrachtet, die das *Entscheidungsdefizit* thematisiert. Wir werden Folgen von Risiken ausgesetzt, für die nicht wir uns entschieden haben, sondern andere, sofern die Entscheidungsträger, also die Verantwortlichen nicht ohnehin hinter dem Schleier einer Sachrationalität oder systemischen Rationalität invisibilisiert worden sind.

Heißt das, dass die Risikogesellschaft Entscheidungen gerade verhindert, durch technische Zwänge ersetzt? Das trifft zu einem Teil zu, zum anderen aber nicht. Ulrich Becks Thesen werden durchweg von einem Spannungsverhältnis durchzogen. Die Thematisierung des Entscheidungsdefizits impliziert zugleich das Einklagen von Entscheidungsbedarf. Der Hinweis auf die Risiken wird in politischer Absicht gegeben. Die Sachzwänge werden im Stil soziologisierender Aufklärung als Scheinargument technokratischer und managerialer Eliten entlarvt. Die Risiken werden in den politischen Diskurs zurückgeholt. Gegen wissenschaftliche Apologetik werden wissenschaftliche Gegengutachten ins Feld geführt, wenn man so will, also Alarmistik gegen Apologetik eingesetzt. Sobald ein Gegengutachten vorliegt, kann der Sachzwang nicht mehr als existent angesehen werden. Die technische Notwendigkeit hat ihre Geltungskraft verloren. Es muss eine Entscheidung getroffen werden – zunächst einmal nur über die Frage, welchem der Gutachten bzw. Gutachter man mehr Glauben schenken will. Oft genug ist damit die Entscheidung zwischen verschiedenen Wissenschaftsrichtungen und Wissenschaftsstilen verbunden.

Drittens war die Industriegesellschaft erst die halbe Moderne, wurde allerdings in Unkenntnis der Weiterentwicklung als Moderne schlechthin präsentiert. Modernitätsreflexion tritt damit auch in Gestalt einer Gegenmoderne oder Antimoderne auf, einer Modernitätsreaktion.[333] Die politische Ordnungsmetaphorik der Rechts/Links-Zuordnung, die beinahe schlafwandlerische oder wünschelrutengängerische Entscheidungen auf der Basis von Urteilskraft[334] zu erlauben schien, ist so sehr ins Rutschen geraten, dass hier zunächst wieder die Grundlagen des Urteilens selbst einer Reflexion unterzogen werden müssen, also allenfalls so etwas wie eine reflexive Urteilskraft tätig werden kann, die aber im Grunde nicht die Lösung, sondern nur eine anders formulierte Umschreibung des Problems ist.[335]

Und daraus ergeben sich die Schlüsselfragen der zweiten Moderne, die durchweg Fragen der *Identität* sind. Es sind die Fragen, wer man sei, wo man sich befinde, wohin man gehöre und

---

[332] Ulrich Beck: Die Erfindung des Politischen. Zu einer Theorie reflexiver Modernisierung. Frankfurt 1993, S. 97.

[333] S.N. Eisenstadt: Die Antinomien der Moderne. Die jakobinischen Grundzüge der Moderne und des Fundamentalismus. Heterodoxie, Utopismus und Jakobinismus in der Konstitution fundamentalistischer Bewegungen. Frankfurt 1998.

[334] Vgl. Ulrich Beck: die Erfindung des Politischen, S. 98.

[335] Zur ausführlichen Begründung dieses Arguments vgl. Walter Reese-Schäfer: Grenzgötter der Moral. Der neuere europäisch-amerikanische Diskurs zur politischen Ethik. Frankfurt 1997, S. 227–230.

mit wem man zusammengehöre.[336] Identität ist nichts Vorgegebenes mehr, sondern Sache der Hervorbringung, der Konstruktion und damit ebenfalls der Entscheidung geworden. Identitäten sind ihrerseits riskant geworden, sind Lebens- und Orientierungsentwürfe, die viel einbringen, aber auch scheitern können. Wenn die eigene Identität nicht mehr vorgegebene Grundlage z. B. der Wahrnehmung und Definition der eigenen Interessen ist, die dann zur Grundlage der Entscheidung werden können, sondern selbst erst noch Gegenstand der Entscheidung, dann haben wir es mit einer reflexiven Struktur zu tun. Das hier gewählte Beispiel lässt wohl keinen Zweifel daran, dass reflexive Strukturen ziemlich unangenehme Eigenschaften haben können und in den beiden Extremfällen entweder zur handlungshemmenden Dauerreflexion oder zur Transformierung der rationalen Entscheidung in die *Dezision* führen, also in die willkürliche Wahlhandlung ohne besonderen Grund außer dem, dass man der Meinung zuneigt, irgendwann müsse nun mal entschieden werden. Dieser Grund aber entscheidet noch nichts im Falle einer Wahl zwischen inhaltlichen Alternativen.[337]

Zu dieser neu entstandenen Unübersichtlichkeit der Situation gehört *viertens*, dass die Großgruppenkategorien der Klassen- oder Schichtengesellschaft durch sehr viel weniger eindeutige Kategorien ersetzt werden müssen, die Ulrich Beck und andere unter dem Stichwort der Individualisierung zu bündeln versuchen. Dazu gehört die Auflösung herkömmlicher Muster der Erwerbsarbeit und der Arbeitsbiographien, der Arbeitszeitmodelle, des Verhältnisses von Selbständigkeit und Angestelltsein und nicht zuletzt auch der politischen Orientierung und Organisationsneigung. Im Grunde sind das die im vorigen Kapitel dargestellten Erscheinungen der Postmodernität. Dadurch werden tendenziell mehr Entscheidungen über die eigene Lebensführung notwendig, während die Lebenswege zuvor durch strukturelle und soziale Vorgaben sehr viel stärker vorgezeichnet waren. Das gilt eben nicht nur für den Wandlungsprozess von traditionalen zu modernen Gesellschaften, sondern auch noch für die erste Moderne der Industriegesellschaft, die durch ihre Großgruppenstrukturierung funktionale Äquivalente zur traditionalen Sozialordnung geschaffen hatte. Entscheidungen werden heute dagegen nicht mehr derart übersichtlich gebündelt, sondern vielfältig und vereinzelt getroffen.

Sie *können* damit näher an den Präferenzen der einzelnen orientiert sein. Falls jeder sie sich dann auch selbst zurechnet, könnte sich auf diese Weise auch das Potential sozialer Unzufriedenheit reduzieren, sofern denn die Entscheidungsspielräume und -voraussetzungen als zulänglich empfunden werden. Zugleich dürfte die Last der Entscheidungen von jedem einzelnen als stärker empfunden werden, wenn dies nicht durch eine *Kultur des Entscheidens* und eine frühzeitige Ausbildung und Förderung des Entscheidungsvermögens und der Urteilskraft aufgefangen wird. Die Risikogesellschaft verlangt also nach einer Risikokultur.[338] Anthony Giddens formuliert das Problem so: „A world of intensified reflexivity is a world of clever people." [339] Es ist wohl für viele eine Zumutung, ständig auf der Hut sein, ständig „clever" sein zu müssen, wenn dies nicht habitualisiert, also sozusagen eine zweite Natur für jemanden geworden ist. Am eindringlichsten sind die daraus folgenden Verunsicherungswir-

---

[336] Ulrich Beck: Was ist Globalisierung, S. 182, sowie Walter Reese-Schäfer, (Hg.): Identität und Interesse. Der Diskurs der Identitätsforschung. Opladen 1999.

[337] Vgl. zum neuesten Stand dieser Diskussion: Eckard Bolsinger: Was ist Dezisionismus? Rekonstruktion eines autonomen Typs politischer Theorie, in: PVS, 39. Jg. 1998, H. 3, S. 471–502.

[338] Anthony Giddens: Modernity and Self-Identity. Self and Society in the Late Modern Age. Cambridge 1991, S. 3.

[339] Ebenda, S. 7.

kungen von Richard Sennett in seiner Studie über den flexiblen Menschen aufgelistet worden. Die klassische, orientierungsgebende Berufslaufbahn verschwindet, durch Umzüge werden die Bindungen zur Familie und zu Freunden zerstört, der Ort, an dem man arbeitet, wird gleichgültig.[340]

Wenn die Individualisierungsthese empirisch zutreffend ist, dann folgt aus ihr, dass die Gesamtzahl der zu treffenden Entscheidungen für jeden einzelnen mit zunehmender Individualisierung wächst, weil immer weniger vorherbestimmt ist und weil dem einzelnen immer weniger Entscheidungen abgenommen werden. Die sich zunehmend individualisierende Risikogesellschaft wird damit zu einer Multioptionsgesellschaft, als die sie Peter Groß gekennzeichnet hat[341], und dann letztlich zu einer *Entscheidungsgesellschaft*. Eine Entscheidungsgesellschaft muss aber im Kern als politische Gesellschaft gelten, wie Michael Greven das in seiner von Becks Theorie inspirierten und sie in politikwissenschaftlicher Richtung weitertreibenden Studie genannt hat. Nach Greven leben wir in einer politischen Gesellschaft, in der virtuell alles von politischen Entscheidungen abhängig geworden ist[342]. Die gängigen Entpolitisierungsdiagnosen, denen zufolge immer mehr Bereiche der politischen Entscheidung entzogen und den jeweiligen Subsystemen wie z. B. der transnationalen Ökonomie überantwortet werden, hält er für oberflächlich, weil allein die Politik mit der Gewalt zu zwingen verbunden ist und damit über Durchgriffsmöglichkeiten in alle Bereiche verfügt. Anders aber als herkömmliche Steuerungstheoretiker kalkuliert Greven die überraschenden und unvorhergesehenen Nebenwirkungen politischen Handelns ein. Nicht planvolle Steuerung wird das Resultat sein, sondern schicksalhafte Konfliktkonstellationen. Diese handlungstheoretisch aufgeklärte Politikkonzeption deckt sich weitgehend mit dem, was hier als Entscheidungsgesellschaft charakterisiert wurde. Maßgeblich ist die Kontingenz aller Situationen und Voraussetzungen. Da alle Entscheidungen aber unter den Bedingungen begrenzter Rationalität, des unvollständigen Wissens und der Unsicherheit der Konsequenzen getroffen werden, liegt darin überhaupt keine Beruhigung und erst recht kein Glaube an irgendeine Planbarkeit. Die Handlungen und Pläne der übrigen Menschen reichen schon vollkommen aus, jedes Bemühen zunichte zu machen. Es bedarf dazu keineswegs unbedingt noch des Eintretens überraschender Naturereignisse.

Die übliche Bewältigungsstrategie ist gewiss die Routinisierung von Entscheidungsprozeduren. Aber jeder Entscheidungspunkt ist doch immer ein Signal dafür, dass an dieser Stelle ebenso gut auch anders entschieden werden könnte. Die Möglichkeiten werden also immer wieder neu eröffnet. Das damit verbundene Gefühl neuer Freiheitsräume wird – je nach Veranlagung und kulturellem Kontext – in vielen Fällen dann auf unangenehme Weise kompensiert durch ein Unbehagen gegenüber dem auf einem lastenden Risiko, vielleicht auch gegenüber der unerträglichen Leichtigkeit des Seins.

Schon in seinem Buch über die *Risikogesellschaft* von 1986 hat Beck von der Globalisierung der Zivilisationsrisiken gesprochen und damit gemeint, dass sie soziale und nationalstaatliche

---

[340] Richard Sennett: Der flexible Mensch. Die Kultur des neuen Kapitalismus, 7. Aufl. Berlin 1998 (engl. unter dem Titel The corrosion of Character. New York 1998). Vgl. die Schautafel zu Sennetts Buch in Kap. 3.3. in diesem Band.

[341] Peter Gross: Die Multioptionsgesellschaft. Frankfurt 1994.

[342] Michael Th. Greven.: Die politische Gesellschaft. Kontingenz und Dezision als Probleme des Regierens und der Demokratie. Opladen 1999, S. 14 und passim.

Grenzen überschreiten.[343] Neuerdings hat er dies, und das ist der *fünfte* Punkt, in dem Begriff der Weltrisikogesellschaft vor allem bezogen auf die ökologische Problematik ausgeführt und dabei drei Arten globaler Gefahren unterschieden: *a)* reichtumsbedingte Gefahren wie Ozonloch, Treibhauseffekt, unkalkulierbare Folgen von Gentechnik. *b)* armutsbedingte ökologische Zerstörung wie die Abholzung von Regenwäldern, *c)* die militärischen oder terroristischen Gefahren durch Massenvernichtungswaffen.

Schäden verlieren in diesen drei Bereichen ihre raum-zeitliche Beschränkung. Dadurch verliert das Verursacherprinzip an Trennschärfe, die Zurechnung von Verantwortlichkeiten wird erschwert.[344] Ulrich Beck sieht darin nicht bloß Probleme und Gefahren, sondern auch Ansatzpunkte politischen Handelns: Durch Risikokonflikte ist es möglich, Handlungsfelder zu besetzen und zu politisieren. „Wahrgenommene Gefahren öffnen scheinbar fest verriegelte Automatismen für die gesellschaftliche Entscheidung. Was rechtfertigungslos hinter verschlossenen Türen von Managern und Wissenschaftlern verhandelt und entschieden wurde, muss sich in seinen Folgen nun plötzlich im scharfen Wind öffentlicher Kontroversen rechtfertigen."[345] Die Gefahrentechnokratie erzeugt, ihrerseits als unfreiwillige Nebenwirkung, ein politisches Gegengift, weil ins öffentliche Bewusstsein gerückte Gefahren Spielräume politischen Diskutierens und Bewertens eröffnen. Ob daraus dann politisches Handeln folgt oder nur das Gefühl der Ohnmacht, wird sich in jedem Einzelfall neu ergeben.

Die Weltrisikogesellschaft eröffnet also die Chance einer Politisierung durch Risiken bzw. Risikodiskussionen einer internationaler werdenden Zivilgesellschaft. Dabei kann der Begriff der *Zivilgesellschaft* in diesem Kontext durchaus zunächst einmal ganz anspruchslos verwendet werden: Sie wird schlicht durch diejenigen gebildet, die darüber im internationalen Bereich diskutieren und damit so etwas wie eine internationale Öffentlichkeit von Fall zu Fall und in der Folge durch Gewöhnung, also durch Kontext- und Prozesskonstruktion in der politischen Wahrnehmung und Selbstverständigung, dann eventuell dauerhafter und stabiler herstellen. Vorher *depolitisierte Bereiche der Entscheidungsfindung werden nunmehr politisiert*: „sie werden – meist unfreiwillig und gegen den Widerstand der diese Entscheidungen monopolisierenden, machtvollen Institutionen – für öffentliche Zweifel und Debatten geöffnet."[346] Dazu gehören zum Beispiel auch die Publizitätspflichten von Aktiengesellschaften, die sogenannte „strategische" Entscheidungen, wie sie bis vor kurzem noch das deutsche Spitzenmanagement kennzeichneten, immer weniger möglich machen.

Klassische Modernisierungstheorien betonen durchweg den Prozess der zunehmenden gesellschaftlichen Arbeitsteilung, insbesondere der funktionalen Ausdifferenzierung verschiedener Funktionsbereiche wie Wirtschaft, Wissenschaft, Recht, Kunst, Privatsphäre etc.[347] Die reflexive Modernisierung enthält demgegenüber, und das ist das *sechste* Charakteristikum, nun wieder Momente der Reintegration, in diesem Falle auf dem Weg der Nötigung zur öffentlichen Rechtfertigung. Entpolitisierte und neutralisierte Bereiche werden repolitisiert, indem demokratischer Diskussionsbedarf auch für die Nebenfolgen und Risiken von Unter-

---

[343]   Ulrich Beck: Risikogesellschaft S. 48ff.

[344]   Ulrich Beck: Was ist Globalisierung, S. 79, zusammenfassend S. 73ff.

[345]   Ebenda, S. 80.

[346]   Ulrich Beck: Was ist Globalisierung, S. 168.

[347]   Vgl. dazu vor allem und eine gerne mißverstandene Diskussion richtigstellend: Johannes Berger: Was behauptet die Modernisierungstheorie wirklich – und was wird ihr bloß unterstellt? in: Leviathan, 24. Jg. 1996, H. 1, S.45–62.

nehmensentscheidungen angemeldet wird, insofern diese die Allgemeinheit und nicht bloß das Unternehmen selbst betreffen. Die Externalisierung von Risiken schlägt damit als Demokratiebedarf in die teilselbständige Sphäre des Ökonomischen zurück.[348] Dadurch steigt wiederum das ökonomische Risiko. Risikokonflikte sind offenbar der Weg, auf dem politisches Entscheiden den Bereich rein zweckrationaler Entscheidungen wieder wertrational machen kann, oder in der bildhaften Sprache von Beck: „Geglaubte Risiken sind die Peitsche, mit der die Gegenwart auf Trab gebracht werden kann."[349]

Eine Risikodramaturgie kann so zu einem geschickt eingesetzten Gegengift werden. Der Käfig der eindimensionalen Moderne öffnet sich, weil die Institutionen auf diese Weise in Bewegung gesetzt werden können.[350] Damit ist gemeint, dass die Einheit von Staat, Gesellschaft und nationaler Identifikation der Individuen, die die erste Moderne ausgemacht hatte, aufgelöst wird zu einer eher transnationalen Orientierung und damit zu etwas, was jedenfalls nicht mehr eine Gesellschaft nach dem nationalstaatlichen Modell ist, mit dem die Soziologen durchweg immer stillschweigend operierten, wenn sie den Gesellschaftsbegriff verwendet hatten. Es handelt sich also nicht um eine *weltstaatliche* Orientierung, sondern eher um so etwas wie eine *weltgesellschaftlich* operierende teilweise subversive Form des Politischen. Hier zeigt sich die Nähe zur Weltgesellschaftstheorie von Niklas Luhmann. Beck denkt vor allem an transnationale Handlungsformen nach dem Modell von Konzernen, aber auch von Umweltaktivisten, die alle in der Lage sind, die exklusiven Territorialstaaten gegeneinander auszuspielen. Den Staaten könnten auf diese Weise politische Entscheidungsmöglichkeiten entzogen werden, die eine demokratisch übrigens keineswegs legitimierte Weltgesellschaft an sich zieht. Die Zivilgesellschaft ist wie ihre begriffliche Vorgängerin, die bürgerliche Gesellschaft, wohl offenbar eine notwendige, aber keineswegs schon eine hinreichende Voraussetzung moderner Demokratie. Zivilgesellschaftliche Politikformen eröffnen keineswegs schon gleiche Beteiligungschancen für jeden, sondern privilegieren Organisationen und Institutionen mit dem entsprechenden Kommunikationspotential, das die Grundlage ihrer Aktionsfähigkeit bildet. Würde man sie aus diesem Grunde jedoch ablehnen oder verwerfen, dann würden transnational konzipierte politische Regimes in der Luft schweben. Dieses Problem des Elitismus zivilgesellschaftlicher Strukturbildungen wird uns noch längere Zeit beschäftigen und hat als positive Nebenwirkung immerhin die wohltuende Funktion der Ernüchterung von diesbezüglichen Begeisterungsdiskursen.

Die neue elektronische Medienwelt kann dabei insofern eine wichtige Rolle spielen, als sie politische Chancen enthält. Das Internet ist nicht lediglich konsumorientiert und eröffnet nicht bloß kontemplative Zugänge, sondern bietet Handlungs- und Aktivitätschancen. Vor allem ermöglicht es die aktive, kostengünstige und wohl auch effiziente Überwindung von Ortsfixiertheiten. Mit effizient meine ich zeit- und energiesparend, so dass auch herkömmlicherweise weniger aktionsfähige Interessen möglicherweise erhöhte Chancen erhalten, hier sich artikulieren zu können.

Wichtig an diesen Überlegungen sind weniger die Hoffnungsschimmer, die Luhmann wohl als emanzipationskonservative Residuen abtun würde. Wichtiger ist vielmehr, dass damit die Welt der funktionalen Differenzierung, die Vorstellung eigenlogischer Teilbereiche fragwür-

---

348   Ulrich Beck: Was ist Globalisierung, S. 169.
349   Ebenda, S. 171.
350   Ebenda, S. 172.

dig und unterminiert wird. Beck stellt sich das so vor, dass zwar eine Weltgesellschaft nach der Vorstellung der *ersten* Moderne, nämlich als Summe von Nationalstaatsgesellschaften, funktional differenziert werden könnte, nicht aber eine Weltgesellschaft transnationaler Akteure und Räume.[351] Allerdings ist hier ein bislang unwiderlegter Einwand zu machen, da funktionale Differenzierung sich evolutionär ergibt, nicht aber Produkt bewusster Organisation ist und insofern an Nationalstaatsgrenzen in keiner Weise gebunden ist. Die funktionale Ausdifferenzierung des Kapitalmarkts hatte zur Voraussetzung, dass die nationalstaatlichen Kontrollen gegenüber Devisen- und Kapitalströmen nicht mehr aufrechterhalten wurden. Schon bei Adam Smith war die grenzüberschreitende Beweglichkeit des Kapitals ein Argument für dessen funktionale Eigenständigkeit und gegen seine politische Kontrollierbarkeit gewesen.

8.3   Sechs Folgerungen

Die *erste* wichtige Folgerung aus dieser Diagnose ist die Ergänzung des Expertenwesens durch Gegenexperten. Das vorher harte Sachzwänge suggerierende Wissen wird diskursiv in ein Ideenangebot aufgelöst, aus dem die Politiker und die politisierte Öffentlichkeit sich bedienen können. Das wissenschaftliche Expertenwissen selber basiert im Kern auf einer Popperschen Kombination von Skeptizismus und Universalismus. „Der Punkt ist nicht nur, dass, wie Popper sagt, alles in Zweifel gezogen werden kann, sondern, dass dieser Zweifel sich nicht mehr nur auf intellektuelle Untersuchungen beschränkt, sondern sich auf den Bereich der Bedingungen des Alltagslebens in der Moderne ausgedehnt hat."[352] Die Akkumulation von Fachwissen gibt damit keine Gewissheit mehr – was lange Zeit durch das Nachleben von Traditionen verdeckt worden war, denn wissenschaftliche Experten galten noch lange, nachdem diese selbst sich schon ihres Skeptizismus bewusst geworden waren, als Gurus und Orientierungsgeber. Erst die postmodernen Experten verkünden ihre Überlegungen in radikaler Einseitigkeit, wohl wissend, dass der Widerspruch anderer ohnehin erfolgen wird, so dass der einzelne Experte den Wahrheitsanspruch dispensieren kann. Gerade dadurch bekommen ihre Expertisen den Reiz des Neuartigen und Interessanten. Sie werden gerne eingeladene Gastredner. Die steile These und die glänzende sprachliche Formulierung, die intellektuelle Interessantheit also, befreit vom Anspruch beschworener Wahrheit. Das Bewusstsein, dass alle Wissensansprüche nur vorläufig und immer korrigierbar sind, ist heute zu einer existentiellen Bedingung der Wissensform und der Beratungspraxis geworden.[353] Ich halte dieses Phänomen für postmodern, Anthony Giddens hält es mit Popper für ein Charakteristikum der Modernität, die die Quellen von Autorität beseitigt hat und ihr Wissen ohne fixes Fundament nur noch auf Sand baut.[354]

Das Risiko besteht dann also schon in der Auswahl der Experten selbst, so dass die Heranziehung von Expertenwissen zur Risikominimierung zu einer problematischen Sache geworden ist. Die Experten sind längst entzaubert, die Entscheidungen sind wieder der uninformierten Urteilskraft einer demokratischen Öffentlichkeit anheimgestellt, also im Grunde einem Roulette der Dezisionen, das allenfalls solange und dadurch erträglich wird, als die

---

[351] Ebenda, S. 181.

[352] Anthony Giddens: Tradition in der post-traditionalen Gesellschaft, in: Soziale Welt, 44. Jg. 1993, H. 4, S.444–485, hier S. 469.

[353] Ebenda.

[354] Ebenda, S. 470.

Willkürakte des Entscheidens als Akte der eigenen und nicht fremder Willkür empfunden werden können. „Die Festlegung von Risikotoleranzen und von Grenzwerten für Strahlenbelastungen und andere Emissionen ist also nicht das eigentliche Problem, sondern das Fehlen bzw. die Brüchigkeit des Unterbaus notwendiger geteilter Wertmaßstäbe, von Verhandlungsprozessen, politischen Prioritäten und Verständigungen zwischen Experten und Öffentlichkeiten. Ohne einen solchen kulturellen und politischen Unterbau wird jedwede Strahlenbelastungsfestlegung als ein illegitimer Akt, als Dezisionismus der Macht statt als Ausdruck vorgängiger legitimierender sozialer Verhandlung gelten müssen."[355]

Was andere entscheiden, ist extern, wenn man es vom Individuum und auch von begrenzten z. B. nationalstaatlichen Gesellschaften her betrachtet. Aber eine Externalisierung z. B. auf die Natur oder auf göttliche Interventionen hin ist nicht mehr möglich. Insofern ist Becks Rede vom Risiko politisch gemeint. Er nimmt eine in den Bereich des Menschlichen hinein generalisierte Internerklärung moderner Gefahrenpotentiale vor und ernennt sie zu Risiken. Alles, was Menschen tun und verursachen, ist potentiell dann auch politisch bearbeitbar, wenn man es nur schaffen würde, dazu die erforderlichen politischen Organisationsformen zu entwickelt. Damit tritt ein neuer Begriff in die Diskussion ein: die Subpolitik. Was Beck damit meint, wird vielleicht am ehesten deutlich aus der herkömmlichen Unterscheidung von citoyen und bourgeois.[356] Das Handeln des *bourgeois* als technisch-ökonomische Interessenverfolgung gilt als Nichtpolitik. Deren Negativeffekte wie Beschäftigungsrisiken, Gesundheitsrisiken, Naturzerstörung wirken zwar politisch, sind aber politischen Legitimationsansprüchen weitgehend entzogen. Das gilt besonders für die Subpolitik der Globalisierung, wenn es denn zutrifft, dass diese einen bestimmten Typus von traditionell industriellen Arbeitsplätzen durch erweiterte internationale Arbeitsteilung in hochentwickelten Ländern unrentabel und damit überflüssig macht. Es ist umstritten, ob dies ökonomisch als Nachteil angesehen werden kann, unstreitig ist jedoch, dass viele Beschäftigte damit einer Mobilitätsnötigung und Einkommensreduktion durch unfreiwilligen Berufswechsel bzw. Arbeitslosigkeit ausgesetzt sind.

Politische Entscheidungen werden in einigen zentralen Bereichen durch technische und wirtschaftliche Entscheidungen ohne politische Legitimierung ersetzt. Das ist Subpolitik. Die Dauerveränderung aller gesellschaftlichen Lebensbereiche durch technisch-ökonomische Prozesse gerät dadurch in einen „Widerspruch zu den simpelsten Regeln der Demokratie – Wissen um die Ziele der Gesellschaftsveränderung, Diskussion, Abstimmung, Zustimmung."[357] Ironischer ausgedrückt: „Also der politische Stillstand wird unterlaufen durch eine Veränderungshektik im technisch-ökonomischen System, die die menschliche Phantasie vor Mutproben stellt."[358] Komplementär findet eine Entgrenzung von Politik in Richtung von sozialen Bewegungen, Bürgerinitiativen und ähnlichen Organisationsformen statt. Hier liegt möglicherweise auch ein politisches Gegenpotential gegen die anderen Subpolitiken. Der Verlust staatlicher Durchsetzungs- und Gestaltungsmacht an die Gesellschaft kann durchaus auch Züge größerer Basisdemokratisierung tragen.

---

[355] Adalbert Evers: Umgang mit Unsicherheit. Zur sozialwissentlichen Problematisierung einer sozialen Herausforderung, in Gotthard Bechmann: Risiko und Gesellschaft, Grundlagen und Ergebnisse interdisziplinärer Risikoforschung. Opladen 1993, S. 339–374, hier S. 364.

[356] Ulrich Beck: Risikogesellschaft, S. 301.

[357] Ebenda, S. 302.

[358] Ebenda, S. 303.

Die Kernfrage ist damit die der politischen Legitimation: Wie können subpolitisch, ökonomisch oder technisch codierte Entscheidungsoperationen wieder in direkt politische
überführt werden? Es besteht die reale Gefahr, dass „das politische System bei lebendigem
Leibe seiner demokratischen Verfassung entmachtet" wird.[359] Bei konstanten Institutionen
wird die Qualität des Politischen verändert.[360]

Becks Modell einer *Rückgewinnung des Politischen* ist ambivalent und kann hier nur noch
als Ausblick angedeutet, nicht mehr in allen Differenzierungen entfaltet werden: Es ist das,
was er unter *reflexiver Politik* versteht, was auf der Ebene des politischen Systems die
Reaktivierung des Staates und eine Entkernung des Politischen bedeutet, auf der Ebene der
Subpolitik das Auftreten politischer Unternehmer, sozialer Bewegungen und eines Gegen-
steuerns gegen allzu viel Privatheit durch das Verständnis der eigenen beruflichen Tätigkeit
als politisches Handeln. Auf der Ebene der Bedingungen scheint Beck, wenn ich ihn richtig
verstanden habe, so etwas wie die Institutionalisierung von Staus und Blockaden als medita-
tive Voraussetzung des Ringens um Konsens zu fordern.[361]

Die Risikonutznießer werden die durch sie verursachten Risiken möglichst verschleiern wollen. Es bedarf zur Herstellung einer gewissen Risikotransparenz eines Systems von diskutierenden Experten und Gegenexperten, um politische Entscheidungen vorzubereiten. Es bedarf
der Risikokommunikation. Unproblematisch ist dies nicht, denn Zeitdruck tritt immer auf,
irgendwann muss die Erwägung abgebrochen werden. Sowohl das Problem, entscheiden zu
müssen, ohne alles Nötige schon zu wissen, also auch die Differenz von Entscheidern und
Betroffenen, damit die Differenz von Risiko und Gefahr, lässt sich auf diese Weise nicht auflösen.[362]

Die Empfehlung lautet in diesem Bereich: Entscheidungen sollten revidierbar und nicht vom
Alles-oder-Nichts-Typus sein. Entscheidungen mit hohem Risiko (aber auch hohem Nutzen)
sind zu vermeiden zugunsten von kleinschrittigeren Entscheidungen mit eventuell geringerem Nutzen. Großentscheidungen sind gemeinhin schwerer revidierbar als kleinere Gebiete
betreffende Entscheidungen. Deshalb sind möglichst in allen Fragen mehrere alternative Pfade zu befolgen. Die höheren Opportunitätskosten sind der Preis für ein stärker risikoadverses
Verhalten. Sozialer Wandel, aber auch Wohlstandsmehrung werden sich verlangsamen. Ri-
sikobereitere Firmen und Gesellschaften werden höhere Renditen erzielen. Dies ist die Rest-
form, die das soziale Risiko dann annimmt. In Situationen militärisch-kriegerischer Konkurrenz, nämlich dann, wenn marginale Differenzen z. B. der Technologie über Sieg oder
Niederlage entscheiden, kann das tödlich sein. In Situationen wirtschaftlicher Konkurrenz
scheint man damit leben zu können, dass man zweiter Sieger bleibt. Man wird dann nur eben
etwas ärmer sein.

Wenn kollektives Entscheiden nichts anderes ist als die Aggregation von Einzelentscheidun-
gen, können mögliche Vorzüge von Kollektiventscheidungen, z. B. die Herstellung von gleichen Rahmenbedingungen für alle, gar nicht begründet und erkannt werden. Die besondere
Funktion des politischen Systems als System zur Herstellung kollektiv verbindlicher Ent-

---

[359]   Ebenda, S. 305.
[360]   Ulrich Beck: Die Erfindung des Politischen, S. 214.
[361]   Ebenda, S. 209.
[362]   Gotthard Bechmann: Risiko als Schlüsselkategorie der Gesellschaftstheorie, in ders.: Risiko und Gesellschaft,
        Grundlagen und Ergebnisse interdisziplinärer Risikoforschung. Opladen 1993, S. 259.

scheidungen wird damit gar nicht transparent. Jede Entscheidung wird lediglich unter dem Aspekt möglicher Individualrisiken oder individuell projizierter Risiken gesehen.

Ein Beispiel: Landschaftsschäden und mögliche Grundwasserschäden beim Braunkohle-abbau werden in den Vordergrund gestellt, obwohl sie, betrachtet man die anschließend rekultivierten Seen, wohl geringer sind als der wirtschaftliche Schaden, der durch die Hochsubventionierung dieser umweltschädlichen Energieform entsteht. Die Symbolisie-rung dieses Konflikts, nämlich Umwelterhaltung gegen technischen Fortschritt und wirt-schaftliches Wachstum, wirkt dabei nachgerade absurd, obwohl beide Konfliktseiten den Konflikt nach dieser Dramaturgie treu durchzuspielen scheinen, handelt es sich doch um wachstumsschädliche Subventionspolitik und eine überholte Energieform.

Hier liegt zugleich eine prinzipielle Beschränkung der Risikodiskurse. Der Anteil jedes ein-zelnen an der Kollektiventscheidung ist so gering, dass jeder glaubhaft sagen kann, er habe die Folgen weder gewollt noch wirklich darüber mitentschieden.[363] Dann bleibt nur so etwas wie eine Protesthaltung, und diese sucht sich dazu die passenden Symbolisierungen.

Es gibt also, und das sollte abschließend und einschränkend noch festgehalten werden, keine wirkliche Lösung. Es handelt sich auch in diesem Sinne um ein politisches Problem, kein technisches. Ulrich Beck ist deshalb auch konsequenterweise zu einer, wie er das nennt, „Er-findung des Politischen" gekommen. Für einen Soziologen scheint das wohl in der Tat eine Art neuartige Einsicht sein, durch die soziologisches Denken wieder ein Stück näher an die Politikwissenschaft heranrückt.[364] Seine Überlegung dazu lässt sich folgendermaßen zusam-menfassen: Weil alles, von den Technikfolgen bis zur Globalisierung der Kapitalmärkte auf bewusste Entscheidungen von Menschen zurückzuführen sei, könne auch alles umgestaltet, rückgängig gemacht, geändert oder eingedämmt werden. Dieser Schluss ist politiktheoretisch und entscheidungstheoretisch gesehen falsch, denn die Tatsache allein, dass etwas von Men-schen verursacht oder entschieden ist, impliziert nicht, dass es rückgängig zu machen ist, ja nicht einmal, dass andere oder bessere Lösungen möglich wären. Aus diesem logisch unhalt-baren Schluss spricht die Neigung, die enorme Härte sozialer, d. h. von Menschen gemachter Tatsachen zu unterschätzen. Von konservativer wie von linker Seite ist ein derartiges Denken als *Mythos der Lösung* kritisiert worden.[365] Auch Beck sitzt diesem Mythos auf und bezieht aus ihm einen großen Teil der Kraft seiner publizistischen Wirkung.

---

[363] Vgl. Gotthard Bechmann: ebenda, S. 255.

[364] Dasselbe fordert ein anderer Gegenwartsanalytiker unter den Soziologen, nämlich Heinz Bude in ders.: Die ironische Nation. Soziologie als Zeitdiagnose. Hamburg 1999, S. 20.

[365] Vgl. Bertrand de Jouvenel: Reine Theorie der Politik, Neuwied und Berlin 1967, S. 242–251 und Erhard Epp-ler: Kavalleriepferde beim Hornsignal. Die Krise der Politik im Spiegel der Sprache. Frankfurt 1992, beson-ders das Kapitel „Probleme lösen" S. 155–161.

9 Ein radikaler Neuansatz im feministischen Denken: Judith Butler

9.1 Judith Butlers Stellung im feministischen Denken

Drei Etappen des feministischen Diskurses lassen sich seit den späten sechziger Jahren unterscheiden. Am Anfang stand die Phase „revolutionärer Selbstverständigung", als ein Unterschied zwischen Theorie und Praxis nicht gemacht wurde und Theorie im Grunde als besondere Praxisform des antipatriarchalen Umsturzes begriffen wurde. Seit Anfang der achtziger Jahre schloss sich die Phase der „professionellen Selbstverständigung" an. Der *dritte* Schritt ist die Phase der „institutionellen Verständigung", mit der ein Verlust an Emphase, eine Akademisierung des Feminismus und eine Art normalisierte Theorieproduktion kennzeichnend geworden sind, allenfalls durchbrochen durch die Kritik von schwarzen Feministinnen am uneingestandenen Rassismus des weißen universitären Feminismus.[366]

Über diese in drei Schritten erzählte kurze Geschichte hinausgehend zeichnen sich nunmehr neuere und weitergehende Entwicklungen ab. Die Selbstreflexion hat sich im Grunde noch verschärft und eine Wendung genommen, die als postmodern gekennzeichnet werden könnte – eventuell und in einem gewissen Sinne sogar als postfeministisch[367], weil die festgelegte feministische Identitätskonstruktion dekonstruiert wird.

Die feministische Bewegung hatte bislang nämlich durchweg modernisierungstheoretisch argumentiert und damit zu den wenigen politischen wie wissenschaftlichen Bewegungen gehört, die noch ungebrochen an die Zukunft der Moderne glaubten. Dabei haben sich zwei miteinander in einem offenbar unversöhnlichen Streit befindliche Grundpositionen herausgebildet, nämlich ein Gleichheitsfeminismus, der den Entwurf eines politischen Konzeptes gleicher Menschenrechte mit der Ablehnung einer besonderen sozialen Frauenrolle verbindet, und ein Differenzfeminismus, der soziale Männlichkeit ablehnt und dagegen den Entwurf eines spezifisch weiblichen Konzepts des Politischen setzt. Auf der einen Seite wird die weibliche Gebärfähigkeit als Differenz schlechthin betont, auf der anderen Seite dagegen nicht nur die soziale Geschlechtszugehörigkeit („gender"), sondern auch die Festgelegtheit der körperlichen Rolle und der körperlichen Unterscheidungsmerkmale („sex") einer Dekonstruktion unterzogen[368]. Der öffentliche Erfolg der neuen und radikalen Position von Judith Butler erklärt sich gewiss auch aus dem medizinischen Fortschritt, der die Gebärfähig-

---

[366] Barbara Holland-Cunz: Die Vergeschlechtlichung des Politischen: Etappen, Dimensionen und Perspektiven einer Theorieinnovation, in Michael Th. Greven und Rainer Schmalz-Bruns (Hg.): Politische Theorie a.a.O., S. 121–146.

[367] Dies behauptet Mariam Lau: Das Unbehagen im Postfeminismus, in: Merkur 52. Jg. 1998, S. 919–927.

[368] Judith Butler: Kontingente Grundlagen: Der Feminismus und die Frage der „Postmoderne". In: Seyla Benhabib, Judith Butler, Drucilla Cornell, Nancy Fraser (Hg.): Der Streit um Differenz. Feminismus und Postmoderne in der Gegenwart. Frankfurt 1993. 31–59.

keit zumindest im Sinne des Austragens eines Kindes in absehbarer Zeit nicht mehr länger an den Körper einer Frau gebunden sein lässt. Vor allem aber wurde durch diese Diskussion deutlich, dass Gebärfähigkeit nie ein für Frauen allgemein akzeptierbares Unterscheidungs- merkmal gewesen ist. Die postmoderne Methodik Judith Butlers, die sich, an Michel Fou- caults Studien orientiert, vor allem für soziale Ausschlussregeln interessiert, hat keine Schwierigkeit, als Perspektivpunkt nicht etwa eine unterstellte oder gar angemaßte Sicht der Frauen überhaupt zu wählen (was der Begriff „Feminismus" in gewisser Weise nahegelegt hatte), sondern vielmehr den Perspektivpunkt von Außenseitern, von Transsexuellen zum Beispiel, deren Übergang von einer Geschlechtsidentität zur anderen die prägende Rolle der Körperlichkeit gerade in Zweifel zieht. Von hier aus kann dann auch erkannt werden, dass die soziale Geschlechtsrollenzuschreibung, die angeblich dem Körper äußerlich bleibt, die- sem in Wirklichkeit eingeschrieben wird – zumindest in dem Sinne, wie bei Foucault den Strafgefangenen ihr Gefangenenstatus auch körperlich eingeschrieben wird.

Judith Butler befreit sich damit von der Dichotomie zwischen Gleichheits- und Differenz- feminismus. Die Kerngedanken ihrer Analyse sollen deshalb im folgenden resümiert werden: „Meine These ist, dass jeder Versuch, der der Kategorie ‚Frauen' einen universellen oder spezifischen Gehalt zuweist und dabei voraussetzt, dass eine solche vorgängige Garantie der Solidarität erforderlich ist, zwangsläufig seine Zersplitterung hervorrufen wird. Die ‚Identität' als Ausgangspunkt kann niemals den festigenden Grund einer politischen feminis- tischen Bewegung abgeben. Identitätskategorien haben niemals nur einen deskriptiven, son- dern immer auch einen normativen und damit ausschließenden Charakter. Das bedeutet nicht, dass wir den Terminus ‚Frauen' nicht verwenden dürfen oder dass wir den Tod dieser Kategorie verkünden müssten. Wenn der Feminismus umgekehrt davon ausgeht, dass die Kategorie ‚Frauen' ein unbezeichenbares Feld von Differenzen bezeichnet, das keine Identi- tätskategorie totalisieren oder zusammenfassen kann, verwandelt sich dieser Terminus gera- de in einen Schauplatz ständiger Offenheit und Umdeutbarkeit. (....) Das Subjekt des Femi- nismus dekonstruieren heißt also nicht, den Gebrauch dieses Begriffs zu zensieren, sondern ihn im Gegenteil in eine Zukunft vielfältiger Bedeutungen entlassen, ihn von den maternalen oder rassischen Ontologien befreien und ihm freies Spiel geben als einem Schauplatz, an dem bislang unvorhergesehene Bedeutungen zum Tragen kommen können."[369]

Dieses ausführliche Zitat soll dazu dienen, den Kern einer häufig missverstandenen und gern fehlreferierten Position im Originalton deutlich zu machen. Diese Position hat nichts von der ihr gern unterstellten Esoterik an sich. Sie will vielmehr darauf hinaus, dass eine Pluralität von Positionen sich nicht mehr unter die Vorherrschaft einer geschlossenen und wohl- disziplinierten sozialen und politischen Bewegung bringen lässt. Hinter den Identitätskatego- rien, hinter dem generalisierten Subjekt Frau gilt es wieder, *jede einzelne Frau in ihrer Indi- vidualität und Unterschiedenheit von anderen wahrzunehmen* – alles andere wäre ein proble- matischer Biologismus. Auf dem Wege der Begriffsherrschaft erzwungene Solidarität mag kurze Zeit funktionieren, auf Dauer ruft sie Widerstand und damit zwangsläufig eine Zer- splitterung hervor. Richtungsmäßig zersplittern sich die pluralen Feminismen ähnlich wie die nachreformatorischen protestantischen Sekten, wenn jede einzelne Richtung ihren Wahrheits- und Universalitätsanspruch behauptet – während es doch bei Akzeptanz der Dif- ferenzen eine politisch ebenso notwendige wie für die Gleichstellung im politisch repräsenta- tiven wie beruflichen Bereich hilfreiche Kooperation geben könnte.

---

[369] Judith Butler 1993, S. 49f.

Judith Butlers Denken findet offenbar gerade deshalb so weites Gehör, weil hier eine überzeugende Sprache der Pluralität gefunden worden ist, die aus den sich im Kreise drehenden
Diskussionen hinausführen könnte, ohne doch eine der streitenden Gruppen zur Aufgabe ihres
Denkansatzes zu nötigen. Da Judith Butler sich häufig auf Derrida, Foucault und Lyotard bezieht, ist ihr das Etikett der Postmodernität aufgeklebt worden. Sie akzeptiert diesen Terminus
allerdings nur unter ganz bestimmten Voraussetzungen: *nämlich* dass man darin ein kritisches
Denken sieht, das die Machtverwicklung von Theorien aufzudecken in der Lage ist und zeigt,
dass Denken selbst immer auch machtausübende Tätigkeit ist. *Zweitens*, dass postmodern
nicht mit „neu" gleichgesetzt wird, denn die Jagd nach dem Neuen ist ein typisches Anliegen
der Hochmoderne. Im Gegenteil zieht postmodernes Denken vielmehr gerade die Möglichkeit
des Neuen grundsätzlich in Zweifel. *Drittens* muss postmodernes Denken selbstreflexiv sein
in dem Sinne, dass auch die postmoderne Machtkritik selbst sich ihrer Machtdurchwirktheit
und ihrer Machtansprüche bewusst sein muss. Es gibt keinen Standpunkt der Freiheit außerhalb von Machtausübung – und das gilt dann auch für die eigenen Positionen.[370]

Diese Spezifizierung und Präzisierung wird hier erwähnt, weil sie viele Kritiken an Postmodernität im politikwissenschaftlichen Diskurs als obsolet und oberflächlich erscheinen lässt.
Explizit wendet sich Judith Butler damit gegen die Kritik Seyla Benhabibs, welche ihr den
postmodernen Rückzug aus der feministischen Utopie angekreidet hatte. Eine derartige Kritik macht es sich Butler zufolge zu leicht, weil nicht gesagt wird, ob mit Postmoderne der
französische Feminismus von Cixous und Irigaray, Foucaults Machtkritik, Rortys Kulturalismus oder Lyotards These vom Ende der großen Erzählungen gemeint ist. Diese Positionen
stehen aber in wesentlichen Punkten in scharfen Widersprüchen und Gegensätzen zueinander. All diese Theorien weisen nicht einmal dieselbe Struktur auf, so dass im Gestus der
Begriffsherrschaft ohne genaue Diskussion der im einzelnen vorgebrachten Argumente eine
ganz heterogene Gruppe von Positionen unter der Kategorie „postmodern" zusammengefasst
und summarisch zurückgewiesen werden kann. Wer diesen Positionen auch nur entfernt zugerechnet werden kann, ist dann gleich mit widerlegt. Das erspart die Lektüre und das Denken. Diese Klage Judith Butlers[371] ist keineswegs nur für den innerfeministischen Diskurs
berechtigt, sondern trifft ganz generell den *„labeling approach"*, der von vielen Politikwissenschaftlern nicht nur gegen die Postmoderne, sondern auch gegen andere so zusammenge-
fasste Strömungen wie zum Beispiel das so vielfältige und heterogene kommunitarische
Denken gerichtet werden.

Barbara Holland-Cunz selbst hat ihre Analyse vor allem auf einen Topos feministischer Diskussionen konzentriert, nämlich die Kritik an der Trennung des Privaten und des Politischen.
Die Politisierung der Benachteiligung von Frauen gerade auch in der Privatsphäre und im
Haushalt wurde generalisiert, so dass das Politische in dieser Konzeption zu einer Entgrenzung und Totalisierung neigte. Statt bestimmte Aspekte einer repressiven Privatheit öffentlicher Kritik zu unterziehen, war in den Diskussionen Privatheit überhaupt angegriffen und die
Notwendigkeit von deren Überwindung als progressive Einsicht deklariert worden. Dies lässt
sich mit Hannah Arendt und Richard Sennett als „Tyrannei der Intimität" kennzeichnen. Holland-Cunz fordert demgegenüber, die Grenzen des Privaten neu zu ziehen und auch in den
feministischen Diskussionen wieder eine Vorstellung politikfreier Räume zu entwickeln. Die
Verwischung der Grenzen des Politischen hält sie für höchst problematisch, weil so eine Art

---

[370]   Ebenda, S. 35f.
[371]   Ebenda, S. 33–35.

subtil-repressive Intimisierung von Macht produziert wird. In diesem Punkt nähert sich ihr Diskurs dem „*male stream*" in der politischen Wissenschaft durchaus wieder an. Ob dafür die Professionalisierung und Akademisierung verantwortlich sind oder aber die politischen Erfahrungen innerhalb jener Formen von sozialen Bewegungen, die mit den Grenzen der Privatheit experimentiert haben, ist eine hier nicht zu klärende Frage.

9.2 Verletzung durch Sprache und das Bedürfnis nach Zensur

Sprache kann verletzen. Beleidigungen sind ein solcher Fall, Diskriminierungen ein anderer. Die Praxis von dauerhaften Beschimpfungen kann sich tief in die Psyche eingraben. Sie kann psychische und körperliche Erkrankungen verursachen. Sie kann ein Individuum in den Selbstmord treiben. Die Praktiken des Mobbing in Betrieben und öffentlichen Institutionen, die Zusammenrottung eines Mehrheitspöbels gegen Einzelne, können das soziale Klima vergiften.

Die moderne Linguistik hat die Sprechakttheorie entwickelt, die sich auf die Frage konzentriert, wie man mit Worten Dinge tun kann: *How to do things with words* – wie ein berühmtgewordener Titel von J. L. Austin lautet. Wodurch nun kann ein Wort, ein bloßes Wort zu einer folgenreichen Handlung werden, die im Falle der expliziten Beleidigung heute einen Prozess zur Folge haben kann, während im 19. Jahrhundert in bestimmten Kreisen die Form des oftmals tödlichen Duells gewählt wurde, um eine Beleidigung zu vergelten? Die Antwort der Sprechakttheorie auf diese Frage lautet: durch die Struktur der Sprechsituation, also durch das gesellschaftliche und oftmals sogar institutionelle Umfeld. Ist dieses rechtlich sehr stark verdichtet, genügt, wie vor dem Standesamt, ein einziges Wort, um weitreichende Konsequenzen auf sich zu nehmen. Aber auch der Kontext der „Ehre", der den Tatbestand der Beleidigung und der Satisfaktionsfähigkeit in der Duellkultur definierte, war hochgradig regelhaft und machte bestimmte Äußerungen überhaupt erst zu Beleidigungen, die andernfalls vielleicht ohne weitere Bedeutung im Strom des allgemeinen Geredes untergegangen wären.

Die systematische Zurücksetzung bestimmter gesellschaftlicher Gruppen, insbesondere von ethnischen Minderheiten wie den Schwarzen in den USA oder von sexuellen Minderheiten, insbesondere der männlichen Homosexuellen, kann ebenso als Institutionalisierung einer gesellschaftlichen Entrechtung aufgefasst werden. Wo negative Äußerungen über derartige Gruppen üblich sind und ständig wiederholt werden, sind sie Teil einer generellen Unterdrückungspraxis.

Also muss etwas dagegen getan werden. Man muss etwas unternehmen. Man muss Gesetze fordern und durchsetzen, die derartige Redeweisen verbieten. Damit tritt der Staat auf den Plan. Judith Butler nun wirft das Problem auf: Wenn der Staat hier eingreift, z. B. Pornographie als Verletzung der Würde der Frau verfolgt, dann kann er im nächsten Moment den Vorwurf der Obszönität und der Pornographie auch gegen die Werke lesbischer Performance-Künstlerinnen und homosexueller Fotografen wie Robert Mapplethorpe ins Feld führen. Konservative fordern genau das und machen den Versuch, solchen Arbeiten jeden künstlerischen Wert abzusprechen.[372] Judith Butler räumt ein, dass ein Großteil der Pornographie

---

[372] Judith Butler: Haß spricht. Zur Politik des Performativen. Berlin 1998, S. 94.

auch in ihren Augen anstößig ist – sie würde sich aber eine feministische Uminterpretation der Pornographie wünschen, denn deren zugrundeliegender Text würde durch eine Verbotspraxis ja nicht einfach verschwinden, er könnte aber der souveränen Kontrolle der Unterdrückung entzogen, resignifiziert, also umgedeutet oder in ihrer etwas ironisch klingenden Formulierung „gegen den Strich" gelesen werden.[373]

In gewisser Weise und trotz aller feministischen Kritik handelt es sich bei den meisten Darstellungen wirklich nur um Darstellungen, nicht aber um Handlungsaufrufe. Texte zum Beispiel sind zunächst einmal nur sprachliche Äußerungen: Sie leeren einem nicht die Tasche und brechen einem nicht das Bein, wie Thomas Jefferson das einmal in einem anderen Zusammenhang geäußert hat. Erst dort, wo auf einen Gewaltaufruf auch eine Gewalthandlung folgt, werden sie Realhandlungen. Kein Sprechakt muss schon notwendigerweise die Verletzung des Angesprochenen oder Gemeinten als Effekt unmittelbar vollziehen (Butler, S. 28). Die Sprechakttheorie unterscheidet zwischen perlokutionären und illokutionären Akten. *Perlokutionäre Akte* erreichen das Gewünschte dadurch, dass jemand es ausführt. Die Worte „Schließen Sie bitte das Fenster" werden erst dadurch umgesetzt, dass jemand sich durch diese Aufforderung angesprochen fühlt und sie ausführt. *Illokutionäre Akte* wie z. B. das Jawort vor dem Standesamt vollziehen die Handlung in dem Moment, in dem sie ausgesprochen werden. Hier zeigt sich aber, dass das Umfeld, der rechtliche, gesellschaftliche oder politische Rahmen entscheidend ist. Bei vielen Formen des diskriminierenden Sprechens wird dieser Rahmen, anders als beim Eherecht, allerdings nicht juristisch-institutionell bestimmt, sondern rituell, d. h. durch kondensierte Geschichtlichkeit. Und das heißt wiederum: durch ständige Wiederholung und Bestätigung. Die Sprechakte verschaffen sich ihre illokutionäre Kraft sozusagen selbst durch ihre permanente Wiederholung, durch die Einschreibung in die soziale Kommunikationsstruktur und in die Seelen der Betroffenen, der Diskriminierungstäter wie ebenso auch der Opfer. Die Konstitution der Diskriminierungssituation erfolgt durch Ritualisierung.

9.3   Dagegensprechen statt Staats- und Polizeieingriff

Wenn der verletzende Effekt der Wörter vom ritualisierten Kontext abhängt und dieser Kontext durch die Äußerung von Diskriminierungen bestätigt wird, dann kann er genauso gut durch Widerspruch verschoben, in Frage gestellt und im Extremfall sogar außer Kraft gesetzt werden. Die Strategie wäre also ein Gegen-Sprechen, ein Zurück-Sprechen. Judith Butler hält nicht viel von juristischen Gegenmitteln, auch wenn sie diese in Einzelfällen durchaus für sinnvoll erachtet, und möchte stattdessen zu einer Theorie sprachlicher Handlungsmacht kommen, die eine Alternative zu den Rechts- und Zensurmaßnahmen darstellen könnte. Diese hätte die Aufgabe, Wörter von ihrer Verletzungsmacht abzulösen und sie zu rekontextualisieren.[374] Ihre Analyse ist sowohl rhetorisch als auch politisch gemeint.

Bei einer politischen Analyse zeigt sich nämlich, dass keineswegs alle Sprechakte auch tatsächlich in einer bestimmten Weise funktionieren. Eine typische illokutionäre Äußerung ist z. B. der Satz des Richters: „Ich verurteile Sie zu einem Jahr Gefängnis auf Bewährung." Ein solcher Satz aus dem Munde eines Nichtzuständigen wäre aber allenfalls komisch. Wer nicht

---

[373]   Ebenda, S. 100ff.
[374]   Vgl. Judith Butler: ebenda, S. 28, 76, 148.

die Position innehat, in der seine Worte als bindend gelten können, hat dann nur eine Äußerung getan, die als Sprechakt in Austins Sinne „unglücklich" oder „verunglückt" ist (30). Das gleiche gilt für Sprechakte, die ein Hassgefühl vermitteln. Auch sie bedürfen des entsprechenden Kontextes. In vielen anderen Kontexten ist hate speech, wie das amerikanische Schlagwort für derartige Äußerungsformen lautet, wirkungslos. Nach der Theorie einiger Gegner der *hate speech* konstituiert diese im Augenblick des Sprechens durch ihre illokutionäre Kraft das Opfer und muss deshalb unter allen Umständen verfolgt werden. Judith Butler tritt solchen Thesen in einer diplomatisch nur wenig verklausulierten Form entgegen: „Ich möchte im Augenblick die Annahme in Frage stellen, dass *hate speech* immer funktioniert, und zwar nicht, um den durch sie hervorgerufenen Schmerz herunterzuspielen, sondern um die Möglichkeit ihres Scheiterns als Bedingung einer kritischen Antwort offenzulassen." (S. 33f). Würde man dies nicht tun, dann wäre *hate speech* totalisierend. Wenn sie ohne den entsprechenden Kontext immer schon durch ihre einfache Äußerung wirksam wäre, dann ergäbe sich zudem ein logisches Problem: Um sie verbieten zu können, müsste man sie zitieren, wiederholen, alle zu inkriminierenden Äußerungen aufzählen und würde ihre Wirksamkeit dann wohl auch auf diese Weise reproduzieren. Offenbar haben derartige Kritiker der *hate speech* die Sprechakttheorie insofern missverstanden, als sie die Seite des pragmatisch erforderlichen Umfelds für jeglichen Sprechakt in ihrer Argumentation außer Acht gelassen haben.

Und selbst wenn *hate speech* tatsächlich so funktionierte, dass sie auf diskursive Weise ein Opfersubjekt konstituierte – müsste es nicht auch dann eine Möglichkeit geben, ihre „Effekte zu stören und zu unterlaufen" (34)? Muss man nicht an Erneuerung und Subversion der Sprache denken statt immer bloß an die Opferrolle? Und umgekehrt: Wenn man den grundsätzlichen Unterschied zwischen Sprechen und Verhalten aufgibt, also jeden Sprechakt schon unmittelbar als Handlung wertet und verfolgt, dann stärkt man dadurch im Grunde die „Macht staatlicher Eingriffe gegenüber eindeutig sexuellen Repräsentationen". (38) Dies aber ist ein wesentliches Feld homosexueller Emanzipationspolitik, zu deren Sprecherin Judith Butler sich hier macht. Dazu gehört die überdeutliche Selbstdarstellung, nachdem homosexuelle Lebensformen früher eher im Verborgenen hatten agieren müssen, die offene Selbstdefinition und die Aufforderung zu einer offenen und freien, d. h. die Wahlmöglichkeit offenlassenden Sexualerziehung. Judith Butler nun besteht darauf, dass derartige offene Erklärungen der eigenen Homosexualität immer noch etwas anderes sind als die Homosexualität selbst – „außer man wollte die merkwürdige These aufstellen, dass Homosexualität selbst nichts anderes als eine Art von Erklärung ist." (38) Dann aber müssten auch entsprechende Selbstdarstellungen akzeptiert werden können, auch wenn sie in einem anderen pragmatischen Kontext als Pornographie gelten würden.

Sie begründet dies an vielen Stellen aus der politischen Perspektive der diesbezüglichen sozialen Bewegungen: Die Konservativen haben die feministische Kritik an der Frauenfeindlichkeit stillschweigend übernommen, wenden diese aber gegen ethnische Minderheiten und kritisieren nun ihrerseits die frauenfeindlichen Züge des sogenannten *Gangsta-Rap*. „Die Würde der Frau würde also (...) in erster Linie durch singende afroamerikanische Männer bedroht." (40). Diese Argumentation erweist sich jedoch bei genauerem Hinsehen nicht als universalistisch, sondern als parteilich. Das Argument, eine musikalische Äußerung sei frauenfeindlich, gilt ihr deshalb als fragwürdig, weil auch Konservative es benutzen gegen solche Minderheiten, die Judith Butler eher auf der Seite der Linken verortet. Sie hat kein grundsätzliches Verhältnis zu Verboten, sondern vielmehr ein taktisches. Sie vertritt nämlich keineswegs die verallgemeinerbare liberale Position, dass nicht bloße Worte, sondern erst Handlungen oder der konkrete Aufruf dazu verfolgt und verboten werden sollten, während alle Meinungsäußerungen unterhalb einer derartigen Schwelle frei bleiben müssten, wenn auch selbstverständlich der öffentlichen Kritik unterworfen. Sie unterscheidet nicht wirklich zwischen Verbot und Kritik – denn Kritik, ob konservative oder andere am sogenannten *Gangsta-Rap* beinhaltet noch nicht automatisch dessen Verbannung und Verbot. Sie stört sich vielmehr daran, dass von konservativer Seite bestimmte feministische Argumente gegen Gewaltdarstellungen und Pornographie aufgegriffen wurden – was an sich noch nicht die Fragwürdigkeit oder Fehlerhaftigkeit dieser Argumente belegt.

Das taktische Verhältnis bezieht sich auch auf ihre eigenen sprachtheoretischen Einsichten. So erklärt sie zur von ihr vorher in Frage gestellten These, dass hasserfüllte Äußerungen unabhängig vom Kontext in jedem Fall verletzend seien: „Diese Argumentation mag in juristischen Kontexten oft nützlich sein, doch wird sie kontraproduktiv, wenn es um die Möglichkeit geht, Formen der Handlungsmacht und des Widerstands zu denken, die nicht auf den Staat fixiert sind." (34). Sie vertritt hier den charakteristischen Amoralismus politischer Bewegungen, die das Gericht (wie meist auch das Parlament) als bloße Tribüne für ihren Kampf benutzen und dort deshalb nicht mit den von ihnen selbst für richtig gehaltenen Argumenten auftreten, sondern ebenso gut auch mit selbst für falsch gehaltenen, von denen man sich aber die bessere Wirkung verspricht. Es handelt sich um ein funktionalistisches Verhältnis zu den eigenen Argumenten, die dadurch in der Konsequenz beliebig und austauschbar werden. Da Bewegungen darauf angelegt sind, dass die Mitglieder sich gegenseitig in der Richtigkeit und Aufrichtigkeit ihrer Positionen bestärken, ist hier eine Art von bewegungscharakteristischem Amoralismus am Werk, ganz ähnlich jenem von Edward Banfield in einem süditalienischen Dorf diagnostizierten amoralischen Familismus. Besonders deutlich wird das an der Stelle, an der sie beklagt, dass die Hate-Speech-Präzedenzfälle gezielt missbraucht werden, um konservative politische Ziele durchzusetzen und eine progressive Politik zu konterkarieren. (92f.).

Ihre zentrale These bedürfte im Grunde einer solchen Abstützung und Absicherung gar nicht, jedenfalls nicht ihrer liberalen Qualität nach. Diese These lautet: „An Stelle einer staatlich gestützten Zensur geht es um einen gesellschaftlichen und kulturellen Sprachkampf, indem sich die Handlungsmacht von der Verletzung herleitet und ihr gerade dadurch entgegentritt." (64). Gegen die Kraft der Verletzung wird also die Kraft des Sprechaktes gesetzt, Sprechen gegen Sprechen, wie das die liberale Politik auch nahe legt. Die staatliche Zensur muss in diesem Falle nicht angerufen werden. Der Unterschied der Butlerschen Bewegungspolitik zum liberalen Denken besteht allenfalls darin, dass nicht von einem souveränen Individuum und dessen Freiheit ausgegangen wird, sondern die Konstitution des Subjekts durch die Sprache und in der Sprache als Ausgang genommen wird. Die Handlungsmacht des Individuums ist den Beschränkungen der Sprache unterworfen, was für Judith Butler keineswegs nur negative Folgen haben muss. Wichtig ist, dass gesellschaftliche Weiterentwicklungen und die Konstitution neuer Sprachwelten immer nur möglich sind, wenn solche Beschränkungen ein Stück verschoben werden, wenn also etwas Neues gesagt werden kann und auf diese Weise neue Räume geöffnet werden können. Dazu gehört immer auch ein Sprechen, das als „anstößiges Vergehen" gewertet werden müsste. Judith Butler geht sogar so weit zu sagen, „dass sich das Gebiet des sprachlichen Überlebens nur durch ein ‚anstößiges Vergehen' erweitern lässt, das auch die Erschließung des Verworfenen und das Sagen des Unsagbaren umfasst." (65).

Die verletzende Kraft von Äußerungen, also von hate speech, ist immer historisch aufgebaut. Damit ergibt sich die Frage, ob es überhaupt sinnvoll ist, ein einzelnes Subjekt zu verfolgen, das derartige Äußerungen macht. Im Grunde bedeutete das doch den Versuch, über die Geschichte Recht zu sprechen, indem „man ein Subjekt sucht, das sich rechtlich verfolgen und zur Verantwortung ziehen lässt und damit zeitweise das Problem löst, dass sich die Geschichte grundsätzlich jeder rechtlichen Verfolgung entzieht." (76). In bestimmten Fällen hält sie – inkonsequenterweise – dennoch die rechtliche Verfolgung von Subjekten und deren verletzendem Sprechen für richtig. Dennoch ist der Gedanke, Geschichte lasse sich grundsätzlich nicht verfolgen, außerordentlich voraussetzungsreich. Die Voraussetzung eines derartigen Denkens ist, dass Geschichte nicht von Menschen, nicht von konkreten Personen gemacht wird, sondern sich als struktureller Prozess vollzieht. Dies mag zwar für lange Phasen der Geschichte durchaus der Fall gewesen sein. Die Innovation des liberalen Individualismus besteht aber gerade darin, durch die Herstellung von Zurechenbarkeit auch Verantwortlichkeiten zu schaffen. Auf diese Weise ist durchaus auch die Veränderung individuellen Verhaltens möglich und intendiert – als individuelles Verhalten wird es dadurch in vielen Fällen überhaupt erst konstituiert. Am Fall der militärischen Disziplin und der Pflicht zur Ausführung von Befehlen wird dies besonders deutlich. Noch bis zum Ende des zweiten Weltkrieges war es im Falle von Kriegsverbrechen üblich, dass die Ausführenden sich für unschuldig erklärten, weil sie lediglich auf Anweisung gehandelt hätten. Da aber jedes Verbrechen sich nicht sozusagen strukturell von selbst ausführt, sondern letztlich von konkreten Personen am Ende der Befehlskette auch konkret in die Wirklichkeit umgesetzt wird, macht es durchaus Sinn, genau diese Personen nicht von ihrer Haftung zu entlasten, sondern vor Gericht zu stellen, wenn man ihrer habhaft werden kann. Das ist in vielen Fällen als ungerechtfertigt empfunden worden, weil sich hier ein neuer Standard durchzusetzen hatte, der zum Zeitpunkt der Tatausführung noch nicht vollständig in das Bewusstsein jedes einzelnen gedrungen war. Bei der Verurteilung der Todesschützen an der Berliner Mauer ist dies auch durch recht moderate Bewährungsstrafen berücksichtigt worden. Wichtig ist aber vor allem, dass sich zukünftige Täter, auch und gerade sogenannte einfache Soldaten, nicht mehr einfach auf einen Befehl berufen können, sondern vor die Situation gestellt sind, unter Umständen selbst und ganz persönlich später dafür gerade stehen zu müssen, weil sie die Tat auch selbst und persönlich ausgeführt haben. Dadurch wird der von vielen militärischen Organisationen gewünschte blinde Automatismus der Befehlsausführung zu einer bewussten Entscheidung, die letztlich jeder einzelne selbst zu treffen und zu verantworten hat, gerade in den wichtigsten, den belastendsten und den tiefgehendsten Fällen. Die Befehlskette wird an der vom Resultat her gesehen wichtigsten Stelle, nämlich bei der Ausführung, unterbrochen.

So wird das Individuum eigentlich erst nachträglich konstituiert, während Militärobere traditionell eher von der Auslöschung der Individualität ihrer Untergebenen geträumt hatten. Generell gesprochen handelt es sich darum, dass der moderne liberale Individualismus mit zunächst moralphilosophischen Überlegungen, dann rechtlichen Instrumentarien eine Situation erst sozusagen künstlich herstellt, in der es tatsächlich auf die Entscheidung des einzelnen ankommt. Eine Kritik des „souveränen Subjekts", wie sie in Butlers modischem Strukturalismus vorgetragen wird, vermag diesen entscheidenden Schritt der Dekonstruktion des hierarchisch bzw. staatlich gedeckten Verbrechens nicht mitzutun und erweist sich dadurch als unzulängliche Theoriekonzeption. Viele Einzeleinsichten, insbesondere über die sprachliche Konstitution der Individualität, sind durchaus interessant, sie müssen aber aufgrund des abgestandenen Strukturalismus auf ziemlich mühsame und umständliche Weise gewonnen werden. Die Kritik am souveränen Subjekt enthält durchaus zutreffende Punkte: Es ist nicht wirklich ein Ich, das seine Sache auf nichts gestellt hat, sondern eine selber ungeheuer voraussetzungsreiche Konstruktion. Das heißt zugleich auch, dass es gegen den Strom des geschichtlichen Werdens nur auf sehr künstliche Weise aufrechterhalten werden kann. Vielfach wird auch nur von einer sehr eingeschränkten Souveränität die Rede sein können. Im Falle des Befehlsempfängers ist dies besonders deutlich. Niemand wird ihm die alleinige Verantwortung für ein Kriegsverbrechen zurechnen, das er auf Befehl begangen hat. Entscheidend für den hier diskutierten Zusammenhang ist es aber, dass er oder sie nicht von vornherein von jeglicher Teilverantwortung und Letztverantwortung in der Ausführung freigesprochen wird, sondern immer auch ein eigener Akt der Reflexion und der Entscheidung erwartet und verlangt werden kann. Eine spitzfindige Kritik kann relativ leicht gegen einen emphatischen Begriff der Souveränität des Subjekts polemisieren – aber darauf kommt es gar nicht an, denn zur Zuschreibung von Verantwortlichkeit reicht ein Rest von Subjektivität und Individualität schon aus. Es reicht aus, dass es nicht ein willenloser Automat ist, der da handelt. Allein darauf kommt es an, und wichtig ist dies auch nur in einer Welt liberaler Individualität und Modernität, in welcher versucht wird, eben diesen Punkt politisch, philosophisch, institutionell und rechtlich versucht wird, so stark wie möglich zu machen, in der Absicht, hierarchische Institutionen zurückzudrängen und eben diesem liberalen Subjekt überhaupt erst die nötigen Freiräume seiner Souveränität zu schaffen. So gesehen ist es selbst schon eine moralische Frage, ob man eine antiindividualistische und antihumanistische Subjektkonzeption vertritt oder nicht.

Es handelt sich also um die Situation eines politischen Kampfes, einer politischen Auseinandersetzung um die Emanzipation der Individualität. Die strukturalistische und dekonstruktivistische Streichung des Subjekts ist in einem solchen Kontext nicht bloß reine Theorie, sondern selber Partei in diesem Streit, und sie steht keineswegs eindeutig auf der Seite der individuellen Freiheit. Indem sie nämlich die Voraussetzungen der Individualisierung betont und diese nicht vollständig als gegeben ansieht, leugnet sie die Kraft und historische Rolle der Individualität überhaupt. Sie begeht damit den Denkfehler, aus dem Fehlen einiger Voraussetzungen auf die Unmöglichkeit des Ganzen zu schließen und von hier aus noch weiter darauf, dass man die Entfaltung von Subjektivität auch normativ ablehnen sollte.

Judith Butler schließt sich diesem strikt antisubjektivistischen Denken nicht an. Sie ist der Meinung, dass die Verwendung des Subjektbegriffs nicht, wie Derrida vorschlägt, bloß deshalb aufgegeben werden sollte, weil er mit zu starken Erwartungen von Souveränität und epistemologischer Durchschaubarkeit beladen ist (205). Stattdessen plädiert sie für die Vorstellungen eines „postsouveränen Subjekts" (198). Ein solcher neuer Gebrauch des Begriffs kann die sonst festgefügte Kontextwahrnehmung erschüttern – durchaus im Sinne von Derridas sogenannter Wiedereinschreibung. Die Fähigkeit der Begriffe, nicht-gewöhnliche, neue Bedeutungen anzunehmen, müsste dann eben auch für den Subjektbegriff gelten. Darin liegt sozusagen ein ständiges politisches Versprechen. Der Sprechakt ist, wie Judith Butler mit Pierre Bourdieu annimmt, ein Ritus, der den Habitus des Körpers, den kulturellen Stil seiner Gestik und seines Verhaltens stilisiert und kultiviert und damit in die Form einer Institution überführt (201, 205).

Ihre Position ist darüber hinaus jedoch nicht wirklich konsistent. Das wird besonders deutlich am Beispiel ihrer Deutung der Pornographie. Gegen eine feministische Pornographiekritik, der zufolge diese *hate speech* sei und eine gesellschaftliche Wirklichkeit der Frauenfeindlichkeit schaffe, setzt sie ihre These, dass Pornographie eher kompensatorische Phantasien darstellt und dadurch unwirkliche Geschlechtsidentitäten und unwirkliche Normen. Sie kann zwar durchaus anstößig sein und hat wohl auch eine gewisse Macht über die gesellschaftliche Wirklichkeit der Geschlechterpositionen, kann diese aber „im strengen Sinn nicht konstituieren." (101). Die phantasmatische Macht der pornographischen Bilder ist gerade nicht in der Lage, „die gesellschaftliche Wirklichkeit dessen, was eine Frau ist, zu konstruieren", wie dies in der entsprechenden Pornographiekritik behauptet wird. (101). Sie misslingt in diesem Sinne also. Die Unwirklichkeit ist gerade ihr Reiz und ihre Verlockung. Die feministische Kritik hat pornographische Texte bisher also gar nicht verstanden und sie als Wirklichkeit, nicht jedoch als eine Art Gegenwirklichkeit genommen. Deshalb wünscht Judith Butler sich eine „feministische Interpretation der Pornographie", eine Resignifizierung, also eine Neu- und Umdeutung. Erst dadurch könnte es zu einer radikalen feministischen Kritik kommen.

Umdeutung, radikale Kritik und wohl auch die produktive Entwicklung von Gegenphantasien bilden also die Gegenstrategien. All diese Handlungen müssen aber von deutungs- und kritikfähigen Subjekten vorgenommen werden. Auch Sprach- und Deutungshandlungen müssen als Handlungen angesehen werden, die ihren Ausgangspunkt und ihren Sinn in einem Subjekt finden. Wenn einfach nur *ein* Sprechen sich ans andere reiht und sich so ein endloser Strom ergeben würde, dann hätte die Rede von Umdeutung und radikaler Kritik keinen Sinn. Resignifizierung würde dann einfach von selbst auftreten und bräuchte nicht eigens gefordert oder als eigene, besondere Strategie entworfen zu werden. Sobald man also Judith Butlers eigene Vorschläge einer reflexiven Analyse unterzieht, taucht doch das Subjekt der Kritik auf. Auch wenn sie vorschlägt, Pornographie selbst als gesellschaftlichen Diskurs zu nehmen, ohne immer einzelne Täter dahinter suchen zu wollen, kommt dieser Vorschlag selbst doch immerhin wiederum von einer sprach- und handlungsfähigen Person, wenn auch diesmal aus dem Umfeld einer subjektfeindlich eingestellten universitären Tradition. Auch Ironie muss als Haltung und Akt eines Subjekts aufgefasst werden.

Von dieser doppelten Inkonsistenz zwischen Strukturobjektivismus und Handlungsvorschlägen einerseits und zwischen Gegensprechen und gelegentlichem Doch-Verbieten-Wollen einmal abgesehen, ist Judith Butlers Konzeption immerhin deutlich liberaler als die gängigen Versionen der *political correctness* in den USA. Gegen eindimensionale Kritiken an der Verwendung bestimmter Wörter wie „Nigger" oder „Latino", die angeblich immer und unter allen Umständen erniedrigend wirken und erniedrigend gemeint sein müssen, setzt sie die Möglichkeit des ironischen und kritischen Anderssprechens, wie sie in der Tat auch im Alltag von den Betroffenen selbst praktiziert wird: „Die Möglichkeit, solche sprachlichen Ausdrücke in Formen der radikalen öffentlichen Fehlaneignung zu dekontextualisieren und zu rekontextualisieren, stellt den Boden einer ironischen Hoffnung dar, dass die konventionelle Beziehung zwischen den Worten und dem Verwunden geschwächt und mit der Zeit sogar zerbrochen werden könnte." (145). Rassistische Strukturen sind immer angreifbar, und damit auch rassistische Sprachstrukturen. Diese Möglichkeit der Fehlaneignung und der ironischem Umgangsweise vergibt und verstellt man sich, wenn „man die Aufgabe, über hate speech zu urteilen, an den Staat übergibt" (145f.), denn dieser wird die Verleumdungen wiederholen, wiederinszenieren und daraus seine eigenen Formen der verletzenden – diesmal wohl häufig bürokratisierten – Sprache machen. Das Wiederholen und Wiederinszenieren meint sie in dem Sinne, dass Rechtsregelungen, die gegen rassistische Äußerungen gerichtet waren, nunmehr vom Staat gegen Homosexuelle gewendet werden, die sich z. B. in der Armee nicht zu ihrer Homosexualität in Worten bekennen dürfen, weil dieses verbale Bekenntnis schon als homosexuelle Handlung oder als Aufforderung dazu gewertet wird. Die Regierung begreift also die Selbstzuschreibung von Homosexualität als performativen Akt und nicht bloß als reine sprachliche Äußerung. Dagegen will sie unbedingt den grundsätzlichen Unterschied von Sprechen und Handeln festhalten – auch bei verletzendem Sprechen ist immer noch ein Sprechen darüber möglich, wie und warum es verletzend wirkt (146).

Dieses Argument ist übrigens nur teilweise überzeugend, denn es handelt sich nicht wirklich um eine Wiederholung der inkriminierten Äußerungen, sondern vielmehr um die Übertragung einer rechtlichen Regel auf einen anderen Bereich – weil Recht allgemeingültig sein soll, d. h. auf alle vergleichbaren Fälle anzuwenden ist. Im Grunde genommen sucht Judith Butler hier nach Argumenten gegen ein allgemeingültiges Recht. Ihre Überlegung, dass jede Zensurregelung einen performativen Widerspruch enthalte, weil sie sagt, was nicht gesagt werden soll, indem sie diejenigen Äußerungen aufzählt, die als verboten gelten sollten (185), ist nicht schlüssig, denn eine derartige Aufzählung kann in sehr allgemeiner und abstrakter Form vorgehen. Zum Beispiel kann ein Gesetz alle Äußerungen verbieten, die nach allgemeiner Einsicht als beleidigend oder diskriminierend aufgefasst werden können, ohne dass hier eine genauere Einzelbenennung erforderlich ist. Die Möglichkeiten der Rechtssprache werden von Judith Butler unterschätzt.

Das Fazit ihrer Analyse besteht in dem Versuch der Rettung intellektueller Kritik an performativen Äußerungen vor einem Anti-Intellektualismus, der schlicht alles Sprechen, „das verletzt, erregt, bedroht und beleidigt" einzuschränken und zu verbieten sucht (229). Derartige Verbote führen ihrer Meinung nach zu Dogmatismus und Repression. Auf jeden Fall „dämpft der Versuch, Sprechen zu reglementieren, den politischen Impuls, den effektiven Widerstand des Sprechens zu nutzen". Auch solche Begriffe, die in Frage gestellt werden, wie z. B. der des Subjekts oder der Universalität (die angeblich den Ethnozentrismus europäischer bzw. westlicher Positionen transportiert) kann man durchaus weiterverwenden, wenn man sie neu fasst und neu interpretiert. Die Worte haben immer eine unbekannte Zukunft. Wenn wir sie zum Leben brauchen, müssen und können wir sie befragen, und wir können auch – auf riskante Weise – solche Begriffe leben, die noch ungeklärt sind (230). „Ein Wort, das verwundet, wird in der neuen Anwendung, die sein früheres Wirkungsgebiet zerstört, zum Instrument des Widerstands. (...) Das Sprechen des Widerstands wird zur unumgänglichen Antwort auf eine verletzende Sprache: ein Risiko, das als Antwort darauf eingegangen wird, dass man Risiken ausgesetzt wird, eine Wiederholung in der Sprache, die einen Wandel erzwingt." (230).

Letztlich wird der Widerstand dann allerdings auch nur in Akten des Sprechens bestehen können – eine offenbar unvermeidliche Einschränkung dieser Position und dieser Art von Denken und wohl der Preis der Liberalität, die darin letztlich enthalten ist. Die Vorherrschaft des Sprachlichen, die sich bei Butler sowohl auf die französische Nachkriegsphilosophie als auch auf die Sprachanalytik in der Nachfolge von Austin und Searle stützt, legt die Vermutung nahe, dass es weniger liberaler Geist ist, der die Argumentation gegen Zensur stützt, sondern vielmehr eine bestimmte Richtung, wenn nicht gar ein gewisser Dogmatismus des Sprachdenkens. Der Vorrang des Sprachlichen vor dem Tatsächlichen ist offenbar der Kern dieser Methodik und trägt auch die entsprechenden inhaltlichen Konsequenzen.

10 Theorien und Probleme des Globalisierungsprozesses

10.1 Was ist Globalisierung und wie wird sie theoretisch erfasst?

10.1.1 Globalisierung und politische Ethik

Das Ausgangsproblem lässt sich folgendermaßen beschreiben: Die Verdichtung der Kommunikations- und der Kapital-, Waren- und Personenströme sowie die Auflösung von Blockgrenzen, die als Interaktionsbarrieren gewirkt hatten bzw. genauer gesagt die Interaktion auf überschaubare Weise zentralisiert hatten, also das, was heute meist mit dem Begriff Globalisierung umschrieben wird, scheint nach so etwas zu verlangen wie einem begleitenden Diskurs in der politischen Ethik. Die Entwicklung politischer Kontroll- und Regulierungsmechanismen bedarf der Legitimation, sie bedarf der Entwicklung von Verhaltensnormen und Verhaltenskodizes, die über den engeren Rahmen von bestimmten Völkern und Kulturen hinaus akzeptiert werden können. Diese normative Seite der Angelegenheit möchte ich im Unterschied zum als soziales Faktum begriffenen Globalisierungsprozess als Universalismus oder Universalisierungsdiskurs kennzeichnen. Im letzten Teil dieses Kapitels über Probleme und Grenzen des Universalismus wird auf die grundsätzlichen theoretischen Probleme dieses Denkansatzes eingegangen, weil hier die eigentlichen Tücken für ein normatives Denken liegen und weil aus diesen grundsätzlichen Problemen klar wird, dass es sich nicht um eine leichthändig zu lösende Frage handelt. Wo der Widerstreit nämlich schon im normativen Kern steckt, gerät eine unreflektierte politische Ethik leicht zu einer Ansammlung hilfloser und selbstwidersprüchlicher Postulate, die allesamt nur dazu beitragen können, normatives Denken zu diskreditieren. Für Normativisten ist es charakteristisch, dann desto unbeirrter ihre Forderungen zu wiederholen und den allgemeinen Moralverfall zu beklagen, auf den sie das mangelnde Gehör, das sie finden, zurückführen. In Wirklichkeit haben sie noch nicht einmal das Problem erfasst. In den ersten beiden Abschnitten soll es aber zunächst einmal um die Beschreibungsebene gehen, die selbstverständlich immer schon theoriegeleitet ist. Da es sich hier um ein relativ neues Feld der Theoriebildung handelt, wird der Gedankengang in kritischer Auseinandersetzung mit einigen gängigen Theorien vorgetragen, weil deren Stolpersteine und Irrtümer vielleicht als zu einem wenn auch holprigen Denkpfad zusammengetragen werden können. An bequeme Asphaltierungen ist in diesem Bereich zur Zeit noch nicht zu denken, insofern sei leicht ermüdbaren Lesern empfohlen, sich lieber mit den leichteren Kapiteln dieses Buches zu befassen.

Die Unterscheidung von faktischer *Globalisierung* und normativer *Universalisierung* ist ein definitorischer Ausgangspunkt, um die normative Ebene gesondert und in ihrem Eigenrecht betrachten zu können. Mir ist sehr wohl bewusst, dass gerade die ökonomische Globalisierung etwa der Kapitalmärkte ihre Eigendynamik, ihren Selbstlauf überhaupt erst entfalten konnte durch die politisch mehr oder weniger bewusste Entscheidung zu ihrer Deregulierung. Für den internationalen Handel und vor allem den Arbeitskräfteaustausch gilt das in noch sehr viel stärkerem Maße, da hier protektionistische Maßnahmen sehr viel leichter greifen können und auch noch sehr viel ausgeprägter sind. Bei der Internationalisierung der Kommunikation dagegen handelt es sich deutlich um technische Prozesse, denen politische Regulierungsversuche nur hinterherhinken. Die Gegenüberstellung von Universalismus und Globalisierung hat m. E. dennoch einen heuristischen Wert, weil sie die spezifische Domäne der politischen Ethik im Unterschied zu anderen normativen Vorgaben, wie etwa Wohlstandsmehrung durch Kapitalverkehrsfreiheit etc. gesondert zu betrachten erlaubt, und allein darum geht es mir an dieser Stelle und in diesem Zusammenhang.

Die Diskussion, ob es sich bei dem Globalisierungsprozess überhaupt um etwas Neues handelt oder nicht vielmehr um ein Wiederaufschließen des zumindest europäischen Warenaustauschs auf das 1913 erreichte Pro-Kopf-Niveau ist unter diesen Aspekt von nachrangiger Bedeutung, denn selbst wenn dies für einen Teilbereich, nämlich den Warenverkehr, richtig sein mag, ändert das nichts an dem massiven Entwicklungsprozess, der sich seit den 50er Jahren bis heute vollzogen hat, weil eben in der Zwischenzeit dieser Warenverkehr weitgehend durch protektionistische Abschottung zusammengebrochen war, die gern als externe Kriegswirkung fehldiagnostiziert wird. Im übrigen sind die Prozesse der kommunikativen Verdichtung wirklich neuartig und weisen neue Qualitäten auf, ebenso die intensivierte Reiseverkehrsverdichtung, die Kapitalverkehrsverdichtung und -ausweitung und auch die Intensivierung der politischen Kommunikation und Abstimmung durch entsprechende Treffen, Konferenzen und Vereinbarungen.

Der Stand von 1913 kann für uns kein sinnvoller Maßstab dessen sein, was neu wäre. Der *status quo ante*, auf den derartige Analysen sich zu beziehen haben, müsste eher der Stand der 1960er und 1970er Jahre sein – und seitdem sind in der Tat spürbare Neuerungen zu verzeichnen. So wird auch üblicherweise gerechnet. Die spektakulärste Zahl ist die Volumensteigerung des internationalen Kapitalverkehrs von 25 Mrd. Dollar im Jahre 1973 auf über 500 Mrd. Dollar 1998. Der Aktienhandel nahm zwischen 1980 und 2005 um den Faktor 170 auf über 51 Billionen US-Dollar pro Jahr zu.

Der Globalisierungsprozess betrifft vor allem die folgenden Bereiche:

- Warenverkehr
- Finanztransaktionen
- Kommunikation und Information
- Supranationale Institutionen
- Demokratische Strukturen
- Kapitalismus als Wirtschaftssystem
- Reisetätigkeit
- Wanderungsbewegungen.

Der Prozessablauf der Globalisierung lässt sich kurz gefasst so umreißen:

Vormoderne	Moderne	Postmoderne
Agrargesellschaft	Industriegesellschaft	Dienstleistungsgesellschaften
Imperien	Nationalstaaten	Supranationale Strukturen
imperiale Herrschafts- formen	Tendenz zu demokratischen Herrschaftsformen	Tendenz zu postdemokra- tischer Herrschaftsstruktur

Abbildung: Prozessablauf der Globalisierung

In der politischen Ethik wird deshalb von einem neuen Stadium der kulturellen Evolution ausgegangen. Charakteristisch für politische Gemeinschaften ist eine konventionelle Binnenmoral. Diese ist auf menschliche Beziehungen innerhalb kleiner Gruppen beschränkt. Schon die Ausdehnung von Bindungen und Normensystemen auf die Ebene des Nationalstaats erforderte ein hohes Maß an propagierter Irrationalität der Wertevermittlung und Wertedefinition, um dies größeren Gruppen von Menschen überhaupt plausibel machen zu können. Die Begeisterung für die Nation und für den erfolgreich agierenden Nationalstaat diente dazu, das persönliche Normensystem auf diese Größenordnung auszurichten. Diese Ethik mittlerer Reichweite geriet aber immer wieder in Konflikt mit den Mikroethik der Familien, der Clans oder ethnischer und religiöser Untergruppen.

Die nationalstaatlichen Konventionalethiken mittlerer Reichweite sind nun aus verschiedenen Gründen einer stärker globalisierten Entwicklung nicht mehr angemessen. Die sogenannte Nuklearethik des kalten Krieges hatte noch mit politisch übersichtlichen Polarisierungen arbeiten können. Aufgrund der Radikalität der Problemstellung, nämlich statt wie klassisch üblich Sieg oder Niederlage denken zu können, die beidseitige Massenvernichtung durchdenken zu müssen, hatte diese zwar schon in Grenzbereiche geführt, aber in rückschauender Betrachtung waren dies politisch aggregierbare Probleme gewesen, die auf der Ebene von Nationalstaaten bzw. Gruppierungen von Nationalstaaten in Blöcken behandelt werden konnten.

Sich globalisierende Entwicklungen allerdings sind anderer Art. Ihr typisches Charakteristikum scheint zu sein, dass sie sich, einmal in Gang gekommen oder in Gang gesetzt, der politischen Entscheidung entziehen und dieser dann als scheinbarer oder tatsächlicher Sachzwang gegenübertreten. Politische Maßnahmen sind dann nicht mehr selbst Rahmensetzungen, sondern Reaktionsweisen auf von außen gesetzte Rahmenbedingungen. Sie greifen in sehr viel unmittelbarerer Weise auf die individuelle Ebene durch.

Eine konventionelle Moral im Sinne einer Mikroethik oder einer Ethik mittlerer Reichweite beginnt hier amoralisch zu wirken. Eine konsequente Familienethik tendiert dort, wo sie überlebt hat, zu mafiosen Strukturen. Eine konsequent nationalstaatliche Ethik, wie sie vor allen Dingen charakteristisch ist für einen bestimmten Typus von Wirtschaftspolitik, wäre so etwas wie die Samurai-Ethik, nämlich die interne Ethik einer verschworenen Gemeinschaft, die ausgezogen ist, den Weltmarkt zu erobern. Im Binnenbereich der Samurai gelten die allerhöchsten ethischen Maßstäbe, im Gemeinschaftsverhalten nach außen dagegen sind gerade auch solche Maßnahmen, die für das Verhalten untereinander als schlimmer Verstoß gelten würden, nicht nur erlaubt, sondern dort, wo es um Gewinn oder Verlust geht, sogar gefordert. Wirtschaftliche Prozesse werden hier sozusagen nach den Maßgaben mittelalterlicher Moralen missverstanden. Da das Medium des Geldes solche Rücksichten nicht kennt, dürften diese Ethiken auf Dauer gesehen eher produktivitäts- und expansionshemmend wirken und werden vermutlich deshalb scheitern.

Neben diesem wirtschaftlichen Problem tritt als zweite Schwierigkeit die ökologische Problematik hinzu. Soweit sich bestimmte Typen ökologischer Schädigungen nicht auf den regionalen oder auch nur den Bereich eines Kontinents beschränken lassen, erfordern sie sehr deutlich universalistische Standards. Die Schwierigkeiten dieses prospektiven Universalismus sind offenkundig: Wenn nämlich die ökologischen Standards so definiert werden, dass sie von den ökonomisch führenden Ländern erreicht werden können, aber die Nebenwirkung hätten, die Nachzügler in ihrer Entwicklung aufzuhalten oder gar abzuhängen. Das jedenfalls ist der Verdacht vieler Drittweltländer, gegen den ein trockenes Versichern, das sei alles nicht so gemeint, und auch ein apokalyptisches An-die-Wand-Malen der Gefahren nichts helfen, weil die ökologischen Gefährdungen offenbar proportional zum Lebensstandard auch politisch wahrgenommen werden, also, was ihre politischen Auswirkungen betrifft, in reicheren Ländern stärker spürbar sind. Und in der Politik kommt es bekanntlich nicht auf die Realgefährdung durch Schmutz und Gifte, sondern – wie im Kapitel über die Systemtheorie der Politik dargelegt – vielmehr darauf an, ob dies sich auch in politische Forderungen und Aktionen umsetzt. Der Verdacht vieler Drittweltregierungen gegen die Universalisierbarkeit der ökologischen Ethik lautet also in die hier gewählte Begrifflichkeit übersetzt, dass es sich um eine *Samurai-Ethik* der Reichen handele, die die Schubwirkung der Überzeugungskraft scheinbar oder tatsächlich drängender Probleme dazu ausnutzen, in der Konkurrenz andere abzuhängen – so wie ein Autokonzern auch die Sicherheitsprobleme eines Konkurrenten hochspielen könnte, um ihn am Markt zu diskreditieren.

Dieses hier am ökologischen Beispiel kurz skizzierte interne Problem des Universalismus lässt sich verallgemeinern. Die Aufgabe politischer Ethik angesichts solcher typischer Problemfälle liegt in der Entwicklung von Argumentationsformen und insbesondere von rationalen Begründungsstrukturen, die nicht mehr auf einer konventionellen Moral basieren.[375] Wie weit diese Anforderung geht, wie radikal die Reflexion sein muss, zeigt sich daran, dass auch die vorhandenen gesellschaftlichen Institutionen und der bestehende Rechtsstaat selbst den institutionalisierten Ausdruck einer derartigen konventionellen Moralität darstellen.

In der professionellen akademischen Moralphilosophie hat sich in unserem Jahrhundert weitgehend die Überzeugung durchgesetzt, dass diese so skizzierte Aufgabe unlösbar sei. Dadurch wurde der Platz geräumt für theologische Versuche, ein Weltethos zu konstituieren – was sollen dann aber die Heiden, die Ungläubigen sagen? Eine andere Variante problematischer Ethikprojekte ist der ökodiktatorische Machiavellismus vom Typ jener Verantwortungsethik, wie sie Hans Jonas vorgetragen hat.[376] Wenn Ethik nur als Sache privater Emotionen und Wertpräferenzen begriffen werden kann, ist eine rationale Begründung nicht möglich. Historistische und relativistische Trends haben zu einer breiten Strömung einer Ethik des guten Lebens und des Rückgangs auf lokale, kommunitäre Traditionen geführt.

---

[375]   Karl-Otto Apel: Das Problem einer universalistischen Makroethik der Mitverantwortung. Deutsche Zeitschrift für Philosophie, 41. Jg. 1993, H. 2, 201–215, hier S. S. 204.

[376]   Meine demokratietheoretisch begründete Kritik an Hans Jonas' Verantwortungsethik habe ich vorgetragen in: Walter Reese-Schäfer: Grenzgötter der Moral. Der neuere europäisch-amerikanische Diskurs zur politischen Ethik. Frankfurt 1997, S. 205–215.

Ethiken des guten Lebens jedoch sind allenfalls als Individualethiken sinnvoll, nicht aber als politische Ethik. Denn ein uniformer Stil des guten Lebens lässt sich nicht allen Individuen gleichermaßen vorschreiben und schon gar nicht unterschiedlichen soziokulturellen Lebensformen.[377] Auch eine ökologische Wertethik, selbst wenn sie sich so hohe Ziele wie das Überleben der Menschheit setzt, kommt dafür nicht in Frage, weil die ökologischen Werte in unterschiedlichen Kontexten unterschiedliche Relevanzen und Funktionen zugesprochen bekommen. Da hilft dann auch kein apokalyptischer Appell und keine Untergangswarnung.

In die Globalisierungsschlacht haben sich in den letzten Jahren eine Reihe von normativ orientierten Autoren und Autorengruppen geworfen. Ihnen allen geht es darum, normative Vorgaben zu entwickeln, die eine Richtschnur liefern sollen, um diesen ansonsten quasi naturwüchsig, nämlich nach seinen eigenen Gesetzmäßigkeiten ablaufenden Prozess politisch doch noch auf irgendeine Weise in den Griff bekommen und steuern zu können. Politische Vorgaben sind dabei immer so gemeint, dass es sich um Bedürfnisse oder Ansprüche einer demokratischen Öffentlichkeit handelt. Letztlich sind solche normativen Vorgaben immer moralisch begründete Anforderungen.

Mir geht es nun darum, diese Vorgaben auf ihre Struktur und ihre Begründung, ihre Realisierungsmöglichkeiten sowie ihre potentiellen Auswirkungen hin zu befragen. Ich will von Anfang an zugeben, dass ich dabei von dem Verdacht geleitet bin, dass der hier herrschende fröhliche Normativismus nicht nur auf Fehlanalysen beruht, fehlerhaft argumentiert und in sehr starkem Maße von Steuerungsillusionen getragen ist, sondern auch, dass die zugrunde liegenden Normen selbst den üblichen Tests der *Verallgemeinerbarkeit* oder der Akzeptanz in einer Ausgangssituation gleichartiger *Interessen* und *Bedürfnisse* oder in einer Situation des idealen Diskurses nicht würden genügen können. Konkreter gesprochen: Mein Verdacht ist, dass viele dieser Weltanalysen den Globalisierungsprozess am liebsten nach ziemlich partikularistischen Vorstellungen steuern würden, dies aber als hochmoralischen Anspruch ausgeben. Sie diskreditieren damit eine normative politische Ethik und tragen zum geringen Ansehen des Normativismus in der Politikwissenschaft bei. Diese aber hat eine seriöse und demokratienahe Normendiskussion dringend nötig.

Das Problem besteht darin, dass die ökonomische Form der Verallgemeinerung selbst von gewissen Wertmaßstäben abhängig ist und die Richtigkeit einer bestimmten wirtschaftsliberalen Theoriekonzeption voraussetzt. Wenn Deregulierung und Freihandel insgesamt zu mehr Wohlstand führten, müsste diese Theorie sogar als gerechtfertigt gelten. Im Grunde steht auf der Ebene des Begründungs- und Rechtfertigungsdiskurses nämlich eine Form von Moral gegen eine andere. Die ökonomische Rechtfertigungsmoral hat zwei Schwächen. *Erstens* kann die freie Konkurrenz keine Besitzstandswahrung garantieren. Es kann also durchaus passieren, dass der Lebensstandard von Privilegierten absinkt – wie dies im vorigen Jahrhundert mit dem Landadel der Fall war und in der zweiten Hälfte unseres Jahrhunderts mit den Industriearbeitern, die ihre Arbeitsplätze verlieren. *Zweitens* unterliegt sie selber einem Bündel unübersehbarer Einflussfaktoren und politisch-sozialer Interventionen und kann deshalb nur dem Ideal nach und bei Voraussetzung der vollkommenen Richtigkeit der in ihrer Reinheit nie wirklich erprobten Theorie wenigstens ein Anwachsen des Gesamtnutzens garantieren. Das heißt, die Rechtfertigung aus den Konsequenzen ist nicht wirklich we-

---

[377] Karl-Otto Apel: Makroethik a. a. O., S. 210.

sentlich besser als es beim Sozialismus der Fall war, der ja auch immer behauptet hat, dass er im Falle der richtigen Anwendung möglicherweise vielleicht doch funktionieren könnte.

Der Wertmaßstab des gleichen Wohlstands für alle ist nach universalistischen Maßstäben durchaus vertretbar. Als moralisierendes, also nicht einlösungspflichtiges Argument wird dies von vielen Dritte-Welt-Unterstützungsorganisationen gewiss auch vertreten. Als Effekt der Konkurrenz auf dem Arbeitsmarkt, d. h. als tatsächlicher Markteffekt jedoch wird genau dies nur von wenigen Marktradikalen befürwortet und von allen denjenigen, die sich sonst für die Belange der Benachteiligten einsetzen, vehement kritisiert, weil in diesem Fall die Benachteiligten innerhalb der eigenen Gesellschaft Vorrang genießen. Diese sind Wähler, die Außenstehenden nicht. Demokratietheoretisch ist das anders auch gar nicht vorstellbar. Daraus folgt aber, dass beim Einsatz für Benachteiligte innerhalb reicher Gesellschaften Positionen vertreten werden müssen, die dem kategorischen Imperativ nicht entsprechen, oder anders ausgedrückt, dass Demokratie nach den Kriterien Immanuel Kants im Kern unmoralisch ist. Demokratische Strukturen tendieren nämlich dazu, in den Grenzen demokratisch regierter Einheiten zu denken und diese gegenüber allen anderen, seien sie nun ihrerseits demokratisch oder nicht, zu privilegieren. Demokratischem Strukturen scheint eine Tendenz zum Protektionismus inhärent zu sein.

Für nichtdemokratische Strukturen muss dies allerdings noch in höherem Maße gelten. Die EU ist ganz offenkundig eine agrarprotektionistische Einheit mit Ausgrenzungstendenz gegenüber anderen, besonders auch in Richtung Osteuropa, und könnte hierdurch durchaus zu einem Entwicklungshemmnis werden, was sie gegenüber afrikanischen Ländern schon geworden ist. Es ist nicht besonders nachvollziehbar und unter normativen Gesichtspunkten sogar absolut unverständlich, dass die EU durch ihren Agrarprotektionismus in Afrika höheren Schaden anrichtet als sie durch ihre Entwicklungshilfe auch nur entfernt ausgleichen könnte.

Diese Überlegungen sollen im folgenden an drei Beispielen konkretisiert werden. Es handelt sich um Studien zum Globalisierungsprozess, die allesamt entweder als Produkte eines breiten wissenschaftlichen Konsensus oder breiter wissenschaftlicher Übereinstimmung gelten können, also als Ergebnisse internationaler Teamarbeit, wie z. B. Richard Falks „On humane Governance" oder den Bericht der „Gruppe von Lissabon" über Grenzen des Wettbewerbs, oder um eine Studie wie die „Globalisierungsfalle", die Ergebnisse der politikwissenschaftlichen und ökonomischen Forschung auf lesbare Art zusammenfasst. Ich hätte die gleichen normativen Probleme genauso gut an anderen gängigen Studien zeigen können, z. B. an Lester Thurows „Die Zukunft des Kapitalismus" oder an Horst Afhelds „Wohlstand für niemand", denn Analysen dieser Art, die das zeitdiagnostische Gegenwartsbewusstsein bestimmen, sind einander durchweg recht ähnlich und in den Kernaussagen miteinander verwandt.[378]

10.1.2   Die Gruppe von Lissabon

Die „Grenzen des Wettbewerbs" der Gruppe von Lissabon, zu der bekannte Sozialwissenschaftler und Regierungsberater wie etwa Saskia Sassen gehören, setzen sehr grundsätzlich an: Der Wettbewerb selbst ist schon das Problem. „Der dauernde Sieg der Starken und

---

[378]   Vgl. Lester C. Thurow: Die Zukunft des Kapitalismus. Düsseldorf und München 1996 sowie Horst Afheldt: Wohlstand für niemand? Die Marktwirtschaft entläßt ihre Kinder, 2. Aufl. München 1996.

Schnellen über die Schwächeren und Langsameren kann das System destabilisieren."[379] Zu
verwerfen ist ein unkontrollierter Wettbewerb, nicht der Wettbewerb an sich. Die langfristigen Weltprobleme lassen sich nach dem Urteil dieser Forschergruppe mit Mitteln des Wettbewerbs nicht effizient lösen. Diese Probleme bestehen in den sozioökonomischen Ungleichheiten zwischen und innerhalb von Nationen, den ökologischen Problemen und den
unkontrollierbaren Machtkonzentrationen in den Händen demokratisch nicht legitimierter
wirtschaftlicher Einheiten. Dagegen sollen globale Lenkung, Ordnung und Sicherheit durchgesetzt werden, oder anders ausgedrückt, eine demokratisch legitimierte und sozial ausgerichtete Form globaler politischer Steuerung (Gruppe von Lissabon, S. 22f.). Vorbild soll die
sozialstaatliche Regulierung des Kapitalismus im 19. und 20. Jh. sein. Das Problem ist heute
wie damals das gleiche, nämlich die Exzessivität des Wettbewerbskapitalismus. Die damaligen Maßnahmen greifen jedoch nicht mehr, weil die Akteure den Rahmen des Nationalstaats
überschritten haben. Der Nationalstaat ist schwächer als die Kräfte der Globalisierung. Staatliche Steuerung muss deshalb durch eine neue Generation globaler Sozialverträge wieder
effizient gemacht werden. Es geht also um kooperative Lösungen.

Vor allem geht es darum, dass drei Länder bzw. Ländergruppen, nämlich Japan, Nordamerika und Westeuropa ihre enormen Potentiale in Wissenschaft und Technik sowie ihren
wirtschaftlichen Reichtum mit dem Ziel nutzen sollen, die Grundbedürfnisse und Ansprüche
der Weltbevölkerung als oberste Priorität zu behandeln. (28). Dieser letzte Punkt wird leider
nicht in der nötigen Deutlichkeit behandelt – hier zeigen sich die Nachteile einer kollektiven
Arbeit an einem derartigen Buch. Wie das gemeint ist, zeigt sich aber an folgenden beiden
Beispielen. Als empörend wird empfunden, dass allein die Region Tokios 1990 über mehr
Telefonanschlüsse verfügte als ganz Afrika und Japan insgesamt über mehr Telefonanschlüsse verfügt als alle Entwicklungsländer Afrikas, Asiens und Lateinamerikas zusammen. Es
kommt also darauf an, etwa der Hälfte der Weltbevölkerung Zugang zum Telefon zu ermöglichen. Dieses Telefonproblem wird als so wichtig angesehen, dass es in der Studie gleich
mehrfach angesprochen wird. Das zweite Beispiel liegt auf einer ähnlichen Ebene: „Das
brennendste Problem besteht darin, 1,5 Milliarden Menschen in den ärmsten Regionen der
Welt mit Unterkünften zu versorgen" (156). Die implizite normative Vorgabe in beiden Fällen ist erstens, dass dies schlecht sei und geändert werden müsse, sowie zweitens, dass dies
Aufgabe zwischen- bzw. überstaatlicher Vereinbarungen, nämlich neuer Sozialverträge sei,
dass also die Lösung dieser Probleme in der Erhöhung des Regulierungspotentials bestehen
soll.

Der hier propagierte normativistische Universalismus ist hochgradig problematisch. Die
scheinbare Evidenz der telefonischen Ungleichheit ist zwar nur als schlagendes Beispiel für
die Ungleichheit im Entwicklungsstand gemeint, enthält aber gerade als Beispiel auch alle
Probleme dieses Denkansatzes in sich. Es fehlt jegliche Analyse über Entwicklungsprozesse
und ein Verständnis dafür, dass eine Erhöhung der Kommunikationsintensität nur in Verbindung mit intensiviertem Handel und sozialer Mobilisierung Sinn macht. Die Forderung nach
mehr Telefonen ist im Grunde nur die auf den Kommunikationsbereich umgestellte Forderung der 60er und 70er Jahre, moderne Stahlwerke auch dort zu errichten, wo die entsprechende Umgebungsstruktur noch nicht gegeben war, weil das entscheidende Entwicklungs-
moment damals in den Grundindustrien gesehen wurde. Es wird nicht der Weg gesehen,

---

[379] Gruppe von Lissabon: Grenzen des Wettbewerbs. Die Globalisierung der Wirtschaft und die Zukunft der
Menschheit. München 1997, Vorwort Ernst Ulrich von Weizsäcker, S. 11.

sondern allein das Resultat, und dieses soll dann auf dem Wege der Steuerung und Subventionierung, also der Mittelbereitstellung statt der eigenständigen Entwicklung und Wertschöpfung hergestellt werden. Es handelt sich um einen klassischen normativistischen Kurzschluss von der Ergebnisgleichheit her, der schon in der Entwicklungspolitik der industriegesellschaftlichen Ära gescheitert ist.

Der normativistische Ansatz sieht sein Kernproblem darin, „einen Weg zu finden, wie die Bedürfnisse und Wünsche des größten Teils der Bevölkerung befriedigt werden können." (158). Dazu ist als eine der ersten Maßnahmen zunächst einmal „die möglichst unumstrittene Definition der grundlegenden Bedürfnisse und berechtigten Ansprüche der Weltbevölkerung" (175) erforderlich. Dies soll erreicht werden durch globale Verträge, die auf freien Entscheidungen aller betroffenen Akteure beruhen sollen (169). Gewählt wird also der politische Weg und damit der Weg der Umverteilung von schon erarbeitetem Reichtum statt des wirtschaftlichen Weges, dem Drang nach Befriedigung dessen, was als Bedürfnis empfunden wird, freie Bahn zu geben und dadurch die Produktivität freizugeben.

Die klassische politische Ethik z. B. Immanuel Kants hat gegen derartige Überlegungen die bis heute gültigen Einwände vorgebracht. Denn ob die materiellen Grundbedürfnisse durch einen wohlwollenden Despoten oder durch die Fiktion eines allgemeinen Vertrages – dem faktisch doch nicht jeder wirklich zustimmen könnte – würden festgelegt werden: Es handelt sich um Fremdbestimmung und damit in den Worten Kants um Despotismus. Es soll jedem unbenommen bleiben, seine Glückseligkeit auf dem Wege, der ihm selbst der beste dünkt, zu suchen, „wenn er nur nicht jener allgemeinen gesetzmäßigen Freiheit, mithin dem Rechte anderer Mituntertanen, Abbruch tut."

Das Problem des Lissabonner Normativismus ist der grenzenlose Universalismus, der unterschiedliche Sphären nicht voneinander zu trennen vermag und der vor allem nicht in der Lage ist, Kriterien anzugeben, nach denen ein legitimer Bereich des politischen Einflusses und der politischen Organisation von einem illegitimen Bereich, z. B. des Despotismus über die Bedürfnisse, abgetrennt werden kann. Die angestrebte globale Bürgerschaftsversammlung, die die Gruppe von Lissabon quasi als Unterhaus neben die UNO als Vertretung der Regierungen setzen will und die auf den Gruppen der sich herausbildenden internationalen Zivilgesellschaft basieren soll, wäre im Prinzip allzuständig und könnte ihre Regelungskompetenz in alle Bereiche ausdehnen – sie könnte dann so etwas werden wie ein initiativelähmender kollektiver Weltstaat, vor dem seit Immanuel Kant immer wieder gewarnt worden ist.

10.1.3   Die Globalisierungsfalle

Die These von der Globalisierungsfalle besteht ganz ähnlich wie bei der Studie der Gruppe von Lissabon darin, dass der soziale Ausgleich von Marktungleichgewichten bislang nationalstaatlich organisiert wurde. Die staatlichen Eingriffs- und Umverteilungsmöglichkeiten sind jedoch im rapiden Abbau begriffen. Der Widerspruch zwischen Markt und Demokratie, wie er hier gesehen wird, soll überwunden werden, indem eine sozialstaatliche Absicherung des weltweiten Freihandels hergestellt werden soll. Da es „im nationalen Alleingang kein Entkommen aus der Weltmarktfalle gibt"[380], bedarf es eines erneuerten internationalen Wohlfahrtsstaates. Die Chance hierzu liegt derzeit vor allem auf der europäischen Ebene,

---

[380]   Hans-Peter Martin, Harald Schumann: Die Globalisierungsfalle. Der Angriff auf Demokratie und Wohlstand. Reinbek 12. Aufl. 1997. S. 318.

weil von hier aus ein Gegengewicht gegen den „angelsächsischen Marktradikalismus" (Glo-balisierungsfalle, S. 322) hergestellt werden kann. Dazu bedarf es einer radikalen Demokra-tisierung der europäischen Entscheidungsprozesse. Entsprechend sehen die Autoren der *Spiegel*-Studie zur Globalisierungsfalle die Chance einer Änderung in den Massenstreiks in Frankreich, Belgien und Spanien, die sie trotz der Tatsache, dass sie vielfach von privile-gierten und privilegienverteidigenden Staatsdienern durchgeführt wurden, als das richtige Zeichen ansehen (324). Hinzu nehmen sie ihre Hoffnung auf gewerkschaftliche Groß-demonstrationen in den jeweiligen Hauptstädten. Die Besteuerung muss auf EU-Ebene aus-gedehnt werden, ebenso soll eine Umsatzsteuer auf den Devisenhandel erhoben werden, um eine neue Einkommens- und Umverteilungsquelle des Staates zu erschließen, nachdem die Arbeitseinkommen immer mehr zurückgehen. Dies ist von vornherein nur international mög-lich, da andernfalls der Devisenhandel schnell in steuerfreie Gebiete ausweichen kann. Außerdem müssen nach dieser Vorstellung soziale und ökologische Mindeststandards für den Welthandel eingeführt werden, also gegen radikale Umweltzerstörung und Hungerlöhne, gegen Raubbau und Kinderarbeit. Daneben soll eine europäische Luxussteuer erhoben wer-den, europäische Gewerkschaften eingerichtet werden und jedem Akt der Deregulierung zugleich sozialer Flankenschutz gegeben werden. Deregulierungs- und Marktöffnungsmaß-nahmen sollen nach dieser Konzeption vertagt werden, bis die Arbeitslosigkeit wieder sinkt bzw. bis annähernd so viele Arbeitsplätze bereitgestellt werden können, wie durch die Deregulierung verloren gehen.

Dies als kurze Skizze der gegen die Globalisierungsfalle gerichteten Politik. Zusammenge-fasst würde es sich um einen gesamteuropäischen Protektionismus mit der Hoffnung auf Machtentfaltung über den europäischen Rahmen hinaus handeln, denn die Devisenhandels-steuer und die Bedingungen für den Welthandel strahlen auch auf die Handelspartner und auf Dritte aus. Man sieht hier, wie der normative Universalismus mit einigen teils plausiblen, teils weniger plausiblen Vorschlägen und Forderungen die Globalisierungsentwicklung be-gleiten und konterkarieren will. Letztlich zielt das Modell auf Immobilität in Form von Privilegienverteidigung, was besonders deutlich am Deregulierungsstopp wird – denn nach der alternativen ökonomischen Theorie der Marktwirtschaftler hängt die Schaffung neuer Arbeitsplätze gerade davon ab, dass Kapital mobilisiert statt in subventionierten Bereichen unproduktiv festgehalten wird, dass Arbeitskräfte im Dienstleistungsbereich zur Verfügung stehen statt in der Warte- und Subventionsschleife oder im gesicherten Umfeld der arbeitslo-sen Bergbausiedlung dem Arbeitsmarkt durch Immobilität entzogen zu sein. Der Widerstand gegen Umstrukturierungen, zu dem in diesem Buch nachhaltig aufgerufen wird, kann ironi-scherweise sogar seinerseits zur Ursache geringer Wachstumsraten und höherer Arbeits-losigkeit werden.

Die Kernthese der Globalisierungskritik von Martin/Schumann lautet: „Wenn aber Regie-rungen in allen existentiellen Zukunftsfragen nur noch auf die übermächtigen Sachzwänge der transnationalen Ökonomie verweisen, gerinnt alle Politik zu einem Schauspiel der Ohn-macht, und der demokratische Staat verliert seine Legitimation. Die Globalisierung gerät zur Falle für die Demokratie." (20) Das ist zu grob gestrickt und zu grob argumentiert, weil es ein hypertrophes Verständnis der Handlungsmöglichkeiten demokratischer Staaten enthält. Demokratie muss nicht notwendigerweise über so weitreichende Handlungsmöglichkeiten und Befugnisse verfügen, dass sie ökonomische Prozesse vollständig regulieren kann. Sie kann mit den ihr eigenen Mitteln Rahmenbedingungen setzen, Strukturen vorgeben und diese der internationalen Konkurrenz aussetzen. Sie kann jedoch nicht vollkommen frei und vor al-

lem nicht ohne Blick auf die Standortkonkurrenz anderer Staaten und Staatensysteme handeln. Es kommt vielmehr darauf an, in diesem vorgegebenen Handlungsfeld erfolgreich zu
agieren. Andernfalls wird der Zwang entstehen, immer größere staatliche Handlungseinhei-
ten zu schaffen, um der Ökonomie die letzten Schlupflöcher zu stopfen und sie doch noch
der Regulierung zugänglich zu machen. Wenn die Notwendigkeit europäischer Integrationspolitik so begründet wird – statt dadurch, dass die Schaffung einer größeren Einheit gerade
zum Abbau überholter einzelstaatlicher Regulationen zwingt, dann ist von vornherein schon
eine falsche Argumentationsrichtung eingeschlagen worden. Die propagierte europäische
Samurai-Ethik auf Kosten Außenstehender greift zu kurz bzw. nur für einen begrenzten Zeit-
raum. Auf längere Sicht wird dann nur ein ökonomisch repressiver Weltstaat in der Lage
sein, die Ökonomie im Griff und die Wachstumsraten niedrig zu halten, die Armen also arm
bleiben zu lassen.

Dieser Typus von Normativismus, der an die Allgemeinverbindlichkeit von Standards appelliert, tut dies nur scheinbar. In Wirklichkeit geht es ihm nicht darum, durch Arbeit das
größtmögliche Produkt zu schaffen und durch die Möglichkeit von Importen auch anderen
Ländern die Chance zur Entfaltung und Entwicklung zu verschaffen, sondern vielmehr um
die Erhaltung von Sicherheitsgefühlen und Anpassungsunwilligkeit an Entwicklungsprozesse, die nur in ihren potentiellen negativen Auswirkungen perzipiert werden, nicht jedoch in
ihren Chancen.

Trotz aller Bekenntnisse zur Marktwirtschaft enthalten solche Populärökonomien, dieser, wie
Paul Krugman ihn charakterisiert hat, „Pop-Internationalismus"[381] eher die Tendenz zum
Anhalten, Lahmlegen oder zumindest Verzögern von grenzübergreifenden Wirtschaftspro-
zessen. Die normativen Prämissen dieser Art von Argumentation greifen zu kurz. Bedenkt
man die politisch-praktischen Folgen, wird allenfalls ein neuer europäischer Protektionismus
als Leitmodell herauskommen. Die Verlierer solcher Konzeptionen werden immer die Ag-
rarproduzenten in der dritten Welt sein, die von einer übersubventionierten und durch Zoll-
schranken abgestützten europäischen Landwirtschaft an die Wand gedrückt werden. Und das
ist keine Kleinigkeit, denn die moderne Entwicklungstheorie lehrt uns, dass Entwicklung
normalerweise mit der Intensivierung und Steigerung der Agrarproduktion und der Reduktion der dort erforderlichen Arbeitszeit beginnt.[382] Der normativistische und interessenpoliti-
sche Aufruf zum Widerstand gegen Globalisierungsprozesse ist nicht ungefährlich, denn er
macht Importe teurer, beschert uns teurere Inlandsprodukte und verschärft die sozialen
Spannungen in und zu den ärmeren Ländern, die gern entwicklungsmäßig aufholen möchten.

Der normative Universalismus dieser Art von Argumentationen appelliert an scheinbare
Plausibilitäten, die doch in Wirklichkeit nichts anderes sind als Privilegienverteidigungen. Es
käme darauf an, die wirklich allgemeinen und verallgemeinerbaren Prinzipien herauszuarbeiten: Arbeitsschutz, Verbot von Kinderarbeit, Gleichstellung der Frauen, Verbot ras-
sischer, ethnischer und religiöser Diskriminierung, internationale Annäherung der Umwelt-
standards.

---

[381]   Paul Krugman: Pop Internationalism. Cambridge/Mass. und London 1996.
[382]   Vgl. immer noch maßgeblich Dieter Senghaas: Von Europa lernen. Entwicklungsgeschichtliche Betrachtun-
         gen. Frankfurt 1982 sowie Ulrich Menzel: Das Ende der Dritten Welt und das Scheitern der großen Theorie.
         Frankfurt 1992.

10.1.4   Richard Falk

Auch sehr skeptische und zurückhaltende Analysen des Globalisierungsprozesses kommen
zu dem Schluss, dass er im Sinne eines Rückgangs nationalstaatlicher Souveränitäts- und
Entscheidungschancen wirkt.[383] In Demokratien bedeutet die Einschränkung nationalstaatlicher Souveränität aber immer auch die Einschränkung der Reichweite demokratischer Entscheidungsmöglichkeiten und damit eine Einschränkung der demokratischen Legitimation.
Das hat Fritz Scharpf in seiner Studie zu den Legitimationsproblemen des Globalisierungsprozesses überzeugend aufgezeigt.[384] Die Wiedergewinnung demokratischer Entscheidungs-
und Verfügungskompetenzen auf nunmehr übergreifender Ebene ist damit ein wichtiges
Thema politischer Theoriebildung geworden. Wichtige Ansätze dazu haben einige internationale Politikwissenschaftler im *World Order Models Project* formuliert. Richard Falk hat
im Jahre 1995 hierzu einen Bericht vorgelegt, der sozusagen die Quintessenz verschiedener
Konferenzen zur Globalisierung und Demokratie darstellt.

Wenn es nämlich eine gedankliche Möglichkeit gibt, mit kommunikationellen und wirtschaftlichen Globalisierungsprozessen politisch Schritt zu halten, müsste diese in der Herausbildung von Strukturen liegen, die man als *global polity* kennzeichnen könnte. Das *World
Order Models Project* hat dabei einen leicht antikapitalistischen Bias, wenn der westliche
Triumphalismus und das menschliche Leiden einander entgegengestellt werden und wenn
vor allem eine Alternative zur Begeisterung für einen kommerziellen Globalismus, der vom
Kapital angetrieben wird, der marktvalidiert und medienverbreitet ist, in Aussicht gestellt
wird.[385] Die Frontlinie verläuft in diesem Gesellschaftsbild zwischen sich globalisierenden
Marktkräften auf der einen Seite und den stärker verwurzelten (*more rooted*) demokratischen
Kräften des transnationalen und lokalen Widerstands auf der Gegenseite. Der Widerstand
gegen die Globalisierung hat damit deutlich Züge einer Erhaltung alter Rechte und Rechtsansprüche. Dass darin ein Problem des Konservatismus liegen könnte, erkennt Richard Falk
sehr deutlich, vermag dem aber nur rhetorisch Rechnung zu tragen, indem er davor warnt,
die internationale Zivilgesellschaft zu romantisieren, und indem er vorschlägt, die regressi-
ven Tendenzen des Globalisierungswiderstands durch die positive Aussicht auf eine humane
Selbstregierung über Nationalstaatsgrenzen hinaus zu neutralisieren.

Der Maßstab für die Fortschrittlichkeit wird allerdings nicht in realen oder praktischen Ent-
wicklungsprozessen gesehen, sondern, wie es für eine normativistische Argumentation nahe
liegt, darin, dass höhere normative Horizonte angestrebt werden. Konkret gesprochen: einge-
engter lokaler Widerstand hat regressive Züge. Demgegenüber wäre die weitestmögliche
Ausdehnung der Wertebindung an möglichst große gedachte Gemeinschaften fortschrittlich.
Maßstab und entscheidender Test sollen immer sein, welche Behandlung denjenigen Menschen zuteil wird, die in der Vergangenheit am meisten als Ziele von Genozid und Ethnozid
haben leiden müssen, wie z. B. die sogenannten Eingeborenenbevölkerungen. Der Lackmus-

---

[383]   Marianne Beisheim, Gregor Walter: „Globalisierung" – Kinderkrankheiten eines Konzepts. Zeitschrift für
         internationale Beziehungen, 4. Jg. 1997, H. 1, 153–180.

[384]   Fritz W. Scharpf: Legitimationsprobleme der Globalisierung. Regieren in Verhandlungssystemen. In: Carl
         Böhret, Göttrik Wewer (Hg.): Regieren im 21. Jahrhundert – Zwischen Globalisierung und Regionalisierung.
         Festgabe für Hans-Hermann Hartwich zum 65. Geburtstag. Opladen 1993. 165–186.

[385]   Richard Falk: On Humane Governance. Toward a New Global Politics. The World Order Models Project
         Report of the Globald Civilization Initiative. University Park, PA 1995, 2f.

test des Globalisierungsprozesses wäre also sein Umgang mit der am wenigsten entwickelten Region, und das wäre das Afrika südlich der Sahara.

Hier wird also so etwas wie das Rawlssche Differenzprinzip, wenn auch unerkannterweise, auf die Globalisierung angewendet. Vielleicht ließe sich das lehrsatzmäßig so formulieren: *Globalisierung ist dann erträglich und hinreichend steuerbar, wenn gewährleistet werden kann, dass auch die allerärmsten Regionen davon profitieren.* Das normative Projekt der Gruppe um Richard Falk besteht darin, einer *Globalisierung von oben* oder einem marktorientierten Autoritarismus demokratische Ansprüche entgegenzusetzen. Zum Teil nimmt dies etwas seltsame Züge an, wenn als die für die südlichen Länder am meisten fühlbaren und in ihre Gesellschaftsstruktur eindringenden Momente der Globalisierung

a) die hohe Verschuldung und
b) die Werbung gesehen wird, die ein Konsumethos als Modell menschlichen Glücks verbreitet, welches desaströs für die Umwelt wäre.[386]

Gegen die Schuldenkrise wird eine Schuldenreduktion um 50 % vorgeschlagen, gegen die Werbung ist der Studie kein Mittel eingefallen, außer vielleicht die Reduzierung des Luxuskonsums im Norden.[387] An solchen Beispielen zeigt sich, dass die politisch-normative Antwort auf den ökonomischen Globalisierungsprozess dazu neigt, zu ziemlich willkürlichen Ursachenfeststellungen und Regulierungsvorschlägen zu greifen.

10.1.5   Zwischenbetrachtung

Die richtige politisch wie ethisch begründete Antwort auf diese Herausforderungen ist ein Kernproblem für jeden nicht strikt durchreflektierten und dadurch zur Selbstbegrenzung motivierten Normativismus. Im Prinzip könnte man nämlich auf der Basis subjektiver oder von einigen, gar von Vielen geteilter Urteile jede beliebige Ursache von sozialen Problemen annehmen, verbindlich festlegen und jede beliebige Regulierungspraxis als Gegenmittel vorschlagen. Ob der Prozess selbst oder seine Ursachen in adäquater Weise und auf der Grundlage einer einigermaßen realitätsnahen Theorie verstanden worden sind oder nicht, spielt dabei keine Rolle. Es kommt nur darauf an, politischen Überredungsdruck in Richtung auf irgendwelche Maßnahmen zu erzeugen, die dann trotz aller Risiken und Nebenwirkungen oft allein deshalb ergriffen werden, weil Gegenvorschläge und Problematisierungen fehlen.

Und damit bin ich bei meiner zentralen These. Ein unreflektierter Normativismus in Fragen wie diesen produziert im besten Falle wissenschaftlich wie politisch fehlerhafte Aussagen, im schlimmeren Falle politische Maßnahmen mit schädlichen Konsequenzen. Ein auf normativen Prinzipien basierender Ansatz steht tendenziell immer in einem Spannungsverhältnis zu einem marktorientierten Ansatz.[388] Diese Spannung kann allerdings in verschiedenen Richtungen ausgetragen werden. Entschlossene normativ gespeiste Ressentiments können das feine Gewebe der Märkte zerstören und auflösen, wie durch die nationalistisch-protektionistischen Ressentiments der dreißiger Jahre geschehen. Die Furcht vor der Globalisierung

---

[386]   Ebenda, S. 177, 191.
[387]   Ebenda, S. 75.
[388]   Ebenda, S. 182.

kann zu normativistischen Gegenreaktionen führen, die vielleicht nicht mehr wie in den dreißiger Jahren den Welthandel blockieren und Armut produzieren, die wohl aber immer noch
in der Lage sind, das eigene Land vom Weltmarkt abzukoppeln. Eine normative Logik, die
die Marktlogik mit Unverständnis behandelt, wird zwar vermutlich auf Dauer scheitern, aber
erst nach der Herstellung von sehr viel Armut. Es ist immer Lebenszeit von Menschen, die
geopfert wird, es sind immer menschliche Hoffnungen, die zerstört werden.

Der normative Universalismus steht in der Gefahr, die Prozesshaftigkeit der Marktvergesell-
schaftung nicht zu verstehen und aus diesem Grunde zu blockieren. Unreflektiertes universalistisches Regulierungsdenken steht in der sehr großen Schwierigkeit, nicht zwischen *formalen* Grundnormen, die einen nicht behindernden, gleichen und fairen Rahmen setzen, und
inhaltlichen Normen, die schon eine verbindliche Wertordnung mit sich transportieren, zu
unterscheiden. Auch *Werte* können sich allgemein ausbreiten, allerdings nur unter großen
Variationen und ohne die Verbindlichkeit von Rahmenbedingungen. Vor allem wird dies nur
in einem sukzessiven faktischen Prozess vor sich gehen können, der im Sinne der oben vorgegebenen Begriffsunterscheidung von Universalismus und Globalisierung eher Züge der
evolutionären Globalisierung tragen wird. Normen dagegen müssen von vornherein allgemein und als verallgemeinerbar gedacht werden können, weil dies ein Test auf ihre Haltbar-
keit und moralische Relevanz ist. Dieser grundlegende Unterschied wird vom gegenwärtigen
fröhlichen Normativismus in den Sozialwissenschaften und bei ihren wissenschaftsbasiert
operierenden Popularisatoren kaum beachtet. Zur Selbstbegründung dieses Normativismus
reicht der laute Schrei nach Regulierung, also ein Wertepopulismus.

Zu warnen ist vor der Verführung eines unreflektierten Normativismus. Das kantische Universalisierungsprinzip stellt einen so überzeugenden Normentest dar, dass es leicht ist, dieser
Verführung und damit einer kurzschlüssigen unmittelbaren Übertragung der Universalisie-
rungsgrundsätze auf den Bereich der weltweiten Wirtschaftsordnung zu erliegen – ganz gegen die Warnung Kants vor dem daraus resultierenden Despotismus über die Bedürfnisse
und trotz des Wissens, dass Regulationen und Staatseingriffe initiativhemmend wirken, wenn
sie sich nicht darauf beschränken, gleiche und faire Rahmenbedingungen für alle zu setzen.
Diese Rahmenbedingungen könnten in Regelungen gegen unwürdige und unzumutbare Ar-
beitsbedingungen, zur Festlegung von Mindestlöhnen, im Verbot von Kinderarbeit, in der
Forderung der Gleichstellung von Frauen, der sozialen Fürsorgepflicht im Falle der Arbeitslosigkeit, der Fürsorge für Behinderte und vor allem in der Festsetzung gleicher ökologischer
Mindeststandards bestehen. Vor allem müsste die Sicherheit von Kapitalanlagen in anderen
Ländern vertraglich garantiert werden, weil es nicht allein der politischen Willkür überlassen
bleiben kann, ob etwa die Altersversorgung z. B. der englischen Pensionsfonds, die in Asien
angelegt sind, später ausgezahlt werden oder nicht. Außerdem sind internationale Vereinbarungen gewiss notwendig, um allzu mächtige Konglomerate aus der Verbindung nationalstaatlicher Standortinteressen mit Großunternehmen abzubauen, also die nationale In-
dustriepolitik auf Kosten anderer zurückzudrängen, und damit Kartelle und ähnliche wett-
bewerbsbehindernde Machtkonzentrationen bzw. wettbewerbsverzerrende Maßnahmen zu
reduzieren. Ob dieser letztere Punkt, der derzeit von der EU-Kommission immer stärker
betont wird, allerdings auf die Zustimmung der oben kritisierten mit scheinbar universalistischen Argumenten arbeitenden Regulatoren stoßen würde, dessen bin ich mir sehr unge-
wiss.

10.1.6   Transnationale Demokratie

Prüfen wir vor dem Hintergrund dieser kritischen Überlegungen nun einen Ansatz von transnationaler Demokratie, wie er von David Held vorgetragen wird.

Kosmopolitische Demokratie umfasst folgende Ideen und Punkte:

„1. Die globale Ordnung besteht aus vielfältigen und einander überlappenden Netzwerken der Macht auf dem politischen, sozialen und ökonomischen Gebiet.

2. Alle Gruppen und Assoziationen erhalten Selbstbestimmungsrechte, die spezifiziert werden durch eine Bindung an individuelle Autonomie und eine bestimmte Menge von Rechten. Diese Menge ist zusammengesetzt aus Rechten innerhalb und außerhalb jedes Machtnetzwerkes. Zusammen bilden diese Rechte die Basis einer Rechtsordnung, die den Menschen die Möglichkeit der Selbstorganisation verleiht – ein demokratisches internationales Recht.

3. Gesetzgebung und Rechtsdurchsetzung können innerhalb dieses Rahmens auf einer Vielfalt von Plätzen und Ebenen entwickelt werden, parallel zur Ausdehnung des Einflusses von regionalen und internationalen Gerichten, um die politische Autorität zu überwachen und zu kontrollieren.

4. Rechtsprinzipien werden angenommen, die die Form und das Ausmaß der individuellen und der kollektiven Handlungen begrenzen innerhalb der Organisationen und Assoziationen des Staates und der Zivilgesellschaft. Bestimmte Standards, nach denen alle behandelt werden müssen und die kein politisches Regime und keine zivile Assoziation in legitimer Weise verletzen darf, werden festgelegt.

5. Als Konsequenz bestimmt das Prinzip von nicht auf Zwang beruhenden Beziehungen die Beilegung von Streitigkeiten, obwohl der Gebrauch von Gewalt als letztes Mittel eine kollektive Option bleibt im Falle tyrannischer Attacken, die darauf zielen, das demokratische internationale Recht außer Kraft zu setzen.

6. Die Verteidigung der Selbstbestimmung, die Schaffung einer gemeinsamen Handlungsstruktur und die Erhaltung demokratischer Errungenschaften sind die vorrangigen kollektiven Prioritäten.

7. Daraus ergeben sich eindeutige Prinzipien sozialer Gerechtigkeit: Die Funktionsweise der Produktion, Verteilung und Ausnützung von Ressourcen muss mit dem demokratischen Prozess und einem gemeinsamen Handlungsrahmen kompatibel sein."[389]

Dieses Modell einer kosmopolitischen Demokratie ist also keineswegs als internationale Ausdehnung von Basisdemokratie gedacht, weil jene die Frage nicht beantworten kann, um welche Basis und um welche Form von Demokratie es sich handeln soll. Basisbewegungen als solche sind weder besonders anerkennenswert noch auch politisch besonders weitschauend. Auch die Bewegung der Ausländerfeinde ist eine Art Basisbewegung. Hier geht es vielmehr um eine Einbettung von Nichtregierungsorganisationen in internationale Standards. Die theoretische, normative und rechtliche Überlegung muss den Vorrang haben vor einer bloßen Verherrlichung von Basisorganisation.

---

[389] Die folgenden Punkte sind eine Übersetzung aus: David Held: From City-States to a Cosmopolitan Order? in ders. (Hg.): Prospects for Democracy. North, South, East, West. Stanford/Cal. 1993, S. 43 und 46f.

Die praktischen Konsequenzen aus diesen Überlegungen werden bei David Held in kurzfristige und langfristige getrennt. Kurzfristig gilt als Ziel die Reform des UN-Sicherheitsrates, um auch der dritten Welt eine hinreichend bedeutsame Stimme zu geben, um die Schaffung einer zweiten UN-Kammer, eine erweiterte politische Regionalisierung nach dem Vorbild der EU, um verbindliche Rechtsprechung vor den Internationalen Gerichtshöfen und die Einrichtung einer kleinen, aber wirksamen und verantwortlichen internationalen militärischen Kraft. Auf gesellschaftlicher Ebene geht es um die Förderung nichtstaatlicher und nichtmarktmäßiger Lösungen in der Organisation der Zivilgesellschaft, um die Einführung von Begrenzungen für das Privateigentum an öffentlichkeitsprägenden Schlüsselinstitutionen, als da sind Medien, Informationen etc. Außerdem müssen den Menschen in den am meisten verwundbaren sozialen Stellungen Ressourcen zur Verfügung gestellt werden, um ihre Interessen zu artikulieren und zu verteidigen.

Dieses Modell ist keineswegs ganz unproblematisch, weil die stärkere Beteiligung von nichtdemokratischen Regimes in der UNO nicht unbedingt dazu beitragen wird, die globale Demokratie zu fördern, und auch zwischen der Kontrolle am Medieneigentum und liberaler Demokratie keineswegs ein spannungsfreies Verhältnis besteht. Im zweiten Fall kann es höchstens darum gehen, Meinungsmonopole zu konterkarieren.

Die Lösungsvorschläge David Helds entstammen durchaus noch dem Geist eines vordemokratischen Drittweltismus und einer vordemokratischen, auf Vergesellschaftung fixierten Haltung zu den Informationsmedien, wie dies in den 70er Jahren weltweit an den Universitäten propagiert worden ist. Der Siegeszug der liberalen Demokratie hat aber inzwischen gezeigt, dass individuelle Selbstbestimmung, politische Demokratie und ein – möglichst breit gestreutes – Privateigentum eher miteinander zusammenpassen als öffentliche Regulierungsformen von Meinungsbildungsprozessen und demokratisches Selbstbewusstsein.

Die langfristigen Ziele von Helds globaler Demokratiekonzeption sind die folgenden: ein weltweites Parlament mit begrenzten Budgetrechten, eine neue Charta der Rechte und Pflichten, die gebunden sind an unterschiedliche Sphären der Machtausübung, die Trennung von politischen und ökonomischen Interessen, die öffentliche Finanzierung von Wahlen, ein vernetztes globales Rechtssystem und eine dauerhafte Zweitbindung eines wachsenden Anteils nationalstaatlicher Formen von Zwangsgewalt an regionale und globale Institutionen mit dem Ziel der Demilitarisierung und der Überwindung des Kriegssystems. Auf zivilgesellschaftlicher Ebene ist das dauerhafte Ziel die Schaffung einer Vielfalt von selbstregulierenden Assoziationen und Gruppen, das systematische Experimentieren mit verschiedenen demokratischen Organisationsformen in der Zivilgesellschaft und eine mehrsektorielle Ökonomie mit pluralen Formen des Eigentums und des Besitzes.

Auch dieser letzte Punkt, der ausdrücklich nicht das Ziel von möglichst vielen Firmenanteilen in möglichst vielen Händen propagiert, was man durchaus auch als Pluralisierung ansehen könnte, sondern vielmehr auch nichtprivate Formen des Eigentums vorschlägt, also wohl auch Genossenschaftswesen und Staatseigentum, scheint von der Realentwicklung überholt worden zu sein.

10.1.7 Solidarität unter Fremden

Es kommt ganz offensichtlich darauf an, einen Pluralismus unterschiedlicher Lebensformen gerade dadurch zu respektieren, dass einige wenige Minimalbedingungen gleicher Rechte

und gleicher Mitverantwortung für alle als Grundlage herausgearbeitet werden. Minimalstandards in gemeinsamen Werten suchen zu wollen, ist ein eher unwahrscheinlicher Weg.
Überzeugender wäre der Versuch, die Gemeinsamkeit in den Mechanismen möglicher Regulierung, also des Diskurses darüber aufzufinden. Das ist der Weg der Diskursethik von Karl-
Otto Apel, der unabhängig von der Frage, ob ihm dafür eine Letztbegründung gelungen ist
oder nicht, sozusagen die Grundstruktur einer genuin politischen Lösungsmöglichkeit vor-
zeichnet. Genuin politisch insofern, als der diskursive Weg eine große strukturelle Ähnlichkeit mit dem politischen der kollektiven Entscheidungsfindung aufweist. „Die Tatsache, dass
wir jedes kontroverse Thema in einem argumentativen Diskurs diskutieren müssen, ist nicht
kontingent oder zufällig, da keine vernünftige Alternative zu diesem Verfahren verfügbar ist,
sofern wir nicht kämpfen oder verhandeln, sondern mit vernünftigen Argumenten herausfin-
den wollen, wer in dem in Frage stehenden Punkt im Recht ist."[390] Im Unterschied zur Diskursethik würde Politik jedoch die beiden von Apel ausgeschlossenen Möglichkeiten des
Verhandelns oder Kämpfens implizieren. Die Diskursethik wäre insofern der Idealtypus
friedlicher und kommunikationell offener Politik, während Verhandlungen, die mit den Mitteln von Angeboten und Drohungen arbeiten, als Einschränkung der Kommunikation anzusehen sind. Allein die formalen normativen Voraussetzungen des argumentativen Diskurses,
die Voraussetzungen der Argumentation also sind Gegenstand dieses Typus von Ethik. Alles
darüber Hinausgehende gehört in den inhaltlich unterschiedlich auszugestaltenden Bereich.
Eine derartige Ethik muss notwendigerweise formalistisch sein.

Ein Modell, wie ein Fortschritt im modernen Solidaritätsbewusstsein hin zu einer Solidarität
unter Fremden gedacht werden kann, hat neuerdings Hauke Brunkhorst vorgelegt. Der Begriff der Solidarität ist für den Prozess normativer Universalisierung nur dann brauchbar,
wenn er einer selbstkritischen Klärung unterzogen wird. Vor allem in der Geschichte der
Arbeiterbewegung hat Solidarität nämlich so etwas wie die Gemeinsamkeit derer bedeutet,
die aufgrund ihrer gemeinsamen Lage und ihres gemeinsamen Nutzens, ihrer Eigenschaft als
Genossen also, (ahd. *ginôzin*, die, die das Vieh gemeinsam haben) gegen andere zusammen-
halten, also einen Vorteil auf Kosten einer anderen Gruppe oder aber, im Falle der Sozialpartnerschaft zwischen Arbeitgebern und Arbeitnehmern, auf Kosten Dritter anstreben, seien
dies nun die Konsumenten oder die gesamthaftenden Steuerzahler. Solidarität bedeutete in
dieser Begriffsverwendung immer so etwas wie Exklusion, obwohl dies in dem Wort und
seiner Herkunft nicht notwendigerweise angelegt ist, denn Solidarität konnte auch die Solidarität einer Feuerkasse oder einer Versicherung auf Gegenseitigkeit beschreiben.

Eine Solidarität unter Fremden muss deshalb keineswegs etwas Paradoxes an sich haben.
Solidarität und Universalität ethischer Urteile gehören bei John Dewey und George Herbert
Mead fraglos zusammen.[391] Sie muss sich keineswegs auf die Haltung zur unmittelbaren
Nachbarschaft oder zu anderen engeren Gemeinschaften bis hin zur eigenen Ethnie oder ei-
genen Nation beschränken. Sie kann universell gedacht werden, in gewisser Weise durchaus
als eine Art universeller Nachbarschaft.

Universalisierung und Individualisierung gehören in diesem Verständnis zusammen. Nur
derjenige kann sich aus den engeren Bindungen und Sicherheiten seiner Gemeinschaft lösen,
der einigermaßen sichergehen kann, auch anderswo auf verlässliche Standards der Akzeptanz
zu stoßen und nicht als Fremder von vornherein ausgegrenzt zu werden. Nur derjenige wird

---

[390] Karl-Otto Apel: Makroethik a. a. O., S. 213.

[391] Vgl. Hauke Brunkhorst: Solidarität unter Fremden. Frankfurt 1997. S. 41.

in Rom Antiquitäten kaufen oder in Hongkong Aktien ordern, der sich auf halbwegs verläss-liche Abwicklungsstandards verlassen kann, bei denen er nicht unter Ausnutzung der Entfer-nung, des Gerichtsstandes oder der Sprache übervorteilt wird. Die Ausbreitung universeller Standards ist immer auch die Voraussetzung dafür, viele geschäftliche Transaktionen über-haupt erst wagen zu können.

Vor allem ist Universalismus eine wichtige Freiheitsvoraussetzung. Nur der kann seiner an-gestammten Gemeinschaft mit guten Argumenten widersprechen, der sich auf eine höhere und umfassendere Gemeinschaft berufen kann.[392] Das wird dann Vernunft genannt, ist aber in der pragmatischen Interpretation George Herbert Meads und anderer weniger emphatisch zu verstehen als der Bezug auf eine größere Gemeinschaft.

Globalisierung verlangt offenbar Formen von Solidarität unter Fremden, weil es anders nicht möglich ist, sich einigermaßen sicher (und damit zu niedrigen Transaktionskosten, mit gerin-gen Risikoprämien) weltweit zu bewegen und Handel zu treiben. Das Zustandekommen der Solidarität unter Fremden wird gedacht als Projekt. Es gibt keine Gewähr, keine Fortschritts-garantie, kein übergeordnetes moralisches Gesetz, sondern allein die Ausweitung des Solida-ritätssinns zunächst begrenzter Gemeinschaften auf immer größere Einheiten. Universalisier-bare praktische Vernunft wird in diesem Denkkonzept in Anlehnung an Richard Rorty ersetzt durch die Extension von Empfindsamkeit, d. h. durch ein vermittels von Erziehung und Gewöhnung verbreitetes Modell einer Kultur der Sensibilität.[393] Ganz im Sinne der Spätaufklärung wird zunehmende Sensibilisierung des moralischen Sinns als das entschei-dende Movens im Zivilisierungsprozess angesehen. Statt einer rigiden Pflichtethik wird hier eine Ethik der Sensibilisierung vertreten, für die es keinerlei theoretische und praktische Ga-rantien gibt, sondern allein ihre tatsächliche Ausbreitung und Vorbildhaftigkeit.

10.2 Kulturtheorie oder Modernisierungstheorie als Deutungsmuster politischer Konfliktlinien (Samuel Huntington versus Bassam Tibi)

10.2.1 Kulturalismus versus Modernisierungstheorie

Ein amerikanischer und ein deutscher Politikwissenschaftler haben beinahe zeitgleich Stu-dien mit ähnlichem Titel und mit eng verwandten Themenbereichen vorgelegt. 1996 erschien Samuel Huntingtons „The Clash of Civilizations and the Remaking of World Order", nach-dem diesem Buch schon im Jahre 1993 ein das Problemfeld erkundender Aufsatz vorange-gangen war.[394] Im Jahre 1995 veröffentlichte Bassam Tibi sein Buch „Krieg der Zivilisa-

---

[392]   Ebenda, S. 44.

[393]   Vgl. Richard Rorty: Menschenrechte, Rationalität und Gefühl. In: Stephen Shute, Susan Hurley (Hg.): Die Idee der Menschenrechte. Frankfurt 1996. 144–170; sowie mit interessanten Variationen Richard Rorty: Menschenrechte, Vernunft und Empfindsamkeit. Transit. Europäische Revue, H. 7, 1994, 102–121.

[394]   Samuel P. Huntington: Der Kampf der Kulturen. The Clash of Civilizations. Die Neugestaltung der Weltpoli-tik im 21. Jahrhundert. München und Wien 1996; Samuel P. Huntington: The Clash of Civilizations? Foreign Affairs, Summer 1993, 22–49.

tionen. Politik und Religion zwischen Vernunft und Fundamentalismus".[395] Diese Übereinstimmung besteht jedoch nur scheinbar. Bei aller Ähnlichkeit der Thematik handelt es sich um grundverschiedene Ansätze. Beide gehen nämlich von deutlich voneinander verschiedenen Interpretationsparadigmen aus. Entsprechend differieren die Vorstellungen von einer politischen Lösung.[396]

Huntington vertritt die These, dass nach dem Ende des Kalten Krieges mit der Sowjetunion an die Stelle des politisch-wirtschaftlich-sozialen Systemkonflikts ein kulturalistisches Deutungsmodell zu setzen sei. Die neuen Konfliktlinien und Feindbilder werden sich an Hand kultureller Differenzen ergeben. Die wirtschaftliche und soziale Modernisierung auch außerwestlicher Gesellschaften wird keine universale Kultur erzeugen, sondern vielmehr andere, insbesondere die islamische und die chinesische Kultur mit neuen Machtpotentialen ausstatten. Kulturell verwandte Gesellschaften werden miteinander kooperieren und Bündnisse bilden. Die neue Weltordnung wird sich auf der Basis dieser kulturellen Differenzen ergeben. Die relative Macht des Westens dagegen wird zurückgehen. Seine universalistischen Ansprüche, vor allem in bezug auf die Menschenrechte, bringen den Westen potentiell in eine Frontstellung zu den anderen Kulturen und erhöhen die Kriegsgefahr, statt das angestrebte Ziel zu befördern. Aus diesem Grunde hängt das Überleben des Westens davon ab, dass die USA als der westliche Kernstaat ihre westliche Identität bekräftigen und in engem Bündnis mit den europäischen Ländern die eigene Kultur gegen die Herausforderung durch nichtwestliche Gesellschaften schützen. Innenpolitisch ist eine multikulturelle Identität der USA oder Europas abzulehnen, außenpolitisch dagegen ist es notwendig, dass eine multikulturelle Welt akzeptiert wird.

Bassam Tibi dagegen geht von dem klassischen sozialwissenschaftlichen Paradigma der Modernisierungstheorie aus.[397] Der religiöse Fundamentalismus wird bei ihm erklärt als Versuch, angesichts sich beschleunigender sozialer Veränderungsprozesse eine Art eigenständige Identität zu stabilisieren. Die Fundamentalisten wollen eine halbierte Moderne, d. h. die Übernahme moderner westlicher Technologie unter Verzicht auf die gleichzeitige Übernahme westlicher Werte wie z. B. Menschenrechte, Trennung von Religion und Staat etc. Der Fundamentalismus ist also eine menschenrechtsfeindliche Defensiv-Kultur. Für Anhänger von Menschenrechten und Demokratie ist dies der eigentliche Gegner.[398]

Für Huntington dagegen ist das Problem nicht der Fundamentalismus, sondern der Islam selbst.[399] Die Konfliktlinien zwischen Christentum und Islam sind in seiner kulturalistischen

---

[395]   Bassam Tibi: Krieg der Zivilisationen. Politik und Religion zwischen Vernunft und Fundamentalismus. Hamburg 1995. Demokratisierungstheoretisch pointiert ders.: Fundamentalismus und Totalitarismus in der Welt des Islam. Legitimationsideologien im Zivilisationskonflikt: Die Hakimiyyat Allah/Gottesherrschaft, in: Richard Saage (Hg.): Das Scheitern diktatorischer Legitimationsmuster und die Zukunftsfähigkeit der Demokratie. Festschrift für Walter Euchner. Berlin 1995, S. 301–314. In dieser Festschrift hat Bassam Tibi zu ersten Mal sein Konzept des islamischen Totalitarismus erläutert.

[396]   Bassam Tibi: Krieg der Zivilisationen a. a. O., S. 40.

[397]   Vgl. hierzu den Überblick: Hans van der Loo, Willem van Reijen: Modernisierung. Projekt und Paradox. München 1992. Zusammenstellung der Kritik an den Moderniserungstheorien: Peter Wehling a. a. O. Antikritisch: Johannes Berger: Was behauptet die Modernisierungstheorie wirklich – und was wird ihr bloß unterstellt? Leviathan 24. Jg. 1996, H. 1, 45–62.

[398]   Vgl. hierzu Peter Lohauß: Fundamentalismus und moderne Identität. Zu Martin Riesebrodts Analyse des Fundamentalismus als sozialer Protestbewegung. Prokla. Zeitschrift für kritische Sozialwissenschaft Heft 96, 24. Jg. 1996, H. 3, 477–489, hier S. 481.

[399]   Samuel P. Huntington: Kampf der Kulturen a. a. O. 349f.

Deutung 1400 Jahre alt – eine Geschichte von Zusammenstößen, mit der verglichen der Konflikt mit dem Marxismus-Leninismus „ein flüchtiges und vordergründiges Problem"[400] darstellte. Den Fundamentalismus behandelt Huntington als eher randständiges Übergangs- phänomen, vergleichbar dem christlichen Eiferertum zur Zeit der Kreuzzüge oder im Cal- vinismus und Puritanismus in Europa. Christentum und Islam sind für ihn als auf Religionen basierende Lebensformen unvereinbar, weil beide Religionen monotheistisch sind, sich also nicht wie polytheistische Religionen zusätzliche Gottheiten einverleiben können, weil beide universalistisch sind und dazu neigen, die Welt dualistisch in ein „wir" und „sie" zu teilen. Beide sind zudem missionarisch und neigen dazu, sich durch Eroberung auszubreiten, wo immer sich Gelegenheit dazu bietet.[401] Huntingtons Diagnose kommt hier zur Unausweich- lichkeit des Konflikts: „Solange der Islam der Islam bleibt (und er wird es bleiben) und der Westen der Westen bleibt (was fraglicher ist), wird dieser fundamentale Konflikt zwischen zwei großen Kulturkreisen und Lebensformen ihre Beziehungen zueinander weiterhin und auch in Zukunft definieren, so wie er sie 1400 Jahre lang definiert hat."[402]

Bassam Tibi wählt eine völlig andere Perspektive. Er setzt auf die Trennung von Religion und Politik, d. h. auf die Möglichkeit, als deutscher Verfassungspatriot für eine säkulare Demokra- tie einzutreten und im religiösen Bereich gläubiger Muslim zu sein. „Nicht der Islam als sol- cher verschließt sich der Demokratie, sondern die islamisch-fundamentalistischen Ideo- logien."[403] Tibis Feindbild ist der politisierte Islam der Fundamentalisten. Er vertritt keine mo- dernisierungstheoretische Teleologie, d. h. er glaubt nicht, dass dieses Problem sich durch die vollzogene technische Modernisierung von selbst erledigen wird. Hier folgt er Max Horkhei- mers Kritik, dass eine instrumentell ausgerichtete Technisierung des Lebens keinen Fortschritt im politischen Sinne bedeuten müsse. Diese Art von Fortschrittsglauben ist ihm fremd.[404] An ihre Stelle setzt er eine normative Vernunftorientierung, deren politische Konsequenz darin besteht, beim Zusammenprall sich religiös definierender Zivilisationen die Möglichkeit des Friedens darin zu sehen, potentielle und bestehende Frontlinien durch das Aufsuchen dessen zu entschärfen, was als in beiden Kulturbereichen vorstellbarer Konsens angesehen werden kann.[405] Menschenrechte sollen also nicht von außen übertragen werden. Dann würden sie als imperialistischer Anspruch des Westens erscheinen. Vielmehr kommt es darauf an, dass sie durch Angehörige der betreffenden Kultur selbst gefordert und eingebürgert werden.[406] Die kulturellen Widerstände hiergegen, die ihren Kern im Fehlen einer Ethik der Individualrechte in außerwestlichen Kulturen haben, sieht Tibi deutlich, möchte dem aber eine islamische Auf- klärung entgegensetzen, die sich auf vernunftorientierte mittelalterliche islamische Gelehrte stützen und insofern auf eine respektable interne Tradition zurückgreifen kann.

Auf der empirischen Ebene ist sein Konzept allerdings nicht ganz widerspruchsfrei, denn er konstatiert, dass der islamische Fundamentalismus mittlerweile längst nicht mehr Angele- genheit weniger Extremisten ist. „Von zentraler Bedeutung ist die Beobachtung, dass der is-

---

[400] Ebenda, S. 335.

[401] Ebenda, S. 337.

[402] Samuel P. Huntington: Kampf der Kulturen a. a. O., S. 339.

[403] Bassam Tibi: Krieg der Zivilisationen a. a. O., S. 285.

[404] Ebenda, S. 186. Vgl. Max Horkheimer: Zur Kritik der instrumentellen Vernunft, in ders.: Gesammelte Schrif- ten Bd. 6. Frankfurt 1991.

[405] Bassam Tibi: Krieg der Zivilisationen a. a. O., S. 191.

[406] Ebenda, S. 159.

lamische Fundamentalismus für die gegenwärtige von der Mehrheit der Muslime geteilte Weltsicht steht und aus einer psycho-sozial bedingten kulturellen Sinnkrise resultiert. Obwohl die fundamentalistischen Aktivisten nur eine Minderheit sind, reflektieren ihre Ideen die politischen Optionen der Mehrheit der Muslime."[407] Wenn dies aber so ist, dann ist der Kampf gegen den Fundamentalismus der Kampf gegen das Bewusstsein der Mehrheit. Ein Zyniker wie Adam Roberts wartet ohnehin schon auf den Tag, an dem ein amerikanischer Präsident die Zeilen seines Telepromoters verwechselt und erklärt: „We have no quarrel with the government of X, but only with the people."[408] Die Differenz zwischen Fundamentalismus und Islam überhaupt besteht dann nur noch auf der historischen und ideellen Ebene, ist sozial aber nicht mehr besonders relevant. Dieser defensiv-kulturelle Versuch einer Wiederverzauberung der Welt, wie Tibi dies mit Richard Falk und anderen charakterisiert, macht im Grunde die Unterscheidung zwischen Fundamentalismus und Islam überhaupt obsolet.[409] Zumindest ist der Sinn seiner These unklar, dass nicht der Islam als solcher sich der Demokratie verschließe, sondern nur die islamisch-fundamentalistischen Ideologien, wenn das Bewusstsein der Mehrheit, welches doch nur eine derartige Demokratie würde tragen können, durch eben dieses Denken geprägt ist.[410]

Huntington tritt für die identitätsstiftende Mobilisierung westlichen Bewusstseins inklusive des zumindest in Europa deutlich im Rückgang begriffenen Christentums ein. Der Westen war für ihn der Westen, bevor er sich modernisiert hat.[411] Nicht die Werte der Modernisierung müssen zum Zweck der Friedenserhaltung auf den Rest der Welt übertragen werden, sondern es kommt vielmehr darauf an, diese eigene Werttradition zu erkennen, zu stabilisieren und im Kampf der Kulturen zu behaupten. Worin genau besteht nun für ihn die westliche Identität, worin liegt ihre Differenzqualität zu anderen Kulturen?

Er zählt dafür folgende Merkmale auf:

Westliche Identität nach Huntington
- Das klassische griechische und römische Erbe des wissenschaftlichen Rationalismus, des römischen Rechts, der lateinischen Sprache und des Christentums. Die islamische und die orthodoxe Kultur haben hier in wesentlich geringerem Umfang geerbt.
- Katholizismus und Protestantismus, Reformation und Gegenreformation sind ein zweites kennzeichnendes Merkmal.
- Das dritte Merkmal ist die Fülle der europäischen Sprachen.
- Das vierte ist die Trennung von geistlicher und weltlicher Macht, eine Trennung, die es in keiner anderen Kultur gegeben hat und die entscheidend zur Entwicklung der individuellen Freiheit im Westen beigetragen hat.
- Das fünfte Merkmal ist die Rechtsstaatlichkeit, die auf das römische Recht und das englische common law zurückgeht. Hier liegt der Grundstein für die verfassungsmäßige Begrenzung politischer Herrschaft, der Eigentumsrechte und der Menschenrechte gegenüber despotischer Willkür.

---

[407] Ebenda, S. 254.
[408] Adam Roberts: Foreword, in Daniel Patrick Moynihan: Pandaemonium. Ethnicity in International Politics. Oxford 1993, S. XI.
[409] Vgl. Richard Falk: Religion and Politics: Verging on the Postmodern. In: Alternatives XIII, 1988, 379–394.
[410] Bassam Tibi: Krieg der Zivilisationen a. a. O., S. 285.
[411] Samuel P. Huntington: Kampf der Kulturen a. a. O., S. 98.

- Das sechste Merkmal ist der gesellschaftliche Pluralismus und die Herausbildung von autonomen Gruppen, die nicht auf Verwandtschaft oder Heirat basierten: Mönche, Klöster, Zünfte. Hinzu kommt ein Pluralismus gesellschaftlicher Klassen, wie ein relativ starker und autonomer Adel, eine bedeutende Bauernschaft und eine kleine, aber relevante Schicht von Kaufleuten und Händlern.
- Ein weiteres Merkmal dieses gesellschaftlichen Pluralismus ist die relativ frühe Herausbildung von Repräsentativorganen wie Ständen, Parlamenten u. ä.
- Das Zusammenwirken vieler dieser Faktoren bewirkte die Herausbildung eines Individualitätsgefühls sowie individueller Rechte und Freiheiten. In diesem Punkt liegt wohl das zentrale unterscheidende Merkmal des Westens. Einzeln kommen die meisten dieser Elemente wohl auch in anderen Kulturkreisen vor – ihre Kombination aber ist es, die den Westen einzigartig gemacht hat, und zwar längst bevor er modern wurde.[412]

Dies ist die genaue Kontraposition des kulturalistischen gegen das modernisierungstheoretische Paradigma. Für die islamisch-fundamentalistische Bewegung findet er konsequenterweise eine Alternativerklärung zu ihrer Deutung als Modernisierungsreaktion. Für ihn ist sie Ergebnis des Bevölkerungswachstums in den islamischen Ländern, welches die Altersgruppe der 15- bis 25jährigen signifikant hat anwachsen lassen. Hier findet sich das Rekrutierungspotential für Fundamentalismus, Terrorismus, Aufstände und Migration, und hier findet sich auch der Kern des neuentstandenen Selbstbewusstseins in den muslimischen Ländern (während sich das wachsende Selbstbewusstsein in asiatischen Ländern vorwiegend auf das wirtschaftliche Wachstum stützt).[413] Der islamische Fundamentalismus ist nur eine Erscheinungsform einer sehr viel breiteren Resurgenz des Islam, welche die Ablehnung westlicher Kultur, neue religiöse Bindung und die Akzeptanz „der Moderne" miteinander verbindet. Huntington reflektiert an dieser Stelle[414] wenig darüber, wie modern eine Moderne ohne wissenschaftliche und politische Freiheit eigentlich sein kann. Er stützt sich auf eine saudiarabische Quelle, in der für Modernisierung unter Verzicht auf Verwestlichung plädiert wird. Die Erklärung des Fundamentalismus aus demographischer Mobilisierung allerdings muss als konsequent innerhalb des kulturalistischen Paradigmas gelten, denn demographisches Wachstum wird auch für frühere Phasen, etwa für die protestantische Reformationen und die europäischen Revolution des 17. und 18. Jahrhunderts als plausibler Erklärungsfaktor angesehen.[415] Wichtig ist hierbei, dass das Bevölkerungswachstum nicht als Ergebnis der industriellen, technischen und medizinischen Revolutionen, sondern als anders verursachter, vorausgehender Prozess aufgefasst wird.[416] Für die heutige Entwicklung in den islamischen und asiatischen Ländern lassen sich diese Faktoren allerdings nicht klar trennen.

Ein wichtiger Nebeneffekt des demographischen Erklärungsmusters ist die daraus resultierende Prognose, dass die politischen Systeme in den betroffenen Ländern dadurch zwar auf eine harte, teils revolutionäre Probe gestellt werden, dass beim Rückgang dieses Impulses,

---

[412] Ebenda, S. 98–103.

[413] Ebenda, S. 155ff.

[414] Ebenda, S. 168.

[415] Vgl. Hierzu und zu einer demographischen Interpretation der Thesen Huntingtons von der Konzeption des sog. „youth bulge" her: Gunnar Heinsohn: Söhne und Weltmacht. Terror im Aufstieg und Fall der Nationen, Zürich 9. Aufl. 2006, zu Huntington bes. S. 30f. und 34f.

[416] Ebenda, S. 182.

also im zweiten oder dritten Jahrzehnt des 21. Jahrhunderts, sich auch die islamische Resurgenz abschwächen wird und die Reihen der Militanten, Krieger und Migranten sich lichten werden. Die Entschärfung dieser Konfliktpotentiale ist also abzusehen.[417]

10.2.2   Normative und deskriptive Elemente der Theorie

Ansatz und Reichweite von Huntingtons Zeitdiagnose lassen sich somit ziemlich genau charakterisieren. Er erklärt ausdrücklich, dass es sich bei seiner Studie um kein sozialwissenschaftliches Werk handelt. Ein Sozialwissenschaftler hätte normalerweise auf das modernisierungstheoretische Paradigma zurückgegriffen. Stattdessen bietet er eine konsequent kulturalistische Deutung, die auch in ihrer soziologisch-demographischen Grundlegung keiner Annahmen über den Modernisierungsprozess bedarf. Das von ihm vorgeschlagene Paradigma beansprucht nicht, für alle Zeiten gültig zu sein, sondern nur für die Zeit nach dem Kalten Krieg mit der Sowjetunion (wo statt der kulturellen ideologisch-machtpolitische Faktoren maßgeblich waren) bis ungefähr zur Mitte des kommenden Jahrhunderts. Es hat darüber hinaus keinen umfassenden Anspruch und will nicht alle Erscheinungen interpretieren, sondern nur eine gehaltvollere und nützlichere Perspektive auf internationale Entwicklungen ermöglichen als andere vergleichbare Paradigmen.[418] Das heißt, die Probe bestünde darin, dass dieser Ansatz von Wissenschaftlern als gehaltvoller und von Politikern als praktikabler empfunden würde.

Wenn diese Deutung stimmt, dann müssten sich aus Huntingtons Ansatz Prognosen in einer Form formulieren lassen, dass sie innerhalb eines kürzeren als des eben veranschlagten Zeitraums als überprüfbar würden gelten können. Würde eine wesentliche Prognose nicht eintreten, würde der Schatten des Zweifels auf diesen Ansatz fallen. Eine mögliche Prognose wäre, dass die gemeinsame orthodoxe Kultur es nahe legt, dass sich auf dem Balkan eine griechisch-serbisch-bulgarische Allianz bilden müsste.[419] Eine weitere These wäre, dass politisch-militärische Hilfestellungen normalerweise von islamischen Ländern für islamische Länder, von westlichen für westliche Länder erfolgen. Hier nennt Huntington selbst schon eine entscheidende Ausnahme, nämlich das Eingreifen der USA in Bosnien. Er erklärt diese von der kulturalistischen Regel abweichende amerikanische Politik aus einer Mischung von amerikanischem Idealismus, Moralismus, humanitären Instinkten, Naivität und Unkenntnis der Verhältnisse[420] und damit aus einem Bündel von Fehlentscheidungen, die möglicherweise noch gefährliche Konsequenzen haben werden. Deutlicher als durch jedes andere Fallbeispiel in diesem Buch wird hier, dass eine falsifizierbare Hypothese so nicht zu gewinnen ist, weil empirische Deskription und normative Forderung unauflöslich miteinander verwoben sind. Wenn das reale Verhalten der USA dem kulturellen Muster nicht entspricht, dann war nicht das Deutungsmuster verkehrt, sondern die Politik. Huntingtons Überlegungen sind nicht dazu geeignet, eine Interpretation tatsächlicher Konflikte und Konfliktstrukturen zu geben, sondern sie ziehen sich im Zweifel immer auf eine normative Vorgabe zurück, wie solche Konflikte überhaupt gedacht werden sollen. Ein zusätzliches Problem dieser Gedanken liegt darin, dass bei den wenigen Fällen, die es überhaupt nach dem Ende des Kalten Krieges

---

für neue Konflikte gegeben hat, jeder einzelne Fall zählt. Mag das betroffene Land auch noch so klein sein: Jeder politisch diskutierte Fall wird zum Präzendenzfall, der in zukünftigen ähnlich gelagerten Fällen einen Einfluss auf die dann zu erwägenden Entscheidungsoptionen hat. Das Muster der amerikanischen Unterstützung für Moslembevölkerungen auf dem Balkan hat sich zudem 1999 im Kosovo-Krieg fortgesetzt und lässt damit Huntingtons These erst recht als unrealistisch erscheinen.

Eine weitere Aussage Huntingtons ist, dass Griechenland als orthodoxes Land und die Türkei als islamisches Land nicht in die EU gehören. Die Menschenrechtsproblematik in der Türkei ist für Huntington – hier folgt er ganz der offiziellen türkischen Rhetorik – nur ein vorgeschobener Grund.[421] Er diagnostiziert die Türkei als zerrissenes Land zwischen den Kulturkreisen, als gefährdete Brücke. Ihre Verwestlichung hält er für aussichtslos, weil es nicht möglich ist, der Geschichte zu entkommen, sondern allenfalls eine gefährliche kulturelle Schizophrenie zu produzieren.[422] Die politischen Empfehlungen für den Umgang mit Griechenland und der Türkei, die sich an die Analyse anschließen, sind zwar abgewogen, laufen aber letztlich auf eine Ausgrenzung dieser beiden Länder hinaus.[423] In gewisser Weise bestätigt die kulturalistische Diagnose, die von der Unausweichlichkeit solcher Differenzen ausgeht, aus methodischen Gründen sich diese Unausweichlichkeit selbst. Die kulturalistische Theorie hat ähnlich wie der sogenannte Realismus in der internationalen Politik, der den moralischen Imperativ vertritt, gegen jeden potentiellen Gegner hinreichend gerüstet zu sein, und so auch diesen zwingt, sich entsprechend zu rüsten, die logische Struktur einer *self-fulfilling prophecy*, sobald das politische Handeln den Empfehlungen folgt. Das liegt daran, dass Huntingtons Kulturalismus eine jener typischen normativ-empirischen Dubletten ist, deren normative Empfehlung, sich im Konfliktfalle lieber an die eigene Kultur zu halten, gar nicht als empirisch-analytische Aussage gemeint sein kann und insofern auch nicht durch den Hinweis auf Tatsachen widerlegbar ist. Die Argumente, die Huntington zur Plausibilisierung anführt, haben den Charakter von Beispielen, zu denen sich, wie im Falle Bosniens, des Kosovo-Konflikts oder auch der beiden Golfkriege, leicht ähnlich plausible Gegenbeispiele finden lassen.

Im Gegensatz zu Tibis eindeutig normativistisch formuliertem und vorgetragenem Denken enthält Huntingtons Theorie neben den normativen Elementen auch eine Reihe von deskriptiven Aussagen bzw. Implikationen. Seiner Theorie gemäß müssten sich zum Beispiel die wichtigsten internationalen Konflikte nach dem Zusammenbruch des Staatssozialismus an den Bruchlinien zwischen unterschiedlichen Kulturen ergeben haben. Wir hatten schon gesehen, dass dies in zwei wesentlichen Fällen nicht zutrifft, nämlich im Golfkrieg um Kuwait und im Eingreifen der USA zugunsten der muslimischen Bosnier. Ihre Plausibilität könnte die kulturalistische These allerdings dennoch insofern und soweit gewinnen, wie es dem Leser möglich ist, normative und empirische Anteile strikter zu trennen, als Huntington selbst dies tut. Dann müsste es als Widerlegung seiner Konzeption gelten, wenn in asiatischen Ländern nach dem Durchgang durch eine ökonomische Modernisierungsphase auch massive demokratische Forderungen erhoben werden oder gar Demokratisierungsprozesse sich entwickeln. Falls sich stabile asiatische Demokratien etwa in Taiwan und Südkorea herausbildeten, würde die kulturalistische Theorie in gleicher Weise widerlegt sein wie schon die soge-

---

421   Ebenda, S. 230.

422   Ebenda, S. 245.

423   Ebenda, S. 258ff.

nannte dependencia-Theorie, derzufolge sich der Abstand zwischen den großen Industrieländern und den Entwicklungsländern immer weiter hätte vergrößern müssen.

Zweitens wäre seine Konzeption dann in Frage gestellt, wenn sich zeigen ließe, dass die Mehrzahl der nachhaltigen Konflikte zwischen 1990, also dem Ende des Ost-West-Konflikts, und z. B. dem Jahre 2000 nicht überzeugend kulturalistisch zu erklären wäre, sondern ähnlich wie der Golfkrieg kulturübergreifend sich organisieren würde. Selbstverständlich ist hier mit endlosen Zuordnungsdebatten zu rechnen – wie schon in der bekannten, sehr viel länger und mit sehr viel mehr Material ausdiskutierten Frage, ob es als sozialwissenschaftlich erhärtetes Gesetz angesehen werden kann, dass Demokratien keine Kriege gegeneinander führen.[424] Dennoch spricht die Zwischenbilanz recht deutlich gegen die Validität der kulturalistischen These.

Bleibt der pragmatische Hinweis, dass die Menschen Politik benutzen, um ihre Identität zu definieren, und dass es nach dem Ende des Kalten Kriegs neuer Identitätsdefinitionen bedarf. Also sind heuristische Modelle erforderlich, die Ordnungs- und Erklärungsleistungen vollbringen. Ein solches Modell bietet Huntington an, nicht mehr und nicht weniger. Das Spannungsverhältnis besteht darin, dass es sich um ein vereinfachtes Paradigma handelt, wie es zur schnellen und übersichtlichen Orientierung von Denken und Handeln nützlich ist, dass aber andererseits aus einem solchen vereinfachten Raster, dessen Erklärungskraft umstritten und eingeschränkt bleiben muss, weitreichende Konsequenzen für die Bestimmung von Konfliktlinien und damit für die Frage von Krieg und Frieden folgen. Am überzeugendsten sind die pragmatischen Argumente für sein Gruppierungsmodell durch die typologisierende Exklusion rivalisierender Modellvorstellungen. Das Modell *Eine Welt, eine Kultur*, die nach dem Ende des Kalten Kriegs endlich erreicht sein sollte, muss als Illusion gelten. Eine Zweiteilung der Welt in *Wir* und *Sie* war die vereinfachende Struktur des Kalten Krieges, die es nahe legte, auch ganz anders verursachte Konflikte in der Dritten Welt unter der Leitfrage wahrzunehmen, ob dies einen Vorteil für den Westen oder für die Sowjetunion bringe. Entsprechende Aufteilungen in reich und arm, Nord und Süd, sind vorstellbar, aber unrealistisch. Das staatenrealistische Bild, es konkurrierten etwa 190 souveräne Staaten um Machtanteile, oder gar das darüber hinausgehende Bild des reinen Chaos in der Weltpolitik, vermögen gerade die entscheidende Leistung der Übersicht nicht zu erbringen. Aus dem Übersichts- und Gruppierungsbedürfnis ergibt sich also Huntingtons Vorschlag, die Welt nach dem Kalten Krieg als zusammengesetzt aus 6 oder 7 Kulturkreisen vorzustellen und alle Konflikte und Probleme aus dieser Perspektive zu deuten, wohl wissend, dass es sich um eine Perspektive handelt, die durch eine überzeugendere ersetzt werden muss, sobald ihre Erklärungskraft nachlässt.

10.2.3   Zivilisation und Identität

Huntingtons überzeugendstes Argument für seine kulturalistische Perspektive ist die Überlegung, dass das Konzept des Westens älter ist als die Modernisierung, dass die Modernisierung der islamischen und der asiatischen Gesellschaften genauso wenig die Verwestlichung bedeuten muss, wie wir japanisiert werden, wenn wir japanische Fernseher oder

---

[424]   Vgl. zu diesem Problem kritisch zusammenfassend Walter Reese-Schäfer: Neorealismus und Neoliberalismus in den internationalen Beziehungen. Zur empirischen Überprüfung einer These Immanuel Kants, in: Gegenwartskunde 44. Jg. H. 4, 1995, S. 449–460.

Autos benutzen. An diesem Punkt besteht eine weitgehende Übereinstimmung mit Bassam Tibi, der sich ebenfalls gegen die vulgärmodernistische Vorstellung wendet, die Verbreitung von Coca Cola, Jeans und westlicher Fernsehserien bedeute eine Verbreitung der westlichen Kultur.[425] Kultur und Konsumverhalten dürfen offensichtlich nicht miteinander verwechselt werden. Auch Tibi teilt also nicht den naiven Fortschrittsglauben an die Verbreitung universeller Werte durch die globale Angleichung des Konsums. Seine Kritik greift auf ein ausgewiesenes normatives Konzept zurück, nämlich auf aufklärerische Einheit der rationalen Wissenschaftlichkeit und die politische Konzeption der Menschenrechte. Gestützt auf die Diskursethik von Karl-Otto Apel sieht er die Notwendigkeit einer für die gesamte Menschheit gültigen ethischen Grundorientierung, die in demokratischer Form als Brücke für einen internationalen Konsens zwischen den streitenden Zivilisationen dienen könnte. Tibi ist normativ so anspruchsvoll, dass hierzu die Idee der offenen Gesellschaft sowie die sie stützende freie Marktwirtschaft gehören müssten. Dennoch ist er der Ansicht, dass ein solcher ethischer Konsens nicht mehr vom westlich dominierten Universalismus geprägt sein würde, weil Vielfalt zulässig wäre, ohne in einen Werterelativismus zu münden.[426] Anders als Huntington sieht er gerade im japanischen Modell und in der von ihm damit assoziierten konfuzianischen Tugend der Nachahmung einen Weg, über den nichtasiatische Zivilisationen nur in erheblich geringerem Umfang verfügen: den Brückenbau durch Lernen und Akzeptieren von fremden Erfahrungen und deren Anverwandlung zu etwas Eigenem.

Eine wichtige Differenz zu Huntington besteht für Tibi darin, dass seine – mit Karl Mannheim so zu kennzeichnende – Seinslage ihn als Grenzgänger oder Mittler zwischen den Kulturen prädestiniert, weil er anders als Huntington nicht ungebrochen für eine Verteidigung des Westens und schon gar nicht der USA eintreten kann, die in seinen Augen nicht wirklich eine freie Gesellschaft sind, weil der öffentliche Diskurs seiner kritischen Ansicht nach von einer politisch korrekten Wortpolizei kontrolliert wird und die freie Meinungsäußerung zumal für jemanden, der ungewöhnliche Perspektiven vertritt, mit erheblichen Restriktionen belastet ist.[427] Dieser Hinweis macht zugleich ein Zuordnungsproblem bei Huntington deutlich, denn es muss gefragt werden, ob es umstandslos richtig ist, die USA und Europa als einheitlichen westlichen Kulturkreis zu behandeln.[428]

Bassam Tibis Seinslage als Muslim legt ihm zudem die Erkenntnis nahe, dass nicht die Trennungslinie zwischen Islam und Christentum Auslöser und Leitmotiv im Krieg der Zivilisationen sein muss, sondern es vielmehr die Politisierung der religiösen Vorstellungen ist, welche unüberbrückbare Grenzen schafft und welcher die säkulare Demokratie und die Menschenrechte entgegengestellt werden müssen.[429] Entsprechend setzt er seine Hoffnungen auf einen offenen und integrativen Euro-Islam als Alternative zum kulturkämpferischen Getto-Islam. Er fordert konsequenterweise die in Europa lebenden Muslime dazu auf, „ihre Integrationsbereitschaft (zu) zeigen, statt sich in ihre islamischen Gettos zurückzuziehen" und sich vom Fundamentalismus zu distanzieren.[430]

---

[425] Bassam Tibi: Krieg der Zivilisationen a. a. O., S. 302.

[426] Ebenda, S. 282.

[427] Ebenda, S. 14.

[428] Vgl. auch Rolf Trauzettel: Kampf der Kulturen? Die konfuzianische Ethik und die liberale Demokratie. In: Adolf Kimmel (Hg.): Vor dem pazifischen Jahrhundert? Baden-Baden 1996. 9–26.

[429] Bassam Tibi: Krieg der Zivilisationen a. a. O., S 16.

[430] Ebenda, S. 53.

Huntington sieht als Voraussetzung, um in dem von ihm diagnostizierten Zivilisations-konflikt bestehen zu können, eine „Erneuerung der westlichen Identität". Der Westen muss auf seinen potentiell konflikterzeugenden Universalismus verzichten und die Relativität der Kulturen anerkennen. Allerdings: Moral bleibt auch für Huntington absolut, er plädiert des-halb mit Michael Walzer für eine dünne, minimalistische Moral, also die Suche nach dem, was den meisten Hochkulturen gemeinsam ist. „Der konstruktive Weg in einer multikulturel-len Welt besteht darin, auf Universalismus zu verzichten, Verschiedenheiten zu akzeptieren und nach Gemeinsamkeiten zu suchen."[431] Diese kommunitarische Lösung ist die konse-quente politische Folgerung aus einem kulturalistischen Grundansatz. Der Abstand vom Konsensprinzip der Apelschen Diskursethik ist nicht besonders groß, sollte jedoch nicht ver-nachlässigt werden, denn in Apels Konsensdenken geht immer das imaginäre Ziel eines um-fassenden Konsens der idealen Kommunikationsgemeinschaft ein. Der faktische Konsens nach dem kommunitarischen Modell jedoch kann auch, wie Huntingtons an den eben zitier-ten Satz anschließendes Beispiel der offiziellen Integrationsmoral in Singapur zeigt, in dem Versuch bestehen, einer multiethnischen Gesellschaft, in der 76 % Chinesen, 15 % Malayen und Muslime und 6 % indische Hindus und Sikhs leben, von oben eine gemeinsame als „konfuzianisch" deklarierte Moral zu vermitteln. Der repressive Kommunitarismus Singa-purs ist im übrigen kein besonders passendes Beispiel für eine „dünne", übergreifende Moralkonzeption im Sinne Walzers, weil es sich doch gerade um ein sehr dichtes, stark das Leben des einzelnen regulierendes und in dieses eingreifendes Konzept handelt.

In der politischen Konsequenz aus den jeweiligen Diagnosen liegen Huntington und Tibi deutlich auseinander. Tibi spricht dafür, den Zivilisationskonflikt zwar wie Huntington als Realität unserer Epoche nüchtern zur Kenntnis zu nehmen[432], allerdings durch dialogische Bemühungen nach Möglichkeit zu entschärfen. Er will „nicht frontal Stellung beziehen, sondern helfen, Brücken zu schlagen."[433] Die Verständigung soll hier wirklich einen inter-kulturellen Dialog mit dem klaren Ziel der Etablierung einer gemeinsamen diskursethisch begründeten internationalen Moralität sein. Huntington dagegen plädiert für eine auf der ge-genseitigen Anerkennung der Kulturen basierende Weltordnung, bei der die Zukunft des Friedens und der Zivilisation (im Singular, d. h. als normativer Begriff des Zivilisationsfort-schritts verstanden) davon abhängt, „dass die führenden Politiker und Intellektuellen der großen Weltkulturen einander verstehen und miteinander kooperieren."[434] Claims sollen ab-gesteckt und überlebensnotwendige gemeinsame Interessen erkannt werden.

Tibi dagegen betont stärker als Huntington den normativen Anspruch auf eine gemeinsame Sprachebene, die eine solche Verständigung überhaupt erst ermöglicht. Er weist immer wie-der darauf hin, dass dazu auch gemeinsame Begriffe von Krieg und Frieden gehören sowie Normen und Werte, die den gemeinsamen Umgang regeln.[435] Diese Überlegung bezieht sich darauf, dass der Begriff Weltfriede für viele Muslime die vollständige Islamisierung der Welt voraussetzt.[436] Auch wenn er nicht an die Durchsetzung westlicher Werte auf dem Wege ge-meinsamen Konsumverhaltens glaubt, so spricht er den wirtschaftlichen, kommunikativen

431 Samuel P. Huntington: Kampf der Kulturen a. a. O., S. 526.
432 Bassam Tibi: Krieg der Zivilisationen a. a. O., S. 56.
433 Ebenda, S. 40.
434 Samuel P. Huntington: a. a. O., S. 531.
435 Bassam Tibi: Krieg der Zivilisationen a. a. O., S. 59.
436 Ebenda, S. 16.

und politischen Globalisierungsprozessen doch nicht jegliche Wirkung ab. Wissenschaft be-
nötigt allgemeingültiges Wissen – es gibt keine besondere islamische oder hinduistische
Wissenschaft. Hierdurch setzen sich Standards der Rationalität durch. Der internationale
Austausch und die globale interkulturelle Kommunikation bedürfen der Anerkennung der
Universalität der Menschenrechte. Tibis Normativismus in dieser Frage ist anders als der von
Huntington deutlich von seinen analytischen Aussagen zu trennen. Es handelt sich um Forde-
rungen ohne eingebaute Selbstaffirmation. Gerade das Fehlen eines Weltethos gilt ihm als
Merkposten dafür, dass nur eine nichtreligiöse, säkulare Vernunft den Zusammenprall der
Zivilisationen beenden kann.[437]

Die Voraussagen, die aus Tibis modernisierungstheoretischem Konzept abzuleiten sind, laufen darauf hinaus, dass der islamische Fundamentalismus die Defensivreaktion auf einen
Modernisierungsschock ist.[438] Daraus würde folgen, dass bei vollzogener und etablierter
Modernisierung derartige Übergangsprobleme überstanden wären und auch die islamischen
Gesellschaften sich in den allgemeinen Prozess der Demokratieentwicklung und menschenrechtlichen Zivilisation einordnen würden. Allerdings lässt sich auf der Basis seiner Theorie
hierfür kein klarer Zeitindex angeben, so dass es sich nicht um eine Prognose im überprüfba-
ren Sinne handelt.

10.2.4   Folgerungen

Was folgt aus beiden Studien für die Situation des Verfassungstyps der westlichen Demokratie nach dem Zusammenbruch der Diktaturen in Osteuropa? Beiden ist jeglicher Triumphalismus und jeglicher teleologisch-geschichtsphilosophische Optimismus fremd. Huntington
kommt zu der kulturalistisch-resignativ-konservativen Schlussfolgerung, dass das schiere
wirtschaftliche und bevölkerungsmäßige Übergewicht der asiatischen Länder unter der Füh-
rungsmacht China die Bedeutung der westlichen Länder und der westlichen Demokratien zurückdrängen wird. Um ihres bloßen Überlebens willen sollen sie sich auf ihre kulturelle
Identität besinnen, diese nach innen stabilisieren und nach außen um eine Anerkennung der
multikulturellen Vielfalt bemüht sein. Sie sollen also gerade nicht den westlichen Verfas-
sungstyp ausbreiten, weil dies konflikterzeugend wirken könnte. Internationale Politik sollte
auf eine allen gemeinsame Minimalmoral zurückgreifen.

Tibi ist demgegenüber stärker aufklärerisch orientiert. Gemeinsame konfliktvermeidende Bezugspunkte sollen im Diskurs gesucht werden. Dazu müssten übergreifende Grundorientie-
rungen gesucht werden, um auch solchen ostasiatischen Positionen entgegenzukommen, die
die „westlich geprägten Dichotomien zwischen individuellen und Gruppenrechten, formel-
lem Recht und Moralität, zwischen Öffentlichkeit und Privatheit und schließlich zwischen
individueller Freiheit und gemeinschaftsorientierter Verantwortung" überwinden möchten.[439]
Das liefe dann auf eine Entwestlichung von Demokratie hinaus. Es ergibt sich die Frage, wie
weit eine solche Entwestlichung gehen könnte, ohne den Kernbereich dessen, was Demokra-

---

[437] Ebenda, S. 186.

[438] Das ist aus sozialwissenschaftlicher Sicht Standard. Schon 1942 hat Talcott Parsons den Fundamentalis-
musbegriff in diesem Sinne zur Erklärung des deutschen Nationalsozialismus verwendet: Talcott Parsons:
Democracy and Social Structure in Pre-Nazi Germany (1942). Essays in Sociological Theory. Revised Edition.
New York und London 1954. S.123.

[439] Bassam Tibi: Krieg der Zivilisationen a. a. O., S. 285.

tie ausmacht, in Frage zu stellen. Die Vermutung Tibis hierzu läuft darauf hinaus, dass unter
dem Aspekt der Demokratisierung ein islamischer Gottesstaat und eine Demokratie sich
nicht vertragen können, während „der Konfuzianismus für Demokratie offener ist als der
Islam"[440]. Gesellschaften mit islamischer Tradition bringen schlechtere Demokratisierungs-
voraussetzungen mit als die asiatisch-konsensuale Tradition. Diese Differenz zwischen den
beiden größten nichtwestlichen Kulturen ist in seiner Sicht auch ein Hinweis darauf, dass das
von Huntington prognostizierte konfuzianisch-islamische Bündnis gegen den Westen eher
weniger wahrscheinlich ist. Leider sind Tibis Überlegungen zu den asiatischen Kulturen
weniger durchgearbeitet als seine luziden Auseinandersetzungen mit den verschiedenen
Schattierungen islamischer Traditionen und Denkweisen. Darüber hinaus bewegen sie sich
auf der problematischen Grenzlinie zu einer Umdefinition von Demokratie, bei der die Gefahr besteht, dass wesentliche liberale und individualistische Elemente einem übergreifenden
sozialen Ziel geopfert und die Selbstbestimmung nur als solche von kulturell organisierten
Gruppen verstanden wird. Sein Plädoyer für eine „von allen Zivilisationen geteilte Moralität,
vor allem im Bereich der Demokratie und der Menschenrechte" trägt er deshalb auch mit
einer ausgeprägten Skepsis gegenüber der Möglichkeit vor, dies als tatsächliches Heilmittel
anzusehen.[441] Sein ironisch gebrochener Aufklärungsfundamentalismus bleibt damit eine regulative Idee, die es ermöglicht, einen normativen Maßstab anzulegen, ohne doch als effektiver praktisch-politischer Lösungsvorschlag gelten zu können.

Die analytische Grundfrage, ob die westliche Demokratie ein verallgemeinerbares Moder-
nisierungsmodell sein kann oder letztlich doch nur eine Sonderkultur des Westens, wird von
Huntington klar und eindeutig zugunsten der zweiten Option beantwortet: Der Westen kann
nur dann überleben, wenn er sich auf sich selbst zurückbesinnt, sich in seinen bestehenden
Grenzen konsolidiert, missionarische Ambitionen aufgibt und sein Verhältnis zu anderen
Kulturen nach den Maßstäben des außenpolitischen Realismus definiert. Bei Tibi dagegen
soll die Menschenrechtszivilisation verallgemeinert werden und der Islam eine Reformation,
das Denken in der islamischen Welt eine der europäischen vergleichbare Aufklärung und
damit Enttheologisierung erleben. Im Kern setzt er auf die normative Verallgemeinerung des
westlichen Projekts und damit genau auf das, wovor Huntington warnt, weil er es für konflikterzeugend hält.

Tibis menschenrechtsorientierter Ansatz ist deshalb befriedigender, weil er auf rational aus-
gewiesenen normativen Voraussetzungen beruht, während Huntingtons These daran leidet,
dass das kulturelle Schema letztlich nur als heuristisches Gruppierungsmittel, nicht aber als
sozialwissenschaftlich haltbare Deutung plausibel ist. Der Hinweis auf die Stabilität der kulturellen Orientierungen über die Jahrhunderte hinweg wirkt nur auf den ersten Blick beein-
druckend. Es sollte nämlich dabei nicht übersehen werden, wie massiv die Kulturtraditionen
durch den rein gesellschaftlich-politischen Ost-West-Konflikt überlagert werden konnten
und in welchem Maße einheitliche Kulturkreise wie der europäische bis 1945 und der arabische bis heute von inneren Spannungen und Gegensätzen durchzogen sind, deren Polemoge-
nität die kulturellen Gemeinsamkeiten gerade in den entscheidenden Momenten der Entwicklung in den Hintergrund treten und verblassen lässt. Zumindest ein Teil der politischen
Differenzen hat sich im Vergleich zu den kulturellen als stärker und prägender erwiesen.
Das spricht dafür, dass künftige Konfliktlinien eher solche zwischen Demokratien und

---

[440]   Ebenda.
[441]   Ebenda, S. 63.

Autokratien sein werden, weniger dagegen zwischen unterschiedlichen Kulturen. Die politische Kraft der gegenwärtigen, nach der Zählung eines früheren Huntington-Buches[442] inzwischen vierten Demokratisierungswelle ist derzeit noch keineswegs erschöpft. Nachhaltige Konflikte zwischen westlichen Demokratien sind derzeit nicht zu befürchten. Der häufig vorgebrachte Einwand, auch das Europa vor 1914 habe friedlich geschienen, ist fehl am Platze, weil derzeit kein Wettrüsten von westlichen Ländern gegeneinander festzustellen ist. Auch dieser Aspekt ist ein starkes Argument dafür, dass dem modernisierungstheoretischen Paradigma die größere Plausibilität und die größere Erklärungskraft zukommt. Das Konzept darf allerdings nicht in naiver, unterkomplexer Weise verallgemeinert werden, wie man das in den 60er Jahren gerne tat, als in vielen arabischen Gesellschaften ein moderner Elitennationalismus westlichen Typs die Glaubenswelt durchschüttelte und die baldige Entwicklung von Selbstbestimmung und Demokratie erwarten ließ. Bassam Tibi liefert eine differenzierte, selbstreflektierte Modernisierungstheorie, die es erlaubt, den Modernisierungsprozess als Gegeneinander verschiedener Wellen und Schübe zu verstehen, bei denen es besonders in den islamischen Ländern keineswegs selbstverständlich ist, dass das normative *telos* auch erreicht wird – Stagnation oder Zurückbleiben in der Unterentwicklung oder ein Überflügeltwerden durch andere Gesellschaften, die wie Indonesien durch einen mehr asiatischen Typ des Islam geprägt sind, ist permanent möglich. Tibis Ansatz erlaubt es, die kulturellen Hindernisse gegenüber der Durchsetzung liberaler Demokratie ernst zu nehmen, ohne zugleich den Gedanken der auch normativ legitimierten Modernität zugunsten eines Verständnisses der Prävalenz von Kulturkreisen auf mittlere oder längere Sicht aufzugeben. Er ist das umfassendere und deshalb auch erklärungskräftigere Modell, welches zudem klar seine rational begründete Normativität auch als solche ausweist und von der Faktenanalyse zu trennen erlaubt.

10.3   Universalismusdiskurs versus Globalisierungspraxis

In diesem abschließenden Teil des Globalisierungskapitels wird die philosophische Argumentation nachgetragen, die die Probleme des Universalismus deutlich macht, während in den beiden vorigen Kapitelteilen der Schwerpunkt auf den politischen Zusammenhängen lag. Ausgangspunkt meiner Argumentation ist wiederum die im Kern des hier zu behandelnden Problems stehende begriffliche Unterscheidung, nämlich die Unterscheidung von Universalismus und Globalisierung.[443]

Globalisierung verwende ich als Bezeichnung für den immer intensiver werdenden Prozess des weltweiten Wirtschaftsaustauschs, die zunehmende Dichte des internationalen Verkehrs und die derzeit exponentiell anschwellenden Kommunikationsströme. Globalisierung ist also der real stattfindende, messbare und beschreibbare Prozess. Universalismus dagegen soll die Bezeichnung sein für das normative Konzept, mit dem man diesen Prozess untermauern, begründen, rechtfertigen könnte, also für die zugehörige Ideologie.

---

[442] Samuel P. Huntington: The Third Wave. Democratization in the Late Twentieth Century. Norman, OK 1991. Die Wellen sind: 1) Die amerikanische und französische Revolution, 2) Die Demokratisierungen nach 1918, 3) Die Welle in Südeuropa und Lateinamerika zwischen 1974 und 1989, 4) Die Demokratisierung in Osteuropa seit 1989.

[443] Vgl. dazu Zygmunt Baumann: Postmodern Ethics. Oxford 1993, 43f.

Meine These ist, dass die universalistische Theoriebildung mit der Praxis der Globalisierung nicht Schritt halten konnte. Universalistisches Denken scheint aus praktischen, äußeren Gründen ein unverzichtbares Erfordernis der Zeit geworden zu sein. Äußere Gründe allerdings müssen in theoretischer Sicht als bloß kontingent gelten. Aus der Behauptung, universalistisches Denken sei heute erforderlich und unverzichtbar, folgt nämlich keineswegs, dass es in schlüssiger Form, mit überzeugenden, zwingenden Gründen, auch tatsächlich durchhaltbar wäre.

10.3.1   Erstes Argument (Argument aus der nachmetaphysischen Ausdifferenzierung der Rationalitätsbereiche)

Diese These will ich im folgenden entwickeln. Mein *erstes Argument* ist, dass der moralische Universalismus einst deshalb selbstverständlich scheinen konnte, weil er unzulässigerweise, wie wir heute sehen können, nach dem Muster der theoretischen Rationalität geformt war. Es kann als das *Argument aus der Ausdifferenzierung der Rationalität* bezeichnet werden. *Theoretische Rationalität* konnte nicht anders als universell gedacht werden. Der Anspruch ist, dass ein physikalisches Gesetz unter allen denkbaren Umständen Gültigkeit hat. Der *moralische Universalismus* hat dasselbe für sich in Anspruch genommen, was aber zur Voraussetzung hat, dass theoretische und praktische Rationalität gleichzusetzen sind. Das Bewusstsein, dass die Vernunftprinzipien in verschiedenen Rationalitätsbereichen unterschiedlicher Art sein müssen, ist erst für unsere Zeit diskursprägend geworden. Erst heute ist es selbstverständlich geworden, Rationalitätstypen zu unterscheiden, also z. B. zwischen theoretischer, moralisch-praktischer und ästhetischer Rationalität zu differenzieren. Wenn man diesen Bereichen, wie Jürgen Habermas es tut, eine Mehrzahl von Grundunterscheidungen wie wahr-falsch, richtig-falsch und für den ästhetischen Bereich authentisch-inauthentisch zuordnet, muss man die Einheit der Vernunft aufgeben. Man kann sie allenfalls noch – das ist die Postmodernität *contre coeur* von *Jürgen Habermas* – in der Vielheit ihrer Stimmen finden. Die Einheit der Vernunft wird also diesseits der Metaphysik gesucht.[444] Damit wechselt auch der Begriff der Vernunfteinheit seine Bedeutung – er verliert seinen emphatischen Anspruch und trägt höchstens noch den hohl gewordenen Nachklang alter metaphysischer Prätentionen weiter. Die Metaphysik, die Habermas überwinden will, ist als ein Denken zu verstehen, das eine Einheit der Vernunft als tatsächlich vorhandene, substantiell fassbare Einheit auffasst, meist in Gestalt eines gemeinsamen Ursprungs, eines gemeinsamen letzten Grundes oder in ähnlichen Gesamtheiten.

Die *nachmetaphysische Einheit* kann dagegen nur noch eine sein, in der alles prozedural zusammenfließt. Aber warum sollte es dieses tun, warum sollte es zusammen- und nicht auseinanderfließen, wenn es dafür keinen besonderen Grund mehr gibt – der ja andernfalls schon irgendwo vorher gelegen habe müsste. Das Zusammenfließen wird also, wenn es denn stattfindet, nur als kontingenter Prozess stattfinden. Es wird nur durch Zufall dazu kommen oder nur durch den Willen der Gegenwärtigen, die sich dazu entschließen und auch die geeigneten Denkakte vollziehen, wenn es ihnen denn möglich ist.

---

[444] Jürgen Habermas: Die Einheit der Vernunft in der Vielfalt ihrer Stimmen, in ders.: Nachmetaphysisches Denken. Philosophische Aufsätze, S. 153–186. Frankfurt 1988.

Habermas stellt sich das als Vorhaben vor: „Auch die dezentrierte Gesellschaft braucht des Bezugspunktes der projektierten Einheit eines intersubjektiv gebildeten gemeinsamen Willens nicht zu entraten."[445] Die „braucht nicht"-Formel ist signifikant. Habermas führt nicht mehr den zwingenden Beweis der alten Metaphysik, für die die Vernunft ein Ziel hatte und notwendigerweise haben musste, weil es aus ihr selbst folgte, sondern vertritt nur noch eine Möglichkeitsbehauptung. Hier kommt der Projektbegriff zum Zuge, der aber eine hochproblematische Angelegenheit ist, weil die Einheit aus dem angenommenen Ursprung in ein Ziel verlegt wird, das sein Fundament im Willen und im Glauben hat. Man kann nicht einerseits die Vorteile nachmetaphysischen Denkens für sich reklamieren und andererseits doch darauf bestehen, dass das eigene Denken solche Grade von Verbindlichkeit habe, wie sie einst die Metaphysik für sich beanspruchte. Der Nachmetaphysiker, der nicht mehr an ihren Prämissen festhält, aber ihre Gewissheiten noch benötigt, um mit diesen gegen das bunte Völkchen der Relativisten und Skeptiker ins Feld zu ziehen, handelt inkonsequent.

10.3.2   Zweites Argument (Differenz von Philosophie und Demokratie)

Damit sind wir längst beim *zweiten Argument*, bei dem es sich um eine Variation des ersten in etwas veränderter Perspektive handelt: Der demokratisch gebildete Wille einer Gruppe ist nicht der Wille einer universellen Vernunftgemeinschaft abstrakter und interesseloser Vernunftwesen. Es ist vielmehr der Wille gleichberechtigter Individuen, die, sofern sie zu autonomer Willensbildung fähig sind, nach ihrem Eigeninteresse handeln werden. Es braucht vielleicht nicht eigens erwähnt zu werden, sei aber der Deutlichkeit halber dennoch hinzugefügt, dass auch der Autonomiebegriff hier nicht mehr als bloße Freiheit zu moralisch guten Handlungen, sondern im realistischen Sinne als *Freiheit zum Guten und Bösen* verstanden wird.[446]

Dieses zweite Argument will ich als das *Argument aus der Differenz von Philosophie und Demokratie* bezeichnen. Es ist recht alt, aber erst neuerdings neigen die Theoretiker, die sich mit diesen Fragen befassen, dazu, der Demokratie den Vorrang vor der Philosophie einzuräumen. Was die Frage des Endes oder der Überwindung metaphysischen Denkens angeht, ist es mit dem ersten verknüpft. Ich betrachte das gleiche Problem sozusagen von verschiedenen Blickwinkeln aus.

Der philosophische und der politische Diskurs gehören unterschiedlichen Bereichen an und unterscheiden sich prinzipiell so sehr, dass der eine nicht in den anderen hineinregieren oder hineinbegründen sollte. Das ist die Position von John Rawls: „Philosophie als die Suche nach Wahrheit über eine unabhängige metaphysische und moralische Ordnung kann nicht, wie ich glaube, eine arbeitsfähige und gemeinsame Basis für eine politische Gerechtigkeitskonzeption in einer demokratischen Gesellschaft bereitstellen."[447] So, wie es ein Übergriff wäre, wenn politische Anforderungen an die philosophische Wahrheitsfindung gestellt würden, wäre es auch ein grundsätzlicher Fehler, prinzipielle Wahr-falsch-Unterscheidungen in den Bereich des Politischen hineinzutragen. Es kommt hier darauf an, eine ähnliche Toleranz zu entwickeln wie schon im Bereich der Religion. Das Insistieren auf philosophischer Wahrheit

---

[445]   Jürgen Habermas: Ebenda, S. 181.

[446]   Vgl. hierzu Gerhard Schönrich: Bei Gelegenheit Diskurs. Von den Grenzen der Diskursethik und dem Preis der Letztbegründung. Frankfurt 1994, 118f.

[447]   John Rawls: Justice as Fairness: Political not Metaphysical. Philosophy and Public Affairs, Vol. 14, 1985, 219–251, hier S. 230.

wird von Rawls für politische Kontexte als beinahe genauso gefährlich hingestellt wie das Beharren der religiösen Fanatiker auf ewigen Wahrheiten. Die Domäne des Politischen ist ein besonderer Bereich, in dem alle Wahrheitsfanatismen gefährliche Folgen haben können, weil „politische Macht immer mit der Macht zu zwingen verbunden" ist.[448] Auch scheinbar mit demokratischen Strukturen eng verwandte Doktrinen wie die des Liberalismus können einen gefährlichen fundamentalistischen Charakter annehmen. Es muss möglich sein, zur politischen Grundstruktur auch die Zustimmung von Bürgern zu gewinnen, die völlig anderen, ja gegensätzlichen umfassenden Lehren oder Weltanschauungen anhängen. Die weltanschauliche Neutralität des Staates ist hier eine der wichtigsten Grundlagen. Sie wird erreicht durch Metaphysikverzicht bzw. durch die Begrenzung der Metaphysik auf den Privatbereich sowie den von Vereinen und Vereinigungen. In der Politik kommt es gerade darauf an, „philosophisch gesprochen, an der Oberfläche zu bleiben."[449]

Richard Rorty, der derzeit führende Kritiker aller überzogenen philosophischen Prätentionen, hat erläuternd angemerkt, dass nach diesem Konzept politische Schlussfolgerungen keiner außerpolitischen Begründungen bedürfen.[450] Der demokratischen Struktur als dem *Reich der Meinungen* gebührt im Konfliktfall der Vorrang vor der Philosophie als dem Reich der Wahrheitsansprüche. Es handelt sich bei dieser Argumentation um einen Schritt „zur weiteren Entzauberung der Welt."[451] Etwas gröber gestrickt kann man das auch so formulieren: „Philosophisches Begründen ist ein autoritäres Geschäft."[452] Das liegt daran, dass es dem Anspruch nach nur eine Wahrheit geben kann, die Menschen aber vielerlei Meinungen haben. Daraus ergibt sich, dass das Recht eine Funktion des öffentlichen Willens und nicht der Vernunft bzw. der speziellen Vernunft von Weisen oder Richtern ist.[453]

Nicht nur das Begründen selbst, sondern auch die Universalisierbarkeitsforderung des Moralischen kann als Zumutung betrachtet werden. Hermann Lübbe, mit dessen neokonservativen Konzeptionen der Üblichkeiten und der darauf basierenden Urteilskraft ich ansonsten und im Kern nicht übereinstimme, hat, und in diesem Punkt folge ich ihm, deshalb den Imperativ der Minimalisierung von Universalisierbarkeitsforderungen aufgestellt. „Er besagt: die Zumutung, mit anderen sich auf den Boden übereinstimmend interpretierter Wirklichkeit zu versammeln, ist politisch nur insoweit sinnvoll und legitim, als lösungsbedürftige Konflikte herrschen, deren normative Regelung nur im Ausgang von homogenen Erfahrungen möglich ist."[454] Genau dies ist übrigens auch die Argumentation, die John Rawls in seinen Vorlesungen für Amnesty International als Grundlage für völkerrechtliche und menschenrechtliche Vorstellungen vorgetragen hat. Es gibt keine Universalität a priori, sondern nur eine von Fall zu Fall über den engeren Bereich der westlichen liberalen Demokratien hinausreichende Allgemeinheit.[455]

---

[448] Ebenda.

[449] Ebenda.

[450] Richard Rorty: Der Vorrang der Demokratie vor der Philosophie, in ders.: Solidarität oder Objektivität? Drei philosophische Essays. Stuttgart 1988, 94.

[451] Ebenda, S. 107f.

[452] Michael Walzer: Philosophy and Democracy, Political Theory Vol. 9, 1981, H. 3, 379–399, hier S. 381.

[453] Ebenda, S. 383.

[454] Hermann Lübbe in: Willi Oelmüller (Hg.): Normenbegründung – Normendurchsetzung. Materialien zur Normendiskussion Bd. 2. Paderborn 1978, S. 125.

[455] Vgl. John Rawls: Das Völkerrecht, in Stephen Shute, Susan Hurley (Hg.): Die Idee der Menschenrechte. Frankfurt 1996.

10.3.3   Drittes Argument: die Differenz zwischen faktischer Allgemeinheit und Allgemeingültigkeit

Das dritte Argument bezieht sich auf die Differenz zwischen faktischer Allgemeinheit und Allgemeingültigkeit. In seinem Aufsatz „Gerechtigkeit als Fairness: politisch und nicht metaphysisch", der in den Jahren von 1983 bis 1985 entstand, hat John Rawls dieses Argument weiterentwickelt. Er möchte „in einem demokratischen Verfassungsstaat das öffentliche Verständnis von Gerechtigkeit so weit wie möglich von kontroversen philosophischen und religiösen Lehren unabhängig" machen, kurz gesagt, das „Prinzip der Toleranz auf die Philosophie selbst" anwenden.[456]

> Die liberale Theorie soll deshalb auf drei Dinge verzichten:
>
> * Eine philosophische Begründung.
> * Einen universalen Wahrheitsanspruch.
> * Festgelegte Vorstellungen über das Wesen oder die Identität der Person bzw. des Subjekts.

Seine Idee der Gerechtigkeit als Fairness ist seiner Auffassung nach keine zunächst vorpolitisch angelegte philosophische Konzeption wie z. B. der Utilitarismus oder der Kantianismus, die dann anschließend mit mehr oder weniger abgestuften Applikationsregeln versehen auf den Bereich des Politischen angewendet werden, sondern es handelt sich schon von vornherein um „eine politische Konzeption der Gerechtigkeit". Sie versucht sich allein „auf grundlegende intuitive Ideen zu stützen, die eingebettet sind in die politischen Institutionen einer demokratischen Herrschaftsordnung und der öffentlichen Traditionen ihrer Interpretation."[457] Auch unsere allerfestesten Überzeugungen unterliegen Wandlungsprozessen, was man daran erkennen kann, dass in westlichen Gesellschaften religiöse Toleranz nunmehr fest verankert ist und die Sklaverei als ungerecht betrachtet wird. Es kommt nun nach Rawls darauf an, in solchen festgefügten Inhalten unserer politischen Kultur Grundprinzipien zu entdecken, über die Einigkeit besteht, um diese dann durch geduldige Reflexion auf strittige Fragen zu übertragen.

Bindende Überzeugungen werden also nicht aus letztbegründeten Prinzipien hergeleitet, sondern auf interpretativem Weg aus solchen Bereichen unserer politischen Kultur entwickelt, über die weitgehende Einigkeit schon hergestellt ist. Das liberale Denken stützt sich also nicht mehr auf universale Prinzipien, sondern nimmt seine eigene, gemeinschaftliche, kommunitarische Grundlage in den Blick. An die Stelle der Deduktion wird die Hermeneutik gesetzt, an die Stelle des Universalismus ein liberaler Historismus, der das liberale Denken als eine eigenständige Kulturform neben anderen betrachtet. Was vorher universal geltende Prinzipien waren, wird jetzt pragmatisiert, das heißt, in einen Handlungszusammenhang eingebettet.

---

[456]   John Rawls: Die Idee des politischen Liberalismus. Frankfurt 1992, S. 255.

[457]   John Rawls: Justice as Fairness: Political not Metaphysical, Philosophy and Public Affairs, Vol. 14, 1985, 219–251, deutsch u. d. T. Gerechtigkeit als Fairneß: politisch und nicht metaphysisch in: Idee (vgl. vorhergehende Anm.), 255–292, hier S. 225. Ich übersetze direkt aus der amerikanischen Fassung, da die deutsche Übersetzung in „Idee" leider die Rawlssche Klarheit eher verkleistert. Vgl. Idee S. 258.

Damit ergibt sich die Nachfrage, welche Gründe Rawls denn eigentlich noch angeben kann, um diese Traditionen einer „besonderen Gemeinschaft vor denen aller anderen normativ auszuzeichnen", wenn denn der Universalitätsanspruch seiner Theorie preisgegeben ist und ihr „Geltungsbereich auf den Traditionshorizont westlicher Demokratien eingeschränkt" ist.[458] Rawls selber hat auf diese Frage keine eindeutige und konsistente Antwort. Einerseits behauptet er, dass seine Konzeption in dieser Tradition steht und nicht überall passt, andererseits bestreitet er, dass dies relativistische oder historistische Konsequenzen habe.[459] Seine Formulierung lautet so: „Und obwohl eine solche Konzeption nicht für alle Gesellschaften zu allen Zeiten und an allen Orten gilt, ist sie darum nicht schon historistisch oder relativistisch, vielmehr ist sie universalistisch, insofern es *möglich* ist, sie in angemessener Weise zu einer vernünftigen Gerechtigkeitskonzeption für die Beziehungen zwischen allen Nationen auszuweiten."[460] Der plötzliche Sprung in die internationale Politik bringt einen *Begriff des Universalismus* ins Spiel, der mit dem Hinweis auf Historismus und Relativismus gar nicht gemeint war. Es ist nämlich durchaus vorstellbar, dass, wie Immanuel Kant das 1784 formuliert hat, unser Weltteil „wahrscheinlicherweise allen anderen dereinst Gesetze geben wird"[461], die aber nichts anderes sein müssen als die Übertragung der nach unseren Vorstellungen und bei uns üblichen Regeln auf alle, ohne dass es dafür einen anderen Grund als überlegene Wirtschaftskraft verbunden mit besseren Waffensystemen geben muss.

Hier kommt es auf ganz feine Differenzlinien an. Wenn man noch an die philosophische Doktrin des Universalismus glaubt, bedeutet dies Allgemeingültigkeit aus philosophischen bzw. metaphysischen Gründen. Die Allgemeingültigkeit der liberaldemokratischen Fairnessregeln muss sich sozusagen von außen beweisen lassen. Wenn man aber wie Rawls diese Begründungsebene wegstreicht, dann heißt Universalismus schlicht die Ausweitung der in unserer politischen Kultur üblich gewordenen und unserer Auffassung nach bewährten Vorstellungen auf alle, so wie die universalistischen Protestanten, eine ziemlich kleine Sekte, einst aus Boston Missionare in alle Welt entsandten, weil sie der Überzeugung waren, ihre Speziallehre sei die Beste und sollte auch im tiefsten China niemandem vorenthalten werden.

Rawls bleibt an diesem Punkt undeutlich, obwohl dies die entscheidende Frage ist. Die Universalisierung unserer eigenen Regeln, weil wir glauben, sie seien für alle am besten, steht nun einmal unter dem Imperialismusverdacht. Mit philosophischen Allgemeinverbindlichkeitsansprüchen im Rücken konnte man stolz feststellen, dass der ethnologische Relativist schlicht den Sinn sittlicher Grundsätze wie z. B. von Kants kategorischem Imperativ verfehle, die aus sich heraus, sozusagen aus eigener innerer Kraft Allgemeingültigkeit und Objektivität beanspruchen. Wenn die Ansprüche nun einmal richtig sind, dann kann es höchstens noch um angemessene Formen ihrer Anwendung und Übertragung auf fremde Kulturen gehen. Verzichtet man aber ausdrücklich auf derartige metaphysische Überhöhungen, dann kann man zwar immer noch die eigenen Prinzipien verallgemeinern, aber nicht mehr ihre Allgemeingültigkeit beanspruchen. Und das ist ein himmelweiter Unterschied.

---

458   Axel Honneth: Grenzen des Liberalismus. Zur politisch-ethischen Diskussion um den Kommunitarismus, Philosophische Rundschau 38. Jg. 1991, H. 1–2, 83–102, hier S. 100.

459   Vgl. hierzu Cornelia Klinger: Ein Streit, der keiner ist? Zur Debatte zwischen „Liberalen" und „Kommunitaristen" in den USA. Transit. Europäische Revue, H. 7, 1994, 122–139, hier S. 130.

460   John Rawls: Idee, S. 358, Hervorhebung WRS.

461   Immanuel Kant: Idee zu einer allgemeinen Geschichte in weltbürgerlicher Absicht, Neunter Satz, in ders.: Kleinere Schriften zur Geschichtsphilosophie, Ethik und Politik, Hg. Karl Vorländer. Hamburg 1973, S. 19.

Viele Philosophen glauben zwar, dass damit alles verloren sei. Das muss aber nicht der Fall sein. Michael Walzer hat mit Blick auf den Bereich der internationalen Politik zwischen zwei Arten des Universalismus unterschieden. Der *erste* ist der eher metaphysische Typus. Er nennt ihn Covering-Law-Universalismus. Dieser „glaubt, dass es so, wie es *einen* Gott gibt, so auch ein Gesetz, eine Gerechtigkeit, ein richtiges Verständnis des guten Lebens oder der guten Gesellschaft oder der guten Herrschaft, eine Erlösung, einen Messias, ein Millennium für die ganze Menschheit."[462] Dies kann zu den bekannten missionarischen oder welteroberenden Konsequenzen führen.

Die *zweite* Form ist der nachmetaphysische Universalismus. Danach muss man zum Beispiel die Befreiung von Fremdherrschaft nicht als welthistorische Gesamtbewegung unter dem einheitlichen Ziel Liberalismus oder früher der kommunistischen Weltrevolution ansehen, sondern als Vorgang, den jedes Volk für sich auf je andere Weise vollzieht. Die Ähnlichkeiten kann man dann nachträglich feststellen und daraus sinnvolle Kooperationsmöglichkeiten bzw. Bündnisse formen. Walzer nennt das den reiterativen Universalismus. Universalität stellt sich hier durch Wiederholung her. Das Prinzip ist aber Nichteinmischung, Anerkennung der Differenzen. Nach dieser Vorstellung gibt nicht unser Weltteil dereinst allen ihre Gesetze, sondern jeder sie sich selber. Wenn sie unseren ähnlich sind, wie es derzeit der Trend zu sein scheint, ist das von Vorteil. Das entscheidende Problem der internationalen Friedensordnung ist nach Walzer, auch wenn es oft den Anschein hat, als bedürfe es eines übergreifenden Gesetzes, auf reiterativem Weg lösbar: durch die Gewöhnung an Konfliktlösungsverfahren durch *Bargaining*, durch Verhandeln, durch allmähliches Etablieren von internationalen Entscheidungsinstanzen wie z. B. Gerichten, die Streitfälle schlichten sollen, und deren Ergebnisse als brauchbar empfunden werden, durch allmähliche Ersetzung der teuren Selbstverteidigungskapazität jedes einzelnen Staates durch kollektive Verteidigungssysteme, die in erster Linie des Vertrauens bedürfen. Das Nach und Nach des reiterativen Weges kann auf diese Weise durchaus zu überzeugenden Resultaten führen.

Die auf diesem Wege erreichbare Universalität ist eine faktische, oder, in meine anfänglich gegebene Definition übersetzt, es handelt sich um das Ergebnis eines Globalisierungsprozesses, eines evolutionären Prozesses von *trial and error*. Philosophisch gesprochen ist dieser kontingent, kann also nicht den Heiligenschein der höheren Notwendigkeit für sich beanspruchen. Die Anerkennung des Anderen jenseits der Grenzen unserer Kulturen ist additiv und induktiv, geht also von keinem a priori verbindlichen Rechtssatz aus.[463] Mit dieser Art von Argumentation wäre also das Globalisierungsproblem auch ohne Indienstnahme metaphysischer Argumente, sozusagen auf pragmatische Weise durchaus erfolgversprechend zu behandeln. Globalisierung kann zu einer faktischen Universalität ohne metaphysischen Universalitätsanspruch führen.

10.3.4   Das soziologische Argument

Mein viertes Argument geht von einer soziologischen Sicht auf den Weltbürger aus. Die neue internationale Schicht der Arbeitskräfte des Informationszeitalters, also die bestausgebildeten und bestbezahlten Kräfte, haben Landesgrenzen längst hinter sich gelassen. Sie le-

---

[462] Michael Walzer: Zwei Arten des Universalismus, Babylon. Beiträge zur jüdischen Gegenwart, H. 7, 1990, 7–25, hier S. 8.
[463] Ebenda, S. 20.

ben in ihren Ländern meist in kleineren *Communities* unter sich, oft auch beschützt von privaten Sicherheitskräften, und genießen dadurch Sicherheitsvorteile vor dem Normalbürger. Ihre Kinder besuchen Privatschulen, lernen Fremdsprachen und können leicht den Wohnort, sogar das Land wechseln. Viele von ihnen können überall dort arbeiten, wo es ein Telefon, ein Faxgerät, ein Modem und einen Flughafen gibt.[464] Sie sind an erhöhter Lebensqualität für ihre soziale Gruppe interessiert, nicht aber unbedingt an erhöhter Lebensqualität für alle, d. h. sie oder ihr Kapital würden abwandern, wenn aus ihren Steuern nach ihrer Meinung zu hohe Wohlfahrtskosten finanziert werden müssten. Sie gehören mehr einem globalen Gewebe an als bestimmten Nationalstaaten, innerhalb derer aber die reale Einkommensumverteilung des klassischen Sozialstaates stattzufinden pflegt. An ihre Landsleute sind sie eigentlich nicht gebunden, eher an den Austausch und Kontakt mit anderen Symbolanalytikern. Man kann sie so nennen, weil sie mehr mit Symbolen als mit materiellen Dingen umgehen. Diese Gruppe ist z. B. an billigen Dienstleistungen interessiert und wird deshalb eine möglichst unbegrenzte Einwanderung aus Ländern der dritten Welt befürworten. Dadurch gerät sie in einen Interessengegensatz zu den einheimischen Dienstleistungskräften und auch zu den Industriearbeitern, die dadurch unter Konkurrenzdruck geraten und befürchten müssen, dass ihr Einkommen auf Drittweltniveau abgesenkt wird.

Das symbolanalytische Bürgertum wird deshalb mit universalistischen Argumenten die einwanderungsfeindlichen unteren Schichten als rassistisch, provinziell und engstirnig abqualifizieren. Es wird für freien internationalen Kapitalverkehr eintreten, um nicht, wie es in den siebziger Jahren dem französischen Bürgertum geschah, plötzlich einer Devisenkontrolle zu unterliegen. Es wird dazu tendieren, aus eher egalitären Ländern mit hoher Einkommensumverteilung wie in Europa abzuwandern z. B. in die USA, wo man weniger Steuern zahlen muss und erheblich bessere Dienstleistungen vorfindet. Es wird deshalb mit universalistischen Argumenten für die internationale Berufsfreiheit plädieren.

Robert Reich zählt die dunkleren Seiten dieser Art von Weltbürgerlichkeit auf: Die Symbolanalytiker werden Weltbürger sein, ohne die Verpflichtungen der Staatsbürgerschaft in einer politischen Gemeinschaft zu akzeptieren oder anzuerkennen. Sie können außerhalb einer wirklichen politischen Gemeinschaft leben und einfach durch Abwanderung einen enormen Einfluss erzielen. Wenn wir mit anderen nichts mehr gemeinsam haben außer unserer Zugehörigkeit zur Menschheit im allgemeinen, also keine gemeinsame Geschichte einer politischen Gemeinschaft, keine gemeinsame Kultur und kein gemeinsames Schicksal, dann wird die Bereitschaft zur verantwortungsvollen Umverteilung und zur Generosität gegenüber den sozial Schwachen nichts weiter mehr als eine altmodische Erscheinung sein.[465] Ein Weltbürger wird keine besondere Bindung an irgendeine bestimmte Gesellschaft mehr empfinden und sich dort ansiedeln, wo er die meisten Privilegien genießt. Selbst wenn er, wie es sich für einen guten Weltbürger nun einmal gehört, allen Problemen der dritten Welt, dem Hunger und der Überbevölkerung gegenüber sensibel ist, dann wird er doch gerade als Weltbürger eher der Meinung zuneigen, dass überall sonst auf der Welt sehr viel dringendere Hilfe nötig sei als, sagen wir, bei den offensichtlich wohlgenährten Arbeitslosen seiner Herkunftsstadt. Auch das ist ein universalistisches Argument. Im übrigen, wenn Armuts- und Umverteilungsprobleme in einer Stadt oder gar einer Nation noch lösbar erscheinen, sind sie es im

---

[464] Robert B. Reich: The Work of Nations. Preparing Ourselves for 21st-Century Capitalism. New York 1992, 294f.

[465] Robert B. Reich: a. a. O., S. 310.

Weltmaßstab wesentlich schwerer, so dass die wahrscheinliche Einstellung eines intelligenten Weltbürgers zu diesen Fragen eher eine abgeklärte Resignation sein dürfte.[466]

Zusammengefasst: In dieser weltbürgerlichen Gestalt siegt die Globalisierung über jeglichen distributiv anspruchsvollen Universalismus. Die weltgesellschaftlichen Strukturen, auf die wir uns zubewegen, werden nicht das Resultat normativer Erwartungen sein, und sie werden auch nicht so aussehen, wie ein Missionar der universalistischen Denomination oder ein Prediger des philosophischen Universalismus sie sich vorgestellt haben mögen. In den Verteidigungen des Universalismus sind mindestens zwei argumentative Fehlschlüsse am Werk:

Erstens die Konfrontation der idealisierten universalistischen Wirklichkeit mit einer immer unzulänglichen Realität, statt Wirklichkeit mit Wirklichkeit und Ideal mit Ideal zu vergleichen. Zweitens der Fehlschluss von der zunehmenden Globalisierung darauf, dass dies nun auch universalistisches Denken erforderlich unverzichtbar mache. In Wirklichkeit findet Globalisierung als evolutionärer Prozess einfach statt. Die universalistischen Argumente können sie weder steuern noch beeinflussen, sondern allenfalls beschönigen. Bei genauer Betrachtung und konsequenter argumentativer Durchführung werden sie aber vor allem im Bereich der Sozialstaatlichkeit zu massiven Reduktionen führen, so dass man sich fragen kann, ob die Anhänger universalistischer Denkformen wirklich alle wichtigen und ins Auge fallenden Konsequenzen ernsthaft bedacht haben.

Der Universalismus ist eine Glaubens- und Bekenntnisangelegenheit, die Globalisierung dagegen ist wegen ihres Faktizitätscharakters nichts, an das man sinnvollerweise in ähnlicher Weise glauben kann. Auch an diesem Punkt muss noch so etwas wie ein nachzuholender Säkularisierungsprozess stattfinden. Der Universalismus trägt bis heute Züge jener postmetaphysischen Ersatzgewissheiten, die an die Stelle der vormodernen Heilsgewissheit getreten sind, jedenfalls dann, wenn er mehr sein will als der bloß reiterative, der hermeneutische Universalismus von Michael Walzer.

---

[466] Ebenda.

11 Theorien der Menschenrechte: Ein neuer Blick

Veranstaltungen und Versammlungen, bei denen über globale Probleme gesprochen wird, haben die Tendenz, ein Forum der Pathetiker und Emphatiker zu werden. Selbst Wissenschaftler, die durch ihre Professionalität an sich zur Nüchternheit und begrifflichen Klarheit verpflichtet sein müssten, füllen ihre Vorträge mit argumentativen Dreischritten von der Weltwirtschaft über die Weltgesellschaft zum Weltethos und mit zielführend gemeinten Schlagworten wie *world community*, *world society* und *world polity*, Globalgesellschaft, Weltmodell, Globaltrends und Weltgemeinschaft. Natürlich darf es, wenn es um Weltinnenpolitik und das Überleben der Menschheit geht, nicht an Berufungen auf den amerikanischen Vizepräsidenten und seinen Marshallplan für die Erde und auf eine diverse Gruppe von Autoren fehlen, die alle Weizsäcker heißen und deren Zitate wie chinesische Knallteppiche in derartigen Texten die zündenden Funken liefern müssen. Diese kleinen Knallkörper, in Massen gezündet, heißen dann Erdpolitik, Mitverantwortung für das Überleben der Menschheit und so fort. Ein neuer Weltgesellschaftsvertrag muss her, eine neue Weltarbeitsteilung, die Überwindung nationaler und ethnonationaler Egoismen und natürlich ein Recht auf Entwicklung, das in Wirklichkeit ein Recht auf Transferzahlungen an Eliten statt Freisetzung wirtschaftlicher Eigenaktivitäten meint.[467]

Die Literatur zu unserem Problem ist geradezu durchzogen von dieser Art von Pathos. Neuerdings wird das noch bereichert durch einen Schuss Apokalyptik, derzufolge die Globalisierungstrends zum Abschmelzen der durch korporatistische Strukturen erzielten Einkommensvorteile auf dem Arbeitsmarkt führen könnten und damit zum Zusammenbruch des darauf basierenden sozialen Konsenses.

Die didaktische Umsetzung solcher fachwissenschaftlicher Glaubensbekenntnisse kann durchaus dazu beitragen, das, was in letzter Zeit unter dem Stichwort „Krise der politischen Bildung" diskutiert worden ist, weiter zu vertiefen. Statt Wissen über wirtschaftlich-politische Zusammenhänge zu vermitteln und den analytischen Blick als Grundlage einer politischen Urteilskraft auszubilden, tendiert der moralistische Tenor solcher Pathetik zu einer perspektivlosen Angsterzeugung vor zunehmender Arbeitslosigkeit und Verarmung innerhalb der eigenen Gesellschaft einerseits und zu lähmenden Schuldgefühlen angesichts des immer noch vorhandenen Reichtums gegenüber ärmeren Ländern andererseits. Dies kann dann unterschiedliche Formen annehmen wie Globalisierungsangst, Modernisierungsfeindlichkeit, Drittweltismus oder eben antiwestliches Denken im allgemeinen. Dieses hat das Erbe des herkömmlichen Antiamerikanismus und der traditionellen Kapitalismuskritik ange-

---

[467] Beispiele dazu bei Rainer Tetzlaff: Demokratie und Menschenrechte als regulative Ideen zum Überleben in der Weltgesellschaft. Wolfgang Hein (Hg.): Umbruch in der Weltgesellschaft. Auf dem Wege zu einer „neuen Weltordnung"? Hamburg 1994. 279–304, zur Knallkörpermetaphorik vgl. auch Ulrich Beck: Erfindung des Politischen. Frankfurt 1994.

treten und könnte nun, um dafür einen übergreifenden Begriff zu finden, als „hilfloser Antikapitalismus" gekennzeichnet werden.

Die stärkere Rückbindung der Politikdidaktik an fachwissenschaftliche Analyse und vor allem an den nüchternen Geist fachwissenschaftlichen Denkens kann nur dann ein Weg aus dieser Krise sein, wenn die Wissenschaft selbst bereit ist, zu analysieren statt zu moralisieren. Dazu gehört als erstes die Erkenntnis der Probleme, die mit dem Begriff der Menschenrechte verbunden sind.[468]

11.1   Fünf ungelöste Probleme der Menschenrechtsdiskussion

Bis heute ist die Beantwortung folgender Fragen nicht überzeugend gelungen:

1. Gibt es für so weitreichende Rechtsansprüche wie die Menschenrechte eigentlich auch eine allgemeingültige, grundlegende und allgemein überzeugende Begründung?
2. Was ist überhaupt ein Menschenrecht? Welche Art von Rechten gehört dazu, welche nicht?
3. Sind Menschenrechte, wie es sich aus ihrer westlichen Herkunft ergibt, ausschließlich Individualrechte, oder kann es sich auch um Gruppenrechte handeln?
4. Gibt es ein grundlegendes Prinzip, welches die Entscheidung bei Gegensätzen oder Widersprüchen zwischen verschiedenen aus Menschenrechten resultierenden Ansprüchen ermöglicht, oder müssen wir für derartige Fälle auf ein antikes Bewusstsein der tragischen Unauflöslichkeit einer Konfliktsituation zurückgreifen? Gibt es für den Konfliktfall Vorrangregeln für bestimmte elementare Menschenrechte wie etwa die Freiheitsrechte, oder sind die sozialen Rechte gleichrangig, die Menschenrechte also unteilbar, wie auf der Wiener Menschenrechtskonferenz[469] von 1993 beschlossen worden ist?
5. Sind die Menschenrechte selber als Konzept uneingeschränkt gut, oder haben sie Risiken und Nebenwirkungen? Nach welchen dann ja wohl den Menschenrechten äußerlichen Kriterien könnte man solche Risiken und Nebenwirkungen überhaupt erkennen und beurteilen? Anders ausgedrückt: Sind die Menschenrechte ein absoluter und ausschließlicher Wertmaßstab, muss man also einen Monotheismus der Menschenrechte vertreten, oder kann es daneben noch andere Wertkonzepte mit dann wohl eigener, relativer Gültigkeit geben?

ad 1) Das Begründungsproblem

Ein weltweit gültiger Rechtsanspruch würde auch eine weltweit gültige Begründung verlangen. Je weitergehend die Konsequenzen, desto überzeugender müssen die Argumente sein. Grob gesprochen gibt es drei Begründungsmethoden für Wertkonzeptionen mit universellem

---

[468] Vgl. Hermann Giesecke: Zur Krise der politischen Bildung. Versuch einer Bilanz. In: Aus Politik und Zeitgeschichte. Beilage zur Wochenzeitung Das Parlament, Nr. 32, vom 1. Aug.1997, S. 3–10.

[469] UN-Weltkonferenz für Menschenrechte in Wien, 14.–26. Juni 1993. Da sowohl westliche als auch asiatische Vertreter jeweils ihre Version der Menschenrechte durchzusetzen versuchten, ist es nicht ganz abwegig, die beschlossene Unteilbarkeit durchaus als einen Sieg beider Seiten zu betrachten. Was das in der Praxis bedeutet, bleibt aber offen.

Geltungsanspruch wie die Menschenrechte[470]: Sie können aus der Natur des Menschen, aus der Selbstevidenz und aus dem Konsens begründet werden.

Was folgt aber aus der Natur des Menschen? Das Recht des Stärkeren oder das Recht auf gleiche Freiheit für alle? Das Wesen des Menschen kann je nach der historischen Situation und den eigenen Vorurteilen außerordentlich unterschiedlich interpretiert werden und dementsprechend zu extrem gegensätzlichen Wertsystemen führen.

Genauso steht es um die Selbstevidenz, die den Begründungsanspruch durch einen Appell an das für alle Selbstverständliche ersetzt. Es hat sich aber gezeigt, dass z. B. das Recht auf Eigentum, das wir noch als vollkommen selbstverständlich in der französischen Menschenrechtserklärung von 1789 finden, aus den neuesten Erklärungen der Vereinten Nationen verschwunden ist.

Der Konsens ist die heute als üblich und gültig angesehene Methode. Die allgemeine Erklärung der Menschenrechte ist ein faktischer Konsens, der insofern universell gilt, als alle Mitgliedsregierungen zugestimmt haben. Der Konsens hat eine Schwäche: Wenn einige dann doch nicht ratifizieren oder später erklären, sie würden sich nicht daran halten, geht er eben verloren und fungiert nicht mehr als Berufungsinstanz. Genau das ist der Fall, wenn heute in der kulturalistischen Kritik der Menschenrechte erklärt wird, sie seien das Produkt westlich geprägter individualistischer Eliten und deshalb nicht mehr zeitgemäß, weil man ein stärkeres kulturelles Bewusstsein für die Eigenständigkeit und Erhaltungswürdigkeit auch von Kollektiven gewonnen habe. Die Menschenwürde könne nicht bloß Würde des Individuums sein, sondern müsse auch kollektiv verstanden werden, weil das Individuum überhaupt erst in einem Kontext zu einem sozialen Selbst heranwachse. Individuelle Rechte hätten aber die ebenso fragwürdige wie gefährliche Tendenz, diese traditionellen oder neuen Kollektive aufzulösen und zu zerstören und damit gerade diese Form der Menschenwürde zu erschüttern.

Bis heute sind alle Versuche, die Menschenrechte aus der Menschenwürde oder aus bestimmten menschlichen Grundbedürfnissen abzuleiten, eher dunkel geblieben. Was wirklich ein Grundbedürfnis ist, müsste von jemandem entschieden werden und scheint doch ein Gegenstand der Interpretation zu sein wie schon der Gedanke der Naturrechte. Wenn es überhaupt irgendeine Form von Konsens unter Philosophen in dieser Frage gibt, dann darüber, dass bis jetzt kein Konsens gefunden werden konnte.[471]

Richard Rorty hat den Versuch gemacht, auf eine theoretische Begründung überhaupt zu verzichten und stattdessen auf die Praxis der Menschenrechtskultur zu verweisen, wie sie sich herausgebildet hat und weiterentwickelt. Es kommt ihm darauf an, dieser Kultur zu mehr Selbstbewusstsein zu verhelfen, damit sie in einer interkulturellen Diskussion mehr Einfluss entwickeln kann. In seiner Sicht ist die westliche Menschenrechtskultur allen anderen Kulturen überlegen, sie hat nur keine guten für alle Kulturen geltenden Argumente, um

---

[470] Norberto Bobbio: The Age of Rights. Cambridge 1996 S. 13ff. Zur ausführlichen Analyse von Begründungsstrukturen in der gegenwärtigen politischen Ethik vgl. Walter Reese-Schäfer: Grenzgötter der Moral, Der neuere europäisch-amerikanische Diskurs zur politischen Ethik. Frankfurt 1997, bes. S. 59–84, 111–120, 212ff, 444ff, 465–77, 525–541, 569ff, 600–610. Zum Verpflichtungscharakter der Menschenrechte Lothar R. Waas: „Natürliches" Recht in „positivierter" Gestalt, das sich aus Pflichten herleitet? Von der Paradoxie der Menschenrechte, in: Politisches Denken, Jahrbuch 2004, Berlin S. 107–124. Wichtig auch mit einer Kritik an einer Fetischisierung der Menschenrechte Michael Ignatieff: Die Politik der Menschenrechte, Hamburg 2002.

[471] Alison Dundes Renteln: International Human Rights. Universalism versus Relativism. London u. a. 1990, S. 49.

diese Überlegenheit auch zu beweisen. Der Versuch, unabhängige, äußere Gründe zu finden, ist aber auch gleichgültig, wenn es um die Leistungsfähigkeit der Menschenrechtskultur geht. Menschenrechte sind dann vor allem eine Frage des Forschritts der Empfindungen, des gefühlsmäßigen Sich-Empörens über Grausamkeiten wie Folter und unrechtmäßige Verhaftung, die allein schon dadurch, dass man sie schildert, zur Solidarisierung führen.[472]

ad 2) Welche Rechte gehören überhaupt zu den Menschenrechten?
Da die Vorstellung von Menschenwürde und Menschenrechten auf internationalen Konferenzen immer noch ein hohes Ansehen genießt, tritt die Argumentation meist in der Form auf, dass den individualistischen Menschenrechten, die als solche der westlichen Tradition qualifiziert werden, kulturalistische und kollektivistische Rechte gegenübergestellt werden. Dies hat inzwischen schon ein längere Tradition eines Bündnisses zwischen staatssozialistischen Ländern, die damals als Zweite Welt bezeichnet wurden, und solchen der damals und vorläufig trotz des Wegfalls der Zweiten Welt immer noch so genannten Dritten Welt. Erfunden haben dieses Muster wohl die sozialistischen Länder. Die Argumentation lautete ungefähr so: Die bürgerlichen Menschenrechte seien in Wirklichkeit Klassenrechte der Eigentümer an Produktionsmitteln, also bloß universalistisch aufgeputzte Freiheitsrechte der Reichen. Die wirklichen Menschenrechte seien nicht die Informations- und Pressefreiheit der Konzerne, sondern vielmehr die planvolle gesellschaftliche Regulierung der Information. Sie bestünden im Recht auf Arbeit und Recht auf Wohnung und setzten die kollektive Macht der Arbeiterklasse voraus. Sie seien also keine individuellen Rechte gegen die Gesellschaft, sondern vielmehr gemeinsame Rechte der sozialen Kontrolle der Produktion, die nur gemeinsam ausgeübt werden könnte.[473]

Man hat geradezu von einer westlichen und einer östlichen Menschenrechtskonzeption gesprochen, wobei viele der Länder der sogenannten Dritten Welt die östliche Konzeption favorisierten. Entscheidender Bezugspunkt und höchstrangiges Recht in diesem Ansätzen ist immer das kollektive Selbstbestimmungsrecht der Völker, nicht das Recht des Individuums. Das Eigentumsrecht fehlt, wie eben erwähnt, in den Deklarationen übrigens auch der UNO seit den 1960er Jahren. Zu den politischen werden die sozialen Menschenrechte hinzugenommen. Andernfalls wären die Menschenrechte lediglich, wie der DDR-Rechtstheoretiker Hermann Klenner einmal formulierte, „Trägerraketen für Konterrevolutionsexport"[474]. Unter sozialen Rechten wurde ein unterschiedliches Bündel verstanden, immer aber das Recht auf Arbeit, weil Arbeit als erste Grundbedingung menschlichen Lebens gelten sollte.

Da es sich bei den Menschenrechten um ein Bündel von Werten handelt und weil ein vereinheitlichendes Entscheidungsprinzip, was dazugehören soll und was nicht, fehlt, können sie im Prinzip um jeden Wunsch und jegliche Wertvorstellung erweitert werden, von denen gemeint wird, sie seien für alle wünschenswert. So enthält die von einer im Westen lebenden islamischen Dissidentengruppe vorgenommene Proklamation von 23 Menschenrechten des Islam neben den schon bekannten wie Würde, Freiheit, Gleichheit, Schutz vor Folter, politische Partizipation, Eigentum (der Islam befürwortet das Eigentum), Arbeit und Familien-

---

[472]   Richard Rorty: Menschenrechte, Rationalität und Gefühl, in Stephen Shute und Susan Hurley (Hg.): Die Idee der Menschenrechte. Frankfurt 1996, 144–170.

[473]   Die Grundzüge dieser Argumentation finden sich bei dem DDR-Rechtstheoretiker Hermann Klenner: Menschenrechte im Klassenkampf, Einheit Nr. 2, 1977, 156–165.

[474]   Hermann Klenner: Menschenrechte – Heuchelei und Wahrheit, Einheit Nr. 9, 1977, 1036.

gründung sowie das Recht auch der Frauen, eine Scheidung einzureichen, *auch* die Rechte der Reisefreiheit und der freien Wahl des Wohnortes, d. h. übersetzt die Einwanderungsfreiheit in prosperierende westliche Länder.[475] Dies hat zwar noch keinen Eingang in UNO-Deklarationen gefunden, ist aber im Grunde das naheliegende Pendant zu dem Recht, sein Land verlassen zu dürfen, das als traditionelles Menschenrecht gilt.

An diesen Punkten zeigt sich, wie stark allgemeine Rechte in den Rechtsraum anderer Länder eingreifen können. Herkömmlich hatte man es jedem Land selbst überlassen, ob es, wie es in der Präambel der allgemeinen Erklärung der Menschenrechte vom 10. Dez. 1948 hieß, bereit war, die Menschenrechte durch die Herrschaft des Rechts zu schützen oder die Menschen als letztes Mittel zur Rebellion gegen Tyrannei und Unterdrückung zu zwingen. Die Möglichkeit des Aufstandes ist in dieser Deklaration an entscheidender Stelle durchaus vorgesehen, übrigens noch nicht, da es sich nur um eine Deklaration und kein positiv geltendes Recht handeln sollte, die Möglichkeit der humanitären Intervention.

ad 3) Individual- oder Gruppenrechte
Die Geschichte der Menschenrechte ist aufschlussreich für ein Verständnis der mit ihnen verbundenen Probleme und gleichzeitig eine gute Möglichkeit, ein Verständnis für die Prozesshaftigkeit der Rechtskonstruktionen zu gewinnen, also von einem emphatischen Absolutismus der Rechte herunterzukommen.[476] Nicht nur die praktische Umsetzung und Verwirklichung der Menschenrechte ist ein geschichtlicher Prozess, sondern schon ihre Erfindung, ihre Gestalt, ihr Umfang und ihre Begründung. Die Allgemeine Erklärung der Menschenrechte vom 10. Dezember 1948 basierte auf 18 Entwürfen, die alle aus westlichen demokratischen Ländern stammten und die alle bis auf zwei Ausnahmen ursprünglich in Englisch verfasst waren. Die westlichen Freiheitsrechte standen dementsprechend an erster Stelle und wurden durch einige soziale Rechte wie das Recht auf Arbeit, die Organisation von Gewerkschaften und das Recht auf Bildung erweitert. Diese Erklärung blieb letztlich unverbindlich. Die UNO hat deshalb 1966 am gleichen Tag, aber deutlich und bewusst voneinander getrennt, zwei Pakte geschlossen, die zusätzlich mit Berichts- und Durchsetzungsregeln versehen sind und damit die eigentliche, nicht bloß deklarative, sondern auf Umsetzung gerichtete Gestalt der Menschenrechte darstellen sollen: Den internationalen Pakt über bürgerliche und politische Rechte vom 19. Dezember 1966 und den internationalen Pakt über wirtschaftliche, soziale und kulturelle Rechte vom 19. Dezember 1966.

Die Abweichungen dieser beiden Pakte von der Allgemeinen Erklärung sind signifikant. Der politische Pakt zum Beispiel hat es verboten, jemanden einzusperren bloß aus dem Grund, dass er eine vertragliche Verpflichtung nicht erfüllen kann. Die Freiheit der Religion wurde begrenzt. Das Recht, die Religion zu wechseln, entfiel mit Rücksicht auf den Islam. Die Assoziationsfreiheit wurde dem Interesse der nationalen Sicherheit oder öffentlichen Sicherheit nachgeordnet. Das Recht auf freie Meinungsäußerung kann nach Artikel 19 in entscheidender Weise eingeschränkt werden, nämlich falls dies „für den Schutz der nationalen Sicherheit, der öffentlichen Ordnung, der Volksgesundheit oder der öffentlichen Sittlichkeit erforderlich" ist, eine Einschränkung, die in den USA zu einigen Schwierigkeiten bei der Ratifizierung führte, während das in Deutschland niemanden aufgeregt hat. Ein weiterer un-

---

[475] Bassam Tibi: Im Schatten Allahs. Der Islam und die Menschenrechte. München und Zürich 1996, S. 253ff.
[476] In der Darstellung folge ich Alison Dundes Renteln: International Human Rights. Universalism versus Relativism. Newbury Park. London, New Dehli 1990.

westlicher Punkt kam hinzu: An den Anfang gesetzt wurde das Recht der Völker auf Selbstbestimmung, ein kollektives Recht, das an sich mit den individuellen Freiheiten der Menschenrechte nichts zu tun hat. Die westlichen Länder waren aber in ihrer Gegenargumentation nicht sehr überzeugend, hatten sie sich doch bis in die frühen sechziger Jahre, also gerade auch während der Beratungen zu diesem Thema, gegen die Welle der Entkolonialisierung noch gestemmt und aus diesem Grunde auch einige Kolonialkriege geführt. So wurde hinter ihrer Sorge um die individuelle Freiheit eine kolonialistische Attitüde erkannt.

Die Wiener Erklärung von 1993 schließlich geht diesen Weg konsequent weiter. Das Ende des Staatssozialismus in Europa hat keineswegs das Ende der Diskussion um den Vorrang der Sozialrechte vor den Freiheitsrechten gebracht. Der wirtschaftliche Aufschwung in einigen asiatischen Autokratien und der gleichzeitige reale Druck der Demokratisierungswelle in Lateinamerika und Europa wie in Südafrika hatte dazu geführt, dass die Autokratien sich um so intensiver Gedanken über ihre Legitimation und ihre Argumentation machten.

Soviel zur Geschichte, die zwar zur Problemerkenntnis hilfreich ist, die man in ihrer Bedeutung aber nicht überschätzen sollte. Wenn nämlich unzweifelhaft ist, dass die Menschenrechte im Westen entstanden sind, dann folgt daraus, wenn sie tatsächlich und in überzeugender Weise einen universellen Anspruch aufrechterhalten sollen, dass sie sowohl in ihrer Legitimation als auch in ihrem Gehalt von den westlichen Ursprüngen gelöst werden müssen. Es muss also unterschieden werden zwischen dem partikularen kulturellen Kontext, in welchem sie ursprünglich erfunden worden sind, und ihrem Geltungskontext, in dem sie ihren Universalitätsanspruch erst noch erweisen müssen.

Entscheidend ist dabei wohl folgender Punkt: Die Zugehörigkeit oder der Anschluss an religiöse, ethnische, sprachliche oder sexuelle Gruppen impliziert einen statischen Begriff von Kollektivität. In modernen Gesellschaften aber sind Gruppen wechselhafte Erscheinungen. Identitäten können sich wandeln, man muss von Fall zu Fall seine Gruppenzugehörigkeit bestätigen oder kann aus einer Gruppe ausgeschlossen werden. In einer Gruppengesellschaft können die Oberen solcher Gruppen damit eine ungeheure Macht über die Individuen ausüben. Wenn Gruppenrechte sind, dann gehen die Ausgeschlossenen dieser Rechte verlustig. Individuen benötigen Schutz gegen politische wie soziale Gruppen und deren Führungscliquen, die beanspruchen, sie und ihre Interessen zu vertreten und durch Ausschluss und nachbarschaftliche Gewalt ihren Zusammenhalt zu wahren versuchen. Jeder muss in der Lage sein, seine soziale Gruppe zu verlassen, selbst dann, wenn von außen zugeschriebene Bindungen den Kern der Gruppenidentität konstituieren. In einer liberalen Gesellschaft ist dies möglich: Man kann z. B. aus der jüdischen Gemeinde austreten und ist dann kein Jude mehr. In einer rassistischen Gesellschaft ist das nicht möglich.

Kultur ist in der Perspektive der individualistisch verstandenen Menschenrechte eine Frage der freien Entscheidung. Das muss nicht bedeuten, dass Gemeinschaften kulturell wertlos sind. Sie müssen allerdings auf dem Prinzip der Freiwilligkeit basieren. Soziologisch gesehen sind freiwillige Assoziationen die einzigen Formen von Gruppenbildung, die dem Globalisierungsdruck angemessen sind. Alle anderen Formen mögen möglich sein und faktisch auch vorkommen, sie werden aber mit dem Wirtschafts- und Gesellschaftsprozess eher auf dem Kriegsfuß stehen und deshalb anomieerzeugend wirken.[477]

---

[477]   Vgl. zu dieser kritischen Diskussion der Gruppenrechte Rhoda E. Howard, Human Rights and the Search for Community. Boulder/Col. 1995, bes. S. 217ff.

Individuelle Menschenrechte und Gruppenrechte sind im Kern inkompatibel, denn die Menschen müssen nicht nur gegen die Übergriffe staatlicher Autoritäten geschützt werden, sondern auch gegen jene Gruppen, die sie gewaltsam einschließen oder ausschließen möchten. Es muss ein grundlegendes Recht geben, Mitglied keiner Gruppe zu sein und dennoch zum Beispiel bei der Vergabe von Stellen nicht benachteiligt zu werden.

ad 4) Konflikte zwischen verschiedenen Menschenrechten
Wie sind Konfliktfälle zwischen verschiedenen Rechten oder Werten zu entscheiden? Das Recht auf Eigentum, das in der Zweiten und Dritten Welt geringes Ansehen genoss und sogar als Ursache der meisten sozialen Probleme verstanden wurde, ist bei diesem Prozess in den internationalen Deklarationen schon auf der Strecke geblieben. Auch wenn die westlichen Diplomaten oftmals zäh und ungeschickt auf den UNO-Konferenzen für die Individualrechte gekämpft haben und manchmal auch Erfolge erzielten, indem sie nämlich die in den siebziger Jahren geplante UNESCO-Weltinformationsordnung verhindert haben, mittels derer die Diktaturen eine weltweite Zensur der Berichterstattung durchzusetzen versuchten, hat sich die Diskussion westlicher Menschenrechtsgruppen und in ihrer Folge der Menschenrechtstheoretiker weiterentwickelt. Eine Unterscheidung zwischen *elementaren* und den übrigen Rechten hat sich herausgebildet.

Eine mögliche Argumentationslinie für diese Unterscheidung könnte Richard Rorty folgen und sagen, diejenigen Grausamkeiten, die unsere größte Empörung erregen, sind die schlimmsten Menschenrechtsverstöße und müssen deshalb am meisten angeprangert werden. Die Verfeinerung der moralischen Gefühle wird dann entsprechend zu einer Ausdehnung der Rechte führen. Insgesamt ist dies ein evolutionärer Prozess, der keine besondere Logik aufweisen wird. Menschenrechte sind dann diejenigen Rechte, die den vorherrschenden Gefühlen als die wichtigsten erscheinen werden. Diese Argumentation hat allerdings eine Schwäche: Sie geht von einer schon vorhandenen westlichen Menschenrechtskultur aus und koppelt diese an den Prozess der Sensibilisierung, der wachsenden Empfindsamkeit für Verletzungen menschlicher Integrität. Ideengeschichtlich gesehen ist die Empfindsamkeit zweifellos ein Erbe der Aufklärung, aber Sensibilitäten für Verstöße, zum Beispiel Häresien gibt es nicht nur in der weltlichen Menschenrechtskultur, sondern auch in religiösen Kulturen. Man denke nur an die Empörungsreaktionen in einigen islamischen Ländern gegen Salman Rushdie. Auch hier unterliegt die Entwicklung und der Wandel der Empfindsamkeit einer kulturellen Formung und Prägung. Er führt keineswegs notwendigerweise etwa zum Menschenrecht auf Religionsfreiheit. Jeder von uns kennt das durchaus glaubhafte Zittern der Empörung in der Stimme vieler Araber, wenn das Gespräch auf Israel kommt. Es gibt auch ungerechte Empörungsreaktionen und unbegründete Empfindsamkeiten.

Eine zweite Argumentation greift deshalb stärker auf verstandesmäßige Gründe zurück. Bestimmte Rechte sind dann elementar, wenn man die übrigen Rechte überhaupt nur auf ihrer Basis haben kann. Das Recht auf Leben ist in diesem Sinne ein elementares Recht, weil es die Voraussetzung für die Trägerschaft aller anderen Rechte ist. Übrigens bedeutet das keineswegs, dass das Recht auf Leben ein höheres Recht ist als andere Rechte. Es geht nicht um einen wertmäßigen Vorrang des Rechts auf Leben, sondern lediglich um einen logischen oder, wie die Philosophen sagen, transzendentalen Vorrang.[478] Jemand kann durchaus der

---

[478] Otfried Höffe: Vernunft und Recht. Bausteine zu einem interkulturellen Rechtsdiskurs. Frankfurt 1996, S. 76.

Meinung sein, dass er nicht besonders an seinem Leben hängt, sei es höherer politischer Ziele wegen, gar um eines Menschenrechts wie der Freiheit der Religionsausübung oder der Freiheit der Meinungsäußerung willen oder einfach, weil er das als Bestandteil seines eigentümlichen Lebensstils ansieht. Entscheidend ist allein, dass jemand dies selbst entscheiden können muss. Nicht das Leben selbst ist das höchste Gut für jemanden, sondern das, was er als sein höchstes Gut ansieht. Es kommt darauf an, dass jeder dies selbst entscheiden kann, auch derjenige, der bereit ist, sein Leben für seine Religion zu opfern. Es geht also um das, was jemand immer schon bejaht, indem er überhaupt irgendetwas will. Dieser Punkt ist wichtig, denn Thomas Hobbes hatte noch den Fehlschluss begangen, das Leben selbst als das höchste Gut anzusehen. Von dort aus kommt man aber überhaupt nicht zu einer Konzeption der Menschenrechte, sondern dazu, dass das Leben unter allen Umständen wichtiger ist als die Freiheit. Es war angesichts dieser Voraussetzung nur konsequent, dass Hobbes mit dem Argument des Lebensschutzes die härteste staatliche Autorität, den Leviathan gerechtfertigt hat. Erst John Locke hat ihm den Denkfehler nachgewiesen, der darin besteht, dass es überhaupt keine Gewähr dafür gibt, dass eine unkontrollierte staatliche Autorität das Leben der Untertanen schützt und nicht vielmehr gefährdet. Der Unterschied zwischen einem transzendentalen und einem rangmäßigen Vorrang ist also keine bloße Spitzfindigkeit, sondern in der Menschenrechtsfrage ein Unterschied ums Ganze.

Welche Rechte sollen nun dieser Argumentation zufolge als elementar gelten können? Zum Leben gehören wohl auch noch die Dinge, die zu dessen Aufrechterhaltung dienen, also wohl auch Nahrung, Kleider und Wohnen. Dazu gehören sicherlich auch die Freiheitsrechte, Sprach- und Sozialfähigkeit, d. h. des freien Austauschs mit anderen Menschen.[479] Aus der Konkretion Nahrung, Kleider und Wohnen ist leicht ersichtlich, dass es sich um durchaus kulturabhängige Momente handelt. Auf jeden Fall ist die spezifische Ausgestaltung der Rechte nicht ohne weiteres universalisierbar oder höchstens in der Form: „Gemäß der jeweiligen Kultur und den materiellen Voraussetzungen." Hier zeigt sich übrigens, dass eine ökonomische Globalisierung auf dieser Ebene durchaus angleichende Wirkungen haben könnte.

ad 5) Risiken und Nebenwirkungen
Auf zwei Typen von Risiken und Nebenwirkungen will ich mich hier konzentrieren: Interne Probleme entstehen aus den Rechten selbst. Trotz aller Versuche der Umkehrung der Rangordnung in den internationalen Pakten und Deklarationen haben die individuellen Freiheitsrechte doch ihren ersten Rang behaupten können – wohl auch deshalb, weil sie stärker im Lichte der Medienöffentlichkeit stehen. Hat aber zum Beispiel ein Herrschaftsgebiet wie Quebec – um ein zweites Mal auf dieses bewährte Beispiel zurückzugreifen – das Recht, seine Untertanen, soweit sie nicht gebürtige Englischsprachige, sondern Einwanderer oder gebürtige Französischsprachige sind, so weit wie möglich daran zu hindern, englisch zu lernen, englisch zu sprechen oder auch nur englische Reklame in den Straßen zu sehen – alles zum Zweck des Erhalts der von Rückgang bedrohten französischen Sprache? Es ist ein vertracktes Problem, denn Sprache ist nur bedingt ein Individualrecht. Wenn die französische Sprachgemeinschaft erodiert, dann würde das Recht, französisch zu sprechen, verloren gehen, weil man dann immer weniger Partner finden würde, mit denen dies möglich oder gesellschaftlich und wirtschaftlich überhaupt sinnvoll und attraktiv wäre. D. h. die individuelle Freiheit der Sprachwahl würde eine bestimmte, nämlich die Minderheitssprache auf dem

---

[479]   Ebenda, S. 77ff.

nordamerikanischen Kontinent, zurückdrängen und das Englische einseitig bevorteilen. Ein Problem, das sich in vielen Ländern ähnlich stellt. Die Verfügbarkeit und Verbreitung einer Sprache ist ein kollektives Gut, zu dessen Bereitstellung der individuelle Wille nicht ausreicht.

Der zweite Typus von Risiken und Nebenwirkungen resultiert aus dem Versuch, die Rechte auch durchzusetzen, also aus den Problemen der sogenannten humanitären Intervention. Sie kann Probleme lösen, sie kann aber auch Konflikte verschärfen und höhere Opfer kosten als eine interne, aber vielleicht auch autoritäre Lösung. Samuel Huntington warnt vor eskalierenden Konflikten, die sich möglicherweise zunächst an Menschenrechtsfragen entzünden, zu ethnischen Konflikten werden und schließlich zum großen interkulturellen Konflikt werden könnten. Diese Warnung ist vor allem deshalb ernst zu nehmen, weil die Menschenrechte einen enormen ideologischen Zündstoff enthalten und sich durchaus zur Polarisierung und zur emotional zugespitzten Mobilisierung eignen. Menschenrechtsverstöße können in genau der gleichen Weise zum Interventionsvorwand werden wie früher Übergriffe gegen christliche Missionare, die auch bekanntlich mit einem Universalitätsanspruch auftraten.

11.2   Menschenrechte und der Clash of Civilizations

Wenn verschiedene Zivilisationen aufeinandergestoßen sind, hat sich bislang der Westen meist als stärker erwiesen. Die Ausbreitung der Menschenrechte in nichtwestlichen Ländern allerdings war nie besonders eindrucksvoll. Eine neuere Globalisierungswirkung ist inzwischen die wachsende wirtschaftliche Stärke asiatischer Länder, die sie zunehmend immun macht gegen westlichen Druck in Sachen Menschenrechte und Demokratie. Richard Nixon hat dies 1994 in die Form eines seiner entwaffnenden Zynismen gekleidet: „Heute sind angesichts der wirtschaftlichen Macht Chinas US-amerikanische Belehrungen über Menschenrechte unklug. In zehn Jahren werden sie irrelevant sein. In zwanzig Jahren werden sie lachhaft sein."[480] Die in meiner kurzen historischen Skizze zur Entwicklung der Menschenrechte angedeutete Verschiebung von der ausdrücklichen Betonung der Rede-, Presse-, Versammlungs- und Religionsfreiheit zur Wiener Erklärung von 1993, wo die Unteilbarkeit der sozialen, wirtschaftlichen und politischen Rechte beschlossen wurde, hat keineswegs aufgehört. Wenn Samuel Huntingtons politische Diagnose eines relativen Machtrückgangs des Westens im Vergleich zu seiner politischen, ökonomischen und ideologischen Vorherrschaft im Jahre 1948 zutreffend ist, dann werden Demokratie und Menschenrechte in den asiatischen Ländern überhaupt nur dann eine Chance haben, wenn auf Grund des inneren wirtschaftlichen Wandels ein erstarktes Bürgertum und die Mittelschichten diese Rechte einfordern und durchsetzen.[481] Es gibt offenbar nur diesen autochthonen Weg zu den Rechten, immer weniger jedoch den des Drucks von außen.

Samuel Huntington hat sehr nachdrücklich darauf verwiesen, dass der ökonomische Modernisierungsprozess den Kerngehalt einer Kultur nicht unbedingt verwandelt. Er vermag überzeugend zu zeigen, dass der Westen schon vor Beginn der radikalen gesellschaftlichen Um-

---

[480] Richard Nixon: Beyond Peace. New York 1994, 127f, zit. nach Samuel P. Huntington: Der Kampf der Kulturen. The Clash of Civilizations. Die Neugestaltung der Weltpolitik im 21. Jahrhundert. München und Wien 1996, S. 311.

[481] Ebenda.

wälzung seit dem 18. Jahrhundert, also seit der amerikanischen und französischen Revolution und seit der Industrialisierung und der damit verbundenen enormen Mobilisierung der Bevölkerung, typische Charakteristika hatte, die sich nicht grundsätzlich verändert haben. Kurz gesagt: „Der Westen war der Westen, lange bevor er modern war."[482] Die Menschenrechte sind in diesem Prozess erst ein außerordentlich spätes Produkt. Universalisierungen, sofern und soweit sie ökonomisch erforderlich waren, hat es schon im römischen Recht gegeben und auf jeden Fall lange vor den Menschenrechtsdeklarationen. Politische Freiheitsrechte oder Mitwirkungsrechte waren mit diesem römischen *ius gentium* gerade nicht gemeint und in ihm nicht enthalten. Und das bedeutet: Die politische Demokratie und die Verwirklichung der Freiheitsrechte sind keine Voraussetzung einer erfolgreichen kapitalistischen Entwicklung. Kapitalismus bedarf einer Rechtssicherheit, die aber auch in einem rechtsstaatlich orientierten oligarchischen Regime wie dem englischen Parlamentarismus des vorigen Jahrhunderts gewährleistet werden kann. Nicht einmal Autokratien müssen notwendigerweise die Wirtschaftsentwicklung hemmen, auch wenn sie dies normalerweise zu tun pflegen. Hemmend für die Wirtschaftsentwicklung sind lediglich bestimmte Typen von putschistischen Selbstbereicherungsoligarchien und Diktaturen mit Durchgriffsrecht auf die Wirtschaft. Eine blühende Wirtschaft mag zwar die Begehrlichkeit der Oligarchen wecken, das gilt aber für die Begehrlichkeiten der Demokraten nicht anders.

Der enge Zusammenhang von Kapitalismus und Demokratie ist ein sekundärer Zusammenhang. Es geht in allen Fällen darum, dass eine relativ große und nach unten offene soziale Schicht wirtschaftliche Entfaltungsmöglichkeiten sucht. Durch ein rigides System wird sie daran gehindert. Der leichteste und überzeugendste Weg zur Durchsetzung ist die Deklaration des gleichen Rechts für alle. Hat eine derartige Schicht jedoch entsprechende Rechtsstaatsgarantien ohne demokratische Revolution erreichen können, dann fehlt der Impuls zur Demokratisierung und zur Einforderung von Rechten für alle.

In Osteuropa war die Ausgangssituation anders. Hier entwickelten die demokratischen Revolutionen sich aus dem Protest einer an der wirtschaftlichen Entwicklung gehinderten Bevölkerung, die daneben nationalstaatliche Ambitionen zu realisieren hoffte und auf Partizipation am westlichen Wohlstand bzw. auf westliche Hilfe rechnete. Diese Situation ist in asiatischen Ländern, die sich aus eigener Kraft und auf ihre eigene Weise zum Kapitalismus hin entwickeln, in dieser Form nicht gegeben. Dass eine Nebeneinanderexistenz von Staatsbetrieben und Privatfirmen über lange Zeit hinweg möglich ist, hat man in den meisten westeuropäischen Ländern ebenfalls sehen können. Das ist erst durch den Globalisierungsprozess in Frage gestellt worden. Aber auch in China wird sich dieses Problem erst nach einer längeren Entwicklungsphase stellen.

Ein wichtiger Aspekt des Globalisierungsprozesses ist die Verdichtung der Informationsnetze und die zunehmende Reisetätigkeit sowie die leichtere Zugänglichkeit zu anderen Ländern und Informationen. Dies gibt der Menschenrechtsdiskussion zweifellos Auftrieb, denn die Information sichert sowohl den Rortyschen Weg der Empörung als auch den Weg des kritischen interkulturellen Diskurses und des damit verbundenen Rechtfertigungszwangs.

Diese Diskussion ist erstaunlich offen und unfestgelegt. Insbesondere die Frage, welche Rechte eigentlich als Menschenrechte sollen gelten können und auf Grund welcher Voraussetzungen, ist immer noch vollkommen ungeklärt. Der bloße bei internationalen Konferen-

---

[482] Ebenda, S. 98.

zen erreichte politische Konsens ist dazu offenbar nicht ausreichend, weil die im Konsens ausgehandelten Menschenrechtskataloge immer auch solche Rechte enthalten, die eine Seite nicht akzeptieren kann. Im Westen z. B. wird das Recht auf Arbeit allenfalls als regulative Idee, nicht aber als einklagbares Recht akzeptiert, so dass jeder Seite immer die Möglichkeit bleibt, triumphierend und selbstlegitimierend auf einen wunden Punkt bei der Gegenseite zu verweisen, was wohl auch häufig der Sinn solcher Diskussionen ist.

Bei Kant war die Universalisierbarkeit der Test dafür, ob eine Maxime des Willens tatsächlich moralisch sei. Die Freiheitsrechte konnten als gleiche Freiheit für alle durchaus universalisiert werden. Das Recht auf Eigentum ist am Universalisierungsgrundsatz gescheitert und wird noch weitreichender Qualifizierungen bedürfen, bis es in überzeugender Weise wieder Menschenrechtsstatus erlangen kann, obwohl es nach dem Ende der wichtigsten sozialistischen Länder dazu wieder bessere Chancen hat als noch vor 1989. Das Recht auf nationale Selbstbestimmung konnte bis heute nicht wirklich durch einen überzeugenden Minderheitenschutz gezähmt werden.

Die kulturalistischen Einwände gegen universelle individualistische Menschenrechte haben auf der Konsensebene auf der Wiener Konferenz von 1993 einen Rückschlag erlitten, weil letzten Endes auch Länder wie China, die Konferenz der blockfreien Staaten, die Organisation für afrikanische Einheit oder die ASEAN-Staaten[483], die ursprünglich gegen den menschenrechtlichen Universalismus argumentiert hatten, am Ende schließlich die Freiheitsrechte ebenfalls durch ihre Zustimmung als universell gültig anerkannt haben.

Diese universelle Anerkennung steht jedoch offenkundig immer noch auf dem Papier. Die konsensuale Herkunft aus den Vereinbarungen von zum Teil recht fragwürdig legitimierten Regierungen ist nun einmal nicht notwendigerweise ein Beweis dafür, dass das nun weltweit Anerkannte vernünftig und gut sei. Die jeweils diskutierten und eingeforderten Rechte sind immer auch gegeneinander gerichtetes Spielmaterial der Regierungskonferenzen, bei denen es um die Selbstvergewisserung der eigenen Macht, um die Durchsetzungsfähigkeit, die Bündnisfähigkeit und die Fähigkeit zur Mobilisierung von Bündnispartnern und schließlich, in der Schlussrunde, um die Frage des Gebens und Nehmens bzw. des *Opting Out* geht, was bei internationalen Konferenzen offenbar immer schwieriger wird. Diese Situation produziert dann maximalistische Menschenrechtskataloge, die in der Diskussion etwas abfällig als „Menschenrecht auf alles" charakterisiert werden. Angesichts schrecklicher und manifester Fälle von Folter und Völkermord kann man sich ja in der Tat fragen, ob der Durchsetzung von grundlegenden Menschenrechten nicht besser gedient wäre, „wenn die maximalistischen Menschenrechtskataloge auf wirklich universell gültige und international überprüfte Minimalstandards verdichtet würden"[484]. Franz Nuscheler jedenfalls hält es für wichtiger, weltweit etwa das Folterverbot konsequent durchzusetzen, statt Prinzipienkataloge immer mehr zu erweitern, welche im Grunde an einem Idealzustand orientiert sind. Andernfalls könnte sich eine Art Inflation der Rechte ergeben, die keiner mehr ernst nimmt und diese zum bloß moralischen Appell verkommen lassen würde.

---

[483] Association of Southeast Asian Nations, gegründet 1967 von Indonesien, Malaysia, Singapur, Philippinen und Thailand, dazu Brunei-Daressalam. Vietnam soll Mitglied werden, China und Rußland sind Gäste bei den Ministertagungen.

[484] Franz Nuscheler: Universalität und Unteilbarkeit der Menschenrechte? Zur Kakophonie des Wiener Wunschkonzerts, in: Österreichische Zeitschrift für Politikwissenschaft 24. Jg. 1995, S. 202.

Eine derartige Minimalisierungs- und Elementarisierungsstrategie im Prozess der Globalisierung der Menschenrechte ist keineswegs abwegig. Sie entspricht zwar nicht dem regierungsoffiziellen Prozess des Aushandelns von Menschenrechtspakten und -deklarationen, weil hier andere politische Gesetzmäßigkeiten gelten. Sie entspricht aber sehr wohl dem eher zivilgesellschaftlichen Diskussionsprozess von Nichtregierungsorganisationen. Gerade solche Diskussionen, die auf breiterer Basis geführt werden, bedürfen auch überzeugender Strukturierungs- und Gewichtungsvorschläge, also einer Reduktion von Komplexität dieser Materie. Dazu ist der Versuch der Unterscheidung von elementaren und weniger elementaren Rechten durchaus geeignet.

Die diplomatische Unterscheidung nach Freiheits- und Sozialrechten ist orientiert an der Geschichte der Menschenrechte, die klassischerweise als Dreischritt beschrieben wird: Freiheitsrechte des Individuums, demokratische Mitentscheidungsrechte und soziale Rechte. Als nachklassische vierte Stufe kommen schließlich kollektiv-kulturelle Rechte hinzu, was immer darunter im einzelnen verstanden werden mag. Die Differenzierung des historisch aufeinander Folgenden ist durchaus sinnvoll und nachvollziehbar. Es könnte für die Weiterentwicklung der Menschenrechtsdiskussion jedoch wesentlich hilfreicher sein, eine Einteilung in elementare und zusätzliche Menschenrechte vorzunehmen, die quer zu dieser herkömmlichen steht, um auf diese Weise einige festgefahrene Diskussionssituationen vielleicht aufzulösen. Menschenrechte haben ihren Ursprung nun einmal in der Philosophie der Aufklärung und in der westlichen Zivilgesellschaft. Nachdem sich rudimentäre Ansätze einer international vernetzten Zivilgesellschaft herauszubilden beginnen und in der Frage der Frauenemanzipation auch schon erstaunliche Wirkungen jenseits traditionell festgefahrener Fronten erzielt haben, kann dieser Ansatz in der Menschenrechtsfrage durchaus auch als aussichtsreich gelten.

11.3   Die Entstehung neuer Wertvorstellungen in der Weltgesellschaft

Die Menschenrechte sind also neue und sich weiter entwickelnde Wertvorstellungen, die ihrerseits einen Rechtswandel bewirken. Das internationale Recht, bis in die 60er Jahre ein Völkerrecht mit dem obersten Prinzip der einzelstaatlichen Souveränität, verändert sich in ein supranationales Recht mit Durchgriffsmöglichkeiten bis in das Innere von menschenrechtsverletzenden Staaten. Die Diskussionen um humanitäre Interventionen und das erneute Aufleben der Konzeption eines gerechten Krieges, um Grausamkeiten, Völkermord und vergleichbare Staatsverbrechen zu stoppen und Vertreibungen rückgängig zu machen, hat gezeigt, wie wirkungsmächtig ein verändertes Moralverständnis der internationalen Öffentlichkeit sein kann. Wie ernst die Argumente des Menschenrechtsdenkens zu nehmen sind, zeigt sich immer dann, wenn der Versuch gemacht wird, sie politisch, d. h. mit der Gewalt zu zwingen durchzusetzen. Analysen zur Entstehung von Wertvorstellungen sind also außerordentlich bedeutsam.

Hans Joas hat in seinem Buch „Die Entstehung der Werte"[485] eine ideengeschichtliche Arbeit hierzu vorgelegt. Die Fragestellung seines Buches hat Joas klar und knapp so formuliert: „Wie entstehen Werte und Wertbindungen?" Diese Frage versucht er mittels eines Durch-

---

[485]   Hans Joas: Die Entstehung der Werte. Frankfurt 1997.

gangs durch eine Reihe von theoretischen Moralentstehungslehren zu umreißen. Joas setzt sich zunächst mit Nietzsches Genealogie der Moral auseinander und kommt zu dem Befund, empirisch habe sich dessen Lehre von der Moralentstehung aus dem Ressentiment der Unterklassen nicht belegen lassen. Mitleidsethiken können genauso gut aus privilegierten Kreisen hervorgehen. Die Analysen der religiösen Erfahrung durch William James seien als Phänomenologie bislang unübertroffen, aber nicht zu einer positiven Wertphilosophie geworden. Am engsten schließt Joas sich an Emile Durkheim an, dessen Theorie der Wertentstehung aus „kollektiver Efferveszenz" oder, wie Joas populärer übersetzt, aus der „kollektiven Ekstase" anders als bei Nietzsche die Möglichkeit zu einer konsequent nichtreduktionistischen und dennoch areligiösen Erklärung von Religion und Wertebildung eröffnet. Die sozialen Funktionen von Religion können damit ohne Festhalten am religiösen Glauben fortgesetzt werden. Allerdings versagt Durkheims Ansatz bei der Erklärung, wie der Individualismus selber auf diese Weise begeisterungsmäßig fundiert und stabilisiert werden könnte.

Georg Simmel interpretiert gegen Nietzsche das Sollen als Teil des Lebens selbst, nicht als eine diesem fremd gegenüberstehende Pflichten- und Forderungskonzeption. Dadurch wird sowohl die Starrheit der neukantianischen Pflichtenlehre als auch der Reduktionismus der Moralkritik überwunden. Die Begriffe des Lebens und des Sollens werden bei ihm allerdings überdehnt und unscharf. Max Scheler habe dann in einer ingeniösen Mischung von Soziologie und Philosophie die objektive Existenz der Werte in den Mittelpunkt seines Denkens gestellt. An vielen Stellen ist Joas' Buch ein Versuch, Scheler aus seiner allgemeinen Unterschätzung zu befreien. John Dewey hat werttheoretisch ein Konzept der Sakralisierung der Demokratie, des Ergriffenseins, nicht des Entschlusses vertreten und im Grunde als Ziel einen gemeinsamen demokratischen Glauben der Menschheit angegeben. Bei Charles Taylor wird die Werteproduktion im Sinne eines „modernen Katholizismus, der frei ist von kirchlichem Autoritarismus und ressentimenthaften Antimodernismus" (Joas: Werte, S. 218) geistesgeschichtlich gedeutet. Dieser Versuch kann nach Joas dem postmodernen Werteverständnis als Ablagerung des kontingenten Prozesses der Selbstwerdung argumentativ durchaus standhalten, weil auch Taylor schon auf die aufklärerische Vision des vernünftigen und die romantische Vision des expressiven Selbst verzichtet.

Damit ergibt sich für Joas das Fazit, dass nur solche Wertentstehungstheorien haltbar sind, die den irrationalen Kern dieses Prozesses zu erkennen erlauben. Die rationale Universalisierungsprüfung des kategorischen Imperativs kann keine Werte produzieren, sondern immer nur Prüfinstanz sein. Joas betont, dass er eine solche Prüfung keineswegs ablehnt, also keine irrationalistische Ethik vertritt. Der Partikularismus der Werteentstehung aber ist seiner Diagnose nach in keiner Weise zu überwinden, denn Werte sind attraktiv und bedürfen dieser Attraktivität zur Motivierung der Handelnden, während reine Moralität, die sich systematisch von den Werten abspalten möchte, von ihm als wirkungsloses bloßes Konstrukt beurteilt wird. Die Nichtrationalität des „Ergriffenseins" von Werten enthält dabei immer schon den Ansatz einer Selbstüberschreitung – eine Wertethik, wie Joas sie deutet, ist keineswegs eine bloße Theorie dessen, was gut für einen selbst, für den einzelnen ist. Auch bei Wertorientierungen liegt der Maßstab immer schon außerhalb des Selbst und sogar in gewisser Weise auch schon außerhalb der eigenen Kult- oder Glaubensgemeinschaft (287). Es kann sogar universalistische Werte geben, die aber dann aus der Nachahmung und Nachfolge gegenüber dem Charisma attraktiver Partikularitäten erklärbar sein müssten.

Behandelt werden im wesentlichen religiöse oder quasi-religiös-ekstatische Wertentstehungserfahrungen. Alternative, eher die Rationalität in den Vordergrund rückende Wertbegründungen dagegen weist Joas mit Charles Taylor als „nachaufklärerische Banalitäten" ab (193). Mit dieser Polemik von Taylor und Joas ist nicht lediglich irgendeine Popularphilosophie gemeint, sondern die religionsübergreifende Denkweise von Lessings „Nathan dem Weisen" (218). Joas glaubt nämlich, dass rationale Motivationen nur eine schwache Kraft entfalten könnten. Hier schließt er sich an einige Überlegungen des späten Jürgen Habermas an, der es – gut politisch-realistisch – für notwendig hielt, diese schwache Kraft durch die Institutionalisierung des Rechtssystems abzustützen und zu stabilisieren. Bei Joas allerdings ist nicht das Recht die Lösung, sondern vielmehr die Religion. Die Selbstbildung und Selbsttranszendenz erfolgt seiner Ansicht nach nämlich nicht in der Einordnung und Einsozialisation in Institutionen, sondern durch ekstatische Erfahrungsweisen. Hierzu möchte ich zwei Einwände vorbringen.

Erstens kann Joas auf dem Wege der Konzentration auf die ekstatische Motivationsform nicht zwischen guten, fragwürdigen und sogar verbrecherischen Wertkonzeptionen unterscheiden. Emile Durkheim hatte die Moralentstehung in einer ebenso berühmten wie zentralen Textstelle so beschrieben: „Man braucht nur zu sehen, wie es, besonders in einer kleinen Stadt, zugeht, wenn sich ein Moralskandal ereignet hat. Man bleibt auf der Straße stehen, man besucht sich, man trifft sich an bestimmten Orten, um über das Ereignis zu reden, und man empört sich gemeinsam."[486] Das Problem von Hans Joas ist, dass er die beißende Ironie dieser Textstelle übergeht und ignoriert. Die Ekstasen der Kollektivität sind für ihn tatsächlich die Quelle nicht bloß von fragwürdig spießigen Wertvorstellungen. Eine Unterscheidung zwischen diesen Wertvorstellungen und respektableren Werten trifft Joas nicht. Und das bedeutet: Er kann seine Analyseinstrumente diesem moralklebrigen, hochinfektiösen Gegenstand gegenüber nicht steril halten. Dies ist eine Grundgefahr, vor der nicht nur biedere Positivisten, sondern auch Theoretiker wie Niklas Luhmann immer wieder gewarnt haben, denn sonst könnte sich der Wissenschaftler selbst mit Moral infizieren.

Es gibt nämlich keinen rational nachvollziehbaren Grund, dass den Wertvorstellungen, die sich in Kollektivsituationen, wie dem sich zusammenrottenden Spießbürgertum einer Kleinstadt (oder einer Mobbing treibenden Horde von Büroangestellten), gegenseitig bestätigen, irgendeine moralische Qualität zukommt. Mit diesem Grundproblem, das Durkheim durch seine Ironie noch übergehen konnte, ist Joas nicht zurechtgekommen. An mehreren entscheidenden Stellen seines Buches muss er sich deshalb gegen Missverständnisse wehren, die ihm abwegig erscheinen, wie zum Beispiel dagegen, dass die von Durkheim beschriebenen kollektiven Ekstasen in den faschistischen Massenritualen kunstvoll angewandt worden seien. Das lag gewiss nicht in den Absichten Durkheims – deshalb hat es keinen Sinn, ihm oder auch Nietzsche daraus Vorwürfe zu machen, dass bei ihnen Gedanken sich finden, auf die die Faschisten auch von selbst gekommen wären. Mit einer derartigen Argumentation sind beide Autoren aber nur als Personen von Schuldzuschreibungen entlastet. Diejenigen ihrer Gedanken, die sich zu einer verbrecherischen Verwendung eigneten, werden jedoch nicht schon dadurch ohne weiteres freigesprochen, dass dies wohl nicht den Intentionen der beiden Autoren entsprochen hätte. Gegenüber der grundlegenden und für Joas' Theorie allein ausschlaggebenden Frage, ob kollektive Ekstatik zur Erklärung der Werteentstehung so unverzichtbar ist, dass konkurrierende, rationalistische Erklärungen demgegenüber schwächlich und zurückzuweisen seien, ist der Rekurs auf Intentionen einzelner Autoren nämlich unan-

---

[486] Emile Durkheim: Über soziale Arbeitsteilung. Studie über die Organisation höherer Gesellschaften. Mit einer Einleitung von Niklas Luhmann. Frankfurt 2. Aufl. 1988, S. 153.

gemessen. Ein ähnliches Problem ergibt sich für die Rolle des Charismatischen in totalitären Bewegungen: Muss nicht eine modernitätsangemessene Theorie die Begriffe der charismatischen Legitimation, aber auch des Heiligen, wie Max Scheler ihn in diesem Zusammenhang verwendet, durch den der Irreführung ersetzen und als normativ akzeptable Legitimationsform allein noch die demokratische gelten lassen? Hier immer nur Missverständnisse sehen zu wollen, ist der Versuch, einen Ausgangs- und Perspektivpunkt vor dem gegenwärtigen, dem all die schrecklichen Erfahrungen und Entwicklungen präsent sein müssen, zu restituieren, sich im Grunde also nachträglich naiv zu stellen. Produktiver wäre es, die scheinbaren Missverständnisse zu verstehen und als Ansatz einer Neuinterpretation zu nehmen. Die Art und Weise, wie Werte entstehen, färbt eben doch auf diese ab. Die nachträgliche rationale Kontrolle durch das Universalisierungsprinzip müsste, wenn sie mehr als bloß rhetorisch sein will, ihrerseits mit hinreichender Motivationskraft versehen sein, um überhaupt einen kontrollierenden Effekt auf die Werteentstehung ausüben zu können. Wäre es da nicht besser, die Geburt der Werte in sterilere Räume zu verlegen? Und jene Wertvorstellungen mit vorsichtiger Distanz zu beobachten, die eine andere Entstehung aufzuweisen haben?

Der zweite Einwand ist m. E. noch wichtiger und weiterführender. Die Theorie von der ekstatisch-religiösen Entstehung der Wertvorstellungen verfehlt die in der Aufklärung und den bürgerlichen Revolutionen entwickelte, in der Zeit nach dem zweiten Weltkrieg prägend gewordene Wertkonzeption der Menschenrechte. Die heutige wissenschaftliche Literatur über die Menschenrechte ist sich weitgehend darin einig, dass diese keine christliche, ja nicht einmal eine religiöse (und auch keine quasireligiöse) Entstehungsgeschichte haben. Heute verzichtet selbst einer der bedeutendsten katholischen Intellektuellen Deutschlands, nämlich Hans Maier, auf den legitimatorischen Versuch, den Menschenrechten eine bis in das frühe Christentum hinein verlängerte Tradition anzudichten und lässt ihre Erkämpfung und Durchsetzung erst mit den modernen Revolutionen von 1776 und 1789 beginnen.[487] Erst zu diesem Zeitpunkt ist die ältere Lehre von der Politik mit ihrer Verkopplung von Rechten und Pflichten überwunden und durch das moderne Naturrecht ersetzt worden. Erst von da an wurde konsequent vom Individuum her gedacht, erst nun wurde dieses von Aufgaben und Pflichten vollkommen befreit und trat dem Staat in reiner Anspruchshaltung gegenüber. Diese Diskontinuitätshypothese ist in der Tat gegenwärtig Stand der Forschung. Weiter zurückgreifende genetische Betrachtungsweisen haben jedenfalls bislang diese entscheidende Epochenzäsur nicht verwischen können, sondern sie vielmehr eher noch betont.

Mit der „Allgemeinen Erklärung der Menschenrechte von 1948" durch die UNO setzten sich schließlich die Menschenrechte als „Weltrechte" durch. Auch die staatssozialistischen Länder akzeptierten sie formal. Zwischen Ost und West entwickelte sich allerdings ein Propagandakrieg um die Auslegung: Sollten soziale Sicherheitsansprüche nicht Vorrang vor der Freiheit erhalten? Mit der Reaktion von östlichen Bürgerrechtsgruppen auf die seit 1975 in Helsinki geführten Diskussionen zeigt sich allerdings lehrstückhaft, dass soziale Selbstbestimmung ohne Freiheitsrechte nicht zu haben ist.

Die Ost-West-Konfrontation in der Menschenrechtsdebatte wurde immer mehr von einer Nord-Süd-Diskussion überlagert, weil die Länder der Dritten Welt seit Mitte der sechziger Jahre über eine sichere Mehrheit in den UN-Gremien verfügten, die sich zunächst vor allem im Bereich dieser programmatischen Thematik auswirkte. Soziale, ethnisch-nationale und

---

[487]   Hans Maier: Wie universal sind die Menschenrechte? Freiburg 1997.

kulturelle Lesarten der Menschenrechte wurden propagiert. Wichtig war dabei vor allem das auf den ersten Blick durchaus einleuchtende Argument, dass zunächst die *basic needs* vor der Sicherung der individuellen Freiheit, des Eigentums und des Rechtsschutzes erfüllt sein müssten, weil als erstes das Leben und dann die Freiheit zu sichern sei. Vor allem wurde eine kulturell-kollektivistische Lesart an die Stelle des europäisch-amerikanischen Individualismus gesetzt. Der Universalismus sollte also durch einen Pluralismus verschiedener Weltregionen, Weltkulturen und neuerdings auch Weltreligionen ersetzt werden. Damit rückte der einzelne als Träger der Menschenrechte in den Hintergrund und wurde durch übergreifende Instanzen ersetzt. Bis heute ist nicht wirklich ausdiskutiert worden, wie Menschenrechte und Rechte von Gruppen, Ethnien, „Völkern" oder von Kulturen sich zueinander verhalten. Aus der Sicht bestimmter Drittwelt-Eliten ist der westliche Individualismus nichts anderes als eine Verlängerung des Imperialismus und ein Eingriff in ihren Herrschaftsbereich, den sie kulturell oder ethnisch als Zone eigenen Rechts begreifen. Sehr deutlich hat sich das gezeigt am Recht auf Entwicklung, das diese Eliten als Anspruch auf westliche Hilfsgelder interpretierten, während westliche Diplomaten ihnen entgegenhielten, dass es sich in erster Linie um einen Anspruch jedes einzelnen Bürgers in einem Entwicklungsland gegenüber der eigenen Regierung handeln müsse, die Entwicklung nicht durch Fehlallokation der Ressourcen, durch Bürokratisierung, Repression oder Korruption zu behindern.

Diese Spannungslinien in der Menschenrechtsdiskussion lassen jede Rede von den einheitlichen und unteilbaren Menschenrechten als oberflächliche Rhetorik erscheinen. Wer über Menschenrechte spricht, müsste als erstes klären, welche Rechte dazugehören sollen und welche nicht. Hans Maier behandelt dieses Problem außerordentlich differenziert und verständnisvoll gegenüber den universalismuskritischen Positionen, wie sie von einigen Sprechern von Drittweltiten artikuliert worden sind. Er gesteht zu, dass von allzu simplen Vorstellungen westlich-kultureller Überlegenheit Abstand zu nehmen ist und dass westliche Modernisierungsmodelle nicht ohne weiteres übertragen werden dürfen. Allerdings würden Menschenrechte ohne den Bürger auf einen aufgeklärten Absolutismus hinauslaufen. Auf Dauer leben die Menschenrechte deshalb nur von individuellen Freiheitsansprüchen gegenüber dem Staat. Diese Form der Universalisierung (statt einer kulturalistischen Pluralisierung) muss sich aber von unten ergeben und in diesen Ländern selbst wachsen. Sie darf also nicht von oben dekretiert werden. An diesem Punkt übt Maier auch deutliche Kritik an der Position von Papst Johannes Paul II., der in seiner UNO-Ansprache vom 5. Okt. 1995 die Rechte der Nationen als Menschenrechte auf der Ebene des Gemeinschaftslebens begriffen hat.

Hans Maier zeichnet ohne Beschönigung die Spannungen nach, die zwischen dem Christentum, vor allem dem Katholizismus und den Menschenrechten bestanden haben und die sich erst in allerneuester Zeit in Richtung besseren Verstehens, ja seit dem zweiten Vatikanischen Konzil sogar zur Konvergenz entwickelt haben – mit der Einschränkung, dass auch heute noch jedenfalls auf katholischer Seite eher die Sozialrechte als die liberalen persönlichen Freiheitsrechte betont werden. Die Betonung dieser Differenzen ist wichtig, weil damit einerseits widerlegt ist, dass die Menschenrechte eine genuin christliche Konzeption seien und deshalb dem Islam und anderen Religionen nicht zugemutet werden könnten. Andererseits lässt dieser Wandlungsprozess der christlichen Instanzen hoffen, dass auch andere Religionen sich aus dogmatisierten Ablehnungshaltungen freimachen können. Die Suche nach angeblichen christlichen Wurzeln der Menschenrechte mag zu ihrer Legitimierung innerhalb der jeweiligen Kirchen durchaus nicht ohne Bedeutung gewesen sein. Für die Universalisierung über den engeren Bereich der eigenen Religion hinaus allerdings müssen Begründungsformen gefunden werden, die auch für Atheisten, für Hindus, Moslems und alle übrigen akzeptabel sind. Hier ist das Paradigma der Aufklärung für Maier das große Vorbild, denn dort wurde erstmals der Wandel von den korporativen Freiheiten zur Freiheit des Individuums vorgedacht. Er folgt der aufklärerischen Position sogar in seiner Analyse der Religionsfreiheit als persönliches Recht, deren große Gegenspieler die in Verfassungen privilegierten Staatskirchen und Staatsreligionen waren, deren Zurückdrängungsprozess zugunsten der Vorstellung, dass keine Gruppe, keine Einzelüberzeugung ausgeschlossen und benachteiligt werden darf, immer noch nicht abgeschlossen ist.

Genauso hat Otfried Höffe in einer einflussreichen Studie zum Thema „Christentum und Menschenrechte"[488] argumentiert. Die Menschenrechte sind Produkte der Aufklärung und der aufklärerischen Religionskritik und sie sind der manifest gewordene Anspruch auf das Eigenrecht jedes einzelnen, das ohne Rekurs auf irgendeine höhere Instanz, und sei es „die Menschheit" insgesamt, Bestand haben muss. Sie erheben ihren Geltungsanspruch, ohne dazu auf die Gnade Gottes zurückgreifen zu müssen. Sie bedürfen keiner mystischen, mythischen oder religiösen Umkleidung. Sie sind zugleich Vernunftrecht, welches das Verhalten anderer gegenüber regelt, und substantielles Bedürfnis der einzelnen selbst. Diese beiden Momente scheinen zur Motivation auszureichen.

Die Menschenrechte sind die erste wirklich außerreligiöse umfassende und substantielle Wertkonzeption und insofern sind sie wohl auch die umgreifende Werthaltung sowohl der Moderne als auch der Postmoderne. Hans Joas erklärt die Werteentstehung religionssoziologisch – nicht anders als einst Max Weber die Entstehung kapitalistischer Werthaltungen aus der protestantischen Ethik. Joas allerdings geht insofern über diese nüchtern wissenschaftliche Analyse hinaus, als er den religiösen Weg auch für den überlegenen bzw. einzig gangbaren hält. John Deweys atheistische Lehre der Wertentstehung weist er entschieden zurück. Dewey hatte das Wort „Gott" als aktive Beziehung zwischen Idealen und Wirklichkeit definiert. Joas fragt polemisch: „Aber kann denn jemand an einen solchen Gott glauben?" (Joas: Werte, S. 191) Ich denke, dass genau an dieser Stelle das Grundproblem aufscheint: Ein postmoderner Gott wird so oder ähnlich beschaffen sein müssen, wie Dewey ihn sich dachte. Man wird an ihn so ironisch glauben können, wie Spinoza oder Goethe dies taten und wie wohl auch viele der Athener Intellektuellen der klassischen Zeit an ihre Götter geglaubt haben mögen. Und dies ist dann eine nichtfundamentalistische und insofern genuin menschliche, menschenrechtliche Werthaltung.

Dewey hatte auch empirisch recht: Die Entstaatlichung der Religion hat jedenfalls religiöse Impulse in den USA dauerhafter freigesetzt und erhalten als dies den Amtskirchen in Europa möglich war. Es ist ungerecht, Deweys „gemeinsamen Glaube der Menschheit" als leeren Universalismus des Demokratischen (193) abzulehnen, weil gerade das Fehlen einer spezifisch religiös-fundamentalistischen Bindung die Akzeptanzmöglichkeit über die Kultur- und Religionsgrenzen hinweg eröffnet. Zwar mögen partikularistische, d. h. religiöse oder nationalistische Motivationen von höherer Intensität als rationale Begründungsformen sein. Das ist aber kein hinreichendes Argument, weil die menschenrechtlichen Grundhaltungen bei aller schwachen Motivation doch als hinreichend dauerhaft und beharrlich sich gezeigt haben und sich immer wieder gegenüber den Exzessen des Irrationalismus durchsetzen konnten.

---

[488] In Otfried Höffe a. a. O., S. 83–105.

Die Ekstasen der liberalen Demokratie müssten naturgemäß zurückhaltender ausfallen – aber muss das unbedingt als Schwäche demokratischer Motivation angesehen werden? Auf Dauer können sich die weniger heftigen Gefühle durchaus als die stärkeren erweisen. Auch der klassischen Vertragstheorie ist zum Beispiel von Charles Taylor vorgeworfen worden, sie vermöge keine Motivation zu liefern. Doch dieser Vorwurf ist empirisch falsch. Das Motiv des durch die Herrschenden gebrochenen Vertrags ist ein klassischer Auslösefaktor für Empörung, Aufstand und Revolution.

Die Entstehung der menschenrechtlichen Wertkonzeptionen ist derzeit noch keineswegs abgeschlossen. Immer wieder werden neue Menschenrechte ins Spiel gebracht, alte dagegen, wie das Recht auf Eigentum, werden eliminiert. Im Studium der Menschenrechte können wir also einen noch aktiven Vulkan der Werteentstehung beobachten. Sogar neue Krater bilden sich, wenn man nur an die jüngsten Diskussionen über die Rechte von Tieren und Pflanzen denkt.

12   Politik der Würde: Avishai Margalit

„The decent society", „Die anständige Gesellschaft" ist der Titel von Avishai Margalits Entwurf einer genuin philosophischen Politiktheorie. Die Grunddefinition, von der er ausgeht, lautet so: „Eine Gesellschaft ist dann anständig, wenn ihre Institutionen die Menschen nicht demütigen."[489]

Der Begriff der „anständigen Gesellschaft" in dieser tragenden politiktheoretisch-normativen Funktion ist von George Orwell in die Diskussion eingebracht worden. Der Begriff zieht sich durch dessen Essays und Analysen als der positive Gegenbegriff, der seine eigene Position markiert. Orwell hatte damit einen einfachen, sozusagen „proletarischen" Wert gemeint. Die Unbestimmtheit und Ungenauigkeit dieses Begriffes ist oft vermerkt worden. Gegen Margalits Konzeption allerdings ist dieser Einwand nicht stichhaltig, weil das gesamte Buch eine Entfaltung dieses Begriffes darstellt und insofern sehr genau herausgearbeitet wird, was mit Anständigkeit gemeint ist.

Um dies in wenigen theoretischen Strichen anzudeuten, sei zunächst einmal entwickelt, inwiefern sich dieser Begriff vom Begriff der Gerechtigkeit unterscheidet, der etwa für die „Theorie der Gerechtigkeit" von John Rawls der tragende Begriff gewesen ist. Wir haben es offenbar mit einem Wandel der politikphilosophischen Rhetorik von einer Begrifflichkeit der Umverteilung, der Redistribution, zu einer Begrifflichkeit der Anerkennung, der Rekognition, zu tun (Nancy Fraser).

Ein wesentlicher Einwand gegen die Umverteilungstheorie der Gerechtigkeit besteht darin, dass diese sich immer nur auf die Mitglieder einer Gruppe oder Gesellschaft bezieht, während in der politischen und sozialen Praxis am ehesten „jene Personen Opfer demütigender Verhaltensweisen sind, die von der Gesellschaft, in der sie leben, erst gar nicht als Mitglied anerkannt werden."[490] Als Beispiele nennt Margalit die illegalen mexikanischen Einwanderer in den USA. Noch gravierender ist das Verhalten der Kibbuzmitglieder zu denjenigen, die dort auf Vertragsbasis mitarbeiten, ohne selbst den Mitgliedsstatus zu haben. Diese fühlen sich häufig erniedrigt, was als besonders empörend angesehen werden muss angesichts der Tatsache, dass die Kibbuzim von allen Gemeinschaften wohl diejenige sind, die die Gleichheit und Gleichbehandlung am meisten angestrebt hatten. Doch nicht einmal sie können in ihrem Außenverhalten als anständige Gesellschaften angesehen werden, während sie ihrer inneren Struktur nach der Idee der Gerechtigkeit wohl durchaus nahe kommen dürften.

Ein zweites Problem ist das der Zugehörigkeit zu identitätsstiftenden Gruppen. Die Theorie der Gerechtigkeit von Rawls klammert die Frage der Zugehörigkeit zu religiösen Gruppen aus, weil diese angesichts der liberalen Trennung von Kirche und Staat eine Frage der freiwilligen vertraglichen Bindung des einzelnen, nicht aber einer politischen Konzeption der

---

[489]   Avishai Margalit: Politik der Würde. Über Achtung und Verachtung. (The decent society). Berlin 1997, S. 15.

[490]   Ebenda, S. 313 mit Bezugnahme auf Michael Walzer: Sphären der Gerechtigkeit. Frankfurt und New York 1992.

Gerechtigkeit sei. Margalit hat hier aus der Erfahrung Israels und des Nahen Ostens massive Zweifel angemeldet. Für eine anständige Gesellschaft sind religiöse Rituale nämlich eine äußerst wichtige Problematik. Zuallererst geht es um die Frage der Demütigung von Frauen durch ihren Ausschluss von bestimmten Ritualen, z. B. durch das Verbot der Halacha, des jüdischen Gesetzes, Frauen in einer Gemeinde, in der auch Männer sitzen, aus der Thorarolle vorlesen zu lassen, und zwar, um die Ehre der Männer zu wahren. Die Ehre der Frauen ist offenbar also zweitrangig.

Der Ausschluss aus einer identitätsstiftenden Gruppe oder die Zurücksetzung innerhalb solcher Gruppen kann ein Akt der Demütigung sein. Es wäre nach Margalit unrealistisch, die Zugehörigkeit zu solchen Gruppen wie Religion oder Nationalität lediglich „als freie Vertragsbeziehung zwischen einverstandenen Erwachsenen"[491] zu verstehen. Identitätsstiftende Gruppen sind keine marktwirtschaftlichen Körperschaften, in die man nach Belieben ein- und austreten kann. Entscheidend ist, ob und wie die beiden nach Albert O. Hirschman gegebenen Optionen, nämlich *exit* oder *voice*, also Abwanderung oder Widerspruch[492], realisiert werden können. Entscheidend sind also die beiden Fragen:

Erstens: Welchen Preis hat der einzelne zu zahlen, wenn er die Institutionen und die anderen Mitglieder seiner Gruppe kritisiert?

Zweitens: Mit welchen sozialen und persönlichen Kosten ist der Austritt aus der Gruppe verbunden?[493]

Wenn dieser Preis hoch ist, muss die jeweilige Gruppe als schikanös und tyrannisch angesehen werden. Wenn also die Zugehörigkeit zu einer derartigen Gruppe in der Praxis nicht wirklich auf dem Prinzip der Freiwilligkeit beruht und ein Übertritt zu anderen Gruppen nicht oder nur sehr schwer möglich ist, dann hat die Gruppe eine Art Monopolstellung, die es ihr ermöglicht, ihre Mitglieder unter einen demütigenden Druck zu setzen. Zu einer anständigen Gesellschaft gehört, dass sie selbst und die in ihr tätigen identitätsstiftenden Gruppen hier die erforderliche Offenheit aufweisen.

Das dritte Problem ist die Güterverteilung. Auch hier kann sich ein Unterschied zwischen einer anständigen und einer gerechten Gesellschaft ergeben. „Es ist denkbar, dass zwar eine gerechte Güterverteilung erreicht wird, die Verteilung selbst aber auf demütigende Weise vonstatten geht."[494] Margalit nennt als Beispiel eine Situation, in der Mitarbeiter einer Hilfsorganisation hungernden Menschen z. B. in Äthiopien Nahrungsmittel von einem Lastwagen herunter zuwerfen, als handele es sich um eine Tierfütterung. Gerechtigkeit kann durchaus inhumane Züge tragen. Dieses Problem ist aus der Kritik des Sozialstaats nicht unbekannt, wo eine an sich gerechte Verteilung eben auch Züge bürokratischer Entmündigung tragen kann, z. B. die Zuteilung von Lebensmittelmarken, die durchaus effizient, durchaus gerecht und durchaus auch moralisch geboten sein kann (weil vermieden werden soll, dass mit zugeteiltem Geld statt Lebensmittel Drogen gekauft werden), die aber nichtsdestoweniger demütigende Züge trägt, weil sie den Betroffenen den Status als selbständig Entscheidende abspricht.

---

[491] Margalit: a. a. O., S. 318.

[492] Vgl. Albert O. Hirschman: Abwanderung und Widerspruch. Reaktionen auf Leistungsabfall bei Unternehmungen, Organisationen und Staaten. Tübingen 1974.

[493] Margalit: a. a. O., S. 319.

[494] Ebenda, S. 320.

Gerechtigkeit lässt sich nach Margalit eben auch auf inhumane Weise herstellen. „Von jeher hat man die Gerechtigkeit im Verdacht gehabt, sie kenne kein Erbarmen oder sei gar ein Instrument der Rachsucht".[495] Margalit meint damit, dass eine bloß gerechte Gesellschaft auf kühle Gerechtigkeitserwägungen beschränkt bleiben könnte, während es doch darauf ankomme, dass eine gerechte Gesellschaft auch anständig sein müsse. In derartigen konkreten Fällen bedeutet das, dass die Art und Weise der Verteilung mit berücksichtigt werden muss.

Ihrer Intention nach ist Rawls' gerechte Gesellschaft gewiss auch anständig – in der buchstäblichen Umsetzung allerdings muss dies keineswegs auch gewährleistet sein und verdient deshalb einen eigenen Akt der Reflexion und der kritischen Überprüfung. Es kommt also offenbar darauf an, die Umverteilung auch würdig, nämlich z. B. nach Kategorien der Anerkennung wie Leistung oder Ehre, zu organisieren.

Ich fasse zusammen: Die beiden Mengen der gerechten Gesellschaft und der anständigen Gesellschaft überschneiden sich. In drei Bereichen allerdings haben sie eine unterschiedliche Ausdehnung:

- Beim Problem der Mitgliedschaft.
- Beim Problem der Beachtung von innergesellschaftlichen Institutionen wie z. B. der identitätsstiftenden Gruppen.
- Bei der Frage der möglicherweise demütigenden Verfahrensweisen der Güterverteilung.

Konkrete Fragen der Mitgliedschaft können sich dabei durchaus außerordentlich diffizil darstellen. Margalit behandelt das Beispiel der israelischen Araber, die es zum größten Teil weder als attraktiv noch als wünschenswert betrachten, der israelischen Gesellschaft als identitätsstiftender Gemeinschaft anzugehören. Auf der anderen Seite habe sie aber durchaus Recht, wenn sie es empörend finden und sich gedemütigt fühlen, weil man ihnen gewisse Güter und Leistungen verweigert, auf die an sich alle Bürger gleichermaßen einen Anspruch haben, z. B. staatliche Darlehen für den Hausbau. „Wenn man auch selbst keinen besonderen Wert darauf legen mag, Mitglied einer bestimmten Gesellschaft zu sein, so will man sich dennoch nicht unbedingt sagen lassen, man sei es nicht wert, dieser Gesellschaft anzugehören."[496] Deshalb fordert Margalit, dass alle Menschen, die die Staatsangehörigkeit einer Gesellschaft besitzen, gleichgestellt sein müssen. Dies erscheint angesichts der realen Probleme aber als eine ein wenig naive Lösung. Erstens kann es durchaus so etwas wie eine unehrliche moralische Empörung geben. Dazu würde die Empörung darüber gehören, dass einem etwas verwehrt wird, was man dem eigenen Anspruch nach gar nicht haben will oder verachtet, nämlich der Staat Israel als identitätsstiftende Gemeinschaft. Zweitens würde Gleichstellung auch bedeuten, den langen, für Männer dreijährigen Wehrdienst zu leisten, von dem arabische Bürger Israels freigestellt sind. An diesen Wehrdienst sind später bestimmte staatliche Zuwendungen geknüpft. Dieses müsste dann zumindest diskutiert werden. Die dritte Frage ist die der doppelten Staatsangehörigkeit und damit verbunden der möglichen doppelten Loyalität, die besonders virulent ist in einer politischen Struktur, in der die Möglichkeit des Krieges an der Bruchlinie Israel versus arabische Länder immer noch jederzeit präsent ist.

---

[495] Ebenda, S. 321.
[496] Ebenda, S. 85.

Zur Problematik des Wohlfahrtsstaates argumentiert Margalit vor allem gegen das Modell einer auf Freiwilligkeit und Mitleid beruhenden Wohltätigkeitsgesellschaft. Der Zwang, um Almosen betteln zu müssen, ist in seiner Sicht entwürdigend. Die Theorie des Wohlfahrts-staates beruht für ihn im wesentlichen auf diesem „müssen", d. h. auf der Auffassung, dass niemand freiwillig und aus eigenen Stücken betteln würde, sondern dies nur tut, weil er da-rauf angewiesen ist. Sie beruht also darauf, dass die Vorstellung von einer z. B. durch Faul-heit und Trunksucht selbstverschuldeten Armut, wie sie noch vielfach in der Armengesetz-gebung des 19. Jh. vorhanden war, an Überzeugungskraft verloren hat. Mitleid enthält für Margalit eine asymmetrische Relation, da es in seiner Analyse auf einem Überlegenheitsge-fühl beruht und die Möglichkeit ausschließt, eines Tages selbst auf Mitleid angewiesen zu sein. „Nur solche Menschen, denen das Selbstwertgefühl abhanden gekommen ist und die daher auch kaum noch ihre Selbstachtung verteidigen können, erregen Mitleid."[497] Aus die-sen Gründen plädiert Margalit gegen eine Wohltätigkeitsgesellschaft des freiwilligen Sich-Kümmerns zugunsten einer Umverteilung, die auf Rechten und Rechtsansprüchen basiert und insofern die Würde und die Selbstständigkeit der Begünstigten stärker respektiert.

Handelt es sich bei der These von der „anständigen Gesellschaft" überhaupt um eine Theo-rie? Margalit selbst glaubt dies nicht, weil er ausschließlich aus der semantischen Analyse der Begriffe Achtung und Demütigung zu seinen Schlussfolgerungen kommt. Beides sind wertende Begriffe. Margalit hält sich dabei nicht an ihren gewöhnlichen Gebrauch in der All-tagssprache, sondern an deren Bedeutung, wie sie sich im Rahmen einer zusammenhängen-den Erzählung darstellt. Das ist weder eine rein willkürliche Entscheidung, diesen Begriffen eine bestimmte Bedeutung zuzuordnen, noch muss es sich um die Primärbedeutung oder üb-liche Bedeutung dieser Begriffe handeln.[498] Im Grunde gehört seine Begriffsverwendung in den Kontext einer aktiven Rhetorik des Erhabenen im moralischen und politischen Diskurs, mittels derer Maßstäbe für die Urteilsbildung nicht einfach nachvollzogen oder aus einer be-stimmten Situation herausinterpretiert, sondern überhaupt erst gesetzt werden. Sein Anspruch ist es, dass auch ein solcher nichttheoretischer Diskurs intelligent sein kann und dass dieser sich keineswegs zwangsläufig in eine Predigt oder in bloßes Gerede verwandeln muss.[499] Er setzt also einen Anspruch, der vor allem durch die Klarheit seiner Konzeption, durch die common-sense-orientierte Überzeugungskraft und gewiss auch durch ihre interne Kohärenz begründet ist. Hinzu kommt, dass die Redeweise von der anständigen Gesellschaft trotz des Vorlaufs von George Orwell noch den Charakter einer gewissen Neuheit und Unverbraucht-heit hat. Es ist wohl vor allem dieser letzte Grund, der sie von der Predigt mit ihren Wie-derholungs- und Beschwörungsformeln unterscheidet.

Margalit sieht sehr wohl dass die Rhetorik des Erhabenen keineswegs unproblematisch ist. „Weil Begriffe wie Ehre und Demütigung emotional aufgeladen sind, laufen sie Gefahr, die Diskussion der anständigen Gesellschaft in heiße Luft zu verwandeln. Damit will ich sagen, dass sie schnell zu Diskussionen führen können, in denen es nicht um Wahrheit geht, son-dern um die Erzeugung einer vertrauensseligen und erhabenen Atmosphäre."[500]

Ausschlaggebend ist für Margalit letztlich, dass bei derartigen Begriffen nie nur der Sachge-halt, sondern immer auch der Empfindungsgehalt analysiert werden muss. Derartige Begriffe

---

[497]   Ebenda, S. 269.

[498]   Ebenda, S. 330f.

[499]   Ebenda, S. 331.

[500]   Ebenda, S. 331.

lassen sich für eine zusammenhängende Theoriebildung nur unter großen Schwierigkeiten nutzen. Es bedarf dazu der Darstellungen und Beschreibungen, also narrativer, erzählender Techniken, und nicht so sehr der wissenschaftlichen Hypothesenformulierung. Margalit kann deshalb im politischen Theoriediskurs als ein Autor gelten, der an die Grenzen theoretischer Schreib- und Argumentationsweisen erinnert und dadurch deutlich macht, dass neben der politischen Theorie immer auch politische Philosophie ein unverzichtbarer Bestandteil der Selbstverständigung einer Gesellschaft sein muss.

13   Schluss

Das politische Denken der Gegenwart hat den Globalisierungsprozess inzwischen als Hauptthema entdeckt. Wir leben noch keineswegs in einem globalisierten Zeitalter, wohl aber in einem Zeitalter der Globalisierung. Längst wird die Theoriebildung nicht mehr von nationalen Eliten getragen, sondern es zeichnet sich so etwas ab wie die Heraufkunft des Weltintellektuellen, d. h. eines Intellektuellen, der in weltgesellschaftlichen Zusammenhängen agiert und seinerseits beobachtet wird. Jenseits der Heroisierung von internationalen Großintellektuellen von Habermas bis Huntington, von Lyotard bis Judith Butler die Aufmerksamkeit der Analyse auf Bedingungen der Möglichkeit intellektueller Tätigkeit und die Vielfalt intellektueller Gruppen- und Clusterbildungen in den Blickpunkt der Analyse rücken müssen. In diesem Band sind die vielfältigen politischen Theorieansätze aus Asien noch nicht berücksichtigt worden. Der Aufarbeitungsprozess hat in der deutschen Politikwissenschaft gerade erst begonnen. In dem Band „Die Intellektuellen und der Weltlauf. Schöpfer und Missionare politischer Ideen in den USA, Asien und Europa nach 1945"[501] sind erstmals vergleichende Analysen vorgenommen worden, die zeigen, dass von einem europäischen Sonderweg längst nicht mehr die Rede sein kann. Politisches Denken und politische Intellektualität manifestieren sich überall dort, wo Fenster der Meinungsfreiheit wenigstens vorübergehend oder wie in Japan und Südkorea dauerhaft sich geöffnet haben. Intellektualität, Politikwissenschaft als Demokratiewissenschaft und die Zivilgesellschaft scheinen sich parallel zu entwickeln und gegenseitig aufeinander angewiesen zu sein. Das Fehlen eines eigenständigen politischen Denkens unter diktatorischen und autoritären Verhältnissen ist in der Tat ein auffälliges Phänomen.

Die Beiträge des gegenwärtigen politischen Denkens zum Verständnis der entscheidenden Gegenwartsprobleme sind eindrucksvoll, weil es immer wieder Erstarrungen und Dogmatisierungen zu erkennen und aufzubrechen in der Lage ist. Die Entstehung gemeinsamer Werte in einer Weltgesellschaft ist möglich und als chaotischer Geburts- und Kommunikationsprozess beschreibbar, der dann durch die Anwendung verallgemeinerbarer Regeln in stärker wieder geordnete Bahnen gelenkt werden kann. Die Menschenrechte sind in ihren unterschiedlichen Schichtungen und Ausprägungen als liberale Freiheitsrechte, als soziale Recht und als kulturelle Rechte sehr viel genauer erkennbar. Ihr Entwicklungsprozess weist eine Reihe von ungelösten Fragen auf, die jedes allzu erhabene Pathos in Frage stellen. Erst nach dem Durchgang durch diesen gerade erst begonnenen Reflexionsprozess wird von einer erneuten Begründungsdiskussion wird von einer wirklichen Universalisierbarkeit die Rede sein können. Von den normativ-ethischen Universalisierungskonzeption ist ein weitgehend wertfreier sozialwissenschaftlicher Begriff der Globalisierung klar zu trennen.

---

[501]   Harald Bluhm, Walter Reese-Schäfer (Hg.): Die Intellektuellen und der Weltlauf. Schöpfer und Missionare politischer Ideen in den USA, Asien und Europa nach 1945, Baden-Baden 2006.

Die Wiedererweckung von modernisierungstheoretischen Ansätzen mit Erklärungskraft hat sich als überraschendes Ergebnis der gründlichen und umfassenden Postmodernediskussion herausgestellt. Die Erklärungspotentiale kulturalistischer Ansätze wie etwa Huntingtons „Kampf der Kulturen" hat sich demgegenüber als deutlich unterlegen erwiesen. Die zeitdiagnostischen Potentiale gegenwärtiger politischer Theorie liegen immer noch weitgehend auf der Linie inzwischen sehr viel differenzierter gewordener modernisierungstheoretischer Ansätze. Der tabellarische Überblick über die wichtigsten Zeitdiagnosen der Gegenwart zeigt sogar, dass so gut wie keine ohne Bezug auf Modernisierungsprozesse auskommt. Auch die politische Systemtheorie, die nicht nur von Luhmannianern, sondern auch von Habermas als die treffendste und tragfähigste Theoriekonzeption, die nur um normative Elemente ergänzt werden müsste, enthält mit ihrem Ausdifferenzierungsansatz das temporale Element der Modernisierungstheorie in ihrem Kern.

Normativ gesehen sind vor allem die Konzeption der Zivilgesellschaft, die deliberative Demokratie und das kommunitarische Denken von zentralem Interesse. Vor allem das Letztere ermöglicht eine Ergänzung und immanente Weiterentwicklung liberalen Denkens um das Element der *Compassion*, des Mitempfindens und des Gemeinschaftsgefühls. Dies muss längst nicht mehr nur partikular gedacht werden. Es hat sich als Grundirrtum der glänzend vorgetragenen Thesen von Ferdinand Tönnies erwiesen, dass Gemeinschaftlichkeit nur in überschaubaren Einheiten, nämlich nur in der Familie, Nachbarschaft, im Freundeskreis und der Kleinstadt denkbar sei. Die medial vermittelte Gegenwart ermöglicht Mitempfinden und auch praktische helfendes Handeln über große Distanzen. Negative Weltereignisse wie eine Flutkatastrophe rufen weltweite Hilfe auf den Plan, positive Weltereignisse wie große Sportveranstaltungen schaffen Gemeinschaftserlebnisse, deren Substanz, wie flüchtig auch immer diese sein mag, über das rationale Eigeninteresse des liberalen Individuums weit hinausreichen. Die Anteilnahme am Privatleben von Weltstars mag peinliche und penetrante Züge tragen, erweist aber, dass eine Weltöffentlichkeit der Empfindungen, Gefühle und gemeinsamen Gedanken im Entstehen ist, welche auch politisches Handeln legitimieren und kritisch begleiten, wenn auch noch keineswegs organisieren kann.

Ausgewähltes Literaturverzeichnis

Adler, Emanuel: Communitarian international relations. The epistemic foundations of international relations. London 2005.

Adloff, Frank: Zivilgesellschaft. Theorie und politische Praxis, Frankfurt und New York 2005.

Adloff, Frank: Zivilgesellschaft. Theorie und politische Praxis. Frankfurt 2005.

Adloff, Frank; Birsl, Ursula; Schwertmann, Philipp (Hg.): Wirtschaft und Zivilgesellschaft. Theoretische und empirische Perspektiven. Wiesbaden 2005.

Ahmed, Akbar S. Donnan, Hastings (Hg.): Islam, globalization and postmodernity. London und New York 1994.

Ahmed, Akbar S.: Postmodernism and Islam. Predicament and Promise. London und New York 1992.

Ahmed, Akbar S.; Donnan, Hastings (Hg.): Islam in the age of postmodernity. In: Islam, globalization and postmodernity. London und New York 1994. 1–20.

Albrow, Martin: Abschied vom Nationalstaat. Staat und Gesellschaft im Zeitalter der Globalisierung, Frankfurt 1998, zuerst als The Global Age. State and Society Beyond Modernity. London 1996.

Alemann, Ulrich von (Hg.): Neokorporatismus. Frankfurt und New York 1981.

Andreopoulos, George; Kabasakal Arat, Zehra F.; Juviler, Peter (Hg.): Non-state actors in the human rights universe. Bloomfield, CT 2006.

Angehrn, Emil: Zivilgesellschaft und Staat. Anmerkungen zu einer Diskussion. Politisches Denken, Jahrbuch 1992. Stuttgart und Weimar 1993. 145–158.

Anhelm, Fritz Erich (Hg.): Globalisierung im Horizont politischen Lernens. Die Diskussion um internationale Wettbewerbsfähigkeit in ihrer Bedeutung für die politische Bildung, Loccumer Protokolle 53/97. Loccum 1998.

Apel, Karl-Otto: Anderssein, ein Menschenrecht? Über die Vereinbarkeit universaler Normen mit kultureller und ethnischer Vielfalt. In: Blätter für deutsche und internationale Politik, 39. Jg. 1994. 1062–1067.

Apel, Karl-Otto: Das Problem einer universalistischen Makroethik der Mitverantwortung. Deutsche Zeitschrift für Philosophie, 41, Jg. 1993, H. 2. 201–215.

Arendt, Hannah: Macht und Gewalt. Mit einem Interview von Adelbert Reif.. 8. Aufl. München 1995

Arendt, Hannah: Vita activa oder vom tätigen Leben. 5. Aufl. München 2007.

Armingeon, Klaus: Korporatismus im Wandel. Ein internationaler Vergleich. In: Tálos, Emmerich (Hg.): Sozialpartnerschaft. Kontinuität und Wandel eines Modells. Wien 1993. 285–309.

Bary, Theodore de: Asian values and human rights. A Confucian communitarian perspective. Cambridge, Mass. 1998.

Batliwala, Srilatha; Brown, L. David (Hg.): Transnational civil society. An introduction. Bloomfield, CT 2006.

Bauman, Zygmunt: Flüchtige Moderne. Frankfurt 2003.

Bauman, Zygmunt: Community. Seeking safety in an insecure world. Oxford 2001.

Bauman, Zygmunt: Die Krise der Politik. Fluch und Chance einer neuen Öffentlichkeit. Hamburg 2000.

Bauman, Zygmunt: Flaneure, Spieler und Touristen. Essays zu postmodernen Lebensformen. Neuausg., Hamburg 2007.

Bauman, Zygmunt: Globalization – the human consequences. New York 1998.

Bauman, Zygmunt: Identity in the globalising world. In: Social anthropology, Nr. 2/2001, (Jg. 9), 121–130.

Bauman, Zygmunt: In search of politics. Oxford 1999.

Bauman, Zygmunt: Moderne und Ambivalenz. Das Ende der Eindeutigkeit. Frankfurt 1995.

Bauman, Zygmunt: On universal morality and the morality of universalism. In: Lund, Christian (Hg.): Development and rights – negotiating justice in changing societies London 1999, 7–18.

Bauman, Zygmunt: Postmoderne Ethik. Hamburg 1995 (zuerst als Postmodern Ethics, Oxford 1993).

Bauman, Zygmunt: Verworfenes Leben. Die Ausgegrenzten der Moderne, 2. Aufl. Hamburg 2006.

Bauman, Zygmunt: Work, consumerism and the new poor. Buckingham 1998.

Baumann, Gerd: The multicultural riddle. Rethinking national, ethnic, and religious identities. New York 1999.

Baumann, Zygmunt: Schwache Staaten. Globalisierung und die Spaltung der Weltgesellschaft. In: Beck, Ulrich (Hg.): Kinder der Freiheit. Frankfurt 1997. 315–332.

Bechmann, Gotthard (Hg.): Risiko und Gesellschaft, Grundlagen und Ergebnisse interdisziplinärer Risikoforschung. Opladen 1993.

Beck, Ulrich (Hg.): Die Modernisierung der Moderne. Frankfurt 2001.

Beck, Ulrich (Hg.): Die Zukunft von Arbeit und Demokratie. Frankfurt 2000.

Beck, Ulrich (Hg.): Perspektiven der Weltgesellschaft. Frankfurt 1998.

Beck, Ulrich (Hg.): Politik der Globalisierung. Frankfurt 1998.

Beck, Ulrich: Die Erfindung des Politischen. Zu einer Theorie reflexiver Modernisierung. Frankfurt 1993.

Beck, Ulrich: Die Subpolitik der Globalisierung. Die neue Macht der multinationalen Unternehmen, In: Gewerkschaftliche Monatshefte H. 11/12, 1996. 673–680.

Beck, Ulrich: Freiheit oder Kapitalismus, Gesellschaft neu denken. Ulrich Beck im Gespräch mit Johannes Willms. Frankfurt 2000.

Beck, Ulrich: Make Law, not War – Essays Frankfurt 2003.

Beck, Ulrich: Risikogesellschaft. Auf dem Weg in eine andere Moderne. Frankfurt 1986.

Beck, Ulrich: Was ist Globalisierung? Irrtümer des Globalismus – Antworten auf Globalisierung. Frankfurt 1997.

Beck, Ulrich: Weltrisikogesellschaft, Weltöffentlichkeit und globale Subpolitik. Wien 1997.

Beck, Ulrich; Grande, Edgar: Das kosmopolitische Europa. Gesellschaft und Politik in der Zweiten Moderne Frankfurt 2004.

Beck, Ulrich; Lau, Christoph (Hg.): Entgrenzung und Entscheidung. Was ist neu an der Theorie reflexiver Modernisierung? Frankfurt 2004.

Beisheim, Marianne; Gregor Walter: „Globalisierung" – Kinderkrankheiten eines Konzepts. Zeitschrift für internationale Beziehungen, 4. Jg. 1997, H. 1. 153–180.

Benhabib, Seyla: Another cosmopolitanism. New York 2006.

Benhabib, Seyla: Kulturelle Vielfalt und demokratische Gleichheit. Politische Partizipation im Zeitalter der Globalisierung. Frankfurt 1999.

Benhabib, Seyla: The rights of others. Aliens, residents, and citizens. Cambridge 2004.

Benhabib, Seyla: Zu Begriff und Institution der Staatsbürgerschaft, in dies.; Kulturelle Vielfalt und demokratische Gleichheit. Politische Partizipation im Zeitalter der Globalisierung. Frankfurt 1999. 79–108.

Benz, Arthur; Seibel, Wolfgang (Hg.): Theorieentwicklung in der Politikwissenschaft. Eine Zwischenbilanz. Baden-Baden 1997.

Berg, Gunnar; Saage, Richard (Hg.): Zwischen Triumph und Krise. Zum Zustand des westlichen Verfassungstyps nach dem Zusammenbruch der Diktaturen in Osteuropa. Opladen 1998.

Bergem, Wolfgang: Kultur als Identitätsgenerator in ostdeutschen Regionen. Zum Verhältnis von Integration und Differenz im vereinten Deutschland, In: Reese-Schäfer, Walter (Hg.): Identität und Interesse. Der Diskurs der Identitätsforschung. Opladen 1999.

Berger, Johannes: Was behauptet die Modernisierungstheorie wirklich – und was wird ihr bloß unterstellt?, In: Leviathan, 24. Jg. 1996, H. 1. 45–62.

Berlin, Isaiah: Der angebliche Relativismus des europäischen Denkens im 18. Jahrhundert. in ders., Das krumme Holz der Humanität. Kapitel der Ideengeschichte, Hg. von Henry Hardy. Frankfurt 1992. 97–122.

Beyme, Klaus von: Der Neo-Korporatismus und die Politik des begrenzten Pluralismus in der Bundesrepublik. In: Habermas, Jürgen (Hg.): Stichworte zur „Geistigen Situation der Zeit", 2 Bände. Frankfurt 1979. Band 1. 229–264.

Beyme, Klaus von: Die politischen Theorien der Gegenwart. Eine Einführung. 8. neubearb. und erw. Aufl. Wiesbaden 2000.

Beyme, Klaus von: Neokorporatismus – neuer Wein in alte Schläuche? Der Vergleich in der Politikwissenschaft. München und Zürich 1988. 171–198.

Beyme, Klaus von: Theorie der Politik im 20. Jahrhundert. Von der Moderne zur Postmoderne. Frankfurt 1991.

Bielefeldt, Heiner: Philosophie der Menschenrechte. Grundlagen eines weltweiten Freiheitsethos. Darmstadt 1998.

Blasche, Siegfried; Döring Diether (Hg.): Sozialpolitik und Gerechtigkeit. Frankfurt und New York Campus 1998.

Bluhm, Harald; Reese-Schäfer, Walter (Hg.): Die Intellektuellen und der Weltlauf. Schöpfer und Missionare politischer Ideen in den USA, Asien und Europa nach 1945. Baden-Baden 2006.

Bobbio, Norberto: Das Zeitalter der Menschenrechte. Ist Toleranz durchsetzbar? Berlin 1998.

Bobbio, Norberto: Gramsci and the Concept of Civil Society, In: Keane, John (Hg.): Civil Society and the State, London und New York 1988. 73–99.

Bohmann, James; Rehg, William: Deliberative Democracy. Essays on Reason and Politics. Cambridge/Mass. und London 1997.

Böhnisch, Lothar; Schröer, Wolfgang: Die soziale Bürgergesellschaft. Zur Einbindung des Sozialpolitischen in den zivilgesellschaftlichen Diskurs. Weinheim 2002.

Bohrer, Karl Heinz: Hat die Postmoderne den historischen Ironieverlust der Moderne aufgeholt? Merkur 52. Jg. 1998, H. 9/10. 794–807.

Böhret, Carl Wewer, Göttrik (Hg.): Regieren im 21. Jahrhundert – Zwischen Globalisierung und Regionalisierung. Festgabe für Hans-Hermann Hartwich zum 65. Geburtstag. Opladen 1993.

Bolsinger, Eckard: Was ist Dezisionismus? Rekonstruktion eines autonomen Typs politischer Theorie, In: PVS, 39. Jg. 1998, H. 3. 471–502.

Bolz, Norbert: Die Konformisten des Andersseins. Ende der Kritik. München 1999.

Bolz, Norbert; Reijen, Willem van (Hg.): Heilsversprechen. München 1998.

Brink, Bert van den; Reijen; Willem van (Hg.): Bürgergesellschaft, Recht und Demokratie. Frankfurt 1995.

Brugger, Winfried 1998: Kommunitarismus als Verfassungstheorie des Grundgesetzes, Archiv des öffentlichen Rechts 123. H. 3. 337–374.

Brugger, Winfried: Das anthropologische Kreuz der Entscheidung in Politik und Recht. Baden-Baden 2005.

Brumlik, Micha: Bildung und Glück. Versuch einer Theorie der Tugenden. Berlin 2002.

Brumlik, Micha: Nation und Weltinnenpolitik, In: Braitling, Petra; Reese-Schäfer, Walter (Hg.): Universalismus, Nationalismus und die neue Einheit der Deutschen. Philosophen und die Politik. Frankfurt: 1991.

Brumlik, Micha: Selbstachtung und nationale Kultur. Zur politischen Ethik multikultureller Gesellschaften, In: Reese-Schäfer, Walter (Hg.): Identität und Interesse. Der Diskurs der Identitätsforschung. Opladen 1999.

Brunkhorst, Hauke (Hg.): Einmischung erwünscht? Menschenrechte in einer Welt der Bürgerkriege. Frankfurt 1998.

Brunkhorst, Hauke: Solidarität unter Fremden. Frankfurt 1997.

Brunnengräber, Achim; Klein, Ansgar; Walk, Heike (Hg.): NGOs im Prozess der Globalisierung. Mächtige Zwerge, umstrittene Riesen. Wiesbaden 2005.

Bruyn, Severyn T.: A civil republic. Beyond capitalism and nationalism. Bloomfield, CT 2005.

Brysk, Alison: Human rights and private wrongs. Constructing global civil society. New York 2005.

Buber, Martin: Pfade in Utopia. Über Gemeinschaft und deren Verwirklichung. Heidelberg 1985.

Bubner, Rüdiger: Brauchen wir einen Begriff der Nation? In: Braitling, Petra; Reese-Schäfer, Walter (Hg.): Universalismus, Nationalismus und die neue Einheit der Deutschen. Philosophen und die Politik. Frankfurt: 1991.

Butler, Judith: Can the "other" of philosophy speak?. In: Scott, Joan Wallach; Keates, Debra (Hg.): Schools of thought. Princeton, NJ 2001, 52–66.

Butler, Judith: Das Unbehagen der Geschlechter. Frankfurt 1991.

Butler, Judith: Giving an account of oneself. Assen 2003.

Butler, Judith: Haß spricht. Zur Politik des Performativen. Berlin 1998.

Butler, Judith: Kontingente Grundlagen: Der Feminismus und die Frage der „Postmoderne". In: Benhabib, Seyla; Butler, Judith; Cornell, Drucilla; Fraser, Nancy (Hg.): Der Streit um Differenz. Feminismus und Postmoderne in der Gegenwart. Frankfurt 1993. 31–59.

Butler, Judith: Körper von Gewicht. Die diskursiven Grenzen des Geschlechts. Frankfurt 1993.

Butler, Judith: Kritik der ethischen Gewalt. 2., erw. Aufl. Frankfurt 2006.

Butler, Judith: Precarious life. The powers of mourning and violence. London 2004.

Butler, Judith: Psyche der Macht. Das Subjekt der Unterwerfung. Frankfurt 2005.

Butler, Judith; Laclau, Ernesto; Žižek, Slavoj: Contingency, hegemony, universality. Contemporary dialogues on the left. London 2000.

Buttigieg, Joseph A.: Gramscis Zivilgesellschaft und die civil-society-Debatte, Das Argument Nr. 206, 1994. 529–554.

Carstens, Uwe; Schlüter-Knauer, Carsten (Hg.): Der Wille zur Demokratie. Traditionslinien und systematische Perspektiven. Festschrift für Wilfried Röhrich. Berlin 1998.

Chandler, David: Constructing global civil society. Morality and power in international relations. New York 2004.

Chandler, David; Baker, Gideon (Hg.): Global civil society. Contested futures. London 2005.

Chatzimarkakis, Georgios; Hinte, Holger (Hg.): Freiheit und Gemeinsinn. Vertragen sich Liberalismus und Kommunitarismus? Bonn 1997.

Clark, John D: Worlds apart. Civil society and the battle for ethical globalization. Bloomfield, CT 2003.

Cohen, Jean L. Arato, Andrew: Civil Society and Political Theory, Cambridge/Mass. 3. Aufl. 1995.

Cohen, Joshua: Deliberation and Democratic Legitimacy, In: Bohmann, James; Rehg, William: Deliberative Democracy. Essays on Reason and Politics. Cambridge/Mass. und London 1997. 67–92.

Conway, Dennis; Heynen, Nik: Globalization's contradictions. Geographies of discipline, destruction, and transformation. Abingdon, Oxon, UK 2006.

Courtois, Stéphane u.a.: Das Schwarzbuch des Kommunismus. Unterdrückung, Verbrechen und Terror. Mit dem Kapitel „Die Aufarbeitung des Sozialismus in der DDR" von Joachim Gauck und Ehrhart Neubert. München und Zürich 1998.

Cox, Robert W.: The political economy of a plural world. Critical reflections on power, morals and civilization. Unter Mitarbeit von Michael G. Schechter. London 2002.

Czada, Roland: Konjunkturen des Korporatismus: Zur Geschichte eines Paradigmenwechsels in der Verbändeforschung. In: Streeck, Wolfgang (Hg.): Staat und Verbände. Politische Vierteljahresschrift Sonderheft 25, 1994. 37–64.

Dahrendorf, Ralf: Auf der Suche nach einer neuen Ordnung – Vorlesungen zur Politik der Freiheit im 21. Jahrhundert. München 2003.

Dahrendorf, Ralf: Der moderne soziale Konflikt. Essays zur Politik der Freiheit. Stuttgart 1992.

Dahrendorf, Ralf: Die offenen Grenzen der Demokratie. Wien 2001.

Dahrendorf, Ralf: Über den Bürgerstatus. In: Brink, Bert van den; Reijen, Willem van (Hg.): Bürgergesellschaft, Recht und Demokratie. Frankfurt 1995. 29–43.

Derrida, Jacques: Die Bewunderung Nelson Mandelas oder Die Gesetze der Reflexion. In: Derrida; Jacques u.a., Für Nelson Mandela. Reinbek 1987.

Derrida, Jacques: Gesetzeskraft. Der „mystische Grund der Autorität". Frankfurt 1991.

Derrida, Jacques: Globalization, peace and cosmopolitics. In: Bindé, Jérôme (Hg.): The future of values : 21st-Century Talks. Unesco. New York 2004,110–122.

Derrida, Jacques: Politik der Freundschaft. Frankfurt 2000.

Derrida, Jacques: Schurken – Zwei Essays über die Vernunft. Frankfurt 2003.

Derrida, Jacques: Von der Gastfreundschaft . Mit einer „Einladung" von Anne Dufourmantelle. Wien 2001.

Dettling, Warnfried: Die Bürgergesellschaft – eine Antwort auf die Globalisierung? In: Jochimsen, Reimut (Hg.): Globaler Wettbewerb und weltwirtschaftliche Ordnungspolitik. Bonn 2000, 215–252.

Dettling, Warnfried: Wirtschaftskummerland? Wege aus der Globalisierungsfalle, München 1998.

Deveaux, Monique: Gender and justice in multicultural liberal states. New York 2006.

Diamond, Larry; Plattner, Marc F.: The Global Resurgence of Democracy. Baltimore und London: John Hopkins University Press 1996.

Dicke, Klaus (Hg.), Politisches Entscheiden, Baden-Baden 1998.

Driver, Stephen; Martell, Luke: New Labour. Politics after Thatcherism. Cambridge U.K.: 1998.

Dubiel, Helmut: Ungewißheit und Politik. Frankfurt 1994.

Eade, John; O'Byrne, Darren (Hg.): Global ethics and civil society. Burlington, VT 2005 .

Eagleton, Terry: Der Dekonstruktivismus und die Menschenrechte. In: Johnson, Barbara (Hg.): Freiheit und Interpretation. Amnesty International Vorlesungen 1992. Frankfurt 1994. 153–178.

Eichel, Hans (Hg.): Ende des Staates – Anfang der Bürgergesellschaft – über die Zukunft der sozialen Demokratie in Zeiten der Globalisierung. Reinbek bei Hamburg 1999.

Eisenstadt, Shmuel N. (Hg.): Multiple modernities. New Brunswick, NJ 2002.

Eisenstadt, Shmuel N. Die Öffentlichkeit in muslimischen Gesellschaften. In: Göle, Nilüfer; Ammann, Ludwig: Islam in Sicht – Der Auftritt von Muslimen im öffentlichen Raum. Bielefeld 2004. 311–325.

Eisenstadt, Shmuel N.: Die Antinomien der Moderne. Die jakobinischen Grundzüge der Moderne und des Fundamentalismus. Heterodoxie, Utopismus und Jakobinismus in der Konstitution fundamentalistischer Bewegungen. Frankfurt 1998.

Eisenstadt, Shmuel N.: Die großen Revolutionen und die Kulturen der Moderne. Wiesbaden 2006.

Eisenstadt, Shmuel N.: Paradoxien der Demokratie. Frankfurt 2005.

Eisgruber, Christopher L.; Sajó, András: Global justice and the bulwarks of localism – human rights in context. Leiden 2005.

Elster, Jon: Risiko, Ungewißheit und Kernkraft, In: Bechmann, Gotthard (Hg.): Risiko und Gesellschaft, Grundlagen und Ergebnisse interdisziplinärer Risikoforschung. Opladen 1993. 59–87.

Elster, Jon: The Market and the Forum: Three Varieties of Political Theory, In: Bohmann, James; Rehg, William: Deliberative Democracy. Essays on Reason and Politics. Cambridge/Mass. und London 1997. 3–33.

Eppler, Erhard: Kavalleriepferde beim Hornsignal. Die Krise der Politik im Spiegel der Sprache. Frankfurt 1992.

Etzioni, Amitai: Auf dem Weg zu einer globalen Wertegemeinschaft. WZB-Vorlesung, 2. Juni 2003. Berlin 2004.

Etzioni, Amitai: Cross-Cultural Judgments: The Next Steps, In: Journal of Social Philosophy, Vol. 27, Nr. 3, 1997. 5–15.

Etzioni, Amitai: Die Entdeckung des Gemeinwesens. Ansprüche, Verantwortlichkeiten und das Programm des Kommunitarismus. Frankfurt: Fischer Taschenbuch 1998.

Etzioni, Amitai: Die faire Gesellschaft. Jenseits von Sozialismus und Kapitalismus (zuerst als The Moral Dimension. Towards a New Economics. New York 1988). Frankfurt 1996.

Etzioni, Amitai: Die Verantwortungsgesellschaft. Individualismus und Moral in der heutigen Demokratie. Zuerst als The New Golden Rule. Community and Morality in a Democratic Society 1996. Frankfurt und New York 1997.

Etzioni, Amitai: From empire to community. A new approach to international relations. New York 2004.

Etzioni, Amitai: Martin Buber und die kommunitarische Idee. Wien 1999.

Etzioni, Amitai: The common good. Cambridge 2004.

Etzioni, Amitai: The End of Cross-Cultural Relativism, in Alternatives 22. Jg. 1997. 177–189.

Etzioni, Amitai: The post affluent society. In: Review of social economy. (3/2004), (Jg. 62) 407–420.

Etzioni, Amitai: The third way to a good society. London 2000.

Evers, Adalbert: Umgang mit Unsicherheit. Zur sozialwissentlichen Problematisierung einer sozialen Herausforderung, In: Bechmann, Gotthard: Risiko und Gesellschaft, Grundlagen und Ergebnisse inter-disziplinärer Risikoforschung. Opladen 1993. 339–374.

Falk, Richard: On Humane Governance. Toward a New Global Politics. The World Order Models Project Report of the Globald Civilization Initiative. University Park, PA 1995.

Falk, Richard: Religion and Politics: Verging on the Postmodern. In: Alternatives XIII, 1988, 379–394.

Farrelly, Colin (Hg.): Contemporary political theory. A reader. London 2004.

Ferry, Luc; Renaut, Alain: Antihumanistisches Denken. Gegen die französischen Meisterphilosophen. München und Wien 1987.

Finkielkraut, Alain: Die Niederlage des Denkens. Reinbek 1989.

Forst, Rainer: Contexts of justice. Political philosophy beyond liberalism and communitarianism. Berkeley 2002.

Foucault, Michel: Dits et Ecrits – Schriften. 4 Bde. Frankfurt am Main 2005.

Foucault, Michel: Geschichte der Gouvernementalität Bd. 1 – Sicherheit, Territorium, Bevölkerung. Vorlesung am Collège de France, 1977–1978. Frankfurt 2004.

Foucault, Michel: Geschichte der Gouvernementalität Bd. 2 – Die Geburt der Biopolitik. Vorlesung am Collège de France, 1978–1979. Frankfurt am Main 2004.

Foucault, Michel: Governmentality. In: Burchell, Graham; Gordon, Coling; Miller, Peter (Hg.): The Foucault Effect. Studies in Governmentality. London u.a. 1991. 87–103.

Foucault, Michel: Omnes et singulatim. Zu einer Kritik der politischen Vernunft. In: Vogl, Joseph (Hg.): Gemeinschaften. Positionen zu einer Philosophie des Politischen. Frankfurt 1994. 56–93.

Franklin, Jane (Hg.): The politics of risk society. Malden, Mass. 1998.

Fraser, Nancy: Die halbierte Gerechtigkeit – Schlüsselbegriffe des postindustriellen Sozialstaats. Frankfurt 2001.

Fraser, Nancy: Widerspenstige Praktiken. Macht, Diskurs, Geschlecht. Frankfurt 1994.

Fraser, Nancy; Honneth, Axel: Umverteilung oder Anerkennung? Eine politisch-philosophische Kontroverse. Frankfurt 2003.

Friedrichs, Jürgen; Lepsius, M. Rainer; Mayer, Karl Ulrich: Die Diagnosefähigkeit der Soziologie. Opladen 1998 (Sonderheft der Kölner Zeitschrift für Soziologie und Sozialpsychologie).

Fukuyama, Francis: Der große Aufbruch – wie unsere Gesellschaft eine neue Ordnung erfindet. Wien 2000.

Fukuyama, Francis: Trust. The Social Virtues and the Creation of Prosperity. New York 1995.

Furet, François: Das Ende der Illusion. Der Kommunismus im 20. Jahrhundert. Müchen 1996.

García Canclini, Néstor: Consumers and citizens. Globalization and multicultural conflicts. Minneapolis 2001.

Geertz, Clifford: Dichte Beschreibung. Beiträge zum Verstehen kultureller Systeme. Frankfurt 2. Aufl. 1991.

Geiger, Klaus F. (Hg.): Asiatische Werte. Eine Debatte und ihr Kontext. Münster 2001.

Gerholm, Tomas: Two Muslim intellectuals in the postmodern West. Akbar Ahmed and Ziauddin Sardar. In: Ahmed, Akbar S.; Donnan, Hastings (Hg.): Islam, globalization and postmodernity. London und New York 1994. 190–212.

Germain, Randall D.; Kenny, Michael (Hg.): The idea of global civil society. Politics and ethics in a globalizing era. London 2005.

Gerstenberg, Oliver: Bürgerrechte und deliberative Demokratie. Elemente einer pluralistischen Verfassungstheorie. Frankfurt 1997.

Giddens, Anthony: Der dritte Weg. Die Erneuerung der sozialen Demokratie. Frankfurt 1999.

Giddens, Anthony: Entfesselte Welt – wie die Globalisierung unser Leben verändert. Frankfurt 2001.

Giddens, Anthony: Jenseits von Links und Rechts. Die Zukunft radikaler Demokratie. Frankfurt 1997.

Greven, Michael Th. (Hg.): Macht in der Demokratie. Baden-Baden 1991.

Greven, Michael Th.: Der umkämpfte Konsens. Opladen 2000.

Greven, Michael Th.: Die politische Gesellschaft. Kontingenz und Dezision als Probleme des Regierens und der Demokratie. Opladen 1999.

Greven, Michael Th.: Kontingenz und Dezision – Beiträge zur Analyse der politischen Gesellschaft. Opladen 2000.

Greven, Michael Th.; Schmalz-Bruns, Rainer (Hg.): Politische Theorie – heute. Ansätze und Perspektiven. Baden-Baden 1999.

Gross, Peter: Die Multioptionsgesellschaft. Frankfurt 1994.

Gruppe von Lissabon: Grenzen des Wettbewerbs. Die Globalisierung der Wirtschaft und die Zukunft der Menschheit. Vorwort Ernst Ulrich von Weizsäcker. München 1997.

Guéhenno, Jean-Marie: Das Ende der Demokratie. München 1994.

Gunnar Heinsohn: Söhne und Weltmacht. Terror im Aufstieg und Fall der Nationen, Zürich 9. Aufl. 2006

Habermas, Jürgen, Anerkennungskämpfe im demokratischen Rechtsstaat, In: Taylor, Charles. Multikulturalismus und die Politik der Anerkennung. Mit Kommentaren von Amy Gutmann, Steven C. Rockefeller, Michael Walzer, Susan Wolf. Mit einem Beitrag von Jürgen Habermas. Frankfurt 1993.

Habermas, Jürgen: Der philosophische Diskurs der Moderne. Zwölf Vorlesungen. Frankfurt 1985.

Habermas, Jürgen: Die Einbeziehung des Anderen. Studien zur politischen Theorie. Frankfurt 1996.

Habermas, Jürgen: Die Einheit der Vernunft in der Vielfalt ihrer Stimmen, in ders., Nachmetaphysisches Denken. Philosophische Aufsätze. Frankfurt 1988. 153–186.

Habermas, Jürgen: Die Moderne – ein unvollendetes Projekt, in ders., Kleine Politische Schriften (I–IV). Frankfurt 1981. 444–466.

Habermas, Jürgen: Die postnationale Konstellation. Politische Essays. Frankfurt 1998.

Habermas, Jürgen: Drei normative Modelle der Demokratie: Zum Begriff deliberativer Politik. In: Münkler, Herfried (Hg.): Die Chancen der Freiheit. Grundprobleme der Demokratie. München und Zürich 1992. 11–24.

Habermas, Jürgen: Faktizität und Geltung. Beiträge zur Diskurstheorie des Rechts und des demokratischen Rechtsstaats. Frankfurt 1992.

Habermas, Jürgen: Glauben und Wissen. Friedenspreis des Deutschen Buchhandels 2001. Frankfurt 2001.

Habermas, Jürgen: Handlungsrationalität und gesellschaftliche Rationalisierung. – 4., durchges. Aufl. Frankfurt 1987.

Habermas, Jürgen: Kleine Politische Schriften (I–IV). Frankfurt 1981.

Habermas, Jürgen: Legitimationsprobleme im Spätkapitalismus. Frankfurt 1973.

Habermas, Jürgen: Philosophie in Zeiten des Terrors – zwei Gespräche, geführt, eingeleitet und kommentiert von Giovanna Borradori. Berlin 2004.

Habermas, Jürgen: Theorie des kommunikativen Handelns, 2 Bände. Frankfurt 3. Augl. 1985 (zuerst 1981).

Habermas, Jürgen: Zur Kritik der funktionalistischen Vernunft. – 4., durchges. Aufl. Frankfurt 1987.

Habermas, Jürgen; Luhmann, Niklas: Theorie der Gesellschaft oder Sozialtechnologie – Was leistet die Systemforschung? Frankfurt 1971.

Habermas, Jürgen; Ratzinger, Joseph: Dialektik der Säkularisierung – Über Vernunft und Religion. 3. Aufl. Freiburg im Breisgau 2005.

Haddock, Bruce; Sutch, Peter (Hg.): Multiculturalism, identity, and rights. London 2003.

Hartwich, Hans-Hermann: Die Europäisierung des deutschen Wirtschaftssystems. Alte Fundamente, neue Realitäten, Zukunftsperspektiven. Opladen 1998.

Häußermann, Hartmut; Siebel, Walter: Dienstleistungsgesellschaften. Frankfurt 1995.

Havel, Václav: Versuch, in der Wahrheit zu leben. Reinbek 1989 (zuerst 1978).

Heinsohn, Gunnar: Söhne und Weltmacht. Terror im Aufstieg und Fall der Nationen. Zürich 9. Aufl. 2006.

Held, David (Hg.), Political Theory Today. Cambridge/UK 1991.

Held, David (Hg.): Prospects for Democracy. North, South, East, West, Stanford/Cal. 1993.

Held, David: From City-States to a Cosmopolitan Order? in ders. (Hg.): Prospects for Democracy. North, South, East, West. Stanford/Cal. 1993.

Held, David; Koenig-Archibugi, Mathais (Hg.): Global governance and public accountability. Malden, Mass. 2005

Herkenrath, Mark (Hg.):: The future of world society. Zürich 2005.

Hewa, Soma; Stapleton, Darwin H. (Hg.): Globalization, philanthropy, and civil society. Toward a new political culture in the twenty-first century. New York 2005.

Hirschman, Albert: Entwicklung, Markt, Moral. Abweichende Betrachtungen. Frankfurt 1993 (zuerst Wien 1989).

Hirst, Paul: Associational Democracy, In: Held, David (Hg.): Prospects for Democracy. North, South, East, West. Stanford/Cal. 1993. 112–135.

Hobsbawm, Eric; Ranger, Terence: The Invention of Tradition. Cambridge 1983.

Höffe, Otfried (Hg.): Vernunft oder Macht? Zum Verhältnis von Philosophie und Politik. Tübingen 2006.

Höffe, Otfried: Aufbruch zur politischen Globalisierung – westliche oder universale Werte? In: Hopt, Klaus J.; Kantzenbach, Erhard; Straubhaar, Thomas. Herausforderungen der Globalisierung. Göttingen 2003. 95–109.

Höffe, Otfried: Demokratie im Zeitalter der Globalisierung. München 1999

Höffe, Otfried: Toleranz in Zeiten interkultureller Konflikte. In: Augustin, Christian (Hg.): Religiöser Pluralismus und Toleranz in Europa – Wiesbaden 2006. 84–101.

Höffe, Otfried: Vernunft und Recht. Bausteine zu einem interkulturellen Rechtsdiskurs. Frankfurt 1996.

Höffe, Otfried: Wirtschaftsbürger, Staatsbürger, Weltbürger. Politische Ethik im Zeitalter der Globalisierung. München 2004.

Hofstede, Geert; Hofstede, Gert Jan: Cultures and organizations – software of the mind. 2., erw. Aufl. New York 2004.

Howard, Rhoda E.: Human Rights and the Search for Community. Boulder/Col. und Oxford 1995.

Hubig, Christoph; Poser, Hans (Hg.): Cognitio humana – Dynamik des Wissens und der Werte, XVII. Deutscher Kongreß für Philosophie. Leipzig 1996.

Huntington, Samuel P.: Der Kampf der Kulturen. The Clash of Civilizations. Die Neugestaltung der Weltpolitik im 21. Jahrhundert. München und Wien 1996.

Huntington, Samuel P.; Harrison, Lawrence E. (Hg.): Streit um Werte – wie Kulturen den Fortschritt prägen. Hamburg 2002.

Ignatieff, Michael: Die Politik der Menschenrechte, Hamburg 2002.

Inglehart, Ronald: Culture and democracy. In: Harrison, Lawrence E. (Hg.): Culture matters – how values shape human progress. New York 2000. 80–97.

Inglehart, Ronald: Modernization and Postmodernization. Cultural, Economic, and Political Change in 43 Societies. Princeton 1997.

Inglehart, Ronald; Welzel, Christian: Modernization, cultural change, and democracy – the human development sequence. Cambridge 2005.

Jencks, Charles: Post-Modern und Spät-Modern. Einige grundlegende Definitionen. In: Koslowski, Peter u.a. (Hg), Moderne oder Postmoderne? Zur Signatur des gegenwärtigen Zeitalters. Weinheim 1986. 205–235.

Joas, Hans: Die Entstehung der Werte. Frankfurt 1997.

Johnson, Barbara (Hg.): Freiheit und Interpretation. Amnesty International Vorlesungen 1992. Frankfurt 1994.

Juergensmeyer, Mark (Hg.): Religion in global civil society. Oxford 2005.

Kaiser, Christian: Korporatismus in der Bundesrepublik Deutschland. Eine politikfelderübergreifende Übersicht. Marburg 2006.

Kaldor, Mary: Global civil society. An answer to war. Cambridge 2003.

Kant, Immanuel: Kleinere Schriften zur Geschichtsphilosophie, Ethik und Politik, Hg. Karl Vorländer. Hamburg 1973 (unveränderter Nachdruck der Ausg. von 1913).

Keane, John: Global civil society? Cambridge 2003.

Kepel, Gilles: Das Schwarzbuch des Dschihad – Aufstieg und Niedergang des Islamismus. München 2002.

Kepel, Gilles: Die Rache Gottes. Radikale Moslems, Christen und Juden auf dem Vormarsch. München und Zürich 3. Aufl. 1994.

Kernerman, Gerald: Multicultural nationalism – civilizing difference, constituting community. Vancouver 2005.

Keys, Mary M.: Aquinas, Aristotle, and the promise of the common good. Cambridge 2006.

Khosrozadeh, Berouz: Demokratie und Zivilgesellschaft im islamischen Orient. Das Fallbeispiel Iran. Berlin 2003.

Kielmannsegg, Peter Graf: Integration und Demokratie. In: Jachtenfuchs, Markus; Kohler-Koch, Beate (Hg.): Europäische Integration. Opladen 1996. 47–71.

Kiely, Ray: The clash of globalisations – neo-liberalism, the third way, and anti-globalisation. Leiden 2005.

Kleger, Heinz: Die Rückkehr der Bürgergesellschaft, In: Widerspruch 12. Jg. 1992, H. 24. 49–61.

Kleger, Heinz: Rückkehr der Bürgergesellschaft? Überlegungen zur politischen Philosophie. Politisches Denken, Jahrbuch 1993. Hg. Volker Gerhardt, Henning Ottmann und Martyn P. Thompson, Stuttgart und Weimar 1993. 157–172.

Kleger, Heinz: Verfassungspatriotismus und Demokratie, In: Braitling, Petra Reese-Schäfer, Walter (Hg.): Universalismus, Nationalismus und die neue Einheit der Deutschen. Philosophen und die Politik. Frankfurt 1991.

Klein, Ansgar; Schmalz-Bruns, Rainer (Hg.): Politische Beteiligung und Bürgerengagement in Deutschland. Möglichkeiten und Grenzen. Baden-Baden 1997.

Klingebiel, Ruth: Weltkonferenz über die Menschenrechte in Wien 1993. Universalismus auf dem Prüfstand. In: Messner, Dirk; Nuscheler, Franz (Hg.): Weltkonferenzen und Weltberichte. Ein Wegweiser durch die internationale Diskussion. Bonn 1996. 186–194.

Knöbl, Wolfgang: Spielräume der Modernisierung. Das Ende der Eindeutigkeit, Weilerswist 2001.

Kreuder, Thomas (Hg.): Der orientierungslose Leviathan. Verfassungsdebatte, Funktion und Leistungsfähigkeit von Recht und Verfassung. Marburg: Schüren 1992. 42–52.

Krohn, Wolfgang; Krücken, Georg (Hg.): Riskante Technologien: Reflexion und Regulation. Einführung in die sozialwissenschaftliche Risikoforschung. Frankfurt 1993.

Krugman, Paul: Pop Internationalism. Cambridge/Mass. und London 1996.

Kymlicka, Will: Contemporary Political Philosophy. An Introduction. Oxford 1990.

Kymlicka, Will: Multikulturalismus und Demokratie – über Minderheiten in Staaten und Nationen. Hamburg 1999.

Lang, Susanne: Zivilgesellschaft und bürgerschaftliches Engagement in Russland. Friedrich-Ebert-Stiftung 2006. http://library.fes.de/pdf-files/id/01930.pdf.

Laxer, Gordon; Halperin, Sandra (Hg.): Global civil society and its limits. New York 2003.

Lederer, Markus; Müller, Philipp S. (Hg.): Criticizing global governance. New York 2005.

Lee, Eun-Jeung: Konfuzianismus und Kapitalismus. Markt und Herrschaft in Ostasien. Münster 1997.

Lentner, Howard H.: Power and politics in globalization. The indispensable State. New York 2004.

Lepsius, M. Rainer: Bildet sich eine kulturelle Identität in der europäischen Gemeinschaft? In: Reese-Schäfer, Walter (Hg.): Identität und Interesse. Der Diskurs der Identitätsforschung. Opladen 1999. 91–99.

Lévi-Strauss, Claude: Strukturale Anthropologie II. Frankfurt 1992.

Linden, Hedwig: Grundannahmen bei Jean-François Lyotard und Hannah Arendt zum Totalitarismus als Metamorphosen einer Einheit von Denken und Sein, In: Reese-Schäfer, Walter; Taureck, Bernhard: Jean-François Lyotard. Cuxhaven 1989, 2. Aufl. 1990.

Lipschutz, Ronnie D. (Hg.): Civil societies and social movements. Domestic, transnational, global. Aldershot, England 2006.

Lohauß, Peter: Widersprüche der Identitätspolitik in der demokratischen Gesellschaft, In: Reese-Schäfer, Walter (Hg.): Identität und Interesse. Der Diskurs der Identitätsforschung. Opladen 1999. 65–90.

Loo, Hans van der; Reijen, Willem van: Modernisierung. Projekt und Paradox. München 1992.

Lopez Wui, Ma. Glenda S.; Tadem, Teresa S. Encarnacion (Hg.): People, profit, and politics. State-civil society relations in the context of globalization. Diliman, Quezon City 2006.

Lübbe, Hermann: Nationalismus und Regionalismus in der politischen Transformation Europas, In: Braitling, Petra; Reese-Schäfer, Walter (Hg.): Universalismus, Nationalismus und die neue Einheit der Deutschen. Philosophen und die Politik. Frankfurt: 1991.

Luhmann, Niklas (Hg.): Soziale Differenzierung. Zur Geschichte einer Idee. Opladen 1985.

Luhmann, Niklas. Soziologische Aufklärung. (6 Bände) Opladen 1991ff.

Luhmann, Niklas: Beobachtungen der Moderne 2. Aufl. Wiesbaden 2006.

Luhmann, Niklas: Beobachtungen der Moderne. Opladen 1992.

Luhmann, Niklas: Copierte Existenz und Karriere – zur Herstellung von Individualität. In: Beck, Ulrich; Beck-Gernsheim, Elisabeth: Riskante Freiheiten. Frankfurt 2002, 191–200.

Luhmann, Niklas: Das Moderne an der modernen Gesellschaft. In: Zapf, Wolfgang (Hg.): Die Modernisierung moderner Gesellschaften. Verhandlungen des 25. Deutschen Soziologentages in Frankfurt am Main 1990. Frankfurt und New York 1990. 87–108.

Luhmann, Niklas: Das Recht der Gesellschaft. Frankfurt 1993.

Luhmann, Niklas: Die Ehrlichkeit der Politiker und die höhere Amoralität der Politik. In: Kemper, Peter (Hg.): Opfer der Macht. Müssen Politiker ehrlich sein? Frankfurt 1994. 27–42.

Luhmann, Niklas: Die Gesellschaft der Gesellschaft. Frankfurt 1997.

Luhmann, Niklas: Die Moral des Risikos und das Risiko der Moral. In: Bechmann, Gotthard (Hg.): Risiko und Gesellschaft. Grundlagen und Ergebnisse interdisziplinärer Risikoforschung. Opladen 1993. 327–338.

Luhmann, Niklas: Die Politik der Gesellschaft. Frankfurt 2000.

Luhmann, Niklas: Die Religion der Gesellschaft. Frankfurt 2002.

Luhmann, Niklas: Die Wirtschaft der Gesellschaft. Frankfurt 2. Aufl. 1989.

Luhmann, Niklas: Gesellschaftsstruktur und Semantik. Studien zur Wissenssoziologie der modernen Gesellschaft, 4 Bände. Frankfurt 1980–1995.

Luhmann, Niklas: Grundrechte als Institution – ein Beitrag zur politischen Soziologie. Frankfurt 1984.

Luhmann, Niklas: Grundwerte als Zivilreligion: Zur wissenschaftlichen Karriere eines Themas. Soziologische Aufklärung 3. Soziales System, Gesellschaft, Organisation. Köln 2. Aufl. 1991 (zuerst 1981). 293–308.

Luhmann, Niklas: Identität – was oder wie?, In: Soziologische Aufklärung V, Konstruktivi-stische Perspektiven. Opladen 1990. 14–30.

Luhmann, Niklas: Macht. 3. Aufl. Stuttgart 2003.

Luhmann, Niklas: Ökologische Kommunikation. Kann die moderne Gesellschaft sich auf ökologische Gefährdungen einstellen? Opladen 2. Aufl. 1988 (zuerst 1986).

Luhmann, Niklas: Organisation und Entscheidung. Wiesbaden 2000.

Luhmann, Niklas: Paradigm lost: Über die ethische Reflexion der Moral. Rede anläßlich der Verleihung des Hegel-Preises 1989. Frankfurt 1990.

Luhmann, Niklas: Politik und Moral. Zum Beitrag von Otfried Höffe, Politische Vierteljahresschrift 32. Jg. 1991, H. 3. 497–500.

Luhmann, Niklas: Politische Planung – Aufsätze zur Soziologie von Politik und Verwaltung. 5. Aufl. Wiesbaden 2007.

Luhmann, Niklas: Politische Steuerung: Ein Diskussionsbeitrag. Politische Vierteljahresschrift 30. Jg. 1989, H. 1. 4–9.

Luhmann, Niklas: Rechtssoziologie, 3. Aufl. Opladen 1987.

Luhmann, Niklas: Soziale Systeme. Grundriß einer allgemeinen Theorie. Frankfurt 1984, 2. Aufl. 1985.

Luhmann, Niklas: Soziologie der Moral. In: Luhmann, Niklas; Pfürtner, Stephan H. (Hg.): Theorietechnik und Moral. Frankfurt 1978. 8–116.

Luhmann, Niklas: Soziologie des Risikos. Berlin und New York 1991

Luhmann, Niklas: Soziologische Aufklärung 2. Aufsätze zur Theorie der Gesellschaft. Opladen 3. Aufl. 1986 (zuerst 1975).

Luhmann, Niklas: Soziologische Aufklärung 3. Soziales System, Gesellschaft, Organisation. Köln 2. Aufl. 1991 (zuerst 1981).

Luhmann, Niklas: Soziologische Aufklärung 6. Die Soziologie und der Mensch. Opladen 1995.

Luhmann, Niklas: Staat und Politik. Zur Semantik der Selbstbeschreibung politischer Systeme. Politische Vierteljahresschrift 25. Jg. Sonderheft 15, 1984. 99–125.

Luhmann, Niklas: Staat und Staatsräson im Übergang von traditionaler Herrschaft zu moderner Politik. Gesellschaftsstruktur und Semantik. Studien zur Wissenssoziologie der mo-dernen Gesellschaft, Band 3. Frankfurt 1989. 65–148.

Luhmann, Niklas: The Code of the Moral. Cardozo Law Review, Vol. 14, 1993. 995–1009.

Luhmann, Niklas:: „Was ist der Fall?" und „Was steckt dahinter?" Die zwei Soziologien und die Gesellschaftstheorie. Bielefelder Universitätsgespräche und Vorträge 3. Bielefeld 1993.

Lyotard, Jean-François: Das postmoderne Wissen. Ein Bericht. Wien 1986 (zuerst als La condition postmoderne, Paris 1979).

Lyotard, Jean-François: Der Widerstreit. München 1987 (zuerst als Le Différend, Paris 1983).

Lyotard, Jean-François: Postmoderne für Kinder. Briefe aus den Jahren 1982–1985. Wien 1987.

Maalouf, Amin: Mörderische Identitäten. Frankfurt 2000.

Maier, Hans: Wie universal sind die Menschenrechte? Freiburg 1997.

Mar Castro Varela, María do; Dhawan, Nikita (Hg.): Postkoloniale Theorie – Eine kritische Einführung. Bielefeld 2005.

March, James G.: Beschränkte Rationalität, Ungewißheit und die Technik der Auswahl, in ders. (Hg.), Entscheidung und Organisation. Kritische und konstruktive Beiträge, Entwicklungen und Perspektiven. Wiesbaden 1990. 297–328.

Marden, Peter: The decline of politics. Governance, globalization, and the public sphere. Aldershot, England 2003.

Margalit, Avishai: Politik der Würde. Über Achtung und Verachtung. Berlin 1997.

Marotzki, Winfried; Sünker, Heinz. (Hg.): Kritische Erziehungswissenschaft – Moderne – Postmoderne, Studien zur Philosophie und Theorie der Bildung, Bd. 14. Weinheim 1992.

Martin, Hans-Peter; Schumann, Harald: Die Globalisierungsfalle. Der Angriff auf Demokratie und Wohlstand. Reinbek 12. Aufl. 1997.

Mayntz, Renate: Historische Überraschungen und das Erklärungspotential der Sozialwissenschaften. Heidelberg 1995.

McIntyre-Mills, Janet: Rescuing the enlightenment from itself. Critical and systemic implications for democracy. New York 2006.

Mertus, Julie: From legal transplants to transformative justice. Human rights and the promise of transnational civil society. Atlanta 1999.

Middell, Matthias (Hg.): Die Nation. Möglichkeiten und Grenzen eines Konzepts der Neuzeit. Leipzig 1993.

Mohrs, Thomas: Weltbürgerlicher Kommunitarismus. Zeitgeistkonträre Anregungen zu einer konkreten Utopie. Würzburg 2003.

Monbiot, George: Manifesto for a new world order. New York 2004.

Münch, Richard: Dialektik der Kommunikationsgesellschaft. Frankfurt 1991.

Münkler, Herfried; Fischer, Karsten: Gemeinwohl und Gemeinsinn (4 Bände). Berlin 2002.

Münkler, Herfried; Llanque, Marcus (Hg.).: Konzeptionen der Gerechtigkeit, Kulturvergleich – Ideengeschichte-Moderne Debatte. Baden-Baden 1999.

Narr, Wolf-Dieter: Identität als (globale) Gefahr. Zum Unwesen eines leeren Wesensbegriffs und seinen angestrebten Befindlichkeiten, In: Reese-Schäfer, Walter (Hg.): Identität und Interesse. Der Diskurs der Identitätsforschung. Opladen 1999. 101–128.

Narr, Wolf-Dieter: Recht – Demokratie – Weltgesellschaft. Überlegungen anläßlich der rechtstheoretischen Werke von Jürgen Habermas und Niklas Luhmann. Prokla. Zeitschrift für kritische Sozialwissenschaft, 2 Teile, 24. Jg. 1994, H. 94, 87–112 und H. 95, 322–344.

Niebuhr, Reinhold Niebuhr: Reinhold Niebuhr on Politics. His Political Philosophy and its Application to Our Age as Expressed in His Writings. Hg. von Harry R. Davis and Robert C. Good. New York 1960.

Nietzsche, Friedrich: Götzen-Dämmerung, Kritische Studienausgabe in 15 Bänden, Hg. Colli/Montinari, Bd.6. München 1980.

Niezen, Ronald: A world beyond difference – cultural identity in the age of globalization. Malden 2005.

Nussbaum, Martha C.: Frontiers of justice – disability, nationality, species membership. Cambridge, Mass. 2006.

Nussbaum, Martha C.: Gerechtigkeit oder Das gute Leben Frankfurt 1999.

Nussbaum, Martha C.: Menschliches Tun und soziale Gerechtigkeit. Zur Verteidigung des aristotelischen Essentialismus. In: Brumlik, Micha; Brunkhorst, Hauke (Hg.): Gemeinschaft und Gerechtigkeit. Frankfurt 1993. 323–363.

Nussbaum, Martha C.; Sen, Amartya (Hg.): The Quality of Life. Oxford 1993.

Oberndörfer, Dieter: Die offene Republik als Staatsform der Zukunft. Die Voraussetzungen multiethnischer Gesellschaften in Deutschland und Europa, In: Braitling, Petra; Reese-Schäfer, Walter (Hg.): Universalismus, Nationalismus und die neue Einheit der Deutschen. Philosophen und die Politik. Frankfurt: 1991.

Okin, Susan Moller: Is multiculturalism bad for women? Mit Beiträgen von Martha C. Nussbaum, Will Kymlicka e.a. Princeton, NJ 1999.

Olson, Mancur: Aufstieg und Niedergang von Nationen. Ökonomisches Wachstum, Stagflation und soziale Starrheit. Tübingen 2. Aufl. 1991.

Oshiba, Ryo; Rhodes, Edward; Kitagawa Otsuru, Chieko (Hg.): „We the people" in the global age. Reexamination of nationalism and citizenship. Osaka 2002.

Ottmann, Henning (Hg.): Negative Ethik. Berlin 2005.

Ottmann, Henning: Geschichte des politischen Denkens. Von den Anfängen bei den Griechen bis in unsere Zeit. München 2001ff (bislang 4 Bände).

Parsons, Talcott: Democracy and Social Structure in Pre-Nazi Germany (1942). Essays in Sociological Theory. Revised Edition. New York und London 1954. 104–123.

Perez, Antonio F.; Gueye, Semou Pathé; Yang, Fenggang (Hg.): Civil society as democratic practice. Washington, D.C. 2005.

Perlas, Nicanor: Shaping globalization. Civil society, cultural power, and threefolding. Quezon City, Philippines 1999.

Phillips, Anne: Multiculturalism, universalism, and the claims of democracy. Genf 2002.

Porath, Erik (Hg.): Aufzeichnung und Analyse. Theorien und Techniken des Gedächtnisses. Würzburg 1995.

Putnam, Robert D.: Bowling Alone: America's Declining Social Capital. Larry Diamond, Marc F. Plattner: The Global Resurgence of Democracy. Baltimore und London 1996. 290–306.

Putnam, Robert D.: Making Democracy Work. Civic Traditions in Modern Italy. Princeton 1993.

Rauscher, Anton (Hg.): Nationale und kulturelle Identität im Zeitalter der Globalisierung. Berlin 2006.

Ravenhill, John (Hg.): Global political economy. Oxford 2005.

Rawls, John: Das Recht der Völker. Enthält: „Nochmals: Die Idee der öffentlichen Vernunft" Berlin 2002.

Rawls, John: Die Idee des politischen Liberalismus, Aufsätze 1978–1989. Frankfurt 1992.

Rawls, John: Eine Theorie der Gerechtigkeit. Frankfurt 1979 (Originalausgabe: A Theory of Justice, 1971).

Rawls, John: Gerechtigkeit als Fairneß. Ein Neuentwurf, Frankfurt am Main 2003.

Rawls, John: Politischer Liberalismus. Frankfurt 1998.

Reese-Schäfer, Walter (Hg.): Identität und Interesse. Der Diskurs der Identitätsforschung. Opladen 1999.

Reese-Schäfer, Walter: Amitai Etzioni zur Einführung. Hamburg 2001.

Reese-Schäfer, Walter: Grenzgötter der Moral. Der neuere europäisch-amerikanische Diskurs zur politischen Ethik. Frankfurt: 1997.

Reese-Schäfer, Walter: Jürgen Habermas. Frankfurt und New York 3. Aufl. 2001.

Reese-Schäfer, Walter: Kommunitarisches Sozialstaatsdenken. Sozialpolitische Gerechtigkeitsimplikationen in der kommunitarischen Diskussion, In: Blasche, Siegfried; Döring, Diether (Hg.): Sozialpolitik und Gerechtigkeit. Frankfurt und New York: Campus 1998. 75–117.

Reese-Schäfer, Walter: Lyotard zur Einführung. Hamburg 3. Aufl. 1995.

Reese-Schäfer, Walter: Niklas Luhmann zur Einführung. 5., erg. Aufl. Hamburg 2005.

Reese-Schäfer, Walter: Politische Theorie der Gegenwart in fünfzehn Modellen. München und Wien 2006

Reese-Schäfer, Walter: Richard Rorty zur Einführung. Hamburg 2006.

Reese-Schäfer, Walter: Was ist Kommunitarismus? 3. Aufl. Frankfurt und New York 2001.

Reich, Robert B.: The Work of Nations. Preparing Ourselves for 21st-Century Capitalism. New York 1992.

Richter, Emanuel: Die europäische Zivilgesellschaft. In: Wolf, Klaus-Dieter (Hg.): Projekt Europa im Übergang? Probleme, Modelle und Strategien des Regierens in der Europäischen Union. Baden-Baden 1997.

Richter, Ingo K.; Berking, Sabine; Müller-Schmid, Ralf (Hg.): Building a transnational civil society. Global issues and global actors. New York 2006.

Rippe, Klaus Peter: Ethischer Relativismus. Seine Grenzen – seine Geltung. Paderborn u. a. 1993.

Rogozinski, Jakob: Lyotard – Der Widerstreit, die Präsenz, In: Reese-Schäfer, Walter; Taureck, Bernhard: Jean-François Lyotard. Cuxhaven 1989, 2. Aufl. 1990.

Rohe, Karl (Hg.): Politik und Demokratie in der Informationsgesellschaft, Baden-Baden: Nomos 1997.

Rooy, Alison van: The global legitimacy game. Civil society, globalization, and protest. New York 2004.

Rorty, Richard: Der Vorrang der Demokratie vor der Philosophie, in ders., Solidarität oder Objektivität? Drei philosophische Essays. Stuttgart 1988.

Rorty, Richard: Kontingenz, Ironie und Solidarität. Frankfurt 1989 (zuerst als Contingency, Irony, and Solidarity, Cambridge/Mass.: 1989).

Rorty, Richard: Menschenrechte, Rationalität und Gefühl. In: Shute, Stephen; Hurley, Susan (Hg.): Die Idee der Menschenrechte. Frankfurt 1996. 144–170.

Rorty, Richard: Menschenrechte, Vernunft und Empfindsamkeit. Transit. Europäische Revue, H. 7, 1994. 102–121.

Rorty, Richard: Wahrheit und Fortschritt. Frankfurt 2000.

Rorty, Richard; Vattimo, Gianni: Die Zukunft der Religion. Frankfurt 2006.

Roy, Olivier: Der islamische Weg nach Westen – Globalisierung, Entwurzelung und Radikalisierung. München 2006.

Saage, Richard (Hg.): Das Scheitern diktatorischer Legitimationsmuster und die Zukunftsfähigkeit der Demokratie. Festschrift für Walter Euchner. Berlin 1995.

Saage, Richard: Elemente einer politischen Ideengeschichte der Demokratie – historisch-politische Studien. Berlin 2007.

Saage, Richard: Hat die politische Utopie eine Zukunft? Darmstadt 1992.

Saage, Richard: Politische Utopien der Neuzeit. Darmstadt 1991.

Saage, Richard: Utopie und Menschenrechte, in ders., Vermessungen des Nirgendwo. Begriffe, Wirkungsgeschichte und Lernprozesse der neuzeitlichen Utopien. Darmstadt 1995.

Salamon, Lester M.: Der Dritte Sektor im internationalen Vergleich – Zusammenfassende Ergebnisse des Johns Hopkins Comparative Nonprofit Sector Project, In: Priller, Eckard; Zimmer, Annette (Hg.): Der Dritte Sektor international. Mehr Markt – weniger Staat? Berlin 2001. 29–56.

Sandel, Michael J.: Liberalism and the Limits of Justice. Cambridge/Mass. 1982.

Sandel, Michael: Die Gerechtigkeit und das Gute. In: Brink, Bert van den; Reijen, Willem van (Hg.): Bürgergesellschaft, Recht und Demokratie. Frankfurt 1995. 187–212.

Scharpf, Fritz W.: Die Handlungsfähigkeit des Staates am Ende des zwanzigsten Jahrhunderts, In: Kohler-Koch, Beate (Hg.): Staat und Demokratie in Europa. 18. Wissenschaftlicher Kongreß der Deutschen Vereinigung für Politische Wissenschaft. Opladen 1992. 93–115.

Scharpf, Fritz W.: Legitimationsprobleme der Globalisierung. Regieren in Verhandlungssystemen. In: Böhret, Carl; Wewer, Göttrik (Hg.): Regieren im 21. Jahrhundert – Zwischen Globalisierung und Regionalisierung. Festgabe für Hans-Hermann Hartwich zum 65. Geburtstag. Opladen 1993. 165–186.

Scharpf, Fritz W.: Politische Optionen im vollendeten Binnenmarkt. In: Jachtenfuchs, Markus; Kohler-Koch, Beate (Hg.): Europäische Integration. Opladen 1996. 109–140.

Scharpf, Fritz W.: Politische Steuerung und Politische Institutionen. Politische Vierteljahresschrift 30. Jg. 1989, H. 1. 10–22.

Scharping, Rudolf 1996: Freedom, Solidarity, Individual Responsibility: Reflections on the Relationship between Politics, Money, and Morality. The Responsive Community. Rights and Responsibilities Vol. 6, Nr. 4. 51–58.

Schmalz-Bruns, Rainer: Bürgergesellschaftliche Politik – ein Modell der Demokratisierung der Europäischen Union? In: Wolf, Klaus-Dieter (Hg.): Projekt Europa im Übergang? Probleme, Modelle und Strategien des Regierens in der Europäischen Union. Baden-Baden 1997. 63–90.

Schmalz-Bruns, Rainer: Die Konturen eines „neuen Liberalismus". Zur Debatte um Liberalismus, Kommunitarismus und Civil Society,. PVS-Literatur, 33. Jg. 1992, H. 4. 662–672.

Schmitt-Egner, Peter: Regionale Identität, transnationaler Regionalismus und europäische Kompetenz. Theoretische, methodische und normative Überlegungen zum Verhältnis von regionaler und europäischer Identität. In: Reese-Schäfer, Walter (Hg.): Identität und Interesse. Der Diskurs der Identitätsforschung. Opladen 1999. 129–158.

Schmitter, Philippe C.: Neokorporatismus: Überlegungen zur bisherigen Theorie und zur weiteren Praxis. In: Alemann, Ulrich von (Hg.): Neokorporatismus. Frankfurt und New York 1981. 62–79.

Schönherr-Mann, Hans-Martin: Politischer Liberalismus in der Postmoderne – Zivilgesellschaft, Individualisierung, Popkultur. München 2000.

Schubert, Klaus: Pluralismus, Korporatismus und politische Netzwerke. Duisburger Materialien zur Politik- und Verwaltungswissenschaft Nr. 16, Duisburg 1995.

Schulze, Gerhard: Die Erlebnisgesellschaft. Kultursoziologie der Gegenwart. Frankfurt und New York 4. Aufl. 1993 (zuerst 1992).

Schulze, Peter W.: Die russische Sphinx. Der autoritäre Weg zur Demokratie. Berlin 2004.

Sciabarra, Chris Matthew: Total freedom – toward a dialectical libertarianism. University Park, Pa. 2000.

Selznick, Philip: The Moral Commonwealth. Social Theory and the Promise of Community. Berkeley u. a. 1992.

Sennett, Richard: Der flexible Mensch. Die Kultur des neuen Kapitalismus. 7. Aufl. Berlin 1998 (engl. unter dem Titel The corrosion of Character, New York 1998).

Sharma, B.M.; Singh Bareth, Roop (Hg.): Good governance, globalization, and civil society. Jaipur 2004.

Shils, Edward: Was ist eine Civil Society? In: Michalski, Krzysztof (Hg): Europa und die Civil Society. Castegandolfo-Gespräche 1989. Stuttgart 1991. 13–51.

Shute, Stephen; Hurley; Susan (Hg.): Die Idee der Menschenrechte. Frankfurt 1996.

Spaemann, Robert: Universalismus und Eurozentrismus, In: Braitling, Petra, Reese-Schäfer; Walter (Hg.): Universalismus, Nationalismus und die neue Einheit der Deutschen. Philosophen und die Politik. Frankfurt 1991.

Starr, Chauncey: Sozialer Nutzen versus technisches Risiko, In: Bechmann, Gotthard (Hg.): Risiko und Gesellschaft, Grundlagen und Ergebnisse interdisziplinärer Risikoforschung. Opladen 1993. 3–14.

Sullivan, Michael: Legal pragmatism. Community, rights, and democracy. Bloomington 2007.

Taureck, Bernhard H.F.: Wo steht Lyotard? In: Reese-Schäfer, Walter; Taureck; Bernhard: Jean-François Lyotard. Cuxhaven 1989, 2. Aufl. 1990.

Taylor, Charles: Modern social imaginaries. Durham, NC 2004.

Taylor, Charles: Atomismus. In: Brink, Bert van den; Reijen, Willem van (Hg.): Bürgergesellschaft, Recht und Demokratie. Frankfurt 1995. 73–106.

Taylor, Charles: Der Begriff der „bürgerlichen Gesellschaft" im politischen Denken des Westens. In: Brumlik, Micha; Brunkhorst, Hauke (Hg.): Gemeinschaft und Gerechtigkeit. Frankfurt 1993. 117–148.

Taylor, Charles: Der Trend zur politischen Fragmentarisierung. Bedeutungsverlust demokratischer Entscheidungen. In: Weidenfeld, Werner (Hg.): Demokratie am Wendepunkt. Die demokratische Frage als Probjekt des 21. Jahrhunderts. Berlin 1996. 254–276.

Taylor, Charles: Die Beschwörung der Civil Society. In: Krzysztof Michalski (Hg): Europa und die Civil Society. Castegandolfo-Gespräche 1989. Stuttgart 1991. 52–81.

Taylor, Charles: Die Formen des Religiösen in der Gegenwart. Frankfurt 2002.

Taylor, Charles: Multikulturalismus und die Politik der Anerkennung. Mit Kommentaren von Amy Gutmann, Steven C. Rockefeller, Michael Walzer, Susan Wolf. Mit einem Beitrag von Jürgen Habermas. Frankfurt 1993.

Taylor, Charles: Negative Freiheit?, Zur Kritik des neuzeitlichen Individualismus. Frankfurt 1988.

Taylor, Charles: Quellen des Selbst. Die Entstehung der neuzeitlichen Identität. Frankfurt 1994, zuerst als: Sources of the Self. The Making of the Modern Identity, Cambridge/Mass. 1989.

Taylor, Charles: Self-Interpreting Animals. Human Agency and Language. Philosophical Papers 1. Cambridge 1985. 45–76.

Taylor, Charles: Toward world sovereignty Lanham 2002.

Taylor, Charles: Wieviel Gemeinschaft braucht die Demokratie? Aufsätze zur politischen Philosophie. Frankfurt. 2002.

Taylor, Charles: Wieviel Gemeinschaft braucht die Demokratie? Transit: Gute Gesellschaft. Transit. Europäische Revue, Heft 5, Winter 1992/93. 5–21.

Taylor, Rupert (Hg.): Creating a better world. Interpreting global civil society. Bloomfield, CT 2004.

Tétreault, Mary Ann; Denemark, Robert A.: Gods, guns, and globalization. Religious radicalism and international political economy. Boulder, Colo. 2004.

Tetzlaff, Rainer: Demokratie und Menschenrechte als regulative Ideen zum Überleben in der Weltgesellschaft. In: Hein, Wolfgang (Hg.): Umbruch in der Weltgesellschaft. Auf dem Wege zu einer „neuen Weltordnung"? Hamburg 1994. 279–304.

Teufel, Erwin (Hg.): Was hält die moderne Gesellschaft zusammen? Frankfurt 1996.

Tibi, Bassam: Der neue Totalitarismus – „Heiliger Krieg" und westliche Sicherheit. Darmstadt 2004.

Tibi, Bassam: Die fundamentalistische Herausforderung. Der Islam und die Weltpolitik. 4., durchges. und erw. Aufl. München 2003.

Tibi, Bassam: Die Verschwörung. Das Trauma arabischer Politik. Erweitere und aktualisierte Ausgabe. München 1994.

Tibi, Bassam: Europa ohne Identität? Leitkultur oder Wertebeliebigkeit 3. Aufl., aktualisierte Taschenbuchausg. Berlin 2002.

Tibi, Bassam: Fundamentalismus und Totalitarismus in der Welt des Islam. Legitimationsideologien im Zivilisationskonflikt: Die Hakimiyyat Allah/Gottesherrschaft, In: Saage, Richard (Hg.): Das Scheitern diktatorischer Legitimationsmuster und die Zukunftsfähigkeit der Demokratie. Festschrift für Walter Euchner. Berlin 1995. 301–314.

Tibi, Bassam: Im Schatten Allahs – der Islam und die Menschenrechte. Aktualisierte Neuausg. München 2003.

Tibi, Bassam: Islamischer Fundamentalismus, moderne Wissenschaft und Technologie. 2. Aufl. Frankfurt. 1993.

Tibi, Bassam: Krieg der Zivilisationen. Politik und Religion zwischen Vernunft und Fundamentalismus. Hamburg 1995.

Tönnies, Ferdinand: Gemeinschaft und Gesellschaft. Grundbegriffe der reinen Soziologie. Darmstadt 2. Aufl. 1988 (zuerst 1887).

Tönnies, Sibylle: Der westliche Universalismus. Eine Verteidigung klassischer Positionen. Opladen 1995.

Torbisco Casals, Neus: Group rights as human rights – a liberal approach to multiculturalism. Dordrecht 2006.

Tronto, Joan C.: Moral boundaries. A political argument for an ethic of care. New York 1993.

Tsuzuki, Chushichi; Hijikata, Naobumi; Kurimoto, Akira (Hg.): The emergence of global citizenship.Utopian ideas, co-operative movements, and the third sector. Tokio 2005.

UNESCO (Hg.): Democracy and human rights in multicultural societies. Burlington, VT : 2007.

Viehoff, Reinhold; Segers, Rien T. (Hg.): Identität – Kultur – Europa. Über die Schwierigkeiten und Möglichkeiten einer Konstruktion. Frankfurt: 1999.

Waas, Lothar R.: „Natürliches" Recht in „positivierter" Gestalt, das sich aus Pflichten herleitet? Von der Paradoxie der Menschenrechte, in: Politisches Denken, Jahrbuch 2004, Berlin S. 107–124.

Walzer, Michael: A Day in the Life of a Socialist Citizen, in ders., Obligations. Essays on Disobedience, War, and Citizenship. Cambridge/Mass. und London 1970.

Walzer, Michael: Gibt es den gerechten Krieg? Stuttgart 1982 (zuerst als Just and Unjust Wars, A Moral Argument with Historical Illustrations, New York 1977).

Walzer, Michael: Justice and Injustice in the Gulf War. In: Decosse, David E. (Hg.): But Was it Just? Reflections on the Morality of the Persian Gulf War. New York u.a. 1991. 1–18.

Walzer, Michael: Komplexe Gleichheit. In: Krebs, Angelika (Hg.): Gleichheit oder Gerechtigkeit – Texte der neuen Egalitarismuskritik. Frankfurt. 2000, 172–214.

Walzer, Michael: Kritik und Gemeinsinn, Drei Wege der Gesellschaftskritik. Berlin 1990 (zuerst als Interpretation and Social Criticism, Cambridge/Mass. 1987).

Walzer, Michael: Lokale Kritik – globale Standards. Zwei Formen moralischer Auseinandersetzung. Hamburg 1996.

Walzer, Michael: Philosophy and Democracy, In: Political Theory Vol. 9, 1981, H. 3. 379–399.

Walzer, Michael: Politics and passion: Toward a more egalitarian liberalism. New Haven, CT 2004.

Walzer, Michael: Sphären der Gerechtigkeit – ein Plädoyer für Pluralität und Gleichheit. Neuaufl. Frankfurt. 2006 (zuerst als Spheres of Justice. A Defense of Pluralism and Equality, New York: 1983)

Walzer, Michael: The Communitarian Critique of Liberalism. In: Political Theory, Jg. 18, 1990, Nr. 1. 6–23 (deutsch als: Die kommunitaristische Kritik am Liberalismus, In: Honneth , Axel (Hg.): Kommunitarismus. Frankfurt und New York 1993. 157–180).

Walzer, Michael: Über Toleranz. Von der Zivilisierung der Differenz. Hamburg 1998.

Walzer, Michael: Zivile Gesellschaft und amerikanische Demokratie. Berlin 1992.

Walzer, Michael: Zwei Arten des Universalismus, Babylon. Beiträge zur jüdischen Gegenwart, H. 7, 1990. 7–25.

Walzer, Michael: Zweifel und Einmischung. Gesellschaftskritik im 20. Jahrhundert. Frankfurt 1991. (zuerst als The Company of Critics. Social Criticism and Political Commitment in the Twentieth Century. New York 1988).

Waschkuhn, Arno: Demokratietheorien. Politiktheoretische und ideengeschichtliche Grundzüge. München und Wien 1998.

Waschkuhn, Arno: Denationalisierung und zivile Tugenden – liberaler Republikanismus und normativer Individualismus in der Hochmoderne. Baden-Baden 2006.

Weber, Verena: Tugendethik und Kommunitarismus. Individualität, Universalisierung, moralische Dilemmata. Würzburg 2002.

Wehler, Hans-Ulrich: Modernisierungstheorie und Geschichte. Göttingen 1975.

Wehling, Peter: Die Moderne als Sozialmythos. Zur Kritik sozialwissenschaftlicher Modernisierungstheorien. Frankfurt und New York 1992.

Weidenfeld, Werner (Hg.): Demokratie am Wendepunkt. Die demokratische Frage als Projekt des 21. Jahrhunderts. Berlin 1996.

Weller, Christoph: Kollektive Identitäten in der internationalen Politik. Anmerkungen zur Konzeptualisierung eines modischen Begriffs, In: Reese-Schäfer, Walter (Hg.): Identität und Interesse. Der Diskurs der Identitätsforschung. Opladen 1999. 247–276.

Weller, Robert P. (Hg.): Civil life, globalization, and political change in Asia. Organizing between family and state. London 2005.

Wellmer, Albrecht: Zur Dialektik von Moderne und Postmoderne. Vernunftkritik nach Adorno. Frankfurt. 1985.

Welsch, Wolfgang: Unsere postmoderne Moderne. Weinheim 1987.

Welsch, Wolfgang: Vernunft im Übergang, In: Reese-Schäfer, Walter; Taureck, Bernhard: Jean-François Lyotard. Cuxhaven 1989, 2. Aufl. 1990.

Wenzel, Harald: Gibt es ein postmodernes Selbst? Neuere Theorien und Diagnosen der Identität in fortgeschrittenen Gesellschaften. In: Berliner Journal für Soziologie, 5. Jg. 1995. 113–131.

Wewer, Göttrik (Hg.): Bilanz der Ära Kohl. Christlich-liberale Politik in Deutschland 1982–1998. Opladen 1998.

Wewer, Göttrik: Politikwissenschaft und Zeitdiagnose in der Bundesrepublik Deutschland. Aus Politik und Zeitgeschichte, Beilage zur Wochenzeitung „Das Parlament" Nr. 46, 1989. 32–45.

Wewer, Göttrik: Prolegomena zu einer Untersuchung der Korruption in der Verwaltung. In: Benz, Arthur; Seibel, Wolfgang (Hg.): Zwischen Kooperation und Korruption. Abweichendes Verhalten in der Verwaltung. Baden-Baden 1992. 295–324.

Wildavsky, Aaron: Die Suche nach einer fehlerlosen Risikominderungsstrategie. In: Krohn, Wolfgang; Krücken, Georg (Hg.): Riskante Technologien: Reflexion und Regulation. Einführung in die sozialwissenschaftliche Risikoforschung. Frankfurt 1993. 305–319.

Willke, Helmut: Ironie des Staates. Grundlinien einer Staatstheorie polyzentrischer Gesellschaft. Frankfurt 1992.

Willke, Helmut: Supervision des Staates. Frankfurt 1997.

Yúdice, George: The expediency of culture. Uses of culture in the global era. Durham, NC 2003.

Zapf, Wolfgang (Hg.): Die Modernisierung moderner Gesellschaften. Verhandlungen des 25. Deutschen Soziologentages in Frankfurt am Main 1990. Frankfurt. und New York 1990.

Zierhofer, Wolfgang: Umweltforschung und Öffentlichkeit. Das Waldsterben und die kommunikativen Leistungen von Wissenschaft und Massenmedien. Opladen 1998.

Zierhofer, Wolfgang; Steiner, Dieter (Hg.): Vernunft angesichts der Umweltzerstörung. Opladen 1994.

Žižek, Slavoj: Ein Plädoyer für die Intoleranz. 3., überarb. Aufl. Wien 2003.

Zürn, Michael: Regieren jenseits des Nationalstaats. Globalisierung und Denationalisierung als Chance. Frankfurt 1998.

Ausgewähltes Personen- und Sachregister

A

Absolutismus 164
Abwanderung 75, 77, 230
Achtung 50, 254
Adaptation 123
Administration 10
administrative Macht 10, 12
Adorno 122
Affirmation 75
Agrarprotektionismus 200
Ahmed 144
Akteure 118
Aktivismus 15, 57, 62
Aktivisten 20, 61
Albrow 155
Allgemeingültigkeit 227, 228
Allgemeininteresse 73
Alltagswelt 24
Alternativbewegung 18
Alternativität 109
Alternativkultur 40
Altersarmut 39
Altersversorgung 207
Alteuropa 97, 114, 116
Altmoderne 155
Amish People 147
Amnesty International 226
Amoralismus 189
Amoralität 112
Anomie 159
Anpassungsfähigkeit 131
Anti-Intellektualismus 193
Antike 97
Apel 210, 219
Aporien 6
Araber 253
Arato 60
Arbeiterbewegung 40, 67, 77, 110, 210
Arbeiterselbstverwaltung 70
Arbeitgeberverbände 81
Arbeitsethos 39
Arbeitsgesellschaft 39, 155
Arbeitskräfte 229
Arbeitslosigkeit 75, 77, 207
Arbeitsmarkt 200
Arbeitsplätze 159, 203
Arbeitsplatzsicherzeit 40

Arbeitswelt 39
Arbeitszeitverkürzung 77
Architektur 155, 160
Arendt 36, 185
Aristoteles 29, 84, 103, 114
Aristoteliker 29
Armut 75, 207
Assoziation 208
Assoziationalismus 67, 68, 69, 70
Assoziationen 13, 66, 67, 68
Assoziationsfreiheit 237
Ästhetik 160
Atheisten 249
Ätna 170
Atomisierung 141
Atomkriegsgegner 21
Aufklärung 18, 25, 43, 44, 125, 222, 244, 247, 249
Ausbeutungsargument 131
Ausbildungsmenschen 166
Ausdifferenzierung 6, 114, 116, 122
Ausgrenzungsargument 131
Ausländerfeinde 16, 109
Außenhandel 127
Außenperspektive 110
Außenwelt 104
Austin 186
Auswanderung 99
Autokratien 223, 238
Autonomie 34, 35, 36
Autopoiesis 84, 85, 87, 88, 89, 108
Avantgarde 18, 160

B

Balkan 216
Banfield 189
Barbarei 127
Bargaining 73
Basisbewegung 208
Basisdemokratie 208
Bayern 138
Beck 153, 155, 171, 172, 176, 181
Bedürfnisse 199
Befehl 191
Befehlskette 190
Befehlswirtschaft 127

Begriffsherrschaft 184, 185
Begründung 5, 38, 199, 234
Behinderte 207
Belagerung 12
Beleidigung 186
Belgien 81
Beliebigkeit 1, 153
Bell 155
Benachteiligte 200
Benjamin 122
Beobachtung zweiter Ordnung 100
Berger 165
Berlin 148
Berliner Mauer 190
Berufsausbildung 77
Berufsmenschen 166
Berufsverbände 140
Besitzstandswahrung 199
Bewusstsein 92
Bibliotheken 40
Bildungssystem 166
Binnenkomplexität 90
Binnenmoral 197
Biologie 88
Biologismus 184
Bloch 161
Bombardierung 25
Bosnien 216
bourgeois 62, 179
Braunkohleabbau 181
Broszat 128
Brugger 23
Brunkhorst 210
Buber 21, 22, 37
Bundeskanzleramt 156
Bundesrepublik 77
Bundesverfassungsgericht 23
Bündnis für Arbeit 77
Burckhardt 73
Bürgerforen 16
Bürgergesellschaft 10, 17, 58, 61
Bürgerinitiativen 13, 16
Bürgerkrieg 115
Bürgerlichkeit 17
Bürgertugenden 21, 31
Bürgertum 230, 241
Bürgerwehren 67
Bürgerwerte 21
Bürokratisierung 165
Butler 183, 185, 186, 187, 188, 191, 193

C
CDU 134
Charakter 27
China 78, 79, 80, 137, 158, 221, 241

Christentum 212, 219, 247, 248, 249
Cicero 58
citoyen 62, 179
Cohen 12, 14, 16, 60
common sense 16, 105
community 30
community jobs 40
Computerisierung 138, 157
Computerwelt 157
Comte 88
covering-law-Universalismus 229
Czada 80

D
Dahrendorf 58, 76, 130
Darwin 88, 107
Datenanalyse 156
Datensammlung 156
DDR 138, 236
DDR-Gesellschaft 91
Deklaration 237
Dekonstruktion 3, 190
Deliberation 13, 14
deliberative Demokratie 9, 10, 13
Demokratie 37, 116, 203, 222, 225
Demokratieforschung 130
Demokratietheorie 9
Demokratisierung 128
Demokratisierungswelle 223
Demütigung 254
Dependencia-Theorie 130
Deregulierung 196, 199, 203
Derrida 111
Despotismus 202
Deutschland 76, 78
Devisenhandel 203
Devisenhandelssteuer 203
Devisenkontrolle 230
Devolution 68, 69
Dewey 33, 245, 249
Dezentralisierung 68, 69
Dezisionen 178
Dialektik 3
Dienstleistungen 230
Dienstleistungsbereich 203
Dienstleistungsgesellschaft 153, 155, 164
Differenz 87, 94, 100, 103, 225, 229
Differenzfeminismus 183
Differenzierung 101, 106, 107, 129, 132
Differenzierungsformen 107
Diktaturen 146, 163, 239, 242
Diplomaten 248
Diskurs 15
Diskursbegrenzung 16
Diskursethik 7, 9, 12, 13, 52, 53, 210, 219
Dogmatismus 193

Doping 112
Drittweltismus 209
Drittweltländer 198
Drogen 252
Durkheim 98, 108, 245, 246
Dutschke 17
Dux 89

E
Edelman 169
Eigentum 67, 235, 236, 239, 243, 248, 250
Eigentumsrecht 214, 236
Einfluß 10, 12
Einkommen 91
Einkommensumverteilung 230
Einwanderungsfreiheit 237
Eisenstadt 155
Elias 128, 155
Eliten 126, 248
Elitendemokratie 12
Emanzipation 135, 156
Emanzipationspolitik 188
Empfindungen 236
Empirie 3, 74, 89, 153
empirisch-analytisch 3
Empörung 239
Ende der Demokratie 63
Ende der Großen Erzählungen 113
Englisch 54, 147, 240
Entdifferenzierungsprozesse 122
Entkolonialisierung 238
Entmündigung 252
Entscheidungen 169, 173, 178, 179, 238
Entscheidungsbedarf 115
Entscheidungsdruck 13
Entscheidungsgesellschaft 175
Entwicklungshemmnis 200
Entwicklungshilfe 200
Entwicklungsländerforschung 122
Entwicklungspolitik 29, 130, 202
Entwicklungspolitiker 29
Entwicklungstheorie 101
Entzauberung 226
Epochenbegriffe 44, 162, 163
Erkenntnis 97
Erleben 93
Erlebnisgesellschaft 155
Erzählungen 107, 135, 139, 166
Ethik 9, 50, 52, 112, 139, 197, 210
Ethik der Verantwortung 108
Ethnozentrismus 47
Etzioni 21, 23, 31, 34, 35, 41, 42, 155, 156
EU 4, 63, 65, 200, 209, 217
Euro-Islam 219
Europa 63, 219, 230, 238
Evolution 106, 108, 123, 132, 154

Evolutionsprozess 160
Evolutionstheorie 106, 116, 124
Expertenberatung 108

F
Fairness 227
Falk 205, 214
Familie 34
Familienethik 197
Familismus 78
Faschismus 17
FDP 134
Feindbilder 212, 213
Feminismus 15, 183
Ferguson 62
Feyerabend, Imre Lakatos 4
Finkielkraut 150
flexibler Mensch 39
Fließbandproduktion 158
Folter 236, 243
Fordismus 155
Fortschritt 128, 132, 135, 149, 213
Fortschritt ohne genauere Prüfung 127
Fortschrittsglauben 213, 219
Foucault 108
Fraenkel 71
Frankreich 77, 78
Französisch 147
Freihandel 199
Freiheit 50, 145, 248
Freiheitsbegriff 51
Freiheitsrechte 240, 242, 243, 244
Freiwilligkeit 40, 238
Fremdsprachen 230
Freundschaft 34
Frieden 220
Führungscliquen 238
Fukuyama 78, 79, 155
Fundamentalismen 127
Fundamentalismus 144, 145, 146, 212, 213, 214, 215, 219, 221
Funktion 106
Funktion der Politik 113
funktionale Differenzierung 107, 112
Funktionalismus 34
Funktionssystem 101, 102, 161

G
Gedächtnis 96
Gefahr 169, 180
Gegenexperten 178
Gegengutachten 173
Geistesgeschichte 51
Geisteswissenschaften 139
Geld 10, 113, 114
Gemeinschaft 22, 23, 30, 34, 47

Gemeinschaftsdenken 23
Gemeinschaftsformen 39
Gemeinschaftsgebundenheit 23
Gemeinwesen 23
Gemeinwohl 71, 73, 74, 77
gender 183
Genealogie 245
Gerechtigkeit 9, 32, 46, 50, 208, 227, 251, 253
Gerechtigkeitsprinzipien 52
Gericht 189
Gesamtmetall 77
Geschäftsordnungstricks 13
Geschichtslosigkeit 96
Geschichtsphilosophie 135
Geschlechterrollen 157
Geschlechtsidentität 184
Geschlechtsrollenzuschreibung 184
Gesellschaft 30, 34, 86, 99, 102, 105, 114
Gesellschaftskritik 100
Gesetze 41
Gesetzgebung 10, 208
Gewalt 35, 114, 208
Gewaltanwendung 114
Gewaltdarstellungen 189
Gewaltverbrechen 35
Gewerkschaften 4, 40, 69, 72, 77, 158, 203
Ghettos 159
Giddens 101, 174, 178
Giesen 153
Gleichgewicht 109
Gleichheitsfeminismus 183
Gleichstellung 207
Globalisierung 201
Globalisierung 39, 102, 122, 144, 171, 175, 195, 197, 203, 205, 206, 211, 223, 229, 231, 240, 244
Globalisierungsfalle 202
Globalisierungsprozess 4, 38, 40, 80
Golfkrieg 217
Gott 100, 104, 249
Götter 97
Gramsci 59
Grausamkeiten 236, 239
Greven 175
Griechenland 217
Gross 155
Großbritannien 23, 37, 68, 77
Großdemonstrationen 203
Grundbedürfnisse 40
Grundgesetz 23
Grundrechte 37, 54
Grundversorgung 40
Grundwerte 52
Gruppe von Lissabon 200
Gruppenpluralismus 69

Gruppenrechte 234, 239
Gut 50

H
Habermas 6, 7, 9, 12, 16, 18, 38, 62, 110, 125, 146, 154, 155, 159, 162, 165, 224, 246
Habitus 191
Handeln 46, 93
Handlungstheorie 89, 103, 117
Hardware 133, 137
hate speech 188, 190
Häußermann/Siebel 155
Hegel 58, 84
Held 208
Helsinki 247
Henrich 87
Herder 148
Hermeneutik 6, 7, 9, 98, 100, 227
Hermeneutiker 46
Herrschaft 11
Heterodoxie 2, 7
Hierarchiekrise 158
Hindus 249
Hirschman 75, 252
Hirst 67, 69
Historismus 227
Hobbes 240
Höffe 249
Holland-Cunz 185
Homosexualität 188, 192
Hongkong 78, 79
Horizont 46, 99
Hunger 230
Huntington 212, 214, 216, 220, 241
Huntingtons 218

I
Identitäten 46, 47, 49, 55, 69, 115, 140, 144, 174, 184, 212, 218, 220, 221, 227, 238
Identitätspolitiken 37
Ideologiekritik 7
Ideologien 41, 111
Imperialismusverdacht 228
Imperialismus 248
Individualethiken 199
Individualisierung 49, 133, 152, 155, 174, 210
Individualisierungsthese 161
Individualismus 47, 153, 190, 245, 248
Individualität 190
Individualrechte 148, 239
Individuum 34, 42, 75, 112, 235
Industrialisierung 155
Industriearbeiter 199
Industriegesellschaft 133, 155, 158, 159, 164, 173, 174
Inflation 75

Information 95, 105, 135
Informationsgesellschaft 133, 138, 155, 156, 160
Informationsrevolution 164
Inglehart 154, 155, 157, 160
Inklusion 129
Inklusionsstrategie 108
Innovationsästhetik 160
Inquisition 48
Institution 191
Institutionalisierung 6
Institutionen 11, 141, 142
Integration 110
Integrationsmöglichkeiten 108
Integrationspolitik 204
Intellektuelle 145
Interaktion 10
Interessen 71, 75, 134, 199
Interessengruppen 72
Internationalisierung 196
Internationalismus 99
Internet 80, 137, 138, 139, 157, 164, 177
Interpretation 9, 24, 26, 29, 46, 47, 216, 235
Intersubjektivität 95
Interventionsvorwand 241
Intimbereich 15
Irak 80
Iran 80, 137
Ironie 89, 246
Islam 144, 212, 214, 219, 222, 223, 236, 237, 248
Islamisierung 220
Israel 239, 252, 253

J
James 245
Japan 36, 76, 78, 201
Jencks 155
Joas 244, 246, 249
Job sharing 40
Jonas 198
Jugendbewegung 22

K
Kampf der Kulturen 214
Kanada 54, 147
Kant 87, 111, 200, 202, 228, 243
Kapital 203
Kapitalanlagen 207
Kapitalismus 127, 201, 242
Kapitalverkehr 230
Katholizismus 248
Keynesianismus 156
Kibbuzbewegung 23
Kibbuzgemeinschaften 37
Kibbuzmitglieder 251
Kielmannsegg 63, 66

Kinderarbeit 207
Kindergärten 40
Kirchen 68
Klassengesellschaft 112
Klassenrechte 236
Klassensemantik 112
Klassik 164
klassische Moderne, 160
Kleger 61
Kleinfamilie 158
Kleinstadt 246
Klenner 236
Kohleverstromung 76
Kollektivgütern 153
Kollektivität 238
Kollektivrechte 148
Kolonialisierung 163
Kolonialkriege 238
Kommunikation 15, 42, 92, 98, 99, 102, 104, 105, 109, 110, 115, 196
Kommunikationsgesellschaft 141
Kommunikationsmedien 106, 107
kommunikative Macht 10, 11
Kommunitarier 14, 31, 40, 47, 55
Kommunitarismus 21, 34, 220
Komplexität 86, 90, 91, 92
Konfliktlinien 212
Konfuzianismus 222
Konkurrenzfähigkeit 79
Konsens 235
Konservatismus 29, 205
konservativ/progressiv 119
Konstruktivismus 90
Konsument 75
Konsumgüter 40
Konsumverhalten 219
Kontingenz 3
Konventionalethiken 197
Körperlichkeit 184
Korporatismus 72, 73, 74, 76, 77, 81, 140, 158
Korporatismusforschung 76, 81
Korporatismustheoretiker 74
Korporatismustheorie 73, 75
Korruption 5, 112
Krankenversicherung 40, 68
Krieg 143, 220
Krieg der Zivilisationen 219
Kriegsgefahr 212
Kriegsverbrechen 190, 191
Kriegswirtschaft 127
Kriminalitätsrate 35
Kritik 3, 75
Kritik der Moderne 122
kritisch-dialektisch 3
Krugman 204
Kuhn 4

Kultur 43, 151, 212, 219, 227, 228, 230, 235,
    238
Kulturalismus 217
kulturelle Identität 64
Kulturen 223
Kulturrelativismus 148, 151
Kulturtheorie 158
Kuweit 217

L
Labour Party 23
Landadel 199
Laski 67, 69
Lateinamerika 238
law and order 35
Leben 240, 248
Lebensmittelmarken 252
Lebensqualität 230
Lebenswelt 30, 163
Legitimation 11, 68, 169, 238, 247
Legitimationsmythos 160
Legitimationsverfall 35
legitime Gewaltanwendung 12
Lehmbruch 74, 76
Leistungssportler 39
Lenkung 201
Leviathan 240
Lévi-Strauss 140, 148
Liberalismus 10, 21, 36, 38, 40, 47, 53, 55, 68,
    226
Linke 13, 158
links/rechts 119
Linksfaschismus 17
Literatur 49
Lobbying 73
Locke 50, 240
Loyalität 37, 253
Lübbe 226
Luhmann 6, 16, 83, 86, 94, 99, 101, 106, 109,
    115, 117, 118, 161
Luxussteuer 203
Lyotard VII, 94, 113, 135, 138, 139, 140, 146,
    155, 156, 160

M
Macht 10, 11, 90, 113, 114, 208, 214
MacIntyre 52
Maier 247, 248
Manipulationsgefahr 19
Männlichkeit 183
Mapplethorpe 186
Marcuse 25
Margalit 251, 252, 253, 254
Markt 10, 12, 14, 59, 114, 127, 134
Marktradikale 200
Marktradikalismus 203

Marktstruktur 127
Marktwirtschaft 127, 204, 219
Marx 29, 59, 158
Marxismus 48, 135
Massenbewegung 146
Massengesellschaft 161
Massenintegrationsparteien 158
Massenstreiks 203
Massenvernichtung 197
Massenwohlstand 77
Maturana 84, 96, 104
Medienforschung 106
Medium 106
Medizinsystem 139
Megaloge 38
Mehrfachzugehörigkeiten 42
Mehrheit 27
Mehrheitsregel 14
Meinungen 226
Meinungsäußerung 237, 240
Melancholie 150
Mensch 92
Menschenrechte 1, 9, 80, 112, 143, 145, 148,
    152, 183, 212, 214, 219, 222, 234, 235, 236,
    237, 238, 240, 241, 242, 243, 244, 247, 248,
    249
Menschenrechtskultur 235, 239
Menschenwürde 235
Metaerzählungen 135, 166
Metaphysik 87, 103
Metatheorie 51
Methodik 161
Methodologie 126
Michelman 12
Mielcke 138
Migration 215
Militärgesellschaft 74
Minderheiten 55, 61, 186
Minderheitenschutz 243
Mindesstandards 207
Minimalkonsens 6
Mitteilung 105
Mittelalter 97
Mobbing 186, 246
Mobilität 99
Moderne 43, 44, 47, 52, 97, 111, 122, 125, 126,
    155, 163, 164, 172, 173, 215
Moderne/Postmoderne 155
Modernisierung 100, 121, 123, 125, 128, 132,
    146, 155, 158, 159, 162, 212, 218
Modernisierungsforschung 130
Modernisierungsprozeß 157
Modernisierungstheorien 121, 125, 128, 157,
    158, 165, 176, 212, 223
Modernität 17
Montesquieu 58

Moral 112
Moraldialoge 38
Moralentstehung 246
moralische Dialoge 37
moralische Infrastruktur 41
Moralisieren 31
Moralität 30, 46, 220, 222, 245
Moralphilosophie 46, 50
Moralskandal 246
Moraltheorie 28
Mord 145
Mosaik 135
Moslems 249
Motivation 6, 27
Motivation zu 250
Multioptionsgesellschaft 155, 175
Münkler 41
Mythos 181

N
Nachbarschaft 34, 210
Nachmoderne 154
Narrativismus 49
Nation 112
Nationalismus 146
Nationalsozialismus 127, 128, 146
Nationalstaaten 102, 112, 140, 156, 197, 201, 230
Nationalstaatsgrenzen 99
NATO 4
Naturrechte 235, 247
Nebenfolge 172
Nebenwirkungen 234
Negroponte 133
neighbourhood crimewatch 33
Neokorporatismus 71, 74, 79
Netzwerk 80, 84
neue Normativismus 5
Neuigkeit 95
Neuzeit 97, 163
New Democrats 37
New Labour 37
Nichtregierungsorganisationen 208
Niebuhr 151
Niederlande 78, 159
Nietzsche 124, 245, 246
Nigeria 158
Nisbet 21
Nixon 241
Nordamerika 201
Normativismus 3, 26, 76, 199, 202, 206, 207, 221
Normativisten 195
Normativität 112
normativ-ontologisch 3
Normen 207

Nuklearethik 197
Nuscheler 243
Nussbaum 28

O
Ö 10, 11, 12, 15, 18, 19
Offe 41
offene Gesellschaft 155
Öffentlichkeit 18
Ökologiebewegung 122
ökologische Problematik 198
Ökonomie 10, 40, 91, 204
ökonomisches Handlungssystem 10
Olson 72, 75, 76, 81
Ontologie 3, 44, 45, 111
Operationalisierung 91
Ordnung 34, 36
Orientierung 46
Ortswechsel 39
Orwell 25, 251, 254
Ostblock 159
Ostdeutschland 165
Österreich 74, 75, 81
Osteuropa 57, 200, 221, 242
Ottomanisierung 69

P
Palästina 23
Pandämonium 37, 41
Paradigmawechsel 85
Paradox 113
Paradoxalität 160
Paradoxien 6, 103, 110
Parlament 189
Parlamentarismus 242
Parsons 12, 88, 103, 108, 127, 128, 146, 166
Parteien 134, 140
Parteienverdrossenheit 134
Partikularismus 33, 245
Partizipation 74, 166
Partnerschaften 158
Passivität 62
Pateman 41
Patriotismus 28
Pensionsfonds 207
Peripherie 19
Person 23
Perspektivpunkt 51, 103
Pflichten 46
Phänomenologie 44, 103
Philosophie 139, 225, 227
Planung 108
Platon 29
Pluralisierung 248
Pluralismus 69, 72, 145, 215
Pluralismustheorie 67, 71, 73

Pluralität 185
Politik 108, 113, 114, 119
Politik der Differenz 54
Politikwissenschaft 12, 99, 101
politische Ethik 199
politische Klasse 140
politische Kultur 130
politisches System 115
Politisierung 15
Polizei 33, 67, 114
Polygamie 42
Pop-Internationalismus 204
Popper 4, 154, 155
Populärökonomie 204
Pornographie 186, 188, 191
Pornographiekontrolle 138
Positivismusstreit 3, 126
Postfordismus 155
Postmoderne 113, 126, 144, 154, 155, 185
Postmoderne VII, 122, 125, 126, 132, 145, 146, 150, 153, 154, 156, 162, 165
Postmodernisierung 155, 156, 157, 159, 165
Postmodernismus 144
Postmodernität 185
Präferenzen 46, 134, 174
Pragmatik 135
Pragmatismus 33
Preiskontrollen 127
Pressefreiheit 236
Preuß 41
Privatbereich 226
Privateigentum 127
Privatheit 15, 18
Privatsache 145, 170
Privatschulen 230
Privatsphäre 15, 17, 185
Privatwirtschaft 10
Privilegien 230
Privilegienverteidigung 203
Produktivität 77
Produzent 75
Produzentendemokratie 70
Prognose 79, 216, 221
Prohibitionsbewegung 108
Projekt der Moderne 143, 155, 162
Projektarbeit 39
Protektionismus 200, 203, 204
Protest 75, 109
Protestbewegungen 108, 109, 110
Protestgruppen 109
Protestkultur 109
Protestthemen 109
Proudhon 67, 69
Prozeduralismus 14, 45, 51, 53, 55, 56
Prozeduren 9

Q
Quebec 54, 240
Quine 97

R
radical professionals 20
Rahmen 46
Rahmenbedingungen 203, 207
Ratifizierung 237
Rationalisierung 11, 123, 132, 165
Rationalismus 214
Rationalität 125, 157, 158, 224
Rawls 14, 52, 153, 225, 251
Reagan 23
Realismus 217
Recht 108
Recht auf Arbeit 236, 243
Recht auf Leben 239
Recht auf Wohnung 236
Rechtsschutz 15, 248
Rechtssicherheit 242
Rechtsstaatlichkeit 214
Rechtssystem 246
Reduktion von Komplexität 90, 92
Reformation 104, 222
Reformismus 25
Regierbarkeit 74
Regierung 170
Regierungswachstum 159
Regionalgesellschaften 101, 102
Regionalisierung 69
Regulierung 201, 204, 207
Reich 230
Reintegration 6
Reisefreiheit 237
Reisen 99
Reisetätigkeit 99, 242
reiterativen Universalismus 229
Relativismus 28, 148, 149, 228
Religionen 213, 225, 237, 240, 245
Religionsfreiheit 41, 239, 249
Religionskritik 48
Religiosität 157
Renaissance 73
Repression 193
Republikanismus 115
Resignation 39, 231
Responsivität 23
Responsive Community 23
Responsivität 66
Ressentiments 206, 245
Restrisiko 171
Revolutionen 57, 250
Rhetorik 48, 51, 55
Risiken 234
Risiko 169, 170, 177, 180

Risikogesellschaft 1, 155, 169, 170, 172, 174
Risikokultur 174
Romantik 43, 44
Rorty 43, 97, 226, 235, 239
Rousseaus 11, 62
Rushdie 145, 151, 239
Rußland 78

S
Säkularisierungsprozess 231
Samurai-Ethik 197, 204
Sandel 21, 27
Sanktionen 113
Sartre 25
Scharpf 116, 117, 118, 205
Schaubild 10, 12, 37, 197
Schautafel 22, 39, 60, 118, 131, 155, 158, 166
Scheitern 39
Scheler 245, 247
Schiller 16
Schlözer 58
Schmitter 74, 76
Schulen 32, 40
Schulze 155
Schütz 95
Schweden 75, 78, 81
Schweigler 138
Schweiz 74, 81
scientific community 41, 136
segmentäre Differenzierung 107
Sein 5
Sekten 41
Selbst 46, 47, 50, 55, 133, 140, 235
Selbstbeobachtung 100, 103, 109, 110
Selbstbeschreibung 110
Selbstbestimmung 51, 148, 208, 238, 243
Selbstbestimmungsrechte 208
Selbstevidenz 235
Selbsthilfeprojekte 67
Selbstreferenz 85, 93
Selbststeuerung 156
Selbstverwaltung 70
Selbstverwirklichung 46
Sellars 97
Selznick 21
Semantik 96, 111
Sennett 39, 175, 185
Sensibilisierung 239
sex 183
Shklar 59
Sieg des Westens 132
Silone 25
Simmel 245
Singapur 220

Singer 45
Sinn 46, 85, 87, 92, 93, 94, 97, 98
Sinnbegriff 93, 97, 98
Sinngeschichte 96
Sinnlosigkeit 93, 98
Sinnsysteme 87
Sittlichkeit 30
Skandale 16
Skepsis 144
societal guidance 156
societas civilis 58
Solidarität 10, 210
Sollen 5
Sonderinteressen 32, 72
Sonderinteressengruppen 73, 74
Sonderweg 126
Souveränität 191, 244
Sowjetunion 35, 36, 159, 216
Sozialarbeiter 41
Sozialausgaben 68
soziale Bewegung 16
Soziale Systeme 85, 92
soziale Tatsachen 90
Sozialforschung 153, 157
Sozialismus 91, 114, 125, 165, 200
Sozialkonservativen 34
Sozialpolitik 70
Sozialstaat 68, 230, 252
Sozialstruktur 41
Sozialversicherung 68
Sozialwissenschaften 4, 122, 207
Soziologie 34, 84, 88, 89, 92, 98, 99, 101, 103, 117
SPD 134
Spencer 88
Sphären 202
Sphärentrennung 5
Spieltheorie 91
Sprachbarrierren 65
Sprachen 105, 112, 186, 214
Sprachgemeinschaft 240
Sprachkampf 189
Sprachkultur 54, 152
sprachphilosophische Wende 112
Sprachspiele 135, 136, 141, 142
Sprechakttheorie 186
Staat 10, 12, 14, 34, 59, 67, 72, 113, 114, 137, 138, 186
Staatensystem 101
Staatsangehörigkeit 253
Staatsbürgerschaft 230
Staatsgrenzen 137
Staatskorporatismus 78
Staatslehre 116
Staatssektor 36
Staatssozialismus 4, 91, 160, 217

Staatstheorie 74
Staatsverbrechen 244
Stagnation 76
Stahlindustrie 130
Stahlwerke 201
Standortflucht 77
Standortkonkurrenz 204
Statusanhebung 129
Steuermittel 68
Steuerung 108, 113, 117
Steuerungsdiskussion 117
Steuerungsillusionen 156, 199
Steuerungsmechanismen 91
Steuerungsmedien 12
Steuerzahler 76
Straßenverkehr 15
stratifikatorische Differenzierung 107
Streiks 77
Strukturalismus 135, 140, 190
Strukturbegriff 44, 98
strukturelle Kopplung 108, 118
Studentenbewegungen 15
Subjekt 49, 95, 97, 98, 103, 190, 191
Subjektphilosophie 97
Subpolitik 179
Subsidiaritätsprinzip 70
Südafrika 238
Süditalien 78
Südkorea 159, 217
Supranationale Strukturen 197
Symbolanalytiker 230
System 86, 87, 100, 104
System/Umwelt 85
Systemgrenzen 98
Systemtheorie 1, 83, 85, 86, 89, 90, 91, 100, 104,
    107, 117, 140
Szientismus 47

T
Taiwan 78, 79, 217
Taylor 48, 49, 50, 54, 245
Teamarbeit 39
Technisierung 213
Telefon 201
Terrorismus 18, 215
Thatcher 23, 68
Theoriediktatur 29
Tibi 143, 145, 211, 212, 219, 222, 223
Toleranz 37, 42, 225, 227
Tönnies 22, 30, 150
Totalitarismus 32
Touraine 155
Tugenden 31
Türkei 217
Tyrannei der Intimität 185

U
Ü 230
Übersteuerung 36
Umwelt 85, 87, 100, 109
Umwelt und System 103
Umweltschutzmaßnahmen 40
Unartikuliertheit 50, 52
UNESCO 80, 148, 239
Ungleichheit 109
Universalien 129
Universalisierbarkeit 243
Universalisierung 210, 248
Universalisierungsprinzip 207
Universalismus 28, 29, 143, 147, 150, 195, 198,
    201, 202, 203, 207, 211, 219, 223, 228, 229,
    231
Universalität 97
Universalitätsanspruch 228, 238
Universitäten 108
Universitätsstruktur 84
UNO 101, 202, 209, 236, 237, 239, 247
Unterentwicklung 130
Unternehmensgröße 79
Unverfügbarkeit 90
unvollendetes Projekt 159
Urlaubsregelungen 77
Urteilskraft 161
USA 23, 35, 36, 40, 69, 76, 81, 137, 138, 186,
    212, 216, 217, 219, 230, 237, 251
Utopie 102

V
Verallgemeinerbarkeit 199
Verallgemeinerung 33, 38
Verantwortungsgesellschaft 34, 37, 38, 40,
    42
Verbände 74, 76
Verbändeforschung 71
Verbandskultur 79
Verbrechensraten 35
Verfassungen 37, 108
verfassungsfeindlich 80
Verfassungstheorie 23
Verhandlungen 210
Vernetzung 157
Versammlungsfreiheit 19
Verstehen 105
Vertragstheorien 116
Vertrauenskapital 78
Verwestlichung 215, 217, 218
Vico 148
Vietnamkriegsgegner 21
virtueller Ortsverein 134
Völkermord 243, 244
Völkerrecht 244
Volkssouveränität 11

W

Wachstumsraten 75, 79, 204
Wagner 155
Wähler 200
Wahrheit 106, 225
Wahrheitsansprüche 226, 227
Waldsterben 104
Walzer 24, 55, 61, 220, 229, 231
Weber 11, 94, 114, 158
Wehler 126
Wehling 126
Wehrpflicht 112
Weiterentwicklung der feministischen
    Politiktheorie 1
Welt 96, 99
Weltbürger 229
Weltbürgerlichkeit 230
Weltethos 198, 221
Weltgesellschaft 86, 99, 100, 101, 115, 171, 177
Welthandel 130, 207
Weltinformationsordnung 80, 239
Weltkrieg 128
Weltkulturen 220
Weltmarkt 207
Weltordnung 220
Weltrisikogesellschaft 176
Weltsemantik 100
Weltstaat 204
Wertbegründungen 38
Werte 37, 157, 244, 245
Wertegeneralisierung 129
Wertepopulismus 207
Wertrelativismus 145
Wertungen 46
Werturteile 44
Werturteilsfreiheit 4
Wertvorstellungen 41, 236
Westen 121, 145, 212, 213, 220
Westeuropa 201

westliche Kultur 123
Wettbewerb 200
White 48, 50
Widerstand 109
Widerstreit 143, 152, 157, 195
Wiederkehr des Immergleichen 124
Wiener Menschenrechtskonferenz 234
Willen 11
Wir-Begriff 43, 44, 55
Wirtschaftsgesellschaft 59
Wirtschaftswachstum 159
Wissenschaft 108, 139
Wissensgesellschaft 135
Wissenssoziologie 111
Wissenstechnologien 156
Wohlfahrtsstaat 254
Wohlstand 200
WorldWideWeb VII, 139
Würde 46

Z

Zapf 130, 131, 166
Zeitdiagnose 165, 167
Zeitdiagnostik 156, 161
Zensur 80, 137, 138, 189, 239
Zentren 19
Zivilbevölkerung 25
Zivilgesellschaft 10, 11, 12, 14, 15, 16, 17, 18,
    19, 35, 36, 42, 57, 59, 60, 63, 65, 66, 67, 101,
    114, 157, 160, 164, 166, 176, 202, 205, 208,
    244
Zivilisationen 128, 145, 151, 153, 211, 219
Zivilität 17, 42, 64
Zoll 137
Zufall 107
Zwangsmitgliedschaft 72
Zweisprachigkeit 54
zweite Moderne 153, 155

www.ingramcontent.com/pod-product-compliance
Lightning Source LLC
Chambersburg PA
CBHW080130270326
41926CB00021B/4422